探知新视界

TO BEGIN
THE
WORLD
OVER AGAIN

独立战争
与
世界重启

一部新的
十八世纪晚期
全球史

*How the American Revolution
Devastated the Globe*

[美]马修·洛克伍德 —————— 著 刘春芳 —————— 译   译林出版社

图书在版编目（CIP）数据

独立战争与世界重启：一部新的十八世纪晚期全球史 /
（美）马修·洛克伍德（Matthew Lockwood）著；刘春芳译.
—南京：译林出版社，2024.2
书名原文：To Begin the World Over Again: How the American Revolution Devastated the Globe
ISBN 978-7-5447-9581-4

Ⅰ.①独… Ⅱ.①马… ②刘… Ⅲ.①美国独立战争－研究 Ⅳ.①K712.41

中国国家版本馆 CIP 数据核字（2024）第 006657 号

著作权合同登记号 图字：10-2020-231 号

独立战争与世界重启：一部新的十八世纪晚期全球史 ［美国］马修·洛克伍德 ／ 著 刘春芳 ／ 译

责任编辑 陈 锐
装帧设计 韦 枫
校 对 孙玉兰
责任印制 董 虎

原文出版 Yale University Press, 2019
出版发行 译林出版社
地 址 南京市湖南路 1 号 A 楼
邮 箱 yilin@yilin.com
网 址 www.yilin.com
市场热线 025-86633278
排 版 南京展望文化发展有限公司
印 刷 江苏凤凰新华印务集团有限公司
开 本 652 毫米 ×960 毫米 1/16
印 张 35
插 页 4
版 次 2024 年 2 月第 1 版
印 次 2024 年 2 月第 1 次印刷
书 号 ISBN 978-7-5447-9581-4
定 价 118.00 元

献给露西

目 录

致　谢

　　十岁时，我写了人生第一本书。那是一部关于斯巴达历史的小小绘本，其实就是学校的作业。年少狂妄的我，对于老师和父母的帮助视而不见，把功劳全部记在自己名下，"献给我自己，因为这是我写的"。感恩这段经历，它教我明白了什么是谦卑。这些年来，我越发明白，出版一本书需要朋友、家人、同事、档案管理员、经纪人、编辑、评论家、设计师和公关人员等数十人的努力和奉献。我写作本书所得到的无私帮助，是当年十岁的我永远也想象不到的。

　　本书的写作始于纽黑文，当时我是耶鲁大学"典型制度研究中心"的成员，之后我在华威大学继续学术之旅，如今在亚拉巴马大学安家落户。没有这些大学的学术机构的支持，没有耶鲁、华威和亚拉巴马的同事们所形成和营造的浓厚学术氛围，我这本书根本就不可能问世。特别感谢基思·赖特森、史蒂文·史密斯、丹·布兰奇、彼得·马歇尔、马克·柯尼特、马克·菲利普和乔希·罗斯曼，感谢他们让每一个机构成为知识分子的家园。

　　希尔斯公司的经纪人比尔·汉密尔顿曾与我进行过几次谈话，激发了我的灵感，令我茅塞顿开，才有了本书现在的样子。比尔的一双妙手，从废渣堆里抢救出闪光的思想之核，并将它抛光打磨，终成可供阅读品鉴之物。本书就是因他沉稳的扶助、深邃的知识、发人深省的问题而起，并经过他的打造和重塑而成。可以说，在许多方面，本书都是在比尔的苏格拉底式坩埚中锻造出来的。

耶鲁大学出版社的编辑朱利安·洛斯从一开始就给予了本书极大的信任，并对本书的建构给予了专业指导。他敏锐的判断力、恒准的辨识力和永不枯竭的旺盛精力，创造了不可估量的奇迹。玛丽卡·莱桑德鲁、蕾切尔·朗斯代尔、珀西·埃德格勒以及耶鲁大学出版社的匿名读者们，协力使这份混乱的手稿转变为闪耀着思想启迪的美妙实物。他们也使令人沮丧的出版过程变得顺畅愉快，展现了他们专业的工作能力。

在过去的几年里，我的朋友和家人也感同身受着我的困扰，不离不弃。如果没有基思·赖特森、理查德·赫齐、贾斯廷·杜里瓦奇、阿曼达·贝姆、莎拉·米勒、杰米·米勒、梅根·切里、查尔斯·沃尔顿、史蒂夫·辛德尔、劳伦斯·卡佩罗、玛格丽特·皮科克、埃里克·彼得森、约翰·比勒，以及我的兄弟杰克、卡莱布、约翰、乔伊和乔希，还有幽默风趣的岳父母一家人——凯特林、艾玛、埃里克、唐纳德、温迪，以及我的父母杰克和南希的鼓励与支持，很难想象这本书会是什么样子。

而我一如既往地、永生永世要感激的人，是露西·考夫曼。她拥有旋风一样的智慧和圣人一般的耐心，她一遍又一遍地、逐字逐句地阅读和编辑整个手稿，以极强的专业性和熟练性，使最初不忍卒读的畸零手稿，最终呈现为饱满的书籍。她不仅耐心地听我喋喋不休，而且总能与我的观点碰撞出火花，为我的写作提供灵感。她的聪慧才情、她的远见卓识、她的宽容忍让，也只有大力神赫拉克勒斯能与之比肩。没有她，这本书，甚至是我自己，都不值一提。这本书，以及过去和未来所有的书，全部要敬献给她。

独立战争塑造的世界

我们有重启世界的能力。

　　　　　　　　　　　　　　　——托马斯·潘恩《常识》

　　革命从未减轻过暴政的重负，只是把它转移到另一个肩膀上。

　　　　　　　　　　　　　　　——萧伯纳《人与超人》

　　1779年，伊莱莎·费伊用了一个多月的时间横跨欧洲，渡过地中海，穿过西奈沙漠，接着又沿着红海，乘坐一艘拥挤的轮船，在暴风雨中颠簸了几个星期，终于来到了阳光轻吻的印度南部的马拉巴尔海岸。伊莱莎和丈夫历经艰险磨难，一心希望能在这片酷热之地找到平静的生活。然而，事与愿违。随着战争从大西洋蔓延到次大陆，英国大使馆的工作人员都逃走了，留下伊莱莎和安东尼任由威廉·艾尔斯摆布。威廉·艾尔斯是一个英国罪犯，也曾是一名士兵，现在则为激烈反英的迈索尔的苏丹效命。当艾尔斯押送两人入狱时，伊莱莎·费伊一定百思不得其解，她到底是怎么落到这个境地的。在未来的岁月里，数以万计的俘虏和难民——包括穆斯林、印度教徒、印度基督徒以及无数英国、法国和印度的士兵——都会问自己这个问题。答案并不在马拉巴尔，而是来自一个令人意想不到的源头：美国革命。

1781年5月18日，米凯拉·巴斯蒂达斯站在库斯科广场，双脚踏在儿子的血泊中，凛然无畏地等待着她的命运。她和丈夫领导的反抗西班牙帝国的行动失败了，现在，她就要在丈夫惊恐的目光中走向断头台。至少她不会看到丈夫被行刑时的惨状了。西班牙人的计划是，砍掉她的头颅之后，再将她的丈夫五马分尸，并将他的四肢作为西班牙复仇的象征送到秘鲁。她和她丈夫的死意味着本土反抗运动的终结，但是火花已经点燃，一双烈士已然诞生。他们的命运也同样根植于美国独立的斗争中。

1810年，英国首家印度餐厅"印度派咖啡馆"在伦敦乔治街开业。走进餐馆，顾客们会恍然觉得自己好像置身于东方世界。客人们斜倚在竹藤沙发上，凝望着挂满印度各色风景和印度生活场景的壁画。当咖喱和调味米饭的香味从厨房飘来时，当印度草药和香料的味道与吸烟室中一排排华丽的水烟机散发出的芬芳烟草味混合在一起时，那些曾在印度工作和生活过的英国人——"印度绅士们"——一定会恍然觉得自己又回到了半个地球之外的先前生活当中。

随着大英帝国的不断扩张，它插手的次大陆事务也越来越广泛，那么用这样一个餐馆来美化帝国首都拥挤的街道，也就没什么可奇怪的了。然而，餐馆的主人却不是从摇摇欲坠的东方帝国强取豪夺后回来的英国富豪，也不是希望重现人生重要岁月中的景象与味道的英国士兵，更不是希望用远方运来的香料烹饪美食而拓展生活乐趣的商人。相反，正如《泰晤士报》一则广告所清晰表明的，这家餐厅的拥有者和管理者是迪安·马哈茂德和他的妻子。迪安是来自印度巴特那的穆斯林孟加拉士兵，而他的妻子则是爱尔兰的新教徒。大约二十年前，就是这个迪安·马哈茂德曾创造过另一个"第一"——1793年，他成为第一个用英语出版作品的印度人，出版的书籍正是他所撰写的

《游记》。那么这个娶了爱尔兰新教徒女儿的马哈茂德，这个第一个用英语出版书籍的印度人，是如何在英国开设第一家咖喱风味餐馆的呢？这依然与美国独立战争有着千丝万缕的联系。[1]

大约两个世纪之后，在1988年1月一个寒冷的日子，有两个人在伦敦东南部埃尔瑟姆的圣约翰教堂的墓地上举行了一个庄严的仪式。站在墓碑前的那个男子是教区的牧师，两百年前，他的前辈曾在此主持了那场葬礼。另一个男人站在离墓碑更远些的地方，在冬日寒风的裹挟下，他陷入了对几百年前一桩往事的沉思中。他叫伯纳姆·伯纳姆，是一名运动员兼演员，而且也是澳大利亚土著乌伦杰瑞人的活动家。他从故乡澳大利亚开启了朝圣之旅，只为夺回一具尸体，并为其受到的不公正待遇正名。几天前，为了纪念英国殖民澳大利亚二百周年，他在多佛海滩的白色悬崖上插下旗帜，并发布了一场措辞犀利、悲情满满的宣言。伯纳姆·伯纳姆嘲讽了1788年英国的所作所为，同时，他宣布他将以土著人的名义向英国提出指控，并宣称从此之后，在英国的货币和邮票上将出现土著人的形象，"以表明我们对这块领土拥有主权"。不过他也承诺，"我们并不会为了纪念而将你们那两千多个头颅进行处理和存留，也不会将你们殿下的遗骸展览示众"，而这都是英国人自己曾经做出过的行径。[2]

可是现在，当他站在澳大利亚土著同胞的安息之地时，他内心的凛然正义却消失不见，取而代之的是怒不可遏的悲伤情绪。在一个年轻人的墓碑上，只简单刻着几个记录基本事实的文字："以此纪念新南威尔士人耶默拉瓦尼，逝于1794年5月18日，享年十九岁。"当时的报纸也未能提供更多信息。《晨报》报道说："与菲利普总督一起来植物湾的两个土著，一个已经死了，另一个因为他的死亡而非常难过。"伯纳姆·伯纳姆和他许许多多的同胞们都希望，在英国首次将植物湾作为罪犯流放地的二百年之后的今天，耶默拉瓦尼的尸体能够最终回到生他养他的故乡。不过，耶默拉瓦尼并不会有什么象征意义的归乡之旅，也不会从此安息长眠，更不会成为纠正殖民错误的象征，因为牧师和活动家都不知道，在1988年的当下，埃尔瑟姆的教堂墓地的墓碑下根本没有尸骨。耶默拉瓦尼的骸骨早已踪迹全无。那么，这个年轻的澳大利亚土著埃奥拉人是如何被埋葬在伦敦郊区的教堂墓地——一个大英帝国罪恶的象征——中的？这个现代悲剧的根源也不只是在太平洋，甚至不在伦敦，而是在美国革命的余波中。[3]

围绕美国革命的那些故事，是最跌宕起伏的；在历史上发出回响的人物，是最动人心魄、令人魂牵梦萦的。保罗·里维尔骑马穿过漆黑的马萨诸塞的街道，警告他的美利坚同胞英国人就要来抢夺他们的武器了；"自由之子"们伪装成美洲土著的模样，潜入英国商船，将那些赋税过重的茶叶抛进波士顿港；乔治·华盛顿带领衣不蔽体的士兵差点冻死在福吉谷，不过终得幸存；康利沃斯将军和他的残兵败将在约克镇向得胜的华盛顿投降时，演奏的曲子是《颠倒的世界》。这些赞颂勇武英雄、高贵牺牲精神的故事充斥着人们的头脑，从而掩盖了美洲海岸之外鲜为人知的革命战争故事和形象。

之前，大部分关于美国革命的相关记载，基本上都将注意力集中在1776年脱离英国宣布独立的十三个殖民地上。这样的做法，相当于将目光局限在砸起巨大水花的石头上，而忽略了从震中辐射出来的滚滚波浪和层层涟漪，也就是关注了剧烈而迅疾的震荡，而非持久的回响。这种国家层面上的一意孤行之举，在很大程度上掩盖了美国独立战争的更广泛影响。像米凯拉·巴斯蒂达斯、迪安·马哈茂德和耶默拉瓦尼的故事，便为我们了解战时的世界以及战争所缔造的新世界，提供了一个独特的窗口。与美国革命的故事相比，这些故事同样重要，同样是美国历史的组成部分，但是由于它们与华盛顿、杰斐逊、邦克山和约克镇的那些更加激动人心、更加勇武豪迈、闪耀着胜利光辉的故事相脱节而大多被遗忘了。

那些英雄传奇无疑是引人入胜的，但是它们使得我们的目光局限在耳熟能详的、令人心舒意畅的美国革命故事上，歪曲了我们对美国革命事实上是一场全球危机的认知，更使我们对美国国家历史的理解呈现出相当危险的方式。美国例外主义理念，即认为美国是天选之国，拥有独一无二的道德建构，从许多方面讲正是始于革命本身，而对这些神话般诞生的熟悉故事的一再讲述，使得例外主义理论得到进一步巩固和强化。将美国革命描绘为一个崇高的运动，认为美国革命缔造了一个无与伦比的公正开明的社会，长久以来就是这种理念的思想基石。将美国的地位视为独一无二的普遍观点，有时候的确会给人一种美妙的团结之感，但是它也产生了有害的影响。在一个日益全球化的世界，执迷不悟的美国例外理念，导致了狭隘的沙文主义世界观的形成，以及美国利益高于一切的自私诉求。为了在外交事务中减少这种唯我独尊的孤立主义意识，我们必须深入思考美国例外主义理念，向这种懒惰心理提出挑战。要做到这一点，必须对奠基时刻的故事进行多方考量。

近年来，像加里·纳什、卡罗尔·伯金、霍尔格·霍克和艾伦·泰勒这样的历史学家，已经开始弱化对美国革命的单一叙事，突出宣扬那些被遗忘的妇女、印第安人与非洲裔美国人的故事，揭露建国时的矛盾处境和虚伪心态。尽管这样的记述提供了重要纠错方式，但是并没有完全颠覆美国概念的神话。他们依然使我们相信，尽管那些开国元勋在许多方面都有弱点和缺陷，尽管革命的福音没有在北美居民中平等分享，但是革命的目标和理想依然是美国呈现给世界的最好示范，而这也正是它所追求的。的确，这些作品致力于从更宏大的国际视角来阐释美国革命，但是从整体上来看，却未能真正撼动美国例外主义的单一叙事。[4]

从贾斯廷·杜里瓦奇和尼克·邦克尔那里，我们了解到美国革命有着全球性根源，与帝国主义密切相关。北美爆发的战争与欧亚发展之间的关系，本质上与美洲殖民地的关联一样密不可分。C. A. 贝利、P. J. 马歇尔和迈亚·贾萨诺夫的研究成果扩大了我们对战争后果的理解范畴，尤其是美国革命对大英帝国的影响。尽管这些贡献是开拓性的，但是许多关于革命的国际影响的记述依然仅仅局限在宽泛化的革命时代的范围之内。R. R. 帕尔默、莱斯特·兰利、珍妮特·波拉斯基和乔纳森·伊斯雷尔的作品意义重大，极大地拓宽了我们的视野，帮助我们将美国革命置于共同的大西洋背景当中。但是，只关注美国斗争的意识形态方面的表现，只关注这场斗争对法国、波兰、海地和南美洲的相似革命斗争的促成作用，这样的历史观不仅忽略了世界大部分地区，而且常常会强化美国革命是全球第一次民主浪潮的信念，使美国遗产的独特性更加确定无疑。[5]

这些成果固然令人钦佩，也的确具有不可估量的价值，但是仅靠解析美国革命的意识形态脉络并不能揭示整体图景。美国革命的很多重要遗产与意识形态关系不大，与神圣国父们的言论与著作关系不大，与他们缔造的政府也没有多大关系。真正从全球的视角来审视这场革命，无论是从地理发生角度还是意义影响角度，都有力地揭示出这个世界通常是悲剧性地相互关联，迫使我们置身于一个相互纠缠的世界之中，而非将自己视为孤立的、特殊的天选民族。摘掉狭隘的民族政治的眼罩，打开理解的崭新视界，使我们意识到美国的建国时刻带给我们最为迫切的教训：美国的行动已经并一直产生着无法预见、无法想象的全球性影响。我们只有从更广泛的政治视角和个人视角审视美国革命的全球影响，才会打开这扇独特的却长期被忽视的窗口。通过这个窗口，我们可以了解到，数以千计的男女老幼，以及所有社会、经济、宗教和种族背景不同的个体的生命，都因为全球战争而经历了翻天覆地的变化。他们的故事，他们的挣扎与成功，他们的生命和死亡，都是美国革命全景故事的核心构成。当我们把美国独立战争的故事去中心化时，我们对这场革命及其在世界史中的地位的理解，就会发生根本性的转变。

显然，尽管这场战争始于马萨诸塞，但是约克镇的投降之剑和巴黎的签字之笔，却并不意味着战争的结束。相反，北美洲一个偏僻角落的抗税活动，最终可能结束在都柏林的街道中、秘鲁的群山中、澳大利亚的海滩上或印度的丛林中。18世纪，世界各地的联系日益紧密，美国的一个火星可能会点燃一束意想不到的火焰，而这束火焰也许会吞噬全球，崭新的世界随之建立，各国力量达成新的平衡。西方新国家的诞生会为印度、澳大利亚、非洲、中国和中东地区的千年文明播下分裂的种子，并促进19和20世纪的超级大国——美国、俄国和大英帝国——的崛起。美国革命是帝国内部的战争，也是帝国之间的战争，当硝烟散尽，新的帝国巍然出现，旧的帝国要么被迫进行根本性改变，要么面临急剧衰落的命运。

1775年4月，列克星顿和康科德的枪声响彻全球：从大西洋海岸到英吉利海峡，从中美洲到加勒比海，再到非洲、印度和澳大利亚，一个无人能够预见，甚至几乎无人可以想象的崭新世界应运而生。美国和欧洲革命的支持者们，曾希望殖民地的起义能够开创一场全球运动，一场没有国界的革命。可是，如果革命浪潮真的横扫全球，那么无国界革命的真正后果，以及它对制度的重塑和对生活的再造，将不会是任何人愿意见到的。在地图一角发生的争取自由的革命，却在更广阔的世界版图引发了一场反革命运动，给那些未曾拥有自由和独立的人带去了新的苦难和新的锁链。在法国、西班牙和大英帝国，从美国革命中吸取的惨痛教训被严苛地应用到实践中，激发了一场专制的反革命浪潮，大英帝国得以稳定并继续扩张，而法国和西班牙则走向毁灭性的没落。革命时代不仅仅是美国革命启蒙理想的产物，同时也是美国革命带来的恐惧、金融危机和独裁对抗的产物。

从历史的观点考量，也许美国革命最神奇的事情并不是美国赢了，而是这场冲突的全球性影响。考虑到这场冲突波及了全世界，美洲、欧洲和亚洲的众多列强纷纷与之抗衡，而英国面对国内和帝国范围内的暴乱、起义及入侵的威胁，却没有遭遇被彻底摧毁的命运。英国不仅避免了一败涂地的结局，甚至比任何在战争中脱颖而出的对手都表现出更加强劲的势头，发展成为帝国霸权。战后的英国不但没有摇摇欲坠，反而因致力于美国危机引发的复兴与重建使国力得到加强。因此，美国革命根本没有延缓大英帝国的崛起，反倒是促成其发展的至关重要的因素。19世纪英国的扩张，实际上是以在美国革命中的损失为前提的。战争迫使英国以崭新的、集权意识更加强烈的、等级观念更加森严的专制姿态来思考帝国命运，从而使英国无论在国内还是遥远的帝国领土上，都加强了控制力度。英国在法国大革命及其引发的战争中得以幸存，很大程度上归功于它在1776年至1789年采取的反革命措施。同时，美洲殖民地的丧失改变了英国对于帝国的认知。美国的战争给了英国人重新想象他们帝国的空间，那个一度被视为腐败丛生、道德败坏、伦理混乱的帝国，要成为国家荣誉、道德榜样和文明典范的先驱。如果没有美国战争的经验，19世纪的英国便不会有向全球扩张的帝国信念。[6]

当大英帝国从内部稳定下来时，美国革命却破坏了英国在欧洲、亚洲和美洲的主要对手的稳定局势。法国取得了胜利，但付出了国家破产、走上革命道路的惨痛代价。西班牙的胜利则是以其在美洲的属地属民的分裂与纷争为代价的，并由此播下了暴动的种子，击垮了其复兴帝国的企图。美国战争期间及战后，澳大利亚、俄国和奥斯曼帝国对东欧局势过于关注，对英国在亚洲的扩张行为失去了阻止与破坏能力。在印度，像迈索尔王国和马拉地帝国这样曾经野心勃勃的扩张主义强国，也遭到美国革命的致命打击，错失了抵制英国统治的最后良机。英国的境遇似乎自相矛盾：虽然其在美国战争中落败，却因此强化了帝国政府对英国、爱尔兰和印度的统治，扩大了帝国在亚洲、非洲和太平洋地区的势力范围，并且削弱了全球范围内的所有其他主要对手的力量，为全球帝国霸权铺平了道路。

如果以1775年的目标为衡量标准的话，当时英国依然希望保有其在北美的殖民地，那么英国的最终败北，初看上去无疑就是一场失败。但是事后回望，从英国在19世纪崛起为全球霸主的角度来看，这场战争其实是无与伦比的成功，是英国面对巨大的挑战依然处于领先地位的绝好证明。英国在各个方面都受到了其在欧洲、美洲和亚洲的所有主要对手的联合夹击，它也因此遭遇了一些麻烦，失去了大西洋地区的一些领地，但是它最终还是抵挡住了挑战，巩固了海洋霸主的地位，强化了对加勒比海的控制，扩大了在印度及亚洲、非洲和太平洋地区的利益，并给予了对手沉重的，有时甚至是致命的打击。美国革命对于美国的重要意义自然毋庸置疑，但是因它而起的英国胜利和世界灾难，也许意义同样重大。

《重启世界》主要讲述英国是如何"赢得"美国革命的。尽管如此，本书不仅仅是英国如何逆转危机的胜利者叙事，也不仅仅是勇敢的英国佬续写征服西班牙无敌舰队或者"为不列颠而战"的英雄业绩和传奇故事。相反，在帝国纷争、帝国主义横行的世界中，英国在美国战争中所取得的成就，给英国民众乃至全世界的人民带来了可怕的后果。在众所周知的军事冲突与对抗的表象之下，隐藏的却是无数生命和制度发生颠覆性改变的事实，这种改变至今仍在世界各地发出回响。对于绝大多数的地球居民而言，根本不会关心这场在英属北美暴发的内战，更不会关心这场战争所激发的思想与情怀，对他们来说，美国革命就是一场灾难：它带来的不是崭新世界的诞生，而是熟悉的古老世界的死亡。对于南美、印度、澳大利亚、非洲和克里米亚等地区的人民而言，它意味着急剧衰落的开始；对于像西班牙、中国、奥斯曼和荷兰这样的旧帝国而言，它则为世界强国的谢幕提供了最宏大的舞台；对于印度和爱尔兰而言，它是20世纪中叶之前它们为寻求自身独立而发出的最后一枪；对于法国而言，它则成为混乱与血腥时代的触发器。具有讽刺意味的是，只有美国、英国和俄国享受到了令其他国家望洋兴叹的积极果实。

因此，美国革命无疑起到了重塑世界的作用，只是这种重塑完全背离了理想样貌。在大多数关于美国革命、关于战场和论战的记述中，充斥着高贵将军和开明政治家的伟岸形象，为这个本质上肮脏血腥、混乱无序的时代蒙上了体面的带光环的饰面。然而，这些耳熟能详的老套背景和人物却像一层阴影，向普通民众掩盖了一个被彻底颠覆的世界。这场帝国内战的暴力余威，影响了上自国王议员，下至穷人罪犯的各色人等，影响了从波士顿、费城到伦敦、加尔各答和植物湾的世界各地——这才是全球性美国革命的显著特征与重要遗产。《重启世界》首次讲述了这些被遗忘的个体的故事，展示了个体与机构、地方与全球是如何不可逆转地交织纠缠在一起。美国革命依然是引发激烈争论的话题，其造成的地缘政治与经济后果是众所周知的。在18世纪末激增的无数日记、书籍、报纸和信件中，反映和讨论的都是富人和受过良好教育的上层人士的战时经历，而穷人的声音，普通男女的挣扎与胜利则几乎总是只字不提。不过，如果仔细认真地翻阅档案，我们还是可以听到他们微弱的声音。本书呈现的就是数以百计的令人心碎的故事，揭示了战争在世界范围内造成的巨大后果。具有帝国色彩的美国革命永远地改变了普通民众的生活，蹂躏了无数社区，迫使成千上万人跋涉到遥远的他乡开辟新的家园。他们在那里苦寻机遇，遭遇毁灭，陷入牢狱，甚至命丧绞架。其中一些人则挣扎着要摆脱帝国的桎梏，像米凯拉·巴斯蒂达斯、迪安·马哈茂德和耶默拉瓦尼这些普通的男男女女，便被命运抛到革命所缔造的世界中，饱尝被束缚、监禁和流放的苦难。这就是他们的故事。

第一章
英国的动荡

1780年6月6日，星期二，伊格内修斯·桑乔从他的杂货店的橱窗向外望去，映入眼帘的是危机四伏的混乱景象——他的杂货店位于伦敦梅菲尔区查尔斯街。桑乔是位废奴主义者、著名的文学家，也是第一个在英国获得投票权的非洲人，而他之前的身份却是奴隶。他一出生便饱尝人间苦难：他出生在前往西班牙殖民地新格拉纳达的一艘奴隶船上，他的母亲在新格拉纳达的种植园中忍受非人的折磨，而他的父亲则在绝望中自杀身亡。1731年他来到英格兰时还是个孩子，同时也是奴隶身份。不过，他的机敏和聪慧引起了蒙塔古公爵的注意，于是公爵把他纳入自己门下，在有生之年一直做他的支持者和赞助人。通过蒙塔古，桑乔进入了伦敦文学界，并深得业内人士的喜爱。他和劳伦斯·斯特恩、托马斯·盖恩斯伯勒和戴维·加里克等人成为朋友，一直保持通信联系。尽管桑乔几乎一生都在英格兰生活，拥有自己的财产，甚至逐渐成为受人瞩目的公众人物，但是英格兰从未真正让他感到心安自在。作为漂泊在茫茫白人海洋中的非洲人，他觉得自己在英格兰"不过是个寄宿者"，"甚至连寄宿都谈不上"。[1]

然而，他也深爱领养他的家庭，珍视享有的自由，对自己获得的"诸多恩宠"充满感激。他可以严厉地批评英国，尤其针对英国在奴隶贸易中的作用，但是当美洲殖民地那里开始酝酿麻烦，他却本能地站在国家的立场上对反叛者大加斥责。起初，冲突看起来非常遥远，然而到了1780年，战争似乎就在他来之不易的住所外的街道上爆发了。他在写给一个朋友的信中说，"大约有一千个手持木棍、铁锤和撬棒的疯子"，在闷热的夏日傍晚从他门前蜂拥而过。一名刚从抵抗美国及其盟国的战场上回来的水手是这群暴徒的首领。他们说，这群暴徒"要冲到新门监狱，去解放那些正直老实的同志"。这所监狱是英国邪恶的新司法制度的象征，当他们到达这座新建不久的监狱时，愤怒的人群发出如雷的吼声。他们冲进监狱，释放了在押的一百一十七名囚犯，都是些小偷、强盗、强奸犯和杀人犯。他们砸碎了门窗，摧毁了教堂和看守者的房子，然后将这座庞大的建筑付之一炬。到了早上，这所新监狱几乎被夷为平地。[2]

可是那个夏夜的怒火，并没有随着新门监狱的焚毁而平息，刑事司法制度的其他象征随即也落入暴徒们冲天的怒火之中。"随着新门监狱的大门洞开，弗利特监狱、马夏尔西监狱、王座法院、克勒肯维尔监狱、托特山男子监狱的大门也先后被攻陷；新门监狱几乎成了灰烬，三百名重犯从那里流窜到世界各地。"惊恐万状的伊格内修斯·桑乔这样记述道。从伦敦诸监狱中得到释放的囚犯总共达到一千六百多名。在暴徒们眼中，他们是受到制度残忍迫害的牺牲品，而非对秩序造成威胁的危险分子。一名因参与骚乱而被判处死刑的暴徒后来承认，大家希望看到的结果是"将伦敦所有的监狱全部摧毁"。著名司法官员的私人住宅，也成为暴徒摧毁的目标。威廉·海德法官的房子被抢劫一空，所有家具物件都被扔到大街上烧毁；戴维·威尔莫特的房子被夷为平地；约翰·菲尔丁爵士——首都新政策的推行者，也是小说家亨利·菲尔丁的兄弟——的家则被付之一炬。甚至连位于时尚核心布鲁姆斯伯里广场的首席大法官曼斯菲尔德的宅邸也"悲惨殉难"，栏杆被撬开，窗户被砸碎，珍藏的画作、家具还有二百多个笔记本被烧成灰烬。曼斯菲尔德勋爵及其夫人趁乱从后门仓皇逃命。在曼斯菲尔德宅邸的骚乱中，六名暴徒在混乱中毙命，其中一名是刚从新门监狱跑出来的死刑犯。桑乔对此尖刻地评论道："如果不被释放，他倒还能多活几个小时。"那天晚上，日记作者范尼·伯尼望着这人为的万丈火光，似乎感到整个伦敦的司法界都被火焰所吞没。"我们的广场被正在焚烧海德法官物品的火光照亮……另一边则是从新门监狱燃起的大火，考文特花园那边的火光烧的是菲尔丁法官的房子，而另一场发生在布鲁姆斯伯里的大火则是点燃曼斯菲尔德勋爵的府邸所致。"所有这些传递出的是民众对于不断变革的英国司法制度的愤怒情绪，而这些的根源正是美国革命。[3]

这些是英国史上最为严重的骚乱，发生的根源是普遍的反天主教情感，以及对1778年《天主教救济法》的反应——至少名义上如此。但是，伦敦的监狱和伦敦司法界精英的府邸遭到如此巨大的破坏，却并不仅仅是宗教偏见的结果，美国革命本身也是造成巨大伤害的元凶。伊格内修斯·桑乔和范尼·伯尼言之凿凿所记录的，其实正是人们对英国新秩序的激烈反应。新秩序彻底颠覆了之前的司法和惩戒体系，是为了应对美国革命所引发的犯罪、混乱和恐惧危机而蓄意打造的新体系。伊格内修斯·桑乔在1780年夏天所描绘的疯狂堕落图，是多年来蓄积的压力达到巅峰时井喷的结果。这场始于五年前——1775年——的战争，已经蔓延到了英国的美洲殖民地之外，把法国、西班牙和荷兰共和国都拖进了全球大旋涡之中，继而威胁着整个世界。这原本是一场帝国的内战，结果却变成帝国主义的世界大战，战火已经越过遥远的大西洋西海岸，不断向更远更深处延伸。随着战区的快速扩张，英国已从边线移到前线，英国人也从安居在岛国要塞中的超然观察者，转变为时代创伤中的积极参与者。

如今，威胁似乎已经逼近本土——入侵的外敌、革命的同情者和胆大包天的罪犯，似乎转眼间出现在各个角落，这种情况令人焦虑不安。英国曾自以为是地认为，战胜美国是件轻而易举的小事，那是他们命中注定的胜利。如今英国却被惧怕、偏执和恐慌的情绪所笼罩，国家情绪发生了彻底改变。对不同政见、不够忠诚的人以及犯罪和混乱的态度变得越来越强硬，直接促发了英国历史上最为严重的民众暴力事件。而那些骚乱，反过来只是证实和强化了英国对于脆弱国力的最深重恐惧，对革命时代所引发的危险的最强烈恐慌。伦敦被战争蹂躏得千疮百孔，当伦敦人在残瓦碎砾中搜寻和清理时，这个国家则开始了精神与制度的重构。重新思考如何对抗革命，重塑英国的国内政策，将有助于其在未来的动荡岁月中遏制犯罪，阻止混乱，抑制革命浪潮。

在首都伦敦的街道上一眼就可以看出美国革命不是寻常冲突的迹象，也能够明白英国不可能幸免于大洋对岸那场革命的危险——1775年之后的几年里，伦敦的犯罪行为和混乱景象以惊人的速度增长。这本身是极不寻常的。在英国的历史上，一般情况下，战争时期的犯罪率都会下降，因为最有可能犯罪的人——穷困的年轻男子——都被征召入伍并派到国外参战去了。然而，美国独立战争期间的犯罪率却直线上升，与历史的既定模式呈相反态势。1779年至1782年间，伦敦的起诉率上升了50%，而且均是在美国战争结束后的几年中才增长起来的。犯罪激增的部分原因是，实实在在的全球冲突给英国人民带来了巨大压力。18世纪的犯罪率很大程度上是男性所推动的，而战争却见证了一个极不寻常的现象，即男性和女性都成为犯罪增长的根源。战争使留在家中的士兵与水手的妻子们举步维艰，越来越多的人将犯罪视为生存之道也便不足为奇了。玛丽·麦克丹尼尔诉说了她堕入犯罪深渊的悲惨原因："我们稀里糊涂地做出些不计后果的事儿，其实也是自然的，先生。我的丈夫和儿子都死在美国了。"在丈夫和儿子都死在大洋彼岸之后，像麦克丹尼尔这样的穷困妇女，并没有什么别的选择，只能从事些低贱卑微的工作，比如在富裕的邻居家里做清洁工或者女仆之类。她在法庭上说："我出去辛辛苦苦干些杂活，就是为了口面包。"由于没有可靠的收入，再加上喝酒已经成为生活中必不可少的日常，她就越发难挣到钱。于是，麦克丹尼尔开始偷窃，目标是那些刚刚发财的士兵。他们跟她丈夫不同，他们活着从战场上回来了。像这样因绝望而犯罪的人并非少数，她绝不是鲜见的个案。[4]

在战事纷乱的绝望年代，各种犯罪活动便会空前激增，呈现暴发之势，而在所有的犯罪活动中，最令英国政府担忧和恐惧的、最能引发混乱的就是走私。许多在绝望中蠢蠢欲动的英国人紧紧抓住战争赋予的机会，一股脑地加入了蓬勃发展的走私贸易的行列，使得英国海岸混乱不堪。美国人可能会对像茶叶这样的常用"奢侈品"征收关税感到愤怒，而其实这种税收与英国居民要缴纳的茶叶、烟草与烈酒的类似关税别无二致。这些税收在军事支出日益增长的国家至关重要，战争时期自然会提高。在冲突不断的18世纪，这些资金起到了关键性的作用。[5]

东印度公司对茶叶进口的垄断只会使问题变得更糟。这家公司利用其特权地位控制茶叶的销售量，哄抬价格，人为造成了茶叶成本的飙升，使茶叶价格比欧洲其他国家高出很多。在阿姆斯特丹，茶叶价格是每磅六便士，而伦敦的价格是五先令，甚至更高，英国价格中的四先令九便士是关税直接作用的结果。由于茶叶价格的差距如此之大，而荷兰和英国之间的距离又如此之近，因此几个世纪以来，与低地国家和英伦诸岛之间的合法贸易相伴随的是相当火爆的非法贸易。[6]

对消费税的深仇大恨是一种跨大西洋现象，只要关税存在，英国和美洲之间的走私活动就一定会无比猖獗。人们对高昂的消费税和激增的走私活动无比愤怒，那些胆大包天绕过海关的人都发了横财。"七年战争"及其引发的美国革命正是滔天怒火的大爆发。在美国革命期间，持续增长的经济刺激引发了英伦诸岛的走私浪潮。

走私行为无比猖獗，据估计，截至1783年，参与走私活动的大型船只有一百二十艘，小型船只有二百艘，全天候参与走私的人数达两万人之多。要知道，18世纪末的英国人口大约是八百万人，因此非法贸易的庞大规模，绝对会成为关注的焦点。无论是通过走私直接获取利润，还是通过供应廉价的茶叶、烟草、烈酒和丝绸间接获得收入，从走私活动中受益的人数越来越多，而英国政府却在最关键的时刻损失了大量税收收入，这是它无法承受的。1783年，英国海关总署发布了一份报告，报告中估计每年走私到英国的茶叶多达两千一百一十万磅，政府因此损失巨大。据估算，仅通过海峡群岛进行的非法贸易所导致的税收损失就高达一百万英镑。[7]

　　关税的不断增加并非18世纪60年代和70年代黑市活动惊人增长的唯一刺激因素。随着美洲战事的爆发，英国陆军和海军对人员的需求持续增加，海关部门的人力迅速流失，去填补了英国军队的缺口。于是，在海岸巡逻的人员和船只越来越少，为走私者提供了相对自由的环境。对于1783年在萨塞克斯的库克米尔港活动的走私人员来说，他们更害怕的是秋天海水的汹涌狂暴，而不是海关人员。据报道：

　　　　两三百名走私者骑着马到库克米尔，从船上接收各种不同的货物，最后所有人都满载而归，大获全胜。整个过程对皇家职员可谓公然冒犯。大约一个星期之前，有三百多人在那个地方出现。尽管海浪如山般汹涌，但乘着小快艇的勇敢船员们还是成功登陆了。[8]

　　由于走私的回报高得不可思议，因此几乎全民都参与其中，或者至少会在黑市充当同谋。尽管有许多人积极地从事登陆、藏匿或者运输违禁货品的活动，但是其他人的罪行无非就是为逃税商品提供市场，或者有意对非法活动视而不见而已。到了18世纪末，英国已经成为一个热衷于饮茶的国家,大部分人一天要泡两次或者更多次香茶。而据政府估计,英国消费的茶叶中,大约有三分之二没有经过海关,都是非法走私而来。可以说,在18世纪,消费非法的茶叶、白兰地和烟草,与走私分子进行交易,已经成为英国人的日常。[9]

尽管当地居民和许多当地官员都对走私抱以同情态度,或者至少有种矛盾心理,但是政府却不能对此网开一面。在国家风平浪静的最好时候,走私破坏的是国家收入;而在与美国、法国、西班牙、荷兰、马拉地和迈索尔的战争期间,来自关税的资金是决定英国生死存亡的重要因素。在这样的时代,每一个先令都要用来支付军队、船只和武器的费用,于是走私就成为无法容忍之事。由于走私者和政府都受到战争时期高额利润和税收需求的刺激,暴力变得不可避免。

美国革命爆发之后,走私者与海关官员之间的武装冲突呈现血腥之势,反映出当时局势的紧张。随着法国、西班牙和荷兰于1778年也加入战争,双方的交锋愈演愈烈。1778年7月,奥福德的民兵被迫与当地一伙走私者交火,那些走私者当时正打算在萨福克海岸卸下一批未加工的货物。在海滩上巡逻的民兵准备上前盘查时,遭到了小艇上走私者的全力攻击,直到军队赶来才算真正制伏了走私者。五年后,萨福克海滩再次发生流血冲突,当时有七十名为了躲避侦查的蒙面走私者在索思沃尔德海滩上与由海关官员和骑兵们组成的联合部队发生了激烈冲突。硝烟散尽之后,留在萨福克海滩上的,只有一名走私者的冰冷尸体。[10]

英国的东海岸不是唯一见证走私贸易可怕后果的地方。1784年7月,英国皇家海军单桅帆船"皇家海军"号船长威廉·艾伦收到情报说,走私者试图在多塞特郡基督堂港口外的穆德福德海滩卸载一批违禁白兰地和茶叶。于是,艾伦驾驶"俄瑞斯忒斯"号小艇,在两艘征税船的陪同下,从穆德福德海滩外绕行而去。接近事发地点时,他们发现两艘刚从海峡群岛驶来的、满载着走私货物的拖船。海滩上一片繁忙景象，三百多名走私者和同情走私的当地人正匆匆从船上卸载货物——大约有十二万加仑白兰地和二十五吨茶叶——并把它们搬到内陆的马车上，共有三百多匹马拉着五十多辆小车等在那里。艾伦船长知道，数量如此之大的货物所提供的收入，正是饱受战争蹂躏的舰队所迫切需要的。毫无疑问，他绝对不能让走私者们登陆。艾伦命令手下放下六艘小船，让全副武装的士兵登上小船，划到岸边去收缴走私者的拖船及违禁货品。

然而，岸上的人也注意到了税务人员的逼近。当地名声最响的走私者约翰·斯特里特立刻骑上马，跑到附近一家名为天堂屋的酒吧，招呼更多的人手来帮着运输茶叶和白兰地，抵制那些代表法律来收税的人。一些人帮着把货物搬上岸，指点着藏在哪些地方；另一些人则在海滩上挖起了壕沟，为战斗做准备。他们没来得及准备多久，艾伦船长就带领他的手下接近了拖船。他要求走私者投降，这一指令换来的是胆大妄为的罪犯们的迎头痛击。水手们报以猛烈还击，最终逼得走私者们撤离海滩，跑到天堂屋那里躲避。水手们追到那里，相互之间爆发了一场长达三个多小时的交火。

这场战斗的代价相当高昂。艾伦船长在交火不久就被击倒，之后很快便因伤去世。基督堂修道院被"俄瑞斯忒斯"号发出的枪弹射中，损毁严重，而天堂屋酒吧则几乎被夷为了平地。拖船被缴获，但是走私者们却带着货物逃掉了。只有一个走私者被捕，并以杀害艾伦船长的罪名遭到起诉。这个名叫乔治·库姆斯的罪犯因为走私行凶被处以绞刑，他的尸体被绞索挂在已成为废墟的天堂屋酒吧那里，用来震慑其他走私者。然而，社区的人并没有被吓倒，反而有人大胆砍断了绞索，让库姆斯的尸体入土为安。关税的利益太大，大到无论是政府还是走私者，都愿意为之奋斗，甚至为之献身。[11]

到了1783年，事态变得越来越无可回避，必须要采取相关措施了。走私猖獗，税收的需求迫在眉睫，但是当前的情势对违禁货品和税收都几无影响。1783年4月，福克斯-诺斯联盟执掌大权，波特兰公爵接替谢尔本爵士出任首相，采取行动的时候到了。著名的演说家、哲学家和议员埃德蒙·伯克被任命为军队的财务主管，而他上任后很快便找到了平衡收支的办法。他要求海关委员会就非法贸易问题提交一份报告，这份报告令政府大为震惊，毅然决定采取相关行动。然而，海关推行的改革尚未完成，福克斯-诺斯联盟就被二十四岁的小威廉·皮特的新内阁取代，伯克的职位自然也随之被他人接替，他的《东印度公司法案》也被否决，联合政府退出历史舞台，但是迫切需要的海关改革却得到皮特的继续执行。

一些英国人很早就意识到，适度的关税事实上比重税能够带来更多的收入。道理很简单，适度的关税能够削弱逃税的动机。在1776年的经济巨著《国富论》中，亚当·斯密认为，高赋重税会制造合理的避税动机，因此不可避免地导致税收减少，无法实现税收意图。斯密没有指责走私者，走私只不过是市场条件下的理性行为。斯密认为，走私者"无疑是践踏国家法律的罪魁祸首，应该受到强烈谴责，但是如果法律自然公正，他们是绝对不会违法的。而且，他们天性良善，如果不是因为国家法律的原因，这些人从哪个方面来看都会是优秀的公民"。拙劣的海关法制造了原本不应该存在的罪犯。因此，解决走私问题的办法不是提高关税或者去镇压，而是降低关税。[12]

新上任的皮特将这个建议铭记在心，并于1784年开始对海关进行大规模的彻底改革。他将茶叶税从119%降到12%，白兰地税从每桶九十多英镑降到每桶四十三英镑。另外，皮特还简化了会计制度，取消了差别关税的做法。与此同时，他对继续从事走私贸易的人采取了强硬态度。随着1784年《悬停法》的实行，皮特赋予了政府相应的权力，只要在距海岸三英里范围之内发现载有咖啡、茶叶或酒的任何六十吨以下的船只，均可予以扣押。同样，任何载有桶装六十加仑以下烈酒的船只，一经发现均可被没收。1785年，当一场风暴将走私船送进港口时，皮特立刻不失时机地将其新原则付诸行动。他派了一个兵团的力量捣毁了那个赫赫声名的走私窝点，将所有看到的船只全部缴获并烧毁。随着关税的减少，针对那些胆敢继续藐视法律的人的措施也更加严厉。[13]

皮特改革的影响可谓立竿见影，效果相当显著。改革前，依法通过海关进口的茶叶是四百九十六万磅。1785年，即减税措施实施仅一年之后，就有一千六百三十万磅的茶叶通过海关，增加了近三倍之多。事实证明，皮特和亚当·斯密都是正确的。减税方案既极大地减少了走私，国家税收也得到增加。与此同时，许多国人的态度也发生了改变，越来越多的人将走私视为威胁，而不再是可以接受的日常经济生活的组成部分。对走私者的惩罚措施也越发地严厉，从前以罚款方式进行处理的走私行为，如今都以死刑论处。到1785年，伴随美国独立战争而兴起的走私活动基本得到遏制，海关官员和走私者之间的激战也很快成为另一个时代的遗物。然而，美国战争导致的犯罪浪潮，却也迫使英国从根本上反思其司法制度，因为战争切断了英国传统的安全阀，导致犯罪行为和混乱局势日趋严重。[14]

刑事审判数量的激增并不单纯是犯罪行为日益增加的结果，对混乱的恐惧也是诉讼增加的一个重要推动因素。在前几次战争期间，政府通过加大赦免力度，尤其是对非暴力犯罪的赦免，作为对情势变化的回应。然而，在美国独立战争期间，对国内混乱局势的高度关切意味着这种宽容策略无法再被接受。因此，随着战事日趋严峻，人们对于犯罪和混乱的忧惧日益加深，需要寻求新的措施来打击这种日益抬头的祸患。这种不断强化的恐惧首先体现出来的结果之一，就是在首都法庭出现的对犯罪分子的暴力镇压。在伦敦中央刑事法庭"老贝利"，随着当局开始减少赦免的数量，战争期间的死刑判决达到战前的三倍，而处决的罪犯人数则达四倍之多。鞭刑和烙刑这种惩戒偷盗行为的传统刑罚也在这几年呈激增态势，所有这些都是由于在被恐惧笼罩的时代对犯罪行为越来越无法忍受。受到惩罚的总人数达到令人震惊的程度。在1780年至1787年间，仅伦敦被处以绞刑的罪犯就达五百人之多，人数达到过去八十年被处决人数总和的三分之一。[15]

战争的结束只会让事情变得更加糟糕。战争，尤其是像美国革命这样的全球性战争，使陆军和海军得到了突飞猛进的扩张，为一部分人提供了可以获得正常工资收入的生活前景。这部分人一般都是社会中朝不保夕、勉强糊口的阶层，他们日复一日靠四处打零工或者季节性劳动维生。不过，大规模的征兵动员也带来可怕的社会后果。长期以来，英国一直担心常备军会不可避免地导致君主专制，就像海峡对岸的法国那样，因此，英国不允许职业军队在和平时期驻扎留守。这样的策略的确能够保护国家不会在内部形成暴政，但是随之产生了战争爆发时迅速扩充军队，战争结束时迅速遣散军队的需要。对于四处打工却无法找到固定职业的人来说，大规模征兵动员也许是一个福音，但是随后的大规模遣散则又将国家置于危险之中，因为这些武装精良、训练有素却没有工作或前途的人，有靠掠夺为生的潜在危险。在战争时期，尤其是在战争与和平的边缘时刻，帝国英雄与罪犯恶徒之间的界限确实非常明晰。当他们远在美国或者印度为国王而战时，或者当他们在公海上为了保卫祖国浴血奋战时，他们是没有危险性的。士兵和水手也常常被描述为英国利益的维护者，是使战争机器正常运转的有用齿轮。一旦回到家乡，他们就立刻转变为具有潜在危险性、有犯罪倾向的过剩人口。战争可以提供利用人口中的边缘分子达成战略目的的绝好机会，但同时也带来这样一个事实：穷困无着、收入微薄但训练有素的杀手，最终会登上英国海岸，消失在茫茫人海之中。

在18世纪，国际和平通常意味着国内混乱。每一次重大战争之后，犯罪浪潮就会接踵而至，因为数以万计过剩的士兵和水手会在一夜之间突然失业。各国政府都将战争的爆发视为一种追求战略利益的手段，同时也是英国消除边缘化过剩人口的手段。陆军和海军征兵的目标人群都是穷人和失业者，而这类年轻人最容易转而成为罪犯。在司法体制的每一层级——审判前、审判中和审判后——服役一直被用作刑罚的一种替代形式，罪犯们不用挤向绞刑架，而是扩充到军队之中。

18世纪军队的死亡率非常高，因此谁也不能保证他们能活着回来，而那些活着回来的人则几乎找不到任何工作，要么就是工资被严重拖欠。他们成群结队地回到伦敦或者南部的港口，致使犯罪率陡然飙升。1780年，退伍军人多达十三万人，占当时英国总人口的2%，占成年贫困男劳力的20%。饱受多年战乱蹂躏的国家无法迅速容纳这么多人，在与美国的冲突结束后的几年间，犯罪率上升了35%，甚至更多。之后的犯罪率一直处于令人震惊的高度，直到1793年，英国与革命中的法国宣布开战，局势才得以缓解。当时有人曾这样悲叹："时代造就了优秀的士兵，却粉碎了职员的梦想，消灭了其服从精神，赋予了其过多的自由。"[16]

来自富勒姆的园丁约翰·菲茨帕特里克亲身体验过穷困退伍士兵的潜在危险性。1783年3月，菲茨帕特里克行进在伦敦与富勒姆之间的要道上。那时候，富勒姆还是个乡下村落，与伦敦隔着农田和荒野。当时无人不知进出伦敦的道路就是强盗们的猎场，因此当两个男人突然在"星光微明的黑夜"出现在菲茨帕特里克眼前时，他当场就被吓得魂飞魄散。那两个人用强盗才用的黑话命令心惊胆战的园丁站起来"送货"。其中一个拿刀的人"把他吓坏了"，于是菲茨帕特里克乖乖照办，把他的手表、表链，还有一些印章、一把钥匙、两个半克朗都给了那两个夜袭者。劫匪消失在夜色之后，菲茨帕特里克赶紧叫来了守夜人，其中一个嫌犯被守夜人抓住。几周后，菲茨帕特里克在利奇菲尔德大街认出了另一个劫匪，于是也将他捉拿归案。

经过审判，菲茨帕特里克之所以在案发数周之后能够认出劫匪的真相也大白于天下。那天晚上相当黑，只能凭借星星的微光隐约辨别劫匪的脸。可是，那个被指控在交通要道实施抢劫的嫌犯约翰·罗杰斯只有一只手。罗杰斯在法庭上解释说，他是被迫入伍的，之后被"编入康沃利斯勋爵的部队并派到美国作战。他的手在中枪六个小时之后被砍掉了"。即使是在良好的环境中，退伍的贫穷士兵都很难谋生度日，而他却少了一只手，犯罪似乎是他唯一的选择了。最后，连标示其效忠王室的创伤，也成为把他送上绞刑架的原因。法庭最终确认他有罪，判处他死刑。[17]

士兵们，尤其是那些受伤的士兵，在这一时期的犯罪记录中呈现出令人沮丧的规律性。1782年，因盗窃手表受到指控的威廉·哈里斯后来被法庭撤诉并释放，因为法庭得知"自入狱之后，他一直处于精神错乱的状态"。法庭做出的回应是，"应该将其无罪释放，先生们，他是无罪的"。在战争中，哈里斯的脑部应该是受到了伤害。他告诉法庭说："我在美国待了八年……我在美国跟随康沃利斯作战，辗转过五个不同的地方，头部足足中过三枪。去年11月我回到家乡，每到满月的时候，我的脑袋就变得晕头转向。"[18]

由美国战争引发的犯罪与判决的大规模增长势头，使得英国当局陷入了严重的两难境地。18世纪后期，《黑人法案》和《血腥法典》依然以病态的方式运行，律法相当严酷，任何金额超过一先令的偷盗行为都会被判处死刑。事实上，到18世纪末，能够被判处死刑的犯罪行为达二百多种。[19]然而，尽管三棵树绞刑台和英国其他绞刑台都忙碌不堪，从不缺少使用者，但是当时的情感倾向却并不像书面记录上所表现的那样血腥冷酷。

面对这样的犯罪浪潮，要想让所有的英国人都免于绞索，就需要用聪明的斡旋之策来解决数目庞大的死刑犯问题。毕竟，如果法律在任何情况下都将其条文律令发挥到极致，那么谁还愿意耕田种地、洗衣织布、餐前餐后地殷勤服侍呢？因此，我们经常会遇到上演各种闹剧的陪审团，他们发现十先令的硬币其实只值五先令，于是便虔诚地做出伪证，救下一个小贼的性命。尽管这些法律在实践中有时是非常荒谬的，却不能简单地予以改写或者加以改良。立法者们认为，法律的恐怖性和威严性是必不可少的，是惩罚顽固罪犯，给易受影响的年轻人立威树样所必需的。当严苛的法律和慈悲的心肠陷入矛盾时，恐怖与仁慈作为英国司法体系中的双重职能就需要协同联手，共同发挥作用，既要向恶人显示正义的复仇力量，又要对数以千计的小偷小盗及其他轻微罪行网开一面。[20]

正如这一时期经常发生的情况一样，这一棘手的法律困境在英国的殖民地那里找到了答案。自17世纪初以来，英属美洲殖民地一直是过剩的无地穷人的方便出口，于是那些负责改善刑事司法系统的人也转向了这里。他们将这块遥远的、令人愉快的垃圾场视为一个社会安全阀，即把那些因为太顽固而不能留在英国，但其危险程度又不足以彻底铲除的罪犯送到美洲，让他们在那里服刑七至十四年。

英国寻求新的惩罚措施，对于重塑大西洋世界提供了诸多帮助。它迫使大约五万人从旧世界转移到新世界，从而帮助英国缓解了人口压力，也为殖民地建设提供了急需的劳力。这种惩罚性迁移试验在詹姆斯一世时期就已经出现，到了17世纪末期有了将其编入法典法案的提议。不过，真正开始将罪犯大规模迁移到新世界的运动，是在1717年实施了《运输法》之后才开始的。这种开拓性的、看似非常人道的惩罚措施在18世纪逐渐流行起来，并于1765年达到顶峰，当时在伦敦被宣布送出国门的罪犯令人震惊地达到罪犯总数的73.1%。到了1775年，尽管一些法官和政治家对于将罪犯运送到越来越繁荣的美洲殖民地的行为是否还算严格意义上的惩罚表示怀疑，但是截至1775年战争爆发时，伦敦送出的罪犯数量占比依然高达一半以上。[21]

资本很快就渗透到运送体系当中，这是资本主义的本性所致。承包商们开始争抢将罪犯运送到大西洋彼岸的权利，并通过出售他们运送的男女劳动力来弥补各种开支。罪犯们一抵达马里兰或弗吉尼亚，就会作为契约工被卖给切萨皮克潮水带那些急需劳动力的种植园主们，成为其他非自由农业工人、非洲奴隶和欧洲契约劳工的源源不断的补充。服刑工人的条件各不相同，不过，正如所有的强迫劳力一样，他们的处境大都相当凄惨。他们像奴隶一样，如果逃跑就会被全力搜寻、抓捕并且遣返。当时的报纸上充斥着诱人的赏金广告，吸引人们把逃走的罪犯仆人送回来。

美洲殖民者对于罪犯有着相当复杂的感情。一方面，在许多地方，罪犯是相对便宜的劳动力资源，是非洲奴隶的良好替代。大约有一半的罪犯被送往马里兰和弗吉尼亚，他们在那里受雇于劳动密集型的烟草工业。乔治·华盛顿早在1774年就亲自购买罪犯，让他们在弗农山庄干活。对于切萨皮克的许多种植园主来说，罪犯劳力带来的好处货真价实，除了更为大众熟悉的悬赏抓捕逃亡奴隶的广告外，当时报纸上也充斥着悬赏抓捕在逃罪犯劳工的广告。例如，在1775年11月的《马里兰公报》上，马里兰塔尔博特县的詹姆斯·布拉多克就刊登了一则广告，悬赏五英镑捉拿并遣返两名罪犯。[22]

罪犯的运送令美洲的许多人获利，但是这种做法也有其黑暗的一面。在美洲，几乎没有人信任罪犯劳工，关于他们那些耸人听闻的故事比比皆是，到处流传着他们罪恶深重、毫不悔改的犯罪行径。在18世纪70年代，当马里兰人聚集在一起讨论即将到来的政治秩序变革时，在考虑是否有可能终结罪犯运输时，他们就会想起约翰·斯威夫特残忍杀害约翰·哈瑟利的几个年少孩子的事情。约翰·哈瑟利是马里兰埃尔克里奇的一个烟草种植园主，拥有昌盛的家业。对许多美洲人来说，很明显英国把欧洲社会渣滓都送到了大西洋对岸，艰苦的劳作和变化的气候并不能改变这些顽固不化的垃圾。在美洲崭新而开明的自由帝国中，没有这些人渣的容身之地。[23]

除了每年要接收大概一千名罪行确凿的重刑犯所带来的实际危险之外，作为整个运送体系的终端，即最后的接收方，也会产生不同寻常的心理影响，或至少在公共关系层面如此。美洲人对于塞缪尔·约翰逊尖刻的调侃感到义愤填膺、怒不可遏。约翰逊说："殖民者都不过是一群罪犯，我们没有将他们送上绞架，他们应该感恩戴德。"本杰明·富兰克林将这种运送罪犯的行为称作"一种侮辱和蔑视，也许是有史以来一些人对另一些人所做的最残忍的事情"。托马斯·杰斐逊则竭尽所能地想把这段肮脏的历史掩盖起来。在革命和罪犯运送结束后的几年中，他言辞凿凿地辩称：

> 被运送往美洲的罪犯人数不足以作为居住在美洲的三个阶层中的一个阶层来看待。罪犯运送的行为是在罪犯历史的晚期才出现的。我手头没有任何书籍能让我指出其开始的确切日期。但是，我认为运送的全部罪犯人数不会达到两千，而且这些人大多疾病缠身，几乎不可能结婚和生育。据我估算，他们和他们的后代加在一起目前大约有四千人，只占全体居民的千分之一多点。[24]

事实上，就在1775年战争爆发之前，依然有大量的重刑犯出现在美洲海岸。起初，罪犯运送只是因为战争不得已而中断，英国的封锁和美洲港口对英国船只的敌意导致罪犯船只难以靠岸。大多数人认为，这只是暂时性停运，运输体系并没有就此终结。及至1776年5月的时候，英国总检察长亚历山大·韦德伯恩依然坚信，"一旦美洲恢复宁静，便可能会继续采用这种习以为常的运输方式"。[25]而殖民者自己也不确定他们的临时政府对于罪犯运送的态度。1775年7月，一艘罪犯运送船在马里兰靠岸，当地观察委员会的四名成员代表与船长见面，并仔细检查了该船的航海日志，发现共有十四名罪犯从英国运送过来。于是，他们立刻依据抵制英国货品的规定，命令该船掉头。船长请求至少允许这十四名罪犯登陆，理由是最近一些罪犯抵达了安纳波利斯和巴尔的摩，当时就刊登了出售广告。代表团经过商议，最后决定罪犯可以登陆，但是风险由船长承担。他们给出的理由是，"在国会的议事日程中，看不到与罪犯或者仆人相关的条例"。[26]

可见，韦德伯恩的乐观情绪完全放错了地方。美洲人民下定决心，要建设一个独立于英国的、崭新的、更加完善的社会，对他们而言，罪犯的输入是绝对不能容忍的。殖民地的大多数人认为，犯罪移民堵塞了法庭，减缓了美洲社会的文明化进程。1751年，本杰明·富兰克林严厉谴责英国在这些问题的殖民立法上的不妥协态度。他说："这些法律严重违背了公共事业，旨在阻止殖民地发展，阻止殖民地人民的进步。"以机智过人著称的富兰克林，把罪犯运输视为一种改良方案的逻辑彻底地翻转过来。他提出，也许英国人应该同意用美洲的响尾蛇交换英国的罪犯——也许双方需要的改革只是改变一下气候。他就此得出的结论是，至少"响尾蛇在试图做坏事之前会发出警告，而罪犯却不会"。在18世纪70年代，美洲的领导人再次深刻地意识到，如果他们的年轻国家打算向"国泰民安"的方向发展，摆脱可能滋生犯罪、抵抗和混乱等不利因素的话，那就不能让英国罪犯在他们的海岸登陆，即使作为廉价劳力也不能允许。由于不愿再顺从地接受这种不受欢迎的货物的进口，新生的美国各州都关闭了港口，禁止罪犯劳力输入。1776年4月，一艘孤独的囚犯运输船在弗吉尼亚靠岸，这是漫长的囚犯运输史上的最后一艘船。从这艘船的船舱中，最后一次向美洲海岸吐出了从英国法院带来的罪恶残渣。[27]

通过关闭英国下层罪犯的主要出口，革命在帝国建设、殖民定居和司法理念等方面促进了革新。对罪犯运送持批判态度的美洲人士可能无法想象，对英国罪犯关闭港口这一措施将从根本上改变世界历史进程——不仅是英国与美洲的历史，还包括亚洲和大洋洲的历史。在接下来的几年中，为英国重犯寻求新的流放地的过程，推动了监狱的发展，促进了对印度的征服，也加快了澳大利亚的定居速度。

战争关闭了向殖民地流放的安全阀。尽管越来越严厉的惩罚措施已经成为常态，但是真的因为小偷小摸和其他轻微犯罪，就将成千上万的绝望灵魂推进万劫不复的死亡深渊，也是所有人都无法接受的。这成千上万的罪犯既不能轻易获得赦免，也不能仅因其行为失当就毫无压力地将其处死，因此需要理性地思考一下这个问题，甚至从功利主义角度做出考量。罪犯运送的推行与实施，不仅仅是为了缓和英国法律的过度严苛，同时也是在日益激烈的国际竞争的背景下，最大限度地利用人口资源的一种手段。英国早就紧张而嫉妒地注视着英吉利海峡对岸的法国的人口数量优势。英国对国外贸易和殖民统治费用的担忧根深蒂固，因此，通过处死罪犯而导致宝贵的人力资源浪费，就显得越发不合情理，或者至少是非常糟糕的帝国战略。

查尔斯·达芬南是提出"贸易平衡"对国民健康具有核心意义观点的政治经济学家。他也这样宣称：

> 毫无疑问，人类的身体是一个国家最宝贵的财富……财富和权力的第一要务就是人民，使一个国家获得平衡的是人民的劳动和勤奋。任何想要繁荣的政府都必须对人民的**增加**和**减少**给予密切的观察。也就是说，人民的增长要通过良好的行为和健全的法律来促进。如果战争或者其他偶发因素造成了减少，就应该尽快制订弥补方案，因为这是政治体制的一种缺陷，会对其他所有部分造成影响。[28]

那些能够最大限度地利用其边缘人口的国家，比如穷人和罪犯，才会在日益全球化的竞争中占据优势。罪犯运送似乎完美地解决了这一问题，把潜在的尸体转变为定居者和廉价的种植园劳动力。然而，美洲对罪犯关闭了港口，于是就需要开辟新的惩罚方案，这个方案既要考虑惩罚力度的需要，也要考虑威慑力的需要，同时还要考虑国家利益的需要。

在几乎没有什么方案可以选择的情况下，当局在英国司法史上迈出了激进的一大步，即将监禁作为惩罚。当然，监禁其实已经实行几个世纪了，可是在18世纪末的危机到来之前，监禁通常都施用于债务人，或者是等待审判的犯人。然而，在美国革命期间，英国人却对监禁变得特别热衷起来。到战争结束的时候，仅在伦敦遭受过监禁的人数就达三万人之多，大约占到人口总数的3%。如果考虑到英国目前的监禁率是0.001%，甚至拥有世界上监狱人口最多的美国，其监禁率也只是其人口数量的0.9%，那么这个数字就显得更加惊人了。[29]

在英国，监狱文化的诞生经过了很长时间的孕育。都铎王朝时期的伦敦，在经济停滞时期面临人口的迅速增长，于是布里德威尔的一座皇家宫殿被改建成专门收容城市无业游民的机构。囚犯们通过在那里工作来纠正游手好闲和违法犯罪的习性。监禁和约束一时陷入穷困之人的想法在全国范围内蔓延开来，英国的许多城镇都出现了"济贫院"。在接下来的两百多年里，通过强迫劳动来改造罪犯或穷困人口——人们觉得穷人早晚会成为罪犯——的想法，就成为政治辩论的常规话题。1576年，英国议会要求每个英国乡镇都要建立济贫院。五十年后，詹姆斯一世成立了一个委员会。这个委员会有权将运送到国外的判决更改为"在国内从事繁重而痛苦的体力劳动，并且被关押在教养院里"。1652年，由马修·黑尔爵士领导的一个委员会承担了法律改革可行性的调研活动，并提出了广泛的监禁制度，不过，当奥立弗·克伦威尔将建立这个委员会的"贝尔朋议会"解散时，它的建议自然也遭到拒绝。由小说家和治安官亨利·菲尔丁领导的一个类似的委员会也提出了建议，内容是判罚重刑犯到皇家船坞做工。但是，这个建议于1751年被上议院否决，因此也未能实施。[30]

现在监狱和拘留所的悲惨状况业已被公众所了解，而在整个18世纪，人们却一直试图改良监狱制度，改善监狱条件。早在1729年，乔治亚殖民地的核心创立者詹姆斯·奥格尔索普就受命领导议会去调查国家监狱和拘留所的惨状。18世纪下半叶，这些改革者又开始呼吁用监禁代替死刑判决以及其他形式的体罚。在日益高涨的刑法改革大合唱中，也许最有影响力的声音属于意大利的理论学家切萨雷·贝卡里亚。贝卡里亚于1764年出版了其极具影响力的作品《犯罪与惩罚》，他在书中主张要理性对待刑事司法，使欧洲的司法改革与启蒙精神中的秩序、协调和务实相辅相成。为此，贝卡里亚认为，惩罚的目的是使其最大化地为公共利益服务。以惩罚为重点的死刑对社会的价值不如监禁，因为监禁既有震慑作用，同时又提供了改造的可能性。[31]

贝卡里亚的改革纲领，或者主要是他以监禁替代处决的倡议，对当时很多名人的思想产生了重要影响，包括杰里米·边沁、托马斯·杰斐逊和约翰·亚当斯。然而，在英国，他的启蒙主义原则在某种程度上充满新教福音派的意味，对刑罚改良史产生了长久而深远的影响。对于约翰·霍华德这样的英国最重要的慈善家和监狱改革家来说，如果监禁能起到改造的作用，那么首先要消除的就是监狱社交带来的负面影响，以及强制性保持沉默并进行个体反思的制度。霍华德的改革观点是建立在其亲身经历的基础之上的。1755年，霍华德在去往葡萄牙的途中被法国人抓获并被关押在布雷斯特。因此，当他于1773年被任命为贝德福德郡的郡长时，他很快就了解到郡内监狱的可怕状况，并对此表示震惊。接下来的四年间，霍华德参观了英国和欧洲境内的很多监狱。1777年，他基于事实的调研之旅，以一部《英格兰和威尔士的监狱状况》的著作画上了圆满句号。霍华德的作品不仅描绘了许多监狱条件恶劣的细节，揭露了囚犯们令人担忧的健康状况，同时也提出了一项迫在眉睫的改革议程。在一系列改良建议中，霍华德主张的单独囚禁方案，成为阻止疾病传播、确保有序监管、迫使囚犯反思罪恶及不良行径的主要对策。霍华德的思想被广泛接纳，赢得了其他改革家和慈善家诸如乔纳斯·汉威的大力支持。汉威认为，监禁是改造游手好闲和犯罪的穷困人口的良好方式。然而，在岁月静好之时，催促政府采取切实有效的具体行动是根本不可能的。只有在危机到来的时候，政府才不得不采取行动。美国革命恰恰提供了这样一场危机。[32]

随着战争的爆发和对殖民地的罪犯运送的中断，建立一个以监禁为基础，以宗教教化和劳动管束为措施的惩罚体系，成为政府的迫切需要，因此得到政府的嘉许。然而，对于改革者来说，不幸的是，现在的监狱既不能容纳更多的罪犯，也无法提供像汉威和霍华德所倡导的那种改造方式。臭名昭著的伦敦新门监狱就是个典型例子：人满为患、年久失修、疾病蔓延。"监狱热"——后来被确诊为伤寒——会定期暴发，囚犯大量死亡，给在监狱附近生活和工作的人群也造成了健康隐患。约翰·霍华德估计，染病死亡的罪犯高达全体囚犯的四分之一，很多人甚至撑不到审判阶段。其实这是人所共知的，更多的嫌犯会死于监狱中恶劣凄惨的环境，而非死于法院强制执行的死刑判决。监禁就是死刑判决的同义词。对于希望通过监禁来加强纪律教育、灌输道德理念的改革者来说，这是一个难以接受的事实。[33]

为了解决这一缺陷，政府出台了一些措施：1774年通过了《目标法案》；为了预防疾病传播，对克拉肯威尔的新监狱等几所监狱进行了翻修。不过，现有的监狱依然空间狭小，无法为犯人从事一些工作提供必要的条件。1776年，当威廉·史密斯参观伦敦的监狱时，他注意到监狱文化的一个有趣之处，以现代人的眼光来看，这一点似乎令人感到兴奋，但在当时18世纪的刑罚改革者看来，它起到的作用恰恰相反。那时的许多监狱都是开放式的，囚犯们在一定的空间里处于相对自由的状态，可以与其他囚犯交流，也可以与前来探望的朋友和家人见面。史密斯注意到，这种行动的便利性使得人们之间可以建立相互支持的伙伴关系，甚至可以建立友谊。他认为这对于改造罪犯是一种危险的障碍。按照史密斯的说法，囚犯们互相分享食物，进行社交活动，"通过这种方式，他们能够组建团体，对社会产生的后果将更加可怕"。[34]

对于威廉·史密斯和约翰·霍华德这样的人来说，这种人为形成的社会团体阻碍了新司法改革的推进。在他们看来，囚犯们应该被分隔开来单独关押，这样他们就会反思自己的罪恶行径，也不会受到其他囚犯的唆使和污染。如果要让游手好闲和犯罪的穷人干活的话，他们那些关系密切的小团体就必须被消除和摧毁，代之以纪律和生产力的基督教伦理教育。史密斯坚持认为："绝不能允许任何两个或两个以上的重犯相互交流，任何条件都不行，一分钟也不行。"有一个委员会就伦敦监狱的情况写了书面报告。用报告中的话来说，囚犯混在一起会导致"举止行为与道德思想的相互污染"，要使囚犯遵守纪律，使改造成为可能，就必须不惜一切代价杜绝囚犯之间的交流。[35]

当时的监狱设备简陋，无法完成这样的任务，而如果美洲危机迫使刑罚改革必须推行的话，就需要为此专门建立新的监狱。但是，改革家们想象中的"全景图"需要大量的时间和金钱支持，随着战事的拖延，就需要采取一些权宜之计了。就在威廉·史密斯参观监狱的同一年，面对战争引发的日益严重的犯罪与混乱浪潮，议会通过了所谓的"罪犯"或称"巨轮"的法案。这就是一项权宜之计，该法案允许给重刑犯提供不同的惩罚方式。男性囚犯将被派去疏通和拓宽泰晤士河，使河道更适合18世纪末日益增长的航运量和更大型的船只。能够支撑这种项目运行的基础设施根本就不存在，于是当局转向了一项行之有效的务实策略。这项工作的合同授予了邓肯·坎贝尔，他本人是运输行业的老手，战前曾受雇于政府，负责向美洲运送重犯。坎贝尔没有为罪犯劳工建造住房，而是将两艘废弃的大船"审查"号和"正义"号改造了一下，改装成停靠在泰晤士河上的浮动监狱。在短短两年的时间内，两艘大船就容纳了三百七十名男劳力，到了1779年，人数已经增至五百人之多。

"巨轮"法案的实施与美洲殖民地的《独立宣言》是在同一年，这不仅仅是巧合。颇有影响力的《伦敦杂志》在论及这项法案时也充分意识到这一点，明确向读者指出，"与美洲关系的破裂，迫使立法机构关注英国刑法的这一修正案"。战争迫使人们就罪犯问题寻求新的解决途径，威慑力和功效性一直是争论的主要话题。"巨轮"法案通过监禁与斯巴达式艰苦条件共用的手段达到了威慑效果，而服苦役又符合国家利益，同时也是一种良好的改造办法。囚犯们的饮食非常简单，喝的也只有水。他们每天都被派去修筑堤坝、疏浚河道，提高泰晤士河的运量，使之具备容纳数千艘船的航运能力。这些船就像一块块肌腱，把首都与殖民地紧密相连，使伦敦成为美洲和亚洲的贸易中心。这个项目当然为国家提供了有益的回报。但是，就如何使罪犯更好地为英国利益服务，当时还有一些其他建议，例如，有一项建议提出让罪犯在战争时期"到战船上工作，可能会有更好的效果"。[36]

承担监狱功能的"巨轮"的条件没有任何改善。《威斯敏斯特杂志》的一位女记者参观了停靠在伍利奇的"巨轮"，并随后报道了她对这些"巨轮"的印象："悲惨而可怜的人们，他们因违反和触犯了社会法律而被剥夺了自由。"她后来租了一艘驳船驶向三艘"巨轮"——其中一艘是报废的战舰，另外两艘是已经退役的东印度商船——她如实报道了一幅生动的场景：无休止的苦力、无尽头的苦难，与"美好得难以形容"的一天形成尖锐的对比。"甲板上挤满了重刑犯，铁链的叮当声震耳欲聋，"女记者这样写道，

> 船上有几个穿着整齐的人，可是其他大部分人裸露着上半身，突出的骨头昭示着贫穷的印记，那些挂在空中的晾晒的衣服，则传递出不幸人生的各种可能。吃完饭后（主要是无法下咽的硬肉

干），他们两人一组步履缓慢地从"巨轮"上下来，他们所犯的罪行使他们遭受了怎样的惩罚——成为社会的弃儿——成为社会耻辱的活生生证明——对社会的恐惧怨责——这些都淋漓尽致地写在他们的脸上。

他们从改善泰晤士河的工作中返回时，举止的姿态都发生了显而易见的变化。

沉重不堪的劳作将他们的活力与生气剥夺殆尽，也可以说是使他们的神经懈怠疲惫：他们都低垂着头，或者说头就挂在那里。他们登上"巨轮"时带着显而易见的悲伤：他们的眼泪或许打湿了那粗糙得难以下咽、像是人生耻辱的饭菜。那眼泪不是因为悔恨——后悔曾经的为所欲为；那眼泪也不是因为无法洞穿他们正在承受的苦难——那是绝望的眼泪，是徒劳的、愤怒的眼泪。践踏了法律就必须付出代价，那法律就像钢牙铁爪，把所有疏于警惕和危险邪恶的人牢牢控制在其强力之下。这是无法改变的事实。在泰晤士河上工作可没有半分通融：囚犯们不知道自己陷入了怎样的境地——管制严苛、饭菜粗粝、住所简陋，他们只能拖着沉重的身体苟延残喘，绞架反倒成了一种解脱。[37]

这位不具名的记者对"巨轮"的恐怖印象是非常准确的。在"巨轮"出现的头两年，因为疾病死亡的囚犯超过两百多人，而他们的疾病就是因拥挤的居住环境、简陋的通风设施和极度的营养不良所引起的。面对如此可怕的条件，囚犯们并没有坐以待毙，1777年曾发生过试图大规模越狱的行为，1778年则发生过兵变。到1780年，逃离"巨轮"的囚犯大约有四十多名，不过他们大多最后都被抓了回来。他们对"巨轮"上恶劣条件的抗议也的确导致了一些改善，比如饮食条件的改善，并且建立了医疗保健制度。然而，尽管囚犯们严重控诉，公众们也普遍提出抗议，但是"巨轮"却依然存在，成为18世纪末和19世纪英国人生活中的一个熟悉特征，而那时候的美洲危机已经过去很久了。[38]

除了肮脏卑劣的条件以外，"巨轮"还存在其他问题。在许多人看来，以监禁和苦役为特点的新的惩罚体制的关键之处在于，这些手段使罪犯完全摆脱了社会环境所带来的危险影响。要知道，只有通过阻断坏习性、灌输好习惯，才能真正阻止犯罪行为的发生。"强迫他人成为有道德的高尚之人"从根本上是行不通的，要将一切消极影响去除，并允许其对罪过做出反思，才有可能达成美德。独立监禁的最主要倡导者之一，改革家乔纳斯·汉威认为："孤独是使罪犯正确认识自身境况的最人道、最有效的方法。"杰里米·边沁对此表示赞同，尽管他对汉威论点中的宗教根基颇为不屑。在他设计的"圆形监狱"中，监狱要按照理性、功利的原则建立，边沁主张囚犯应该被关押在单独的牢房中，工作也应该单独进行，不能成群结队。另一些人则认为，夜间单独监禁，但是白天集体参加劳动，应该具有同样的效果。不过整体而言，总的原则并没有改变：劳动和隔离能够改变思想，使边缘人口受到约束，为国家和社会效力。[39]

一些不是那么理性的观察家也同意，"巨轮"上的囚犯由于没有隔离关押，因此会削弱潜在的成功改造。1782年，伦敦的一个大型陪审团收到了关于"巨轮"情况的大量投诉，认为新近释放的囚犯会很快重返犯罪之路，在首都的守法市民中播下恐惧和混乱的种子。陪审团的结论是，这种危险太严重了，因此有必要"向国王陛下的各位幕僚和国务大臣提出申请，要求变更惩罚罪犯的方式。那些苦役期满的囚犯，面临着役期结束立刻被解雇的危险，要充分认识这种危险，并提供一些有效的补救措施，比如给他们施压或者发放补贴，或者任何其他有效的方式"。陪审团继续阐释道，"巨轮"并不能满足社区或国家的需要，"巨轮的功能本来应该是一座炼狱，在这里将过去的罪行洗刷干净。然而，这些'巨轮'本质上更相当于神学院，在这里的每一种罪恶和腐败行径都得到极成功的专业人士的系统传授，并得到良好吸收。不久他们被释放，回到公众之中。那时候，他们在这所充满耻辱和毁灭感的可怕学校已经学业有成，能够娴熟地实施在这里学到的邪恶阴谋了"。"巨轮"提供了让囚犯为国王和国家工作的平台，却根本没有改造罪犯的功能。如果让新的惩罚制度真的起作用的话，那么身体和精神都要受到管束，因此，将囚犯们与社会分开，并将囚犯们彼此分开，便是唯一要采取的措施。[40]

在与美国交战和大西洋的刑罚转运终结的背景下，实现这两个目的的唯一选择就是建立新的监狱系统。1779年，议会通过了一项法案，授权建造一系列用来关押囚犯的专门"监狱"。这些监狱的设计理念是"不仅具有威慑作用，使其他人不敢再犯下类似罪行，同时也能达到改造个人，培育他们吃苦耐劳习惯的目的"。1779年由监狱改革家威廉·伊登和约翰·霍华德与著名法学家威廉·布莱克斯通共同起草的《监狱法》，提出了白天从事劳役，晚上单独关押的制度，这将成为未来一百多年刑法哲学的标准。[41]监狱的建造本身就需要时间，再考虑到所涉及的费用，以及对英国国库的其他要求，建成时间则要更长。但是，监禁、苦役和隔离，很快就成为英国司法实践中的新常态。

尽管有许多人对"巨轮"上肮脏恶臭的环境予以谴责，但这最初的实验却被反复更新和拓展，最终历时长达八十多年，在与大革命和拿破仑时期的法国交战的过程中则被用来关押囚犯和战俘。在19世纪，监狱"巨轮"成为整个大英帝国的一种习以为常的特征。从伦敦到朴茨茅斯，再到科克、百慕大、霍巴特和悉尼，"巨轮"对帝国的伤害在后来的数十年中绵延不绝，它的根源恰恰就在美国革命的那些年。米尔班克监狱耸立的高墙在离泰晤士河不远的地方拔地而起，意味着新的刑事司法时代的到来，而其根源也可追溯到美国革命。美国战争切断了英国囚犯的传统出口，同时也制造了犯罪危机和犯罪恐慌，这从根本上重塑了英国的司法体系，对全球的刑罚系统也带来了长远而持久的影响。

将监禁作为惩罚罪犯的最主要方式，这种改变所产生的影响不可估量。在战争结束后的几个世纪中，一场自由的、进步的刑罚改良运动，渐渐演变得与之前的司法体制同样严苛残暴，毫无人道精神，甚至有过之而无不及。事实上，我们现在的刑罚体系中的许多主要问题，都可以追溯到18世纪开始的改革。目前，英国被监禁的囚犯大约有九万人，美国则达两百多万。这种大规模的监禁直接反映了贝卡里亚的司法哲学，即认为确定性的常规惩罚措施要比不定期的严厉惩罚具备更加有效的威慑作用的观点。美国革命所强力推动的司法改革的另一个常被忽略的后果是，用监禁和放逐代替死刑，会使陪审团在严格执法、判处死刑时更加轻松。结果是，从前大多数的罪犯，甚至包括那些被判处死刑的罪犯，原本都可以通过上交罚款或者承受鞭刑得以逃脱，而现在大部分人则被判处长期的流放、监禁和苦役。因此，对于大多数人来说，18世纪的司法改革不但没有更加宽大仁慈，反而意味着惩罚措施比从前更加严厉。过去在判决死刑时犹豫不决的陪审员，现在则毫无压力地判决越来越多的犯人接受新的惩罚方式。我们如今的监禁水平正是从这些改革开始的。

监狱的崛起也带来了其他方面的长期影响。首先，将监禁作为一种刑事制裁而不仅仅是确保嫌犯出庭的方法，从根本上改变了预审程序的性质。无论是从前还是现在，监禁的代价都是昂贵的。比如空间，就算能够提供也是非常有限的。如果监禁的潜在成本从预审期间便开始计算，那么司法系统就更有可能施压，要求加快审判进度，并且尽可能地允许保释。如果监禁的潜在成本要持续到审判之后，那么避免拖延或者允许保释的经济动机就削弱了。这样的结果对于现代被告来说是灾难性的，意味着他们在审判前要面临长期监禁，而保释则被视为强制达成认罪协议的一根棍棒。

直到最近，人们才开始意识到18世纪刑罚改革运动的巨大影响。主张单独监禁的福音派和功利主义者们，希望借此将罪犯和腐化他们的环境分开，使他们承担误入歧途的后果，有时间和空间反思罪恶，同时也有助于约束他们的思想，从事生产性的工作。到了现代，人们依然传承了这种司法理念，将单独监禁视为一种控制手段，一种被认为能够让顽固的罪犯认罪伏法的手段，从而可以建立秩序良好的监狱。无论监狱内部控制方法是否成功，现代监狱普遍采用的单独监禁手段，对于罪犯的身心健康都产生了惊人的影响。单独监禁不但没有将他们改造得更适应社会，反而使很多囚犯再也无法正常地生活。

现代刑事司法的重大弊病，如单独关押、延期审理、不平等保释和大规模监禁等，都是在18世纪刑罚改革时初露端倪的。这些改革长期以来一直激发着哲学家和慈善家的思想，美国革命则赋予了他们一直无法得到的国家支持。在英国和美国，政府为了寻求崭新方案，以解决边缘人口、帝国竞争等问题，应对混乱与恐慌，最后欣然采纳的是监禁制度，并将其作为一种控制人民、维持秩序的手段，同时还能将宝贵的人力资源服务于国家目的。我们现在依然生活在美国革命所孕育的刑罚世界中。

第二章
背叛、恐慌与回应

1780年6月，尽管震惊整个伦敦的骚乱形成了合力，最后开始攻击可恶的新司法体制，不过，骚乱开始时并没有这个意图。一切都始于6月2日。当时，在威斯敏斯特以南一英里的圣乔治公园内聚集的男男女女有五万人之多。这里正是1768年屠杀抗议者的地方，因此对于伦敦的激进分子来说，有着特殊的意义。不过这一次，聚集在这里的人群并不是为了支持激进的煽动分子约翰·威尔克斯，相反，他们是为了支持乔治·戈登勋爵及其新教协会。人群聚集起来之后，按照计划将是和平有序地向议会行进，在那里，戈登和他的支持者们将提交一份请愿书，请求废除《天主教救济法案》。两年前即1778年通过的《天主教救济法案》，其宗旨在于帮助英国军队在紧急时刻顺利地进行征兵工作，因此该法案取消了士兵向王室宣誓的要求，也不再对天主教会进行谴责。通过中止这个法案，人们希望英国天主教徒也能应征入伍，从而在不断扩大的美国战争中帮助越发力不从心的英国军队。

1570年，教皇庇护五世曾威胁要暗杀伊丽莎白女王，天主教的阴谋家在1605年曾密谋炸毁议会。自此之后，反天主教的偏执情绪就在英国想象中扮演着极为重要的角色，随之而来的就是对天主教的周期性恐惧，以及在经济和政治生活中对英国天主教徒采取货真价实的法律限制措施。到了1780年，这种长期以来的反天主教情绪与一系列令人担忧的国际事态的发展，酝酿出一种越来越强烈的反天主教势头。1778年2月，即英国在萨拉托加遭遇惨败四个月之后，全世界都开始相信，致力于反叛斗争的美洲殖民地很可能赢得战争。于是，法国正式加入了美国方面，与美国携手作战。1779年6月，与法国一样，为之前的帝国战争中失去的领土心如刀割的西班牙，意识到英国正处于衰弱时期，于是也抓住这个黄金时机，把帽子扔进拳击场中，正式向英国宣战。

其实，在英国的这些天主教敌人加入战争之前，人们就开始担忧，战争肯定不会一直局限在美国的海岸上。然而，西班牙和法国卷入这场冲突，却引发了英国对历史上遭受的入侵和无敌舰队攻击的集体性恐惧。尽管英国是个岛国要塞，但它的历史却是不断被外国入侵和骚扰的历史：先是公元前55年和前43年的罗马人，6世纪和7世纪的盎格鲁人和撒克逊人，8世纪是维京之祸，还有1066年的诺曼人。即使是1688年的光荣革命，即大西洋两岸的爱国者的奠基时刻，从很多方面讲也是一场外国的入侵。最近，法国和西班牙则成为入侵英国噩梦的核心。西班牙曾在1588年试图入侵，结果他们臭名昭著的无敌舰队被偶然吹起的新教之风给刮跑了。法国人曾反复多次与苏格兰人联盟（就是所谓的"老同盟"）共同反对英格兰人，支持1715年和1745年的"雅各布派叛乱"，甚至在1759年"七年战争"期间，策划了针对英国的水陆夹击。

历史上这些严峻的记忆牢牢印刻在英国人的脑海之中，因此当法国和西班牙加入战争时，英国人感到无比惊恐，害怕新的入侵会再次发生。这种恐慌立刻就得到了印证。1778年4月，美国人约翰·保罗·琼斯的私掠船悍然对英国发动攻击，突袭了英国西北海岸的怀特黑文，把仍沉浸在自满情绪之中的英国公众着实吓得不轻。1778年5

月，身在歌剧院的诺斯勋爵收到一个绝望的消息，说法国人在萨塞克斯登陆，当地居民却拒绝加入民兵组织抵制这次登陆。而这只是虚惊一场——法国人只是沿着英吉利海峡航行，一路搜寻英国舰队——但是恐慌并没有平息。英国公众密切观察法国舰队的动向，以防它有任何入侵的迹象。1778年7月，伦敦劳埃德咖啡厅（伦敦保险业巨头劳埃德的前身）张贴出关于法国舰队活动情况的通告，导致股市大跌。人们对入侵的恐慌与日俱增，法国引发的恐惧感也越发强烈，"他们在我们漫长而没有防备的海岸线上肆意毁坏，焚烧房屋"，以至于诺福克议会的成员柯克先生，因为在易受法国攻击的海岸拥有土地，就要求议会否决亨利·克林顿将军发表的"向国会议员的召告宣言"。1778年5月，在最后一次孤注一掷的和平谈判中，克林顿将军提出对任何的、所有的愿意对英国做出让步的美国反叛者予以特赦。不过，在提出特赦条件时，克林顿还警告说，殖民地最近与法国的结盟彻底改变了战争的性质。他宣称，美国"把自己和资源抵押给我们的敌人"，美国现在的目的似乎是要毁灭英国、造福法国了，那么美国人就不要指望得到任何宽恕。对于像柯克先生这样对法国的入侵恐慌至此的人来说，克林顿的宣言就是危险的挑衅。[1]政府希望缓解民众的忧虑情绪，于是向民众宣称英国曾经"抵制过丹麦的入侵、诺曼人的篡夺，以及苏格兰人的进犯"，而且如果法国人真的胆敢踏上英国的土地，英国人民完全有能力与他们对抗。谢尔本勋爵扬言说："谁也不会把法国佬放在眼里，就连女士也会拿着羽毛朝他们扔过去。"他的话引来一番嘲笑之声。[2]

事实证明，英国人的担忧和恐惧的确是有充分理由的。西班牙宣战后不久，就与法国制订了法西联合入侵英国的计划。再加上英国舰队在韦桑岛战役表现不佳，更让法国坚信英国对英吉利海峡的控制力已经大大削弱。随着英国舰队在大西洋彼岸的战线越拉越长，力量更显薄弱，于是在1779年7月，由德奥维勒上将率领的法国舰队和由堂·路易斯·德科尔多瓦率领的西班牙舰队——两支舰队各由三十六艘军舰组成——开始在西班牙西北海岸的西萨尔加群岛附近集结。与此同时，一支由四万名士兵和四百艘运输船组成的入侵部队也开始在布列塔尼海岸集结。联合舰队的计划是一举摧毁英国在英吉利海峡的军舰（他们估计只有四十艘），让运输船将入侵部队运送到怀特岛并在那里登陆以建起滩头阵地，然后由此进发，攻占朴茨茅斯的重要海军基地。

无敌舰队虽然因遭疾病打击而有所削弱，而且逆风也导致了其航行的延迟，但是它还是于1779年7月底开始行动。一支由已经臭名昭著的约翰·保罗·琼斯率领的、由法国军舰组成的分遣中队，打着美国的旗号朝爱尔兰进发，因为那里长久以来被视为英国的脆弱腹地。到了8月14日，沿海的英国人发现了无敌舰队，并在全国范围内发出了警报。然而，风向似乎再一次站在了英国这一边。早在7月18日的时候，一阵狂风就把法西联合舰队从英吉利海峡吹到了大西洋。这次挫折为英国舰队赢得了时间，使其得以越过无敌舰队进入朴茨茅斯，加强了那里的防御。而在法西联合舰队中，由于对指定的登陆地点产生了分歧和混乱，再加上疾病依然猖獗横行，季节已晚，于是新成立不久的联合舰队说服了领导层，最终决定放弃入侵并立即解散。

对法国和西班牙来说，流产的舰队是他们无法承受的灾难。组建舰队造成了毁灭性消耗，同时转移了其他战区的资源，损害了法国在西印度和东印度群岛对英国采取的对抗行动，也破坏了西班牙首要的战争目标——重新占领直布罗陀。对于英方来说，尽管又一次奇迹般地被气象因素所拯救，但是在许多人看来，从前感觉遥远的战争如今已经迫在眉睫，随之而来的巨大恐怖气氛已经笼罩在海岸线上。伊格内修斯·桑乔非常敏锐地捕捉到了当时的情绪。1779年8月，随着恶意满满的法西联合舰队向英国逼近，他这样记录道：

我能感受到人们对入侵的深刻恐惧，吵闹声、内讧声、战鼓声以及士兵往来的声音乱成一团。全城的人如今都只做两件事，一是学习法语，二是练习使用武器……我们要面临什么？我们会被毁掉，被卖掉，每张嘴都发出这样的呼喊。有钱人因为手握资金而颤抖，土地所有者因为拥有的土地而颤抖，已婚者为他们的家庭而颤抖，抱枯守旧的老处女和老单身汉则为他们自己颤抖。

在天主教势力威胁着要入侵英国的关键时刻，许多人带着偏执的情绪全心全意赞成"新教协会向大不列颠人民发出的呼吁"，是丝毫不足为奇的。"英国已经被罗马天主教控制得太久了，摆脱它控制的后果对后代子孙是可怕的……继续容忍下去，就是鼓励人们通过容忍本身而走向毁灭，这是最卑鄙可耻的精神迫害、最令人不齿的偏执行径。"[3]

天主教入侵的威胁使英国人的内心饱受煎熬，因此有充分的理由担心，在圣乔治公园的这次集会很可能演变成暴力事件。一位目击者言语尖酸地讽刺说："什么！如今四万名狂热分子聚集到一起，而且还指望他们井然有序！那还不如请些饥寒交迫的饿鬼去参加宴席，但同时又嘱咐他们不要吃饭吧！"整个国家，尤其是伦敦，在美国战争问题上长期存在分歧。1775年战争开始的时候，大约有三分之一的选民投票反对政府在对美政策上的好战倾向。尽管随着战事的拖延以及法国、西班牙和荷兰陆续加入战争，对美国的支持率有所下降，但是，人们对政府在战争中的表现愈加不满。伦敦本身就是亲美派和反政府派的温床。在这种分崩离析的背景下，暴力行为已经在几个紧要关头爆发了。[4]

如果当时这种暴力骚乱和"不顾一切的阴谋"都只局限在遥远的北美海岸，那么伦敦居民虽然会担心，但不至于害怕，因此还能够睡个安稳觉。然而，据披露，为点燃美国独立之火曾经贡献火种的，是一位英国记者、政治家，曾经当过伦敦市长的约翰·威尔克斯。威尔克斯脸上那双斜眼，肆无忌惮的装扮，还有放荡不羁的举止，都让他在人群中相当引人注目。在政治上，他是反对派辉格党成员，与乔治三世的政府公然为敌。他支持和倡导的是更能代表大众民意的政府。

政府部门对威尔克斯非常担忧，因为他得到了伦敦暴民的支持。长期以来，暴乱都是被英国大众政治所普遍接受，但同时又受到广泛指责的策略。人们利用暴力来发泄不满，表达对某个政治家或某项政治事业的支持。一般说来，房产和其他象征物是暴力发泄的主要目标。一个较受欢迎的策略是要求房主在窗口上亮起灯光，以示对某个人或某项事业的支持，而那些拒绝点亮窗户的人则会在暴动过程中被抢砸破坏。很多政治家都寻求利用暴民的力量来达到他们自己的目的——在整个18世纪，因为选举而组织的暴动十分常见——不过几乎没有人能够取得威尔克斯那样持续不断的成功。威尔克斯以相当专业的精神，有意培养了伦敦民众的支持态度，他将伦敦民众视为力量源泉。1763年，一群高喊着"威尔克斯和自由"的人袭击了一些官员，他们的任务是举行一个仪式，在仪式上焚烧刊登着威尔克斯的诽谤性言论的第45期《北不列颠人》。1768年，威尔克斯当选为米德尔塞克斯郡的议会议员时，又举行了一场庆祝性暴乱，他的政治对手遭遇袭击。当他被抓捕并被禁止在议会就座时，"威尔克斯和自由"的呼喊声再次响起，最终导致政府派出军队对暴民进行镇压，造成至少六人死亡，后来人们将这次事件称为"圣乔治公园大屠杀"。[5]

到了1776年，"威尔克斯和自由"的暴动已经基本进入尾声，然而，暴民的威胁依然存在。威尔克斯不仅仅是乌合之众的煽动者，他激进的辉格党政治理念以及他对美国自由的宣扬，使其成为在英国和美国极受欢迎、极有影响力的人物。许多美国人把他与乔治三世的政府之间的斗争视为英国政治本质上腐败不堪的证据，更视为建立代表更多民众意志的政府的迫切需求。在革命不断酝酿的那几年里，"威尔克斯和自由"的口号在大西洋两岸回荡，激发了许多公众的同情与支持。1768年，为了表示支持，马里兰投票决定向四面楚歌的威尔克斯家族送去有象征意义的四十五大桶烟草，以庆祝第45期《北不列颠人》的发行。"波士顿自由之子"则送上由塞缪尔·亚当斯、约翰·汉考克、约西亚·昆西和约翰·亚当斯等社会名流签名的信件。信中概括了这些年来美国人对威尔克斯的看法。信的开头这样写道："无论是欧洲的大不列颠与爱尔兰，还是英国的美洲殖民地、诸岛屿以及种植园，都坚信你是内心笃定、诚实正直的人，是上帝留在人间的宝藏，是来保佑或者说来拯救摇摇欲坠的帝国的。"几年后，在康涅狄格民兵的庆功晚宴上，军官们举杯为"市长大人（威尔克斯）和令人尊敬的伦敦市民们"齐声祝祷。在政府的眼中，这个祝酒词改为"致威尔克斯和他的暴民"似乎更为恰当。[6]

1776年6月，在美国即将宣布独立的前夕，伊格内修斯·桑乔报道说，整个伦敦都在谈论威尔克斯。不过，威尔克斯并不是唯一一个公开反对英国对美政策的有影响力的人物。1776年，对英国国教嗤之以鼻的哲学家理查德·普赖斯发行了一个小册子，抨击了政府的对美政策，特别是规定议会有权为殖民地立法的《宣示法案》。这本小册子售出多达几万册，使他赢得了本杰明·富兰克林的友谊，促进了伦敦城的自由，得到了为美国的金融结构谏言献策的邀请。1777年，另一位受约翰·威尔克斯激励而对英国政策持激烈反对态度的约翰·霍恩·图克，因为在公共请愿集会活动中的行为而被处监禁一年的惩罚。那个请愿活动的主旨是，为"在列克星顿和康科德被国王的部队杀害的美国家庭"寻求捐款。由于两个人对政府的大胆而激烈的抨击，他们都赢得了公众的赞誉和伦敦民众的支持。在18世纪70年代激进狂热而又分崩离析的气氛中，英国存在着声势浩大的美国事业支持者，他们拥有真正的政治权力，民众以政治暴力的威胁手段表达对他们的支持，这足以使英国政府处于高度戒备状态。美国在英格兰有许多朋友，但是他们没有一个是值得信任的。[7]

在18世纪早期的几次战争中，由于共同的政治理想、宗教对抗情绪和商业利益，英国人得以携手同心，团结一致。而美国战争则是一场针对新教同胞的大战，大家虽然都是英国臣民，但是通常意义上的忠诚之念不再具备诱导作用。因此，英国人不再像从前那样团结在内阁、君主和帝国周围，而是在与美洲殖民地日益激烈的冲突中加重了分歧。在英国全境，来自各个城镇和企业团体的忠诚宣言受到官方的鼓励并得到大力鼓吹。然而，与此同时，呼吁和解、绥靖与和平的请愿活动也层出不穷。

伊格内修斯·桑乔发现自己也处于同样的两难境地。一方面，他是忠诚的英国臣民，实际上也是财产拥有者。1777年11月，他曾在迎接索菲亚公主诞生的祈祷辞中祈愿"击败华盛顿叛军"，"令十三个辖郡回心转意，效忠王室"，并希望"这场针对人类物种的诅咒式大屠杀尽快结束，商业恢复繁荣，美好的社会和平遍及全球，神圣的友谊和兄弟的情谊使大英帝国紧密团结在一起，永不停息，永世长存！"而另一方面，他也被深深触动，说出一些不那么趾高气扬的劝诫警句。他在给朋友的信中写道，"战争是最为可怕的方式，是一个民族所遭受的最痛苦的诅咒。而这场美国战争则是最糟糕的，糟到无与伦比"，是英国"有眼无珠"的统治者带给英国的神圣审判。像许多英国人一样，桑乔的生意受到战争所造成的混乱局势的重创，因此，他虽然不是美国反叛者的盟友，但也对自己的政府在战争中的所作所为倍感失望。"在这种艰难时期，你还能对生意抱怎样的希望呢？"他抱怨道。只有双方都恢复理智，贸易才有可能繁荣增长，这就需要"美国的情况有好的转向，需要他们将疯狂的执念变成对和平的追求，需要我们将对残忍和不公的愤怒变为平等解决所有问题的诉求"。对于许多英国人来说，他们感到不满的地方太多了。[8]

在许多英国人看来，《独立宣言》不是民族自我决断的表达，而是一种分裂行为，是对众所周知的英国世界的暴力分裂；而1777年萨拉托加的惨败以及天主教法国于1778年参战的行为，都使公众的认知开始发生转变。随着损失的不断增加，以及敌人数量的不断增多，战争前景越发无望，英国人也越发孤立。然而，正是在这种绝望的孤立中，在由孤立产生的恐惧中，团结的种子开始在英国萌发。就在1777年4月，人脉广泛的辉格党人霍勒斯·沃波尔——英国第一任首相的儿子，现任首相的尖锐批判者——在写给朋友霍勒斯·曼的信中认为，英国和美国同胞之间的"积怨"和"反常敌意"是由英国政府播下的"种子"，英国政府"宁要主权的空名也不愿意联盟，并强行向商业的黄金海洋注入补贴"。然而，法国的宣战钝化了沃波尔尖锐的思想，他不太情愿地转变为国家的捍卫者。"宣战吧！"他在1778年7月对威廉·马索尼说道，"我马上就六十一岁了。我还能活着看到和平的那一天吗？是什么样的和平呢！""我谴责我的同胞们，"他继续说道，"可是又做不到，我不能放弃对祖国的热爱……我也不能责怪法国人，他们伺机想要毁掉我们，然而我们没有被法国人毁灭！——我心中的英国人又复活了……我所期盼的唯有胜利与和平。""两年前，我曾想着如果英格兰被奴役，我就逃离这里。"沃波尔最后说，"我现在没有这种想法了。当我的大限来临时，我将深深沉入英国的怀抱之中，生命不息，我爱它不止。"[9]

伊格内修斯·桑乔也曾同样沮丧地写下这样的话："一场可憎的兄弟之战，不过是右手砍断左手，天使为我们的疯狂而哭泣，魔鬼则因为毁灭性的前景而开心"，报纸上充斥着"错误、鲜血、税收、痛苦、谋杀、少数人的顽固以及大多数人的疯狂与残暴等字眼"。不过，他也公开号召英国的土地所有者们捐款，为对法战争提供资金支持。在这样的时刻，不断迫近的威胁让英国人感觉危险将至，恐慌使许多英国人相信，无论战争会带来什么样的好处，也无论外交行为有多么失败，世界已经变得无比危险，不能再容忍公开的分歧与分裂了。因此，对美战争的激进反对者不仅被视为英国帝国政策的批判者，而且被视为叛徒。他们隐匿的背叛证据很快就会水落石出。[10]

1775年，在美国宣布独立之前，美洲商人、探险家、威尔克斯的朋友斯蒂芬·塞尔被指控企图密谋绑架乔治三世。大西洋两岸的大多数观察家都认为这个阴谋太过荒谬，因此许多人将塞尔的被捕视为英国暴政的证据。然而，当局对待这个指控的态度非常严肃，导致许多公众开始担心美国麻烦给英国造成的潜在影响。可是，回望塞尔的行为时，人们可能会无比震惊，觉得这种行为真是胆大包天。其实，塞尔及其同谋所提出的策略，如果真有的话，也是相当传统的。夺取君主的遗体，以此为手段强制推行政治变革，这在英国的历史上是相当普遍的一种计谋。即使是对政治人物实施暗杀，也并非什么意外之事。然而，帝国内战的紧张局势导致了对暴力政治的全新认知，这种行为方式将对现代世界的国际冲突起到形塑作用。人们不把政府的核心功能视为首要目标，而是将关注点转移到英国战争机器的发源地，希望通过控制原发火力来破坏战争努力，达到恐吓国家的作用。[11]

随着美国战争的加剧，大批大批效忠大英帝国的人和其他难民选择逃离殖民地的暴力与混乱，在英国登陆。在潮水般涌进英国港口的男女老少中，人们所思所想的除了逃命与生存之外，鲜有其他。然而，还是有些人投身政治宣传和阴谋纷扰的混乱世界中。另外一些人则希求通过印刷宣传品、筹措资金和传递信息等边缘方式为战争助力。但是，绝少有人像约翰·艾特肯一样，是带着激进的计划登陆英国海岸的。艾特肯是苏格兰人，1752年出生于爱丁堡的一个铁匠之家，在十二个孩子中排行第八。尽管他在乔治·赫利奥特医学院受到了良好教育，还在一个画家那里当学徒——这是他日后在战争期间采用化名的原因——但他的学徒生涯没坚持多久，契约一到期，他就开始了在一系列卑微的职业中辗转周旋的人生。最后，他觉得也许犯罪是最适合他躁动个性的职业，于是决定走上犯罪道路。在他的回忆录兼忏悔词中，艾特肯承认了他在英国各地流窜时犯下的一系列罪行，从不起眼的小偷小摸（商店盗窃和入室行窃）到大胆妄为、触犯众怒的残忍恶行（公路抢劫和强奸）。[12]虽然他依然逍遥法外，但是这位准画家的犯罪倾向却受到了重视。而且，由于担心当局介入并采取措施，艾特肯以前往美国作为交换条件签署了契约，并于1773年抵达弗吉尼亚。

法律的长臂并非是将年轻的苏格兰人驱赶到新世界的唯一原因。他后来声称，他是受"好奇心"的驱使来到美国的。"作为一个探险家，他要去寻求财富。"[13]这句话可谓一语中的，巧妙地捕捉到了他漫不经心、躁动不安，同时又带有浓烈浪漫主义风格的内在特质。流浪的欲望和无法坚守一种信念的本性，召唤艾特肯一路从爱丁堡到了伦敦，再到詹姆斯敦，然后马不停蹄地向大西洋西海岸进发。在那里，他很快就弃契约于不顾，开始在殖民地的乡间游荡，从弗吉尼亚到北卡罗来纳，再到宾夕法尼亚、纽约、新泽西和马萨诸塞。这位新来的移民在无边无际的漫游中，居然没有找到一种职业——这也许没什么可奇怪的。不过，他在殖民地来来回回的游走过程中，开始吸收18世纪70年代在美国盛行的政治教义。艾特肯是一直处于寻觅之中的年轻人，他想寻找一种目标感，一种使命感，一个能在这个世界上引起他人注意和尊敬的地方。无论他在这些年的漂泊岁月中寻找什么，无论当时驱使他离开苏格兰家乡来到切萨皮克海岸的原因是什么，他都在这场新生的独立运动的激进政治思想中找到了他一直追求的东西。[14]

对于一个躁动不安、前途渺茫的年轻学徒来说，美国的革命气氛一定是令人陶醉的，因为它充满了无限可能、蛊惑人心的言辞和大胆不羁的行动。艾特肯很快就被他所听到和读到的东西迷住了。艾特肯当时肯定接触了托马斯·潘恩和其他辩论大师的作品，可是，在所有18世纪70年代出版的政治宣传册中，艾特肯却做出了最不可能的选择——他选择了理查德·普赖斯的《论公民自由的本质》《政府的原则》《对美战争的正义与政策》。普赖斯是一位威尔士独神论派的牧师，是18世纪最具影响力的道德哲学家，深受政治左派人士的敬仰，并受到过《名人录》的访问——《名人录》中包括许多杰出的爱国人士，如本杰明·富兰克林、托马斯·杰斐逊、托马斯·潘恩和约翰·亚当斯。他的《论公民自由的本质》无论在英国还是美国均拥有大量读者，他对美国自决权的坚定护卫和对英国拒不让步的顽固态度的批判，受到了激进的共和党支持者们的欢迎。普赖斯没有以任何方式鼓励暴力，但是他将叛乱视为自我防御的正当手段的观点，显然对艾特肯这样毫无人生目的之人产生了吸引力，对他在美国获得的政治地位起到了巩固作用。[15]

1775年3月，受到自由和革命言论鼓舞和武装的约翰·艾特肯加入了逃离美国、到英国流亡的难民潮。虽然他与难民们一起吃一起住，在狭长而拥挤的空间里共度行程，但是他丝毫没有难民们离开动荡的殖民地，被迫前往宗主国谋生的无奈与忧伤。他内心没有任何失败或解脱的情绪，使他的生命力旺盛成长的是蓬勃的野心和直面危险的兴奋。他决心为了美国的自由奋起战斗，他要把英国的海军打到瘫痪，得到他向往已久的昭彰恶名，让人一想到他就心惊胆战。正如他后来所承认的，他曾经设计过一个计划，即在美国麻烦出现之始，就立刻瞄准英国的造船厂。他前往英国时，脑子里"不断闪过的"就是把英国皇家海军烧毁的画面。他下定决心，要把英国的船坞和航行情况详尽细致地了解一番，以便确定攻击它们的最佳方案。[16]

艾特肯很快就开始了对英国海军基地的监视与调查。1775年10月，他一抵达伦敦就迅速被格雷夫森德的第32团征召入伍。第二天，这支部队带着新招募的苏格兰人向查塔姆进发。查塔姆是一所皇家船坞的所在地，整个船坞沿着梅德威河绵延长达一英里，靠近肯特郡临北海的海岸线。自16世纪以来，这里就是英国造船业的中心，尽管到了18世纪，它被朴茨茅斯和普利茅斯所取代，但查塔姆依然是英国海军一个重要的造船基地，更是英国海军军力强大的象征。同时，它也是英国人军事记忆中一个著名的耻辱之地。在1667年第二次英荷战争中，荷兰上将米切尔·德鲁伊特在这里将英国舰队全部烧毁。或许正是因为这里曾经遭受过军事失败，发生过烧毁船只的事件，因此，艾特肯从美国回来之后便立刻被吸引到这里。

然而，军队并非一个躁动不安的准恐怖分子的适宜之地，因此在到达查塔姆后不久，艾特肯便寻机离开了。也许他已经完成了对查塔姆海军基地薄弱之处的侦察，又或者查塔姆的安全措施过于严密，总之不管是什么原因，艾特肯将注意力转向了另一处重要的海军基地，即坐落在南海岸的朴茨茅斯。1776年，朴茨茅斯代替查塔姆成为英国海军力量的心脏。或者正因为如此，这里才是寻求对英国战争机器实施打击的更合适的目标。像在查塔姆一样，艾特肯勘测了这里的船坞、船厂以及相关建筑，将其安全措施一一记下，考虑在不被发现的情况下引发火灾的最佳方法。

艾特肯在完成了对各种船坞的草图绘制工作和纵火进攻的实施计划之后，便启程前往法国。他曾计划回到美国，想把他的计划呈报给大陆会议。然而，最终他觉得在战争期间，这样的旅程太危险，成本也太高，于是艾特肯将目光转向了刚刚成立的美国政府最近的代表处——国会驻巴黎代表处。艾特肯乘一艘小包船横渡英吉利海峡，一路上相当煎熬，因为艾特肯总是害怕被遍布在英国海岸的士兵与间谍发现。最终，他于1776年10月中旬登陆法国，并迅速向首都进发。

到了巴黎，艾特肯直奔新上任的美国驻法大使赛拉斯·迪恩的家。1775年英美战争在马萨诸塞打响时，法国就开始对两国之间的冲突产生浓厚兴趣。在18世纪，美国就已经成为自然天堂的象征，那里没有遍布旧世界的罪恶，那是一片纯朴、诚实、自由的土地，是卢梭式的天堂，对于充斥着乏味无趣的人工产品的腐朽法国，更是有效的解毒剂。巴黎到处都在谈论美国，像托马斯·潘恩的《常识》那样的美国小册子成了法国最畅销的书籍。革命的领袖人物都成了民族英雄，尤其是华盛顿和富兰克林，更是受到巨大的欢迎，被视为值得敬仰的模范，成为时代理想的血肉化身：华盛顿是坚忍谦虚的公民士兵，古典世界的诸多美德都在他身上体现；而富兰克林则是公民哲学家，启蒙精神在他身上凝结。美国的事业和英雄人物在法国引起了普遍共鸣，与法国人越来越厌恶的法国宫廷的享乐主义理念形成了鲜明对比。

而这样一个崭新的、生机勃勃的国家却与法国的宿敌打得不可开交，这只会让整个事件变得更有吸引力。因为，最重要的是，对于法国人来说，美国争取独立的战争代表了一个长久渴盼的机会，即恢复"七年战争"中失去的财富、权力和威望。那场战争见证了英国的崛起，更见证了法国从北美到印度几乎全球范围内的卑躬屈膝的耻辱。后来，法兰西帝国几乎成为一片废墟，它的东印度公司根本无法盈利，而英国的实力与贸易却突飞猛进，一路高歌。为了能一雪国耻，法国就一定要采取报复措施，可是让罗马一样尊贵的法国去对抗英国这个"现代迦太基"，真是拉低了法国的形象。在谈到参战的动机时，塞古尔伯爵清晰地记得："我们厌倦了持续了几十年的和平，我们每个人心中都燃烧着强烈的渴望，那就是一雪上一次战争的耻辱，与英国人作战，火速修复美国的事业。"[17]

1763 年，"七年战争"的枪炮还没来得及冷却下来，为再次与英国开战的准备工作就已经着手展开了。战后的几年内，法国威势赫赫的外交大臣舒瓦瑟尔公爵就已经开始重建法国海军，因为他确信海军力量是未来战胜英国的关键。1768 年，他甚至派德意志雇佣兵上尉德卡尔布男爵远赴美洲，对美洲反抗英国的最终走向做出判断。而在法国国内的其他人，像韦尔热讷伯爵，则坚信在"七年战争"之后，法国不再对英国的美洲殖民地形成任何威胁，这最终为英国与其殖民地播下了"内战"的种子，使殖民地获得了摆脱"锁链"所需的安全保障。到了1776年，当时在法国的影响力愈来愈强的外交大臣韦尔热讷坚信，北美洲的冲突为法国带来了千载难逢的宝贵机会。1775年，他派朱利安·亚历山大·阿沙尔·德邦沃洛瓦作为密使到美洲与极具影响力的美洲叛军进行接触，对殖民地的胜利前景做出评估。在费城，德邦沃洛瓦与鼎鼎大名的本杰明·富兰克林讨论建立法美联盟，联手应对共同的敌人的可能性。虽然没有达成正式的协议，但是他得到的消息无时无刻不在提醒他，这次新出现的冲突所带来的机遇。于是，韦尔热讷伯爵督促路易十六介入北美事务。他最后言辞凿凿地说："上帝将这一刻标记为英国的耻辱。"[18]

并非所有人都像韦尔热讷那样深信不疑。据说，玛丽·安托瓦内特王后对介入持反对意见，保守人士大多也都反对干预，他们担心协助一场反对合法君主的共和派叛乱，即使是英国的君主，也会开创一个危险的先例。另一些人，像法国前财政大臣杜尔哥，则以非凡的远见提出警告说，再次发动帝国战争的代价将是无法承受的。他预言道："第一声枪响就会将国家推向破产的境地。"他甚至乞求说，法国不一定非要以削弱英国为己任。在美国，与法国结盟的前景似乎同样令人难以接受。天主教法国长久以来就视坚定信仰新教的美洲殖民地为心腹之患，这是贯穿整个18世纪的冲突与焦虑的源头。但是，如果殖民地想要打败地球上最强大的帝国，就迫切地需要外界援助，然而与法国结盟的想法依然令许多人恼怒。[19]

在大西洋两岸如此一致地反对的情况下，法国一开始行动非常缓慢。1776年，在像蜘蛛一样缜密的韦尔热讷的主导与安排下，法国与美国大使赛拉斯·迪恩就一系列秘密援助事宜进行了洽谈。之后，他们继续与继任大使本杰明·富兰克林沟通商议。美国急需物资、武器和法国的技术支持，而这却意味着法国在一项前途未卜的事情上进行大量投资。不过，迪恩却为法国提供了他们极为渴望的一种可能前景：进入之前根据英国的《航海法》对法国关闭的美国市场。迪恩这样分析道，如果胜利了，"我们贸易的大部分自然会落入法国手里"。取代英国人成为无限扩张的美国市场的最大受益者，这不仅可以弥补支援殖民地所花费的费用，更确定无疑、干脆利落地否定了杜尔哥的悲观预测。于是，1776年7月，韦尔热讷同意通过剧作家皮埃尔·博马舍创办的公司，向美国叛军运输急需的资金和物资。[20]

1776年之后，秘密横渡大西洋源源不断送到美国的，不仅仅局限于法国的枪支、衣物和金钱。为自由而战的浪漫想象使许多年轻人心驰神往，再加上获得荣耀、地位与回报的诱人前景，将许多欧洲人吸引到美国来贡献他们的力量，而当时他们的国家依然保持着中立的官方姿态。在德布罗意伯爵和巴伐利亚雇佣兵约翰内斯·德卡尔布的率先带领下，赛拉斯·迪恩的大门很快就被法国和德国的军官堵得水泄不通，他们都使尽浑身解数争夺在美国军队中的职位。迪恩对国会说："就算有十艘船，我也能把所有的船都载满前往美国的乘客。"官员们给迪恩施加的压力太大了，后来迪恩说他觉得他被那些一心要加入大陆军队的军官"骚扰得不胜其烦，简直要死掉了"。尽管参军申请潮水般涌来，几乎将迪恩淹没，但是他依然保持着足够的理智和远见，他明白这些军官将为美国的战争努力提供技术支持和合法保障，于是他依然毫不犹豫地向几十名法国军官付了高昂的佣金。[21]

赛拉斯·迪恩在确保外国雇佣兵赴美作战方面起到了巨大作用，这已经是公开的秘密，因此，急欲成为美国雇佣兵的艾特肯找他去寻求机会，也就不足为奇了。迪恩在安特雷格酒店的住处，总是被前来寻求机遇和财富的外国人挤得水泄不通，他们都希望能在美国军队中获得一份佣金（迪恩在巴黎期间为美国革命事业招募的知名人士有拉斐特侯爵、托马斯·康韦、卡西米尔·普拉斯基和冯·施托伊本男爵等）。艾特肯最终设法与美国相关人员进行了两次会面。在第一次会面时，迪恩认为艾特肯"激情奔放、狂妄不羁"，一双眼睛"闪着疯子一般狂野的光芒"。艾特肯宣称："在阁下的眼中，我也许是非常弱小、无足轻重的一个小人物，不过只要给我一个听众，我就可以向你展示我的全部智慧，我能策划一场攻击，啊，这场攻击将是前所未有、无可复制的。"但他坚决不肯透露任何确切的细节，他只是强调他已经调查过英国"所有重要的港口"。第二次会面时，艾特肯展示了他打算纵火烧毁朴茨茅斯、普利茅斯和布里斯托尔的海军船厂和船只的计划。尽管他制定了详细的攻击步骤，但是迪恩依然表示怀疑，并认为艾特肯可能会被当场抓获。一向胆大包天的艾特肯却声称他发明了一种燃烧装置，一种类似打火机的东西，可以让他在大火燃烧之前有足够的时间逃离海军基地。艾特肯甚至向举棋不定的大使出示了这个装置的图纸。这个装置很小，极容易被隐藏起来，而且用一位历史学家的话说，"它会闷燃几个小时之后再起火"。艾特肯的这一举动终于赢得了迪恩的支持。在迪恩的授意下，艾特肯得到一小笔资金，并得到承诺，如果成功将会再给予他一笔奖励。艾特肯回到英国，终于决心启动他的计划了。[22]

艾特肯于1776年11月返回英国，他选择的第一个目标是朴茨茅斯的海军码头。艾特肯设计了一个简单而巧妙的计划。首先，他让一个铜匠铺的小学徒做了几个他在巴黎向迪恩描述的那种燃烧装置——他要是请铜匠师傅的话容易引起人们的怀疑，人们会追问这种装置的具体用途。其次，他把这些装置放在船坞的一个大麻烘干房和一个制绳房中，之后在自己的住处点燃了第三处纵火点。他在寄宿之处点火是为了转移注意力。艾特肯希望自己住处的火首先着起来，而大麻烘干房和制绳房中的火依然处于闷燃阶段，那么就会将消防人员从船坞引出来。如果一切都按照计划进行，等到人们注意船坞着火时，再迅速转移消防人员来有效地扑灭火焰就来不及了。这个计划在一定程度上起了作用（尽管大麻烘干房和制绳房的火并没有蔓延到他所希望的船只上），随着远处熊熊火起，艾特肯匆忙逃往伦敦，因为他确信当局会对他紧追不舍。[23]

伦敦像拥挤的蜂巢一样人山人海、熙熙攘攘。即使在摩肩接踵的伦敦城，艾特肯也明白，他只比法律领先一步而已。他需要一个藏身之处。在巴黎的时候，赛拉斯·迪恩给了这位野心勃勃的纵火犯一个美国联系人的名字，那个人住在威斯敏斯特，艾特肯希望从这位爱国同伴那里得到曾经承诺的帮助。艾特肯直奔爱德华·班克罗夫特的房子而去。但他不知道，事实上也没有几个人知道，爱德华·班克罗夫特是个双面间谍。他出生在马萨诸塞，在康涅狄格长大，在那里他受到赛拉斯·迪恩的教育，之后他到荷属圭亚那的一个种植园中开始了行医的职业生涯。在南美洲时，班克罗夫特兼职从事博物学研究，他写的一篇关于电鳗的研究文章颇有影响力，引起了本杰明·富兰克林的注意。1769年班克罗夫特迁居伦敦。自1776年起，在富兰克林和迪恩的授意下，班克罗夫特同意为美国人充当间谍。而迪恩所不知道的是，班克罗夫特事实上也为英国当局提供信息，将迪恩在巴黎的活动情况向英国汇报，甚至协助挫败美国从欧洲购买船只的企图。[24]

对班克罗夫特来说，一个为美国服务的特工来到他家门口，这实在是个过于危险的信号，这种形势变化也相当棘手。他不可能把这个罪犯妥妥地藏在家里，因为这肯定会引起英国方面的怀疑。他要是对这个由巴黎的美国代表派来的人置之不理，又肯定会引起盟友的警觉，由此对他的双面生涯产生怀疑。一开始，班克罗夫特拒绝把艾特肯藏匿起来，可是这个苏格兰人神秘地回答说，"很快报纸就会刊登一个超级特大事故，你肯定会知道的"。于是，班克罗夫特答应第二天再次会面。双面间谍与纵火犯的第二次见面是在一家咖啡馆中，艾特肯对这个美国人信誓旦旦地保证说，"他愿意不惜一切代价，愿意做任何损害这个王国的事情"。班克罗夫特当时正是因为不喜欢独立运动才转而为英国人提供情报的，因此对这番狂暴而激进的胡言乱语，他根本就不可能爱听。他告诉艾特肯，"在这方面，他不敢苟同。

因为他靠这个王国（英国）供养，因此他不想介入他的事情"。艾特肯害怕班克罗夫特会弃他于不顾，乞求他不要把他交给当局。其实艾特肯并不知道，班克罗夫特两边都不想得罪，因此根本不可能揭发他，只是想送这个苏格兰人上路逃跑而已。[25]

艾特肯在首都没有得到什么援助，于是他将许多文献烧毁后便逃离了伦敦，之后又途经海威科姆、牛津和阿宾顿，一路上他全靠小偷小摸、入室偷盗、顺手牵羊等行为为自己提供资金支持，后来他转向西南方向，直奔普利茅斯和另一处大型船坞。艾特肯在普利茅斯——后来是在伍尔维奇——的船坞中几次尝试纵火，但是由于安保措施过于严密，他一直没能越过船坞周围的高墙。由于一直没有成功，他很害怕时间长了便会被人遗忘和忽视，于是艾特肯离开普利茅斯，赶往下一个重要港口——布里斯托尔。布里斯托尔港位于埃文河靠近爱尔兰海的入口处。经历了一次又一次的纵火失败后，艾特肯终于再次用自制的燃烧装置，点燃了码头旁边的一个仓库。布里斯托尔与美国有着密切的贸易往来，因此，极具讽刺性反转意味的是，受损的财产是属于一名美国商人的。

国家如今处于危险之中。有人在许多城市蓄意纵火，这些火灾是美国阴谋的谣言一时间迅速传播开来，每一次新发火灾都被视为阴谋的一部分，无论其真正原因到底是什么。整个国家陷入巨大的恐慌，但没有任何线索，英国海军部向德高望重的约翰·菲尔丁爵士求助。菲尔丁爵士是英国首屈一指的刑事调查专家，也是最负盛名的治安法官。他提出了一个双管齐下的策略：一是悬赏一千英镑捉拿匿名纵火犯，二是在包括菲尔丁的《呐喊》在内的多家报纸上连续刊载对嫌疑人的描述信息。菲尔丁的策略看上去非常简单，却很快奏效了。艾特肯在汉普郡的一家店铺抢劫时，被店主和另一个根据报上描述的形象认出他的人抓获。[26]

1777年3月10日，约翰·艾特肯在朴茨茅斯被处决。当时的场景被一位目击者言辞悲切地记述了下来。这位目击者在写给爱尔兰的《沃特福德纪事报》的一封信中说："今天早上，'绘画者约翰'从温彻斯特被副警长一行押送到这里，他被挂在码头大门附近高达六十五英尺的绞刑架上，前来观看处决的人多得惊人。"当他走到高得非同寻常的绞刑架前时——事实上，这座绞刑架是由海军战舰的后桅杆改装而成的——等待观看的人群已经超过了两万人。艾特肯"从镇上的监狱中乘着马车被带到这里，穿过四门来到公地，人们带着他到发生火灾的制绳房转了一圈，让他见证一下自己造成了多么严重的破坏"。许多报道都提及他冷静、坚定，甚至是有些轻松幽默地走向绞刑架的样子。有一家报纸说，他的模样就好像英格兰赫赫有名的阴险恶魔盖伊·福克斯一样，而盖伊·福克斯在两百年前曾经试图炸毁议会大厦。按照惯例，他要在绞刑架前向聚集的人群发表演讲。有报道说他承认自己有罪，实施处决是罪有应得。另一些人则暗示他对没能实施自己的计划而感到遗憾——"我本想从身体一侧捅上一刀，没想到只是在手上留下了轻微的擦伤。"有一篇报道甚至说，他已经背弃了美国事业，转而"希望陛下的军队获得胜利，把在美国叛乱的流氓无赖打得落花流水"。不管他对人群说了什么，他最后都带着尊严直面了绞刑。他死后，尸体立刻被转移到位于朴茨茅斯港入口处海滩上的另一座绞刑架，向所有胆敢来犯的纵火犯和叛徒传递其最终命运的信息。[27]

对这种可怕的新型战争，英国人的反应是复杂的，既有震惊和恐惧，又有愤怒和谴责。在很多人看来，"绘画者约翰"的所作所为是美国革命原则的逻辑顶点。冲突最早始于血腥的语言攻击、暴力示威和忤逆叛乱，这些可怕的言行不可避免地导致了朴茨茅斯和布里斯托尔的恐怖主义事件。自从艾特肯承认他阅读了理查德·普赖斯的《论公民自由的本质》并从中获得灵感与激励之后，许多人便将怒火朝这个方向发泄。一个评论员在写给《公共广告报》的一封信中，严厉批评普赖斯及其同类作家煽动群众，引发叛乱之火。

我必须在你和受你诱惑打算叛乱的人面前痛陈控诉，你的一个追随者的恶行造成了严重后果，这就是活生生的范例。这是一个公然宣称以你的原则为基础的范例，它造成的威胁极大，远远不止一场令人发指的大火灾。"绘画者约翰"生来就是一个恶棍，在宗教上他是长老会教徒，全身心地接纳了你的自由主义信条……这些信条落在他头上，就像火星落在火药上一样，使他的罪恶得到充分爆发，他的灵魂好像在燃烧一般，急切地要证明他是你的真正门徒。他意识到他能够采取行动，他坚信自由是自决和自治的力量组成的，他下定决心要获得自由，无论是生是死都坚定不移地以你的原则为圭臬，于是他一往无前地跑到朴茨茅斯和布里斯托尔去放火。[28]

对于这个作者以及许多反对或害怕革命的英美两国的人来说，问题不在于普赖斯、潘恩或其他作家对暴力革命的特别鼓励，问题在于这些作品所鼓舞的人们，尤其是那些对政治哲学知之甚少的普通人。他们相信他们拥有权力和自由，能够按其所愿行事，也能够为了自己的目的去自行处理各种事情。这种政治原则预示着危险，暴民统治和政治混乱的潘多拉魔盒因此得以打开。普赖斯也许并不提倡纵火，但是通过鼓励人们大胆夺取自由，通过倡导自治政府，他就相当于把火炬交到了艾特肯的手上。这种蛊惑人心的语言注定会引发暴民的激情与骚动。

当一些人严厉指责美国的叛乱及其英国的支持者时，另一些人则找到了明确而熟悉的恐惧源头，并将矛头指向了法国。据了解，艾特肯曾经前往法国接受指令，几家报纸详细刊登了他护照的详细内容，在审判时这些资料也曾作为证据提交。尽管他的护照看上去完全正常，但是几家报纸却旁敲侧击地说，法国政府虽然官方表示中立，但通过支持和鼓励像"绘画者约翰"这样的人，为美国事业提供秘密援助。从一开始，英国就害怕法国卷入这场战争，随着时间的推移，这种恐惧有增无减。[29]

无论焦虑的终极根源是美国、法国还是英国，所有人都一致认为，"绘画者约翰"的行为开创了一个令人担忧的先例。英国和爱尔兰的所有报纸都紧张地报道了艾特肯的吹嘘之辞。他说他要是能逃过追捕的话，"那对于王国的后果肯定是致命的"。如果任何人愚蠢到认为，纵火犯的伏法能让他们大松一口气的话，那么艾特肯的建议则很快又消除了他们的安全感，使他们重新被紧张所攫获。艾特肯的建议是，当局应当"对被允许进入码头的任何人都特别警惕，因为他完全有理由相信有人会继续尝试纵火"。事实上，艾特肯并没有充分的理由相信这一点，他满脑子都是相信袭击很快会发生的狂热想象，但是他的警告毫无疑问对英国随后的心态产生了影响。他们坚称，只要美国叛军的激进与煽动性原则得以继续传播，就像理查德·普赖斯和托马斯·潘恩那样的煽动者们提出的原则一样，那么纵火犯就肯定会层出不穷。"但是这又有什么用呢？"一位直言不讳的批评家愤怒地喊道，

> 那个恶棍被处决了，而这个人（普赖斯）和他的原则，也就是使那个恶棍受到诱惑，将其奉为金科玉律的那些原则，不是依然威势赫赫地在全世界传播他们腐朽的理念吗？在同样动机的驱使下，难道不会煽动其他"约翰们"、其他恶棍们不顾一切犯下令人发指的纵火罪行吗？……虽然一只野蛮的野兽被处死了，可是他出生的父母根源依然存在，依然鼓励着同样具有毁灭性的行为。

在英国人的眼中，"绘画者约翰"也许只是即将到来的大量恐怖分子中的第一个。[30]

尽管历史背景不同、服饰特色不同、语言和形象均不相同，但是约翰·艾特肯的职业生涯具有现代恐怖分子的所有特征。年轻时他躁动不安、毫无目标，在当地很难找到定居之处或稳定职业。狂乱不羁的状态反过来又加剧了其犯罪生涯的进程，使他从小偷小摸迅速发展为严重的罪行。许多21世纪的恐怖分子也是如此，先是出国旅行，回到家乡时就变得无比激进。艾特肯同样是激进的海外分子，在内战的混乱之中，将目光锁定在令人热血沸腾的激进言辞上。之后，他回到祖国，一心一意要通过袭击最显著的英国权力象征——海军基地——来证明自己对于新事业的忠贞承诺。尽管艾特肯相信他的行动得到运动领导人的许可，并得到他们的指导，但是正如现代恐怖分子一样，艾特肯基本上是自主行动，几乎没有他所属的运动领导人的指导，甚至没有得到他们的赞同。最后，尽管是以特定事业的名义行事，但是，艾特肯的行为在很大程度上是一个毫无目的的年轻人的尝试，不顾一切地想要获得长期忽视他的世界的关注与尊重。[31]

虽然艾特肯袭击朴茨茅斯和布里斯托尔船坞的行为对英国战争的实际影响微乎其微，但是它们产生了实实在在的心理影响，这在现代恐怖主义的案例中相当常见。艾特肯被捕之后，人们对类似袭击的恐惧感甚嚣尘上。愤怒和震惊是显而易见的，但是同样令人忧虑的是，一旦这种行为方式被公之于众，模仿者紧接着就会出现。一家报纸惊呼道："在船坞放火这种暴行太不同寻常了，令人发指，是极大的公众灾难。欧洲的每一个国家都可能成为攻击的目标。如果一旦尝试成功，那么放火之人应该被视为触犯《荣誉法》和《万国法》的重犯。"到了1777年，人们开始采取措施，旨在预防看上去在未来难以避免的以叛乱为名的蓄意纵火行为。对美国事业毫无敌意的埃德蒙·伯克向议会提交了一项法案，要求"保护国家的港口、码头、船坞和船只不受纵火袭击"，对那些"企图纵火"的人施以更加严厉的惩罚。尽管战争还会像以前一样继续，但是国内战线却永远也回不到从前了。恐怖主义在英国的土地上留下了第一道印记。[32]

　　就在艾特肯在英国的船坞无法无天一路放火的时候，英国当局开始在整个帝国范围内打击煽动叛乱的言行。1776年，来自佐治亚的二十四岁的爱国人士埃比尼泽·普拉特在萨凡纳被捕，他被指控将一批用于亲英部队的武器和弹药转移给了大陆军队。由于被控叛国罪，普拉特被转移到牙买加受审，结果却被宣判无罪。尽管普拉特已经得到无罪判决，但是当局并没有释放他，而是仍将其戴着锁链送往英国。在英国，普拉特的支持者们，包括本杰明·韦斯特、本杰明·富兰克林和威廉·琼斯等社会名流，设法获得了人身保护令，通过法律途径要求政府要么审判普拉特，要么就释放他。

　　普拉特使英国当局面临着进退两难的局面。在正常情况下，任何人都不能因为在其他自治领犯的罪行而在英国受到审判，任何人也不能就已经被判无罪的指控而再次受审。但这不是正常情况，那是美国战争的特殊时期，因此释放普拉特会开创一个危险的先例。如果政府释放普拉特并承认未经审判就不能无限期地关押他，那么他们也就不能继续关押那些被囚禁在英国囚船中的美国水手。这些美国水手并未被视作战俘，因为这样就等于默认了殖民地要求独立的诉求。相反，美国俘房是被当作罪犯、叛徒和海盗关押的，他们本应获得人身保护。因此，普拉特既没受到审判，也没有被释放。1777年2月，诺斯勋爵提出了一项中止人身保护令的法案。人身保护令的中止将允许美国囚犯在不受审判的情况下被无限期关押，同时又不承认他们在独立主权国家交战中的战俘地位。[33]

　　在最初的情形中，1777年的中止法案针对的是北美或公海中的叛徒与涉嫌叛乱的人，而非英国的叛徒与叛乱分子，但即使应用范围如此狭小的人身保护令的中止也引起了英国人的愤怒，他们早已对日益增长的内阁权力感到震惊。反对派辉格党领袖查尔斯·詹姆斯·福克斯雄辩地指出，这种错误行径"不仅毫无顾忌地摧毁了美国的自由，同时也摧毁了其他类似国家的自由"。约翰·威尔克斯则担心人身保护令的中止会"使大臣们拥有可以违宪的权力",而福音派教徒、改革家,同时也是未来的废奴主义者格兰维尔·夏普则认为,这一法案说明"议会的傲慢无礼和无所不能,简直就是英格兰的教皇!"与以往一样,改革者的呼声无人理睬,但是他们的担忧是正确的。1776年,《人身保护法案》带来了一系列相应的革新。人身保护令在严重的危机时期可以被中止,但是这种中止是有期限的(通常不超过五个月),这在立法中有明确的规定。1777年之后,人身保护令的中止期可以无限延长。事实上,随着美国危机的加深以及新的威胁向国内的日益逼近,人身保护令这项"伟大的自由赦令"的中止,一次又一次地被更新,直到1783年为止。普拉特的案件成为反对政府粗暴干涉英国自由的集结点。但是,改革者们最终也未能阻止人身保护令的中止,这表明英国人的情绪正从激进向更保守的方向转变,开始对以国防和公共安全的名义实施独裁措施持欢迎态度了。[34]

在艾特肯被处决和普拉特煽动叛乱之后的几年里,令人不安的骚动持续困扰着英国,促使越来越多的温和派转而支持独裁措施。1779年,在专门审理叛国罪的军事法庭宣判凯珀尔上将无罪之后,伦敦爆发了进一步骚乱。凯珀尔是反对派辉格党成员,也是对美开战的反对者,他公开批评英国海军的缺陷与不足,并且直到1778年法国加入战争之后,才答应到海军服役。他很快就参加了1778年在法国海岸展开的韦桑岛战役。这场战役胜负难分,但许多人认为英国人是失利方,导致凯珀尔和他的副手休·帕利瑟爵士相互诽谤、相互中伤,相互指责对方是叛徒。凯珀尔认为,由于他是现任政府的反对者,第一任海军大臣桑威奇勋爵和海军部理事会成员帕利瑟一心希望看到他失败,并且积极密谋,要削弱他的指挥权。当凯珀尔因被指控叛国罪而被带到军事法庭时,伦敦城内的许多人都将此视为政治迫害,目的是攻击反对派成员。审判也因此成为一项著名的爱国事业，最后凯珀尔被无罪释放，人们用一场针对桑威奇勋爵和政府成员的骚乱表示欢迎。

1779年2月11日，当宣判无罪的消息传出之后，帕利瑟于凌晨五点逃离朴茨茅斯，躲到海军部避难。伦敦城的窗户亮起了灯光，这是表达支持态度的一种传统方式。人们向空中鸣枪，燃放鞭炮以示庆祝。帕利瑟位于蓓尔美尔街的房子的窗户被打碎，里面被抢劫一空。马尔格雷夫勋爵、胡德上尉、杰曼勋爵和利伯恩勋爵家的窗户也遭遇了同样的命运。惊慌失措的桑威奇勋爵被迫和他的情妇"在极度的恐惧中"从花园仓皇逃命。2月20日，凯珀尔被奉为伦敦自由的使者，他虽然不太情愿，但是被大家簇拥着坐上马车，到伦敦的一家酒馆参加为他举行的晚宴。为了向凯珀尔致敬，窗户再一次被点亮，那些不愿意点亮窗户，不想对凯珀尔表示支持的人，都被人打碎了窗户，其中包括查尔斯·詹姆斯·福克斯等反对派成员。三名参加骚乱的人被抓捕，不过由于人们担心对他们的惩罚会再次引发混乱，因此这三个人都没有受到判决。[35]

苏格兰也受到动荡与骚乱的困扰。许多苏格兰人基于商业原因对战争持反对态度，尤其是格拉斯哥的大烟草商人，他们的商品依赖美洲的原料供应。到了18世纪60年代，苏格兰已经牢牢控制了美洲的烟草贸易，占据了美洲烟草出口的98%，每年的进口量达到四千七百万磅，占苏格兰总进口量的三分之一。如此深厚的商业联系使苏格兰和美洲的命运紧紧绑在一起。18世纪，随着大量的苏格兰人移民到美洲，这种联系变得更加紧密。这些移民给美洲带去了苏格兰启蒙运动的光芒，尤其是大卫·休谟、亚当·斯密、卡姆斯勋爵和威廉·罗伯逊的思想。这些苏格兰思想家的著作是由极富影响力的苏格兰移民传播的，如新泽西大学校长约翰·威瑟斯普恩和费城学院的威廉·史密斯等，这些思想反过来为殖民地争取独立的斗争提供了丰富的知识框架。[36]

1778年9月，一个苏格兰军团听说他们将被派往不断拓展的印度战区，于是在爱丁堡叛变。暴动见证了"四百匪徒令五万人敬畏和警觉"的事件，也使很多人坚信，既要在许多战线上开战，又要保证国内战线安全无虞，是根本不可能的事情。不过，真正的麻烦发生在1779年，当时爱丁堡和格拉斯哥均爆发了大规模骚乱，强烈反对将《天主教救济法案》推向苏格兰的企图。那年1月，反对《天主教救济法案》的声音开始在苏格兰长老会中汇集，苏格兰教会在月底开始公开反对这项法案。在教会的煽动下，格拉斯哥和爱丁堡涌现了越来越多的暴民。在爱丁堡，骚乱者摧毁了两座天主教的"教徒住宅"，并向两名天主教贵族问话。爱丁堡大学也遭到了攻击，因为该大学的校长、历史学家罗伯逊博士是《天主教救济法案》的积极支持者之一。直到法案被撤回，骚乱才得以平息。苏格兰国务秘书之一韦茅斯勋爵同意给苏格兰的教职人员写信，承诺政府没有任何放松对苏格兰的天主教进行限制的计划。1778年法国参战之后，政府就一直努力安抚爱尔兰天主教徒，努力确保天主教部队能够同心同德，因此，《天主教救济法案》成为令许多英国人谈之色变的东西。[37]

戈登勋爵曾领导苏格兰对抗该法案，并且在特威德北部取得了成功。这使他信心倍增，认为他也能在英格兰成功抵制该法案。他知道他的新教协会在伦敦有支持者，这些支持者不仅有商人和工人阶级，还包括市政府成员。出于政治和经济方面的原因，伦敦城市公司（伦敦金融城）对美国战争基本上持反对态度，因此也愿意抵制政府采取激进的措施放宽对天主教徒的限制，从而扩大军队人员储备的意图。于是，就在1780年6月2日，戈登和新教协会开始了游行活动，他们从圣乔治公园出发，一直走到议会所在地。一路上旗帜飘扬，风中的旗帜在夏日的炎热中闪闪发光。他们确信他们能够成功地废除这项令人憎恶的法案，把英国从天主教叛徒和法国入侵者手中拯救出来。

尽管许多观察家的担忧都是合理的，但是那天聚集的人群却不是混乱的乌合之众。有报道说，最初的人群大都是些诚实可靠、受人尊敬的商人，他们穿着礼拜日才穿的最好服装，头戴象征着反对政府维护宗教稳定的蓝色斗篷。四个游行纵队的率领者中，居然还有一个身穿格子裙的苏格兰高地人，他手里握着大刀，两边则有吹笛手相伴。那还真是游行的感觉，是表达人民对民选代表不满的游行。然而，当他们到达议会大厦时，集会者的情绪却很快变得愤怒起来。[38]

当人群在议会广场挤来挤去时，议员们开始陆续到达。反对派成员、美国战争的反对者和《天主教救济法案》的批评者在一片欢迎声中被护送进大楼，而政府成员和《天主教救济法案》的支持者则遭到嘲笑和推搡，他们的马车受到攻击，窗户被砸碎，假发也被扯了下来。到了议会大厦内部，情况依然令人担忧。当政客们打算开始处理手头事务时，人群闯入大厅，冲着议员们大喊大叫。戈登勋爵冲进辩论场，提交了由四万四千名市民签名的大规模请愿书，之后他爬进旁听席开始向抗议者发表讲话。正如一位观察家所抱怨的那样，群众开始试图用恐吓手段"向上议院和下议院施加最专横、最独裁的力量"。而下议院不知为什么却鼓起勇气，几乎全票通过了将有关《天主教救济法案》的辩论推迟到下周二的决议。[39]

抗议活动首战失利的消息让聚集在外面的人群感到难以置信，愤怒之火迅速点燃。但这时的愤怒并未转化为具体行动。后来军队被召集来清理议会广场和周围的街道，军队得到的指令是以最小的干扰和不使用暴力的方式完成任务。最坏的情况似乎已经过去，威胁已经消除。然而，当夜幕降临时，一些请愿者依然为他们的失败感到耿耿于怀，依然难以相信他们的代表们竟然不认真对待天主教的威胁，于是他们开始将目标对准伦敦城中一些声名显赫的天主教家庭和天主教机构。位于林肯因河广场的撒丁岛大使馆的天主教堂，是第一个感受到暴民怒火的地方。暴徒们强行闯入教堂，把教堂点燃，之后又在外面的大街上点火焚烧从教堂里搬出来的东西。下一个是巴伐利亚大使的小教堂，教堂被焚毁，里面的财物被洗劫一空。在接下来的三天时间里，暴徒们继续袭击天主教徒的财产，攻击涉嫌同情天主教的人和《天主教救济法案》的支持者。穆尔菲尔兹及周边地区是爱尔兰聚居区，这里也成为暴力袭击的主要目标。一位天主教丝绸商人的房子被洗劫一空，甚至连他珍贵的宠物金丝雀也没有被放过。在暴民们眼里，这只"教皇的小鸟"徒增了他们心中的怒火。

这次骚乱的规模之大，在英国历史上是前所未有的，然而伦敦当局对暴乱者施暴的目标表示同情，同时也害怕自己成为攻击的目标，因此拒绝采取行动。许多伦敦人在绝望之中也都披上蓝色的斗篷，在他们的房子和马车上都用粉笔写上"拒绝教皇"的字样，期望以此平息人群的怒火。伊丽莎白·李在写给儿子的信中说：

> 我们觉得暴徒们随时会来袭击，他们威胁说要攻击我们的邻居斯托蒙特勋爵，因为他是反对派。可是感谢上帝，我们的房子有强大的"护卫"守护，暴徒们邪恶的意图没有得到实施。尽管我们肯定特别焦虑、特别担忧，但是他们没有冲到这条街上来……我们在卡文迪什广场的玛格丽特夫人那里待了一天一夜……你难以想象那一夜过得多么艰难。暴徒们是那样不顾一切，他们犯下了那么残暴的罪行，烧毁了那么多人的财产，把那么多重刑犯从监狱里放出来。在这种时刻，你不可能不为你的同胞感到难过，不可能不对最可怕的后果感到恐惧。[40]

戈登勋爵和新教协会也吓坏了，他们不知道事态将发展到什么地步，虽然他们谴责了此次暴力事件，但没有任何效果。四天来，随着战争席卷全球，大英帝国的首都暴徒横行。

到了6月6日星期二，各方都迫切希望暴力与混乱能够平息下来。可是当议会如期举行会议，讨论废除《天主教救济法案》的请愿诉求时，议员们却拒绝因暴徒们的厉声叫嚣而做出让步，并且再次拒绝就该问题进行辩议。伦敦爆炸了。拥挤的人群"手拿火把，怒火中烧"，对天主教的房屋及财产再次发动攻击。一家天主教徒开办的酒厂在大火中燃为灰烬，那场景简直就是地狱的再现。数加仑的杜松子酒被倾倒在街上，流淌的烈酒熊熊燃烧，奔涌成烈焰之河，人们被大火炙烤而亡，几乎烧成焦炭。火焰无比浓烈、无比炽热，把夜空映照得如同白昼。18世纪的夜晚不像我们如今的世界这样明亮，那时还没有现代电灯这样的持久光芒刺破夜的寂静。在那个被阴暗笼罩的时代，一座着火的城市，一定像是把黑夜点燃一般，使周围数英里的世界都沐浴在原始的、邪恶的光芒之中。当时在哈罗公学读书的威廉·李能够看到十二英里之外那恐怖而诡异的火光——他的父母就被困在伦敦城中。[41]

6月7日星期三，暴徒们攻击的目标开始扩大，暴乱已经达到顶峰，后来这一天被称作"黑色星期三"。暴徒的目标从天主教的相关机构开始，发展到象征正义与权力的机构。伦敦城令人憎恶的监狱被砸毁并付之一炬，为了支持那些获释的囚犯，暴徒们还强行进行募捐，伦敦法官的住宅被洗劫一空。"在这场最残酷、最荒谬的混乱中，我要呈现给你的是最疯狂的人群的最丑陋画面。那是最疯狂的时代，更是史无前例的惨痛折磨。"伊格内修斯·桑乔在写给朋友的信中这样说：

> 目前，至少有十几万贫穷、悲惨、衣衫褴褛的乌合之众……所有人都跑到街上、桥上、公园里游行，随时随地进行形形色色的洗劫与破坏。仁慈的上帝啊！这是怎么了？我不得不停笔，暴徒的喊叫声、恐怖的刀剑击打声，以及嘈杂混乱的一大群人迅猛奔跑的声音把我吸引到门口……这，这就是自由……名副其实的英国自由！就在这一刻，大约两千名自由男孩挥舞着大棒，大摇

大摆地走过。手拿棍棒的这些人是希望与爱尔兰主席和劳工们见面……谢天谢地，下雨了。希望雨能下得大一些，再大一些，把这些受了欺骗的可怜虫安全地送回到家中去吧，让他们回到家人那里，回到妻子那里！[42]

象征着滥用战争名义、为战争效力的地方也受到攻击。专门设计用来关押俘获的船员，并迫使他们为英国海军舰队服务的"卷顶房"被砸开。一家军队服装店遭到袭击与洗劫。从新门监狱中逃走的囚犯，包括一名逃离"美国麻烦"的宾夕法尼亚的学徒，一名从部队逃走的逃兵，一名谋杀了试图制服其丈夫的警员而入狱的妇女。考虑到最活跃的骚乱分子就是水手，那这些人成为攻击的目标就不足为奇了。然而，战争对伦敦的许多穷人造成了影响，使他们对战争及其引发的社会经济后果感到愤怒，而这也成为暴民心理的重要组成因素。[43]

接下来，暴徒们攻击的目标是英格兰银行。在政府看来，对于司法部门和王室权威的攻击令人发指。如果伦敦的行政官员们不采取行动，英国王室就要行动了。6月7日夜晚，国王下令军队开进首都，迅速有效地让这座城市处于戒严状态。国王命令军队见到暴乱者就开枪射击，不需要在开枪前宣读《骚动取缔法》——这完全违背了传统，历史上也没有法律先例。在英格兰银行，两位著名的伦敦激进事件的支持者背弃了人群，加入了镇压暴动的行列。戈登勋爵试图使暴徒安静下来，呼吁大家采取和平措施。可是他的声音完全被淹没，于是他也转而把自己的力量贡献在对法律与秩序的支持上。约翰·威尔克斯原本是伦敦暴民中的英雄，伦敦激进行为的核心人物，可他感到无法继续忍受了，于是作为伦敦治安法官，他也加入了捍卫英格兰银行的行列。当这些重要的机构受到攻击时，像威尔克斯这样的人不得不做出选择。威尔克斯的影响力主要来源于伦敦金融城的金融实力和商业财富，这是他受到普遍欢迎的原因。只要暴民和商人联合起来反对美国战争以及相关的承担战争责任的部门，那么威尔克斯和其他激进分子就可以同时取悦双方。然而，当金融城的利益与暴民的目标出现分歧时，他就必须做出选择了。于是，"戈登暴乱"，尤其是暴徒对英格兰银行——英国商业财富的源头与象征——的袭击，便成为伦敦激进事件的分水岭。政治反对派很快就与混乱和暴力紧密联系起来。从此之后，改革家和激进分子就必须在反对战争与反对战争造成的危险和混乱之间做出选择。[44]

从6月7日夜晚到6月8日夜晚，伦敦发生了一种新型的滥砍滥杀的暴力事件：士兵们对骚乱的镇压、对暴民的驱赶及剿灭。"在银行的尽头，有人向骚乱者射击了六七次，"威尔克斯的日记里这样写道，"银行大门正对面的两个暴徒当场毙命，在皮各街和齐普赛街的另外几个也应声倒下。"一天中，被杀死的男男女女有七百人之多，官方估计的死亡人数是三百人，远低于实际人数。不过，像纳撒尼尔·拉克索尔这样的目击者证实，许多死者被扔进泰晤士河中或被扔进火里，人为地、有意地降低了伤亡数字。这些暴怒的日子在英国历史上是空前绝后的。到了6月8日，"暴民国王"被淹没在一片血泊之中，它的统治宣告结束。[45]

到了6月9日，伊格内修斯·桑乔的忧伤语调被一缕微弱的希望之光所取代。"我们很高兴，骚乱开始平息，"他这样写道，"大约抓获了五十名囚犯，蓝色的斗篷已经不见踪影，大街小巷又恢复了和平的模样。"随着骚乱被镇压下去，扫荡清算开始了。几十人或有上百人被逮捕，这又产生了新的问题：没有足够的监狱容纳他们。戈登勋爵也被抓了起来。他是在6月9日早晨被捕的，被押进一辆老式出租马车中，马车穿过城市，把他送到伦敦塔中，一路上由一个民兵团和一支轻骑部队护送。人们打赌说他将在八天内被处以绞刑。[46]

尽管表面上看暴乱已经结束，但是当局却丝毫不敢松懈。暴力事件的规模之大是难以想象的，人们感觉秩序是否恢复还是悬而未决之事。如此"可怕而令人震惊的滔天恶行"居然发生在"首都的中心地带"，这太令人震惊了。这也带来了严重的不安定因素，并敦促伦敦人探求根源，到底是什么导致了如此可怕的"末日废墟景象"。有传言说，一些与政府有关的人物散布谣言，认为这是外国势力——或是法国，或是美国特工——在幕后操纵。他们是骚乱的幕后黑手，致力于破坏稳定，分散和摧毁英国的战争努力。另一些传言则认为是反对党策划并煽动了暴动。戈登勋爵是引发骚乱的原动力，他本人长期以来就是政府的激烈批评者，也是美国反叛势力的热心支持者。1776年，戈登曾是声势浩大的少数派之一，他谴责"政府试图强迫美国人无条件投降，这是极其愚蠢和不公正的"。同年，他敦促一位朋友为纪念美国爱国者将其拥有的一艘船改名，他说："我认为这是对我们深受伤害的殖民地，同时又是令人尊敬的爱国者的一番敬意……你应该把小船的名字改为'国会'。"戈登勋爵作为知名的激进分子和战争反对者，使得许多人通过忠诚或不忠诚的政治视角来解读暴动事件，反对派也因此越来越受到怀疑。身在俄国的英国大使詹姆斯·哈里斯都听到这样的判断："归根到底，就是背叛美国还是背叛英国的问题。"[47]

另一些人则被伦敦日益增长的犯罪浪潮吓得日夜不安。他们认为，伦敦的罪犯至今都未能得到控制，过度纵容的司法体系对此负有责任。威廉·希基看到暴乱中被烧成焦炭的废墟之后，这个车夫像许多人一样，认为最初人群主要是由妇女和儿童组成的，根本没什么威胁，都是当局过分的纵容，助长了伦敦的犯罪阶层——"扒手们，入室抢劫的贼们，还有形形色色各种各样的小偷们"——都加入了战斗。普通的罪犯很可能会与境外的间谍和国内的激进分子达成共同的目标而联起手来，这足以让大多数英国人惊慌失措。[48]

伦敦变成了一个被占领的城市，武装营地像雨后春笋般出现在所有露天场地，海德公园、圣詹姆斯公园、圣乔治公园、大英博物馆的花园和西区比比皆是。威廉·希基觉得这一全新的城市阵容是个不祥的预兆，他这样描述道，"城市和郊区……到处都是军队"，同时，"常规卫兵也依然每天按时到英格兰银行、圣保罗大教堂、老贝利街以及其他几个公共建筑站岗守卫"。6月13日，街头巷尾传播着这样的消息：暴徒的幽灵陡然出现在约克郡，暴徒们在那里释放了三千名法国战俘，他们在英格兰的心脏横冲直撞、为所欲为。虽然这个报道完全失真，但使整个英格兰都深陷在"疑虑重重、动荡不安的时代"。6月16日，由于对外敌入侵的恐惧已经转变为内部动乱的恐慌，因此政府开始努力解除民众的武装。在很多人看来，英国开始"展示法国政府的特色"，即实行戒严，命令人们放弃武器。但是在其他人眼里，暴乱的性质证明这种专制措施是无法摆脱的罪恶。国外战争、国内动乱和猖獗的犯罪活动相结合，使得骚乱之后谣言四起，阴谋论盛行。于是，人们将矛头指向了外敌、激进的叛徒和肆无忌惮的罪犯的强有力的混合体，使这三者之间建立了崭新的联系，对政治分歧和司法审判的态度也因此被赋予了新的色彩。在这样的时代，面对这样的敌人，需要强力的手段。桑乔哀叹道，这个夏天"带来了生病的时代"，而疾病已经"在各个方面战胜了宪法：国家染了病，教会（愿上帝保护它！）染了病，法律、海军、部队都染了病，老百姓因税而染病，各部门因反对派而染病，反对派因失望而染病"。[49]

对于不幸的少数人来说，治疗疾病的过程比疾病本身更加糟糕。7月间，伦敦各地有二十五名男女因其在骚乱中的所作所为而被送上绞刑架。他们大多非常贫穷，多数与美国的冲突有些关联。亨利·马斯卡尔是众所周知的激进分子，他反对政府对美国的政策。他被指控煽动暴徒对曼斯菲尔德勋爵在布鲁斯伯里的宅邸发动袭击。不过，他非常幸运，或者是有过硬的关系，最后逃过了绞刑。威廉·布朗是众多积极参与暴乱的水手之一，他曾在"塞拉皮斯"号上服役。1779年9月，这艘船在约克郡的弗兰伯勒角海域与约翰·保罗·琼斯的"好人理查德"号护卫舰发生激烈对抗。双方交战的场面相当血腥，死伤都很惨重。布朗所在的"塞拉皮斯"号被击溃，包括他在内的五百名战俘被琼斯运送到法国，但他设法又逃回了伦敦。他贫困不堪，而且一直饱受战伤的折磨，但又正好赶上了那场让他付出生命代价的暴乱。绞刑架下的另外三个牺牲品是伦敦日益壮大的非洲社团的成员，曾经身为奴隶的他们不顾一切逃往伦敦，却发现伴随着自由而来的是贫穷。约翰·格洛弗在威斯敏斯特做一名"安静、沉稳、诚实"的仆人，而本杰明·鲍西虽同为仆人，但衣着考究、仪表堂堂。他们在暴乱中身先士卒，带领他人袭击新门监狱和看守人的房子。夏洛特·加德纳被送上绞刑架的原因，是煽动大家攻击一个爱尔兰酒店老板在塔山附近的家——人们听到她招呼大家把火点得更旺些，并且还大声高喊着为暴民们加油鼓劲："孩子们呀，加油干呀，干得好呀——要打倒呀，全打倒呀！"从暴乱的起因到目标，从领导者到受害者，美国事务贯穿了始终。[50]

就在被戈登所鼓动起来的男男女女的尸体挂在绞刑架上摇摆时，戈登勋爵却因为被指控叛国罪而在伦敦塔中黯然憔悴。他在辩护中指出这样的事实：当游行演变为暴力事件时，他曾努力安抚暴徒，并在英格兰银行遭遇袭击后站在了法律与秩序这一边。他声称，他本应该早一些站在暴民的对立面，他之所以拖延是希望他能够阻止像"沃特·泰勒（1381年农民起义时臭名昭著的领袖）那样的人崛起，那种人在与政府沟通时没有耐心，因此很可能会将整个国家拖入内战"。在许多像霍勒斯·沃波尔一样敏锐的人看来，戈登就是个疯子。最后，不知是大家相信了戈登的辩解，还是害怕他的殉难，抑或是看重他的家庭关系，总之戈登勋爵于1781年被宣布无罪。[51]

伊格内修斯·桑乔没有活到戈登勋爵受审或者平安回归的那一天。他于1780年12月去世，那时伦敦依然饱受"戈登暴乱"的蹂躏。他在弥留之际，一定感觉他周围的世界正在分崩离析、摇摇欲坠，似乎这个集体疯狂的时代注定要将不列颠曾经充满希望的未来毁于一旦。他离开了正处于危机的世界，收养他的家庭看起来也濒临崩溃。然而，他毕竟在一个发生翻天覆地变化的时代留下了自己的印记。他出生在大西洋中部的一艘奴隶船上，生而为奴，但死时却备受尊重和爱戴，无数人为他哀悼。他是非洲后裔中的第一批公众人物之一，也是第一批以前奴隶的身份扬名于世的人，其生平事迹广受赞誉。英国媒体首次给非洲裔后代刊发讣告，作为对其开创性影响的褒奖，对于此种哀荣，他可谓受之无愧。

1781年7月一个闷热的早晨，就在"戈登暴乱"席卷伦敦大约一年之后，八万名英国的男女老幼却因为驱散不去的恐惧而再次聚集，英国与美洲殖民地的战争每况愈下。几年来，他们目睹了英国激进分子在伦敦街头的暴动，土生土长的恐怖分子直逼英国造船厂的场景吓得他们瑟瑟发抖，新舰队的真实前景也着实让他们惊魂不定，伦敦在他们眼前燃烧的恐怖场景更令他们惊恐万分。如今，英国历史上最严重的骚乱发生还不到一年，英国人就收到了令人毛骨悚然的新消息，即1780年完全失控的偏执与混乱并非是完全没有根据的。法国特工很可能就躲在前面的角落里进行监听和汇报，甚至可能在策划着最可怕的事情：入侵。法国随时入侵的威胁像幽灵一样困扰着他们，令他们寝食难安，于是成千上万人在那个夏日拥出城，去观看那个象征着他们的恐惧的人被处以绞刑。

在熙熙攘攘的人群的注视之下，一辆囚车沉重地驶过伦敦的街道，从老贝利街的法庭一直驶向古老的泰伯恩刑场，车中是被五花大绑的孤零零的囚犯。一路勇敢面对了伦敦暴民的嘲笑与讥讽之后，他下车步行走过既定路线，来到专门搭建的台子上，然后被人拖上了泰伯恩刑场那座臭名昭著的三个横梁造型的大型绞刑架，脖子上被套好了绳索。死刑犯最后都有发布演说的机会，让他们完成说教的任务：

忏悔罪恶，与上帝和解，然后不带遗憾地平静赴死。演讲结束后，马车会被拉开，一个吊在那里的可怜可叹的身影在空中摇摆。在寻常的处决中，这就是事情的最终结局了，但这不是寻常的处决，他在就死之前已经被折磨得快没命了。在他还活着的时候，他的肠子就被活生生地从身体上割下来，放在他半昏迷的眼前焚烧。这样的结局太可怕了，不过人们觉得对于已经成为民族恐惧象征的人来说，这种惩罚再合适不过。这个既象征着英国的偏执与恐慌，又象征着法国的阳奉阴违的人物就是名叫弗朗索瓦·亨利·德拉莫特的法国间谍。正如控方所说："在任何国家的任何时候，都没有比他更机警、更勤奋、更能干的间谍了。他获得的情报会让你大吃一惊。"[52]

1780年上半年，在肯特海岸一个叫福克斯通的港口小镇，一个名叫艾萨克·罗杰的人找到斯蒂芬·拉特克利夫，提议在这位肯特的船长和他不方便透露姓名的雇主之间进行商业往来。拉特克利夫拥有并经营着一艘小快船，这艘快船是往来于英吉利海峡并在英国境内进行沿海贸易的诸多小型帆船之一。罗杰问船长是否愿意定期把一些文件报纸从肯特运到海峡对岸的法国城市布洛涅。对于像拉特克利夫这样的船主来说，穿越英吉利海峡或者沿着海岸航行时携带包裹和信件是常见的做法，也是在运送葡萄酒和白兰地的寻常业务之外增加一些额外收入的简单方法。而且，罗杰还为每件托他运送的包裹支付二十英镑的巨额提成，希望他能加快运送速度。拉特克利夫欣然应允，开始定期向布洛涅的海军陆战队送去几包报纸文件。[53]

尽管他最初欣然应允这一提议时并没有对他所运送的文件性质提出什么质疑，但是到了1780年6月，拉特克利夫终于起了疑心。回想起来，罗杰总是反复要求他对货物保密，于是拉特克利夫将自己的疑虑告诉了好友约瑟夫·斯图亚特，斯图亚特是附近桑威奇的商人，他立刻意识到潜在的危险，这是在秘密将一些未知文件从隐藏在英国的某个间谍那里向法国的海军官员传送。在斯图亚特的建议下，两个人决定把下一个包裹交给希尔斯伯勒勋爵——他是一名国务大臣。当斯图亚特把文件送到希尔斯伯勒勋爵的办公室时，事情的严重性立刻便显现出来。这个包裹里有一封写给法国海军部长阿尔比伯爵安托万·德萨尔丁先生的信，信中大致陈述了印度的事态，并且为"准备起航的印度船只、前往那里的部队、计划回国的船只，以及许多有关印度属地的大量信息"提供了详尽的细节，甚至还包括罗德尼上将和盖里上将所率领的英国舰队的具体方位、船只情况和人力配置等信息。[54]

这太令人震惊了，然而令人震惊的远不止这些。包裹里还有一封信，信中详细罗列了英国海军现有船只的具体细节。正如写信人所写的："我荣幸地把今年海军舰队的情况，已武装完毕和即将武装的信息向您呈上……随信所附的是已经武装与待武装的全部海军军力的清单，包括其具体位置、目的地和船员构成。"信息的详细程度完全出乎意料。船只是根据所属的海军基地罗列出来的，包括每艘船的人员数量、枪炮数量、指挥官信息、是否在港、目的地以及最后一次上报地点的经纬度方位。例如，盖里上将的一支分遣队是这样描述的：

> 7月6日，韦桑海湾附近，伦敦以东，经度11度12分，纬度49度，风向东北偏东，风向多变……港内共有船只二十六艘，其中护卫舰九艘，小快船五艘，消防船三艘……他们尽了最大努力增援盖里上将指挥的舰队，所分配的武器情况如下："勇士"号七十四门大炮，"良益"号六十四门。另外还有"坚毅"号六十四门，"威廉王子"号六十四门，"君主"号七十门，"公主"号七十门，"直布罗陀"号八十门。这五艘船正在按照顺序先后出发，并按照既定计划航行，与盖里上将会合。[55]

聚集在希尔斯伯勒勋爵办公室的这几个人一定很快就意识到，他们刚刚挖掘出一个巨大的法国情报网络。他们也一定隐隐感到恐惧，因为这份被截获的情报有叛国的嫌疑，包裹中除了有被派往印度和纽约的船只与部队番号的清单之外，还有一封盖里上将写给英国当局的信件的复制品，而这封信中非常详细地说明了他的舰队的具体情况。所有这一切，英国在这场战争中的具体细节和具体数字，再加上那封复制的上将信件，都表明这些信息不可能是由一个人搜集起来的，一定有地位显赫的英国公民施了援手。

尽管英国当局现在有证据表明他们中间有叛国的间谍，但是他们不知道是谁写的这些信件，又是谁提供的信息。由于不想惊动潜伏的间谍，这些被截获的信件在被复制之后又交回到拉特克利夫手中，并告诉他继续按照原定计划去运送包裹。之后每一包这样的包裹都被送到邮局，在政府官员将其中的内容复制好之后，再把原件送回给拉特克利夫。在接连复制了几次信件后，终于到了收网的时刻。拉特克利夫奉命与罗杰因为报酬问题吵了起来，然后佯装成怒不可遏的样子，一定要见中间人的雇主。计谋奏效了，毫无防备的仆人带拉特克利夫去见他的雇主——弗朗索瓦·亨利·德拉莫特。1781年1月4日，终于可以收网了，德拉莫特在其邦德街的家中被捕。

当德拉莫特在伦敦被铁掌击中时，他胆大包天的间谍活动却在遥远的非洲海岸取得了成效。1780年，荷兰人参战的时候，他们的殖民地成为攻击的对象，英国开始把贪婪的目光转向荷兰共和国在非洲南端拥有的战利品。荷兰于1652年建立了开普殖民地，到18世纪，那里已经成为欧洲开往印度、中国和南亚的船只的重要停靠站与补给站。随着重要性的增加，其战略价值也随之提升，吸引了英国人的注意。1781年3月，开普殖民地成为合法目标，于是乔治·约翰斯通准将率领一支远征军前去占领殖民地。然而，约翰斯通却不知道，那年春天，当他率领由四十六艘船只组成的舰队从斯皮特黑德起航时，法国人也在准备自己的舰队，目的是为了拦截他的远征军。在德拉莫特转交给法国人的一堆一堆的文件中，就包括约翰斯通开赴开普殖民地的行动细节。

1781年4月，约翰斯通的舰队依然没有意识到危险。舰队在佛得角群岛的普拉亚港停下来补给淡水。4月16日，法国军队在德絮弗伦上将的率领下，突降到毫无准备的英国舰队的驻扎地，战斗开始打响。约翰斯通过于大意，他的舰队大部分都暴露在外，不过他还是设法把法国人赶走了。德絮弗伦没能消灭远征军，但是他对英国舰队造成的破坏也确保了法国舰队不会被追击。约翰斯通依然坚信法国人对远征军的目标一无所知，并且认为德絮弗伦会前往巴西或西印度群岛那里去进行修复。然而，当约翰斯通的舰队终于抵达开普殖民地时，他却发现德絮弗伦已经占领了那里——德絮弗伦正是因为收到德拉莫特的情报才转换了航线。那时开普殖民地的防卫力量已经得到加强，约翰斯通别无选择，只能取消任务，带着残兵败将返回英国。

在审判过程中，叛徒阴谋的更多细节被揭露出来。在对亨利·德拉莫特的家进行突袭时发现了许多文件，其中有一些信件来自住在朴茨茅斯附近威克姆的居民卢特洛先生，而朴茨茅斯正是大英帝国的主要港口和海军基地之一。卢特洛很快被抓获，在希尔斯伯勒勋爵的亲自审问下，他承认大部分由德拉莫特送到法国去的情报，都是由他率先提供的。自1778年起，即英法两国首次宣战的那一年，卢特洛就一直为法国人做事。尽管他的动机尚不清楚，但是他已经因向法国传递英国军队的情报而每月获得五十英镑的巨额报酬。卢特洛用这些现金收买了一个朴茨茅斯的政府公务人员，就此得到了获取此类情报的特权。那个见利忘义、两面三刀的职员戴维·泰利，也因此成为温彻斯特巡回审判庭特别会议的主题。他的罪恶行径从此大白于天下。

这起案件曾经轰动一时，引起了伦敦乃至全国读者的密切关注。在那个沉郁阴暗的时代，人们长久以来就深怀恐惧，而潜伏在他们中间的法国巨大阴谋的揭露，恰恰印证了这种恐惧。于是，亨利·德拉莫特的处决引来人山人海的观众，也就不足为奇了。将行刑视为一种狂欢的形式，本来也是英国长期以来的传统。在伦敦郊区的泰伯恩刑场，常会有成百上千人拥挤在一处，观看复仇与正义的血腥剧目。而德拉莫特的处决又是独一无二的，因为当时的绞刑大都是集体处决，只有德拉莫特是单独行刑。七具尸体悬挂在泰伯恩刑场有三个横梁的大型绞刑架上颇为壮观，而这个法国人却注定要一个人荡秋千了。以往在泰伯恩观刑的人群中，尤其是对名人行刑时，总有人对罪犯怀有强烈的同情心理——像极富魅力的拦路大盗杰克·谢泼德和迪克·图宾就能得到观刑群众的欢呼、祝愿以及递过来的美酒。但是在7月27日的绞刑架前，却没有人对那个法国间谍施以一丝一毫的同情。[56]

在处决德拉莫特的英国同谋者时，场面也同样壮观。十三个月后，在朴茨茅斯的南海公地上，轮到戴维·泰利去面对愤怒的人群、正义的裁决和残酷的绞索了。当时有多达十万人前去观看这个叛徒被处死的场面，如果大家期望看到的是沉静与血腥强烈碰撞的大戏，那他们绝不会失望的。用当时流行的话说，戴维·泰利虽然死得很不堪，但也很不错。这位年轻的海军职员以令人钦佩的冷静直面了自己的命运。正如一位目击者后来所说：

> 他自己从监狱走到了行刑的地点，虽然他一路走向的是自己就要灰飞烟灭的悲惨结局，但他自始至终表现出极大的镇静与从容……到了行刑的地方，却没人给他套绳索。对此他一直保持微笑，对于行刑人员的疏忽大意表示惊讶。这个过程的确被耽搁了几分钟，过了一会儿才有人从绞刑架旁边的工具车上把绳索和滑轮拿过来。等待期间他就一直在读手里拿的《圣经》，读完了几段话……他被吊了整整二十分钟，然后他被放到平板车上，至此

对他的死刑处决被正式执行完毕。他的头从尸体上被砍下来，心脏也被取出来烧毁，他的私处被切掉，尸体四分五裂。之后他才被放进棺材，埋进海边的乱石中。不过，行刑的士兵一离开，水手们就把棺材挖了出来，取出尸体，把它切成上千个小块，每个人都带回一块给船上的伙伴们看。像这样可怕的、影响力巨大的处决可以说是空前绝后。[57]

这是在英国执行的最后一次如此令人震惊和残酷的惩罚。在他被处决之后的几年中，朴茨茅斯好奇的游客们可以在戈斯波特监狱的展台上看到戴维·泰利的头。当时戈斯波特监狱的狱长也混在观看埋葬戴维·泰利的人群中，他得到了最有价值的珍品——叛徒的头颅，他把头颅泡在酒精中，以满足游客们对恐怖死亡的猎奇心理。对戴维·泰利和弗朗索瓦·亨利·德拉莫特实施的惩罚，以及之后对他们残缺肢体遗留物的长期保存，在很大程度上有意向英国人和他们的敌人发出信息：整个世界都在打仗。叛国是绝不能容忍的。[58]

英国人曾经因为国王践踏权利、滥用特权而将国王丢弃。但是，尽管他们对美国事业、对那些有影响力的坚定改革者抱有深切同情，对统治阶级深感失望，但他们从没有认真考虑过跟大西洋对岸的兄弟们一起反抗。暴民们所代表的混乱与暴力令他们恐惧，也使英国人坚信，激进主义和叛乱只能带来混乱和无政府状态，而且，在英国，美国革命造成了前所未有的混乱，这种混乱仍在加剧和扩大。因此，在美洲殖民地的人们拿起武器开始革命时，英国人却面对着前所未有的大规模的犯罪、入侵、恐怖主义、叛国和民众暴力。所有这一切营造了一个充满恐惧的环境，以至于革命，甚至改革的想法，都基本上被放弃了，英国人更想要的是一个更加专制的政府所能提供的安全和保障。

在美国危机介入之前，18世纪已然是一个日益关注犯罪与混乱的时代。城市化、地域流动和商业增长，共同导致传统的社会关系日渐松散到了令人担忧的程度。因时代的不断流动和混杂所引起的恐慌，被全国报业的爆炸式增长大大加剧了。报纸的大肆渲染，将耸人听闻的犯罪故事带入公众视野，这是前所未有的。犯罪曾经只是当地人关注的问题，如今却成为全国性事件，占据了公众议论的焦点前沿。在美国危机时期，当战争、饥荒或者萧条进一步威胁到未来的不稳定局势时，人们的忧虑就变得越发尖锐，有时甚至到了道德恐慌的边缘。在经济混乱与对退伍士兵和水手的深深恐惧中，人们就会呼吁新的法律法规，希望借此减轻对猖獗犯罪的恐慌。

这个混乱时期是史无前例的——走私猖獗，盗窃司空见惯，叛徒和恐怖分子潜伏在每一个角落，伦敦的大部分地区都沦为废墟。18世纪80年代初，美国危机的加剧又引发了强烈的道德恐慌。全国各地的报纸上都充斥着这样的故事："残忍的谋杀与抢劫"、走私者和海关官员之间的激烈厮杀，以及退伍士兵和水手转身变为"亡命之徒"，他们在街道和公路上出没。这些故事加剧了大众的恐惧，强化了国家已经被死死困住的感觉。在1782年12月发表的国会演讲中，国王也加入了恐慌的行列，敦促人们"更严格、更严厉地执法"，以对抗"日益猖獗的、无法无天的犯罪、偷窥和抢劫行为，这些行为通常都伴随着人身暴力"。在越来越发达的国家新闻市场中，这样的故事和讲话即使并未准确反映当地情况，也会在全国范围内引起恐慌。[59]

从表面上看，这种道德恐慌本无什么不同寻常之处，凡在国家面临紧要关头的时刻，人们对犯罪的恐惧感就会加剧。然而，美国危机的性质意味着随之而来的恐慌带来的后果要更加严重，使那个世纪的恐慌情绪达到顶峰。由于美国战争引发的危机与对犯罪猖獗的传统恐惧结合在一起，再加上对激进政治意识形态的担忧，18世纪80年代的大恐慌改变了人们对犯罪行为的态度，进而从根本上产生了正义理念的改变。人们不再把犯罪视为贫穷或道德缺失的结果，许多人开始相信，犯罪就是见不得人的野心的外化和犯上作乱的行为。正如最近发生的那些令他们吓到颤抖的公众政治行为——如"威尔克斯和自由""戈登暴乱"，还有我们即将看到的爱尔兰志愿军运动和协会运动——使他们意识到，他们所看到的盗窃、抢劫和谋杀都是普通人由于受到危险的新思想影响而堕落的一种表现形式。那些新思想告诉他们政治权力和经济权力都是他们的，等待他们去争取。《纽卡斯尔日报》清晰地阐释了革命和犯罪之间的联系：

> 叛乱和暴动没有平息，而是大大增加了！战争的回流似乎比战争本身更加危险。听到长官吵架，士兵和水手也学会了吵架，然后整个国家也被传染了！国家的政客们为了能钻入权力的核心，不遗余力地给人民灌输自治理念，现在看到效果了吧，看到为了获得更大权力、产生更大影响而煽动群众的恶果了吧……愿上帝强大的力量能够介入，拯救我们摆脱这数不尽的敌人，把我们从自己的罪恶与愚蠢中解脱出来！否则我们注定灭亡。[60]

战后，评论员们开始把犯罪说成"传染病"，把犯罪分子视为堕落的"犯罪阶层"的一部分。苏格兰商人帕特里克·科尔库恩对美国革命持强烈的反对态度，倡导治安改革。他认为英国现在处于"刑事战争状态"，罪犯就是"国家的敌人"。多年的暴乱、外敌入侵的恐慌、叛国阴谋和激进的意识形态，已经将犯罪这个地方性问题升级到威胁英国自身和平、繁荣与稳定的国家政治问题。新的恐惧、新的犯罪概念呼唤新的法律与新的秩序，并要求这些能够反映问题的政治化本质。18世纪80和90年代，人们提出了各种各样的建议，目的都是把法律、正义和惩罚机制从一个不再可信的民族手中夺走。

正如我们所看到的，这个一切以美国战争为核心的时期，见证了一个新型监狱政权的到来。以监狱为代表的更加统一、更加严苛的惩罚制度反映了战后犯罪观念的转变，不过，这种制度也开始剥夺公众的作用。监狱的内涵就是反对自由裁量，用政府的强制标准替代对仁慈与恐怖的人性考量。在开明的改革者看来，这也许更符合逻辑，不过它也可以把更多的司法决策权从现在看来可疑的人的手中拿出来。监狱还取消了公众介入司法判决的其他途径，用私下的、国家控制的监禁措施代替公共体罚。在类似的刑罚制度化过程中，即1783年之后，处决死刑犯的地点从传统的泰伯恩刑场转移到纽盖特监狱之外。在战争年代发生了可怕的暴乱之后，当局不再信任从前习惯性地聚集在泰伯恩刑场观看行刑的人群。以集权和国家控制的名义，英国以公众性、参与性为特色的司法体系一步一步地被消解。

对混乱与背叛的恐惧和对犯罪的新型认知，也导致了治安观念的根本转变。历史上，英国的刑事司法依靠的是被选举或挑选出来的兼职爱好者进行执法。尽管在正式的治安维护方面已经进行过一些小范围的革新，但是在18世纪的大部分时间里英国人对法国进行的治安革新——政府控制的职业警察体制——都抱以怀疑的态度。许多人认为，警察部队将损害英国的自由和地方自治传统，成为专制国家的权力工具。大家都不会忘记奥利弗·克伦威尔是如何利用其新型部队作为"福音派警察"来镇压异见，强行禁止大众消遣和公共集会的。不过，英国人也没有忽视法国警察在维护专制君主权力方面所起的作用。在英国，职业警察一直是令人憎恶的。然而，美国危机却使越来越多的英国人对职业警察执法表示欢迎，将其视为保护财产，使混乱的暴民保持秩序的积极手段。在"戈登暴乱"之后，霍勒斯·沃波尔已经感觉到了情绪的变化，他担心戈登勋爵及其引发的暴乱将成为"我们被警察队所统治的根源"。警察是平息伦敦战时暴乱的权宜之计，但是沃波尔的判断是正确的，因为战后的世界将见证一系列赋予国家更大执法权力的立法。[61]

1782年，英国政府成立内政部，目的是确保国内秩序，直接应对犯罪与民众骚乱问题。1783年，伦敦金融城命令大量拿政府薪水的城市治安官和警员定期巡逻，以确保一切有序进行。1785年，总检察长阿奇博尔德·麦克唐纳爵士提出了《伦敦警察法案》，该法案试图在大伦敦建立警区，配合内政部进行监督落实，务必使中央政府任命的委员会将新的体系牢牢控制在手中。该法案不仅会使政府集中掌握执法权力，而且还通过赋予警察搜查、监视、逮捕和当场定罪的权力，扩大预防性治安管理。1785年，该法案在伦敦金融城的坚决反对下未获通过，但是其中的许多条款分别在后来的1787年、1792年和1798年的立法中得以恢复，这些条款为英国现代职业警察执法奠定了基础。在经历了深刻的危机和严重的混乱之后，人们大多对这种独裁的、集权的转向表示欢迎。其他人，例如辉格党的领袖查尔斯·詹姆斯·福克斯则对此颇为不满，他们担心"这颠覆了权威超脱于事外的传统，有滥用法律而使其成为压迫手段的危险"。然而，尽管福克斯感到担忧，但是美国战争却成为一个分水岭，它标志着职业警察执法不再是被质疑和反对的对象，而是首次得到广泛接纳。[62]

福克斯曾是1777年中止人身保护令的法案最激烈的反对者之一，而这个法案也是扩大内阁权力的先例。人身保护令的中止于1783年失效，但是战时立法的紧急措施将成为未来政府平息内部分歧的基础。当英国激进主义的威胁在18世纪90年代法国大革命的阴霾下抬头时，政府将回头去看美国战争期间压制动乱的那些策略。1793年，针对外国人的法案获得通过，这项法案要求所有社团都要经过官方登记。1794年至1795年和1798年至1801年，人身保护令再次被中止，1795年，言论、新闻和集会的自由都受到严格限制。这些措施当然是对法国大革命及其英国支持者所造成的潜在危险的反应，但是在许多方面，它们也是美国危机期间所采取的实验性政策以及吸取的教训的直接结果。英国的美洲臣民的叛乱、"绘画者约翰"引发的恐慌、亨利·德拉莫特、"戈登暴乱"，以及对犯罪横行的恐惧，都使很多英国人坚信，未来将权力集中在政府手中是必然的。美洲争取自由的战争从根本上改变了英国人的情绪，使他们转而支持政府加强控制。事实向他们证明，人民是不可信任的。

1797年和1798年是属于威廉·华兹华斯和塞缪尔·泰勒·柯勒律治的神奇之年。他们把自己从如火如荼的工业革命全速发展的快节奏中解放出来，在萨默塞特的匡托克山租下田园诗般的隐居之地，在乡村隐居的宁静中收获艺术回馈。那些年，正是在这里，华兹华斯和柯勒律治写下了他们最受喜爱的作品。《抒情歌谣集》就是他们共同的结晶，其中包括柯勒律治受鸦片的启发而写就的《忽必烈汗》。不过，他们如果认为完全沉浸在个体的感受和诗歌的仙境所打造的荣耀之中，就可以使他们免于时代的磨难，那只能说他们被深深欺骗了。即使这个田园诗般的西部乡村，也被一双双眼睛紧密地注视着，特工将详细汇报诗人们的一举一动，详细记录每一个访客的情况。这就是最早的由美国革命所导致的残酷现实。

到了1797年，始于1778年的对法战争已经无休止地持续了近二十年，其间只是在1783年的《巴黎协定》和1793年恢复敌对行动期间有短暂停滞。法国的激进分子已经在1789年推翻了君主专制，在欧洲大陆迎来了恐慌与革命共存的时代；而英国则被外敌入侵和内部革命的双重恐惧夹击，感觉国家的敌人无处不在。一些听起来无伤大雅的组织如"宪法信息协会"和"伦敦通信社"等，由于主张宪法和议会的改革，便被政府视为可能随时引发叛乱之火的"火花"，受到政府的严密监视。1792年、1793年和1794年，一些被怀疑为激进分子的人以叛国罪遭到审判，其中包括约翰·瑟沃尔和约翰·霍恩·托克。美国革命最重要的启迪与呐喊之作《常识》的作者托马斯·潘恩，曾经逃过官方的起诉，如今却与出版了《人权论》的英国出版商一起被指控为叛国罪。托马斯·潘恩虽不在场，也仍然遭到缺席起诉。首相小威廉·皮特在预防国家激进行为上采取了非常手段，1795年他进一步强化叛国法，将公众集会限制在五十人以下。

受激进政治的启发，柯勒律治1796年以来一直与约翰·瑟沃尔有通信往来，这位令人敬重的改革家还曾到萨默塞特拜访过两位诗人。在偏执的时代氛围中，这种联系已经足够吸引政府的目光了，于是这两位初露头角的浪漫主义者受到特工们的特别监视。尽管柯勒律治和华兹华斯并未受到官方责难，但是对国内激进主义和法国大革命的恐惧日益加剧，使得叛国和恐怖成为政府和个体挥之不去的梦魇，直到1815年拿破仑登台才有所缓解。长达四十年的偏执妄想始于1775年的帝国内战。1778年法国加入战争后的几年中，这种情形在新的力量的刺激下呈爆发式增强。美国革命之后，激进主义与改革都不可避免地与叛国、恐怖和暴力联系在一起，越来越多的民众背离了改革之路，新的、更加专制的政策不断出台，目的是防止国家跟随美国步入深渊之中。从美国战争的混乱中吸取的教训，确保英国避免了18世纪80和90年代席卷欧洲大陆的革命浪潮，但是英国也为此付出了代价。无数男男女女，从法国间谍到美国学生再到英国诗人，他们的生活都因这些年的叛国、恐怖和偏执而发生了根本性改变。

第三章
爱尔兰的叛乱、反动与宗派主义

　　无论是"戈登暴乱"还是促发暴乱的深刻恐惧，本质上都是国际事件的产物，因此，它们的影响也同样远远超出了伦敦的边界。伊格内修斯·桑乔非常焦虑地认为，暴乱意味着"美国似乎被我们遗忘或者完全遗失了，舰队只不过是次要事务"。如果说英国被自己灾难性的自焚分散了注意力，那么伦敦这个大都市的熊熊火光反倒在美洲土地上投射出截然不同的光芒。世界上的其他国家一定都在注目观看。乔治·华盛顿对英国"动乱"的消息表示欢迎，他在动乱中看到了自己与英国作战的战略优势。他向一位朋友透露说，暴乱提供了戏剧性的证据，说明美国"获得拯救的时刻已经近在咫尺了"。亚历山大·汉密尔顿对其导师的判断表示赞同，他在写给未婚妻伊丽莎白·斯凯勒的信中说："英国事务陷入如此可怕的危机之中……它想在战争中有所作为几乎是不可能了。"[1]英国似乎在进行自我消耗，被迫动用金钱和人力来约束自己的臣民，而这些资源在北美是必不可少的。也许"戈登暴乱"将成为帝国崩溃的最后一根稻草。然而，在"戈登暴乱"中看到独立前景的却并非只有美国人。

　　尽管伦敦在暴乱、火灾和镇压的纵情狂乱中几乎耗尽元气，但是问题的根源、恐惧的根源、狂怒的根源却是在大海的对岸——在美国，也在爱尔兰。鉴于战争之中的英国一定焦虑重重，那又是什么让政府在危机最严重的时候试图采取如此孤注一掷、争议如此巨大的类似《天主教救济法案》这样的策略呢？伊格内修斯·桑乔站在为伦敦着想的角度，他看到眼前的一切不禁哀叹道："如今的局势相当滑稽。爱尔兰几乎和美国一样处于反叛状态。在西印度群岛的海军上将们争吵不休，而国内的上将们却毫无恋战之心。西部的大英帝国在腐朽发霉，北部的大英帝国在灰飞烟灭，直布罗陀渐渐远去，而英国却沉睡正酣。"在这种悲伤、混乱的氛围中，在这种"黑暗的关键时刻"，爱尔兰人却拿起了武器。对于英国人来说，战争带来了危险，而对于爱尔兰人来说，它带来的是千载难逢的契机。[2]

带着复仇情绪的伦敦人攻击爱尔兰移民的行为其实并不难理解。爱尔兰人长期以来遭受恶意诋毁，甚至被剥夺了基本人性，被视为野蛮的、未开化的、不值得信任的民族，道德败坏，生来带有犯罪倾向，是伦敦贫民窟的一块溃烂伤疤。在18世纪，由于越来越多的爱尔兰移民拥入伦敦，这种看法也变得越来越普遍。这种固执偏见的根源主要是英国人对爱尔兰天主教的痛恨。爱尔兰人肯定会选择宗教信仰而非政治效忠，许多英国人因此害怕，爱尔兰人无论是在英国还是在爱尔兰，都会欢迎天主教法国与西班牙的入侵，甚至会施以援助。1780年的伦敦暴民就反映了这种普遍的偏见，他们猛烈抨击爱尔兰移民，认为他们是天主教的第五纵队，随时会从内部背叛新教英国。

然而，在爱尔兰国内，人们真正担忧的是美国私掠船的袭击和法国-西班牙入侵造成的危险，在爱尔兰政坛占有主导地位的新教少数派尤为如此。对美作战需要源源不断补充兵力的英国，几乎征用了所有爱尔兰兵源，违背了其应负的法律责任。这使得爱尔兰根本无力抵御任何外敌。为了抵制英国对爱尔兰的忽视，全国各地的新教徒们便联合起来，组成了民兵部队，保卫他们的岛屿不受外敌入侵。这场志愿军运动，即后来被称为民兵连的组织，很快就在爱尔兰全境掀起浪潮，武装人数达到六万之多。

尽管这些志愿军最初是为了保卫家园免受外来威胁而组织起来的，但他们的决议很快呈现出更加政治化、更加激进的基调。志愿军们从抵制法国入侵开始，逐渐开始谈论起新的目标和新的旨归。他们制定了新的决议，保证志愿军将爱尔兰"从英国的统治下永远解放出来"，每个人都立下誓言："既然他亲吻了自己的剑刃，就会坚守决议，即使流尽最后一滴血也决不吝惜，直至最终实现国家的独立。"对于爱尔兰来说，美国革命提供了一个虽然短暂却相当明晰的独立契机。[3]

英国对美国的战争几乎得不到爱尔兰的任何支持。自从有殖民地以来，爱尔兰就与美洲殖民地保持着密切联系。爱尔兰处于与殖民地开展贸易的最理想位置，因此爱尔兰迅速成为跨大西洋经济不可或缺的部分，开始向西印度群岛和北美出口廉价的亚麻制品、黄油、猪肉和腌牛肉，出口数量日益增加。随着与殖民地贸易的蓬勃发展，北美的爱尔兰移民数量也呈现激增之势——仅在革命爆发之前的一个世纪中，来自阿尔斯特的苏格兰−爱尔兰移民就达到七万人。他们通常会到殖民地的偏远地区寻找廉价的土地。当美国与英国的战争爆发时，爱尔兰移民一般都站在了革命最前沿。像托马斯·康韦和阿瑟·迪伦这样的爱尔兰人，对殖民战争起到了巨大的扶持与推进作用。而爱尔兰的定居者，尤其是在美国西部边疆地带艰难谋生的阿尔斯特人，都争先恐后地拿起武器，捍卫他们的第二故乡。

许多在爱尔兰本土的人也对殖民地的事业持同情态度。早在1776年，约翰·盖伊的音乐剧《乞丐的歌剧》在都柏林的演出中，在最后收尾时因"将美国人称为叛乱分子"而引发了观众的大骚乱。美国革命是基于对英国帝国制度的批判与改革宗主国和殖民地之间关系的运动汇聚而成的，但这并非新世界所独有。相反，它只是包括爱尔兰和英国的声援者在内的、更加广泛的帝国改革运动的一部分。对许多爱尔兰人来说，他们自身争取更大的司法独立与贸易自由的斗争，与反叛的美洲殖民地之间的联系再清晰不过了。自1171年诺曼人入侵爱尔兰以来，爱尔兰至少在名义上一直是英帝国的属地，是英国君主治下的一个王国，由英国王室任命的总督负责管理。在都铎王朝时期，英国根据1719年《乔治一世宣言》重新确认的"波伊宁斯法"，使爱尔兰议会附属于英格兰议会。爱尔兰的代表只有立法建议权，而投票表决权则在威斯敏斯特。17世纪50年代，由于害怕爱尔兰的竞争会破坏和超越英国的殖民贸易，英国制定了针对爱尔兰贸易的严厉措施，禁止爱尔兰与美洲大陆进行直接贸易，并且规定爱尔兰的贸易必须经由英国，通过英国港口进行。因此，在许多方面，爱尔兰的政治经济地位与革命前夕的美洲殖民地极为相似，其议会受英国监督，其贸易受英国严格限制。[4]

在大西洋两岸，人们很快意识到，爱尔兰和美洲在大英帝国中的地位极度相似，这也就意味着美国革命也会对爱尔兰产生相似的影响。事实上，早在18世纪60年代的《印花税法案》引发危机时，美洲的改革者就采取了相关措施，将爱尔兰的商品从殖民地对英国贸易的抵制中豁免出来，以确保得到爱尔兰的支持。1775年，当英国和殖民地之间的对抗演变为暴力冲突时，许多人都清醒地意识到，危在旦夕的宪法问题将影响到爱尔兰，英国的胜利将强化英国在不经同意的情况下对其帝国属地加强征税，而美国的失败则很可能使爱尔兰司法独立的希望化为泡影。

从冲突一开始，爱尔兰的报纸就充斥着对这场即将爆发的战争的讨论，爱尔兰的新闻界则印制了成百上千的宣传册，大力声援和支持美国，反对英国的政策。1775年10月，当议会在爱尔兰开会时，美国战争已经使议会成员分为两派。在总督的讲话中，为了与英国的官方政策保持一致，革命被称为叛乱。然而，议会中的其他人尽管并不赞成美国的抵抗方式，但是他们清晰地看到了潜在的不满与反对英国军事政策的正当性。议会中的改革派都主张和解，探讨是否应将爱尔兰的军队送到美国为英国而战。丹尼斯·戴利谴责了这场战争，并警告说，这场战争肯定会导致爱尔兰税赋加重，必要情况下甚至运用武力强制收税。约翰·庞森比对此表示赞同，他补充说，如果爱尔兰帮助英国镇压美国对税收制度的反抗活动，"她就等于提出了一个反对自己的论点"。沃尔特·赫西·伯格也同样敦促爱尔兰拒绝为英国的战争提供援助。他声称："我预见到这场战争的后果。如果诸位大臣获得胜利，那就等于在他们烧毁了粮食之后，才确立了收割的权利；在他们切断水源之后，才确立了进入航道的权利。"乔纳·巴林顿代表许多人表达了心中的焦虑："对美国的镇压可能会使爱尔兰的依附地位更加明确。"爱尔兰如果希望"获得自己的宪法权利，就只能依靠她的（英国的）殖民地的完胜与成功"。批评家们极力证明他们对爱尔兰的担忧是正确的。为了切断殖民地的粮食渠道，保证自己军队稳定的粮食供应，政府禁止爱尔兰向殖民地运输粮食补给，导致了公众情绪的进一步恶化。[5]

然而，就目前来说，即使是对英国帝国政策批评得最为激烈的爱尔兰人，也并没有与美国联手对付英国的考虑。首先，尽管与美国的贸易呈激增之势，但仍无法与爱尔兰和英国之间的贸易往来相提并论，因此无人希望看到爱尔兰和英国的贸易中断。爱尔兰内部也分为执政的新教当权派，以阿尔斯特为中心的持不同政见的长老会——长老会虽然是少数派，但呈增长之势——以及被剥夺了权利的天主教多数派。尽管人们普遍相信，爱尔兰的不幸命运与美洲殖民地的不幸命运极为相似，都与帝国的地位紧密相连，但是在爱尔兰的政治阶层中，却鲜有人认为自己是殖民地居民，或认为爱尔兰是英国的殖民地。

新教当权派没有任何反对英国的想法，相反，他们认为自己就是英国人，是17世纪与天主教的专制势力相抗衡的英国人的后裔，是祖先们用忠诚与牺牲换来的自由与权利的合法继承人。严格说来，他们是在爱尔兰这个天主教国家的新教英国人，其身份核心就是对王室忠诚。因此，最初用来表达改革努力的措辞就是"英国的自由"，而且针对的是政府，从来未曾有针对英国王室的意图。当美国寻求与大英帝国分离时，爱尔兰却只寻求"获得帝国宪法的公正参与权"。爱尔兰人依然是英国对美政策的直言不讳的批评者之一，他们的确一直在努力推行美国表亲们所推行的类似改革，但是他们的所作所为都是在忠诚的框架之内，至少最初是这样的。[6]

1778年，当法国向英国宣战时，对法国入侵的前景感到震惊与恐惧的不仅仅是英国人。爱尔兰一直被视为进入英国的天主教后门。就在1760年，即"七年战争"期间，法国就曾试图以北爱尔兰的卡里克弗格斯为切入点入侵爱尔兰，并将其作为对英国展开大规模入侵的前奏，如今，完全有理由相信法国会再次尝试。毕竟，爱尔兰是天主教占绝对多数的国家，法国在这里能够受到盟友的欢迎，也并非奇怪之事。自16世纪英国成为新教国家以来，爱尔兰的天主教徒就被一系列的刑事法案限制住了。法律禁止他们持有财产，禁止他们在机关任职，禁止他们持有武器，也禁止他们投票选举。过去，被剥夺了权利的天主教徒经常诉诸暴动以示抗议，尽管近一个世纪以来都没有再出现大规模的天主教起义，但是爱尔兰、英国和法国的大多数人依然认为，在岌岌可危、四分五裂的情况下，英国的统治难以平衡各方权益。尤其是对于新教当权派来说，法国的入侵带来的恐怖形势更加触手可及，更加迫在眉睫。作为一个岌岌可危的统治阶级，同时也是对爱尔兰长期动荡的暴乱历史了如指掌的阶级，他们完全有理由相信，法国的入侵有可能导致天主教的叛乱，从而摧毁他们本就相当脆弱的地位。英国人在1778年试图以施行《天主教救济法案》的方式来稳固天主教的人力和天主教的忠诚态度，然而，许多爱尔兰新教徒依然对法国入侵这一事件感到万分紧张。

英国曾经承诺在爱尔兰维持一万二千人的军队用于内部防御，这一数字在1771年增至一万五千人。但是，这个时代不同寻常，当法国宣布参战并将对爱尔兰海岸的威胁变为强有力的现实时，爱尔兰的防御力量就已经被彻底耗尽。人员全部被抽调到美国泥潭一样的战场上和遍布全球的令人头晕目眩的前线阵地上。在1775年，四千名爱尔兰士兵——对议会的行动持反对态度的亨利·弗拉德称这些士兵为"武装谈判者"——被派到美国，紧随其后的还有很多人。这项政策非常不受欢迎，因为许多爱尔兰人一方面同情美国的事业，另一方面也为自己的岛屿安全感到担忧。[7]

然而，一开始，一些爱尔兰人曾经迫不及待地想加入战争。甚至连爱尔兰最早抵制英国统治的家族的后代，也热情高涨地加入这场纷争。爱德华·菲茨杰拉德是伦斯特公爵的兄弟，也是叛逆的基尔代尔伯爵的后裔。在第一支爱尔兰部队被派往大西洋对岸时，他才十二岁，但是他年龄一到就立刻获得了军队的委任。航运的延误使他心神不安，他祈祷着不要送他去保卫直布罗陀，而是把他送去殖民地作战。他因此甚至拒绝了一个舒适的职位，因为他害怕这会让他错过在美国的行动。当他被派到查尔斯顿协助保卫城市免受南方复兴的爱国者袭击时，他激动不已。菲茨杰拉德年轻而且充满活力，他渴望证明自己，而且他也代表了爱尔兰的不同观点。他更关心自己的前途和荣誉，而不是支撑战争的意识形态原则。[8]

可是，在爱尔兰国内，英国对军队的迫切的、不可抑制的需求，使得爱尔兰岛处于没有防御、脆弱无助甚至恐惧惊慌的状态。向英国当局求援的呼声此起彼伏，要求当局履行其维持爱尔兰防御的承诺，议会于是提出了民兵法案，富裕的精英阶层呼吁组建民兵。但是根本就无兵可征，而且也没有资金来支持招募工作，更没有资金为民兵提供武装。当所有的请求都被置若罔闻时，这个手无寸铁的国家便彻底被暴露在外，于是爱尔兰人决定采取自己的防御措施。乔纳·巴林顿哀叹道："爱尔兰没有钱，没有民兵，没有常备军……几乎被英国抛弃

了，只能依靠本土居民的资源和精神意志了。"⁹

一切始于阿尔斯特。这是一个新教与异教共存的大本营，当下正承受着灾难性衰退的巨大痛苦。这场衰退的原因是战争对其亚麻贸易的根本性破坏。早在1778年，当约翰·保罗·琼斯在卡里克弗格斯袭击英国船只时，第一次把战争带到了爱尔兰，阿尔斯特从那时起便一直请求保护。一年后，即1779年5月，关于法国即将入侵北爱尔兰的报道引发了大范围恐慌。贝尔法斯特和卡里克弗格斯当局将传闻中的入侵消息发给了在都柏林城堡的总督白金汉伯爵，请求他派军队援助。白金汉伯爵深感同情，但是只能派出六十名士兵去保卫阿尔斯特。于是，正如这位惊慌失措的总督写给其伦敦上级的信中所说，贝尔法斯特和卡里克弗格斯的人民开始自我武装了，为了击退入侵者，"他们逐渐自发地组建了三个连队"。从最初的战事爆发开始，这些民兵，或者叫"志愿军"，就开始在全国各地出现。据白金汉伯爵报告，志愿军的"精神"很快就扩散到王国的各个地区，人数也变得相当可观，最后共有多达六万爱尔兰人被武装起来。志愿军由中产阶级的新教徒组成，在新教精英的领导下组成了当地的小分队。天主教徒被禁止持有武器，并且不受政府和他们的新教邻居信任，一般不被允许参加志愿军。但是，他们为了表明对运动的支持，对法国入侵的抵制，便主动向志愿军提供援助和支持。¹⁰

都柏林当局所能提供的只是一些装模作样的感谢，并且尽可能地以温和的态度制止这一趋势。白金汉伯爵不敢与志愿军对抗。而且，他也非常清楚地知道，在这样的国家查缉这么多武器几乎是不可能的——即使在最好的时期，这个国家的法律效力都是极为薄弱的，而且自17世纪起，新教徒携带武器的权利就被写进法律条文中。总督还辩称，在赋予天主教徒——"这个长久以来就是新教宿敌的教派"——新的自由的关键时刻，却去剥夺新教徒携带武器的自由，是极为粗鲁的行为。而且，爱尔兰也处于弱势，一旦有入侵者，还需要这些人保卫海岸安全，保护国家其他地区免受天主教暴动的威胁。在这种艰难情势下，爱尔兰当局表面上宽容甚至赞美这些志愿军，甚至听从他们的要求，给一些分队送去武器和物资。[11]

十九岁的乔纳·巴林顿也和他那个时代的许多爱尔兰人一样，被风起云涌的时代精神所裹挟。巴林顿1760年出生于皇后郡的克纳普顿乡间，他父亲在那里拥有一座乡下宅院，属于少数派新教徒的绅士阶层，即所谓的控制着爱尔兰天主教多数派的"掌权派"。像巴林顿家族一样，掌权派是16和17世纪来到这里的英国定居者的后代，他们在光荣革命的危机中始终与英国并肩携手。他们认为自己最重要的身份是新教英国人，是大英帝国在爱尔兰的世袭统治者。1779年，当英国和爱尔兰面临外敌入侵的威胁时，巴林顿内心怀着不可动摇的忠诚信念，怀着保卫祖国的强烈渴望，志在击退任何胆敢来犯的敌人。

巴林顿记得，"军事热情"深深攫住了整个国家。在爱尔兰各地，人们为了击退即将到来的入侵，联合起来组成志愿连队。作为当地新教乡绅的一员，巴林顿的父兄组建了自己的志愿军，并亲自进行指挥。乔纳虽然还很年轻，但也加入了家族的一个连队，"我发现自己已经成为纪律严明的军人，激情昂扬的爱国战士了"，他后来这样回忆道。作为"一个大学生，他在起草制定该地区的志愿分队的决议与命令方面发挥了核心作用"。[12]

爱尔兰的改革者不久就意识到，一个全副武装的国家拥有怎样的潜力。至少从1720年开始，英国辉格党的爱尔兰新教支持者们，尤其是辉格党的爱国派，就开始联合形成了反对派运动，旨在倡导对爱尔兰的政治经济体系进行改革。这个被称为"爱尔兰爱国者党"的组织，主张爱尔兰的议会独立，加强对爱尔兰经济的控制，消除英国对爱尔兰政府颐指气使的做派。在18世纪，他们努力推动爱尔兰脱离英国实行自治，放宽针对天主教徒的刑事法规，促使爱尔兰获得司法独立，废除使爱尔兰议会从属于英国议会的相关法律。以前进行的改革努力大多以失败告终，但是到了18世纪70年代，受英国改革者和美国革命者的启发，在下议院议员亨利·弗拉德和上议院议员夏尔蒙的领导下，爱尔兰爱国者党做好了准备，要抓住大英帝国危机所带来的任何机会促成改革。志愿军运动恰恰就是爱尔兰爱国者所寻求的机会。

志愿军在统一国家、开创崭新的爱尔兰意识方面做出了巨大努力，并以不竭的动力和极大的热情向政府施压。在一个政府与人民被一系列相互义务紧密联系在一起的时代，英国由于没有尽到保护和援助爱尔兰的义务，便丧失了对爱尔兰的权利，由此也消解了爱尔兰相应的服从义务。因此，当议会于1779年开幕时，一位寂寂无名但充满改革思想的律师亨利·格拉顿在议会大厅发表了讲话，提出了对政府开幕致辞的修正案。这位律师的语言煽动能力极强，取得了令人惊叹的演讲效果。格拉顿用"激情如火又逻辑缜密的语言"恳请国王关注他属下的爱尔兰王国的悲惨处境，他声辩道："支援日渐干涸，到如今供给完全缺席，之后又非常不幸地禁止了我们的贸易，造就了深重的灾难。我们国家的天然支持已经衰退，我们的制造商因原料匮乏而奄奄一息。饥荒与绝望携手而至，大地一片哀号。如果还能对陛下这片悲惨的领土表示支持的话……如今仅有的办法就是开放自由出口贸易。"[13]

当格拉顿在议会呼吁自由贸易的时候，外面的公众也开始为改革施压。在被送到位于都柏林城堡的行政当局的请愿书中，详陈了爱尔兰商业的艰难和爱尔兰人民的苦难。白金汉伯爵接待了一个由亚麻业商人组成的代表团，他们告诉他，他们最重要的产业遭遇了经济重创，仓库中堆满了未能出售的亚麻。一项政府调查发现，爱尔兰的商人群体，特别是都柏林和利默里克的商人群体，已经被战争和禁运摧毁了，"无数人陷入失业"。在议会上，格拉顿对政府进行了严厉批评，他指出，为了资助英国的战争而对爱尔兰征税，已经使成千上万人陷入贫困。据说"失业的人数以万计"，而且"都柏林的街道上到处都是被饿得奄奄一息的制造商们，他们在痛苦绝望中挣扎"。[14]

政府的支持者们对格拉顿的修正案提出反对意见，但是这位年轻的改革者却使大多数人相信他的决定是正确的。亨利·弗拉德长期以来都是改革最积极的、最有影响力的倡导者，因此他对格拉顿表示了坚定的支持，其他一些反对派成员也随之表示支持。然而，当沃尔特·赫西·伯格上士站起身来振臂一呼时，形势发生了质变。伯格是政府中的一位杰出议员，他表示不能再支持任何"欺骗性地向国王隐瞒人民权利"的措施。伯格与政府的其他议员拒绝对格拉顿的修正案提出任何反对意见，因此措施得以通过。尽管修正案本身实际意义并不大，但是它的影响是立竿见影的。志愿军们将这项措施视为对其运动所投的赞成票，进而将议会对其抱怨与不平的接纳视为一个象征，意味着志愿军运动在推动政治变革方面显示了有效力量。在都柏林，曾聆听了格拉顿重要演讲的乔纳·巴林顿，见证了当地的志愿军们排列在通向都柏林的街道两旁，组成军事仪仗队，为反对派成员欢呼助威。他说，这是一段"永远无法抹去"的记忆。全国各地的人们都深受议会支持的鼓舞，争先恐后地加入志愿军队伍，使队伍迅速扩大。[15]

在爱尔兰海对岸的英国，志愿军的激情与格拉顿的演讲都引起了人们的注意。像谢尔本爵士这样的爱尔兰同行，试图在英国议会中提出爱尔兰的不幸遭遇的议题，但是由于当时日益严重的危机，他们的努力以失败告终。由于英国未能减轻爱尔兰的痛苦，爱尔兰问题需要爱尔兰人解决的认知就变得越发确定无疑。对照一下他们的美国表亲在与英国争吵时的努力与策略，爱尔兰再一次在志愿军的带领下，决心抵制英国的商品，切断与英国的贸易，直到爱尔兰对美国的贸易限制取消为止。志愿军、城镇公司和个人都在公共集会上信誓旦旦地称自己为"都柏林城的自由人和都柏林城自由的捍卫者，从今日起，直至这个**国家的苦难消除之日**，我们都不会从英国进口和**消费任何产**

品，无论是直接途径还是间接途径。我们也不会与任何进口或出售英国商品的人打交道"。抗议活动在全国迅速蔓延开来，就像在美国一样，通过"民众报复"、暴力或者恫吓等强迫手段，使任何违反禁令或者举棋不定的人不敢不支持他们的事业。[16]

随着人数的增加和政治力量的扩大，志愿军运动开始采取使组织正规化的措施，改进集体指导，鼓励统一行动。为了使活动协调统一，他们遴选了相关领导人。一切从都柏林的志愿军开始，他们在爱尔兰的杰出贵族伦斯特公爵的领导下联合起来，成为菲茨杰拉德家族的一员。菲茨杰拉德作为反对英国暴政的领导者，其资历可谓无可挑剔。作为整个阵营的助手，伦斯特选拔了一些名声显赫的议会改革者，如亨利·格拉顿、巴里·耶尔弗顿和赫西·伯格等。在阿尔斯特，志愿军们则选拔了一些杰出的贵族和温和的改革派，如曾经协助领导爱尔兰议会争取赔款的夏尔蒙伯爵。通过这些开创性措施，志愿军从一个临时性民兵组织转变为一支与正规的爱尔兰军队相差无几的组织，而这支军队的指挥官却不是英国人，是爱尔兰自己人。

随着组织结构更加统一，行动更加协调一致，志愿军们开始提出更加激进、更加响亮的改革要求。爱尔兰各郡都出现了呼吁"自由贸易"的标语牌。在都柏林，由詹姆斯·纳珀·坦迪指挥的志愿军炮兵在大炮口上贴上了可怕的警示语，都柏林城堡大门口摆放的用来游行的枪口上也都贴上了"要么自由贸易，要么立刻革命"的标签。驻扎在都柏林的，以威吓爱尔兰人为目的的常规部队，也小心翼翼地避免招惹或冒犯志愿军，因为他们清楚地知道志愿军人多势众，况且正规陆军和海军中绝大部分军人原本就是爱尔兰人。面对如此一致的反对，大英帝国发生第二次革命的威胁已经迫在眉睫，英国被迫做出了让步，爱尔兰的贸易限制被取消了。[17]

爱尔兰的许多人担心，由于对爱尔兰贸易的让步是在帝国危机最为艰难的时刻勉强应允的，那么美国战争一结束，英国的注意力便会再次回到爱尔兰，相关的让步也就会被废除。由于这种挥之不去的担忧，改革者和志愿军开始鼓动立法独立。他们认为，拥有主权的爱尔兰议会和可自主立法的权利，才是未来防止英国背信弃约的唯一保障。推动贸易自由和在枪口下促动改革的成功，使许多人信心倍增，瞄准了崭新的目标，即爱尔兰议会的独立。志愿军们再一次成为这场骚乱的中心。

1782年2月15日，来自阿尔斯特的志愿军协会的代表们聚集在邓甘农，讨论下一步的行动方案、具体目标和策略部署。当天上午，二百名"沉着、沉静、坚定"的代表们全副武装，身穿统一的军团制服，两人一排地大踏步走进邓甘农的教堂，来参加这个庄严的会议。经过几个小时的讨论与辩论，代表团们通过了一项决议，阐述了爱尔兰民族的"权利与苦难"。他们首先做出决议，全副武装的准军事组织的存在，并不意味着叛乱或者对任何公民权利的剥夺。另外，也是最重要的，他们决定"除了国王、爱尔兰的上议院和下议院之外，任何想要通过制定法律来束缚这个王国的人都是违宪的、非法的，因此也是为任何人所不容的"。代表团还决定"波伊宁斯法"是违宪的，正如限制爱尔兰贸易和导致爱尔兰的司法依赖一样。在通过投票方式支持放宽对天主教的刑罚律令之后，代表团承诺支持议会的改革努力，同意为阿尔斯特新建一个管理委员会，并派代表到都柏林参加志愿军大会。[18]

邓甘农会议是爱尔兰历史上的一个转折点。在很多方面，它的决议都相当于爱尔兰的首个"独立宣言"。其他志愿军组织很快投票通过了《邓甘农决议》。都柏林的志愿军是除阿尔斯特之外最活跃、最有影响力的协会，他们在数周之内就接受了决议。巴林顿的父兄们共指挥着四个志愿军团，巴林顿强制性地为这些军团制定协议，同时也采纳了《邓甘农决议》的内容。这是巴林顿的"首篇文章"，这篇文章也证明了在他漫长的生涯中，他一直站在历史上正确的一方，坚定地支持宪法独立。无论对于巴林顿还是整个国家来说，这都是变革的时刻，是大众发酵和激进转向的时刻。正如伦斯特的一名志愿军所说："我们现在感到，国王不过是人类的制度，议会不过是人类的制度，大臣们不过也是人类的制度，而自由却是神圣的权利，是上天赋予我们最初的礼物，是我们与生俱来的权利，是人类制度永远不能取消的权利。这是在万物初始，万能的造物主赐予的最好的法令，人类永远不能背弃。"[19]

随着《邓甘农决议》的通过，正如乔纳·巴林顿所记得的那样，"议事程序中原本没有为人民敞开大门，现在人民则走进门来，开始对他们的代表产生应有的影响"。议会内的许多人也接纳了志愿军决议，再次积极督促司法独立。他们的策略简单而有效。爱尔兰的改革者们清晰地记得英国的历史，以及议会在17世纪与国王掀起巨大争端时所采取的策略，于是他们也决定通过控制国家钱袋的方法强制推行改革的步伐。正因如此，他们拒绝对一项为政府提供资金的法案进行投票表决，拖延时间达半年之久，直到他们的抱怨得到解决。

国家已经全副武装起来，金融的龙头却关闭到只剩下涓涓细流，政府只得再次倾听爱尔兰人日益高涨的抱怨之声。1782年4月14日，新的爱尔兰总督波特兰公爵抵达都柏林，一直拒绝合作的卡莱尔伯爵被罢免。这一事实明确表明，英国政府在反对改革的态度上已经有所动摇。波特兰公爵在爱尔兰议会的首次演说中便宣称，在爱尔兰出现的"信任危机和嫉妒情绪"是需要"立即予以考虑"的问题，以便对爱尔兰和英国的关系进行"终极调整"。这番话使胜利的前景更为明朗。然而，没有人真正明白英国政府所谓的"终极调整"到底是什么。一些人害怕爱尔兰与英国之间的联盟会成为1707年苏格兰与英格兰关系的翻版，即在英国的议会中允许爱尔兰代表存在，但同时取消爱尔兰自己的议会。

改革者们拒绝被动等待波特兰尚在酝酿的计划。1782年4月16

日，"一大群人"拥在都柏林议会外面的街道上。议员们在室内屏息等待着亨利·格拉顿这位伟大的改革捍卫者的到来。格拉顿在一群改革者的陪同下走进议会，这是他三年内第二次在会议厅发表演说。在讲话中，他提出了一份《权利宣言》，勾勒了爱尔兰与英国之间的崭新关系。在格拉顿的构想中，在变革之后的大英帝国中，爱尔兰和英国将共享一个君主、一部宪法，但是爱尔兰将成为独立的国家，毋庸置疑地具有自己独立的立法权，成为一个拥有独立议会、独立司法和独立军队的国家。他认为，这不是英国是否给予爱尔兰独立特权的问题，这是爱尔兰的天赋权利。他声称："问题不在于爱尔兰是否有权利获得自由，而是英国是否有权奴役她。当英国质问爱尔兰有什么权利为自己制定法律时，爱尔兰不会回答，但会质问，英国有什么权利为爱尔兰制定法律？天赋权利从来没有这样的条款——没有一个国家拥有统治另一个国家的天赋权利。"格拉顿断定，英国已经承认了这一点。1778年，在萨拉托加遭遇失败和法国参战的重创后，英国便委派了由前任爱尔兰总督卡莱尔伯爵带领的和平委员会，与美国进行和平谈判。在他们向反叛的殖民地提出的条件中，就包括司法独立，这是爱尔兰人所周知的。因此，许多人坚信，既然英国对于因叛乱而受到严厉谴责与惩罚的人都愿意做出如此让步，那么对于忠诚的爱尔兰提供类似的条件是理所当然的。爱尔兰正在掀起的运动已经到了武装勒索的地步，但依然没有阻止改革者和志愿军继续将忠诚与独立紧密联系在一起，同时将叛乱作为威胁以推动议程进展。[20]

格拉顿的动议获得了通过，甚至连议会内的政府代表也同意要认真对待改革者的要求。在议会外，志愿军们继续煽动，不断向政府施压。全国各地的志愿军协会投票通过了格拉顿所阐述的立场，并愿意用他们的"生命和财富"支持独立事业。据巴林顿所说："志愿军似乎做好了战斗准备，没有一时一刻的放松。"他们继续实行军事检阅，在都柏林的街道上游行，在凤凰公园举行军事演习。当议会在5月初再次开会时，都柏林的志愿军再次以浩荡之势出现，这既是一种武力展示，也是一种警示。在令人心惊胆战的策略部署中，詹姆斯·纳珀·坦迪率领志愿军炮兵占据了城市的码头，以及连接军营和都柏林城堡之间的桥梁。步兵和骑兵部队则沿着通往议会的路线驻扎在整座城市中。巴林顿报告说，他们正在等待英国政府对《权利宣言》的答复，并且做好了充分准备，"要么返回家园和平享受权利，要么立刻占领这块土地"。[21]

如果在其他时期，如此的挑衅、如此的犯上，很可能就会遭到暴力镇压，但是如今英国正处于无力采取行动的时间节点。它的军事力量被战争消耗得越来越单薄，已呈撤退之势，它的财力也几乎被战争耗尽，国内外反对与美国开战的呼声越来越浩大，这正是爱尔兰获得独立的最佳时机。亨利·格拉顿有力地阐明了英国岌岌可危的处境，并且敦促爱尔兰抓住这前所未有的好机会，夺回自由和独立。"受了美国战争的教训，英格兰现在学聪明了。"格拉顿的声音振聋发聩：

> 她觉得帝国立法的信条是站不住脚的，这种信条对于税收和垄断都极为有害。她的敌人从地球的四面八方涌来，组成浩荡的大军——她的军队四分五裂——大海不属于她——她没有臣子，没有盟友，没有将军，她没有可以长久信任的伙伴，而她的将军都令她蒙羞。她的命运如今掌握在爱尔兰手中。你不仅是最后一个与她相连的国家——你也是欧洲唯一一个不与她为敌的国家……除了你自己，没有什么能阻止你获得自由。这与英格兰的意愿无关，这与英格兰的利益无关，甚至与她的武力也没有关系。什么！八百万英国人能够对抗两亿法国人、七百万西班牙人吗？能够对抗三百万个爱尔兰联盟和三百万美国人吗？八百万英国人面临数量远超自己的众多敌人，能够负担派送士兵远征去奴役爱尔兰的费用吗？大英帝国这个明智而又宽宏大量的国家，已

经饱受了战争的教训，被战争消耗得元气大伤，法国人在她的海峡为所欲为，那么她还能不为征税、不为执法、不为结局，只为了践踏爱尔兰的性格，在贫瘠的土地上实施压迫，就派兵到爱尔兰来吗？

鉴于这种情况，我们能够做的就是让爱尔兰抓住自己的命运。格拉顿最后总结道：

> 我没有别的希望，唯一的希望就是和我们的同胞一起，在我们自己的岛上呼吸自由的空气。我没有什么雄心壮志，唯一的愿望就是打破你的锁链，注视你的荣耀。只要爱尔兰最卑贱的农场主的褴褛破衣还因为拴着英国的锁链而叮当作响——也许他要是赤身裸体，就不会有锁链加身了——我就心意难平。我切切实实地看到，精神在向前行进……尽管伟大的人会倒下，然而我们的事业却长存；尽管后来人也会死去，但是不朽之火种一定会比卑微的传送者更加长久；自由的呼吸就像圣人的话语，不会随着先知而死亡，而是会超越他的生命得以长存。[22]

在伦敦，英国政府对自己的处境也心知肚明。英国受到了美国和法国战争的困扰，到了1779年，一场改革运动日渐兴起，英国面临着从内部垮台的威胁。从威尔克斯的时代开始，伦敦的异见人士和激进分子就开始叫嚣着要进行政治改革，如今伦敦以外的各个地区也都开始抱怨起来。禁运以及其他贸易的中断已将英国推入衰退期：失业率飙升，物价飞涨，而土地、工资和股票价值却暴跌。为了支付战争费用而征收的高税收，只能使经济紧缩得更加严重。就像在爱尔兰与美国一样，政府腐败，承包商们肆无忌惮，同时又缺乏合适的代表，这些都是导致经济状况日益恶化、战争管理混乱的罪魁祸首。

1779年12月，约克郡的一位名叫克里斯托弗·维维尔的牧师兼乡绅召集了一次大型公共集会，讨论英国政府的结构性缺陷，将诺斯勋爵的批评重新集中到国家现在更为普遍的问题上来。维维尔与其爱尔兰和美国的同行一样，认为自从光荣革命之后，英国的宪法已经严重退化。政治体制已经变得"混乱不堪"，唯一的解决办法就是让英国人民自己动手去改良政府。维维尔宣称："当行政权力和议会之间发生危险的争端时，人民就是裁判，只能通过他们自己的判断来决定，只能通过他们自己的决定来调整。"一切取决于人民，或者至少取决于英格兰各省的土地所有者。他们应该介入国家问题，医治国家问题。[23]

维维尔的约克郡集会的最终结果是形成了一份请愿书，呼吁结束现行体制的低效与腐败。这场运动自约克郡开始快速传播，在英格兰和苏格兰全境建立了四十多个郡镇协会，形成了全国性的网络。新的运动把乡绅的利益与省城的利益结合起来，组成了一个基础广泛的联盟。这个联盟要求结束腐朽的行政统治，扩展选举权，实行无记名投票，铲除腐败，消灭亲信提拔与任用，以及其他滥用政府职能的问题——一切都是因为国王手中的权力过大。在美国革命的阴影下，国家情绪发生了变化，反对内阁和国王的呼声越来越高。[24]

协会运动对以诺斯勋爵为首相的政府来说是非常危险的发展。他们代表了英国的乡绅，是英国选民的中坚力量，是内阁和战争的核心支持者。他们的反对在关键时刻使政府面临着局势被彻底反转的威胁。他们还支持美国反叛者和爱尔兰爱国者的思想，使用的语言也和他们非常接近。这绝不是巧合。协会成员们不仅受到了来自伦敦、美国和爱尔兰的改革者共有的启蒙思想的影响，他们甚至还自觉自愿地使用这些群体的措辞与策略。许多人甚至声称美国治理得更好，美国政府与英国政府相比，成本更低，却更受欢迎。他们期望通过内部改革的途径达到效仿美国的目的，并不希望诉诸革命。爱尔兰的例子极具启发性。甚至在第一次会议召开之前，维维尔和其他人就开始向志愿军运动寻求灵感。从第一次会议开始，维维尔就希望建立一个全国性的郡县联盟，召开全国性的大会，以达到向政府施压的目的。协会成员意识到，爱尔兰同英国一样，也面临着腐败和衰退等同样的问题，不过爱尔兰人不屑于"谦卑的祈求"，而是"拿起武器捍卫自己"，因此他们取得了"十倍于"英国的伟大成功。维维尔注意到："志愿军们的讲述所展示出的弊端，与畸形的英国议会所存在的问题非常相似。而且，如果没有各个国家的干预，这些问题只会越来越多，直到最终摧毁每一个有价值的目标——而这些目标正是当初设立议会的初衷。"带着这些先入为主的思想，这些协会从一开始就隐含着暴力的倾向。约克郡的第一次集会安排的时间非常明确，就是要与约克郡的民兵集结同时进行，这些指挥民兵的人正是聚集在一起讨论改革的人。[25]

到了1780年，郡县协会更具威胁性的一面开始呈现出来。他们组成了一个由各个协会的代表组成的"国会"，或者称为全民会议，发誓如果问题得不到解决就拒不交税，并向议会提交了大量请愿书。他们现在把选票投给自己，赋予自己讨论和决定议会悬而未决的问题的权利，同时要求建立正规议会，增加一百名新的议会成员，而且还要结束与美国的"内战"。他们还开始武装起来，德文郡协会于1月份率先通过投票表决，建立了一个购买武器的基金。包括约克郡在内的其他郡县也迅速效仿。约克郡协会还威胁说，如果他们的担忧持续受到忽视，那么他们就要"改变策略"。一些运动参与者开始言辞凿凿地说，如果议会迟迟不采取行动，郡县代表们就要夺取控制权了。一些温和的改革派——大多是埃德蒙·伯克的拥护者——开始通过议会试图安抚协会。1780年4月，他们取得了巨大的成功——他们的决议在议会获得通过，表明"曾经加强的且正在加强的王室影响到了减弱的时候了"。这项决议代表的不仅仅是对王室权力的谴责，更代表了国人情绪的变化，也显示出诺斯政府和反对派之间权力平衡的变化。

政府吓坏了。在许多人看来，志愿军运动似乎是从爱尔兰传到英国的。事实上，维维尔的确与阿尔斯特志愿军进行了直接接触，交换了意见与策略，目的是"对腐败这条九头蛇进行摧毁、限制或者反制"。霍勒斯·沃波尔本人并不是政府的朋友，但他认为这场运动是乡绅们发起的一场"兵变"。这些人在认为战争符合自己利益时表示支持，当他们觉得囊中羞涩时便转而反对政府。当国王就此事向沃波尔寻求建议时，他警告说，拿政府来做"实验"是灾难性的时刻。

> 当我们与美国、法国和西班牙交战时，当我们面临着爱尔兰即将脱离这个国家的危险时，啊！法院的大而无当，责任官员的乏力无能令人无比难过。国家应该强制性地进行这种讨论，关注本身只能让危险加倍。如果反对派只想着如何消灭法院，法院只想着如何在国内自卫，那么在国外便不能形成任何计划，双方也都不会思考如何对付法国和保卫祖国。

内战的幽灵已经侵袭了英国人的思想，分散了人们对美国斗争的注意力，确保英国以一种崭新的、更具和解性的眼光来看待爱尔兰的诉求。法国威胁要入侵英国，美国似乎完全迷失了方向，甚至于英国人也拿起武器，跃跃欲试地要进行反抗。面对爱尔兰的威胁，政府所能做的也只能是默许。许多人后来总结道："单单依靠改革也许就能阻止内战。"[26]

1782年5月27日，总督波特兰公爵通知爱尔兰议会，他们提出的司法独立的请求已经得到满足。新的《天主教救济法案》也获得通过，允许爱尔兰天主教徒购买土地，也赋予了拥有土地的天主教徒投票权。人们意识到，对爱尔兰采取抚慰措施是极为必要的，即使面对由戈登勋爵率领的新教协会的激烈反对，议会也拒绝废除1778年的

《天主教救济法案》，由此触发了"戈登暴乱"所带来的蔚为壮观的血腥暴力。但是，这对阻止爱尔兰的暴动是有利的。许多人相信，这是爱尔兰民族的诞生，是爱尔兰独立的诞生，而且一旦诞生，便永不被放弃。这是一个值得欢庆的时刻，但是结果证明，节日的气氛转瞬即逝，爱尔兰民族独立也是昙花一现。

爱尔兰当权派的改革诉求给爱尔兰的未来带来了非常严重的、意想不到的后果。派系和联盟是爱尔兰独立本质的必然产物。改革者和志愿军引发了爱尔兰人自身及其国家观念的巨大变化。基于宗教派系的身份认知，被更加集体化的国家认知所代替，爱尔兰民族反抗大英帝国专制暴政的话语体系也得以发展起来。乔纳·巴林顿曾被1779年崛起于爱尔兰的精神所深深感染。他回忆说：

> ［爱尔兰］向英国政府要求宪法独立的决心变得明确而坚定，她的姿态和话语体系都体现出"有权独立"的样貌。武器之声和自由之声回荡在爱尔兰岛的每一个角落——人们忘记了差异，或者说抛弃了差异，每个阶层、每种宗教都被同一种感情所攫住……她渐渐从死气沉沉和默默无闻中苏醒过来——她的本土精神拉开了帷幕……全副武装、激情洋溢、各显神通的人们，为他们的天赋权利发出强烈诉求。

对巴林顿和其他许多人来说，这正是爱尔兰作为一个独立国家诞生的时刻。[27]

爱尔兰也是一个政治意识日益增加的国家。志愿军运动是这种意识不断增长的关键，也是扩大政治参与的关键。起初，许多人加入志愿军是由于骨子里对入侵的恐惧，或者是对当地领导人或地主的个人关系与忠诚心理。他们被传统意义上的领导人带领着保家卫国，完全出于捍卫自我利益的动机。然而，一旦聚集起来，普通民众的心理就发生了变化。按照巴林顿的经验，"不同的等级交混在一起，人民之间的联系更加亲密了……很快全国人民的思想意识与行为方式都发生了广泛而显著的革命"。志愿军运动的经验也是如此：

> 为更好地获取信息开辟了道路。因此，他［志愿军］很快明白，爱尔兰人被剥夺了政治权利，他的国家也遭受了政治伤害。于是他的思想变得更宏阔，很快便接纳了更丰富、更引以为傲的目标。他第一次了解了他自己对于国家的重要意义。随着知识的进步，宪法独立原则变得更容易理解了。

这样武装起来的爱尔兰民族，"对武器更熟悉，对上级更亲近……每天都感到对自由的爱不断增长"。志愿军们就这样提供了政治教育，协助激发了人们对政治行动和爱尔兰独立的坚守与支持。[28]

这种思想变化为1779年和1782年的改革成功提供了助力，但同时也导致了国家与帝国之间的崭新状态，而这种状态并不是可以无限期持续的。就像美国战争初期英国的美洲殖民者一样，爱尔兰当权派是改革运动的核心，但他们并不认为自己是英国殖民地的居民，也不认为自己是英国殖民主义或帝国主义的牺牲品。他们将自己视作分享大英帝国红利的英国人，因此，他们抗议的初始目的是收回并重申这些权利。只是他们的努力一再遭遇失败，再加上英国人和爱尔兰政府毫不妥协的顽固态度，才导致了言辞的相应转变。他们继续为自己在英国的《权利法案》之下的权利而大声呼吁，但同时也开始寻求统一的爱尔兰的概念，以此表达对英国和大英帝国的反对。这是有关爱尔兰政治未来的关键时刻，形成了对抗性的爱尔兰民族身份。正如革命在精神上把英国殖民者从英国人变成美国人一样，战争也成为创造新型爱尔兰意识的一种助力。这种爱尔兰意识具有独特又独立的身份。

对于1782年的成功，人们还无暇进行庆祝，几乎立刻就出现了因为有争议、有分歧而没有得到回答的问题。首当其冲的就是爱尔兰与英国的未来关系问题。亨利·弗拉德和其他人担心，英国勉强接受爱尔兰的商业、立法和司法独立只是权宜之计。他们警告说，一旦战争结束，危险过去，英国肯定会努力夺回对爱尔兰的控制权。在议会中，弗拉德把全部努力都集中在争取英国通过新的立法方面，以保证爱尔兰从英国那里赢得的独立得以维持。英国已经废除了相关法案，使英国议会不再凌驾于爱尔兰之上，但它并没有成为正式的基本原则。弗拉德因此希望通过一项更加积极的法案，断绝英国有权统治爱尔兰的念头。

对于英国向爱尔兰做出的独立承诺，弗拉德及其盟友们表示担忧，这确实是可以理解的。不过在1782年，英国重获对爱尔兰的霸权地位的前景却似乎遥不可及，甚至有些愚蠢。格拉顿对弗拉德的担忧不屑一顾，嘲讽说爱尔兰独立是她的天赋权利，神圣不可剥夺，根本就不需要毫不相干的英国法律的默许，更不用说保护了。"如果这位令人尊敬的先生所渴望的保卫措施指的是英国法令的话，"格拉顿掷地有声地大声吼道，"我坚决拒绝。根据英国的法令，我会拒绝大宪章。我们不是为了一个宪章来到英国，而是带着宪章而来。我们要求的是让她取消所有反对这个宪章的声明。我代表爱尔兰局势的真正信念：没有一部自由的宪法，任何人都不会满意的，但是我也相信，没有人会丧失理智到因为想得到更多而去冒险的程度。"他继续说道，

正如弗拉德所说，根据爱尔兰古老的宪章，我们是独立于英国议会的，而他却提议让这个议会赋予我们自由。他先是提出用两国所特有的国内法来判定两国的共同"交易"，并因此将他的国家放在威斯敏斯特官的置喙之下；他呼吁通过实施法令来实现法律

保障，但这又将自由置于英国议会控制之中；他在不知不觉中继续遵循英国民族古老的世袭至上的原则；他在不知不觉中继续推行劣等国家的思想，因此，用来判定共同交易的平等国家之间的规则，不适用于这个劣等国家。

看看美国：在一些英国法官看来，美国的独立是非法的。根据英国国内法，没有一条英国法令明确承认她的独立，而且也根本没有明确的法律界定和相关的法令能够让国王这样做。据此，美国没有立法保障，没有明确的解放。可是美国抱怨了吗？美国有没有争辩说："因为阐释的基础飘忽无形，建构的过程也史无前例，所以她的自由难以言状？"美国有没有质问英国那十二名法官，让他们学习一下美国十三个州的特权？没有！美国高高在上，不需要这样的规劝。美国不仅自由了，其思考方式也是自由国家的模样。她赋予了自己自由，不在任何其他国家的法律之下寻求法律保障。[29]

格拉顿是独立的爱尔兰民族不屈不挠的捍卫者，但是他依然小心翼翼地强调爱尔兰与乔治三世和英国之间关系的重要性。在像格拉顿这样的人看来，如果要求英国做出进一步的妥协，就会增加两国的隔阂，那么希望大英帝国重新接纳自己的崭新形象，便毫无希望了。因此，他认为这样做完全没有必要。格拉顿和他的支持者都认为，独立的爱尔兰在新的帝国联盟中是平等的伙伴，是由一个共同的国王和共同的经济与军事利益紧密联系在一起的。为了夯实新的大英帝国与爱尔兰之间的关系，格拉顿领导的爱尔兰议会不遗余力地向国王保证，他们会继续保持忠诚。在他们写给乔治三世的"谦卑的致函"中，他强调了他们"对王室成员与政府发自内心的依恋之情"，并承诺英国可以"信赖我们的感情"。"我们记得，"他们在函文中继续说道，而且我们一定要再次重申我们与英国携手而立、共担风雨的决心……共同的利益、永远的联系，大英帝国最近的所作所为，对英国这个名字和民族的固有感情，再加上我们已经恢复的宪法，以及我们拥有的崇高荣誉，都决定了爱尔兰的希望与利益与帝国的和谐、稳定和荣耀永远唇齿相依。因此，我们向陛下保证，我们无比欣慰地了解到帝国在东印度群岛和西印度群岛取得的辉煌成就，我们也如愿以偿地看到，我们最为真挚的共同心愿的实现——爱尔兰的自由和大不列颠的荣光。[30]

为了避免爱尔兰议会将英国的承诺视为一纸空文，爱尔兰还保证为"帝国共同的防御目的"提供两万名水手和十万英镑，并敦促议员们为战争募集人手，"彰显他们对大不列颠和爱尔兰共同事业的热情"。[31]

在强烈呼吁自由、猛烈谴责英国的野蛮行径之后，立刻就如此竭力地表达忠诚之心，似乎有些不可思议。不过，对新教当权派的大部分成员来说，1782年是爱尔兰革命的结束，而不是开始，是他们巩固成果的时刻，而非继续改革的时间。然而，对于大多数天主教徒、异见人士和激进分子而言，1782年令人陶醉但并不完全成功，似乎只是完全平等或真正的民主革命的前奏。天主教徒和一些新教徒都呼吁彻底废除刑法，因为这些法律规定天主教多数派不能拥有土地、担任公职或自由礼拜。格拉顿和其他爱国者在议会中支持天主教徒的解放诉求，认为爱尔兰的天主教徒已经在1778年到1779年的危机中证明了他们的勇气。他们有资格、有权利获得解放。

他们的行为应该使我们充分信任他们对国家至死不渝的忠诚。当这个国家决定不再屈从于英国强加给她的重重压迫时，当她武装起来捍卫自己的权利时，当激情高昂的人民要求自由贸易时，罗马天主教徒抛弃他们的同胞了吗？没有。相反，他们发挥了至关重要的作用。后来，当人们认为必须坚定地要求自由宪法时，罗马天主教徒表现出了良好的公德。他们没有利用你们的处境为自己谋利；他们没有想方设法为自己开脱。他们反倒坦率而真诚地投身于国家的事业当中，他们的美德使得他们做出这样的判断：他们的回报可能就来自你们的慷慨胸怀……1779年，当波旁的舰队在我们的海岸徘徊时，当爱尔兰民族振奋精神全副武装起来时，天主教徒们是否冷漠地站在一边呢？或者说，他们给敌人提供过支持吗？——他们一直处于受压迫的状态，即使这样做也是可以理解的。没有。他们要么踊跃捐款为国家服务，要么就积极加入光荣的志愿军团。[32]

除了感恩之外，还有其他很多理由来支持《天主教救济法案》。对格拉顿而言，建立统一的爱尔兰国家是革命的更大目标之一。如果爱尔兰要保持独立，如果爱尔兰要发挥出真正的潜力，所有的爱尔兰人，无论是天主教徒还是新教徒，都必须接纳一种新的身份认同和事业认同。这不仅仅是财产权的问题，也不是信仰自由的问题。

我们应当是新教定居者还是爱尔兰民族？我们是否要向全国人民敞开自由神庙的大门？或者我们是否要用刑法把他们束缚起来？只要刑法存在，我们就永远不会成为伟大的民族。刑法是孵化新教力量的蛋壳，但是现在它变成了一只鸟，它必须破壳而出，否则就会命丧壳中。[33]

许多新教当权派对格拉顿及其盟友的想法持反对态度。虽然天主教徒曾经热情地支持志愿军运动，捐了很多钱，有的甚至加入了志愿军团，但是志愿军在整体上对天主教问题分歧很大。大部分志愿军，特别是在领导层中，认为他们获得的天主教徒的支持远大于对放宽刑法后的恐惧。志愿军的支持为1778年和1782年《天主教救济法案》的通过做出了很大贡献，这反过来又有助于争取天主教徒对志愿军和对英战争的支持。到了1779年，一些地方加入志愿军团的天主教徒的数量极为可观，他们在全国范围内举行斋戒，以示团结。不过，不信任的情况依然存在。即使在通过了两个《天主教救济法案》之后，天主教的统治集团依然对志愿军保持警惕，而对于很多新教徒来说，这种感觉是相互的。在1782年的邓甘农志愿军集会上，志愿军全票通过了《天主教救济法案》，但与此同时，其成员们依然决定应该继续对天主教徒采取一些限制措施，以确保国家的安全。这种暧昧不明的立场相当普遍。虽然放宽刑法已经基本上被接受了，但包括志愿军在内的大量新教徒却认为，给予天主教徒完全的平等显然是过分之举。[34]

1782年，当这个问题在议会上提出时，爱国者党的一些最著名的领导人同样提出了这样的质疑：给予天主教多数派完全平等的权利是否明智。在关于《天主教救济法案》的辩论中，爱国者党中最具影响力的成员急切地希望停止改革的步伐，因为他们认为现在的改革已经失控。作为爱国者党的领袖之光，亨利·弗拉德明确指出，改革要有适当的限度。弗拉德厉声反对爱尔兰天主教徒的全面解放，他争辩说，虽然他支持宗教宽容，但有必要阻止天主教徒在选举中获得"任何影响力"。他认为，全面解放"超越了宽容，它赋予了他们权力，会引发整个国家的改变"。他继续说道："刑法并不是对天主教的迫害，而是政治上的必要手段。"天主教获得投票权之后，随之而来的必然是暴政与迫害，这个教训在1688年时就应该吸取。因此，赋予天主教徒与新教徒完全的平等地位，后果必将是"新教宪法"的消亡。"我们希望对罗马天主教徒实施宽容政策"，弗拉德总结道，但是"我们不希望动摇政府根基"。[35]

即使是格拉顿也承认，在权衡给予爱尔兰天主教徒的宽容限度时，新教徒的"偏见"也必须予以考虑。最终，也许他在支持《天主教救济法案》上给出的最有说服力的论点，就是说明了给予天主教徒更大的财产权和更大的宗教自由，不会使他们"在国家事务上有新的权力"。尽管他热情洋溢地赞美天主教徒的牺牲，滔滔不绝地表示支持宽容政策，但是格拉顿也坦承赋予天主教徒充分的政治平等既不现实，也有潜在的危险。事实上，他对爱尔兰天主教徒最大的赞美就是，天主教徒在最近的行动中表明，他们要么自愿"背离"他们的信条，"要么不在生活中践行这些原则"。如果爱尔兰的天主教徒得到宽容的原因是他们完全无视自己的信仰，那么他们对该国统治阶层的新教少数派不再构成潜在威胁的假设就是毫无根据的。[36]

1782年，议会通过了一项妥协性的《天主教救济法案》，该法案赋予了天主教徒充分的财产权和自由信仰权，但是并没有赋予爱尔兰多数派充分的政治平等。爱国者党中的天主教徒以及支持爱国者党的天主教徒倍感失望，但是他们依然希望1782年的《天主教救济法》只是渐进式改革进程的第一步。然而，实际上，许多新教徒都反对进一步的解放措施。18世纪70年代爆发的宗派暴力事件，似乎只是证实了新教徒的偏见。对于爱尔兰的新教徒来说，由于他们一直生活在对天主教徒反叛活动的恐惧之中，天主教徒与新教徒之间的冲突证明，格拉顿依靠宽容确保团结与忠诚的希望，只是一厢情愿的想法而已。

1782年之后的几年中，天主教徒并不是唯一要求推进改革的爱尔兰人。激进的爱国者和异见人士，特别是在都柏林和贝尔法斯特，都希望志愿军们在获得立法独立的权利之后，能够进一步引导议会改革。如今，虽然已经摆脱了英国的霸权，但是爱尔兰政治体系的不民主情形依然根深蒂固。中间人与官员之间盘根错节，控制了大量的议会席位和司法职位，议会代表在全国的分配极不均衡。由于对现行体制的普遍不满，许多人认为有必要进一步推进改革。正如后来的一位评论员所说："英国立法机构所做出的让步，还不能满足爱尔兰民族日益高涨的精神。"在1782年取得革命成功后的一年之内，要求完成改革工作的压力不断涌来，志愿军中的激进分子起到了先锋作用。

1783年，他们给上议院的总指挥和爱国者党的领袖夏尔蒙议员递交了改革提议，而夏尔蒙对他们的提议表示支持，但是态度却不温不火。尽管如此，在年底的时候，来自全国各地的志愿军团的代表们再一次聚集到邓甘农，并于11月在都柏林举行了全国代表大会。他们试图制定一个明确的纲领，为爱尔兰政府的进一步改革指明方向。在亨利·弗拉德的支持与指导下——尽管弗拉德并不是天主教解放运动的朋友，但他依然是议会进一步改革的倡议者——全国代表大会召开了近三周的会议，最终就提交给议会的一系列要求达成一致。他们的控诉与要求与英国改革者曾提出来的几乎完全一致：组织常规议会，作为限制某一部门权力过大的手段；取消腐败的自治区划，增加更多的城市席位；更完善地应对日益城市化所导致的代表比例问题；镇压允许上层精英控制选举权的政府禄虫；限制缺席代表，通常是获得爱尔兰头衔和土地、在爱尔兰国库中领取俸禄的英国贵族。[37]

全国代表大会的纲领一经商定，就由亨利·弗拉德作为一项法案提交议会，并在议会上得到格拉顿与其他有影响的爱国者的支持。然而，局势却已发生了改变。随着1783年《巴黎协定》的签署，美国革命结束了。战争危机的终结意味着改革者的压力立刻变小。同时，战争造成的多年混乱使大多数人对改革持怀疑态度，认为这可能导致战争混乱的再次上演。这场伟大的战争之后，支持与反对帝国的声音交相呼应，民主力量的最初胜利很快就被保守派削弱。格拉顿的议会代表的是有产阶层，而非广大人民；代表的是有权阶级，而非无权弱势群体。即使在志愿军内部，也有人开始担忧日益增强的激进倾向——这不仅体现在自己的队伍中，也体现在爱尔兰的天主教徒和异见人士中。

一些新教当权派担心全副武装的志愿军有可能会篡夺议会主权，

也就是让名副其实的人民代表掌握真正的国家权力，就像"罗马的普雷托利亚军团"一样。在第一届独立议会第一次开会的时候就默许他们的要求，会开创一个危险的先例。甚至在爱尔兰爱国者党内部，许多人都加入了政府或接受了公职，他们都不希望自己的地位受到威胁，也不愿看到新的"现状"遭到破坏。英国政府已经发生了变化，诺斯勋爵一败涂地，遭到唾弃，已经被扫地出门，更加顺服的大臣取代了他的位置。爱尔兰爱国者党恍然发现，爱尔兰海对岸的人不再是他们眼中的敌人，而是政治盟友。在新一届英国政府的鼓励下，他们开始反对进一步的改革，因为这些改革会使爱尔兰和英国完全地、永远地分道扬镳。爱尔兰爱国者党甚至在天主教徒的选举权、常备军的可行性、经济成本削减及爱尔兰与英国未来关系的性质等问题上开始出现内部分裂。更具戏剧性的是，弗拉德和格拉顿这两位1782年运动的最著名支持者闹翻了，导致爱尔兰下议院互相攻击、激烈谩骂，斗争也无疾而终。[38]

1783年的志愿军未能复制他们在1782年取得的成功，因为他们缺乏一个关键因素，即爱尔兰天主教徒的支持。1782年的爱尔兰团结一致，迫使英国默许了他们寻求立法独立的要求。那时的爱尔兰天主教徒坚信，立法独立将使他们获得解放，于是他们对这一运动给予了热情支持。但是，1782年的《济贫法案》却令人无比失望，天主教徒基本上被排除在政治国家之外。基于这种情况，他们没有理由关心新教少数派中的政治代表的席位是否更平均，也没有理由相信新教的议会会赋予其天主教邻居充分的政治平等。因此，1783年的爱尔兰天主教徒不再为弗拉德和志愿军们提供自己的支持力量，而是基本上袖手旁观，在一定程度上破坏了进一步改革的努力。

最后，弗拉德的法案被禁止提出。新教当权派控制了权力杠杆，他们紧密地团结起来，保护自己的既得地位，明确阻挡进一步改革的步伐。总检察长巴里·耶尔弗顿谴责了这项法案，指责它源起于"一个武装集会"，因此与独立议会的"辩论自由背道而驰"。一年前，他们曾对志愿军争取立法独立的行动大加赞赏，如今还是这同一批人，却反对甚至拒绝听取支持志愿军的法案，这种讽刺真是令人难以置信。弗拉德严厉斥责了他的对手，认为他们蓄意"编造出一个军事幽灵来恐吓自己"。但是，对该法案的反对是坚定不移的。新教当权派已经为自己争取了权力，现在只想巩固和维持这种权力。一年前，夏尔蒙在写给亨利·弗拉德的信中曾抱怨说，爱尔兰目前最需要的不是进一步的改革，而是稳定。"我衷心地希望各位先生都……别再管这个国家了，让这个饱受折磨的国家保持原样吧，日益增强的联合会把它拖进毁灭的深渊……这已经在各色人等之间出现了。"爱尔兰已经看到了当权者希望看到的政治变革，改革不需要进一步前行了。[39]

　　这种持鲜明反对态度的民族主义言论，使整个国家在志愿军、格拉顿、弗拉德和夏尔蒙的爱尔兰爱国者党背后团结起来，从而促进爱尔兰实现了自由贸易和立法独立，但是同时也激发了天主教徒和异见人士——长期被排除在权力走廊之外的人——对一个更加平等的爱尔兰的想象。然而，爱尔兰根深蒂固的政治阶层，甚至于志愿军和爱尔兰爱国者党的成员，也基本上是由新教当权派组成的。这些人寻求爱尔兰独立的努力，在很大程度上是基于维护自身权力的考虑，并确保他们能够垄断爱尔兰在大英帝国中的地位红利。正如一些人所说，这不是民主革命，也不是为爱尔兰人民争取更广泛的政治权利的斗争。相反，这是披着民族主义、民主和独立的华丽外衣，对英国帝国主义划分经济和政治利益的传统政策的反抗。它寻求的不是爱尔兰的民主权利，而是用地方控制取代"宗主国控制"，用都柏林取代伦敦，用一批新教统治精英取代另一批。因此，爱国者党从根本上无意与天主教徒和不信奉国教的邻居分享独立的红利，也不想进一步切断与英国及其帝国的联系。

　　如今看来，1782年和1783年的改革失败是一个分水岭。格拉顿所设想的统一的爱尔兰民族开始分崩离析。进一步改革的失败意味着一场强有力的全国性志愿军运动的终结。尽管他们全副武装，但还是平静地接受了失败，拒绝用恐吓手段去寻求更大的政治平等。在某种程度上，这种放弃暴力的决定是志愿军成员构成的结果。除了阿尔斯特的志愿军，其他志愿军成员基本上都来自新教当权派，他们已经对组织内部的激进因素持怀疑态度了，因此几乎没有人愿意冒着内战的风险去为天主教徒和异见人士争取更多权利。同时，未能使其威胁扩大化，也是风云变幻的国际局势影响的结果。1783年，美国战争结束，英国危机解除，一支常规的民兵部队再次驻扎在爱尔兰。武装改革的时机一去不返了，志愿军存在的理由也烟消云散，再没有力量去推进改革，也没有入侵的威胁去抵抗反对之声，志愿军开始迅速瓦解。

由于担心宗派动乱和进一步推进改革的诉求出现，新教当权派开始打压异见人士。他们不是继续完成1782年开始的革命目标，而是寻求冻结改革，保护当权派的既得地位与既得利益。随着立法的独立，之前在治理诽谤方面松懈拖拉的爱尔兰法院，开始着手打击对当权派及其政府提出批评的人士。1786年，有人提出了一项在都柏林建立一支新型警察部队的法案，其最主要的目的并不是打击罪犯，用司法部长菲茨吉本的话说，是为了遏制"那些被称为'集会'的混乱聚会的组织频率，制止放纵行为，教育那些公民给予本国法律应有的尊重"。政治机构对于社会政治不安的担忧日益强烈，结果引发了行政权力的进一步加强。总督任命了新的治安官员——给予他们王室任命的礼遇——以及新的警员，并赋予他们"根据情报可以闯入任何房子"的权力。格拉顿等人非常敏感地察觉到政府控制的警察队伍所具有的专制危险——这与英国的民众的感受完全一致——于是对这项法案提出反对意见，认为新的警察将成为一支常备军，只是名字不同罢了。格拉顿警告说，这样的军队就是"一支国家军队"，是"雇佣军"，也是一支"部级军队"，是"自由的杀手，它会蚕食宪法的主要精神"。政府已经"与独断专行的独裁政府几无二致，绝不能允许在王室之下存在这样的武装暴徒"。但是格拉顿的话却无人肯听，该法案以四比一的多数获得通过。[40]

一年后，议会进一步提出一项新的法案，以"防止骚乱和集会，对于犯下暴行、参加暴乱和非法组织的人，以及提供与接受非法宣誓的人进行更有效的惩罚"。1787年的法案效仿英国的《暴乱法》，旨在赋予政府更大的权力，以镇压那些曾经确保了1782年革命成功的活动。新的法律将混乱的、违反法律的集会都视为非法，并且将"撰写、印刷、出版、发送和携带任何有可能引发暴动的信息、信件与通知"的行为定为重罪。面对西南部日益严重的天主教暴动，该法案还提议任何非法组织的天主教徒的集会都应受到驱散和打压。像往常一样，格拉顿派系的人强烈反对这一措施，认为这使政府更加专制。但是到了1787年，甚至连格拉顿也不得不承认，这个国家有"一种无法无天的气势"，需要采取强有力的措施压制"卑鄙的叛乱和注定无法成功的反叛"。于是，即使是最激进的议会议员现在也仅仅是寻求缓和一下法案中最严重的过激行为而已。他们成功地取消了有关摧毁天主教集会地点的条款，但是法案获得的支持是压倒性的。多伊尔少校是该法案鲜有的几个反对者之一，他对该法案的通过表示哀叹，并发出了具有先见之明的警告。"谁能想到，辉煌的1782年革命之后不到五年，人们就发现宽容才是最需要的态度。我要说的是，只有宽容，爱尔兰才能继续保持自由和独立。团结起来才能恢复宪法；如果眼睁睁看着自己四分五裂，那么你能恢复的只有锁链。"时间证明多伊尔是正确的。[41]

毋庸置疑的是，1782年的许多英雄对超越新教当权派范围的政治国家的扩张丝毫不感兴趣，这时，爱尔兰社会内部的原有分歧再一次浮出水面。由于被曾经付出大量心血的革命所背叛，心怀不满的爱国者、天主教徒、异见人士都开始向更加激进的方向发展。天主教徒依然为充分的解放而奋斗，爱国者和异见人士依然努力推进政治改革，他们联合起来，推动一场新的运动，谋划一场新的革命。以北部的异见人士为中心，再加上都柏林和贝尔法斯特的一小部分城市激进分子，新的、更加激进的煽动者团体开始出现。武装的革命团体效仿爱尔兰爱国者党和志愿军，但是他们的诉求是不惜任何代价实现进一步的改革。在这些新的激进团体中，最重要的是"爱尔兰人联合会"。它的成员是一批失望的激进分子，他们受到美国革命、志愿军运动和1782年改革运动的激励与启发而组织起来。

改革于1784年最终告败，在之后的几年里，都柏林和贝尔法斯特的辉格党俱乐部不断壮大。在法国大革命和托马斯·潘恩广受欢迎的《人权论》的激励下，贝尔法斯特的志愿军们联合起来，在1791年庆祝巴士底狱倒塌的庆祝典礼上，形成了"爱尔兰人联合会"。这场运动比之前更加协调统一，领导人是圣公会教派的一名律师，名叫西奥博尔德·沃尔夫·托恩。"爱尔兰人联合会"致力于终止英国对爱尔兰事务的干涉，并按照弗拉德于1783年提出的法案，实行全面的议会改革，由天主教徒、圣公会教徒和异见人士组成民主联盟。最初，"爱尔兰人联合会"只局限于都柏林和贝尔法斯特的一小部分新教激进分子，但是其民主理念和民族主义武装抵抗传统的先例，却是在美国战争年代建立的。18世纪90年代，这一先例将转变为一场革命运动，它将使爱尔兰的核心发生动摇。爱国者和志愿军们在反对英国的过程中，为宗教派系的暴力运动、反叛活动和英国的再次征服都埋下了伏笔。而最终，这三个他们都得到了。

并非每个爱尔兰人都对1779年和1782年取得的宗教改革感到满意。除了像巴林顿这样执迷于普救论和民族主义的志愿军和像格拉顿这样的爱国者以外，爱尔兰社会中依然存在着深刻的裂痕与分歧，而改革运动加剧了这些裂痕与分歧。改革者和志愿军们提供了一种集体话语和一个诱人的范例，表明一个全副武装的国家有能力迫使政治发生变革，他们协力打造了一种新生的爱尔兰民族意识，用来反对大英帝国。但是，他们却没能创造出一个公认的或既定的概念，即是谁构成了爱尔兰民族。在爱尔兰天主教徒中，那些辅助参与改革和志愿军运动的人通过《天主教救济法案》获得了实际收益，他们也为政治行动提供了机会与先例，因为他们自己对爱尔兰民族进行了重新定义，天主教徒在新的概念中将扮演越来越重要的角色。因此，当一些刑事法案被撤销时，没有土地但渴望土地的天主教徒立刻洪水般涌进了之前相对受限的房地产市场。乡下的新教徒，尤其是在阿尔斯特这样的混合居住区，对于前所未见的天主教的竞争感到震惊。因为土地不仅是经济力量的来源，同样也是政治权威的基础。18世纪末，爱尔兰经历了一段时期的经济停滞，租金价格暴涨，这一情况加剧了不同信仰之间的竞争。由于经济上的脆弱，对《天主教救济法案》所预示的崭新世界的震惊，以及对国外天主教徒入侵威胁的恐惧，一时间天主教神父拥入爱尔兰的流言甚嚣尘上。再加上最近大规模的武装政治动乱的例子，阿尔斯特的新教徒开始聚集起来，与他们认为日益严重的天主教独立的威胁展开斗争。

麻烦始于阿尔马，在那里居住的天主教徒和新教徒数量大致相等。1784年，由于害怕天主教势力的增长，同时也对改革运动引发的天主教经济竞争感到愤怒，一群来自波特诺里斯的新教支持者联合起来，组成了一个名叫"纳帕奇舰队"的帮派，骚扰当地的天主教徒。据传言，波特诺里斯的志愿军们允许天主教徒加入他们的行列，而这对当地的新教徒来说是颇令人担忧的前景，因为当地的新教徒对附近出现武装的天主教徒感到恐惧。作为志愿军的指挥官，夏尔蒙伯爵反对允许天主教徒加入波特诺里斯志愿军的决定，而"纳帕奇舰队"则把这一事实解释为可以夺取天主教武器的合法依据。因此，"纳帕奇舰队"师出有名地开始突袭天主教住宅，搜寻武器。然而，阿尔马的天主教徒却不愿接受这种新的迫害形式。为了保卫他们的家园和社区，天主教徒开始组织自己的帮派，在波特诺里斯建立了"邦克山自卫队"。对立的武装团体的建立不可避免地导致了冲突和暴力。首先是零星出现的斗殴和袭击，然后是群体伤害，最后发展到与激烈的战斗相差无几的直接对抗。[42]

到1785年时，"纳帕奇舰队"已经大规模扩张。因为他们喜欢在黎明时分袭击天主教住宅，因此他们又给自己的帮派改名为"偷窥男孩"。他们袭击的目标也发生了变化，范围不断扩大。他们曾经把重点放在没收非法武器上，因此认为自己的袭击是正当的。如今他们扩大了暴力范围，宗教象征、宗教建筑以及天主教赖以维生的东西，都是他们的袭击目标。随着新教逻辑从自我保护转向经济竞争，小教堂被他们夷为平地，房屋被洗劫一空，庄稼被付之一炬，织布机被悉数砸毁。他们已经不满足于阻止天主教崛起了，现在"偷窥男孩"及其盟友们的愿望是彻底使天主教退出经济竞争，把天主教徒赶出郡外。

这些新教的准军事袭击惊动了都柏林当局，但是当地的执法部门、法官和陪审团都是新教徒，因此他们往往更同情"偷窥男孩"，而对受害者无动于衷。结果，他们几乎没有抓捕任何游击队员，更不用说定罪了。这迫使阿尔马的天主教徒依靠自己的力量来保护自己。在格兰杰莫尔，当地的天主教徒组织起自己的武装团队，将之命名为"爱尔兰卫士"，并开始在天主教的地区巡逻，突袭新教的房屋以获取枪支。1785年之后的几年里，他们从一系列自治的防御组织，转变为基本遍布阿尔斯特的、有统一领导的秘密组织。到了1786年，新教和天主教的准军事组织派别已经出现并到处蔓延，暴力对抗的频率及严重程度均大大增加。

这是爱尔兰几代人以来最为激烈的教派暴力冲突。地方当局未能控制住局面，意味着需要其他维和人员。由于资源有限，都柏林当局转而向志愿军求助。尽管在爱尔兰大部分地区，志愿军的人数已经大为减少，但是在阿尔斯特，志愿军仍保持着从前的数量与影响。因此，他们被派到阿尔马来恢复秩序。然而，志愿军却根本不是阿尔马所需要的中立维和人员。由于他们依然由新教徒组成，因此许多志愿军公开支持阿尔马新教徒的所作所为，有些人甚至狂热到加入"偷窥男孩"组织的地步，而且许多"偷窥男孩"也争先恐后地加入志愿军。不出所料，志愿军不但没有维持秩序，反而加重了问题。志愿军的到来标志着新教徒与天主教徒之间的暴力对抗进入了更加公开、更加不遗余力的新阶段。1788年在蒂利萨兰，本伯布志愿军以一边游行一边大唱反天主教歌曲的方式，破坏天主教徒的礼拜，有意激怒他们。怒不可遏的天主教徒试图阻止他们在村子里进行第二次游行，于是志愿军开枪了，引发了一个报复接着一个报复的恶性循环。1791年在福克希尔，天主教徒割下了一位新教徒校长的舌头，砍掉了他十几岁儿子的小腿，还剁掉了他妻子的几根手指。

突袭和暴乱的升级最终引发了天主教和新教之间的公开战斗。1795年9月，在洛赫戈尔附近一条被称作钻石路的十字路口，几百名"偷窥男孩"与大约三百名"爱尔兰卫士"对峙起来。在接下来的战斗中，"偷窥男孩"把对方几乎杀得片甲不留。他们占据了山头，凭借精良的装备，在自己没有任何伤亡的情况下，他们杀死了三四十名"爱尔兰卫士"。把敌人赶走之后，他们回到当地一家小酒馆庆祝胜利。在酒馆中他们再一次改了名，庄严地称自己的组织为"橙色秩序"，誓要捍卫"国王及其继承人——只要他们支持新教的统治"。这倒是恰如其分的，因为志愿军的成员们助力形成了新秩序的核心。到了1795年，"橙色秩序"和"爱尔兰卫士"之间的教派分裂局势已经确定，并将在接下来两百多年的时间里困扰北爱尔兰。美国战争使准军事派系在爱尔兰政治中的核心地位得以引入并合法化；它使被蹂躏的天主教徒和新出现的异见人士获得了国家认同和政治抱负；它创造了使旧的政府受到挑战、旧的积怨得以深化的环境与条件；它催生了爱尔兰民族，但是也播下了分裂和毁灭的种子。

阿尔马的新教派系在"钻石之战"中取得了胜利，他们乘胜追击，齐心协力要把天主教徒永远赶出该郡。新的"橙色秩序"中一位名叫威廉·布莱克尔的绅士报告说："我们已经下定决心，要把罗马天主教的全部人口从这个地区赶出去……用奥利弗·克伦威尔的话说，人们把书面通知扔进这些居民的房子里，或者贴在他们的门上，警告他们要么跑到康诺特去，要么就直接下地狱吧。"在接下来的一年中，大约有七千多名天主教难民逃离了家园，跑到能够接受他们的地方去，许多人最终辗转到了美国。新教徒们终于成功地把他们的敌人赶出了阿尔马，可是他们很快就发现，他们却不知不觉地把自己送到了"爱尔兰人联合会"的手中。[43]

自1791年建立起来，"爱尔兰人联合会"的发展一直因人数不足而受到阻碍。他们的核心成员是异见人士和城市激进分子，虽然他们意志坚定，无奈规模很小，影响力微不足道。他们曾经尝试仿效志愿军的模式恢复军事体制，但是事实证明招募工作很难推进，而且基本上只局限于阿尔斯特和都柏林地区。然而，"钻石之战"和天主教徒逃离阿尔马之后，"爱尔兰人联合会"发现与"爱尔兰卫士"达成联盟有许多潜在的好处。天主教徒由于当局未能为他们提供支援和保护而对其深恶痛绝，也开始考虑与"爱尔兰人联合会"结盟。像詹姆斯·霍普这样的"爱尔兰人联合会"领导人，便开始积极征募"爱尔兰卫士"，把"爱尔兰卫士"的秘密基地转变为"爱尔兰人联合会"的秘密基地。因此，随着阿尔马的天主教徒流失殆尽，"爱尔兰人联合会"的队伍却开始不断壮大。

"爱尔兰人联合会"的成员不断增加，导致其野心也越来越大。18世纪90年代早期，反对格拉顿议会、反对英国对爱尔兰主权的日益蚕食、反对与法国开战的声音都有所抬头。但是，随着"爱尔兰人联合会"的人数越来越多，声音越来越大，当局也越来越惊慌。1793年，当英国宣布与革命中的法国开战时，"爱尔兰人联合会"被宣布为非法。对于当局来说，法国革命的思想与策略向不列颠群岛蔓延，并在幻灭的爱尔兰改革者那里找到了肥沃的土壤，这使得英国感到了迫在眉睫的威胁，因此必须采取强有力的手段加以制止。当"爱尔兰人联合会"转变成与法国有着紧密联系的革命组织时，其中的著名成员，如威廉·德伦南和威廉·杰克逊——一位流亡的牧师，被送回家以就爱尔兰起义支持法国入侵的可能性做出评估——都被逮捕并以叛国罪起诉。"爱尔兰人联合会"的领导成员，包括曾经支持并鼓励杰克逊的秘书长西奥博尔德·沃尔夫·托恩，都逃亡到了美国。由于主要人员不是被迫转入地下就是流亡国外，使得"爱尔兰人联合会"变得更加激进，于是它拆分成许多小基地，每个基地十二人。自1796年起，在法国的援助下进行叛乱的计划从模糊不清渐渐变得清晰具体，而且成员更加团结一致。同年，西奥博尔德·沃尔夫·托恩秘密到巴黎与法国政府洽谈相关事宜。

同时，爱德华·菲茨杰拉德勋爵前往汉堡与法国代表举行会谈。自他到达美国之后，这位热心的英国士兵就变成了一名激情洋溢的革命者。也许正是他在反美战争中的经历，促使他踏上了激进主义征程；或者是由于他受伤后被一个奴隶所救的经历所促成——如今这个奴隶已经成为他忠贞不渝的生命伴侣；或者是战后在新斯科舍的生命经历所促成——与爱尔兰移民在一起的日子使他体验到平等社会的自由感受；抑或是他在五大湖区的旅行历程所促成——他沿着密西西比河一直到了新奥尔良，并在那里遇到了约瑟夫·布兰特，著名的美洲土著莫霍克人忠诚的指挥官。无论是何种原因，菲茨杰拉德作为反对党成员进入了爱尔兰议会，并成为英国和爱尔兰当权派政策的尖锐批评者。1789年法国大革命爆发时，菲茨杰拉德抓住机会，亲身经历了这场划时代的伟大运动。1792年，他去了巴黎，在那里他与托马斯·潘恩同居一处，与革命的关键人物们也交往密切。在庆祝法国胜利的庆功宴上，他激动得不能自己，他和大家一起敬酒，表达内心的祈愿:"向法国军队致敬! 愿所有被奴役的国家都紧随法国城市士兵的脚步，直到暴君和暴政在世上灭绝!"他甚至激动地宣布，他要放弃自己的贵族头衔。[44]

回到爱尔兰之后，菲茨杰拉德于1793年被军队免职。他接见了来访的美国退伍军人埃莱扎尔·奥斯瓦尔德。奥斯瓦尔德是参加过美国革命的老兵，为了回报他的赏识，他前来为法国的革命而战。奥斯瓦尔德曾被法国当局派去证实法国入侵与"爱尔兰人联合会"起义协调的可能性。三年之后，即1796年，菲茨杰拉德正式加入"爱尔兰人联合会"，为革命和平等的事业增添了光辉的名字和血统。他的显赫地位、广泛的资源和人脉使他天生带有领袖气质，自然也成为与法国谈判的不二人选。菲茨杰拉德和托恩的谈判结果是，法国与"爱尔兰人联合会"缔结了盟约。法国会在爱尔兰人起义的支持下入侵爱尔兰，条件是"法国只是作为同盟国而来，并同意在新爱尔兰政府的指导下行动，就像罗尚博在美国所做的那样"。[45]

入侵于1796年发动，但是恶劣的天气阻止了法国将军霍切率领的一万五千名士兵登陆。这次未遂的入侵进一步惊动了英国当局，英国宣布实行戒严。到了1798年，"爱尔兰人联合会"在爱尔兰全境共拥有数十万名成员，但他们也遭到政府越来越严厉的围攻和镇压，他们的各种活动都受到侵扰，成员也遭到攻击。对于法国人是否会坚守盟约，他们心存疑虑，但是他们决定无论法国人是否支持，"爱尔兰人联合会"都会于1798年5月23日起义。然而，他们还没来得及行动，就了解到英国人早已渗透到"爱尔兰人联合会"中，已经知道了他们的反叛计划。菲茨杰拉德与其他"爱尔兰人联合会"的领导都躲藏起来，但是菲茨杰拉德妻子的来访暴露了他的藏身之处。菲茨杰拉德拒绝被捕，他从床上跳起来杀死了一名袭击者，打伤了另外一名。

不过，他最终因为被击中了胳膊而被彻底制服。当他躺在监狱里的时候，他在美国当兵时的一位忠实朋友前来拜访他。那位朋友对事情的巨大转折感到震惊，不知道他是为什么从受伤的英国士兵，转而变成了受伤的爱尔兰叛军。菲茨杰拉德回答说："我那时受伤的原因与现在完全不同。那时我是与自由作战——而如今，我是为自由而战。"[46]

当菲茨杰拉德在监狱中因伤而慢慢耗尽生命时，外面都柏林的街道上，战斗却正打得无比激烈。尽管遭遇了抓捕，但是"爱尔兰人联合会"却按照计划举行了起义。他们确信爱尔兰的人民会与他们一起站起来，摆脱英国压迫的锁链。但是，他们最后却失望了。几乎没有人加入反叛的队伍，就连"爱尔兰人联合会"内部也有一些人认为，最好的勇气是谨慎。1798年6月，约克郡的恶棍、刚刚成功卸任了印度总督的康沃利斯勋爵，被任命为爱尔兰总督、爱尔兰皇家部队的总指挥。他对爱尔兰与法国沆瀣一气进行革命的前景感到无比震惊。在英国的增援下，他着手扫荡和驱散爱尔兰叛军。8月，一千名法国士兵终于从梅奥郡登陆，打算支援叛军，但是增援人数太少，为时也已太晚。到10月份西奥博尔德·沃尔夫·托恩率领三千多名法国士兵前来支援的时候，英国已经占了上风。舰队在离岸不远处被英国海军拦截，托恩被捕并被投入监狱。"爱尔兰人联合会"的反叛领袖在监狱中割断自己的喉咙，意在骗取英国人处决一个叛徒。零星的游击战和进一步的起义又持续了几年时间，但是都没有对英国的控制造成真正的威胁。

同年，在威克斯福德——反叛者的大本营，各方势力相互激战得最为血腥的地方——被夺回后不久，乔纳·巴林顿骑马从都柏林出发，去调查破坏的情况。他以前曾经去过威克斯福德，事实上他前不久刚刚去过。当他在山峦和低谷中穿行时，他不由得想到许多朋友在起义中被抓捕的命运，胃里不禁一阵阵痉挛。就在4月的时候，就是孤注一掷的"爱尔兰人联合会"起义的前一个月，巴林顿在威克斯福德的巴格纳尔·哈维家中吃饭。晚餐的氛围既有轻松愉快的诙谐打趣，又笼罩着阴郁不祥的预感。许多客人，也包括他们的主人，都深深地卷入了激进的活动中，有许多人已经是"爱尔兰人联合会"的秘密成员。随着夜色越来越深沉，这个事实就变得越来越明显。巴林顿非常了解这些人，也能猜到他们的政治倾向，但是对他们在讨论武装起义的可能性、潜在的成功可能性，以及之后建立的新政府时的毫无遮掩依然感到震惊。听着他们的谈话，巴林顿突然恍然大悟，这不仅仅是猜测，他们是在讨论一个实实在在的计划，一个即将实施的计划。不知不觉中，巴林顿发现自己"置身于密谋者之中，我意识到爆炸性行为已经迫在眉睫，远比政府的预期要迫切得多。我对主人及其朋友们讲话的方式感到震惊"。[47]

巴林顿不由得深感不安，甚至有些惊慌失措起来。他为了融入大家的谈话中，也变得幽默起来，嘲笑了反叛的前景，还讥讽地谈起它成功的机遇。巴林顿不是英国人的朋友，因此他加入了志愿军队伍，支持亨利·格拉顿的爱尔兰爱国者党。但他也不是革命者，相反，巴林顿是新教当权派追求适当利益的完美体现。他转头对他的同伴基奥船长说，他可是对革命热情最高的人之一。他开玩笑说，如果真的发生了革命，那他和基奥显然是对立的。考虑到他们截然不同的观点，巴林顿打趣道："我们两个当中，不是你就是我，肯定会在革命结束前被绞死——或许是我被吊在都柏林的一根灯笼棍上，或者是你被吊在威克斯福德的桥上。"所以巴林顿提出了一个交易，"如果我们打败你，我会尽我所能来救你的脖子；要是你们的人打败了我们，你就把我从灯笼棍上解救下来"。嘲弄调笑声中的"交易"打破了紧张气氛，客人们都像朋友一样离开了哈维的家。但是，巴林顿的忠诚是属于新教当权派的，因此，他虽然没有提供名单，但迅速将高度危险的暴动计划告知了都柏林政府。一个月后，几乎所有与巴林顿共进晚餐的同伴都参加了叛乱，基奥和哈维还在起义军中担任领导职务。[48]

这个富有先见之明的场景深深印在巴林顿的脑海中。他带着种种回忆穿越了威克斯福德，调查了破坏的情况，也询问了他从前那些朋友们的命运。战火蹂躏的惨状令人震惊。

　　恩尼斯科西两次受到战火的袭击，现在已经破败不堪，几乎被烧成了灰烬。新罗斯的废墟显示出战斗的血腥与顽强，几乎每条街道都有打斗的痕迹，那幅场景令人无限悲伤。在威里格山，难以计数的战壕中堆满了尸体，我们站在尸体上面，感觉脚下好像是一些弹性伸缩袋。山顶上一座古老风车的外壳上，沾满了许多受害者的脑浆，应该是被叛军用长矛或长枪刺破的脑袋。恩尼斯科西的法院，是我们的部队将八十多名受伤叛军活活烧死的地方。还有斯拉库伯格的谷仓，叛军在那里报复性地将一百二十多名新教徒活活烧死——这种废墟太可怕了！戈雷城被彻底摧毁，没有一所房子得以幸免，所有的沟渠都堆满了尸体。[49]

当巴林顿进入威克斯福德城时，他体会到深深的绝望。他曾经希望能实现与基奥船长相互营救的"交易"，希望能够救他的朋友一命，但是当他走近法院时，他的希望彻底破灭了。在法院大门上方低垂下的长矛上，是他从前那些伙伴巴格纳尔·哈维、科尔克拉夫先生和基奥船长的头颅。基奥被砍掉的、已经发黑的头颅，正如巴林顿在开玩笑时所预言的那样，在他到来的前一天被吊死在威克斯福德大桥上。他本来说对了，只是为时已晚。如今他能够为朋友所做的，只是乞求负责威克斯福德的将军允许他将这些头颅埋葬。[50]

1798年的叛乱引发的震惊，以及对叛乱极其野蛮和残酷的镇压，使得英国政府确信，无论是平民还是新教徒都不值得依赖，都不能有效地治理爱尔兰。人民在国际危机卷土重来之际聚众起义，而新教当权派不但不能平息和制止，反而因为高压强硬的应对方式，使得爱尔兰与其统治者之间的敌意更加根深蒂固、更加绵长不绝。越来越多的人意识到，解决爱尔兰顽疾的方法很明确：与大英帝国联合。1799年，在格拉顿、巴林顿和爱尔兰爱国者党其他成员的一致反对下，第一次联合的努力以失败告终。但是，当1800年这项措施再次被推进时，支持者明显增加了。一些人被1798年的事实吓破了胆，其他人有的接受了英国贵族的贿赂，还有人接受了其他好处，于是大家都支持联合方案。康沃利斯为联合工作的推进做了大量工作，尽量他非常厌恶通过贿赂收买选票，但还是捂着鼻子尽职尽责地执行了任务。"我目前的职业性质是最令人不快的，"他承认说，"要和天下最腐败的人谈判，跟他们做搭档。从事这种肮脏的工作，使我每时每刻都鄙视自己、厌恶自己，能够支撑我的只有一种念头，就是没有联合，大英帝国肯定会解体。"于是在1800年8月，爱尔兰投票决定自行退出历史舞台。从此，爱尔兰将由扩大的英国议会进行管理。联合王国诞生了，爱尔兰的独立宣告结束。[51]

美国革命最终也导致了英国的保守主义和紧缩政策。事实上，美洲殖民地的丧失不但没有使激进主义和改革意图更加坚决，反而削弱了不同政见，强化了忠诚意识。在英国，美国战争的失败与国际孤立的局势，并没有像在爱尔兰和法国那样激发出革命热情，反而促进了更紧密的团结，形成了一种"我们一起与世界对抗"的心态。诺斯勋爵的政府当然因其在战争中的失败受到诋毁和中伤，但是一旦他被取代，大多数英国人，当然也包括大多数英国精英阶层在内，都强烈地盼望稳定与秩序，而绝不希望回到18世纪60和70年代那种政治分裂的状态中去。他们从美国革命中吸取的教训是，英国的统治不是过于严格、过于自私，事实上，英国的统治过于软弱了。战后的几年中，英国变得更加保守，也更加独裁。国内的经验也在这次变化中发挥了作用。不列颠群岛上发生的叛乱、恐怖主义、骚乱和起义等公开事件，使激进的反对派染上了煽动作乱的味道，令大多数英国人心生反感。在保守主义占据主导地位的情况下，英国在1789年法国大革命之后的岁月中也加入革命阵营的可能性微乎其微。到了1789年，原来受欢迎的英国激进主义基本上被排挤到一边，被美国战争引发的混乱、恐惧、羞辱和镇压所扼杀。[52]

第四章

霍雷肖·纳尔逊与西班牙美洲的帝国斗争

　　大英帝国的英雄霍雷肖·纳尔逊，在圣文森特角战役、尼罗河战役和哥本哈根战役中取得了一系列的胜利。然而，他没有昂首阔步地踏上保卫英国海岸的战舰的后甲板，成为荣归战士的一员；更没有沐浴在荣耀中接受大家的赞美与欢呼。1803年2月17日，他悄然站在伦敦一个拥挤的法庭上，为一名被指控犯有叛国罪的爱尔兰革命者出庭作证。爱德华·德斯帕德上校和另外十二人被指控策划了推翻政府的行动——那些人大多是码头工人、复员士兵和水手、心怀不满的激进分子以及爱尔兰人，其中很多人是"爱尔兰人联合会"的成员。在他们眼里，政府是专制残暴的"蛇巢鼠穴"。密谋者们的计划是在国王前往议会参加开幕式的途中袭击他的马车，之后占领塔楼、英格兰银行和议会大厦，触发全国范围内的叛乱——就像罗伯特·埃米特在爱尔兰策划的叛乱一样。

　　纳尔逊在作证时告诉陪审团，在美国战争期间，他曾与被告"在西班牙的美洲殖民地同行。有许多个夜晚，我们和衣席地而眠。我们还一起测量过敌人城墙的高度"。虽然已经分开了几十年，而且两人已经成对立之势，但是两人一同经历的亲密过往，一同经历的令人心痛但又危机四伏的时光，已经铸就了两个男人之间超越时空的亲密纽带，纳尔逊记忆中的同志情谊依然牢固如初。"在那段岁月中，没有人能够像德斯帕德一样表现出对自己的国家和主权的强烈依恋。"纳尔逊继续说道。尽管距他们上一次见面已经过去了二十三年，但纳尔逊的话语饱含真诚："如果有人问我对他的看法，我可以肯定地说，如果他还活着，他一定是英国军队中最耀眼的明星之一。"[1]

1779年，霍雷肖·纳尔逊和爱德华·德斯帕德在英国军队中都有冉冉上升之势。然而，他们的生活与事业却在美国战争一起服役之后的年月中发生了巨大转折。纳尔逊已经成为"世界上最著名的人"之一，他的名字"使他的国家与众不同，使他的国家充满光彩"，他是那个时代最显赫的英雄；而爱德华·德斯帕德却选择"把他自己与世界上最无耻的叛徒联系在一起"。在中美洲服役了十多年之后，德斯帕德于1790年返回伦敦，在那里，他与他的非洲裔美国妻子凯瑟琳迅速投身到废奴主义的激进政治当中，加入了"伦敦通迅协会"和"爱尔兰人联合会"。当"爱尔兰人联合会"于1798年反叛时，德斯帕德因涉嫌与叛军合谋而被捕，被捕后辗转关押在"冷水浴场"监狱、伦敦塔和新门监狱。在新门监狱，他和他的狱友们依靠戈登勋爵的资助才能有饭吃，而戈登勋爵将其反天主教的事业放在一边，转而热衷于对监狱进行激烈批评。戈登曾写道："我们有理由从地牢和囚船上大声疾呼，捍卫我们的生命与自由。"而深有同感的凯瑟琳·德斯帕德在丈夫被囚狱中受难时，则将争取囚犯的"监狱权"作为自己的事业。凯瑟琳·德斯帕德与其他许多人观点一致，认为新的刑法所实施的"单独监禁，使犯人几乎被寒冷与饥饿折磨致死"，这是极其残忍和不人道的。德斯帕德在狱中的经历证实了他对英国政府的看法，坚定了他为自由而战的决心。但是，有关他要阴谋推翻政府的消息很快就传到了当局，他于1802年11月16日因叛国罪再次被捕。[2]

"爱尔兰人联合会"的反叛行动被击败，三万人在镇压中丧生，成千上万人被运送到加勒比海、加拿大和英国在南太平洋开发的新的犯罪殖民地。但是，与法国的战争依然如阴云般笼罩，爱尔兰叛乱的记忆依然鲜活。几十年来，外敌入侵和内敌作乱的威胁使英国人恐惧难安，因此几乎没有人对爱德华·德斯帕德表示同情。然而，纳尔逊仍然坚持为他作证。但是，纳尔逊的证词也不足以拯救德斯帕德，他和他的同案被告均被判处死刑。纳尔逊尽力与政府交涉，寻求宽大处理，或者至少能够为凯瑟琳·德斯帕德争取到抚恤金，但一切努力均无济于事。1803年2月，纳尔逊准备起航前往法国土伦，他将从土伦前往特拉法加参加那场令他名震四海的著名战役，与此同时，他在美国战争中的前战友在新门监狱被处以绞刑。不可否认，这是一个神奇时代的神奇场景。但是，正如爱尔兰分裂主义和爱尔兰共和主义的增长都可以部分地追溯到同一起事件一样，纳尔逊和德斯帕德的关系也同样是美国革命的结果。

霍雷肖·纳尔逊的海军生涯开始和结束差不多。他曾付出那么多的汗水和鲜血取得了胜利，但是在人们欢庆胜利的时刻，他却深藏若虚。不过，1780年4月的情况与1805年10月胜利时的轻松喜悦相去甚远。1805年，纳尔逊因特拉法加海战而一战封神，就在人们展望伟大的帝国图景的时刻，围在纳尔逊身边的人——其中包括他的外科医生威廉·贝蒂和他的牧师亚历山大·斯科特——却神情凝重，充满悲伤。纳尔逊最终在自己的舰船——举世闻名的英国皇家海军"胜利"号——上不治而亡，而他率领的舰队取得了英国历史上最辉煌、最著名的胜利。这才是名副其实的英雄，至少在普罗大众的想象中，纳尔逊只是在赢得胜利的决定性时刻才被伤痛所打倒。他奄奄一息时的微弱话语，同样饱含着名副其实的爱国情怀。根据贝蒂的回忆，纳尔逊的遗言是"感谢上帝，我履行了职责"；而斯科特却认为是"上帝和我的国家"。特拉法加海战是纳尔逊至高无上的荣耀之战，他在成功的巅峰时刻死去，彻底完成了从英雄到神话的转变：一位时代偶像死亡的同时，一位神灵在大英帝国金碧辉煌的万神殿诞生。

与1805年相比，1780年的这一幕在轮廓上大同小异，但在细节上却千差万别，缺少了悲剧感和英雄感，使这一场景显得更加悲伤、更加平凡。那是帝国危机和世界战争的时代，也是全球争夺与冲突的时代，大英帝国面临着屈膝认输的危险。就在这样的危急时刻，事实上就在尼加拉瓜"圣母无原罪教堂"里的西班牙守军最终投降，纳尔逊的"杰克"号战旗最终在城堡上空高高飘扬时，已经形销骨立的纳尔逊被迫在胜利时刻弃他的部下而去。那时的他骨瘦如柴、衣衫褴褛、虚汗淋漓，躺在一艘印度独木舟上痛苦不堪地扭动着身体，在他身边照料的只有他原来船上的事务长。他在这次远征中发挥了不可取代的关键作用：从指挥军事车队自牙买加向圣胡安河口转移，将船只、人员、枪炮和物资运送到上游六十英里的西班牙要塞，到帮助设计和指挥随后的围攻行动。他出色地完成了任务，出色到赢得了远征军总指挥波尔森的公开嘉奖。但是，当他完成第一次真正的指挥任务后，沿着丛林茂密的圣胡安河漂流时，他才第一次真正尝到了战争的滋味，同时也饱受了疟疾和痢疾的折磨，受挫的纳尔逊似乎命中注定不会再有灿烂的职业生涯了。

　　纳尔逊在河口遇到的景象绝不是个好兆头。基本的防御工事已经建好，为士兵搭建的临时工棚和医务室也已经完成，但是他所到之处看到的都是疾病和苦痛。人们七零八落地躺在港口周围的帐篷和棚屋里，大汗淋漓地喘着粗气，徒劳地希望海风能把他们从闷热的阳光、无尽的雨水和四周沼泽的恶劣空气中解救出来。连守望和埋葬死人的人手都不够了，外科医生自己也病得奄奄一息，根本无法照料被疾病折磨得萎靡不振的战友。在远离瘟疫的内陆，英国远征军被沼泽和丛林所困，同样陷入绝境。纳尔逊在探险之初曾经乘坐的船"辛辛布罗克"号上，已经有四人遇难。接下来的两个星期中，将有九十名水手染病，至少十五人会被疾病折磨致死。到那年年底，"辛辛布罗克"号上原来的二百名船员，能侥幸活命的只有三十人左右，其他人都被草草掩埋在海岸的沙滩上。纳尔逊第一次胜利的代价是极为高昂、虚幻的，后果是令人沮丧的。[3]

纳尔逊被人从海岸边运送回牙买加，他在那里得到了新的任命，担任"杰纳斯"号护卫舰的舰长。自从三年前他到加勒比海以来，雄心勃勃的他想要达到的目标就是指挥这样一艘护卫舰，但是到了1780年5月，他却已经不适合担任指挥了。他不仅无法指挥，甚至还需要库巴·康沃利斯的照料才行。康沃利斯从前是个奴隶，后来威廉·康沃利斯船长将她释放，她便随了恩人的姓。威廉·康沃利斯船长的哥哥是闻名遐迩的查尔斯·康沃利斯将军，他也是纳尔逊的好朋友。1780年的时候，库巴·康沃利斯是牙买加社会中不可或缺的存在。她的医术远近闻名，对各种草药了如指掌，康沃利斯兄弟和彼得·帕克上将都推荐她去管理曾是英国医院的停尸房。有了这个职位，她就可以在罗亚尔港附近继续经营一家成功的医院和旅店，甚至可以为威廉·亨利，即未来的威廉四世治病。库巴悉心照料威廉四世的故事感动了阿德莱德王后，她送给库巴一件礼服，以感谢她对其丈夫的救命之恩。尽管库巴的医术高明，对纳尔逊也尽心守护，但是纳尔逊的病情却没有丝毫好转。于是，他于9月份乘坐康沃利斯船长的英国皇家海军"莱昂托"号回到英国休养。他依然对库巴·康沃利斯充满感激之情，对所有碰到的人称赞她，并请前往西印度群岛的朋友和同志转达对她的良好祝愿。[4]

在英国，纳尔逊渐渐恢复了健康，但他对自己因病无法自由行动感到恼火。他讨厌待在岸上而远离当下席卷全球的风云事件——他一直讨厌这样，永远都讨厌。到军中服役意味着兴奋、荣耀和晋升的可能性。此外，在1781年，很显然，英国在其全球斗争中需要充分利用每一个人。对于英国人来说，这是灾难性的一年。4月，纳尔逊得到消息称，乔治·约翰斯通准将在普拉亚港意外遭到法国舰队的袭击，被彻底击溃。间谍弗朗索瓦·亨利·德拉莫特将此事密报给英国，约翰斯通尚未察觉到德拉莫特的背叛，而将这次失败归咎于他的下属。他指责伊夫林·萨顿船长玩忽职守，并将其逮捕。在后来的军事法庭上，萨顿被宣判无罪。但是，这件事就像美国战争期间海军上将凯珀尔和他的下属帕利瑟之间的纠纷一样，也在不断的诉讼和反诉讼中拖拖拉拉好几年，直到1787年才消停下来。纳尔逊同情萨顿，认为约翰斯通是个"可悲的恶棍"，但更重要的是，整个事件是海军的耻辱，也证明英国迫切需要有能力的水手和称职的军官。这是一场众所周知的灾难。有人发表了一篇讥讽约翰斯通的文章，是一首极具嘲弄意味的小诗：

> 真可惜普拉亚港的焦油不会写字，
> 证明他让所有的船长都拼命向前，
> 可是法国人才不会看他的脸色行事，
> 所以他就只能把责任推给了萨顿。[5]

纳尔逊本来是同意有必要向法国开战的，因为就在1781年10月，在他反复思考"可怕的萨顿船长"和普拉亚港的失败事件的同一天，他收到了来自北美的消息，这则消息预示着更大的灾难。9月的时候，海军准将托马斯·格雷夫斯被法国海军上将格拉斯伯爵的诡计蒙骗。格拉斯下决心冒着危险从他在普罗维登斯港的安全巢穴中溜出来，无声无息地从格拉夫斯的船队旁边驶入切萨皮克。"从美洲来的消息太让人难过了，"纳尔逊也在写给他的朋友、前任船长威廉·洛克的信中坦陈了心声，"我特别担心康沃利斯勋爵。如果不立刻采取行动的话，美洲肯定就保不住了。"纳尔逊对他的朋友威廉兄弟的担忧和对英国在美洲事业的担忧，很快就全部应验了。法国舰队在成功摆脱了格拉夫斯的舰队之后，在约克敦与华盛顿率领的美国部队和罗尚博率领的法国军队会合，将康沃利斯的部队团团困住，对英国试图制伏其前殖民地的图谋给予了致命打击。在纳尔逊向洛克倾诉他的忧虑的时候，康沃利斯已经投降了。[6]

通常在描述这场标志性的美国胜利时，都会把荣誉归予华盛顿的大陆部队、罗尚博的法国军队和格拉斯伯爵的舰队。其实，另一支欧洲力量在这场最令人震惊的失败中也扮演了至关重要的角色。在约克敦战役之前，法美联合部队发现自己物资严重短缺，资金极为匮乏。负责筹集资金的格拉斯伯爵转而向驻扎在古巴的西班牙军官弗朗西斯科·萨韦德拉·德桑格罗尼斯求助。萨韦德拉意识到了这项任务的重要性，于是他从圣多明哥的国库中筹集了十万比索，接着又从哈瓦那公民那里筹集了五十万比索。法美联合部队用这笔资金招募了人员、购买了武器和物资，保证了在约克敦成功袭击康沃利斯的部队所必需的资源。正因如此，美国和法国的舰队赢得了战斗，但其实胜利却是用西班牙的钱买来的。当霍雷肖·纳尔逊无助地坐在英国，等待再次发挥积极作用的时机时，他也是极少数完全明白西班牙在美国独立斗争中所起的重要作用的人之一。他的职业生涯毕竟是在美国战争的南部战区开始的，在那里，西班牙帝国和大英帝国为了争取对美洲的控制权而兵戎相见。然而，他却不知道，那些为打败康沃利斯提供了关键性资金支持和助力的西班牙人，其实早在一年之前就几乎完全在他的掌握之中了。

1777年，霍雷肖·纳尔逊在美国战争中首次现身。那年7月，他到达加勒比海时只有十八岁，但是在年轻人只有九岁就开始出海的年代，那时的他已经拥有相当丰富的航海经验了。这个名叫霍雷肖·纳尔逊的年轻人，1758年9月出生在诺福克的伯纳姆索普教区，是受人尊敬的埃德蒙·纳尔逊和凯瑟琳·萨克林的第六个孩子。他的母亲在他九岁时去世，但是给他留下了能够改变他的生活的至关重要的人脉资源。凯瑟琳出身名门，是英国第一任首相罗伯特·沃波尔的侄女，可能更重要的是，她还是英国海军的高级军官莫里斯·萨克林船长的妹妹。正是这样的家庭关系，才使纳尔逊有机会踏上成名与荣耀之路。1771年1月，萨克林船长利用他的影响力，为他的外甥在自己的皇家海军"锤炼"号舰艇上谋到一个职位。

不过，在1771年时，英国处于和平时期，萨克林也只能安排他在泰晤士河口的诺尔执行一些乏味无聊的守卫任务。在18世纪的英国海军中，人脉是相当重要的，但是如果没有才华、经验与能力，那么人脉也只能把人带到这个位置便停止了。年轻的纳尔逊若想获得升迁所必需的经历，就需要另寻出路。萨克林心里一直记挂着外甥的前途问题，希望在其他船上找到合适的位置，使他有机会承担更加积极的任务。纳尔逊躁动不安，急切地想给人留下深刻的印象，但又没有耐心承担指挥的责任。于是，在他舅舅的指导下，他于1771年7月加入一艘名为"玛丽·安"的西印度商船当船员，两次横渡大西洋从事贸易活动，他也随着商船到了牙买加和多巴哥。

纳尔逊于1773年回到英国，他得知康斯坦丁·菲普斯船长打算率领探险队前往北极，希望寻找一条更便捷地通往印度的西北航道——当然希望非常渺茫。纳尔逊素来对冒险情有独钟，于是立刻自愿加入了探险队，并作为海军军官候补人与"卡卡斯"号签约——"卡卡斯"号是两艘准备前往北极的船之一。

他加入的任务团队包括博物学家查尔斯·欧文及其助手，还有曾经是奴隶、未来成为废奴主义者的奥拉达·艾奎亚诺。船只向西北方向行驶到斯瓦尔巴，在那里菲普斯成为第一个用文字描述北极熊的欧洲人。之后他们就被迅速逼近的海冰驱赶回来了。不断渗入的冰体一直是木船的祸害，给探险队和队员们带来了极大的危险。纳尔逊却在别人看到危险的地方看到了机会——这是贯穿他职业生涯的重要品质。当"卡卡斯"号被海冰牢牢困住的时候，他不仅主动帮助往小船上分配人员，以便派他们去解救大船，而且还"使出浑身解数"获得了一艘装载了十二名船员的小船的指挥权。即使这次独立指挥的机会是暂时的、规模极小的，但依然令纳尔逊充满了自豪感，点燃了他与生俱来的对行动与责任的渴望。[7]

北极探险行动整体上说是失败的，但是对于纳尔逊来说，这是一次令他眼界大开、精神大振的经历。在接下来的冒险中，他选择加入英国皇家海军"海马"号，任务是为东印度群岛的英国船只保驾护航。当纳尔逊和"海马"号抵达印度时，东印度公司和次大陆一些有扩张倾向的土著国家之间的冲突不断加剧。这是纳尔逊第一次在敌对水域行动。1775年1月，他第一次亲眼看到了战斗场景："海马"号与两艘分别隶属于迈索尔国王和海达尔·阿里的战舰的战斗，这两艘战舰都将是未来英属印度的祸害。这段经历令人激动，同时也非常重要。在印度，一种新的模式开始出现，这种模式将对纳尔逊余生的职业生涯造成困扰。1776年，他染上了疟疾，被迫返回英国疗养。他回到英国时，正值英国与美洲殖民地的冲突加剧。很显然，西印度群岛将成为这场对抗的中心舞台。如今已经完全康复的纳尔逊被分配到英国皇家海军"洛斯托夫"号，由船长威廉·洛克率领。1777年5月，这艘船起航前往加勒比海。[8]

1777年，在欧洲列强加入战斗之前，加勒比海地区的行动仅限于保护英国的商业活动，追捕美国商人的私掠船。即便是这样，纳尔逊和他的"洛斯托夫"号还是很快就行动起来。"洛斯托夫"号在险恶的水域和汹涌的大海中航行，在驶过伊斯帕尼奥拉岛北部的关键海域时，迎面遇到了一艘美国私掠船。洛克船长迫使美国船只行驶到侧面后，命令舰务官登上敌舰。舰务官拒绝服从，以海上风浪大为由放弃登船。洛克船长怒气冲冲地大喊："我的船上就没有人敢登上船去拿奖赏吗？"纳尔逊一向大胆无畏，而且迫不及待地想要证明自己与众不同，于是他挺身而出登上敌船，边登船边向其他船员调侃说："现在轮到我了，如果我回来，那就轮到你们了。"这是纳尔逊第一次尝到指挥战斗的滋味，也是他第一次体验到美国战争的滋味，至少在他自己那不可一世的脑海里是这样认为的——"一件预示了我的性格的大事件"。[9]

由于没有正规的海军，美洲殖民地被迫依靠这种私掠船来破坏英国在西印度群岛的贸易。到了1778年，他们越发活跃起来，开始做强掠偷袭之事，不仅突袭英国商船，甚至还攻打英国殖民地。1778年4月，纳尔逊曾极为沮丧地给他的舅舅写信。如今，纳尔逊登上了皇家海军"布里斯托尔"号舰艇，这艘舰艇是英国在加勒比海舰队的总司令彼得·帕克上将的旗舰。纳尔逊被困在了牙买加的罗亚尔港，急不可耐地"要给扬基人点颜色看看"。美国私掠船"响尾蛇"号也可谓名副其实，主动出击捕获了"布里斯托尔"号上的一艘补给船"帕克夫人"号，并在岛的周围搞了很多破坏。纳尔逊勃然大怒道："这些叛军沿着密西西比河一路下行，掠夺英国人在牙买加的种植园，抓捕英国人的奴隶去卖给新奥尔良的西班牙人。英国的普罗维登斯岛被美国私掠船与岛上那些反叛分子合起伙来给占领了。这个岛后来被再次夺了回来，岛上的管理人员因为那么轻易就投降而遭到鞭刑。不过，港内的所有英国船只都被烧毁了。"[10]

英国人所不知道的是，美国私掠船并不是潜伏在加勒比海地区唯一的威胁。自1775年开始，西班牙一直利用其在加勒比海和墨西哥湾沿岸的殖民地间接对战争施加影响。早在1776年，十六名自称商人的男子就来到新奥尔良。之后，他们立刻穿过俄亥俄河和密西西比河一路下行，经过漫长的旅程之后，这群人的首领乔治·吉布森找到了奥利弗·波洛克——一名与路易斯安那的西班牙政府建立了密切联系的爱尔兰裔商人。波洛克安排吉布森与路易斯安那总督路易·德安扎加见面。双方表面上讨论了一些商业问题，而实际上这几个"商人"是皮特堡派来给西班牙政府送信的。写信者是大陆军的二把手，对英作战的西南战区的美军总司令查尔斯·李。这封信经过了弗吉尼亚文职官员的批准，提议南部的西班牙与美军军事力量进行合作。作为对西班牙提供急需的火药和其他补给的回报，美国方面愿意帮助西班牙军队对抗侵犯墨西哥海岸的英国人，夺取彭萨科拉并将其交给西班牙人，甚至承诺在1777年春天对驻扎在佛罗里达的英国人发起攻击。

对德安扎加和西班牙人来说，这个提议既充满危险又相当诱人。自从在"七年战争"后失去佛罗里达以来，西班牙人越来越担心英国人会侵犯墨西哥湾海岸。对佛罗里达的占领将英国部队和英国利益置于北加勒比海的西班牙殖民地的中间。以佛罗里达为基地，英国不但威胁着西班牙和路易斯安那的贸易，而且打断了曾经非常安全的西班牙宝船来往于新西班牙和欧洲之间的通道。

事实证明，佛罗里达业已成为英国定居者和商人沿着墨西哥湾海岸向内陆持续推进，甚至沿着密西西比河向内陆延伸的集结地，有取代西班牙在北美内部水道的贸易活动的威胁。西班牙在1763年从法国人手中得到了路易斯安那，不过这只能算个安慰奖，因为它带来了多少好处，就带来了多少危险。路易斯安那及其最大的城市和首府新奥尔良的人口主要是法国人或混血儿，对西班牙政权没有天然的忠诚概念。事实上，就在1768年，前任总督亚历山大·奥莱利还曾被迫镇压了一场叛乱，因为手段过于残忍，使这位爱尔兰裔的西班牙军人获得了"血腥奥莱利"的绰号。路易斯安那对西班牙帝国利益的重要性越来越大，但是由于控制权并不稳定，因此英国对该地区的侵犯是最不能容忍的。上一次战争已经证明，英国的布局并不仅局限于欧洲大陆，于是西班牙政府中有很多人担心，英国人控制的佛罗里达可能被用来发动对哈瓦那的入侵，再次重复"七年战争"中占领那个重要殖民中心的耻辱。[11]

德安扎加回应说，由于没经过马德里上级的批准，他不能同意建立正式的商业联盟，但是他会秘密地从新奥尔良向皮特堡运送火药。在马德里，以印度群岛事务大臣何塞·德加尔维斯为首的西班牙当局，同意德安扎加的看法。随后德加尔维斯的提议在卡斯蒂利亚议会获得通过，认为西班牙应该"与美洲殖民地建立间接的秘密情报通道，激励他们进行积极抵抗"。1776年9月，九千磅的火药从"国王商店"运送到奥利弗·波洛克手中，作为交换，他从弗吉尼亚大议会获得了一千八百五十美元的汇票。波洛克随后将八桶火药装到一艘内河船上，沿密西西比河一路上行，最终运到了北美战场。为了应对新奥尔良的英国间谍对其贸易活动的盘查，德安扎加在他的手下执行补给任务时，假装将吉布森逮捕。当吉布森从装模作样的逮捕中获释时，他又给吉布森提供了一艘船，船中装满了西班牙人准备的补给，直接送往费城。[12]

在接下来的几个月中，一个复杂的秘密援助体系建立起来。在这个体系中，西班牙负责在哈瓦那集结资金和火药，然后在奥利弗·波洛克的保护下经由新奥尔良输送出去，其中西班牙公司罗德里格·霍塔雷斯负责运出哈瓦那，加尔多基负责运出毕尔巴鄂。事实证明，这些援助对美国事业的存亡起到了至关重要的作用。在战争初期，美国军队经常处于弹药缺乏的状态，靠他们自己加速生产会需要很长时间。如果没有西班牙的及时介入，早期的革命势头很有可能无法持续，尤其是在边境地区，西班牙的补给拯救了皮特堡和乔治·罗杰斯·克拉克在俄亥俄谷的战役，使他们在装备更加优良的英国人手中幸存下来，避免了失败的命运。[13]

或许最关键的是，西班牙在加勒比海殖民地的贸易垄断暂时中断，给予了美国商船在哈瓦那进行自由贸易的官方许可——尽管现在几乎没人认可这一点。这对于被久久围困的美国人来说无疑是一大福音。自战争开始以来，美国战争的努力便被现金的缺乏所削弱，而新发行的纸币又因通货膨胀而贬得一文不值，使得战争前景越发暗淡。没有货真价实的钱币，美国就无法购买与英国作战所需的武器和物资，也无法支付足够的军饷，无法防止大规模逃兵的出现。西班牙允许美国商人与古巴进行贸易往来，等于在关键时刻为美国提供了最大的硬通货的现金源头。如果没有这种违反西班牙保护主义的行为，美国就不可能有足够的资金坚持到英国的欧洲敌人西班牙介入战争。

法国和西班牙在"七年战争"中遭遇惨败，他们虽然懊恼，却并没被吓倒。自1768年起，法、西这两个同属波旁王朝，又同为英国敌人的国家，达成了一项"家族契约"，旨在切实可行地尽快恢复帝国斗争。当美洲殖民地开始对英国加在他们身上的帝国枷锁痛加怒斥时，这两个国家都做了大量工作来解决上一次战争中所犯的致命错误，为再次投入战斗做准备。令人无比痛心的是，在帝国争雄的世界中，海军会在未来欧洲列强的任何竞争中都起到核心作用。这个教训刻骨铭心，因此西班牙和法国都启动了对海军力量的全面改革，在船舶建造、基础设施、训练战术方面都采用了最尖端的技术，打造出了比英国更加强大的海军。随着海军的重建，并为了保障边境安全与奥地利签订了和平条约，法国准备再次与英国开战，而西班牙的姿态则更为谨慎。

1778年法国参战，从根本上改变了冲突的重心。1778年之前，战争几乎完全集中在北美，而现在所有人都意识到竞争的关键已经改变了。法国和英国都认为他们在加勒比海的属地是各自帝国中最有价值的部分。利润丰厚的"糖岛"——巴巴多斯、牙买加、马提尼克岛、瓜达卢佩岛——是帝国体系的真正核心，是他们取之不竭的财富源泉，当然也是他们之间无数冲突的根源。英国在很大程度上也是靠加勒比海的糖业为战争提供资金的，这既是当下收入的直接来源，更是未来收入的有力保证，因为英国用其获得了比对手规模更大、优惠更多的贷款。法国也是依靠在加勒比海的属地为其军事努力提供资金的。因此双方都意识到，加勒比海争夺战将成为法英之战的最重要战场。无论是谁，只要能成功占领或者瓦解对方的加勒比帝国，谁就会赢得战争。正如乔治三世所警告的，"必须保卫我们的岛屿，即使冒着本岛（大不列颠）被入侵的危险也在所不惜。如果失去了我们的'糖岛'，那就不可能筹措资金继续作战，因此也就无法得到和平"。[14]

当法国的舰队于1778年抵达加勒比海时，英国军队正处于失意状态。大量英国士兵远赴北美作战，只留下大约一千名士兵去保卫横跨加勒比海的十几处属地。保卫岛屿的人数少到这种程度，而岛上的人口又大多是奴隶，因此英国的加勒比海帝国面临着外敌入侵和内部奴隶叛乱双重夹击的威胁，可谓摇摇欲坠。此外，到18世纪中叶，加勒比海的种植园主为了追求更大的利润，几乎将所有的土地都改为种植甘蔗。对单一糖类植物种植的压倒性关注，将食品生产商排斥在外，使英国的加勒比海岛屿完全依赖于从北美殖民地、爱尔兰和英国进口的食品。所有这些都意味着加勒比海殖民地几乎完全依靠英国及其海军来获取食物、获得保护、得到贸易机会，这就使得在加勒比海地区很少有人认真考虑过加入他们的北美兄弟进行反抗活动。

不过，尽管他们的忠诚态度不容置疑，但是加勒比海的英国臣民却并非没有受到战争的影响。来自北美的供给被完全切断，而且由于英国强力控制爱尔兰贸易，爱尔兰的进口也大量减少。甚至来自英国自己的运输粮食的船只也减少了，因为航线越来越危险，越来越多的物资被抽掉去供应在北方作战的饥饿军队。法国参战只会加剧这些问题，进一步扰乱英国的贸易，同时也使越来越多的物资被前来与法国作战的大量士兵所消耗。其结果是毁灭性的。像面粉这样的日常必需品价格飞涨，而蔗糖贸易的利润却大幅下跌。像往常一样，最脆弱的往往受的打击最重。整个加勒比海地区饥荒肆虐，粮食短缺，大批奴隶饿死。仅在安提瓜，1778年至1781年间，就有近八千名奴隶死亡。战争的伤亡人数中，对水手和士兵的死亡人数的统计优先于平民，更不用说奴隶了。[15]

毫无疑问，在加勒比海地区作战的士兵和水手们的伙食会更好一些，但是他们承受的痛苦也不少。加勒比海长久以来就是欧洲移民的墓地，来这里居住的人，有多达三分之一在前三年不是死于气候，就是死于疾病。在战争年代人满为患的军营里和战船上，情况就更加糟糕，瘟疫肆虐，死亡频发，船上人员严重不足的情况屡见不鲜，因为有半数船员躺在医院或者坟墓里。有一名水手曾用阴郁的语言记述道："六天内，我们埋葬了大约二十名船员和七名海军陆战队员。本月28日，船长、事务长和医生都病倒了，没过几天我自己也病了，同时病倒的还有炮手，医生的助手等六十多人也都发了高烧，在这期间船上没人干活。"即使是平时精力旺盛的纳尔逊也未能幸免，他也感染了疾病，身体虚弱，气力全无。1779年，纳尔逊的前指挥官、朋友和赞助人洛克船长也一病不起，最终被迫回到英国疗养，永远地离开了加勒比海。洛克回去还不到一年，纳尔逊就给他写信说，他自己也病倒了，他越来越害怕疾病会迫使他离开战场。"你要在英国见到我一定不要惊讶，"他对前船长说，"如果我的健康状况不见好转的话，我肯定会回家的。所有的医生都反对我在这个国家停留这么久。"加勒比海的破坏力不仅局限于人类。英国的船只就像驾驶它们的人一样，也在热带环境中瓦解崩溃：要么被虫子吃掉，要么被气候腐蚀，要么被风暴摧毁。在背风群岛驻扎的英国舰队的指挥官塞缪尔·巴林顿抱怨说："这是最悲惨的病弱舰队，没有任何储备，一切都七零八落。"[16]

1778年，法国舰队在德斯坦伯爵的率领下到达加勒比海，他们当时的情况要好得多。更多的船只、更多的水手、更多的士兵，一切都是英国人无法企及的。既然拥有这样的优势，法国人就决心把英国人赶出加勒比海，他们先从背风群岛和迎风群岛开始。巴巴多斯是除牙买加以外最为富有、人口最多的英国属地，因此成为整个链条的关键。夺取了这里，法国在加勒比海的野心就会达到顶峰。但是，英国人能猜测到法国会对巴巴多斯发动袭击，于是法国部队在马提尼克总督布耶侯爵的指挥下，率先袭击了多米尼加。多米尼加是坐落在法属群岛马提尼克和瓜达卢佩岛之间的英国属地。尽管多米尼加非常弱小，但是它的战略地位非常重要。多米尼加毫无准备，防御力量虚弱，布耶侯爵轻易得手，之后他们迅速占领了该岛，并在港口俘获了物资丰厚的英国舰船。

"法国战争的开幕礼"给纳尔逊的命运带来了翻天覆地的变化。自从他在一年前到达加勒比海以来，纳尔逊花了大量时间追捕美国私掠船，但大数情况下一无所获，收效甚微。法国人的到来，意味着名副其实的敌舰和更多危险的来临，不过对于野心勃勃的年轻水手来说，也意味着更多的机会。1778年7月，纳尔逊从"洛斯托夫"号调到"布里斯托尔"号，这是新来的舰队上将彼得·帕克爵士的旗舰。纳尔逊在这艘船上迅速晋升为上尉。同年12月，帕克给了纳尔逊第一次独立指挥的机会，任命他为"野獾"号帆船的指挥官，负责保护洪都拉斯湾的英国船只和莫斯基托海岸的英国定居者。纳尔逊后来回忆说，帕克上将的"偏爱"使他走上了迅速晋升的道路。几年后，他还满怀深情地给帕克写信，信中称他为"一生中遇见的最好的人"，并且永远为"他的健康祝祷"。[17]

1779年是纳尔逊一帆风顺的一年，比其他在安的列斯群岛的英国人都要顺利。他在中美洲海岸的服役又获得了认可与晋升，这次他被任命为拥有二十八门炮的战舰"辛辛布鲁克"号的舰长。8月，纳尔逊在牙买加等待他的新舰返港时接到消息说，在伊斯帕尼奥拉岛海岸发现了德斯坦伯爵的舰队，共有二十六艘风帆战列舰、十二艘护卫舰和二万二千名士兵。有人猜测说，因为牙买加是英国加勒比帝国的中心，因此肯定会成为这支庞大法国舰队的首要攻击目标。一时流言四起，形势混乱不堪。这个岛完全没有准备，根本无法对抗如此势不可挡的军队。牙买加的皇家总督约翰·达林宣布戒严，并召集了岛上的民兵组织，在金斯敦周围修复了防御工事，修建了炮台，并给北美写了请求援助的信，信中满是抱怨之语。还在等待"辛辛布鲁克"号的纳尔逊被授予了查尔斯堡的指挥权。这座建于17世纪的要塞控制着金斯敦港的入口，对于一位如此年轻的军官来说，这是一项令人振奋的责任。不过，正是在"这种危急时刻"，纳尔逊的精力与自信立刻给人留下了深刻印象。[18]

然而，查尔斯堡的新指挥官其实对牙买加的防御一点信心也没有。数周来，英国人在加勒比海炎夏的酷暑中大汗淋漓，"日复一日"地等待敌人的入侵，紧张得几乎要沸腾起来，英国人的信心也在渐渐流失和减弱。在写给前船长洛克的信中，纳尔逊描绘了牙买加的防御情况，让洛克自己"判断我们应该采取什么立场"。最后他还用阴森森的幽默说出了自己的预测："如果你听说我打算学法语的话，可一定不要惊讶。"但是最后，尽管有恐惧、有慌乱、有悲观情绪，法国的入侵却一直没有成为现实。一艘英国船只报告说，法国舰队已经消失，向北驶向大西洋了。威胁终于过去，至少目前是这样。牙买加曾在恐怖中颤抖，两个小岛已经易主。但是到1779年秋天，加勒比海地区的战争陷入僵局。就在这个时刻，西班牙人终于决定出面干预，另一个欧洲帝国也加入了争夺加勒比海的斗争中。[19]

美国战争爆发之时，西班牙发现自己的处境非常微妙。英国如果失败了自然有很多好处。1704年在西班牙王位继承战中直布罗陀被英国夺走，"七年战争"中又丢失了佛罗里达和梅诺卡岛，时至今日，这些依然让西班牙心如刀割。更进一步说，自从在上一次战争中胜利之后，英国俨然成为海上的暴君，一方面保护其商业利益不受任何外国侵犯，一方面还破坏和侵入西班牙的商业活动。最近，英国和西班牙几乎在福克兰群岛的控制权问题上动起武来。1776年，由于美国的危机不断扩大导致英国处于岌岌可危的境地，因此英国官员坚持要求得到西班牙最近的军事集结情况，导致这两个老对手之间的关系变得更加紧张。在得知阿尔及尔是这些军事远征的目标之后，英国官员不失时机地将计划泄露给了预定目标，在确保西班牙的袭击以失败告终方面助了一臂之力。因此，西班牙没有理由希望英国在美国的泥潭中获得成功。

另一方面，正如一些有先见之明的西班牙大臣所意识到的那样，一个胜利的、独立的美国对西班牙在美洲的属地带来的危险会更大。尽管英国在海上造成的问题很棘手，但是在陆地上，英国对于帝国扩张的巨大代价的恐惧，在很大程度上遏制了其殖民地属民向西、向南扩张的冲动，削弱了美国刚刚开始觉察到的天命之感。如果没有这只遏制之手，已经蠢蠢欲动要成为支配力量的独立的美国，肯定会将目光投向西班牙在密西西比河流域、路易斯安那和新西班牙的属地。这样看来，两种选择的利益似乎相差无几，而且高级官员们对于哪种威胁更急迫也存在分歧，因此西班牙最初采取了官方中立与非正式秘密援助相结合的政策。弗朗西斯科·萨韦德拉警告说，美国战争只能起到"以革命的方式扰乱我们的殖民精神"的作用，并且"在我们最为富庶的属地后方制造一个可怕的敌人"。[20]

1779年，西班牙对美洲殖民地的秘密援助转变为直截了当的参战。最初，西班牙开明的、有改革思想的外交大臣佛罗里达布兰卡伯爵曾在1777年上任时，寻求继续推行西班牙的官方中立姿态。但是，1778年法国宣布参战，一切也因此改变。自从18世纪初的西班牙王位继承战以来，由于一位波旁家族成员登上西班牙王位，西班牙和法国就一直是紧密的联盟，携手与英国对抗。西班牙和法国的利益像他们的王室一样交织勾连在一起。到了1778年年底，法国及其在马德里的代表对西班牙施加了极大的压力，要求它加入反英斗争。法国外交大臣韦尔热讷伯爵是整个欧洲大陆的反恐联盟和反恐阴谋的核心人物，他承诺将米诺卡、直布罗陀和佛罗里达归还给西班牙，甚至连牙买加也一并归还，并重新将加勒比海视为西班牙的湖泊。最后，国王卡洛斯三世被两国之间手足情深的关系和复仇的需要所打动，同意支持法国的事业。他被法国驻马德里大使逼得走投无路，大使对他说："陛下就是波旁王朝的亚伯拉罕，如今上帝已经将这个最具决定性的时刻摆在你面前，英国曾施加于你的那些巨大伤害，你终于可以报仇雪恨了。与你曾提供给养的伟大海军联合起来吧，英格兰必将臣服。"1779年4月12日，西班牙和法国秘密签署了《阿兰胡埃斯公约》，6月便正式对英宣战。尽管如此，西班牙却做不到公开支持一个反对君主国的共和国叛乱——这将开创极危险的先例，因此西班牙永远不会正式与美国结盟。然而，1779年，冲突的性质发生了变化，新的战场、新的目标出现在世界舞台上。[21]

最初，西班牙的主要关注点在欧洲。《阿兰胡埃斯公约》的条款明确了西班牙的优先权，直布罗陀虽然只是西班牙属地南海岸的一块小小领地，但是自从七十五年前它被英国占领以来，就一直成为对西班牙利益和西班牙荣誉的一种侮辱。它对西班牙的贸易形成威胁，为英国自由进出地中海地区提供了保障，因此它成为1779年西班牙要攻占的第一个目标。6月，一支法西联合舰队封锁了港口，切断了英国驻军逃跑或者到海上寻求再次补给的机会。在陆地上，西班牙军队挖了战壕，修建了堡垒和炮台，放置了围攻炮。到了1779年冬天，英国部队已经完全被包围，供给也在逐渐减少。食物短缺，燃料减少，口粮被削减，疾病开始在营养不良的英国士兵中蔓延。英国或者被迫投降，或者在重重围困中销声匿迹，看起来只是时间问题。但是，就在套在英国人脖子上的圈套开始收紧之时，乔治·罗德尼上将出现在地中海。1780年1月，他在葡萄牙南海岸的圣文森特角的战役中，俘获了一支西班牙护航舰队，并果断击败了唐璜·德朗加拉率领的西班牙舰队，给西班牙海军造成了毁灭性打击。罗德尼带了一千多名士兵来补充直布罗陀日渐衰弱的部队，为承受可以预见的未来的围攻提供了足够的补给。罗德尼对直布罗陀的英勇救济对英国来说是天赐良机，而对西班牙人来说却是一次代价高昂的失败，再加上1779年入侵英国计划的流产，都标志着西班牙战术的改变和对西班牙战略及利益的重新评估。对直布罗陀的围攻将拖延三年之久，而1780年之后，西班牙的资源重心开始向西转移。[22]

在大西洋彼岸，首要的任务是保护西班牙的殖民地，保证新世界宝藏的安全运输对于西班牙的帝国经济至关重要。在路易斯安那，新总督贝尔纳多·德加尔维斯是马蒂斯·德加尔维斯的儿子，也是印度群岛事务大臣何塞·德加尔维斯的侄子。他不满足于等待。德加尔维斯是个直率的人，他看到哈瓦那的同胞既扬扬自得又无所作为的样子，感到无比愤怒。1779年，德加尔维斯意识到英国军队依然被困在大西洋沿岸，而且英国在密西西比河和墨西哥湾的阵地毫无准备，人手也不足，因此他决定抓住机会先发制人，夺回西班牙之前在佛罗里达的属地，将英国永远赶出密西西比河和墨西哥湾。这将确保西班牙在加勒比海海岸的控制权，有助于保护西班牙的航运免受英国的破坏。同时，这也会加强西班牙在战后世界中的地位，而在这个战后世界中，美国很可能会成为西班牙争夺西南美洲大陆的主要敌人。因此，在美国独立似乎已成定局的情况下，占领海岸，夺取密西西比也是阻止美国的野心向这些地区扩张的一种手段。时间紧迫，因此在没获得官方许可的情况下，德加尔维斯擅自从新奥尔良出发，沿密西西比河一路攻下纳查克、巴吞鲁日和纳切兹，然后一路向东穿过墨西哥湾，把英国人从莫比尔和彭萨科拉驱赶走，使海湾再次成为西班牙的海湾。[23]

随着法国舰队占领大西洋和贝尔纳多·德加尔维斯在墨西哥湾沿岸肆虐践踏，到了1779年年底，一个日益咄咄逼人的西班牙已然成为英国在加勒比海地区最强有力的对手，是大英帝国利益的最严重威胁，因此也是英国战略计划的新的打击目标。1779年，西班牙扩大了对大英帝国的攻击，突袭了伯利兹海岸的要塞圣乔治岛。10月，由约翰·勒特雷尔船长和威廉·达尔林普尔船长率领的英国军队以牙还牙，攻入了西班牙在洪都拉斯海湾的圣费尔南多·德奥莫阿要塞，并捕获了在港口避难的几艘船只。可是没过多久，英国就被迫放弃了占领。征服德奥莫阿的战略意义也许是短暂的，但是缴获的数百万西班牙银元却使许多人看到了袭击西班牙帝国的潜在好处。这种迹象使人们第一次意识到，尽管西班牙的威胁和英国的不堪一击令人焦虑，但是与西班牙开战也许真的可能将帝国权力的天平向英国方向稍稍倾斜。当时在牙买加担任总督的约翰·达林曾于"七年战争"中在阿默斯特将军和已殉国的沃尔夫将军麾下效力，1779年，他已经成为这一地区级别最高的英国官员。他设计了一个巧妙的计划，即分散西班牙的战争努力，将西班牙帝国一分为二，以此确保英国在中美洲的地位。达林略微发福的外表和不善言笑的性格，掩盖了他野心勃勃的天性。他如今意识到，西班牙的参战给那些敢于出手抢夺的人提供了丰厚的发财良机。在之前英西对抗的时代，英国私掠船的行动出人意表地大胆——弗朗西斯·德雷克爵士曾俘获西班牙的宝船，亨利·摩根爵士曾洗劫尼加拉瓜湖畔的西班牙城市格拉纳达，之后以牙买加副总督的身份获得了更加合法的地位。在与英国殖民地事务大臣杰曼勋爵进行磋商之后，达林决定效仿那些自由行动的祖先，着手实施一项军事远征计划。

毋庸置疑，这是个野心勃勃的计划。达林建议从牙买加派遣一支庞大的英国军队奔赴尼加拉瓜的圣胡安河口。大家希望通过占领这一领土，一系列重要目标会随之达成。首先，控制中美洲地峡会将西班牙帝国一分为二，将新西班牙与南美洲横刀截开。其次，进入距太平洋只有十二英里的尼加拉瓜湖，会打通英国进入南部海域的通道，使其向太平洋海岸的西班牙船只和定居点发动突袭成为可能。最后，英国入侵这一极具战略意义的地区，会分散西班牙的注意力，转移其在墨西哥湾沿岸布置的丛林行动的资源配给。

入侵尼加拉瓜的行动，也受到从1779年开始传到英国人耳中的抱怨之声的影响。西班牙美洲的愤怒情绪日益高涨，西班牙帝国处在濒于叛乱的边缘，流传了几个世纪的关于西班牙无比残暴的"黑色传奇"，以及英国人的"西班牙恐惧症"都有了市场。这些传言的泛滥是有根据的。"七年战争"结束时，西班牙已经从法国手里夺回了路易斯安那，这是惨败后的一点小小胜利。在占领路易斯安那的基础上，西班牙扩充了其在美洲的领土，包括从密西西比河谷到格兰德河谷的全部土地。在北美建立一个庞大的大陆帝国的设想激励着西班牙不断努力，希望夯实其从密西西比河到太平洋的广大领土。西班牙意识到，俄国和英国也觊觎着太平洋东北部地区，于是西班牙派出了由胡安·鲍蒂斯塔·德安萨率领的远征军，从新西班牙沿加利福尼亚海岸一路北上，组建使团并强化西班牙对这些地区的主权。在1776年这决定性的一年，从加利福尼亚海岸一直到旧金山，一连串的驿站在沿途建立起来。[24]

当西班牙向东挺进，意在巩固其在北美西南部的主权时，西班牙同另一个正在扩张的帝国力量——科曼奇人——不期而遇，一系列冲突在所难免。到18世纪60年代，科曼奇人已经从出没于西班牙所属的新墨西哥边境的小小狩猎部落，发展成为该地区具有绝对优势的力量。虽然西班牙人拒绝向他们出售枪支，但是科曼奇人通过控制马匹市场建立起庞大的贸易网络，使其不仅可以获得枪支，而且获得了其他欧洲贸易商品的独立货源，并且逐渐成长为一种流动的暴力威胁，牵制着包括西班牙在内的所有力量。到了18世纪70年代，科曼奇帝国业已成为新墨西哥、得克萨斯和密西西比河下游流域最重要的政治、经济和军事力量，他们拥有更紧密的关系、更强大的武器、更令人畏惧的实力，不仅西班牙甘拜下风，欧洲其他对手也相形见绌。[25]

西班牙人为了确保边境安全，与阿帕切人结盟，并将越来越多的军队驻扎在新墨西哥。西班牙的这种离间举动，再加上夺取马匹和奴隶的令人无法抗拒的诱惑力，使得科曼奇人在1767年至1777年这十年间，对新墨西哥发动了上百次大规模的袭击。在这些闪电般的突袭中，成百上千的定居者或者被杀害，或者被俘获后在日益扩大的科曼奇奴隶经济中被作为奴隶售卖。被科曼奇人视为财富和力量源泉的马匹和骡子，更是被偷盗了数千头之多。村庄被烧毁，牲畜被宰杀，庄稼被毁掉，整个地区在袭击面前成为杳无人烟的荒地。到了美国宣布脱离大英帝国独立的那一年，西班牙的殖民者已生活在"恐怖之中，他们像匆匆过客一样播种自己的土地，为了减轻恐惧感，他们不敢长居，而是不断往返于他们生活的地方"。亚历山大·奥莱利为了抵御袭击可谓竭尽全力，但是到了1779年，西班牙的北美帝国的大片大片土地都变成了千里不毛之地，荒无人烟——人们全都逃离了，或者到新帝国的主人手中委屈谋生去了。[26]

与英国战争的爆发只会使饱受围困、捉襟见肘的西班牙人雪上加霜。由于他们的帝国已经处于崩溃的边缘，新西班牙的北部边境战区中的人力与金钱都被抽走，重新部署到其他地方，剩下新西班牙、新墨西哥和路易斯安那"暴露在了无人性的敌人的狂怒中，成为他们的牺牲品"。也曾有人试图与科曼奇人达成和平协议，但是因为美国战争的原因而成为泡影。为了获得和平、维护和平，像新墨西哥的德安萨——他因为向科曼奇人屈服而受到指控——和路易斯安那的贝尔纳多·德加尔维斯这样的西班牙官员，需要金钱来购买外交礼物。但是，由于对英战争而被迫采取的削减成本的措施，却使得这笔用来购买和平、带来和平前景的重要资金以国家利益的名义被挪用他处。结果是毁灭性的。科曼奇人的突袭依然继续，而且无论在数量还是凶猛程度上都持续增强，在1780年和1781年时达到顶峰，使新墨西哥和得克萨斯成为被攻陷的荒芜之地。到了1784年，得克萨斯的人口减少了10%。"目前，没有一寸土地是不含敌意的。土地上的果实被掠夺，幸福与和平时间建起的牧场与农场在旦夕之间被遗弃，恐惧的定居者们在居留地寻求庇护，没有军队的护卫，他们吓得再也不敢离开社区半步。"[27]

然而，对于科曼奇人来说，那段时间是他们的繁盛时期。在不计其数的突袭中，他们源源不断地获得了大量马匹和骡子，科曼奇帝国可以高高在上地向西班牙发号施令，因为他们在墨西哥湾沿岸的战役依然急需这些动物。对于西班牙人来说，"七年战争"之后出现的大陆帝国梦破灭了。西班牙帝国在西部的美妙幻想已经消散而去，取而代之的是科曼奇帝国，同时西班牙的边境殖民地不断减少，并且都归属到印第安人的管辖之中。西班牙建立北美帝国的雄心壮志在美国战争和科曼奇帝国面前彻底坍塌，甚至有迹象表明，西班牙在南部的属地也面临着隐隐的威胁。

在中美洲和南美洲，不满的情绪更甚一层。从莫斯基托海岸的英国警司詹姆斯·劳里那里，牙买加总督达林了解到，莫斯基托当地的印第安人"对西班牙的仇恨根深蒂固、世代不绝"，而且"当地土著人已经做好了反抗的准备，等待着成功的到来"。他们为了对抗无比憎恨的西班牙霸主，肯定愿意参加任何一支英国远征军。在更远的战场上，有报道说，秘鲁的土著人对西班牙的统治同样怨声载道，公开的反叛一触即发。新格拉纳达也变得越来越不安宁，甚至在北部，在新西班牙，也有报道说西班牙的统治摇摇欲坠。由于西班牙自己的帝国正处于叛乱的边缘，达林和杰曼希望英国在尼加拉瓜点燃的火种能够引发一场跨大洲的反抗运动，这样，西班牙在大英帝国煽动的革命，就会像瘟疫一样传染给西班牙自己，让西班牙自食其果。正如刊登在美国报纸上的一则从哈瓦那发回的报道所宣称的那样，英国人意图对西班牙所做的事情，"只不过是法国和西班牙曾对英国及其在美洲的属地所做的同样事情而已"。[28]

打击西班牙的时刻已经成熟。在一封写给北美事务大臣杰曼勋爵的信中，达林请求允许他采取行动。"我只需要指挥一支部队的权力，指挥现在这支部队就很好，"达林恳求道，"我就会以控制这个地方的西班牙力量作为回报。"牙买加的军事处处长本杰明·莫斯利与总督的想法不谋而合，他通报了英国人"通过撼动西班牙的根基来建功立业"的强烈渴望。无论是在牙买加还是在英国，许多英国人都觉得"在他们的想象中，英国的颜色早已染到西班牙人的老巢利马的墙上了"。胸怀如此崇高的梦想，达林的计划赢得了伦敦的大力支持。[29]

经过官方的正式批准，一支远征军在牙买加集结，共包括三百至四百名来自第六十军团和忠诚的爱尔兰军团的正规军，还有二百名来自牙买加的志愿者、六十名水手，以及由七十多名当地的爱尔兰人、非洲人、印第安人和混血志愿者组成的队伍。远征军的总指挥权交予了第六十军团的约翰·波尔森上校，不过霍雷肖·纳尔逊也被选中，负责护送远征军从牙买加到圣胡安河口。这个选择相当明智。纳尔逊是一位雄心勃勃、受人尊敬的初级军官，他凭借在查尔斯堡强劲有力的指挥能力，在1779年的入侵恐慌中表现卓越，并在这一过程中引起了达林总督的注意。更重要的是，他是为数不多的拥有在莫斯基托海岸服役的直接经验的人。1779年1月，与西班牙公开作战的大幕拉开在即，他又被派往莫斯基托海岸执行了几项任务，其中就包括前往洪都拉斯布莱克河畔的英国定居点，帮助他们做好防御准备。同时，他还要找到桑迪湾的多民族混居特区的首领"乔治国王"，并把他送到牙买加，希望与乔治国王结成反西班牙联盟，因为西班牙很有可能对莫斯基托海岸的定居点发动进攻。纳尔逊对这一地区了如指掌，而且与潜在的盟友关系良好，因此他便成为护航首领的不二人选。[30]

在纳尔逊的护卫舰"辛辛布鲁克"号的率领下，护航队于2月3日从罗亚尔港起航，一路前往莫斯基托海岸。从一开始，这次远征行动就被延误和灾祸所困扰，一切都预示着这次任务的最终命运：两名士兵甚至在到达海岸之前就死于疾病，另一名士兵在其中一艘运输船搁浅时受了致命伤。最后当他们终于到达格拉西亚斯-阿迪奥斯角时，更加糟糕的事情随着不幸的起航接踵而至。他们本来计划只在莫斯基托海岸做短暂停留，与詹姆斯·劳里见个面，因为劳里已经承诺召集一支由当地的英国定居者、莫斯基托海岸的印第安人和非洲人组成的补充部队。可是，当他们于2月14日到达时，劳里却根本不见踪影。士兵们不能无限期地待在船上，于是等待了几天之后，纳尔逊只好允许他们下船活动。远征军被迫在一片沼泽地里安营扎寨近一个月之久。驻扎期间，他们试图通过礼物和掠夺许诺等方式招募当地的印第安人和非洲人。在当地招募的新兵对于远征军能否取得成功至关重要，他们不仅能增加队伍的人数，而且能够提供英国人所没有的关于内陆的关键知识。[31]

等待了几天之后，2月22日那天，劳里终于到了，但他仅仅带来了三百人，与他承诺的一千人相差甚远。这次拖延还带来了其他问题。士兵们驻扎的沼泽地上疟疾肆虐，而且他们的饮用水又恶臭无比，导致大量士兵染病，其中有三十多人已经退出现役。3月7日，波尔森上校放弃了招募更多当地志愿者的希望，起航向圣胡安河进发。在接近目的地的时候，纳尔逊被派上岸，承担与土著人进行谈判的任务。英国人依然需要对地形更有经验的人，也许同样重要的是，需要更多能在圣胡安河的浅滩和瀑布中航行的小舟。纳尔逊似乎与当地的印第安人进行了接触，并与他们达成了为远征军提供援助的协议。但是，这些行动导致了进一步的延误，使得远征军直到1780年3月17日才到达圣胡安河口。这次远征原本计划在冬季进行，以避开春夏炎热的气候以及相伴而来的降雨和疾病。如今，他们只能在一年中最糟糕的时间穿过红树林、疟疾肆虐的沼泽和茂密危险的丛林。延误的代价无比高昂。

纳尔逊和大约五十名水兵和海军陆战队员离开了大船，主动登上几艘小船和当地的独木舟，为护航船队往上游探路。事实证明，一路循圣胡安河而上是异常困难的。首先，运送所有枪支、弹药和物资的小船根本不够，而且这条河本身似乎也在抵制英国人的深入。每年那个时候，河流都浅滩暗伏，危机不断，必须在资深印第安向导的指导下，船只才能穿越蜿蜒曲折的沙滩迷宫。大家时而在浅滩上拖拽，时而又在急流和瀑布周围推拉，进度缓慢到令人无法忍受，纳尔逊的护航队一天只前进了六英里。士兵们也派不上用场，自从他们到达圣胡安河流域后，就接连不断地生病，现在几乎找不到还有力气能搭把手的人。正是依靠印第安人的知识和"锲而不舍、坚持不懈的精神力量"，再加上纳尔逊及其水手们的共同努力，才将探险队慢慢地、一点点儿地推进到内陆。据派到远征军的医生托马斯·丹瑟尔所说，英国人对印第安人充满了"无限感激"之情。[32]

　　经过数天的挣扎，远征军到达了更深的水域，红树林和沼泽地被高耸的河岸与茂密的丛林所代替。4月9日，队伍中的印第安童子军带来消息说，圣胡安河上发现了第一个西班牙人的前哨基地，是由十二至十八名士兵组成的号称"小铁蹄连"的执勤部队，驻扎在圣巴塞洛缪岛上。这个防御基地本身对入侵者并不能构成什么威胁，但是要在天气变糟之前占领上游更坚固的堡垒，却是至关重要的，出奇制胜是关键所在。为了防止整个地区处于高度戒备状态，必须要悄无声息地迅速占领堡垒。波尔森决定派纳尔逊和一只小分遣队在夜幕的掩护下沿河而上，对堡垒的正面发动攻击。同时又派爱德华·德斯帕德率领第二支队伍绕过丛林，从后方发起进攻。这样就能保证一个守军都无法逃脱，也就不能向驻扎在上游的西班牙部队报告英国军队已经兵临城下的消息。在许多事情上，波尔森已经表现出对纳尔逊的依赖，而且在选派德斯帕德领导第二支队伍的决定，也是受到他的启发。德斯帕德1750年出生于爱尔兰的皇后郡，他的家庭非常显赫，与军队也有着密切联系。他的五个哥哥全部参加了陆军或海军，因此德斯帕德的道路似乎是命中注定的，他毫不犹豫便追随了家族事业，在十六岁时，即1766年参了军。参军后的第一次任务就是被派往牙买加，这对许多士兵来说无异于死刑判决，而德斯帕德却在这里开辟了自己的成功之路。他是天生的军人，深受上级赏识与好评，晋升之路也非常迅速。德斯帕德的数学天赋与强烈的上升欲望，使他信心满满地加入了工程师团队。他正是以"首席工程师"的身份被选中参加这次圣胡安远征的。这位爱尔兰工程师和那位英国水手都毫无疑问是圣胡安远征军中最积极、最勇敢的军官。正是在莫斯基托海岸的残酷环境中，二人惺惺相惜，真诚相待，而这也是当德斯帕德于1802年面临叛国指控时，纳尔逊愿意为他的前战友出庭作证的原因。[33]

这个策略几乎完美无瑕。德斯帕德及其先遣队主要由莫斯基托海岸当地的印第安人组成，他们一路上披荆斩棘、奋力前行，终于在西班牙士兵由于受到纳尔逊的正面攻击而准备夺路逃跑时，及时包抄到堡垒后方进行了拦截。这是纳尔逊所经历的第一次徒手格斗。波尔森上校率领部队到达该岛的前哨基地，但立刻又派遣纳尔逊和德斯帕德去侦察圣胡安河下一个城堡的上行具体路线。侦察小分队在夜色的掩护下从前哨堡垒出发了，他们在漆黑的丛林划船上行了大约五英里，最后在河流的拐弯处，首先发现了西班牙堡垒。尽管夜色漆黑，但是堡垒的白色墙壁还是在黑暗中显出身影。那座堡垒高十四英尺，长六十五码，厚四英尺。河流南岸有一块突出的陆地，堡垒居高临下坐落在那里的高高海角之上。在距堡垒五十英尺的观察范围内，可以看到堡垒的指挥官唐璜·达伊萨带领一百四十九名士兵和八十九名各色随从，装备着二十门大炮和十二门旋转炮，足以把整个河面扫荡得片甲不留。[34]

这真是座令人望而生畏的建筑，在穿越了茂密的丛林，一路沿河上行，经历了无比艰难的跋涉之后，他们感觉这片土地本身似乎在有意密谋着与他们作对（肆虐的蚊子、凶猛的毒蛇和四处游荡的美洲虎已经大大削弱了军队的力量）。4月11日，当波尔森和大部队抵达堡垒的时候，纳尔逊是许多主张立刻攻打西班牙要塞的人之一。然而，他们很快就明白过来，西班牙人已经做好了应敌准备。在前哨堡垒之战中，一名士兵逃出了德斯帕德的手心，从岛上溜走了，他已经把警报传达给了唐璜·达伊萨。意外突袭已经不可能了，于是波尔森决定不再冒险攻打已经做好严密防卫的敌人，所以选择了围攻。4月13日，历尽千辛万苦才从岸上拖来的枪支证明了它们的价值。纳尔逊拥有在金斯敦指挥枪械的丰富经验，而作为首席工程师的德斯帕德则负责在堡垒周围的山丘上安装英军的枪炮。纳尔逊射出的第一枪便击中了在城堡上方飘扬的西班牙旗帜，不过很快，一路上行的艰难路程给英国围攻者带来了负面影响。[35]

在蜿蜒的浅滩中拖动重型装备异常艰难，因此大部分炮弹未能送达，有些已经消失在圣胡安河浑浊泥泞的滩涂中，因此无法补充急需的弹药。死伤的人数逐渐增多。但是，除了一名愚蠢的士兵为了追赶野猪不管不顾地跑到西班牙城墙下面之外，几乎没有士兵被西班牙的子弹击中身亡。相反，牢牢扼住英国远征军咽喉的是疾病。当时正值4月，"不是阴雨连绵，就是炎热难当"，在闷热潮湿的气候中等待的英国人和印第安人，都因染病而死伤惨重，导致"人数骤降"。不过，堡垒内部的情况更加糟糕。达伊萨和他的手下物资短缺，而且也被席卷英国军营的同样疾病折磨得痛苦不堪。经过两个星期的围攻，堡垒的情况已经变得"比所有的监狱都更加糟糕"，而那时更让西班牙人无法忍受的是，由于水源被切断，他们已经无水可饮。4月29日，达伊萨不得不屈膝投降，交出了堡垒。但是，当自己的国旗升起在圣胡安堡的上空时，曾为此赴汤蹈火、推进远征军一路前行的纳尔逊，却没有能够亲眼看到。[36]

在库巴·康沃利斯的精心照料下，纳尔逊在牙买加的病床上写信给波尔森上校，祝贺他攻陷了圣胡安堡，并向他的前指挥官保证说，他和达林总督收到这个消息之后都"非常高兴"，还请求波尔森"代我向德斯帕德问好"。尽管达林总督对于占领圣胡安堡的消息感到非常开心，但是圣胡安堡只是英军进军太平洋的第一步。尽管时节已晚，而且有很多人都像纳尔逊一样病倒了，但是依然有理由期待成功已经近在咫尺。在堡垒被攻陷的一周之前，增援部队已经抵达牙买加。新来的人员共有五百多名，包括水手、志愿者和一支强大的皇家美洲军团的分遣队，由指挥官斯蒂芬·肯布尔率领。斯蒂芬·肯布尔是一位关系广泛、忠心耿耿的新泽西政府军指挥官，也是英国北美部队的前副官长托马斯·盖奇的妹夫。增援部队于4月中旬抵达河口后，便立即开始将补给和士兵运送到要塞。波尔森由于过于谨慎而被解除了指挥权，德斯帕德派人前去尼加拉瓜湖侦察西班牙的防御情况，因为这里是英国在中美洲大展宏图、释放野心的关键所在。[37]

驻扎在尼加拉瓜的西班牙部队由贝尔纳多·德加尔维斯的叔叔马蒂斯·德加尔维斯上将所统率，他们很清楚得到救援的机会非常渺茫，得到补给和增援的机会同样遥不可及。无论在南方还是北方，西班牙帝国都处于叛乱的剧痛之中。果然，英国对西班牙帝国危在旦夕的判断，是非常准确的。

第五章
西班牙帝国的乱局

　　米凯拉·巴斯蒂达斯对丈夫的犹豫不决已经忍无可忍了。他为了解除套在秘鲁印第安人脖子上的西班牙枷锁，已经付出了很多努力，但是情况依然如故。他需要鼓励，甚至是惩罚，才能让他的注意力回到手头重要的工作上来。在库斯科的每一个角落，当地人民都在奋起反抗。大家在她丈夫的领导下情绪激昂、团结一致，再次挑战对他们的侵扰和欺压日益严重的西班牙帝国。这的确值得骄傲，但是这样的领导也带来了相应的责任。如果要使反抗获得成功，如果人们要摆脱西班牙的暴政，并避免失败后必然会出现的镇压和报复，她的丈夫就要把全部精力和注意力集中在团结所有反叛者上，将冲突的势头严密控制在革命的范畴之内。巴斯蒂达斯知道这是不容置疑的事实，她至少会毫不犹豫地动用她全部的力量来保证革命不会停滞，她的丈夫不会动摇。

　　于是，在1780年12月，她写信给她的丈夫，在敦促他的同时，甚至也责备他的懒散倦怠，并说她为此感到羞耻。她训诫道："你会让我伤心而死的。你走村串巷时那么无精打采，对士兵们又全不在意，难怪他们会感到厌倦，都有了回归村庄的心思。"她继续说，这种无视是完全不能接受的，最后，她的告诫甚至有了威胁的味道：

我再没有任何耐心面对这些了，我完全可以自己去投降，让敌人杀了我算了。从你面对如此严肃问题的态度中，我看不到任何急切的心情，可这是能要了我们性命的事情啊。我们四周都是敌人，我们的生命得不到任何保障。正是因为你，我的孩子随时可能丢掉性命，那些与我们在一起的人也随时可能丢掉性命。

他在这样的关键时刻心不在焉，简直令她"无法呼吸"，而她却"分秒必争、不辞辛劳"。她提醒他说，风险过于巨大，虽然她自己并不"介意丢掉性命"，但她希望她的丈夫要考虑到家人的命运。她写道："这个可怜的家族需要你的帮助，失去他们的确令我无法接受。""你答应过你会信守诺言，但是从现在开始，我不再相信你的承诺了，因为你已经背叛了你的世界。"如果他继续磨磨蹭蹭无所作为，他的信誉就会受损，那些因他的事业而聚集在他身边的人就会抛弃他。这样的话，主动权就会被西班牙人夺去，他们很可能已经在利马集结兵力了。我们必须分秒必争。[1]

四年前，即1766年5月，米凯拉·巴斯蒂达斯与何塞·加布里埃尔·康多拉基在苏里马纳结为夫妇。苏里马纳是康多拉基统治的三个社区之一。作为统治者，康多拉基又被称为"库拉卡"——印加帝国时期地方长官兼治安官的称呼，在后来取代它的西班牙帝国中扮演着相类似的角色。这是一场天主教婚礼，由康多拉基的导师洛佩斯·德索萨神父主持，所有的装饰都是按照西班牙的仪式设置。这反映出这对夫妇在两个世界的地位：作为土著精英，他们与印加人有着很深的渊源；作为当地人，他们已经融入了西班牙帝国机器。这个婚姻相当般配。康多拉基又高又瘦，鹰钩鼻子笔直如削，眼睛又黑又大，如瀑的长发垂到腰间，自有一番盖丘亚绅士高贵自信的不凡气度。据一位观察者说，"他在尊长面前的举止富有尊严，在印第安人中也谨守礼节"，因此"受到各个阶层的尊敬"。他在库斯科的旧金山博加耶稣学校受过良好的教育，不仅涉猎了拉丁语，而且"西班牙语也讲得相当漂亮，盖丘亚语（秘鲁的土著语言）也同样讲得特别优雅"。他是当地显赫的地主、地方长官康多拉基的儿子，家境富有，过着"奢侈的生活"。更重要的是，尽管他的地位很高，但他充满同情心，这或许是因为他有着含混的身份，是受过西方教育的印第安人，是对两个世界都有涉足的官方人士。因此，他为人民的苦难大声疾呼，对西班牙治下日益严重的弊端厉声批判。[2]

米凯拉·巴斯蒂达斯与他相比要更胜一筹。1774年，她出生在潘帕尔卡，她的母亲是盖丘亚人，父亲的家族血脉不明。有人认为她的父亲是非洲人后裔，而她自己在一些档案中也被称为赞贝人，表明当时的观点认为她拥有非洲血统。另一些人则认为她的父亲是西班牙的神父，她的父母在结婚证明上都被列为"西班牙人"。不过，在种族身份更具流动性的时代和地方，这更多的是地位的标志，而非家谱的真实反映。随着时间的推移，对米凯拉的描述呈现出欧化的倾向：肤色较浅，具有比较典型的欧洲特征。但是，无论其背景如何，米凯拉与她的丈夫一样，也是个跨界人物，在许多不同的世界中都有一席之地。她也像康多拉基一样，是虔诚的天主教徒，为了吁求自己和人民的权利而义无反顾地付出一腔热血。随着美国战争的到来和西班牙殖民政府的日益独裁，巴斯蒂达斯和她的新婚丈夫也成为安第斯抵抗时代新的焦点人物。[3]

西班牙帝国在秘鲁的统治从来就没有任何美好可言。从弗朗西斯科·皮萨罗的暴力征服开始，西班牙秘鲁的历史是一部流血的历史、镇压的历史和剥削的历史。对西班牙来说，征服美洲带来了大量财富——一船船的黄金白银被运到加的斯，而巨额的财富也为西班牙在16世纪称霸欧洲提供了财政支持。但是到了18世纪初，人们普遍认为哈布斯堡王朝的美洲帝国处于衰落之势，西班牙在欧洲独占鳌头的巨额财富因效率低下而受到遏制。在波旁王朝的统治下，帝国改革成为当时的主流，尤其是在"七年战争"惨败之后。从18世纪60年代开始，几乎所有人都看出了西班牙帝国的衰落状态，以及随之而来的在全球范围内与英国抗衡的无力感。西班牙则通过在帝国统治中引入启蒙原则，希望使这一局面得到改善。从此之后，帝国政策全部转向使西班牙重返欧洲最强帝国和最强军事力量之列。

这次重组的核心就是对帝国宗旨的重新构想。倡导王室与其殖民地之间新型关系的小册子比比皆是。在其极具影响力的《美洲新型经济政府体制》中，何塞·德尔·卡米洛·科西奥斯将西班牙帝国与英国和法国进行了比较，发现西班牙差距很大。当时还是默默无闻的乡村律师的何塞·德加尔维斯，以一份类似的小册子吸引了卡洛斯三世的注意。这本小册子名为《一个臣子对我们西班牙印度群岛的依赖性的论述和思考》，其中论述了整个帝国的权力要以马德里为中心的极端重要性，认为在帝国范围内，宗主国与外围地区不应是平等的伙伴关系，而且不能允许殖民地"习惯于独立生活"。一切正如美国革命发生前几年的英国，许多人都对德加尔维斯的观点表示赞同，认为殖民地首先而且最重要的作用是丰富其母国。为了使这一秩序重组落到实处，1765年，加尔维斯作为"新西班牙"的访问者被派到印度群岛进行视察，并提出了必要的改革建议。1771年回国之后，他被任命为印度群岛事务大臣，从此踏上了对帝国进行彻底改革的征程。[4]

为了使帝国建立在更加合理、更加有利可图的经济基础之上，1778年的贸易渐渐向自由化方向发展，并选定了一些西班牙殖民地的港口，允许其在帝国和西班牙之间进行相对自由的贸易活动。为了确保国家常规的财政收入，对烟草和其他产品的垄断范围进一步扩大，于是走私这一欧洲帝国普遍存在的问题则受到更加有力的打击，从而扩大税收并实行税费重组。帝国的政府也同样进行了重组。在哈布斯堡王朝的统治下，帝国被分为几个独立的"王国"，每个"王国"由总督进行统治，因此总督既不相互制约，也不受西班牙的制约，拥有相当大的自治权。为了提高制定决议和实施决议的效率，确保王室高高在上的地位以及西班牙至高无上的利益，并限制克里奥尔人的权力，各个王国被分割开来，并由殖民地取代。而管理殖民地的西班牙官员则由王室直接任命。最后，长期以来捍卫土著人民利益，批评帝国政策的天主教力量也受到了限制，天主教耶稣会会士则被视为传播激进启蒙主义思想的危险分子，直接驱逐到新世界以外。[5]

人们都希望波旁王朝能够阻止西班牙的腐朽态势，重振帝国的活力，为与英国新一轮的竞争做好准备。但事实上，改革的主要作用却是突显和加强了西班牙定居者与西班牙帝国臣民之间由来已久的抱怨和不满。作为被改革所挤压的地主和官员，同时又是土著人民的保护者，何塞·加布里埃尔·康多拉基成为最激烈的批评者之一，他对帝国的政策提出了强烈抗议。在这些帝国政策中，也许最古老、最令人深恶痛绝的是"米塔"制度——印加政府要求其人民在特定时间内免费为政府提供劳动，一般为非常辛苦的体力劳动。自16世纪晚期以来，散落在安第斯山脉的土著社区，长期以来被迫为位于现在玻利维亚的臭名昭著的波托西矿提供一定数量的劳动力，到矿上从事长达一年的免费苦力。矿里开采的白银是西班牙帝国的财富源泉，也是西班牙地缘政治力量的源泉，但同时也是安第斯地区人民的墓地。这种劳动义务仿效的是早期印加帝国，但是将这种做法延伸到银矿从事非人工作的做法，使其社会影响发生了改变，社区生活遭到严重破坏。几个世纪以来，"米塔"义务变得有些松懈，但是在18世纪70和80年代，由于与英国的世界大战需要资金，为了应对日益增长的帝国需要，这种义务便又得到恢复。[6]

库拉卡的领土也要服从"米塔"制度，因此康多拉基和巴斯蒂达斯目睹了它所造成的痛苦。1777年，当康多拉基为了证实他所说的是秘鲁最后一位统治者的直系后裔，在利马向官方寻求证明材料时，他呼吁听证会结束"米塔"制度。他为他的人民呐喊，认为"在波托西执行的'米塔'制度，使他的人民遭受了无法估量的巨大苦难"。他请求西班牙官员考虑一下这种强迫性劳动所造成的"严重伤害"。他抗议道，他的人民被迫长途跋涉到遥远的矿山，家庭被"连根拔起"，"社区也遭到严重摧毁"。许多人也许永远回不了家，他们要么"死在崎岖艰险的路途中，甚至尸骨无存"，"要么因为在波托西水土不服，要么因为繁重的工作最终命丧于此"。康多拉基愤怒地说，这是"无法忍受的艰辛劳作"，由于受"米塔"制度所控制的人口日渐减少，就意味着那些仍然要完成配额的人需要承担更加沉重的负担。面对这样的痛苦，他要求取消"米塔"制度。

> 他们被迫从事的工作，他们被迫完成的任务，以及遭受的其他所有虐待、所有苦难都被记录在案。这些控诉都已经正式提交上去了。尽管这些印第安人没有受到过任何真正的尊重，但他们毕竟是不幸的生命，他们在无限卑微的处境中，承担着最沉重的负担，过着最糟糕的生活。掩盖这些不义之举就是邪恶行径，而陛下与阁下一定会对他们的非人遭遇抱以深刻同情的。[7]

另外，最近的两种做法也引发了康多拉基的愤怒。18世纪50年代，作为改革浪潮的一部分，一种被称为"再分配"的强迫消费主义制度正式确立。确立之后，土著人民无论需要与否，都必须购买一定配额的欧洲商品，那些拒绝购买或无力支付的人将面临强迫劳动或者监禁。这个想法的目的是为了在土著社区与西班牙市场经济之间建立更加紧密的联系，一方面促进他们对欧洲商品的依赖，另一方面迫使他们生产适销对路的贸易产品，用以支付他们现在必须购买的产品。最近，随着西班牙在美国战争中的作用不断扩大，一系列新的税收政策又开始实施。新税政策开始对葡萄酒和糖等商品征税，以前免税的土著手工艺品和纺织品现在也要缴税，而且关税也提高了两倍。为了保证新税政策得以严格执行，安第斯山脉地区的新海关纷纷建立起来。新的税政是帝国改革运动逻辑的一部分，与北美的英国殖民地所面临的情形是一致的。这种逻辑的目的是改变帝国宗主国与外围地区之间的力量平衡，迫使越来越多的帝国成本由殖民地承担，同时还要限制殖民地自治。不过，更高的税收与更加有效和严格的征税措施，也反映出更加紧迫的需求。到了1780年，西班牙再次与英国开战，要维持帝国运转，要打败大英帝国，就要不顾一切地争抢每一个比索。[8]

巴斯蒂达斯同样有充分的理由谴责西班牙的统治，并迫使她丈夫公开反对新的改革措施。早些年，她曾被迫在一个条件恶劣、备受诟病的纺织厂干活，在那里劳动的许多印第安人都是被强行征召来的。这段经历使她对帝国专制留下了不可磨灭的影响。一位什一税收缴官抱怨说，巴斯蒂达斯当着当地市长的面拒绝支付税款，甚至威胁说如果他继续催她交，她就要"揍他一顿"。从一开始，米凯拉·巴斯蒂达斯与何塞·加布里埃尔·康多拉基就是平等的伙伴关系，他们共同努力，共同管理他们的商业收入和财产，这在安第斯文化中是普遍现象。同时，他们还共同为土著权利大声疾呼。毫无疑问，这对夫妻将成为壮大的反西班牙帝国政策运动的核心。[9]

在波士顿和费城，美国革命者也因类似的税收提高问题而怒火冲天，原因也大致相同。从他们口袋中掏钱已经够糟糕了，而新的税收制度却标志着帝国政策的转变与殖民地和王权之间传统关系的颠覆。在安第斯地区同样如此，许多人在新税政策的重压下呻吟，甚至连康多拉基自己有时都发现很难缴付新分配的税收数额，同时，当他们看到传统的自治权也一并遭到破坏和攻击时，更加怒不可遏。克里奥尔人被排挤到一边，失去了从前拥有的官员位置和行政地位，取而代之的是被西班牙统治的半岛。土著人发现他们提出的交换条件也遭遇冲击，"高度的文化与政治自治，以及对公共土地的控制权，换来的却是从属的地位和长长的税单"。波旁王朝的政策是将殖民地人民变成西班牙臣民，他们的命运面临威胁。正如在英国人占领的北美，由于殖民地人民对即将到来的世界的抵制，重新安排帝国秩序的企图引发了愤怒和抗议，甚至是一些小规模的暴力活动。[10]

对于西班牙正酝酿中的帝国危机与已经崩溃的大英帝国之间的相似之处，西班牙的官员们并非视而不见。美国宣布独立的消息在西班牙及其殖民地被淡化处理，甚至限制发布。同时，西班牙也严格禁止人们接触任何启蒙主义的宣传，以防西班牙人受其激励，从而步美国的后尘走上革命道路。其中，威廉·罗伯逊所著的《西班牙美洲史》被禁止销售，并公开进行烧毁。1779年12月，何塞·德加尔维斯甚至指示殖民地的官员阻止罗伯逊的著作及其他书籍被输入和翻译到西班牙美洲，所有现存的书籍都被没收并销毁。康多拉基是受过良好教育的殖民地精英，如果说他对更加激进的欧洲思想潮流一无所知，那就太不可思议了。他当然对北美的独立运动与西班牙和英国之间的对抗了如指掌。早在1777年，当康多拉基在利马为其家谱传承呼吁奔走时，他碰到了对西班牙帝国政策进行激烈批评的克里奥尔人和梅斯蒂索人——有西班牙和美洲土著血统的拉丁美洲人，其中一个梅斯蒂索朋友对法国和英国的事件有直接经验，思想也非常深刻。《利马公报》中的报道使他了解到在北美发生的令人振奋的事件。在印加的加西拉斯科《皇家评论》中，他找到了一种将不断蔓延的革命冲突与他自己家乡的地方、民族和个体历史相调和的办法。在这部关于18世纪早期印加历史作品的译文中，康多拉基发现了一则古印第安预言。那则预言说，印加将在英国的帮助下恢复统治。在西班牙的盘剥日益深重与西班牙和英国交战的背景下，安第斯地区的人民仿效美国的时机已经成熟，到了他们将古老的预言变为现实的时候了。反抗的种子就这样在康多拉基和广大人民的头脑中生根发芽，经年的怨愤和最近的虐待交织在一起，印加复兴主义和18世纪的激进主义交织在一起，使得安第斯山脉地区成为暴动的肥沃土壤。[11]

计划相当巧妙，一切开始得相当顺利，西班牙人甚至完全没有意识到有什么不对劲。1780年11月4日，康多拉基邀请当地的行政长官安东尼奥·阿里亚加到他在通加苏卡的家中，参加庆祝圣查尔斯（国王的守护神）的盛宴。康多拉基和阿里亚加在过去曾有过龃龉，尤其是在"米塔"的问题上。作为收税官员的阿里亚加自然也是人们发泄汹汹怨气的目标，但是这位行政长官对康多拉基非常了解，因此他毫不犹豫地接受了邀请。晚餐结束之后，康多拉基和他的几个手下提出要陪同阿里亚加回家。刚刚走出不远，陪同阿里亚加的人就找了个借口说要赶回通加苏卡。阿里亚加的身影刚刚消失在视野中，康多拉基和他的手下就飞速向前包抄，跑到阿里亚加的前面埋伏起来。当阿里亚加走近他们的伏击圈时，康多拉基和他的人便从藏身之处跳出来，将大惊失色的行政长官和他的仆从们全部抓获。等到夜深人静之后，康多拉基一行把他们拖回通加苏卡，并把他们的手脚铐上，囚禁在康多拉基的房子中。

阿里亚加被控制住之后，康多拉基开始进行下一阶段的计划。他迫使随主人阿里亚加一起被抓获的一位职员写了几封信件，随后他又强迫阿里亚加在信上签好名字。于是，这些设计巧妙的信件便都有了有货真价实的官方命令标志，为全面展开抵抗行动奠定了基础。其中一封信命令阿里亚加的财务官向康多拉基发放二万二千比索、九十支步枪和两箱马刀，这些为即将到来的战斗提供了所需物资。另外一些信件则送到了当地领导人及官员手中，命令他们将治下的民众聚集起来，到通加苏卡会合。人们到达通加苏卡时，为了响应"伪造的"阿里亚加的命令，把西班牙官员逮捕并监禁起来，将本应负责镇压反抗行动的当地官员都清理干净了。其他像印第安人、梅斯蒂索人，甚至一些克里奥尔人和西班牙人，都由于各种原因也对波旁王朝的改革深恶痛绝，因此都被说服加入到康多拉基的反殖民事业中。[12]

康多拉基和米凯拉·巴斯蒂达斯在不同的世界中都拥有一席之

地的跨界身份，对于帮助他们争取更多的人支持革命起到了很大作用。巴斯蒂达斯提醒那些愿意听她讲话的人，"欧洲人把我们像狗一样对待"。康多拉基则利用自己有印加血脉这一点，来吸引安第斯地区的土著人和混血人，并宣称自己是图帕克·阿鲁马二世，是最后一位印加帝王的继承人，也是"秘鲁、圣达菲、基多、智利、布宜诺斯艾利斯和南部海洋大陆的印加国王，塞萨尔斯和亚马孙河流域的最高公爵和最高领主"。作为对波士顿和费城反抗者们的不满与怨愤的回应，他指控西班牙国王篡夺了他的王位，"剥夺了我的人民的自治权，使他们沦为属民，使他们服兵役、献贡品、交财产、付关税、缴杂费，忍受非人的屈辱"，而且帝国的管理者们残忍暴虐、执法不公、贪婪腐败。西班牙人"像野兽一样践踏这个王国的土著居民，肆意剥夺那些不愿意抢劫的人的性命"。图帕克·阿马鲁宣称，自此之后，那些"以虐待和侮辱来限制这些土地的和平与安宁"的暴虐统治结束了。为此，他发表了结束"米塔"制度、劳役摊派制度和奴隶制度的宣言，号召秘鲁人民发誓效忠于他们的新印加国王。[13]

　　土著人民是反抗的中坚力量，不过康多拉基和米凯拉·巴斯蒂达斯也竭尽全力为他们的运动争取最广泛的支持。在某些情况下，他们一直坚持强调叛乱针对的是腐败的殖民官员，并非针对西班牙人民或卡洛斯三世的统治。同样，尽管土著人对于天主教会侵入他们的宗教生活感到愤怒，对天主教会的财政腐败和强收善款等行为深恶痛绝，但他们还是专门将天主教会从他们的敌人名单或目标清单上豁免了。以此为基础，1780 年 11 月，人们在通加苏卡组建起一个脆弱的反殖民联盟。这个联盟产生于一个破碎的社会中，也反映出其领导阶层中暧昧不明、分裂不合的背景渊源。米凯拉很清楚这样的运动很难同仇敌忾，于是她督促丈夫采取激进措施，以使革命的内在构成只能一往无前，再无回头之可能。作为对帝国剥削最信手拈来的一个明证，阿里亚加的性命便被拿来彰显西班牙帝国的罪恶。

11 月 9 日，阿里亚加牢房中一幅《荆棘冠冕》的画作预示着他厄运将至。康多拉基的导师，即曾为他们主持婚礼仪式的洛佩斯·德索萨神父被派去接受阿里亚加的临终忏悔。这位行政长官乞求饶他一命，并承诺只要德索萨愿意出面救他一命，他愿意把全部财产奉献给教区。大院外面已经聚集了大量的人，大家是被那些伪造的信件召集到通加苏卡来的。康多拉基对大家说，他接到了利马听证会的指示，让他惩罚阿里亚加。当然，这并不是真的，许多人肯定也有同样的怀疑，但是它为即将发生的事情提供了合法的外衣。第二天，康多拉基以图帕克·阿马鲁二世的身份，身着光芒闪耀的黑色天鹅绒大衣——欧洲气派与土著时尚相结合——以及配套的膝裤、丝袜、金扣和海狸帽，罩着一件安第斯束腰外衣，戴着一枚印刻着印加太阳的金奖章，气宇轩昂地统领众人前行。那个时候聚集的人群已经成千上万，包括印第安人、梅斯蒂索人和欧洲人等，大家排成纵队来到附近的小山上，那里已经竖好了一座绞架。阿里亚加被一路纵队带到绞刑架前，其中包括一名告示宣读员和三位神父。阿里亚加已经被剥夺了官员职务，被迫脱掉军装，换上了宗教忏悔者的服装。在绞刑架前，一个梅斯蒂索人分别用西班牙语和盖丘亚语宣读了公告——这是官方仪式的一种创新之举。公告说："国王已经下令，彻底取消'阿尔卡巴拉'（销售税）、海关或波托西的'米塔'制度，同时下令剥夺唐·安东尼奥·阿里亚加的生命，以示对其破坏性行为的惩罚。"最后，图帕克·阿马鲁亲自向围观者讲话，他将阿里亚加称为"一个祸害、一个暴君"，并发誓要废止西班牙的暴虐行径，承诺要引领大家开创一个"印第安人和西班牙人"平等共处的崭新世界。[14]

在死一般的寂静中，阿里亚加上了绞刑架，他被迫"公开宣称，他以这种方式死去是罪有应得"。他的非洲奴隶被选为刽子手，负责将绞索套在前主人的脖子上。第一次尝试时绳子断掉了，没有成功，于是又换了一根绳子，在其他几个人——其中既有阿里亚加的反对者，也有他的支持者——的协助下第二次尝试，总算是成功了。"一点声息都没有，"一位观察者回忆道，"整个行动过程没有一点干扰。"如果说聚集在通加苏卡的人对图帕克·阿马鲁的严肃性还有些怀疑的话，那么对行政长官的处决则打消了任何半途而废的想法。[15]

这是本次革命运动中第一场极富戏剧性的流血事件，而米凯拉·巴斯蒂达斯在这次事件中扮演了相当笃定、相当有力的角色。在那个时代的叙事中，她被描述为处决阿里亚加的煽动者，以及整个相关仪式的积极参与者。甚至有人说，她"在精神力量的邪恶程度上超越了她的丈夫，她对处决阿里亚加的过程了如指掌。尽管她处于性别弱势，但正是她实施了那种不公正的谋杀，是她用披肩将子弹送到卫兵手中"。米凯拉也许是反叛初期最重要的催化力量，促使一场地方性反抗税收和强迫劳役的活动，转变为一场反殖民的暴力运动。

11月17日，阿里亚加被处决和叛乱爆发的消息传到该地区的首府库斯科。战时委员会迅速成立，对激烈的反叛活动持坚决抵制态度。于是，一支由八百人组成的军队在费尔南多·卡布雷拉的率领下，前去镇压起义。卡布雷拉对军队施加了极大的压力，于是军队在11月18日迅速到达了距离旋涡中心通加苏卡五英里远的桑加拉。他们驻扎在当地的教堂中准备战斗。然而，这个选择相当愚蠢。西班牙军队被围困在教堂之中，由于地势不利，他们面对冰雹般砸落的石头与子弹，根本无力逃脱。而在教堂内，他们无比优越的火力毫无用武之地；在教堂外，图帕克·阿马鲁命令教堂的神父将圣礼移走，因为他要将教堂连同西班牙军队一起放火烧毁。他提出，如果西班牙部队中的印第安人、梅斯蒂索人或克里奥尔人宣布放弃效忠西班牙，他就准许他们自由。一些人权衡了一下他们的胜算，最后决定接受提议，其他人则都在教堂中被活活烧死了。图帕克·阿马鲁看到这一惨状，虽胜不喜，似乎真的因为被迫采取这样的行动而难过。除了费尔南多·卡布雷拉——那个迫使他动手的人——的尸体外，他出钱将其他尸体全部安葬。有人这样记述道:"他找到了卡布雷拉横在地上的尸体,便过去踢了一下尸体的脑袋,意思是说,就是这个愚钝脑袋,使他落得如此下场。"[16]

米凯拉的丈夫在战场上与西班牙人兵戎相见,而她自己却成了革命领袖。她在通加苏卡的总部一跃成为整场运动的焦点。她监督军队的供给,指挥后勤行动,维持叛乱支持者们的纪律。她以自己的名义指导参加反叛的城镇修建防御工事,保障物资供应,招募增援部队,并下令反叛部队在帽子上戴上棕榈十字架作为统一制服的基本标志。作为领导者,她容不得任何异议,有种令人既不敢违抗又心怀敬畏的气派。她把教堂门上的官方法令撕下来,张贴上自己的命令。她号召人们投身于这项事业,并用"坏政府"的故事以及西班牙残酷执政的事例激励士兵。她向追随者们承诺,除了向印加国王奉上传统的贡品之外,他们不用再缴纳其他任何税收,她使他们心怀回归黄金时代的美好希望,即西班牙人到来之前的"他们的偶像崇拜时代"。凡是抵制反叛和拒绝加入反叛队伍的人,都被她惩罚、逮捕甚至处死。一封封信件从她笔下飞到了各地的联络人手中,那些人奉命组织叛乱,以此吸引更广泛的公众注意到他们的目标。一封封回信又潮水般涌入通加苏卡,寻求她的建议和指示。据说,无论是效忠她还是反叛她的人都非常惧怕她,人们对她比对图帕克·阿马鲁本人更加忠诚、更加顺从,也更加尊重。她的丈夫是这场革命的公共象征,而米凯拉·巴斯蒂达斯却是这场革命的心脏,这场革命的灵魂,这场革命的气魄,这场革命的智慧源泉。[17]

巴斯蒂达斯的战术与组织洞察力使她相信,若要革命取得成功,就一定要拿下库斯科,切断其与利马的联系和物资供应渠道。她给丈夫写信,敦促他将精力集中在库斯科上,并颁布法令,指示她的支持者切断连接利马和库斯科的重要纽带——阿普利麦克大桥。但是,正如她所担心的那样，行动已经太晚了。她曾经多次告诉丈夫"要立刻进军库斯科，但是你就是不肯认真对待。这就给了他们准备的时间，现在他们已经准备妥当，你已经不再占据任何优势了"。当图帕克·阿马鲁和他的部队终于接近库斯科时，已经是1780年12月底，一切都无济于事了。由于没有足够的枪支去动摇库斯科的防御，攻城略地也已经不再可能，于是叛军迫不得已准备实施围城。1781年1月10日，随着西班牙增援部队的逼近，图帕克·阿马鲁被迫解除围城之势，将精力集中到其他地方。[18]

随着反叛部队从库斯科撤退，革命联盟内部开始出现裂痕。米凯拉·巴斯蒂达斯和图帕克·阿马鲁已经尽了最大的努力来抑制追随者的暴力行为，并用最能吸引印第安人、梅斯蒂索人、克里奥尔人甚至欧洲人的措辞说服他们，不要在反叛中采取过激行为。他们曾小心翼翼地不对天主教会或者西班牙君主制在行动和言辞上进行直接攻击，也曾努力制止和谴责对中立派欧洲的攻击。但是随着叛乱的蔓延，这种克制姿态变得越来越难以执行，而且反欧的暴力事件只会强化忠诚主义信念。后来库斯科的主教对叛军的行径予以强烈谴责，并宣布米凯拉·巴斯蒂达斯和图帕克·阿马鲁为"国王的叛徒，因为他们蓄意破坏和平，蓄意篡夺王室权力"，继而将他们逐出教籍。这使得他们克制过激行为的努力遭到进一步破坏。主教是有着较高宗教地位的领袖，他的言论使态势的发展令人担忧。教会长期以来都是土著人民利益的捍卫者，因此这些领袖希望教会能够施以同情之心。他们的追随者大多都是虔诚的天主教徒，如果他们继续跟随已经被逐出教会的领袖，那他们也要付出被逐出教会的代价。[19]

巴斯蒂达斯和图帕克·阿马鲁曾希望印加老贵族能加入印加复兴运动，但他们同样不屑一顾，并持批评态度。那些贵族几经努力，已经登上殖民世界的顶峰，通过与西班牙人和克里奥尔人的精英通婚，其权威地位已被广泛接纳。他们在帝国体系中投入太多，不可能对图帕克·阿马鲁的反叛活动表示欢迎，甚至将其视为没有真正贵族根基和印加皇室血统的暴发户和骗子。在库斯科战役败北之后，反叛队伍内部出现的背信弃义现象导致图帕克·阿马鲁对所有拒绝加入革命运动的西班牙人、梅斯蒂索人和土著精英进行猛烈抨击，下令对他们实施立即处决，将一场基础广泛的反殖民革命转变为印第安人反抗西班牙人的种族战争。[20]

随着其军队的战败，联盟呈现消散之势，新的反欧战争也将其隔绝在外，末日即将到来。在围城之后，西班牙军队得到了从利马和远至现代哥伦比亚的卡塔赫纳派来的援军相助。保皇派的队伍不断壮大，首先是克里奥尔精英加入，接着梅斯蒂索人和印第安人也先后放弃了如今看来注定要失败的事业。随着西班牙取得了一系列的胜利，并通过大赦引发了大规模叛逃之后，增援的浪潮渐成汹涌之势。到了1781年3月底，帕图克·阿马鲁踏上了逃亡之路，米凯拉·巴斯蒂达斯和孩子们也跟随其左右。他们逃离了乡村，保皇党人的不断骚扰令他们惶恐不安。在接下来的几周里，西班牙人将他们包围起来，连续对他们进行毁灭性痛击。他们失去了叛军最为重要的两名指挥官，几天后，图帕克·阿马鲁的叔叔被俘。他们已经无处可逃，被一支完全由安第斯土著居民组成的西班牙队伍死死困住，原本希望激励人民并领导人民获得自由的这一对夫妻，如今却遭遇命运反转，苦不堪言。4月初，他们最后一次试图冲出敌人的包围圈，但以失败告终。

尽管如此，阿马鲁和巴斯蒂达斯双双发誓要继续战斗，并向兰圭一个值得依赖的盟友寻求庇护。从表面上看，文图拉·兰达埃塔上校敦促这对夫妇继续战斗，并承诺如果他们停止逃亡，转身继续与西班牙人作战，那么他就会带来大批增援部队，听他指挥，与他并肩作战。而实际上，兰达埃塔的心里早已同其他许多人一样，认为叛乱事实上已经结束了。西班牙在全国范围内四处追捕猎物，凡他所见，处处都是镇压和报复，因此兰达埃塔坚定地认为，只有将叛乱的首领抓住，苦难才会停止。于是，当这对毫无戒心的夫妇在兰圭停下来吃午饭时，兰达埃塔组织了一支人马前去抓捕他们。当兰达埃塔率兵走近时，他的意图已经昭然若揭了，阿马鲁和巴斯蒂达斯以及他们所有的家人试图逃离，但全部被抓获并监禁起来。图帕克、米凯拉和他们的孩子分别被关在单独的牢房内，他们孤独而沮丧，因为"在去往永恒的彼岸之前，除了在处决之日，他们再不能彼此相见，再不能彼此相依，更不能互道永别。这令他们无比悲伤"。而库斯科则沉浸在一片欢腾之中，等待他们走向命运终点，等待丧钟敲响的时刻。[21]

在库斯科，巴斯蒂达斯受到审讯。在西班牙人看来，她丈夫的罪孽已经确定无疑，但是对家长式的西班牙当局来说，巴斯蒂达斯在叛乱中的作用却相当模糊，难以界定。在对她的审讯中，米凯拉尽了自己最大努力来满足西班牙人对女性弱点的概念化印象。当被问到为什么要坐牢时，她回答说，"因为她的丈夫杀死了阿里亚加"，并巧妙地避开了关于她在叛乱中发挥的作用及相关后续问题。她声称，她事先并不知道她丈夫要抓捕阿里亚加的计划，说他只谈起过要废除强迫劳役、税收和关税的愿望，并坚持说，如果不是她丈夫的暴力威胁和严密监控，她就会离开叛军逃到库斯科去。当被要求指认叛军首领时，她说她不知道，要问她丈夫才行。当她面对大量证据，证明她曾发出无数指令指挥叛军的行动时，她回答说，她的确签署了这些指令，但是她完全不知道指令的具体内容，因为她既不识字，也不会写字。为了逃脱对她在叛军中所起作用的指责，她简直是精明至极。不过，西班牙当局从其他途径对她在运动中所起的积极作用有了非常清晰的了解。于是，她被指控"与丈夫一起进行武装革命"，协助谋划、抓捕并处决阿里亚加，持续"坐镇掌权，下令召集民众参加革命"，甚至"单枪匹马离开通加苏卡，前往其他各个地区招募人手，并且胆大妄为、无所顾忌地以自己的签名进行授权，多次向这些地区的人民发号施令"。尽管她竭尽全力扮演俯首听命的下属和百依百顺的妻子形象，但是真正的米凯拉·巴斯蒂达斯却是一位极其活跃能干、极富煽动能力、令人无比敬畏的女性，是革命的真正核心所在。[22]

1781年5月18日，米凯拉·巴斯蒂达斯、图帕克·阿马鲁和他们的孩子终于团聚了，只不过这是他们中的任何人也不会选择的地点。他们拖着沉重的铁链和脚镣，被塞进袋子后用一队马匹拖到库斯科的中心广场上。那里已经围满了士兵，同时还有一大群围观者，但是很明显没有一个是印第安人。这罪孽深重的一家人在绞刑架前最后一次团聚了。米凯拉·巴斯蒂达斯和图帕克·阿马鲁不仅被判处死刑，而且还被判眼睁睁看着他们的家人在他们面前被肢解并处以极刑。广场上出现了一片诡异的寂静，大家都注视着四位叛军领袖，包括米凯拉的哥哥安东尼奥和被迫为阿里亚加行刑的那个奴隶。他们俩被绞死之后，接下来便轮到了图帕克的叔叔弗朗西斯科和这对夫妇的孩子希波利托。他们也被绞死，但尸体却遭受羞辱，即在他们的尸体被扔下绞刑架的台阶之前，他们的舌头先被撕扯下来。儿子之后便是母亲，米凯拉接替了希波利托的位置，她的丈夫看着她站在儿子的血泊之中。米凯拉·巴斯蒂达斯的舌头被割了下来，脖子上缠着一根特殊的绞喉。她走得颇费周折，闹出很大动静，这倒很契合她的性格。一位目击者回忆道："她是用绞喉被处死的。她的脖子又细又长，纺锤都没有办法勒死她。她承受了巨大的痛苦。迫不得已的刽子手只好把绳子绕在她的脖子上，每绕一下就朝她肚子或胸上猛踢一脚，费了好大力气才结果了她。"不过，她倒可以松一口气了，因为她不用目睹丈夫被处决的场景了。她丈夫是用四匹马将身体撕碎，然后再砍掉头颅。在对他进行肢解的时候一阵狂风突然从头顶吹起，仿佛是上天对西班牙的残酷手段感到愤怒。巴斯蒂达斯和图帕克·阿马鲁的头颅与四肢作为反抗西班牙、向西班牙复仇的代价被送往秘鲁。他们剩下的尸体则被焚烧，灰烬随风吹散，与他们的反叛事业一起化为烟尘。当时就有人这样写道:"这就是何塞·加布里埃尔·图帕克·阿马鲁和米凯拉·巴斯蒂达斯的结局。他们竟然傲慢和狂妄到宣布自己是秘鲁、智利、基多、图库曼和其他地区的国王……所有精神错乱的疯子都是同一个腔调。"[23]

然而,反叛之火并没有完全被库斯科的鲜血所熄灭。图帕克·阿马鲁的堂兄迭戈逃脱了追捕,如今他开始宣称自己是印加王位的继承人。迭戈在玻利维亚高地展开了一场游击战,针对欧洲人的种族斗争日益尖锐。在玻利维亚,迭戈与图帕克·卡塔里的力量联手作战。图帕克·卡塔里是提提卡卡湖地区一个独立革命运动的领导人,图帕克·阿马鲁的早期叛乱给予他很大启发。卡塔里带领一支四万人的部队包围了地区首府拉巴斯,企图通过阻断粮食运输将拉巴斯饿到屈服。虽然最后以失败告终,但是城中一万名居民被活活饿死。1781年11月,卡塔里遭遇背叛,最终被抓获并处以绞刑。但是迭戈一直坚持到1782年1月,最终接受了特赦条款。整个1782年,零星的暴力事件持续不断,但是叛乱实际上已经结束,至少在安第斯山脉地区已经销声匿迹了。[24]

当图帕克·阿马鲁和米凯拉·巴斯蒂达斯在新格拉纳达——即现代哥伦比亚——的库斯科围城失败而开始逃亡的时候,叛乱的幽灵才刚刚开始出现。1781年3月16日,来自索科罗的杂货商曼努埃拉·贝尔特兰撕毁了宣布对新格拉纳达征收新税的官方法令。像许多人一样,贝尔特兰对旨在改变西班牙与其帝国之间的关系,确保为西班牙对英作战提供资金的一系列改革措施感到无比愤怒。一年前,新格拉纳达的总督查官古铁雷斯·德皮涅雷斯对殖民地管理实施的一些新政就引发了反对的声音。这些新政与西班牙和大英帝国在其他地方实施的改革如出一辙,即为了增加收入,扩大了税收范围,严厉打击走私和违禁贸易,再次加强重要商品(即白兰地和烟草)的垄断地位。同时,克里奥尔人的法官和官员也被西班牙的行政官员所取代,从根本上颠覆了帝国宗主国与外围地区之间早已存在的更加自治的关系。更糟糕的是，对英战争需要资金，于是增加税收和"自愿"捐赠成为必然之举，甚至要求每个成年男子为了支持西班牙战争，都必须支付一笔费用。[25]

在北美，为了追求相似的目的而通过的类似改革，已经引发了抗议与叛乱，而新格拉纳达也紧随其后。曼努埃拉·贝尔特兰对西班牙法令的攻击点燃了骚乱的星星之火，很快便在新格拉纳达的城镇中形成燎原之势，最终蔓延到乡村。地方的领导人互相联合起来，成立了委员会，为了促进变革，领导了一场有组织的抗议活动。一支小规模的政府军队被派去镇压暴乱，但是被轻易地击败。这引发了更进一步的、更具攻击性的行动，包括向地区首府波哥大发起游行活动。暴乱演变成全面的大规模叛乱，似乎任何力量都无法阻止。西班牙军队都已经到其他地方执行任务了：在秘鲁，军队都被从新格拉纳达调离去协助对抗图帕克·阿马鲁的叛乱；在加勒比海地区，西班牙则在危地马拉和佛罗里达与英军作战；在卡塔赫纳，即新格拉纳达的总督所在地，则正在为确定无疑即将到来的英军进攻做着迎战准备。事实上，波哥大的专业士兵只有七十五名，他们却要对抗两万名武装反叛人员。西班牙帝国正处于崩溃的时刻，对于击退叛军是毫无希望的。1781 年 6 月，新格拉纳达当局被迫同意了叛军的要求，包括废除新的税收及商品垄断，终结印第安人缴纳的贡税，以及在新格拉纳达建立一个几乎完全自治的殖民地"克里奥尔人垄断办公室"。至少在目前看来，这场危机就此解除。[26]

如果当初米凯拉·巴斯蒂达斯、图帕克·阿马鲁二世和他们的追随者寄望于英国的援助，而英国希望利用西班牙帝国的动荡实现分裂和征服的目标，那么他们最后都将会失望。曾有报道称，在哈瓦那和北美，"三艘英国军舰已经抵达南部海域，船上运载着供土著人起义所使用的武器等资源"，但是事实上，英国远征军根本未能掌握主动权，而是在距太平洋数英里的圣胡安堡搁浅了。肯布尔的增援部队在1780年4月一抵达，最初的兴奋之情便迅速消失了。在被征服的西班牙堡垒中，恐怖的阴影渐渐侵袭过来。7月7日，肯布尔和一支由二百五十名士兵组成的队伍逆流而上，驶向尼加拉瓜湖。到那时为止，即使新来的士兵也已经在灼人的热浪和连绵的阴雨中度过了两个多月的时光了，后果开始逐步显现。迫使纳尔逊撤退的疾病迅速在英军及其盟友的队伍中传播。很快健康士兵的人数就完全不足以建造庇护所、运送物资和照顾病人了，士兵们不得不离开队伍，他们或十人一群，或二十人一队，甚至七十人一伙，一拨一拨前往海岸进行康复治疗。而派来替代他们的增援部队，到达的时候也都已经病倒了。到了6月，已经病到丧失了行动能力的肯布尔这样记述道："所有的军官，有一个算一个，几乎全部病倒。大家的帐篷都破败不堪，连雨都挡不住。我本打算盖些棚屋，但是根本找不到人手去做。粮食也非常短缺，短缺程度令我震惊。士兵们一返岗肯定会旧病复发。整个部队病得太厉害了，有些部队连个站岗的人都找不到。"连绵的阴雨和"无比潮湿的天气"耗尽了大家的体力，原本靠胶水黏在一起的箱子都因为浸透了水而散开了，没有鞋袜、没有毯子、没有衣服的士兵，一次又一次地被疾病击垮。疾病反反复复造访军营，频繁到连外科医生自己也"沮丧得要命"，最终一病不起了。[27]

由于西班牙对布莱克河地区的突袭迫使英军折返，纳尔逊也被迫让大部分志愿者离开队伍，这导致英军的数量进一步减少。英国的"莫斯基托盟军"也开始放弃这一事业，使肯布尔的军力进一步被削弱。说服志愿者参加远征军的原因，是承诺让他们报复那些讨厌的西班牙人，而且承诺他们可以轻易掠夺西班牙人的财物。可是当圣胡安堡沦陷时，却不允许他们对圣胡安堡实施抢劫，也不让他们将二百名西班牙囚犯中的任何一名抓来当奴隶卖掉。无论在英国人眼里这多么人道，但他们认定这是背信弃义的行为，再加上莫斯基托海岸猖獗横行的疾病，都激怒了这些盟友，导致他们大批大批地退出远征军。这对远征军是非常严重的打击，不仅由于人员的减少，更由于失去了至关重要的当地向导，以及最适合在河上穿行与运输的小船和独木舟。肯布尔用武力夺取了莫斯基托海岸的一些小船，但是没有印第安人，他们几乎都不知道如何使小船向上游行进。[28]

尽管如此，肯布尔依然决定前往尼加拉瓜湖，即使7月7日能够陪同他的部队已经减少至二百五十人，其中一百多人已经因病而虚弱得几乎不能做事，只能一路"享受"行程。因为有西班牙俘虏从其囚禁地圣胡安堡逃出，守卫尼加拉瓜湖的西班牙人已经得知了英军即将到来的消息。当肯布尔得知对方已经做好应战准备时，震惊得简直如同遭到了最后的致命一击一般。他的部队已经被疾病折磨和摧残得心力交瘁，他的盟友已经消失得无影无踪，而西班牙人居然做好了准备。肯布尔最终只能放弃太平洋之梦，退回圣胡安堡进行防御。但在圣胡安堡，士兵们的条件并未得到任何改善。疾病依然在英国远征军中肆虐，迫使肯布尔将大量人员送回海岸进行休养，只剩下德斯帕德和一支小分遣队坚守要塞。然而，海岸并没有实现休养康复的愿望。当肯布尔到来时，他眼前看到的是世界末日般的悲惨景象。尸体横七竖八横陈在沙滩上，

> 病人都痛苦万分，情形令人震惊。没有任何人照看他们，甚至没有人埋葬那些躺在沙滩上的尸体。一眼望去，那凄惨场面令人惊愕。船上可怜的士兵们同样被死亡吞噬，堆积如山的污秽之物使空气中弥漫着腐烂的味道。每天都有军官死去，有些则被折磨得精神失常。他们与士兵们一样肮脏不堪，他们不管是什么地方随时就躺倒，或者好几天都无法从床上爬起来。[29]

就在肯布尔深陷在腐烂与死亡的气息之中时，又传来西班牙人可能会袭击英国人在布莱克河畔的定居点的消息。他最后命令德斯帕德摧毁堡垒，放弃阵地。1781年1月23日，最后一支英国远征军沿着圣胡安河下行返回，留下废墟般的堡垒以及数百名死亡的战友。这是一场彻头彻尾的灾难，是整个战争中英国所进行的战役中死伤最为惨重的一次。据估算，由于气候、战斗和疾病原因，英国损失了大约二千五百名士兵。参加远征的士兵只有一百三十人活着回到牙买加，其余的人不是被草草埋在丛林的浅坟中，就是被匆匆葬在莫斯基托海岸的沙滩上。[30]

回到金斯敦，英国外交部的熊熊怒火全部倾泻到远征军的原初推动者身上。杰曼勋爵在写给达林总督的信中悲叹道："死亡给军队带来无比可怕的破坏，特别是这次远征的彻底失败，无数勇士的性命被夺去，却没有获得任何公共利益。"杰曼总结说，这从一开始就注定要一败涂地，这场远征在设计上拙劣不堪，在执行上拙劣不堪，纯粹是"冒险家们杂乱无章的投机行为"。纳尔逊却在这场灾难中全身而退，事业上毫发无损——当然健康方面并非如此。波尔森在其1780年4月30日的官方声明——随后在伦敦的报纸上发表了——中特别表扬了纳尔逊。他写道："我希望语言能够表达我对这位绅士的感激之情。无论白天还是夜晚，他都是第一个走向岗位的人。几乎没有一支枪不是在他或德斯帕德手中指向敌人的。"达林也赞扬了纳尔逊所发挥的作用，并敦促杰曼勋爵将纳尔逊的表现告知国王。他还在写给纳尔逊的一封信中，将远征军最初所取得的成功"在很大程度上"归功于这位年轻的水手。纳尔逊则一如既往，直言不讳地对自己所起的作用进行了评价，声称自己是"我们成功的主要原因"。[31]

1784年6月，霍雷肖·纳尔逊回到了熟悉的加勒比海水域。自从他被病魔无情地赶出战场以来已经过去了四年时间，许多事情都与从前不一样了。西班牙和法国曾一度趾高气扬，似乎要将英国从加勒比海扫荡出去，但是在1782年4月的"圣徒之战"中受挫，法国和西班牙希望削弱英国海军霸权的希望落了空，反而确保了战后数年之内英国保持了对海洋的支配地位。英国压倒性的胜利终结了西班牙入侵牙买加的希望，重新确立了英国、法国和西班牙之间的力量平衡，确保了在1783年和平到来时，英国只在加勒比海地区做了微乎其微的让步，而法国和西班牙的利益几乎完全成了泡影。尽管法国和西班牙联合起来反对英国，但是英国还是设法保住了能够带来丰厚利润的西印度殖民地。针对牙买加和巴巴多斯的入侵计划一无所成，那些曾经被征服的小岛又回到了从前的统治者手中。从战争中走出来的英国基本保持了其在加勒比海的原有地位，在某些方面甚至还因为帝国对手的失败而变得更加强大。另一方面，法国和西班牙则一定为错失了改变该地区力量平衡的良机而懊悔不已。尽管现在和平的呼声压倒一切，但当纳尔逊于1784年重返加勒比海时，那里的局势依然异常紧张。

　　和平也使纳尔逊的角色发生了改变。他曾在加拿大服役，职责是在海岸巡逻，搜寻美国私掠船。如今，他驻扎在背风群岛，具体位置是安提瓜岛的英吉利港。他是一艘二十八门炮护卫舰"玻瑞阿斯"号的指挥官，负责保护对英国至关重要的西印度贸易。然而，敌人已经不再是法国士兵或美国私掠船了。取而代之的是，纳尔逊和"玻瑞阿斯"号负责阻止英国的加勒比殖民地与新独立的美国之间的非法贸易。独立使美国脱离了大英帝国，英国要采取措施，一定要让这个胆敢脱离宗主国的前殖民地感到独立的阵痛。1783年7月，福克斯-诺斯联合政府颁布了命令，宣布从此之后，英国的西印度群岛与美国的贸易将仅限于经营英国所有和英国建造的船只的英国臣民。这项政策的制订旨在保护英国贸易，惩罚美国贸易，但是这项政策证明在当地是极不受欢迎的。英国的西印度殖民地长期依赖北美的粮食维持生存。这些岛屿一心专注于生产糖和其他经济作物，这就意味着他们无法再种植足够的粮食养活自己。

尽管西印度群岛与北美的贸易关系非常重要，但是整个战争期间，整个西印度群岛依然坚定地忠诚英国，即使贸易中断，处于彻底毁灭的边缘，它们也未改初衷。由于粮食短缺，农作物又被几场毁灭性飓风毁坏，灾情十分严重，仅在牙买加就有一万五千多名奴隶死亡。英国的西印度群岛为其忠诚付出了昂贵的代价，如今终于能够以轻松的心情迎接和平的到来。因此，他们对于战后的贸易政策感到心烦意乱是可以理解的，因为这种政策可能会切断它们急需的与美国之间的商业纽带，而这是它们得以复苏的关键。1784年至1785年间，在圣基茨发生了多次反对新政策的骚乱，而在巴巴多斯，军队向人群开了枪，几名抗议者被打死。在一次事件中，一名海关官员甚至被涂上了柏油和羽毛，这似乎是对北方爱国者的战术表示敬意，但这样的敬意却令人担忧。随着抗议活动的不断蔓延，请愿书从加勒比海各地蜂拥而至。历史似乎在重演。[32]

纳尔逊从来不会对商人们的抱怨之声予以过多关注，但是他依然怀着其一以贯之的坚定不移的激情走上了新的岗位。飓风季节刚刚结束，他就开始在英吉利港执行新法。1784年11月，他登上了一艘从波士顿开往圣基茨的船，起程向巴巴多斯进发。在那里，他命令几艘美国船只驶离卡莱尔湾的港口。在接下来的三年中，他至少还扣押过十艘违反新的《航海法》的美国船只，为自己赢得了"铁面执法者"的声誉，甚至还引发了一场由一群尼维斯人煽动起来的诉讼案。这个声誉使得纳尔逊成为一项招人憎恨的政策的鲜活化身，他也因此成为民众怒火的发泄目标。有一次，因为害怕一上岸就会被愤怒的暴民撕碎，他被迫在船上躲了三个多月。[33]

很多与纳尔逊一起在加勒比海地区任职的同僚采取的方法更加切合实际。在官方立场上看，英国政府完全无视西印度群岛商人和种植园主的诉求，禁止恢复与美国的贸易自由，但是从实际操作层面上看，这种贸易往来是根本无法杜绝的。由于海军资源日益减少，当地反对势力根深蒂固，大多数英国军官对战后涌入英国港口的大量美国船只视而不见。英国总督、其他海军军官，甚至于纳尔逊的上级休斯上将都对这种非法贸易视若无睹。这种散漫态度令像纳尔逊这样的顽固分子非常愤怒，但是英美贸易的快速恢复的确是和平所带来的最有益的结果之一，两国都迫切需要通过贸易从战争中恢复过来。尽管法国一心希望能代替英国成为美国最重要的贸易伙伴，但英国在战后迅速恢复了其卓越的优势地位。随着非法贸易在加勒比海地区的蓬勃发展以及其他地区贸易关系的正常化，英国已经完全具备了将战争期间所遭受的打击进行消化吸收的能力。

作为贸易执法者的纳尔逊，在履职期间基本上都非常沮丧。他于1787年返回英国，在英国一直处于领半薪的状态，直到1793年英法战争再次爆发。具有讽刺意味的是，纳尔逊在加勒比海地区的失败却是英国的收获。这已经不是第一次发生这种情况了。夺取尼加拉瓜的失败就像未能保住佛罗里达一样，最终却使英国受益。保护和治理这些非生产性殖民地必然要花费大量资金，而且还要不可避免地面对西班牙和美国的袭击，而这些资金用在其他地方显然更有益处。现在这些都已经成为西班牙手里的烫手山芋了。纳尔逊要想成为他想象中的英雄，就需要等待另一次战争的到来。而对于其他许多人来说，美国战争使纳尔逊的生活发生了彻底的改变，使他走上了通往未来成功和未来荣光的道路。而对于大多数生活在这个时代的人来说，美国战争却并不是什么好事。

1783年秋天，西班牙驻法国大使阿兰达伯爵佩德罗·巴勃罗·阿巴卡·德博利亚对国王卡洛斯三世说，西班牙长期以来希望与英国和平相处的愿望终于实现了。结束战争的条约已于9月3日在巴黎签署。这本该是个值得庆祝的时刻，是漫长斗争的最后胜利时刻，是巅峰时刻。西班牙的军队似乎在每一条战线上都取得了胜利。在欧洲，虽然英国依然紧紧抓住直布罗陀不放，但是梅诺卡岛已经重新回归。在北美，何塞·德加尔维斯已经成功地占领了彭萨科拉，佛罗里达也重回西班牙手中，英国人也被一劳永逸地永远赶出了墨西哥湾。在中美洲，马蒂斯·德加尔维斯的部队重新夺回了圣胡安堡，击败了英国意在分裂帝国的企图。南美洲几乎都被战火夷为了废墟，但是秘鲁和哥伦比亚的叛乱已经被成功粉碎。最重要的是，整个战争中的转折点，即英国在约克敦的耻辱性失败，是弗朗西斯科·萨韦德拉从哈瓦那获得的西班牙比索买来的——几个月前，这位西班牙军官带着筹募的大量比索从英国人的手心溜走。

然而，曾经指挥西班牙与法国成功结盟——这是胜利的基石——的阿兰达伯爵也承认，和平"给我的灵魂留下了一种痛苦的感觉，我必须接受"。对于阿兰达伯爵来说，这场冲突的最核心问题——美国的独立——在内心激起的不是骄傲和希望，而是"痛苦和恐惧"。在北美恢复帝国、扩大帝国的努力，终不过是场虚妄幻想。为了保卫西班牙帝国，西班牙正准备与新的美国踏上冲突之路。西班牙帝国如今"在我们刚刚认识的新国家面前暴露出严重的危险，但是没有任何人能够阻止这个崭新的国家展开腾飞的翅膀"。"这个联邦共和国，"他警告说，

一诞生就是个侏儒模样。它需要两个像西班牙和法国这样强大的帝国的支持与协助才能赢得独立。但总有一天它会在那个地区成长为一个巨人，甚至是非常可怕的巨人。之后，它就会忘记它曾经从两个帝国那里受到的恩惠，它所思所想唯有自身的扩张和自由的良知。在广阔的土地上建设新人口的能力，以及新政府的优势，将吸引世界各国的农民和工匠。短短几年之内，我们就会看到真正令我们沮丧的事情：我说的这个巨人会成长为一个残暴的存在。成为巨人的第一步……就是为了控制墨西哥湾而接管佛罗里达。它通过这种方式使我们与新班牙的关系遭受侵扰。之后，

它就会涌起征服这个庞大帝国的渴望，而我们将无力抵御在这片大陆及其周边地区巍然升腾起来的强大国家。[34]

但是，西班牙的美洲帝国所面临的危险并不仅来自新的美国。西班牙与英国不同，英国以贸易为基础的财富模式使它可以从北美洲的帝国领土转向帝国的其他领域，而西班牙却无力承担美洲属地的丧失，它希望在更广阔的世界舞台上展开竞争。如果没有来自印度群岛的矿产资源作为财富来源，西班牙的势力必将衰亡。而如今这已经迫在眉睫了。正如未来的第一部长曼努埃尔·戈多伊所承认的，"或许无人知道，在1781年至1782年，当那个著名的康多拉基的叛乱升级时，我们差一点就失去了秘鲁的全部总督辖地以及拉普拉塔的部分辖地。这场风暴的汹涌程度，在新格拉纳达都能感受到，甚至连新西班牙都受到波及"。[35]目前，危机得以避免，在美洲的军事部署得到加强，改革计划重新启动。像萨维德拉和阿兰达伯爵这样的人所发出的"凶事预言家"的呐喊，却常常被有意忽视，因为大多数人更喜欢沐浴在胜利的虚幻曙光之中。事实上，这场胜利所带来的灾难性后果，比"七年战争"的惨败还要严重得多。军事干预的代价、流产的巨型舰队、对直布罗陀无休止但最后以失败告终的围攻，以及对美洲的防御，耗尽了西班牙的国库，造成了战后乐观主义情绪的严重错位。

事实上，正是西班牙在美国战争中取得成功的虚假表象，才是西班牙衰落的终极根源。表面上看，对英作战的胜利似乎证明了西班牙帝国主义扩张和军事政策的正确性，标志着复兴的西班牙帝国进入了一个新的黄金时代。因此，始于18世纪60年代、由何塞·德加尔维斯不遗余力、毫不留情推动的改革被肆无忌惮地扩大。殖民地政府进一步集权，殖民地的税费与收入的提取更加严格，殖民地的不同政见受到更强有力的镇压。所有这一切都坚定不移地指向一个目的，即资助军队继续扩张，继续与英国在全球范围内展开激烈竞争。到1788

年，西班牙有近四分之一的开支用于与英国展开海军军备竞赛——到了18世纪90年代，这一数字上升到40%。这些资金没有用于商业投资和经济基础设施建设，而是全部投入到与英国进行的长期竞争当中。但是，即使从短期来看，帝国从金条、税收和国家垄断中获得的收入，也不过是西班牙债务和军费支出之海中的一滴水珠而已。美国战争已经耗尽西班牙的国库，要继续支持军事扩张，就必然需要越来越多的殖民地收入。为了获得这笔收入，殖民地政府便采取了更加集权的专制手段，使整个帝国的企业都转向为西班牙的利益，而且只为西班牙的利益提取收入。这种政策使得殖民地居民日益疏远，因为他们承担着越来越重的财政负担，但与此同时却越来越被排挤在殖民地管理之外。作为一种小小的补偿，克里奥尔人获准加入从前以西班牙人为主导的殖民地军事机构，而且加入的人数之多是空前的，最终导致了军官队伍性质的变化，给西班牙帝国的控制机制带来了严重的后果。[36]

尽管集权化的全部努力和注意力都集中在以牺牲贸易为代价的税收提取上，但为了稳定西班牙战后岌岌可危的财政状况，仍然需要采取节约成本的措施。在取得了美国战争表面上的成功之后，作为西班牙军事战略核心的海军开支无论如何都不能削减，因此只能削减其他方面的开支。1786年，为了节省开支，西班牙放弃了在整个帝国范围内轮流驻军的传统政策，取而代之的是固定驻军政策。这节省了从西班牙向帝国各地运送军队的开支，但是当其与克里奥尔人接管了军官队伍相结合时，新政策就使得殖民地的军队成为地方自治的克里奥尔人的机构，其利益取向和忠诚对象都更倾向于殖民地，而非帝国宗主国。这就是说，经过战争证明的西班牙战略，一方面使其殖民地的臣民背负了更加沉重的财政负担，承受着一个更具侵略性与专制性的政府；另一方面又缺乏政治权威，将其他更多的军事力量交到了殖民地手中。这无疑是个灾难性的药方。[37]

在南美洲，一个新的革命周期即将登上历史舞台，这是受美国战争的混乱年代所激发与影响的结果。正如阿兰达伯爵所担心的那样，战争结束之后，西班牙帝国面临着"最为严重的动荡与混乱"。图帕克·阿马鲁和米凯拉·巴斯蒂达斯的叛乱引发的暴力行为，导致十万名印第安人和至少四万名克里奥尔人、西班牙人死亡，整整占了该地区人口的十分之一。叛乱还导致了土著人民与欧洲人之间的隔阂，种族间曾经流动的现象凝固下来，种族边界感加深。这已经被编入法典，进而推进了官方对土著文化的镇压。印加的《皇家评论》杂志因为曾经对图帕克·阿马鲁起到激励作用而被取缔，甚至身穿印加服装也被视为非法行为。传统的印第安世袭官职制度被废除，盖丘亚语的使用范围也受到严格限制，在戏剧和绘画中描绘印加统治者的行为也被严厉禁止。[38]

西班牙在美洲的天然盟友克里奥尔人，也在西班牙新政的执行过程中被疏离。这种改革将他们排除在帝国统治的高级职位之外，使他们甚为恼怒。而且，他们的自治权利也以加强帝国宗主国统治的名义而受到严格限制，这同样使他们怒火中烧。正是由于这些原因，许多人最初都站在了图帕克·阿马鲁的阵营中，只是到后来，由于它越来越激烈的反欧倾向，才导致他们放弃了这一事业。与大英帝国一样，一种新的截然两分的态势已经形成，它将西班牙的中心利益与殖民地的需求和愿望完全对立起来，离间了西班牙和帝国的天然支持者之间的关系。克里奥尔人和梅斯蒂索人感到自己不再是帝国的伙伴，他们也因此背离了帝国宗主国的利益，确立了更加清晰的殖民地身份，在这些群体之间创造了反抗中的统一感。这种新兴的殖民地身份越来越表现出反帝国主义和渴望独立的倾向。图帕克·阿马鲁叛乱和平民的起义昭示了这种日益增长的反帝国主义倾向的第一次开花。在秘鲁，反抗运动随着种族分裂一起蹒跚前行，但是毕竟起到了示范作用。在哥伦比亚，西班牙帝国的弱点日益暴露出来，团结一致的殖民地抗议活动和武装活动的有效性得到了证实。

18世纪90年代，财政枯竭、过度扩张的西班牙帝国，在进一步战争的压力下崩溃了，早已感到格格不入的南美洲各民族将在一系列的革命中崛起。1810 年从委内瑞拉开始的革命，很快就席卷了整个大陆。对于未来的革命者而言，就像参加过美国和法国革命的委内瑞拉退伍老兵弗朗西斯科·德米兰达一样，美国革命、英西战争和南美洲起义，最后都证明是有益的。德米兰达曾在彭萨科拉和约克敦参加过战斗，他坚信英属美洲争取独立"是必然的，它为我们自己的独立吹响了号角，坚定了必胜的信念"。在哥伦比亚和秘鲁，未来要进行叛乱的种子已经播下，许多寻求革命收获的人会从美国战争及其所开创的世界中找到灵感与动力。[39]

1825 年，从西班牙治下将委内瑞拉、玻利维亚、哥伦比亚、厄瓜多尔和秘鲁解放出来的西蒙·玻利瓦尔，收到了一位刚从西班牙来到这里的老人的信件，信的字里行间洋溢着欢快的语气。信中说："我以神圣祖先灵魂的名义，对新世纪的美国精神表示祝贺。"信的署名为"胡安·鲍蒂斯塔·图帕克·阿马鲁"，也就是说，这封信是由图帕克·阿马鲁二世的兄弟寄来的。他与米凯拉·巴斯蒂达斯的儿子费尔南多以及其他亲属一起，在西班牙度过了数十年的监禁和流亡生涯，直到 1822 年才返回到布宜诺斯艾利斯。对于胡安·鲍蒂斯塔来说，南美洲的解放使他回忆起上一次印加起义的所有往事，于是他写信给玻利瓦尔，既祝贺他取得的成就，也提醒他斗争真正开始的地方。"作为印加故乡的朋友，我想我必须要对哥伦比亚的英雄、南美洲广大国家的解放者表达热烈的祝贺，"他写道，"我的内心充满无上喜悦，原因是双重的。我虽然历经磨难，却活到了八十六岁，并在这样的高龄看到伟大的、无比公正的斗争取得了圆满结局，使我们充分享受到权利与自由。这是我深受敬仰的兄弟、秘鲁帝国的烈士何塞·加布里埃尔·图帕克·阿马鲁的目标，他的鲜血化作犁锄，使这片土壤结出了最美的果实。"玻利瓦尔现在可以收获这些果实了；而将独立的种子播撒到南美洲的，无疑是美国战争。[40]

第六章
欧洲的衰弱与俄国对克里米亚的征服

    1781年，就在康沃利斯勋爵率领军队从约克敦半岛投降的那一刻，在五千英里外的黑海岸边，克里米亚的可汗沙欣·吉莱正在逃离克里米亚半岛，一队叛军紧随其后。吉莱从来就不是一个受欢迎的统治者。他能够于1777年继承王位，主要是得益于俄国的支持。就在那一年，他也几乎命丧反叛者之手，只是由于叶卡捷琳娜为了保护其傀儡政权而派遣俄国军队进行了镇压，他才幸免于难。1782年初，新兴的叛乱显然比之前更加严重。到了4月，叛乱之火已经蔓延到贵族和军队之中，吉莱迫不得已与俄国驻卡法领事乘小船逃离克里米亚首都，怀着渺茫的希望到附近的俄国要塞刻赤尝试寻求安全庇护。在被废黜了可汗的地方，叛军选举了他的兄弟巴哈迪尔·吉莱继位，这一举动迅速得到了奥斯曼苏丹的支持与官方认可。这样就有两个可汗都声称拥有克里米亚的王位，一个得到了奥斯曼苏丹的认可，另一个得到了俄国的支持。这一分歧恰如其分地反映了克里米亚汗国动荡不安的历史。

    克里米亚汗国起源于13和14世纪无情而暴虐地横扫了欧亚大草原的蒙古部落。1338年，克里米亚半岛落入蒙古人手中，成为金帐汗国的一部分。1441年，沙欣·吉莱的祖先成功建立了独立的克里米亚汗国，由吉莱王朝统治了几个世纪之久。随着奥斯曼帝国在15世纪的稳步扩张，克里米亚汗国也逐渐被带入了伊斯坦布尔的势力范围。1478年，克里米亚成为奥斯曼苏丹的附庸国。尽管有官方承认的从属关系，但克里米亚汗国依然保持自治，并与奥斯曼帝国建立了互惠互利的伙伴关系。克里米亚成为奥斯曼帝国与其在中亚的敌国之间的缓冲地带，而奥斯曼帝国则保护克里米亚汗国使之免受虎视眈眈的新邻国的入侵。[1]

克里米亚汗国与北方邻国的关系就没有这样的优势了。俄罗斯曾屡次受到克里米亚的入侵，直到1504年，莫斯科仍然被迫要向可汗进贡。近二百年的创伤性入侵与屈辱性赔款，给俄罗斯人的心理造成了深刻而持久的影响。在俄罗斯人眼里，克里米亚就是无人能敌的妖魔鬼怪。16世纪末，潮流终于朝着有利于俄罗斯人的方向转变，俄罗斯人以全部的爱国热情和宗教虔诚向克里米亚发动攻击。在俄罗斯人的宣传中，鞑靼人被描绘成专制而残忍的民族，既是俄罗斯人的古老敌人，也是现代祸害。作为中世纪基辅罗斯的继承人，俄罗斯的统治者宣称，克里米亚是其合法遗产的一部分，是属于他们的被偷走的土地。随着沙皇俄国在17世纪的扩张，其与克里米亚的冲突便不可避免地将汗国的保护者奥斯曼帝国也牵扯进来，引发了两个扩张主义帝国的一系列长期战争。1781年反对沙欣·吉莱的叛乱，以及将其兄弟选为势不两立的另一个可汗的事件，形成了一种新的威胁，克里米亚的冲突呈蓄势待发之势。[2]

有人或许会认为，俄国南部边境的暴力骚乱会引起俄国女皇的深度忧虑，而叶卡捷琳娜却在别人眼里的危险中看到了机会。早在1768年，叶卡捷琳娜与奥斯曼帝国开战的时候，情形就大致如此。那时正值"七年战争"之后，由于战争的疲劳和法国的损失，使得奥斯曼帝国丧失了盟友，脆弱到不堪一击，给了俄国攻城略地的机会。俄国和土耳其的战争一直持续到1774年，发动这场战争的主要目的是为俄国海军在温暖的黑海港口赢得急需的立足点。在漫长的冬季，坐落在圣彼得堡港口的俄国首屈一指的海军基地克朗斯塔特便被完全冰封，致使其舰队完全失去了战斗力。船只"被牢牢地绑在港口，索具全都被拆除，船身挂满了冰柱"。在这种情况下，如果俄国希望在与欧洲列强在军事和商事竞争中拥有不相上下的抗衡能力，那么叶卡捷琳娜就必须建立和扩大濒临崩溃的俄国海军，而进入黑海是扩军的必由之路。同时，俄国要想进一步征服奥斯曼帝国，甚至进而征服辉煌闪耀的都城伊斯坦布尔，黑海也必须成为其至关重要的舰队集结之地。如果黑海真的成为俄国的内湖，那么叶卡捷琳娜将苏丹的皇冠戴在自己头上的梦想就会变成现实。[3]

对俄国人来说，1768年与奥斯曼帝国的战争进展得非常顺利，大片大片的土耳其土地落入了叶卡捷琳娜手中。尽管英国、法国和普鲁士被灾难性的"七年战争"拖垮了，依然处于厌战的情绪之中，但是俄国在18世纪70年代取得的成功着实令他们震惊，他们害怕无往不胜的俄国会破坏1763年《巴黎条约》所建立的微妙平衡。无论是俄国还是奥斯曼帝国都无意和平——叶卡捷琳娜依然希望巩固战果，而苏丹则希望收复一些失去的领土——但是在1772年，普鲁士、奥地利和英国强行令其停火，并使交战双方坐到谈判桌前。然而，没有一方对调解后的和平结果是满意的，于是零星的战斗又持续了近两年之久。俄国控制了港口城市亚述和刻赤，成功地在黑海建立了桥头堡，俄国也成为奥斯曼帝国所有基督徒所公认的守护者（这一地位也成为将来战争的借口），而奥斯曼人则保住了大部分在战争期间被俄国人占领的土地。作为这场战争焦点的克里米亚则摆脱了奥斯曼帝国的控制，获得独立。但是，克里米亚可汗却越来越成为俄国控制下的傀儡，1777年继位的沙欣·吉莱更是如此。俄国的确取得了重要的战果，但是由于欧洲列强的干涉，叶卡捷琳娜无法实现她为海军建造一个温暖水港的真实目的。就在这种危机四伏的情况下，1781年克里米亚发动了针对沙欣·吉莱的反叛活动，为1768年的战争中未能实现的野心提供了一个诱人的机会。

俄国计划的关键是美国战争和"武装中立联盟"的成立。叶卡捷琳娜和她最信任的大臣，也是她的前情人格里戈里·波特金亲王，多年来一直在为他们的克里米亚大戏铺路搭桥，而反抗沙欣·吉莱的叛乱活动为他们提供了渴盼已久的行动机会。在之前的土耳其战争中，英国曾出面阻止叶卡捷琳娜征服克里米亚，法国则一直扮演奥斯曼帝国欧洲保护人的角色。由于二者都因美洲战争以及波及全球的世界战争而分了心，因此几乎不再具备干预的意愿，也没有能力再进行干预了。只要俄国保持中立，西方列强就不会来主动挑衅，那么当欧洲列强全神贯注在西方奔忙时，她就可以在东方翻云覆雨。她现在唯一的任务就是保证其他欧洲国家都不来插手俄国事务。

中欧和东欧的列强——普鲁士、奥地利、瑞典、丹麦和俄国——世世代代互相挑衅掐架，偶有和平那只是罕见的例外。事实上，仅在18世纪前三分之二的时间内，就至少发生了三次大规模的战争和许多小规模的摩擦冲突。由于世代相传的久远敌意，在英国、法国、西班牙和荷兰不断兵戎相见、激战正酣的时候，东部列强只是冷漠地站在一边隔岸观火。甚至在欧洲不可避免地被一步一步缓慢拖进这场冲突的时候，东部国家依然尽最大努力保持中立——既不想招来法国或英国的敌意，也不想将自己的阴谋暴露给虎视眈眈的邻国。尽管外表上拿腔作态，但是中立绝对不意味着漠不关心。事实上，每一个中立的国家都在静待能够取得优势的最佳时机，这些随时准备加入战斗的人都警觉地注视着风向变化。1780年，他们安插在欧洲的特工开始向英国和美国传播这样的流言，说中欧和东欧的所有列强要结成联盟，这对冲突中的英美双方来说，既提供了诱人的无限可能，又预示了潜在的种种危险。这样的联盟如果对其中一方表示支持的话，肯定会不可逆转地改变力量平衡。战争本身的命运、美洲殖民地的命运，很可能就取决于这个东部国家联盟的性质与利益。

1780年3月，叶卡捷琳娜二世正式宣布成立"武装中立联盟"。该联盟由波罗的海的海上强国俄国、瑞典和丹麦组成，旨在保护中立国的航运与商业不受交战国家的侵犯与掠夺。联盟的这种宗旨直接对英国的利益造成损害。长期以来，英国一直认为自己是海洋中的最高仲裁者，特别是1778年法国参战之后，英国保留了登上任何的、所有的中立国船只进行检查，并收缴武器或其他违禁品的权利。英国所声称的"搜查权"与其发出的封锁整个法国海岸线的声明一起，立刻疏远了北方的海洋强国，因为这些强国的经济依赖于波罗的海和北海的贸易活动。

1780年3月叶卡捷琳娜发布的声明，展示了联盟是俄国力量与外交的胜利。事实上，这种联盟的建立由来已久。俄国女皇也许是在1780年接过了联盟的衣钵，但是推动联盟创建的背后力量却是狡黠的法国外交大臣韦尔热讷伯爵夏尔·格拉维耶。法国作为正式宣战前后英国海军实施攻击的主要目标，在中立国的航运遭到破坏后，损失最为巨大。韦尔热讷很快就意识到，"武装中立联盟"不但能对英国的"海上暴政"造成潜在的破坏，而且会使英国与欧洲其他国家形成对立之势。事实上，1778年2月，美国和法国签署的条约就包括了一系列有关中立航运的政策，即中立船只和中立货物的自由流动，对违禁物品进行重新定义，同时拒绝承认对港口的封锁政策，除非有海军舰艇亲自到场进行阻止，这些都与后来出现在"武装中立联盟"中的条款几乎一模一样。

中立国联合起来对英国（对美国也有程度较小的影响）施加影响的第一个迹象，是于1778年夏天在哥本哈根举办的联合会议上讨论了英国的海军政策。无论在斯德哥尔摩和哥本哈根，还是在欧洲其他地区，美国战争都是毫无争议的首要话题。报纸上充斥着关于殖民地争取独立的故事，沙龙和咖啡馆中也几乎不再谈论其他话题。在诗人卡尔·迈克尔·贝尔曼的记忆中,他的朋友们"就英国殖民地和乔治·华盛顿等话题总是争论不休",当然还有革命的情况。对于美国事业的是非曲直,大家各执一词。有些人赞赏革命者的自由意志倾向,至少认为他们的反叛具有浪漫主义性质;而其他人却担心共和主义者的起义开创了危险的先例。瑞典国王古斯塔夫三世对大西洋彼岸发生的事情却没有那么矛盾的想法。像许多人一样,他担心美国有朝一日会成为新的罗马,"将欧洲置于其朝贡之下",但是他眼下关心的最紧迫问题是,这种思想会对他本就脆弱不堪的新宪法构成威胁。1778年,他曾向瑞典驻巴黎的大使克鲁兹吐露心声:"我无法认可支持叛军反抗国王的正确性。在将推翻每一个权威的堡垒视为时尚的时代,这种例子的模仿追随者可以说不计其数。"正如乔治·华盛顿后来所解释的,"考虑到就在最近,瑞典国王改变了该国的宪法形式,因此他对于任何有共和色彩的事情都不可能有宽容之心,而只会恐惧万分,就真的不足为怪了"。[4]

由此可见,对美国事业的公开支持其实是有限的,而对英国及其对海上贸易进行高压管控的愤怒却是普遍而深刻的。看到英国受到应有的报应,几乎所有人都会拍手称快,尤其是当战争席卷了欧洲大部分地区时,就给像瑞典和丹麦这样的国家提供了进军海外贸易的机会,而且由于它们的传统竞争对手在其他事情上忙得不可开交,它们就有机会获得丰厚的回报。在世纪之初的一系列灾难性战争之后,古斯塔夫三世对任何一方都不想做出承诺,甚至在美国战争的熊熊大火点燃世界其他地区时,他也尽力使自己的国家置身事外,并于1780年加入了"武装中立联盟"。尽管如此,正式中立并不意味着瑞典在这场冲突中一无所获。斯堪的纳维亚半岛地区的一众小国,基本上被强大的欧洲邻国挤出了不断扩大的国际贸易市场。古斯塔夫三世对历史有着极敏锐的洞察力,而且对复制其王室祖先在16和17世纪取得的国际性成功有着极为强烈的愿望。因此,他像俄国的叶卡捷琳娜一样，跳进武装中立的队伍当中，以此作为通过贸易使国家富强的手段，并且在无人注意的情况下，从敌人手中夺取有争议的土地。

古斯塔夫三世的目的是扩大瑞典的海外贸易，在利润丰厚的西印度群岛站稳脚跟，并将所获得的资金投入到从丹麦手中夺回挪威的事业中。他雄心勃勃的商业计划基本上是成功的，只是转瞬即逝。在1777年至1783年间，瑞典对美国的年出口额从六千一百零七泰勒（瑞典旧时货币，又称"国家圆"）增加到十五万三千零五泰勒，这还不包括越来越多的涌入英国和美国的走私货物。在法国盟友的帮助下，瑞典在战后获得了加勒比海的圣巴塞洛缪岛，该岛随后成为瑞典新成立的西印度公司向美国出售铁矿石的入口。而在通常并非是瑞典市场的亚洲，瑞典的东印度公司在战争期间的年收益率高达300%。在国内，瑞典的港口成为贸易中心，成为运输外国货物的中转站，因为作为战斗成员的商人都不敢用自己的船运输产品，以免遭到敌人的抢夺。总体而言，战争期间瑞典的出口总值增长了近二百万泰勒，开创了有利的贸易平衡，古斯塔夫三世治下的文化与艺术繁荣得到充分维系，其雄心勃勃的对外野心也得到充分支撑。[5]

丹麦同样处于从战争中获益的有利地位。由于英国的贸易被扰乱，荷兰和法国这两个竞争对手被取代，丹麦通过圣托马斯岛进行的西印度群岛贸易和印度贸易呈指数级增长。事实上，"武装中立联盟"存续阶段见证了斯堪的纳维亚海上贸易的巅峰时刻，即使地处偏远、微不足道的法罗群岛也因为美国战争而发生了翻天覆地的变化。一个名叫尼尔斯·赖伯格的哥本哈根商人，于1767年在托尔沙文建立了贸易仓库。战争期间，托尔沙文成为走私的中心，走私品从这里运往英国和爱尔兰——这些走私品大多来自被英国港口拒之门外的美国船只。在此之前，法罗群岛基本上处于与世界隔绝的状态，被困在古老的模式和节奏中无法脱身。随着战时走私贸易的兴起，它与外界的联系迅速增加，促使岛上的生活方式发生了根本性变化。[6]

然而，随着斯堪的纳维亚商业的扩张并填补了交战国留下的空白，丹麦与瑞典的船只也成为英国首先要搜寻和扣押的目标。虽然这两个国家都不想直接与英国对抗，但它们一致认为必须要采取措施保护其蓬勃发展的商业。因此，它们于6月在哥本哈根举行了磋商，结果瑞典和丹麦首次正式提出武装中立的声明。在这个会议的文书中，法国外交大臣的手印也悍然在列。韦尔热讷是中立联盟的热心支持者，为了对成立联盟施加影响，他委派一张熟悉的面孔作为他的代理人，即斯蒂芬·塞尔。由于被指控犯了叛国罪，塞尔设法逃离了伦敦——虽然这个罪名从未成立，他在前往哥本哈根参加1778年的会议之前，在法国和普鲁士以一种自由雇佣外交官的身份提供服务。根据塞尔自己的说法——他承认这是自私的，他意识到破坏英国的"海上暴政"对美国独立的重要性。因此，他安排了丹麦国王和瑞典国王的私下会晤，并在说服他们联手创建中立联盟方面做了大量工作。同时，塞尔还声称，他向叶卡捷琳娜二世发出信息，敦促她治下的俄国加入中立联盟，从而播下了1780年成立的"武装中立联盟"的第一粒种子。[7]

　　韦尔热讷努力推动创建中立联盟的核心目的，是破坏英国的海上霸权，将法国从英国封锁的压力下解脱出来。然而，叶卡捷琳娜的行为却不受法国利益的支配。从俄国的角度来看，英国并不是攻击俄国商业的唯一元凶。在美国人约翰·保罗·琼斯对波罗的海航运公司发动的突袭中，受害者也包括俄国的船只在内，这令叶卡捷琳娜极为不满。于1779年6月加入战争与英国展开对抗的西班牙，虽然目标是夺回直布罗陀，但是也对前往被围困的英国前哨的中立船只进行了攻击——其中也包括俄国的船队。8月，一艘美国私掠船在北海袭击了一支由八艘俄国船只组成的护航队，俘获三艘，其余的全部被摧毁。冲突双方对俄国船只的一再掠夺和攻击，使得叶卡捷琳娜无比愤怒，也使她坚信有必要建立一个中立国家联盟，以武力干涉的威胁来保护海上自由贸易。

但是，叶卡捷琳娜想要建立联盟的想法并不仅仅出于贸易考虑。与其他欧洲国家相比，俄国在航运贸易中的占额很小，虽然对俄国舰队的攻击有辱叶卡捷琳娜的皇室尊严，但是其商业受损程度却远远小于瑞典、丹麦或荷兰。然而，与海洋贸易自由同样重要的是俄国在欧洲列强中的地位。沙皇声称继承了罗马皇帝的衣钵，而对叶卡捷琳娜来说，联盟可以用作增强俄国对欧洲力量平衡影响的工具。女皇希望通过联盟这一手段，迫使英法两国在俄国的调解下进行和平谈判，以此提高俄国的声望，并使叶卡捷琳娜可以专注于其东部边界的帝国扩张。

对于参战国来说，成立"武装中立联盟"的消息使它们心情复杂，喜忧参半。对于法国来说，尤其是对韦尔热讷来说，联盟是破坏英国海上力量的手段，由于英国的封锁已经逐渐死死地扼住了法国的咽喉，因此他们持欢迎态度。法国对于以俄国调解为基础的和平谈判也持开放态度，只要能满足他们提出的条件就行。对英国来说，联盟是一个打击，但不至于成为灾难。与英国强大的舰队相比，所有中立国的舰队加在一起都会相形见绌，这一事实使得英国继续坚持其对任何船只、所有船只都保持搜查和收缴违禁品的权利。而这一做法很快就将荷兰也推入了联盟的怀抱，并最终与英国展开了你死我活的斗争。不管怎样，英国的一大部分海军物资，尤其是桅杆用的木材，都需要从波罗的海获得，因此在采取措施时要持更多的谨慎态度。在某种意义上说，俄国进行调解的想法更令人担忧，因为这样的谈判有可能使反叛的殖民地也在谈判桌上占有一席之地，从而加强其作为独立国家的地位。另一方面，更加严重的担忧是，由俄国主导的斡旋将导致法国、西班牙和英国之间达成单方面的和平，使美国失去盟友，其独立无法得到正式的承认。由于两个相互竞争的强国之间有如此巨大的利害关系，因此联盟的成立瞬间便让圣彼得堡成为重要的外交中心。

1780年12月15日，美国国会承认了俄国新近显现出来的重要作用，决定派遣一名部长到叶卡捷琳娜的宫廷任长驻大使。四天后，国会正式任命弗朗西斯·达纳担任这一职务。1745年6月，达纳出生在马萨诸塞的查尔斯顿。他在两岸的世系都是富有的清教徒，显赫的家世可以追溯到殖民地的最早时期。达纳的家族与殖民地的统治集团有着密切的联系，其祖父一直坚守其托利党人的世界观，至死不渝。弗朗西斯和他的父亲在围绕《印花税法案》而进行的动荡活动中表现得相当积极。弗朗西斯活跃于许多爱国者俱乐部和辩论社团，其中包括与他的哈佛大学同学约翰·洛弗尔和约西亚·昆西一起参加的社团。其父亲理查德·达纳作为著名的地方法官，则表现得更加引人注目。他是"自由之子"的创始成员，在对令人深恶痛绝的税收专员安德鲁·奥利弗的羞辱仪式中扮演了重要角色。整个事件就发生在达纳法官的家门口。一伙暴徒强迫奥利弗签署誓言，承诺不执行《印花税法案》，法官本人亲自将宣誓书递交给奥利弗，并作为证人签上了自己的名字。1770年，英国军队向一群愤怒的示威者开枪射击，这一事件很快被命名为"波士顿大屠杀"。理查德·达纳再度忙得不可开交，在随后对普雷斯顿船长以过失杀人罪进行审判的过程中，他担任公开审判的法官。理查德·达纳于1772年去世，没能活着看到爱国运动取得成果，但是他在革命运动中的先驱作用却永远不会被同僚们遗忘。回首那些日子时，约翰·亚当斯对理查德·达纳做出这样的评价："如果不是死亡切断了他的生命之线，他的名字将因为革命而不朽。"[8]

达纳父子坚守原则的政治立场，使弗朗西斯与英国和美洲的辉格党政客建立了广泛而重要的联系，其中包括约翰·亚当斯、鲁弗斯·金和新罕布什尔的威廉·埃勒里——他的女儿伊丽莎白于1773年与弗朗西斯结婚——但是，他们依然对弗朗西斯尚处于萌芽阶段的法律生涯强加阻挠。眼看着在波士顿的前途受到限制，弗朗西斯便主动要求作为马萨诸塞爱国者的代理人前往伦敦。人们普遍相信，许多伦敦人——即使不是大多数人——都对美国事业抱有同情心，尤其是著名的约翰·威尔克斯及其盟友更是如此。尽管他表面上是去拜访他在伦敦定居已久的弟弟埃德蒙·达纳牧师，但弗朗西斯的真正任务是与威尔凯特政治家们建立联系，目的是一起努力，对英国在殖民地的政策施加影响。

伦敦当时处于紧张、喧闹的状态，似乎被点燃了一样，示威、抗议和暴乱使伦敦像沸腾的蜂巢一般。在达纳到达伦敦之前，本杰明·富兰克林刚刚离开伦敦。他形容这座大都市"无法无天，暴乱横行，混乱不堪。暴徒们大白天就在街上巡行，凡是不愿意大喊'威尔克斯和自由'的人都被打倒在地……一片巨大的黑云即将在全球性的风暴中爆发"。愤怒和敌意充斥了伦敦狭窄又曲折的街道，使达纳觉得这座城市充满了各种可能。达纳和他在马萨诸塞的同志们与伦敦的激进分子有着长期的往来，他们完全有理由相信，伦敦人，或者说所有的英国民众，都对美国事业抱有同情心——这一事业当时刚刚从列克星顿的宁静田野中爆发升腾起来。在伦敦，达纳立刻进行了一系列重要的接触，在他会见的人士中，包括著名的激进人士理查德·普赖斯博士，以及其未来的外交伙伴弗吉尼亚的阿瑟和威廉·李与纽约的斯蒂芬·塞尔。但是，达纳发现他们的表现与美国人期待的完全相反，因此感到无比失望。潮流已经在缓慢但不可逆地转向反对威尔克斯派和美国的事业。达纳的出现无望避免战争的全面展开，于是他于1776年5月回到美国，给国会带去了和平将越来越难以实现的消息。[9]

在伦敦的使命受挫之后，在革命中采取迅猛行动一定会成为缓解情绪的良药。于是，达纳全身心地投入到斗争当中。在1776年作为州代表之一去参加大陆会议之前，他作为州议会的一员，协助起草了马萨诸塞州宪法。在国会，达纳直爽而纯粹的诚实品质、正直无私的性格、激烈热情的诚意，都使他受到来自立法机构各个派系越来越多的信任。他被任命为调查委员会委员，负责调查导致1777年7月提康德罗加战役失利的军事错误，以及乔治·华盛顿将军在福吉谷的军队情况。陆军内部一个以霍雷肖·盖茨和托马斯·康韦为首的派系，在国会中一个同情派的支持下，希望免去华盛顿的指挥职务，或者至少让这位拥有全权的将军屈服，使他从属于合适的国会委员会。国会和军队中的许多人对华盛顿谨慎的费边主义战略感到不耐烦，而另一些人则认为他在士兵中近乎神话一般的地位俨然预示着军事独裁统治的出现。调查委员会当时的目的是"敲打敲打这个半神一般的人物"，使华盛顿俯首听命。[10]

达纳的加入，并成为事实上的主要谈判代表，很大程度上是由于国会内部激进派的误解造成的。这个派系主要由弗吉尼亚人和新英格兰同胞组成，他们认为达纳是同情他们立场的。用塞缪尔·亚当斯的话来说，"达纳是坚定的共和党人，也是我们伟大世界的有力支持者"。达纳也许在开始的时候是同意他们意见的，但是他从来都不是没有亲眼看清情况就匆忙下结论的人。在艰苦而又寒冷的军营中度过了几个星期之后，调查委员会最终决定为华盛顿辩护，加强他在国会中的地位，并对后来被称为"康威集团"的势力给予了致命打击。尽管委员会的调查显示，达纳在派系分歧的两边依然还是相对受欢迎的，只是在康威事件之后，由于一贯头脑发热的亚历山大·汉密尔顿的公开挑衅，他差一点与他进行决斗，不过最后还是侥幸避开了。[11]

在革命之初，美国外交代表团基本上就是一个临时机构，由战争打响之后碰巧在欧洲的人员拼凑而成。这种"民兵外交"在冲突的早期很好地发挥了它的功用。但到了1778年，国会中的很多人越来越清楚地认识到，需要建设更加正式、管理更加严密的外交使团，来应对英国和欧洲其他列强，与他们进行重要而微妙的谈判。更糟糕的是，由于在欧洲缺乏正式的代表，也就意味着在战争初期，美国的许多外交活动，以及据此制定的大量外交政策，实际上都是由法国人一手操办的。对于许多美国人来说，他们有充分的理由担心法国的利益不可能与美国的利益相一致，而且，法国人或许会与英国单独建立和平关系的想法始终是美国人的心头大患。为了弥补缺乏正式代理的问题，加强美国国会对美国外交的坚定领导，消弭法国的不当影响，1779年，弗朗西斯·达纳和他的老朋友约翰·亚当斯被派往欧洲。

亚当斯和达纳于1780年2月抵达巴黎，他们一路上饱经风霜，劳累不堪。按照18世纪的标准，这样的旅程绝非易事。船队在冬日大西洋猛烈的风雨夹击中向东行驶，达纳的船不但饱受漏水的困扰，而且还遭遇了敌对英国船只的袭击，突然而起的飓风导致一只护航舰不知去向。横渡的过程太过危险，船只迫不得已在西班牙西北海岸的费罗尔登陆，在往北转向巴黎之前，还需要进行一段漫长又艰苦的陆路行程，穿越加利西亚的山脉和比利牛斯山。如果说恐怖的海上横渡让他们在踏上坚实陆地的时候感到幸福和轻松，那么穿越西班牙和法国的艰难险阻恐怕会让达纳和亚当斯对那艘破旧不堪、四处漏水的船涌起怀念之情。在加利西亚，他们的马车失事了；在比利牛斯山，达纳被高山反应击垮；在法国，他们饱受风雪侵袭。他们一路走来，天气恶劣不堪，道路泥泞坎坷，空气寒冷潮湿，住所里害虫密布，食物都难以下咽。对达纳来说，这些不过是未来滋味的预演而已。

历经了数月的艰苦行程，他们终于一瘸一拐地走进了光芒闪耀、风情万种的巴黎，但是达纳和亚当斯却几乎没有任何时间恢复身体。与英国的谈判已经在进行当中，双方都怀着达成和平协议的希望。但是，在达纳看来，诺斯勋爵提出的条件依然是遥不可及的目标。达纳曾经是国会委员会的成员，该委员会曾于1775年7月否决了诺斯之前提出的"和解决议"。达纳认为，首相这次发起的尝试与1778年命运多舛的卡莱尔委员会一样，依然不会得到更多的支持。尽管与英国的直接谈判拖延不决，未有任何实质进展，但是美国的外交官们在所有主要的欧洲之都忙于寻求认可、条约和联盟，但是有一个明显的例外。美国代理人员出现在巴黎、阿姆斯特丹、马德里、柏林和维也纳，但是在1780年，在日益壮大的欧洲大国——俄罗斯帝国——的首都，美国却依然没有派代表前往。

达纳抵达巴黎几周之后，叶卡捷琳娜就宣布了"武装中立联盟"的成立，这使得美国的外交失察显得更加引人注目。弗朗西斯·达纳被选中执行这项关键又微妙的任务的原因，一直都不是特别清晰。1780年，当他被任命为驻圣彼得堡的代理时，他并没有具体的资质来证明他能够胜任这一职位。他对俄国的历史、政治和文化都不算精通，也不会说俄语。不过，当时在俄国的精英和宫廷中，法语是主要的流行语言，因此这也算不上是主要的障碍。可是，达纳也不是什么语言学家，即使他在巴黎待了几年，与法国的官员交往甚多，也曾出入路易十六的宫廷，而且他也有意识地认真学习欧洲的外交语言——法语，但是毫无进展。然而，达纳的确拥有在欧洲工作的外交经验，可是与约翰·亚当斯和本杰明·富兰克林相比，他显然应该排在他们后面。也许仅仅因为他本人是最早向国会提出警告，提醒国会注意北方和东方列强组成联盟可能性的记者之一。正因如此，达纳被挑选出来去执行这一任务。除此之外，达纳还与对外事务委员会的主要成员有联系，其中包括委员会的主席詹姆斯·洛弗尔，他也来自"海湾州"——马萨诸塞，两人是同乡。在洛弗尔看来，选择弗朗西斯·达纳到叶卡捷琳娜女皇的宫廷去执行这个敏感的任务，是非常明智的。

不管是出于什么原因，1780年12月，弗朗西斯·达纳收到了国会的指令，开始为前往圣彼得堡的漫长旅程做准备。达纳的任务主要包括两个目的："努力博得女皇陛下的好感，使其支持美国的独立与主权"，并寻求正式接纳美国为"中立公约的缔约国，共同维护商业自由"。除此之外，给他的指令似乎有意含糊其词。在那个时代，俄美之间距离遥远，通信时间长达数月，达纳是否能够成功取决于当时当地的条件，以及"源自各处的不同消息与意外事件"，因此，达纳肩上的任务更加沉重：

> 必须要给你留出最大的空间，使你能够在得到适当的信息时完全发挥自己的渗透和勤勉精神，你的谨慎灵活使情形朝着对我们最有利的方向发展。你对公众利益的热情会引导你抓住每一个有利时机，谋划每一个应急之策，使美国成为女皇陛下及其大臣们的朋友。你对国家荣誉与国家独立无法割舍的感情，使你不会做出任何有损人民的尊严与自由的让步。[12]

法国对这个驻俄使团表示强烈的反对与阻挠，导致派遣工作似乎被无休止地拖延。直到1781年7月7日，达纳才最终告别了荷兰，踏上了前往叶卡捷琳娜大帝宫廷的旅程。达纳一行必须保持低调，不能声张，于是他们扮作绅士私下出游的模样，并未以官方外交使团的姿态招摇过市。仆人还是需要配一个的，因为但凡有些尊贵地位的绅士，身边都会至少有一个仆人陪伴左右，那些希望给外国宫廷留下好印象的人，就更应该如此。况且，还要考虑到达纳的语言缺陷，他需要一名精通法语的秘书，协助他与俄国宫廷和驻扎在圣彼得堡的外国外交使团进行沟通。他的首选秘书在最后一刻退出了，而既愿意前往冰天雪地的欧洲边缘地区，同时又会讲法语的美国人却少之又少，最后任务落在了约翰·亚当斯的年轻儿子肩上。约翰·昆西·亚当斯加入达纳的使团时只有十四岁，但他拥有值得夸耀的异常丰富的欧洲经历。1778年，他就与父亲来到欧洲，他的法语熟练程度远远超过了达纳对法语的基本要求。

为数极少的团队成员确定之后，达纳便对跨越中欧的旅程进行了规划。在确定穿越德意志的路线上他非常谨慎小心，为了避免从选侯国汉诺威经过，他选择了一条少有人行、距离绕得更远的路线，即从阿姆斯特丹行经科隆。自1714年汉诺威的选帝侯乔治成为大不列颠及爱尔兰的乔治一世以来，汉诺威和英国因为共同的君主而联系在一起。因为这种关系，在18世纪早期所有的冲突中，汉诺威都站在英国一边，这种姿态一直持续到美国战争时期。汉诺威也因此成为敌国领土，如果发现美国的使团穿越这个选侯国，那么不仅美国派使团到俄国的消息会立刻泄露给英国，而且"扣押人员和文件"的措施肯定会接踵而来。达纳绕过汉诺威，经过了神圣罗马帝国的众多小诸侯国，在莱茵河畔的主要贸易中心科隆和美因河畔的法兰克福等自由城市稍事停留，然后穿越德意志中部，到达了萨克森选侯国的莱比锡。

达纳在荷兰的时候，曾为使馆购买了一辆马车，并于7月9日从荷兰的乌得勒支前往距德意志边境约五十英里开外的奈梅根。他们乘坐拉索渡船穿过莱茵河，然后沿着瓦尔河畔的高高堤坝一路前行，最后经过一段可移动的船桥穿过瓦尔河，行程共用时大约十个小时。一路上路况良好，地形平坦，旅程整体上轻松愉快。从奈梅根开始，有大约一百英里的行程是紧依莱茵河畔而行，穿过杜塞尔多夫前往科隆。有时候，他们骑马走在宽阔河流的岸边，有时候则沿着蜿蜒小路穿越德意志平原。杜塞尔多夫以艺术收藏闻名世界，但是达纳不是什么旅行家，另外，他那种"对艺术的好奇心"已经在伦敦、巴黎和安特卫普等文化名城获得了满足，他对科隆也已经不再感兴趣了。科隆"非常古老"，而且城市很大，但是与整洁干净、规划合理的波士顿和费城的街道相比，科隆的街道"毫无规范，肮脏不堪"，破旧的房屋和狭窄曲折的街道相映成趣。离开科隆后又走了七十英里的路程后，他们到达了波恩。在那里，宁静的平原被浪漫起伏的山脉所替代，陡峭的莱茵河谷中是漫山遍野的葡萄园。之后他们又到达了科布伦茨。从科布伦茨起程之后，达纳一行终于离开了莱茵河，向东穿过德意志的心脏地带，前往法兰克福和莱比锡。[13]

尽管他穿越德意志中部的具体路线并不完全清楚，但几乎可以肯定的是，达纳会从黑森-卡塞尔和黑森-达姆施塔特穿过，或许也会穿越黑森-哈瑙和安斯巴赫-拜罗伊特。他在穿越这些形形色色的神圣罗马帝国的各个小诸侯国时，一定会非常震惊地意识到，尽管从严格意义上来说，这些本应该都是和平地区，因为这里与战火纷飞的北美相距甚远，然而，战争的幽灵依然在德意志的土地上盘旋不散。正如达纳本人所知，这些诸侯国，连同安哈尔特-采尔布斯特和瓦尔代克在内，事实上都已经卷入了北美冲突之中。他们是可怕的"黑森人"的故乡，它惊扰了所有美洲人的想象空间，以野蛮甚至非人的"匈奴"形象充斥在美国人的噩梦之中。[14]

早在1777年，在欧洲的美国观察家就开始注意到，这场战争给德意志的许多诸侯国造成了毁灭性影响。阿瑟·李在柏林普鲁士腓特烈大帝的宫廷任职期间，曾向远在费城的外交事务委员会的同事们通报说：

> 黑森王子的所作所为产生了一系列后果，给其他的德意志王子们一个教训。他们已经不可能从他们那里得到任何补给了。由于黑森人被抓去到军中服役，黑森公国的人口正在迅速减少，最后只能由妇女下田耕种。因此，目前大英帝国的雇佣兵来源似乎也已经枯竭。

几年之后，一名回国的士兵无比惊讶地发现，受贫困所迫，也由于缺乏从事传统的男性职业的劳工，在遥远的北方港口城市，在运输船上操舵行驶的竟然都是妇女。似乎这些土地本身正在被榨干，人力的流失和枯竭，使得中欧变得像亚马孙的土地那样贫瘠。年轻人都离开了——甚至有些已经不年轻了，成千上万的人被运往美国，去为英国乔治三世的战争卖命，去为粉碎殖民地的起义卖命。[15]

1775年，黑森-卡塞尔的伯爵领主，即腓特烈二世，曾经同意向英国提供一万二千人的军队作为对每年战场上伤亡人员的补充，以平息美国日益严重的叛乱。谈判其实在1774年就开始了，当时人们还寄希望于能够避免殖民地日益加深的危机。但是，直到1775年邦克山战役的冲击之后，双方才最终在谈判书上签字。随后，与其他德意志王子的类似协定也迅速签署。不伦瑞克同意提供六千人，瓦尔代克提供一千二百人，黑森-哈瑙提供二千五百人，安斯巴赫-拜罗伊特提供二千五百人，安哈尔特-采尔布斯特提供一千二百人。

对于那些熟悉欧洲战争和外交的人来说，乔治三世会向德意志征求雇佣兵为他而战，也并非什么咄咄怪事。乔治本人也是汉诺威的选侯帝，因此他也会从那个公国抽调人员和物资到大西洋对岸作战。事实上，汉诺威和英国长期以来与许多更小的德意志诸侯国有着密切联系。自从宗教改革和反改革以来，以黑森-卡塞尔为突出代表的诸多小诸侯国，与英国、荷兰以及后来的普鲁士、丹麦和瑞典，都同属于"新教体系"，都在寻求制衡法国和哈布斯堡王朝的天主教势力。这些联盟在17和18世纪几乎持续不断的战事中一直存续，其中也包括最近的"七年战争"。像黑森-卡塞尔这样的小诸侯国，如果失去这样的联盟，生存的希望便无比渺茫，自然也无法像英国所期待的那样提供财政贡献。相反，他们通过租借军队作为雇佣兵来为他们的传统盟友做出贡献，在1702年至1763年间相继签订了三十余项这类补贴条约。[16]

这种士兵贸易，或者称雇佣兵贸易，对于德国的各个诸侯国产生了相当大的影响，黑森-卡塞尔是欧洲最著名、最多产的雇佣兵国家，于是很快成为欧洲军事化程度最高的国家，拥有一万二千名常备军，以及同样数量的民兵，而国家的总人口也不过是二十七万五千人而已。令人难以置信的是，每十五个公民中就有一个在部队服役，四分之一的家庭中有人参军，这个比例是臭名昭著的普鲁士的两倍。常备军在英国是令人憎恶的存在，它是君主专制的潜在工具，所以当

1775年美国爆发反叛时，英国便把目光投向那些拥有训练有素、随时可以出发军队的国家。德意志将再次成为英国海外冒险活动的人员补给站。[17]

对于像黑森-卡塞尔这样的小诸侯国来说，虽然向英国出售士兵已经轻车熟路，却并不是自由的决定。当时与今日的德国不同，在18世纪，像黑森-卡塞尔这样的德意志诸侯国一穷二白。在18世纪初，英国自己也曾目睹这种贫穷，当时成批的绝望到无路可走的德意志农民，成千上万的"赤贫臣民"拥入英国，最终许多人想方设法去美国定居。在"七年战争"期间，许多这样的小诸侯国发现自己被困在法国和普鲁士两大敌对势力之间，无休止的战争掠夺了他们的城市，践踏了他们的乡村。尽管他们的官方态度是中立的，但是黑森在战争期间曾经被法国入侵了三次，其最大的城市一次又一次被占领。黑森的首都四次易手，第二大城市马尔堡在交战双方之间辗转易主的次数达到了令人难以置信的十五次之多，直到1763年战争结束为止。黑森-卡塞尔的经济也像其许多邻国一样，几乎被彻底摧毁。幸运的是，战争期间英国为黑森的军队所支付的补贴，冲抵和消弭了最严重的后果。然而，到了1770年，英国的补贴已经全额支付完毕，因此，当那一年整个欧洲范围内都遭遇收成失败打击时，他们尝到了饥荒和金融危机的严重后果。谷物的价格在1770年增长了一倍，1771年增长了两倍，1772年则增长了五倍。在首都，死亡率达到了70%。当农民和官员再次成为替罪羊时，诸侯国中的七千五百名犹太人则面临着一波又一波被迫害和被驱逐出农村的命运。1774年，当美国陷入困境的消息传到欧洲大陆时，腓特烈二世一定是感到如释重负，欣然面对签订新的雇佣军协定的可能。这似乎是拯救人民的唯一途径。[18]

但是，与英国签订一份可能的雇佣兵合同所涉及的不仅仅是金钱。黑森的规模、财富和地理位置，使其处于岌岌可危的地位。黑森夹在法国与普鲁士之间，总是不由自主地成为野心勃勃的两个好战强国之间的战场，而且迫于压力，不得不在似乎无休止的、战火连绵的中欧乱局中选择一方，否则就要付出代价。为了保持自治权，作为在巨人林立的世界中苟且偷生的微末小国，腓特烈·乔治三世和他的祖先一样，也转向了他的英国亲戚。英国的乔治三世就是德意志汉诺威王朝的成员，也是汉诺威的选帝侯，是黑森北部的邻居。他还是腓特烈·乔治的叔叔，血缘关系使得古老的战略联盟得以巩固。雇佣兵合同使黑森达成了两个重要目的：一是为它提供了急需的财政救济；二是加强了英国与汉诺威之间的关系，帮助公国摆脱了法国和普鲁士的控制。

在债务清偿和自主权之间的平衡行为，其实并非18世纪欧洲的小国所独有的问题。作家翰·沃尔夫冈·冯·歌德在担任魏玛公国的战争委员会负责人时，就曾目睹了既要维护主权，又要保持中立的艰难抉择。普鲁士在与奥地利作战时，给魏玛施加压力要求其派军队协助，歌德发现自己和魏玛面临两个选择，选哪一个都有问题。他可以拒绝普鲁士的派军要求，但普鲁士一旦有机会就会不顾一切占领魏玛，蚕食它的主权；或者他无奈顺从，为普鲁士提供士兵，那就等于使魏玛的中立地位失效，使其成为未来战争中奥地利的目标。歌德的搪塞推诿和建立小国联盟的建议都毫无建树，于是魏玛只能被迫为普鲁士征募士兵，对于歌德来说，"这实在是件令人沮丧、厌恶且可耻的事情"。对于黑森及其邻国而言，1775年的情形大致相同，许多人最后都很清楚，英国的金钱和保护是必要的，但同时又是不幸的，甚至是令人愤恨的。[19]

对于1775年协定的反应显然是复杂的。黑森人民对雇佣联盟的做法基本上是接受的，他们的军队之前曾经为英国人战斗过，可是美国战争则完全不同。在之前的战争中，他们应英国的要求而出战时，对抗的是他们的传统敌人，其中最主要的就是法国。他们害怕那些国家总有一天会将他们这些小公国吞食掉，迫使他们皈依罗马天主教会。

在这种防御战争中以雇佣兵身份作战，无论从财政角度还是战略角度，都是顺理成章的。但是，漂洋过海去镇压英国臣民的叛乱，无论对德意志士兵还是对德意志精英来说，都是毫无意义的。在德意志知识分子看来，这场战争完全毫无根由。那些深受启蒙思想影响的人认为，发动战争的唯一正义理由就是迫不得已的防卫。为了征服和压迫而战，尤其是针对受启蒙思想影响的美洲殖民者的战争，那根本不可能去支持。康德、席勒、赫尔德和其他著名的知识分子都反对这场战争，甚至连思想开明、非常渴望战争的普鲁士腓特烈大帝也持相同态度。他对伏尔泰说，德意志王子们把他们的"臣民都卖给了英国，就好像把牲畜拖进屠宰场一样"。米拉博伯爵的措辞则更加激进，他督促德意志人民，尤其是德意志士兵，那些曾经"被出卖、被压迫、被售卖、被羞辱"的人睁大眼睛，"离开这个被专制玷污的国家，越过大洋，逃到美国去吧。拥抱你们的兄弟，保卫那个高贵的国家不受贪婪与傲慢的压迫者的伤害！"[20]

面对这些轰轰烈烈的反对声，黑森公国的腓特烈二世顿时不知所措，尤其是来自广大民众的声音同样有明显的分歧。尽管哲学家们的立场是否被广泛接受尚不清楚，但许多士兵及其家人却已明确表示，要尽最大努力避免参战。很快就有数十名士兵逃离，潜在的兵源则移居到附近其他公国中躲避征募。家人们鼓励他们要么离家出走，要么就在征兵到来之前躲藏起来。有一位早已丧妻的孤寡老人，为了阻止儿子被送到美国去而不惜采用非常手段，居然将儿子的一根手指砍断。当局后来识破了这个诡计，父子二人都被抓捕起来。在监狱里，两个人知道人生已再无其他选择，于是老鳏夫自杀身亡。明明是别人在打仗，可他却早早成了牺牲品。[21]

把这么多人吓跑的原因也不仅仅是战争前景本身，更多的是由于人们对危险重重的大西洋彼岸普遍怀有恐惧。美洲充满危险的传言，与家人长久分离的前景，也让他们极度不安——何况在那个时期，为了抵御饥荒与毁灭的命运，家庭中的每个人手都显得异常重要。志愿参军者寥寥无几，而逃兵却非常之多，腓特烈及其他亲王们只好常常颁布些新规新法来增加军队人数，因为按照合同，他们必须提供兵源。在一些地区，如果个体是家庭收入的重要来源，通常可以成为免除兵役的原因。如今这些人也都被招募入伍，还有许多明显已经年老体衰，虚弱到难以服役的人也同样被征召进来。一位黑森公国的食盐运输商说，他从教堂里被抓来参军，后来政府查看了他过去九年的商业记录才将其释放，因为把他强征入伍的话，盐税数额会受到严重损害。尽管强征入伍在官方看来是非法行为，但是黑森的征兵人员所发回的报道却显示，他们不仅强征黑森臣民，尤其是流浪汉和罪犯，而且还抓捕外国游客，绑架稍稍越过边境居住的农民。事实上，腓特烈在那个时期，收到了难以计数的释放被绑架外国人的外交请求。[22]

尽管如此，许多德意志人显然还是愿意冒这个险，到大洋彼岸去为英国人而战。尽管腓特烈经常不得已进行搜根剔齿般地征募，而且还要采取些卑鄙手段，不过最后他算是完成了征兵一万二千人的配额任务。另外，1776年至1782年间，每年还需增派一千名，填补因受伤、死亡或者逃跑而损失的兵力。对于大多数人来说，最大的吸引力便是经济收入。对于已经赤贫如洗的土地所有者的年轻儿子来说，对于那些成为家中多余劳力的年轻农民来说，或者对于那些根本无力支付土地费用的人来说，征兵的奖励和工资都是按照英国的标准支付的，这个标准远远超出德意志的军饷，因此冒险当兵也是值得的。对另外一些听说美洲地大物博的人来说，军队为他们免费提供了去往新世界的路费。许多人参军时已经抱有明确的计划，即一旦殖民地叛乱平息，回归到之前的平稳状态，他们就会在美洲定居下来。不管是什么原因，在接下来的"七年战争"期间，有三万名士兵，还有一些无法忍受长期分离的无数的妻子、孩子以及其他家属，都从中欧开始出发，沿莱茵河、美因河和威悉河顺流而下，到达北海的各大港口后，从那里跨过激越狂暴的大西洋，在战火纷飞的北美登陆。有一个士兵在后来回忆起告别黑森时的阴郁情形："当鼓声雷动时，我们所有人都必须匆匆前行。然而，善良的人们为我们难过，老老少少的乡亲陪伴我们走到城市边缘，眼含热泪同我们道别。" 23

　　在被泪水浸湿的告别和漫长而危险的远洋航行之后，德意志雇佣兵们在难以想象的殖民地汹汹恶意中登上美洲海岸。虽然他们知道他们到这里来的目的是镇压叛乱，但是他们面对美国人恶毒凶狠的言辞、野蛮至极的谩骂，以及对铺天盖地关于黑森人穷凶极恶的流言，也一定会无比震惊的。在他们到达之间，就有报道说德意志雇佣兵共有六万之众，其中大多是受到严格训练的神枪手，他们正在前往镇压革命的路上。关于他们长相凶恶，像动物一样野蛮且杀人不眨眼的故事迅速传播开来。在美国的媒体上，他们被形容为"丑陋的恶魔"、"像大猩猩一样专事杀戮的畜生"和"魔鬼之子"，并把他们与异邦的粗野怪人相提并论，其中就包括杜莫尔勋爵的自由奴隶的军队。根据传言，他们是一支由九万名强壮的远征军组成的队伍，在"爱国者"的想象中，他们全都是未开化的恶棍，包括"黑森人、托利人、黑人、日本人、摩尔人、爱斯基摩人、波斯弓箭手、拉普兰人和弗吉岛人"。24

　　在另外一些地方，黑森人则被指控为挖坟曝尸的恶魔，并且肆无忌惮地掠夺乡村。一家报纸报道说："如果他们看到任何想要的东西，就会拼命抢到手。甚至说'反叛者就是黑森人的食物'。"《宾夕法尼亚晚报》警告读者说，因为他们反抗暴虐的乔治三世，所以"我们的城镇将被焚毁，我们的国家被践踏，我们的父亲、兄弟和孩子都被残杀——而施暴者正是汉诺威人、黑森人、不伦瑞克人、瓦尔代克人、加拿大人、印度人和黑人"。这支"雇佣军，比朝廷弄臣更加贪婪，比鞑靼人更加野蛮，比非洲那些乌黑可憎的坏种更冷酷"。1776年7月，发表在《自由人杂志》的一首名为《致弗吉尼亚》的诗，概括了大多数美国人对德意志雇佣兵的看法，认为他们是无比野蛮的外国压迫者。

> 看吧，英国的雇佣部队
> 轰炸我们的城市，践踏我们的土地，
> （我们的祈祷无人回应，我们的眼泪无人理会）
> 异邦的杀手遍地，将我们的家园摧毁。[25]

然而，战后许多服役人员都选择留在美国。有些人希望最终能回到欧洲，但是根据战争的最后几天一个又一个军官所记录的情况，许多人其实根本没有想到重新回到旧的生活方式中。在纽约有十名列兵对一名军官说："他们不想回到德意志，他们希望能在美国发家致富。"当初在签订为国王乔治三世而战的协议时，许多人就已经将定居美国作为终极目标。而另外一些人，则是因为美国青翠葱茏的风景令他们着迷，激励他们在战事结束之后留在新世界。对于像伊曼纽尔·豪斯曼这样的人来说，与他们习以为常的祖国贫瘠的土地相比，美国简直就像天堂一般。在弗里德里希·冯·乌尔夫的签名簿中，他画了一幅宾夕法尼亚农场的草图，农场坐落在茂密的杜松丛之中，波光粼粼的河水在一旁蜿蜒流过。他为这幅画配了这样一句话："玫瑰虽然美丽，但是总会在枝头枯萎／而真正的朋友，却能相伴到永久！"对美国生活的这种美好憧憬萦绕在他的梦中，于是豪斯曼决定继续留在美国，他为了新的"藤蔓"放弃了老朋友。[26]

美国战争使雇佣兵军团付出了巨大的代价。在战争期间，从黑森-卡塞尔派到美国来的士兵多达一万九千人，其中在战斗中牺牲了五百三十五人，失踪总人数达到五千人。虽然失踪原因各异，但有四分之一以上都受过疾病的侵袭。另外还有三千人逃跑或者选择在战后留在美国。德意志其他公国的雇佣特遣军的伤亡率与逃亡率也同样高。[27]

对于这样的小公国来说，失去如此多的人力，是他们难以承受的负担。从黑森-卡塞尔前往美国的健康男性人口中，有12%的人从未再回过家乡。对于黑森人来说，美国战争是牵扯到整个家庭的事件，无数妻儿陪伴那些士兵远赴北美，军团牧师们的教会记录就充分说明了这一事实——那里写满了军队中的婚姻与生育记录。这些妻儿有许多在战争期间死亡，有些则与丈夫一起留在了美国。总之，战争使黑森公国失去了一大批年轻人口。[28]

农村是受打击最严重的地区。农民占军队的绝大部分，而他们离开土地后，很多地方劳动力严重短缺。一些农场主打算雇用外国劳力来弥补人力短缺，但是政府却颁布了粮食价格上限，旨在保护城镇地区，阻止他们补偿增加的劳动力成本。像以往一样，穷人承受的苦难最多最重。大型的农场被免除了兵役，于是落在小农场主肩上的负担最为沉重。他们的劳力被派到了美国，对此他们无计可施。这种困境简直太可怕了，于是很多这样的家庭都向政府请愿，要求将她们的丈夫和儿子从军队中释放回来，但根本无济于事。结果，被列为贫困人口的数字大幅上升，妇女增长得尤其明显。例如在马尔堡，派去美国的士兵有一百名，正是由于这种劳动力的损失，这个地区新增了八十二名贫困人口，其中包括三十名士兵的妻子。当战争结束，英国的补贴也不再发放的时候，许多留在德意志的人一定会茫然四顾，想问问这一切到底是为了什么。当达纳骑马穿行在越来越空旷的乡间时，他一定为处处可见的战争后果感到无比震惊。即使在与北美战场相距数千英里远的德意志，战争的影响、极度的贫困和乡村人口的减少，也是如此的显而易见。[29]

达纳和年轻的约翰·昆西·亚当斯于1781年8月27日抵达圣彼得堡。他们从法兰克福出发，途经德意志中部贫瘠荒凉的山丘以及错落有致的各个公国，再经过莱比锡大学城，然后向北前往柏林。一路崎岖颠簸，旅途十分疲惫。在漆黑的夜色中急急赶路时，他的马车翻了个底朝天，在崎岖不平的"森林之中摔成了碎片"。达纳发现柏林比旅途中经过的其他城市更符合他的品位。"柏林是我见过的最美的城市"，他无比兴奋地说。他尤其喜爱柏林宽阔有序的街道，优雅别致的建筑。但是，柏林的军团化特征也反映出其统治者的特点及其统治方式的黑暗本质。达纳那时候已经对德意志军事国家的悲惨影响有所了解，他没有时间去考虑普鲁士严酷的军国主义情形，也没有时间思考所谓"开明的"腓特烈大帝的专制倾向。达纳在报告中写道，国王被他的臣民所憎恶，他们被视为"古往今来最无情的暴君"，他的人民"被其庞大的军国体系压得喘不过气来"。用达纳的共和派观点来看，他那些远近闻名的改革措施，"不过就是专制武断、反复无常的规定，是被送到世界上诅咒人类的彻头彻尾的暴君"。尽管柏林魅力无穷，而且他深受病痛折磨，早已疲惫不堪，但是达纳还是宁愿立刻赶往俄国。不过，他需要一辆新的马车，这使他不得不耽误了几日行程。[30]

　　从柏林到圣彼得堡的行程超过一千英里，一路上道路崎岖泥泞，只有偶然遇到的乡村旅馆可以打破沉闷乏味的长途跋涉。然而，达纳受一种使命感的驱使，他坚信在自己国家诞生的关键时刻，他会在世界舞台上扮演至关重要的角色。在美国，朋友和家人的生命都岌岌可危，因此他绝不能拖延，身体的虚弱不能成为耽搁的理由。从柏林向东北方向出发，他进入了波兰，在港口城市但泽稍事停留，那里的街道绿树成荫，一幢幢"荷兰阶梯式"建筑沿街林立。之后，他们继续前往伟大的哲学家康德的故乡柯尼斯堡，最后于8月17日抵达里加的俄国领土。三天后，达纳和他的团队开始踏上最后一段行程，继续向东北方向进发，穿过爱沙尼亚到达纳尔瓦和圣彼得堡。经过五十天的艰难行程，俄国的首都终于遥遥在望。达纳一定筋疲力尽了，但他急不可耐地开始至关重要的外交事务。虽然他匆匆忙忙争分夺秒，但是沙皇的土地上却未见一丝热情欢迎的景象——没有外交接待，那种贯穿他虚弱身体中的不顾一切的紧迫感在这里一点儿没有。

按照欧洲的标准衡量，圣彼得堡是个新兴城市，比达纳钟爱的波士顿年轻近一个世纪，1703年沙皇彼得大帝下令建造一座与他的现代化野心相匹配的新城，一座能让他逃离莫斯科陈腐制约的城市。从1703年开始，彼得大帝的新首都就像一座斯拉夫人的世外桃源从涅瓦河的沼泽中崛起，这是一座由坚固的石头建筑、宽敞的广场和风景优美的运河构成的城市，按照清晰的逻辑网络，经过严密的布局和规划。到1780年达纳抵达的时候，圣彼得堡已经易主，而且这位新的统治者不遗余力地用青铜和大理石表达她的开明与真诚。叶卡捷琳娜并非天生的统治者。作为安哈尔特-采尔布斯特的公主，她于1745年嫁入了俄国皇室，成为未来的彼得三世大帝的王后。叶卡捷琳娜聪慧过人、意志坚定、冷酷无情，不甘心长期站在丈夫的阴影之下。后来，这位地位不稳、备受鄙夷的帝王似乎密谋要除掉叶卡捷琳娜和她的儿子，更令叶卡捷琳娜心生不满。1762年7月，在她的情人格里戈里·奥尔洛夫的帮助下，叶卡捷琳娜获得了军队的支持，她率领队伍逼近冬宫，战胜了口是心非的沙皇，迫使他交出权力。叶卡捷琳娜将这次政变对全国人民进行了说明，指出这次行动的必要性，因为此举可使俄国免受沙皇精神疾病的荼毒与伤害。彼得三世很快就被奥尔洛夫及其兄弟们下毒并最终被勒死。叶卡捷琳娜对外宣布他的死亡是一场"血腥的意外事件"，是拥有如山的金钱又胆小如鼠的人的最终结局。[31]

1780年，达纳所见到的圣彼得堡，在方方面面呈现出的已经是叶卡捷琳娜掌权后的模样——尽管她的权力之路充满争议。叶卡捷琳娜对其登上沙皇宝座的事情总是非常敏感，因此她特别渴望将彼得大帝的首都变成她自己皇冠上的璀璨宝石。在她统治的早期，叶卡捷琳娜着手实施了不计其数的城市改造项目，将圣彼得堡变成了一个文化展示台，一座欧洲启蒙主义的典范城市。增设了许多路灯，铺设了大量路面，筑起了长长的河堤——一座木质城市慢慢变成了一座石头覆盖的大都市。这一切不仅仅是为了炫耀。叶卡捷琳娜的现代化努力背后是至真至诚的思想力量。她与当时许多赫赫有名的文化名人都有通信往来，并将闻名遐迩的知识分子、建筑师和艺术家邀请至她坐落在涅瓦河畔的城市中。她倡导扩大印刷和发行期刊，鼓励绘画和雕塑，并向欧洲各大都市派出了特工队，收集与世界级都城相匹配的艺术收藏珍品。[32]

尽管叶卡捷琳娜雄心勃勃，但是圣彼得堡的转型依然尚未完成：它依然是正在努力摆脱其乡村根基，从其守旧的麻木状态中崛起的城市。许多街道依然是原木铺成的模样，运河依然肮脏不堪，城市景观中依然点缀着数不清的家庭菜园，城市居民依然饲养着两万多头奶牛。但是城市已经充满了活力，充满令人欢欣鼓舞的盎然生机，天气似乎也无限迷人。美国人是在夏末时节到达这里的，这些人对这个季节的印象只由这几天形成，并没有长达数月的气候体验。"粗暴的、极不友好的、极不安宁的冬天"，常常毫无预兆地在11月初骤然而至，气温突降至零下四十摄氏度。正如一位观察家所警告的，"你在夜里对夏天道了晚安，早晨便要向冷酷的凛冬暴君致敬"。[33]

达纳完全没有料到在俄国受到这样的冷遇，无论是叶卡捷琳娜还是他的外交官同行们都是如此。帕宁伯爵是叶卡捷琳娜女皇的顾问，曾经的殿前宠臣，也是俄国政府内亲普鲁士派的领袖，一向被认为对美国事务表示同情。法国驻俄国公使韦拉克侯爵夏尔·奥利弗·德·圣乔治也被认为是潜在的盟友——虽然达纳抵达圣彼得堡时已经对法国和欧洲的外交影响产生了怀疑，也深知韦尔热讷会极尽所能地阻止他完成使命。事实却证明，两个人都没有发挥什么作用。韦拉克侯爵生性懒散、人品低劣，在达纳努力与俄国政府建立联系的过程中没有给予任何帮助；而帕宁虽然理论上讲是个盟友，但他已经失宠，被流放至农村，在施加影响方面已经无能为力。由于没有什么关系，又没有朋友相助，达纳在酒店里消沉数月，孤立无援。不过，韦拉克和帕宁并不应该为美国使团所受的冷遇承担全部责任。

达纳还没有从疲惫的旅途中恢复过来，就发现到处都流传着斯蒂芬·塞尔瘟疫般的名声。达纳根本就来不及吸取任何教训，因为塞尔已经在外交界把美国的声誉毁得体无完肤。塞尔在经历了哥本哈根和柏林的艰险历程之后，于1780年前往圣彼得堡。尽管没有任何真正的官方授权，但他声称自己是美国的代表。他在俄国首都一现身，就使英国人勃然大怒，也惹恼了沙俄女皇。可是，像以往一样热衷于阴谋诡计的塞尔，又跃跃欲试地要与广受欢迎的英国大使詹姆斯·哈里斯联手，试图烧毁俄国的舰队，因此，他对美国的信誉所造成的伤害是无可比拟、无法估量的。哈里斯斥责塞尔为间谍，"既鲁莽又轻率，他极富进取意识，敢于制订大胆的计划，但是由于缺乏判断力，他的计划都过于大胆，根本无法执行。他是极具叛逆意识的冒险家，但是没有令人信任的必要品质，使他即使在自己的政党中都无法获得信任"。不出所料，纵火计划一无所获，哈里斯和英国全身而退，避开了指责与抨击，而这些都不偏不倚地落到了美国人头上。[34]

达纳对塞尔的性格了如指掌，因此避免与这位流氓做派的准外交官纠缠。在圣彼得堡期间，他似乎在努力避开这个纽约人。达纳或许没有意识到，其实他在抵达岗位之前，已经做了许多使自己处于不利地位的事情。1780年5月，当达纳还在巴黎时，罗伯特·莫里斯的一艘名为"黑王子"的美国私掠船，在英吉利海峡捕获并抢劫了一艘中立船只，完全无视叶卡捷琳娜的"武装中立联盟"所声称的海洋自由。有人给美国驻欧洲的高级大使本杰明·富兰克林提建议，希望他将缴获的货物归还给合法的拥有者。富兰克林就此事咨询了达纳和约翰·亚当斯，而这两位马萨诸塞人尽管对"武装中立联盟"持支持态度，但也公开建议富兰克林抵制对美国私掠船的所有限制手段。达纳与许多美国人一样，认为"武装中立联盟"的重点是破坏和防止英国海军的暴虐行径。在他看来，美国私掠船并非这个联盟所要解决的问题，因此应该不受联盟的限制。叶卡捷琳娜则认为，这是美国海上非法行为的又一例证。对于"美国袭击俄国舰队"的行为，她表示"无比震怒"，1778年"这些美国人对我的侮辱"与如今的"黑王子"号事件表明，事态一丝一毫都未改变。达纳为美国私掠船进行直言不讳的辩护与支持，在符合美国利益的情况下支持海洋的中立状态，而在不符合国家利益的情况下又对它的严格执行进行破坏，这让他看起来像个言行不一的伪君子。因此，当他出现在她的宫廷时，几乎不可能受到热情的欢迎。[35]

美国这个年轻的国家派来的初出茅庐的外交代表，对于欧洲外交的微妙艺术还不甚了解，对于更为喧闹活跃的俄国表亲就更加没有经验了。事实证明，达纳代表团对于治国之道的本质一无所知，这种天真削弱了达纳外交努力的效果。如果不向相关派系"自由"地派发现金，那么对俄国宫廷人员的影响几乎无法达成。仅仅为了吸引俄国政府的关键人物，就需要送出大量礼物。而作为清教徒的达纳，生性节俭，不懂变通，对这种做法一直持回避态度。美国国会更是从来不理解这种做法，更不可能给予批准。国会也被叶卡捷琳娜开明的外表蒙蔽了双眼。他们坚定地相信她是自由、进步和自由贸易的捍卫者，是暴虐的英国的劲敌，是美国的天然盟友。国会就这样一厢情愿地认为叶卡捷琳娜具有开明的诚意，同时认为两国的利益理所当然是一致的，因此便一再力图与俄国签订条约和协议。然而，这是永远都不可能的事情。叶卡捷琳娜有其自己的利益和自己的关注点，她对于美国革命为她提供的机会表示欢迎，但是对美国革命的最终成功却不感兴趣。达纳最后终于认清了这一事实，但他始终无法说服他的政府。

如果美国国会不是过于关注自己的斗争，而是能够仔细研究一下最近的俄国事件，他们的妄想症也许就被治好了。1774年，一个名不见经传的顿河哥萨克地主叶梅利扬·普加乔夫宣称自己就是已故的彼得三世，引发了叶卡捷琳娜统治时期最严重的叛乱活动。哥萨克的农民起义很快就被残酷镇压了，然而哥萨克所承诺的终结农奴制度的诉求——这个国家90%的人口都是农奴——以及叶卡捷琳娜对这种理念的坚拒，却将叶卡捷琳娜统治的专制性质暴露无遗。另外，除了像通常一样对叛军的处决，对普加乔夫施以绞刑和肢解分尸之外，这次对叛乱的镇压也开启了西伯利亚流亡史的崭新时代。尽管自18世纪以来，罪犯和异见者都被流放到俄国的腹地北极大平原上，但是普加乔夫的叛乱以及叶卡捷琳娜对此的激烈反应，则开始使这种做法转变为正式政策。就像在美洲和澳大利亚的英国人一样，驱逐的方式为叶卡捷琳娜和她的继任者提供了一种简便易行的手段，既能清除影响国家稳定的个体，又可以在帝国扩张的时代，使国家边缘地区的人口和安全得以加强。到了1781年，叶卡捷琳娜送往西伯利亚的人已经多达三万五千人，这标志着在保卫帝国边界的同时，通过流放手段清除国家的罪犯和异见者的趋势越来越明显。在其倡导自由海洋和调解的诱惑下，在其不断提供利益分配诱饵的蒙蔽下，美国国会依然对叶卡捷琳娜的开明本性、进步承诺坚信不疑，认为她是潜在的自由捍卫者。这一错误估量，对达纳的外交前景造成了极大的破坏。[36]

不幸的是，与达纳一起同在叶卡捷琳娜宫廷的英国同行，却不像美国人那样因为缺乏经验而付出了昂贵代价，或者因为诸多顾忌而误入歧途，而正是这些使美国的外交努力遭遇瓶颈。尽管詹姆斯·哈里斯爵士只有三十一岁，但是自从1777年起，他就作为英国驻圣彼得堡的大使，一直"处于俄国野蛮之地的中心"，对欧洲外交有着十几年的经验。他相貌英俊，极擅社交，是天生的外交家，他深刻丰富的专业经验绝非美国业余外交官员所能比拟。他在美国战争期间出现在圣彼得堡，充分证明了俄国对于英国利益的重要性与日俱增的事实。当达纳和国会还在为影响圣彼得堡而实施贿赂一事犹豫不决时，哈里斯已经游刃有余地在俄国宫廷奔忙，以确保俄国不插手英国的"国内纠纷"。这位英国代理人花费了大量时间和金钱，在俄国宫廷中建立起一个信息网络，甚至在叶卡捷琳娜的内廷都建立了一个亲英派系。他暗中破坏亲普鲁士的前外长帕宁伯爵的地位，并将自己与表面上亲英的波特金亲王紧紧绑在一起。整体上讲他是成功的。通过大量的金钱诱惑，叶卡捷琳娜的挚爱、前情人格里戈里·波特金亲王已经被他说服，同意支持英国。而且，波特金的大部分秘书，也许是全部秘书，也都在他的掌控之中。即便如此，俄国的宫廷中依然存在分歧，即波特金的亲英派和另一个叶卡捷琳娜的宠臣帕宁伯爵所领导的亲普鲁士派之间的对抗。正是在帕宁伯爵的身上，达纳寄予了其在俄国宫廷获得成功的希望。[37]

哈里斯曾对达纳在圣彼得堡的出现表示严正反对。对他来说，阻止达纳与俄国结盟是远远不够的。哈里斯和英国外交部担心，叶卡捷琳娜毫不隐讳地表示她希望在交战双方之间充当调解人，而这有可能会导致她承认美国的独立，这种想法是英国人深恶痛绝的。对于一个如此精通贿赂之术的人来说，他很清楚前面的路该如何走。哈里斯决定用一笔出人意料的、壮观无比的贿赂来转移叶卡捷琳娜对于中立和调停的注意力。他为叶卡捷琳娜准备的贿赂是西印度群岛的糖岛或地中海的米诺卡岛，作为回报，她要承诺不去推动和平谈判。然而，叶卡捷琳娜却将目光投向了更大的目标，这个目标需要英法战争必须进行下去，也需要用武装中立作为烟幕弹。[38]

与此同时，达纳依然下定决心，坚定不移地努力与俄国保持盟友关系，或者至少寄希望于俄国承认他的国家独立地位。1781年12月，当美国在约克敦取得胜利的消息传到涅瓦河岸的达纳那里时，他坚忍不怠的决心受到鼓舞，变得更加坚定了。"我们收到了康沃利斯勋爵及其军队投降的好消息。"当达纳听到他的国家在弗吉尼亚取得了意想不到的胜利时，不禁欣喜若狂。"早已形成的第一个理性计划，已经无限欣喜地取得了最全面的成功。"至少从表面上看，约克敦的成功似乎为达纳的外交使命开启了一个新的阶段。在这场关键性战役之前，无论是叶卡捷琳娜的宫廷还是欧洲外交界，都有意地拒绝了达纳。而在战役之后，他立刻感受到他在圣彼得堡的关系开始解冻。普鲁士的外交大臣曾像大多数欧洲的代理人一样，对达纳的存在完全置若罔闻，现在则与他取得了联系，甚至腓特烈大帝亲自向他递交了一封书信。而一向自信的哈里斯则惶恐不安起来，他确信已经看到明显的迹象，即叶卡捷琳娜就要背弃英国了。在美国国内，许多人也都坚信哈里斯的感觉是准确的，他们都相信时机已经成熟，叶卡捷琳娜就要将"武装中立联盟"的力量投入到对抗英国暴虐统治的浪潮中去了，她就要对他们共同的敌人实施威胁，确保贸易自由。可是，在每个人看来都信以为真的叶卡捷琳娜及其宫廷的行事风格的变化，其实只是表面上的逢场作戏而已。合作的虚假光芒掩盖了女皇的阴谋。达纳依然被官方予以拒绝，美国的独立依然没有得到认可，中立联盟令人恼火地保持着中立姿态。[39]

"武装中立联盟"对交战双方持续提出进行和平谈判的主张，目的是削弱英国的实力，同时为俄国在黑海追求掠夺性利益提供最大限度的灵活性。毕竟，对于像俄国这么大的帝国来说，将军事力量集中在东南边境就意味着北部和西部边境的力量变得薄弱，而除了土耳其之外，还有一些老对手需要担心。"武装中立联盟"在保卫俄国的欧洲边境方面做出了很大贡献。瑞典和丹麦同俄国交战的历史与奥斯曼帝国一样久远。这两个国家在1780年加入联盟，中欧强国普鲁士和奥地利于1781年加入。所有这些都有助于减轻多重边境战争的威胁，使叶卡捷琳娜在克里米亚的行动没有后顾之忧。同时，1781年6月，叶卡捷琳娜与一向野心勃勃、渴望获得更多土地的奥地利国王约瑟夫二世结成秘密联盟。像俄国一样，奥地利也与奥斯曼帝国有过长达数世纪的冲突。自从苏莱曼大帝席卷巴尔干半岛以来，奥斯曼帝国就一直是令人恐惧的存在。奥地利作为一个扩张主义帝国，其汹汹之势无法阻挡，必然会与奥斯曼帝国在维也纳的大门前迎头相撞。在16和17世纪的大部分时间里，哈布斯堡王朝一直处于劣势，但是到了18世纪初，奥地利开始转为攻势。1714年至1739年间，与奥斯曼帝国的战争使奥地利获得了巨大的领土收益，但随后很快就出现了耻辱性败退。1739年，贝尔格莱德失守。而"七年战争"这场见证了俄国取得无数征服成就的战争，却在很大程度上令过度扩张的奥地利人无比失望。到了1781年，约瑟夫二世从之前的战争中吸取了教训，奥地利开始了广泛的军事改革，军事规模开始大幅度增长。"维也纳如今已经变成了一个军火库，"一位居住在奥地利首都的英国人说，"每天都有新的军团到来。没有什么比这更能让人感受到奥地利皇室的伟大。"正是这些新的军事力量的诱惑，使得黩武好战的约瑟夫二世对与普鲁士的"马铃薯战争"的瓦解甚为不满。这是一场流产的战争，双方都集结了大量军队，但并未发生实战。[40]

尽管"马铃薯战争"没有确定性结果，约瑟夫二世对其新型现代化军队的表现也感到满意——在他看来，这支军队迫使臭名昭著的好战的腓特烈大帝下台——但在谈判桌上却只收获了挫败。他被迫放弃了对巴伐利亚的主权要求——而这正是冲突的根源所在——腓特烈要求弗兰肯公国享有世袭权力的主张则得到了支持。在普鲁士的另一次政变中，许多较小的德意志公国将帝王视为入侵者，是对公国自治权的更大威胁。因此，腓特烈几乎将一生时间用来吞并土地，对其他德意志小诸侯国施加更大的影响，如今，普鲁士被令人信服地描述成帝国完整性的捍卫者，德意志独立的保卫者，面对咄咄逼人的扩张主义的奥地利毫不屈服。1785年，当约瑟夫二世再次试图将巴伐利亚纳入自己的领地时，普鲁士却通过创建弗尔斯滕同盟——一个致力于保护神圣罗马帝国的德意志国家联盟——的方式，拉近了与各个公国之间的距离。中欧长期以来陷于普鲁士和奥地利两极之间，但是巴伐利亚战争大大加强了这种德意志的二元对立形态，并使权力平衡明显朝着普鲁士的方向发展。对于约瑟夫二世来说,这场战争未能消解他对土地的饥渴,却给了他一个宝贵的教训:虽然与普鲁士恢复敌对行动似乎不可避免,但在此之前,必须确保东部边境的安全。在对腓特烈二世保持警惕的同时,奥地利人的目光开始转向东方。

由于扩张领土的野心在德意志受阻,再加上高达一半的国家开支都用于军队,约瑟夫二世开始寻找其他开战的地方。1781年,贝尔格莱德战败的记忆压得奥地利人心头沉重,几乎喘不过气来。因此,怀着复仇的心愿,以俄国在"七年战争"中取得的辉煌成功为榜样,约瑟夫二世在东部边境驻扎下来,作为其实现野心的关键。为了实现这些目标,约瑟夫和叶卡捷琳娜进行了秘密谈判,这也被称为"希腊计划"。统治者们意识到打败奥斯曼帝国、肢解奥斯曼帝国具有共同的利益,于是他们得用谈判来确定下一次奥斯曼战争——所有人都认为这场战争即将到来——的战利品分配问题。于是秘密联盟得以成立,联盟明确规定叶卡捷琳娜将接收摩尔达维亚、瓦拉几亚和比萨拉比亚,而约瑟夫将获得巴尔干半岛的其余地区,其中贝尔格莱德就是皇冠上的一颗宝石。[41]

奥地利已经成为并肩战斗的伙伴,其他边境地区也都比较安全,于是,叶卡捷琳娜可以集结大量军队对付克里米亚和奥斯曼了,现在唯一要做的就是等待适时出现的战争机会。1781年,针对可汗的叛乱提供了完美的借口。在1782年6月写给波特金的信中,叶卡捷琳娜提醒亲王注意克里米亚日益恶化的局势。她写道:"在克里米亚,鞑靼人再次开始制造动静不小的骚乱,迫使可汗和维塞尔茨基(俄国驻克里米亚领事)乘船离开卡法前往刻赤……现在有必要给予可汗曾经承诺的防御,以保护我们和他的边界,以及我们朋友们的边界了。"这表明,正在进行的英法战争将为俄国的行动提供掩护,即使英国在约克敦投降之后依然如此。女皇在信的最后,还提及了英国海军在马提尼克岛附近的圣徒之战中击溃法国人、获得完胜的消息。英国并没有被吓倒，这就意味着战争很可能在可预见的未来继续进行。波特金见怪不怪地看着奥斯曼人在克里米亚起义背后搞阴谋诡计（奥斯曼帝国的一名高级指挥官最近被派往附近的塔曼半岛），看着将土地永远置于俄国控制之下的可能机会。"向克里米亚派遣军队的机会如今就在眼前了，没有理由再拖延。你忠诚的盟友以及你对他的土地的绝对主权都要求你镇压这里的叛军。"尽管援助盟国的借口根本就站不住脚，但即使在这样的阶段，波特金也暗示说，也许俄国人在克里米亚的永久存在机制是最好的办法。根据波特金的说法，叛军"打算杀死他（可汗），虽然他们还未成功，但是他们杀他的想法会永远存在。所以，即使鞑靼人屈服了，可汗又怎么可能在没有保护的情况下生活在鞑靼人之中呢？"俄国进行征服的舞台已经准备就绪。[42]

波特金本能地意识到，像1782年那样夺取克里米亚的机会，俄国永远不会再有了。同年12月，他给叶卡捷琳娜写了一封长信，阐明了他的理由、有利时机以及半岛对于俄罗斯帝国野心的价值。"如果您现在不夺取克里米亚，"他警告说，"那么我们今天可能会免费得到的这一切，日后都将以极高的代价才能获得。"克里米亚跨越俄国边境，其战略意义极其重要，不可能让它落入可汗的手中，更不用说对可汗被罢黜的兄弟持支持态度的奥斯曼人了。"所以，现在想象一下克里米亚是您的了，您鼻子上的肉赘也就不复存在了。"波特金继续说，"我们边境的情形立刻就会变得无比清爽。新俄罗斯省的居民的忠诚度是毋庸置疑的（他们在之前的战争中被征服过，现在仍处于作为俄国移民稳定下来的过程中）。在黑海的航行将不受任何限制。请注意，若非如此，您的船只将很难离开港口，返回港口更是难上加难。"随着帝国主义逻辑渐入佳境，波特金以"无限的热情"恳请叶卡捷琳娜拿出其他欧洲强国应有的风范来，夺取克里米亚。事实上，其他欧洲列强已经先后夺取了美洲、亚洲和非洲。"相信我，夺取那里之后，您将获得任何俄罗斯帝王所未曾获得的不朽荣耀。这份荣耀将为你取得更夺目的荣耀和辉煌铺平道路：随着克里米亚的获取，黑海的霸主地位也将随之而来。接下来，夺取土耳其的道路是否畅通无阻，他们是生存还是灭亡，都将取决于您。"只要女皇抓住机会，沙皇长期以来面对罗马皇位所表现出的高高在上的不凡气质，就会变成活生生的现实。叶卡捷琳娜命令波特金立即着手，全力对付鞑靼叛军。[43]

　　1782年克里米亚战争爆发，到了1783年初，随着俄国军队不断集结对抗叛军，"武装中立联盟"的价值得以突显。俄国军队会继续在瑞典边境驻扎，但是人数大大减少，在普鲁士边境的军队也是同样如此。按照波特金的说法，没有必要"紧盯着瑞典国王不放"，也没有必要"把自己武装起来对付普鲁士国王"。至于其他潜在的欧洲冒犯者，叶卡捷琳娜于4月8日收到一封来自奥地利约瑟夫二世的信件。约瑟夫自己也对奥斯曼的土地垂涎三尺，他在信中承诺支持叶卡捷琳娜攻打奥斯曼帝国。她的秘密联盟的好处如今正在显现，叶卡捷琳娜于是向其他欧洲宫廷宣布，她打算为俄国夺取克里米亚。由于害怕此举会使欧洲的天平向东偏斜，普鲁士和法国对俄国的战争提出强烈反对。法国在过去一直是以奥斯曼帝国的保护者出现，普鲁士的腓特烈便试图说服他们再次进行干预。对于奥斯曼人来说，不幸的是，美国战争为俄国的侵略行为提供了掩护。与英国的和平谈判依然在进行当中，法国被美国战争几乎耗尽了国力，已经没有条件进行调解了。因此，叶卡捷琳娜对法国气势汹汹的反对不屑一顾也就不足为奇了。她自己说，对于"法国的声声惊雷，或者更确切地说，只是虚张声势的夏日闪电"毫不畏惧，甚至根本不放在眼里。波特金对此表示赞同，他轻蔑地表示，欧洲大国的任何行动都是温和的、象征性的，毫无严肃意义可言。"无论发生什么，"他相当自信地预言道，"都不过是个虚空的姿态而已。"在美国革命期间，"武装中立联盟"原本是为了在欧洲外交的汹涌波涛中航行而设立的实体，而这个实体早已被秘密转换为俄罗斯帝国野心的实施工具。[44]

哈里斯在圣彼得堡任职期间的文字表明，他对叶卡捷琳娜和波特金认为法国已经衰弱无力的判断表示同意，并讽刺地指出，俄国不会因为"招致一个只写回忆录和警句的国家的指责"而感到恐惧。哈里斯不仅财大气粗，而且智慧过人，他敏锐地观察到叶卡捷琳娜对克里米亚采取行动的时机非常完美，知道她对于是否能在法国、美国和英国之间自由地保持平衡状态还不太确定。尽管她宣称希望成为调停者与和平缔造者，但是"女皇不可能真诚地希望我们和敌人之间恢复和平"。哈里斯分析道："她在东方的计划是否能够成功，取决于波旁王朝是否全身心地忙于处理自己的事务。"有人试图使英国也加入调停的行动之中，但是英国却力不从心，印度和其他地区的战事使其忙得不可开交，并且《巴黎协定》的细节也正在敲定之中。更重要的是，诺恩、罗金厄姆和谢尔本首相任期内发生的北美战场的诸多失利，导致威廉·皮特像流星一样迅速升至权力顶峰，成为新的英国首相。他开始在东欧启动更加亲俄的议事日程。[45]

在叶卡捷琳娜的宫廷中，达纳受到了已经构建成熟的欧洲外交网络居高临下和轻蔑的对待，但是他迅速而敏锐地看出克里米亚事务意味着什么，或者说它对于美国有什么具体影响。自1782年年初，俄国与奥地利签署秘密条约的消息被媒体泄露之后，他就一直关注克里米亚的事态发展。到了10月份，已经有超过十万名的俄国军队被派往奥斯曼边境，这时达纳已经确信他们的目的绝不仅仅是对外所公开宣称的恢复被废黜的可汗。达纳已经得到消息，针对可汗的起义"受到圣彼得堡宫廷阴谋的影响，目的是为这场运动（侵略）提供借口，并且掩盖真实的目的（吞并）"。达纳明白，克里米亚的鞑靼人"长期以来就是俄国的敌人，从13世纪开始，直到上一次与土耳其的战争以来一直如此"，因此这次入侵和征服几乎就是历史的必然。可是他也意识到，当美国战争依然在如火如荼地展开时，当每个人都深受其影响时，欧洲列强都不可能对东方的冲突进行调解，那么即将爆发的会是新一轮的"影响广泛的大火灾"。同样，达纳也推断，避免新战争的愿望将减缓美国的和平进程，延长战事，推迟美国的独立。他问道："如果几乎可以肯定地看到，他们将很快陷入一场新的、遍及欧洲的大战争的话，能够为了所有交战国的利益而结束战争吗？我对和平的希望变得无比渺茫。"最后，达纳与他的欧洲同行们意见一致，即欧洲各国不会将奥斯曼人或者说鞑靼人从"在身边聚集的暴风雨"中拯救出来。[46]

尽管多年来沙欣·吉莱对俄国忠心耿耿，但他一定嗅到了不祥的气息。所有人都明白，叶卡捷琳娜已经不打算让他继续留在王位上了，但是被重重围困的可汗却拒绝逃离克里米亚，他等待着、期盼着奥斯曼人做出积极回应。苏丹阿卜杜勒·哈米德一世对俄国的行为感到愤怒是可以理解的。尽管克里米亚独立是1774年和平的条件之一，但是苏丹依然认为可汗是他的附庸，绝大多数的穆斯林土地都应在他的保护之下。更糟糕的是，在1774年之后的几年间，伊斯坦布尔的鞑靼难民源源不断地拥入这个国家，逃离了俄国在克里米亚地区的绝对控制。

阿卜杜勒·哈米德发现自己处于非常不利的境地。尽管18世纪上半叶战事不断，但事实证明，奥斯曼帝国在这一时期却处于经济增长与繁荣的阶段。到了18世纪70年代，丰衣足食的年代让位给经济萎缩的时代。经济萧条是多种因素共同作用的结果：欧洲棉纺厂的机械化摧毁了土耳其重要的棉花产业；加勒比海地区的咖啡开始取代奥斯曼帝国在也门的生产；其欧洲敌人实施的大量增加军费的措施，迫使奥斯曼在经济尚未完全货币化的情况下过度支出。然而，经济并不是唯一令人忧虑的地方。在东部边境，奥斯曼帝国依然不得不与其亚洲劲敌波斯对抗——在伊拉克问题上由来已久的争执，以及与英国东印度公司在波斯湾的贸易中进行利益竞争。无论从哪方面来看，18世纪

80年代对苏丹来说都不是有利时机。然而不管怎样，与俄国交战的准备工作已经开始了。[47]

然而，苏丹如今却发现自己已经被传统的欧洲盟友们置于险境。欧洲盟友们忙于美国战争而自顾不暇，不可能为了奥斯曼的利益出面阻挠。相反，他们还敦促苏丹下台，接受俄国占领克里米亚的既成事实。由于没有盟友，奥斯曼尽管万般无奈，但还是被迫放弃了可汗。但是可汗拒绝离开克里米亚，这一事实成为波特金的眼中钉。为了确保俄国接管的合法性，波特金希望颁布与鞑靼人一起签署的宣言，声称成为俄国臣民是他们的自由愿望。但是鞑靼人自己却声称，他们不能公开表达这一愿望，直到可汗离开并退位才行。波特金也担心，如果宣言发布时可汗依然在这里，那么很多鞑靼人就会认为这是他们的一个诡计。可汗必须离开才行。[48]

沙欣·吉莱是个傀儡，却不是傻瓜。他先是被他的人民抛弃，然后又被俄国和奥斯曼的保护者们弃之不顾，他最后终于看到了不祥之兆。他逃离克里米亚，逃到了诺盖人的土地上。诺盖人是鞑靼人的一支，在黑海周边的比萨拉比亚和其他地区定居，位于俄国和奥斯曼帝国的边界之间。吉莱一到诺盖人中间，便立刻促使他们公开反叛俄罗斯帝国，而这又反过来威胁着奥斯曼帝国的边境稳定，所以，对这个事件绝对不能掉以轻心。鉴于此，波特金派遣他最信任的将军、上次土耳其战争的英雄亚历山大·苏沃罗夫前去惩戒性格暴躁的诺盖人。苏沃罗夫的手段血腥粗暴——他之前就因为未经授权便对土耳其人大开杀戒而被判处死刑，只是由于叶卡捷琳娜坚信"胜者不可审判"而免除一死。这一次他又屠杀了数千人，之后起义便被强力镇压下去。吉莱依然在逃，但是由于失去了所有支持，很快他就接受了条件。[49]

1783年4月，沙欣·吉莱正式让位给叶卡捷琳娜，为俄国的征服提供了理想的事后辩护。波特金不失时机地提出了他对俄罗斯新帝国领土的雄心勃勃的计划。1783年7月，他在卡拉苏巴扎尔附近的营地告诉女皇："这块土地富饶得难以形容,适宜得无与伦比。"对于俄国来说,由于习惯性地受冰冷天气的束缚,克里米亚的气候便成为不可想象的巨大优势。面对地理位置的天然劣势,俄国在国际海运贸易中落于人后,那些欧洲对手却都获得了巨大利润。波特金希望,克里米亚能够提供至关重要的温水港,可以在那里构建海军,为加入欧洲强国的第一梯队提供必要条件。[50]

1783年6月,波特金视察了克里米亚半岛西南端的鞑靼城镇阿赫蒂亚尔的港口,发现那里正是建造新海军基地的理想地点。俄国著名的工程师尼古拉·科尔萨科夫负责修建新的防御工事,为刚刚改名为塞瓦斯托波尔的港口提供帮助。到18世纪80年代末,这座新城市俨然已经成为整个俄罗斯帝国最重要的海军基地,这一地位至少会持续到下个世纪。有了这个基地,俄国就有可能成为地中海和大西洋世界的主要参与者,甚至有可能会推翻伊斯坦布尔的苏丹。[51]

奥斯曼帝国依然是波特金计划的最大威胁。他认为,由于领土上的大多数居民都是坚定不移的穆斯林,因此,克里米亚的安全只能通过将鞑靼土地的完全基督教化得以实现。波特金还认为,鞑靼人与穆斯林国家的领土如此接近,他们的忠诚度总是令人怀疑的,而这正是潜在危险绵绵不绝的来源。尽管获得克里米亚有很多附带优势,但是"如果我们能摆脱鞑靼人并将他们赶走,无论从哪方面来看克里米亚都会更好。事实上,他们根本配不上这块土地"。这并非全新的政策。自从彼得大帝以来,俄国的统治者就寻求在千差万别的被征服领土上建立一个统一的帝国。然而,只凭借征服他者却打造不出稳定而忠诚的帝国。因此,作为巩固帝国的一种手段,在新赢得的土地上推行统一的宗教和统一的语言是长期以来坚持不懈的追求,因为这是建造统一的帝国文化基础。早在16世纪,鞑靼人和其他穆斯林就已经被斯拉夫的东正教定居者所取代,那时候,正是莫斯科大公国开始向欧洲东南部和中亚地区扩张的时期。[52]

1784年，在克里米亚被正式吞并之前，波特金就已经着手在克里米亚尝试展开社会改造工程。作为新俄罗斯省的总督，他在半岛上安置了数千名东正教基督徒，仅在叶尼卡尔就有一千二百名希腊人定居。基督徒的拥入立刻导致了克里米亚的冲突。针对基督徒的大屠杀导致三万多名基督徒成为难民，其中大部分是亚美尼亚人。他们逃离暴力冲突，希望获得新俄罗斯省的保护。流亡者们的苦难是实实在在的，许多人在流亡期间命丧他乡。但是，克里米亚的宗教冲突也有对俄国有利的一面。宗教暴力的部分原因是波特金的基督教化政策，但它为1777年和1781年俄国干预克里米亚提供了非常关键的正当化理由。尽管一再向公众做出保证，但是克里米亚的基督教化进程依然继续快速进行。[53]

吞并克里米亚之后，波特金放弃了最初将鞑靼人赶出半岛的计划。他已经执行了将诺盖人从具有重要战略意义的边境地区转移的计划，强行将大约十万人迁离故地，重新安置在一些不太敏感的地区。不过，现在他决定就让克里米亚的居民继续在原来的地方生活。事实上，1784年4月，帝国颁布了一项法令，确保对克里米亚地区鞑靼人的宗教实施宽容政策。很明显，为了确保新省的稳定，需要穆斯林精英——贵族与宗教领袖们——的合作。因此，作为对其效忠誓言的回报，鞑靼贵族被赋予了俄国贵族的专利，比如说免除税收（像俄国贵族一样），并对他们的财产权进行了确认。伊斯兰教领袖伊玛目被授予与东正教神父相类似的地位，其中包括一些免税政策，以此作为宣誓效忠君主的回报。这项确保精英团体对俄国政权效忠的计划整体上说是成功的，特别是在高级宗教领袖和日益俄罗斯化的贵族团体中。

然而，在这些表象之下，克里米亚的文化与宗教特征正在发生深刻而迅速的变化。由于宗教领袖和宗教导师的地位已经正式确立，穆斯林宗教领袖也受到政府越来越严厉的控制。帝国对伊斯兰宗教培训的监督越来越严密，《古兰经》的翻译及印刷均由圣彼得堡一家国有出版社集中负责，并且成立了一个管理机构，专门对克里米亚的穆斯林进行监视。同时，数以万计的东正教基督徒，包括许多18世纪70年代宗教暴力事件的流亡者，拥入了克里米亚，从根本上改变了其宗教与民族结构。甚至连该省的新名称——陶里达这个希腊地名——也是对其新的基督教化特征的一种强调。

对于许多鞑靼农民来说，在祖国继续生活下去的前景变得惨淡无着。尽管在确保克里米亚精英的忠诚方面已经做了大量工作，但是普通人的需求却无人关注。农奴制已经被正式宣布废除，但是对地主的习惯性义务却依然保留了下来，这通常要付出一半的收成，对农民来说是毁灭性的代价。在不堪重负的经济重压下，还要面对不断变化的文化景观，都使得成千上万的穆斯林逃离克里米亚，到奥斯曼帝国寻求生计。吞并克里米亚之后，成为难民的鞑靼人多达三万人，接下来的几年里，还有成千上万名鞑靼人步其后尘。波特金或许已经计划强行将穆斯林驱逐出克里米亚，但是通过俄国的其他政策，他依然实现了将克里米亚基督教化的愿景。[54]

这是俄国坚定而漫长斗争的圆满结果，是以古代帝国和帝王为榜样的帝国征服野心得以实现的巅峰时刻。

哪位君王曾缔造过如此辉煌的时代？这不仅仅是辉煌的光彩，这一切也蕴含着巨大的利益。可以说，那些亚历山大和庞培仅仅扫了一眼的土地，你却已经将它们紧紧绑在俄罗斯人的权杖之上。还有陶鲁斯的切尔松尼斯——我们基督教的源头，因此也是我们仁慈的源头——如今也已经在其女儿的怀抱之中了。这中间自有些神秘莫测的因素。鞑靼民族曾经是俄国的暴君，而在最近的年代里则是比俄国强大百倍的掠夺者，其威力曾令沙皇伊凡·瓦西里耶维奇覆没于此。而你却摧毁了它的根基。新的边界保证了俄国的和平，使欧洲更加嫉妒，奥斯曼帝国更加恐惧。拿

起这尊未受鲜血玷污的奖杯，命令你的历史学家准备好更多的纸
张墨水吧。[55]

如果听从命令准备好纸笔墨水的历史学家是诚实的，他们就会承
认俄国对克里米亚的征服是一场血腥事件，这一事件不仅仅在半岛本
身，而是跨越了大西洋。毕竟，正是席卷了整个欧洲的美国革命，以
及其流血与动荡的进程，为叶卡捷琳娜夺取奖杯提供了必要的掩护。
战争的结束并不意味着克里米亚地区暴力事件的结束。《巴黎和约》
签署几年之后，俄国、奥地利和奥斯曼帝国将再次在东方对峙。

奥地利也在帝国的中立姿态中看到了帝国的机会。在英国、法国
和荷兰共和国的一致反对下，它之前打算利用其在低地国家的属地打
入海外商业和殖民地的企图遭遇失败。当所有的商业强国都在美国问
题上互相缠斗得不可开交的时候，玛丽亚·特蕾莎女皇及其儿子和继
任者约瑟夫二世看到了在欧洲之外扩张帝国的机会。为了达成这个目
的，1776年，他们从女皇的小儿子托斯卡纳大公利奥波德的领地利
沃诺派遣威廉·博尔兹，带着官方的正式授权开放从奥地利在的里雅
斯特的亚得里亚海港到印度和中国的贸易，以及从东非到美洲的奴隶
贸易。

与此同时，弗朗西斯·达纳则在其无休止的圣彼得堡的"流放"
生涯中，无可奈何地看着叶卡捷琳娜和波特金打着为了他自己的国家
摆脱帝国强权而进行独立斗争的幌子，迫使一个从前自治的民族屈从
于俄罗斯帝国的意志。他对此无能为力，内心充满沮丧的情绪。俄国
政府对他避而不见，英国的同行对他围追堵截，法国的盟友则极尽破
坏之能事，而且他自己的政府也完全无视他的建议。很明显，他无论
做什么都无法改变眼前的困境。俄国在克里米亚被占领期间，不会与
美国签署条约，不会施压进行和平谈判，甚至不会承认美国的独立。重
要的外交活动都是在其他地方进行，在巴黎，在伦敦，还有海牙。在

达纳看来，他在俄国度过的三个冬天，根本就是一无所获，反而受尽屈辱，想起来就令人浑身发抖。在极度苦恼沮丧的状态下，他给埃尔布里奇·格里写信说："我厌倦了这里的生活，我应该毫不犹豫地放弃这种局面……如果一丝希望都看不到的话……我们也许会拥有和平吧。"[56]

1783年1月，和平终于来临，他开始请示允许他离开这个职位。他对欧洲外交和更加广泛的欧洲体系已经了如指掌。他对亚当斯坦露心声："对于欧洲政客们的体贴周全和奇思妙想，我心里感到恶心，特别的恶心。"《巴黎和约》签署几个月之后，达纳终于开始与俄国外交部进行繁重的谈判工作。不过，尽管美国独立已经于1783年6月被正式承认，但是他依然未能获得沙皇的接待，条约依然远在天边，签署更是遥遥无期。达纳只能对失败局势持听之任之的态度，但是他担心克里米亚冲突会引发新一轮全欧范围内的战争，于是他开始就美国的对外关系发展出一种新的哲学。这种哲学将被许多在欧洲外交中付出战争代价的人所采纳。在写给约翰·亚当斯的信中，他提供一种孤立主义政策，这是门罗主义的雏形。他对亚当斯说："我们拥有一个属于自己的世界，关键性的分离使美国能够自己形成一种政治体系。"这是一种崭新的力量平衡，与欧洲的泥潭隔绝开来。美国的孤立主义是美国政治在未来一百五十年的常规特征，它诞生于美国首次出现在世界舞台的经历之中。[57]

1787年5月，光彩照人的叶卡捷琳娜大帝在新赢得的黑海属地进行了凯旋巡游。这场巡游为期长达六个月，沿第聂伯河一直到克里米亚，由一直在身边侍奉左右的波特金进行组织。这是一场旨在在该地区展示俄国政权、巩固俄国政权的豪华壮观的游行活动。叶卡捷琳娜和她的客人们——亲王、大使，甚至有乔装改扮的盟友约瑟夫二世——乘着一排排皇家驳船，庄严从容地一路沿河下行。甚至有传言说，波特金沿着第聂伯河两岸建造了虚假的村庄，只为了制造出从前因战争而荒芜废弃的土地如今已繁荣发展的印象。"波特金村庄"是在女皇接近时由波特金自己的人前去组装和居住的，一旦帝国团队过去之后，便立即拆散这些村庄，前往下游地区进行重建。

奥斯曼帝国也注意到了这一华丽壮观的意图声明。他们对游行队伍的厚颜无耻感到愤怒。奥斯曼帝国依然在为1774年和1783年的损失感到刺痛，他们的确有理由对俄国女皇和奥地利皇帝的野心感到恐惧。波特金设计的所谓"希腊计划"的消息传到了伊斯坦布尔。约瑟夫和叶卡捷琳娜已经秘密达成攻占奥斯曼帝国的协议，打算将奥斯曼帝国的领土一分为二，并建立一个以君士坦丁堡作为都城的崭新的基督教拜占庭帝国。对于一个俄国沙皇来说，叶卡捷琳娜光芒万丈的帝国野心并非什么新鲜事。罗曼诺夫家族长期以来声称自己血统显赫，他们还坚称自己是罗马皇帝的后裔，甚至认为自己是相对落后地区的统治者。然而，随着实力的不断增长，他们家族的主张也在不断增长。伊凡三世于1472年与拜占庭末代皇帝的侄女结婚，到了16世纪，莫斯科公国的实力不断增加，而认为自己是奥古斯都皇帝后代的新的声明，则为这种实力增添了更加耀眼夺目的光芒。17世纪，罗曼诺夫家族声称自己是罗马开国皇帝和末代皇帝的合法继承人，曾得到过东正教领袖、君士坦丁堡牧首的正式认可。从那时起，俄国势不可挡的扩张便披上了帝国紫袍。作为罗马的真正继承人，俄国恢复了其统治者的合法遗产。18世纪之前，这种虚夸只不过是虚张声势的空洞海口，而且奥斯曼人依然在拜占庭帝国的前首都岿然安居。当叶卡捷琳娜在虚弱的奥斯曼帝国的边界不断蚕食时，收复君士坦丁堡的可能性似乎变得真切可行，一位俄罗斯的罗马女皇的加冕也似乎势在必行，这些都令人胆战心惊。1779年，当叶卡捷琳娜的第二个孙子出生时，她便以此为契机，将其计划阐明于世。叶卡捷琳娜希望这个孩子将来能够在君士坦丁堡登上皇位，因此以基督教的君士坦丁堡的创建者君士坦丁为这个孩子命名，同时铸造发行了刻印着索菲亚圣母院的银币——这是拜占庭大教堂的标志，而奥斯曼人将其改为了清真寺。苏丹没有理由不警惕起来。[58]

到了1787年，俄国的拜占庭野心已经昭然若揭。随着克里米亚城市的更名，到了1786年，俄国在赫尔松新建了大教堂——教堂的名字毫不隐晦，直接命名为圣叶卡捷琳娜大教堂——设计目的就是为了突显俄国是拜占庭帝国的继承者。叶卡捷琳娜的克里米亚游行似乎证实了奥斯曼人最沉重的恐惧。1787年8月，在英国和法国的支持下，苏丹要求俄国撤离克里米亚。然而，叶卡捷琳娜却没有被吓倒，她欢迎战争的再次到来，并以此作为推动其"希腊计划"的一种手段。于是在1787年，俄国迅速向奥斯曼帝国宣战，奥地利也于1788年紧随其后。尽管英国和法国在口头上支持奥斯曼帝国与新兴的俄罗斯帝国竞争，但它们除了言语上的激励之外，却没有条件给予更多援助。俄国再次审视了欧洲局势，发现美国战争使她得以在东方为所欲为。

在文件条款上，法国与英国的斗争似乎取得了惊人的巨大成功，然而表象之下危机四伏，这场战争代价惨重。战争开始时，法国财政大臣雅克·内克尔决定不用增加税收的方式来资助法国军队。取而代之的是，他选择通过贷款（主要是通过外国银行家）的方式为几乎所有的战争行动提供资金。这种做法与政府有关财政的最新想法保持完全一致，也是对英国做法和西班牙大臣弗朗西斯科·萨韦德拉等人意见的一种呼应。从1777年至其垮台的1781年，内克尔为了筹措战争费用共贷款五亿二千万里弗尔。他的继任者，财政大臣弗勒里继续了内克尔的做法，在1781年至1782年间又借贷了二亿五千万里弗尔。然而，到这个时候，法国的信用受到怀疑，只有提高税收并利用税收借贷，才有可能成功地继续获得贷款。即使是在战争结束之后，新任的财政大臣依然被迫继续借款，目的仅仅是为了确保能够支付利息。总体来说，美国战争使法国损失了十六亿里弗尔（不包括利息）——是法国年收入的两倍多——导致了高达一亿六千万里弗尔的收支缺口。

可以说，法国战争费用的91%是用借款支付的，其贷款量之巨大是法国根本无力承担的。内克尔和他的继任者们迫不得已以4.8%至6.5%的高息继续贷款，这个利率几乎是英国所支付利率的两倍。高利率再加上快速还款计划——很多贷款要求在十年内还付——形成了双重夹击。[59]

　　支付如此巨大的战争债务是非常困难的，即使实现了和平，军费支出大幅削减也无济于事。但具有讽刺意味的是，法国在战争中获得的表面成功却使政府坚信，如果法国要想获得胜利的回报，恢复其世界强国的地位，那么与英国展开全球性竞争不仅是不可避免的，而且是至关重要的。而且，法国坚定地认为，海军扩张政策在战争中起到了决定性作用，因此在帝国受到重重围困的情势之下，法国依然致力于捍卫帝国领土，继续扩大海军。在1776年至1783年间，法国的海军支出增加了四倍，这一趋势在和平时期依然在快速持续。这种盲目扩大海军的最显著标志，就是瑟堡港的功能转换。受最近海军成功地对抗了英国人的激励，以及被启蒙科学的技术奇迹所蒙蔽，1784年至1789年间，法国又花费了二千八百万里弗尔打造了一个幻想般的防御系统。用铁链将九十多个直径一百四十二英尺的橡木圆锥体连接在一起——每个圆锥体高出水面六十英尺，其余部分沉入水中——形成一个射击平台。公众被这一令人惊叹的壮举冲昏了头脑，国王甚至亲自到这里参观（这是罕见的待遇），但是除了花费巨大之外，这个系统就是一个不切实际、代价高昂的灾难。[60]

　　从很多方面来看，失败对法国的益处比胜利要大。法国与其主要劲敌英国不同，英国现在可以遣散其大部分军队，而法国的地理位置意味着它必须承担海军的巨大费用，同时，它还要资助一支由十五万或者更多士兵组成的军队来保卫陆地边界。在18世纪，没有哪个欧洲强国既要成为大陆军事强国，又要成为全球性的海上强国。法国已经力不从心了。使法国陷入瘫痪的不仅仅是美国革命，还有胜利本身。

曾有人希望，进入美国市场能够帮助填补因战争而耗空的法国金库，但是几乎在转瞬之间，事实上就在签订和平协议的笔还没触到文件之前，就有迹象显示，美国已经将贸易的目光重新定位在英国。美国驻欧洲的外交人员在战时经历的屈辱，让弗朗西斯·达纳和他的朋友约翰·亚当斯这样的人对欧洲政治，尤其是法国产生了强烈的不信任感。在战争期间，达纳、亚当斯和他们的支持者对狡猾的法国外交大臣韦尔热讷的警惕之心越来越重——韦尔热讷在战争期间竭尽全力操控着美国的新手外交使团。多年以来，他们一直感到法国对美国做出的利益承诺只是一种表象，法国会为了追求自己的利益不惜损害美国。随着战争临近尾声，韦尔热讷再次全力以赴，为法国量身吁求从和平中获得的成果，并督促美国允许法国主导与英国的联合谈判。由亚当斯和达纳领导的恐法和孤立主义派系看到了这一提议的真实目的，转而努力推动美国与英国单独签订条约。

　　结果是，美国与法国各自与英国签署了条约，这是昔日盟友产生分裂的第一个标志。这也表明法国代替英国成为美国最重要的贸易伙伴的希望成为泡影。在战争的最后几年里，韦尔热讷希望通过扩大与新美国的贸易来收回干预的成本，这似乎是顺理成章的选择。1779年至1782年间，法国对北美的贸易出口大幅增长，每年的价值超过一千一百万里弗尔。同时，美国航运的中断意味着法国对美国商品的进口下降，从而创造了法国与美国的贸易顺差。法国战争中的成功也意味着它获得或者说重新获得了多巴哥、圣卢西亚和塞内加尔河等有潜在利益可图的殖民地。然而，事实证明，这些利益不过是暂时的。[61]

　　在与美国单独签署条约的谈判中，英国尽力重新夺回美国最重要的贸易伙伴的地位。为了达成目的，英国选择理查德·奥斯瓦尔德和戴维·哈特利作为谈判代表。奥斯瓦尔德是一个苏格兰商人和奴隶贸易商，往来于新斯科舍和佛罗里达，与美洲的关系密切，利益往来频繁。哈特利是英国战争政策的公开批评者，也是本杰明·富兰克林的朋友。英国为了挽回经济联系，为英国商品开拓新的美国市场，还非常慷慨地在领土问题予以让步，将阿巴拉契亚地区和密西西比河盆地交给美国。韦尔热讷非常清晰地意识到，英国希望将谈判作为恢复美国商业的第一个工具。他愤愤不平地说："英国不是制造和平，而是购买和平。"

他的担心是正确的。条约上的墨水还没有干透，法国和美国之间的贸易关系就开始出现问题。首先，法国人坚持认为，根据条约，法国商业在美国港口享有优惠待遇，而致力于自由贸易的美国人，则认为该条约只保证所有国外贸易都得到平等对待。在第一届国会通过一项对外国船只征收相同关税的法律时，这一条款已经被阐释清楚并载入了美国法律。法国的许多人，包括韦尔热讷在内，认为这是忘恩负义的表现，这太令人震惊了。鉴于法国在保证美国获得独立方面起了很大作用，因此法国要求有豁免权，但结果无济于事。不过，法国未能在美国贸易中获得更大的份额，自己也应当受到一些指责。法国自己的垄断性保护措施，包括对美国进口商品征收关税，在很大程度上也削弱了法美贸易。此外，正如拉斐特在调查法国出口贸易时所发现的，许多法国的制造商和商人面对变化反应过于缓慢，未能使其产品适应美国市场。

即使法国制造商能够很快适应变化，英国也很有可能会恢复其在跨大西洋贸易中的主导地位。法国的出口在战争期间有所增加，但是要替代英国的贸易地位，差距依然很大。在整个战争期间，美国商人一直与英国同行有贸易往来，英国的对美贸易价值一直都保持在法国的两倍多的水平上，即使在战争最为激烈的时候也是如此。战后，美国人从法国商人那里购买的货物，与战争期间相比大幅减少，但是与英国的贸易，由于不再受冲突的阻碍而激增。英美商人迅速恢复了战前长期建立的关系和长久存在的贸易网络。英国的制造商和商人对美国市场及其要求本就非常熟悉，因此很轻易地就能战胜他们的法国对手。法国的经济作家唐吉·德·拉·布瓦西埃写道，"英国只是失去了毫无价值的主权"，而它的经济主导地位却丝毫未受影响。[62]

甚至连法国在西印度群岛的成就也是昙花一现。法国在加勒比海的属地是帝国经济中利润最为丰厚的部分。将所有可利用的土地种植经济作物，尤其是糖和烟草，是最符合殖民者经济理念的做法。然而，由于单一的蔗糖种植将粮食作物排除在外，因此对于粮食及其他生活物资的进口便成为必需。从法律上讲，为这些岛屿供应生活必需品是由法国垄断的，但是在战后时期，这种物资贸易被美国走私者抢走了一大部分。他们利用出售物资获得的财富，再出口法国的糖和咖啡，破坏了本应由法国垄断的贸易链条。更糟糕的是，在法国对美国的出口下降到每年一百八十万里弗尔的同时，法国从美国的进口额却迅速扩张到每年超过二千万里弗尔。战时的贸易顺差消失了，于是法国的赤字不断增加，国家急需的硬通货几乎被耗尽。更令人恼火的是，美国利用法国的大部分贸易顺差来购买英国的物资和产品，从而使他们的盟友变得更加穷困，而法国最大的敌人却富裕起来。法国驻波士顿领事让·托斯坎愤怒地抱怨说，他们的前盟友"如今把他们的船只派往英国，把法国在美国花掉的、帮助他们赢得独立的金银送到他们的制造商手里"。可以说，这些话说出了很多人的心声。[63]

随着时间的推移，法国的贸易依然未能达到预期的高度，为了支撑法国贸易，它采取了更加不顾一切的一系列措施。1786年，法国与英国签署了一项自由贸易协定，即所谓的"伊甸园协议"，希望通过进入英国市场能够为法国经济带来发展契机。然而，对法国的致命打击是，在日益工业化的英国，其产量巨大的制造业成本比法国同行便宜得多，这对法国工业造成了损害，使法国的制造商怒不可遏，他们将所有的弊病与损失归咎于贸易协定。法国曾希望通过介入美国战争，让法国大发横财，使英国家财散尽。然而，到了18世纪70年代，事态变得越来越清晰，在这场冲突中瘫痪下来的正是法国经济。在接下来短短几年内，法国财政危机将助推法国人民以美国革命为榜样，开始进行自己轰轰烈烈的革命。法国大革命使欧洲陷入更加严重的动荡之中，但它也确保了俄国在重新进攻奥斯曼帝国时能够逃脱法国的反对。

由于雇佣兵贸易的影响，德意志各公国的人口不断流失和减少，同样缺乏足够的力量来抑制俄国和奥地利在东部的侵略行为。瑞典和丹麦作为俄国在北欧的传统竞争对手，也由于过于关注美国战争造成的影响而无力进行反击与对抗。斯堪的纳维亚半岛在战时的经济繁荣只是昙花一现，和平给他们带来的却是经济的停滞，以及对古斯塔夫国王独裁政策的日益不满与愤怒。一些猖獗专制主义的批评者，将美国革命视为对抗君主专制的发源地，对其大加歌颂。例如，佩尔·阿夫隆德就写下了这样的警告之语："地球上有一个地方，人们得以从锁链中获得解放。这个事实吓得暴君再不敢轻举妄动。"班特·林德则写下赞美"野蛮的华盛顿"的文字，称他"把血淋淋的权杖从暴君手中夺走"。卡尔·诺登舍尔德则宣称："美国的独立将永远使明智的统治者在自由的旗帜下统治他们的臣民，因为美国使所有国家都了解了它们的权利。"[64]

在受美国战争影响最深的军官中，有一个名叫戈兰·马努斯·斯普伦特波滕的芬兰士兵。作为芬兰军队中的一名军官，他对古斯塔夫的专制主义感到无比失望，对自己无法取得个人进步的前景也格外沮丧。于是，他于1780年离开斯堪的纳维亚前往法国，在那里加入了前往美国的法国远征军。他1782年回到欧洲时，脑海中全是美国革命的思想，一心打算使芬兰从瑞典的统治中独立出来。1782年回到法国后，斯普伦特波滕与本杰明·富兰克林有了接触，富兰克林的激励唤起了他心中的渴盼，也使他对于祖国芬兰摆脱瑞典专制统治有了逐渐清晰的具体愿景。对于斯普伦特波滕而言，"北美的独立"给了他希望，他认为"芬兰也可能与瑞典分离，成为独立的国家"。内心受这种可能性的激励，他开始向其他的芬兰军官传播他的想法，很多人将他视为"真正的爱国者,值得踏着华盛顿的脚步前进"。1785年,他开始为荷兰服役,并很快与荷兰爱国者党建立了联系。他为"芬兰联合省共和国"起草了一部宪法,将1772年古斯塔夫已经替换的瑞典宪法中的贵族元素与荷兰共和主义的诸多方面和《美国联邦条例》中的条款结合起来。他甚至前去拜访南曼兰公爵,就独立芬兰的统治问题与他商榷,但公爵明智地予以拒绝。他在瑞典的计划依然没有得到足够的支持,于是,他在1785年先后向荷兰的俄国公使和斯德哥尔摩的俄国公使提交了在俄国保护下建立独立芬兰的计划。尽管做了种种努力,但是斯普伦特波滕的自治运动还未真正起步就变得摇摇欲坠,因为有克里米亚和俄国对待其波罗的海属地的做法的先例,所以许多芬兰人对于由俄国控制芬兰的前景感到无法接受。斯普伦特波滕只能暂时放弃计划,接受了一项在俄国的军事任务。但是,当瑞典于18世纪80年代晚期发动了令人反感的对俄战争时,他的运动得以再次回归。[65]

许多人认为古斯塔夫对待国事,就像对待他所热衷的戏剧表演一样冲动,但是他未被日益恶化的经济与日益增长的不满情绪所吓倒。他依然希望从丹麦手中夺回挪威,从俄国手里夺回部分芬兰领土。首先,他就共同攻击丹麦事宜与俄国进行接触。而这似乎是让古老对手就范的好时机。和瑞典一样,丹麦曾经一度繁荣的经济在美国战争之后迅速瓦解崩塌。在政治上,开明的伯恩斯托夫政府于1780年被推翻,因为当时人们知道他与英国秘密签署了一项旨在保护丹麦殖民地的协议。取而代之的是仇英的奥维·赫-古尔德伯格。古尔德伯格加强了对权力的控制,并开始垄断丹麦的海外贸易公司。在丹麦,对政权更迭的反应是政治俱乐部的激增,但是一系列的土地改革和法律变革也带来了自由贸易、教育普及和农奴制的大体终结,这在很大程度上起到了抚慰民心的作用。然而,在丹麦控制下的挪威,美国革命产生的影响则更加深远,导致了社会动荡,几乎到了叛乱的程度。

战争期间的经济扩张像闪电一样击中了挪威,航海业、造船业和国际贸易的机会似乎无穷无尽，扩张似乎永无止境。无论从传统上还是法律上，这类产业都并非挪威的一体化城镇所独有。美国战争带来的空前繁荣，再加上农业和伐木业贫瘠的生产条件，吸引了许多农村挪威人首次进入了市场经济和货币经济。当战争结束，贸易再次萎缩时，唯恐失去其商业特权的城镇便施加压力，使它们对贸易的垄断得到确认。面对越来越广泛的金融危机，丹麦别无选择，只好对城镇的要求做出让步。此外，挪威的地方官员在战后经济萧条的情况下面临着增加税收的问题，于是就在农民开始感到压力骤增的时候提高了税收。因此，许多挪威人，特别是在农村地区，都不愿意放弃他们在战争期间打造的新产业。尤其是在1781年、1782年和1784年的一系列农业歉收之后，死亡率急剧上升，死亡人数超过了出生人数。从1785年开始，一场要求赔款救济的农民运动开始出现。

不过，抗议者们对王室的忠诚是坚定不移的，他们坚信，只要让国王知道挪威的情况，国王就会纠正错误。1786年，运动领袖克里斯蒂安·詹森·洛夫特胡斯亲自前往哥本哈根，向弗雷德里克王储递交了对当地官员和市政当局的投诉。洛夫特胡斯是来自利勒桑的颇有远见的农民。他和许多人一样，看到了美国战争带来的机会，于是开始涉足造船业和谷物、木材及其他物资的商业贸易。对这些新型利润途径的追求一路把他带到了英国。他于1782年回到挪威，却因侵犯阿伦达尔市的商业特权而被罚款，由此产生的债务迫使他卖掉了农场。由于山穷水尽、无路可走，洛夫特胡斯便成了农民改革运动的中流砥柱。

在向王储传达了信息之后，洛夫特胡斯回到挪威，声称获得了调查农民不满的授权。之后他又返回哥本哈根，提交了两份来自十三个教区的五百三十二名农民和农村土地所有者签名的请愿书，请示官方允许对农民的投诉进行调查。那个时候，挪威当局已经忍无可忍，威胁要在洛夫特胡斯返回丹麦后抓捕他。作为回应，洛夫特胡斯再次前往哥本哈根，但这一次他带着武装警卫和来自农村教区的一些代表。

由于害怕农民起义，当局试图逮捕洛夫特胡斯，但他设法逃走了。农民们对他们所选的代表遭遇如此恶劣的对待怒不可遏。他们的回应是拿起武器，向利勒桑进军，并在那里迫使法警给洛夫特胡斯和三十八名追随者发放前往哥本哈根的通行证。到了1786年11月，武装起来的农民已经达到八百多人。挪威的城镇——农民愤怒的根源——反过来又成立了民兵组织与农民对抗。一名来自"自由城"克里斯蒂安尼亚的商人在为市民和官员们辩护时说："如果反叛的暴徒不受到惩罚，他就可以到我们的家里谋杀我们，然后逍遥法外。这种灵魂是卑鄙的，所作所为是彻底的流氓行径，是政治生活中的愚蠢叛逆。有人居然称这种粗鄙的屠夫为第二个华盛顿，我要是见到这种人，一定朝他脸上吐唾沫。"瑞典内战一触即发。[66]

然而，洛夫特胡斯却不是一个革命者，流血的前景令他踌躇不前。随着紧张局势的缓和，丹麦同意成立一个委员会，专门处理农村的投诉。该委员会建议进行切实的改革，同时也督促当局逮捕"人民英雄"。于是，洛夫特胡斯于1787年2月被捕，而他的被捕引发了又一场农民起义。近千名农民武装起来，抓住了前来冒犯的法警，要求释放他们的领袖。内战似乎又一次近在眼前。但是，农民与被招来彻底平息动乱的丹麦士兵对峙时，又一次选择了退缩。洛夫特胡斯和其他十二人都被判处终身监禁，但是除洛夫特胡斯之外，其他人最终都被释放。洛夫特胡斯并非共和党人，当然也不是后来有人声称的民族主义者，但他失败的反抗的确为农民联合运动开创了先例，也为19和20世纪的民族独立提供了精神动力。

然而，俄国人依然不信任瑞典的意图，也拒绝支持针对丹麦的战争。由于俄国不肯合作，被叶卡捷琳娜大帝称为"像炮弹一样沉默寡言"的古斯塔夫转向了他的第二个目标，并与奥斯曼人和持不同政见的波兰人就对俄国发动联合战争展开谈判。[67]奥斯曼帝国已经在克里米亚与俄国发生了冲突，因此无法再提供任何支持。因此在1788年，瑞典单方面宣布与俄国开战，并且入侵了俄国的芬兰领土。从法律上讲，古斯塔夫要发动进攻性战争需要取得瑞典国会的许可，但是他收拾出一片小巧整洁的战场，把他手下的一些芬兰士兵装扮成俄国人的样子，让他们假装攻打瑞典的领土，这样他就可以回击前来进犯的俄国人了。有很多人都看穿了这场骗局，但是他们大多都像年迈的费尔森一样，认为战争只不过是皇室旨在进一步削弱贵族权力的阴谋。他怒声咆哮着说："为这场可怕的战争计划所做的准备工作，并非是单独针对俄国进行的，它也同样针对王国中的等级，针对宪法。简单说吧，就是为了推进绝对君主专制。"[68]

这种对古斯塔夫的看法在芬兰贵族和军官中尤为普遍，其中有一些是斯普伦特波滕及其自治运动的信徒。他们认为，古斯塔夫违背了瑞典的社会契约，因此他们自己便承担了以瑞典的名义与俄国进行和平谈判的任务。为了达成目的，在1788年，一群军官起草了一封写给俄国女皇叶卡捷琳娜的信。当军官们的所作所为传到古斯塔夫那里时，他不禁勃然大怒，要求他们立刻宣誓效忠。作为回应，一百多名驻扎在安加拉的军官签署了一份声明，谴责了这场战争，并概述了他们与俄国进行和平谈判的计划。一些人还开始讨论在叶卡捷琳娜的保护下建立独立的芬兰政府。叶卡捷琳娜有意将芬兰从瑞典分裂出去，但是她因为忙于与奥斯曼帝国的战争，实在力不从心。因此，她的回应虽然令人鼓舞，却没有什么实质性承诺。

当丹麦与俄国联手入侵瑞典时，古斯塔夫似乎遭遇了失败，实际上他在做退位的打算。不过，丹麦的入侵巩固了他在瑞典的地位，最后赢得了人民的支持。当古斯塔夫确信自己在瑞典的地位已经稳固之后，他便颁布了一部新宪法，出其不意地打击了对手。这部宪法包括对非贵族支持者予以让步，结束封建制度，并进一步削弱了贵族权力。在挫败了未遂政变并逮捕了近九十名军官之后，英国、普鲁士和奥斯曼人又及时提供了资金援助，再加上海军对俄国军队取得了辉煌胜利，使得古斯塔夫在1790年与俄国实现了有利的和平。随着他以牺牲贵族为代价获得了地位的巩固与加强，一群心怀不满的贵族开始密谋暗杀他。阿道夫·卢德维格·里宾就是其中之一。他是美国战争的热心志愿军，并把美国革命的思想带回了家乡。1792年3月16日，贵族阴谋家们发动袭击，在一次化装舞会上刺杀国王。政变失败，古斯塔夫的儿子古斯塔夫四世继位，他的兄弟卡尔担任摄政王。不过，这次暗杀对于俄国插手遏制的愿望是一个沉重的打击。

俄国和奥地利对其欧洲的对手没有丝毫的担心，因此在东部可以完全随心所欲。当俄土战争和奥土战争于1792年结束时，俄国在经历了四年血雨腥风的斗争之后，终于巩固了自己的利益，而奥斯曼帝国在众人眼里已经处于濒临崩溃的边缘。用一位历史学家的话说，对克里米亚的全面吞并，以及进一步丢失了黑海和巴尔干半岛的领土，"标志着奥斯曼帝国的分裂，像波兰一样即将分治"。军事失败引发了奥斯曼帝国经济和财政的急剧衰退。在士兵、船只、炮兵和新边境要塞上的过度开支使帝国破产，进而导致了政治权威分崩离析，面对日薄西山的中央权力，地方自治愈演愈烈。巴尔干半岛、叙利亚、埃及和阿拉伯半岛陆续爆发叛乱，威胁要把脆弱的帝国撕成碎片。俄国和奥地利严阵以待，希望抓住奥斯曼帝国衰弱的机会，完成他们瓜分帝国的计划。俄罗斯帝国和奥地利帝国通过瓜分奥斯曼帝国而成为巍然强国的愿景，使得其他欧洲列强感到震惊，导致它们对欧洲力量平衡的忧虑长达数十年。随着克里米亚被征服，"欧洲病夫"诞生了。从这时开始，"东方问题"将持续困扰欧洲的政治和外交，而美国革命再一次发挥了重要作用。[69]

对于英国来说，俄国对克里米亚的入侵，以及一直将注意力放在与奥斯曼帝国的冲突上的事实，意外地产生了宝贵的成果。美国战争和"武装中立联盟"破坏了英国与俄国的关系，而且威胁要破坏英国在北部海域的商业主导地位。英国贸易的潜在危险非常巨大，于是英国开始对俄国与荷兰通过谈判达成的和平前景表示欢迎——尽管仍然心有不甘。英国希望这样的和平会使荷兰和它的美国、法国及西班牙盟友分道扬镳，从而使英国得以单独签署更加有利的和平条约，而不必面对各国复仇势力的统一战线。英国新上任的外交大臣查尔斯·詹姆斯·福克斯一心希望既能保证条款的最佳优势，又能改善与俄国的关系。为了使协议达到更令人满意的结果，英国向俄国和荷兰发出消息说，如果荷兰同意由俄国斡旋达成单独的和平协议，那么英国愿意接受"武装中立联盟"的中立海事原则。荷兰人对俄国的承诺非常谨慎，毕竟，在英荷战争前夕，当英国将目标瞄准他们的航运时，俄国却抛弃了荷兰，任由他们自生自灭；并且，荷兰人对于是否背叛法国盟友也犹豫不决，他们在与英国进行的所有和平谈判中都坚持统一战线。然而，对于俄国来说，获得英国对"武装中立联盟"的基本原则的接受，是一个相当大的胜利。这有助于巩固和保护俄国的海上贸易，有助于在关键时刻助推俄国加入欧洲强国的行列。[70]

当叛乱在克里米亚爆发时，叶卡捷琳娜看到了良机，使她得以占领觊觎良久的南部港口，不用再费心去充当女调停人的角色。这个决定不仅能起到分散注意力的作用，而且还是个三思之后的决定，绝非心有旁骛的一时兴起：放弃北方的自由贸易，在南方建立一个扩张的帝国。叶卡捷琳娜深知，抓住克里米亚是个不能错过的绝妙时机，她不能冒着英国反对她征服克里米亚的风险，坚持"武装中立联盟"的海上原则。俄国依然希望迫使英国接受其海事原则，但是到了1782年，英国与法国开始了和平谈判。一旦法国和英国之间实现了和平，那么任何一国都有可能对奥斯曼帝国伸出援手。谢尔本爵士在任期间曾暗示说，英法联合远征保护奥斯曼帝国的计划正在积极考虑之中，但是以福克斯为外交大臣的新政权却一致同意放弃与法国联合行动的计划，以换取俄国悄然放弃让英国对海上政策做出让步的要求。英国由此从美国战争中脱颖而出，其在北欧的商业和海军的支配地位依然稳如磐石。这是从失败的血盆大口中夺取的一场至关重要的胜利。[71]

1787年，当叶卡捷琳娜和约瑟夫在克里米亚旅行时，一支同样气派非凡的船队横穿地中海，驶向伊斯坦布尔。这队人马属于印度南部的迈索尔王国，他们代表其统治者蒂普苏丹而来，因处境危险而前往阿卜杜勒·哈米德的宫廷请求援助。自美国战争结束以来，迈索尔一直在为与大英帝国开展新一轮的敌对行动做准备。蒂普苏丹认为，作为一个穆斯林王国，奥斯曼人一定将其视为同盟，一定会出手相助，也一定会联手反对扩张主义基督教帝国的入侵。但是，美国战争同样给奥斯曼帝国蒙上了无法摆脱的沉重阴影，使得阿卜杜勒·哈米德无法为迈索尔提供帮助。奥斯曼人被与奥地利和俄国的战争搞得精疲力竭，1787年，又有一场战争赫然有逼近之势，他们无法承受与英国疏远的代价。迈索尔也派大使到了法国。1794年，为了向法国新的革命共和政权示好，蒂普苏丹这个不折不扣的暴君，在迈索尔建立了一个"雅各宾俱乐部"，种下一棵象征性的"自由之树"，并给自己起了个"公民蒂普"这个有共和味道的称号。然而，尽管法国承诺予以援助，但是由于美国战争已经使得法国国力枯竭，承诺也变成了一纸空文。迈索尔只能独自面对英国。

第七章
印度的冲突与囚禁

1779年11月5日，当船驶进卡利卡特（现在的科泽科德）港口时，伊莱莎·费伊感到忧心忡忡。这是她第一次看到印度，也是她憧憬了几个月的目的地。但是，她却无心欣赏马拉巴尔海岸碧绿的海水和茂密的森林——用另一位英国旅行家的话说，"风景如画，可以与世界上任何国家相媲美"——伊莱莎·费伊烦闷不安，心急如焚。[1]卡利卡特只是伊莱莎和丈夫安东尼漫长航程的一个短暂停靠站，他们像许多前往马德拉斯和孟加拉的英国属地的英国臣民一样，并不打算在这里停留太久。伊莱莎是水手的女儿，而安东尼则是位志存高远的爱尔兰裔律师。他们在前往印度之前刚刚步入婚姻。对这对新婚夫妇来说，他们甘愿承受着与家人、朋友分离数月乃至数年的痛苦，冒着千难万险开启这段横贯大陆的旅程，只是因为英属印度新兴法律体系的迅速发展提供了许多机会。那时，在因美国革命而展开的全球战争的印度战场上，迫切需要有人来征服、保卫和治理英国在南亚日益增多的属地。对于英国人来说，与美国的战争直接导致了与法国的战争，而与法国的战争则越过大西洋波及了印度，并在印度爆发了与法国及其盟友的恶性帝国战争。次大陆的战争带来了征服，征服带来了管理的需求。随着英国在印度的官僚机构中的职位迅速增加，驱使像安东尼·费伊这样的人成群结队地来到这个由战争和革命开创的世界中寻求财富。

英国在次大陆的存在甚至可以追溯到1600年，当时东印度公司作为垄断贸易公司尚未成立。在那些早年的岁月中，事实上在长达一个多世纪的时间里，东印度公司与当时的统治者莫卧儿帝国是初级合伙人，是常常遭到忽视的角色，那时它唯一的祈求是紧紧将散布在印度沿岸的一系列贸易站抓在手中。公司虽对自己的从属地位感到恼火，但是与印度的垄断贸易所带来的收益也使英国人留在了印度。到了1647年，公司已经从最初在苏拉特的工厂发展到环半岛各地的二十三个贸易站。贸易是公司发展的原动力，没有人发觉除此之外公司还有什么更宏大的目标。这种感受由第一任正式驻莫卧儿宫廷的大使托马斯·罗爵士进行了最为有力的阐释。在17世纪早期，他就曾明智地建议公司"试图对印度驻军和土地战争施加影响是错误的。如果你想获利，那就静悄悄地从海上贸易中寻求吧。我们应该把这种认知视为基本规矩"。[2]

然而在整个18世纪，英国在与法国、荷兰和许多新兴的印度势力的不断竞争中，以其在孟买、马德拉斯和加尔各答的基地为核心，不断扩张在印度的领土，填补了由破产、过度扩张和缓慢衰落的莫卧儿帝国造成的权力真空。因此，从前的规矩不断被打破成了一种常态。在新兴的印度势力中，一些曾经隶属于莫卧儿麾下的总督们，如孟加拉的"纳瓦布"（印度莫卧儿帝国时代的省级地方行政长官）、海德拉巴的"尼扎姆"（18世纪至1950年间海德拉巴的君主称号）和阿瓦德的"纳瓦布"，都在18世纪渐渐获得了自治权。其他地区，如迈索尔王国，一直以来都是独立的，还有一些地区则开始积极与莫卧儿进行对抗。在17世纪，印度教马拉地帝国著名的缔造者希瓦吉为了争取独立而与莫卧儿人展开宏大而艰苦的战争，自那时开始，便以其德干西部的中心地带开始不断地扩张。到了18世纪70年代，帝国已经发展成为名义上由佩什瓦所领导的一个印度教国家联盟。权力的分散并没有削弱野心，尽管1761年的帕尼帕特战役以及随之而来的内部分裂，使得马拉地的扩张被阿富汗军队暂时阻止了，但是在18世纪70年代，帝国又恢复了活力，为争夺印度统治权而重整旗鼓。1775年，英国卷入了一场内部继承的纠纷，直接引发了第一场英国与马拉地的战争。直到这时，英国才真正认识到马拉地人的力量。

在英属印度，起初是由三个最重要的贸易站所在地——孟买、马德拉斯和加尔各答——共同执掌大权，到18世纪上半叶，当加尔各答在孟加拉的领土不断扩大之后，权力才慢慢由加尔各答掌控。1756年，孟加拉的"纳瓦布"对英属加尔各答发动了进攻，但是在1757年，英国在罗伯特·克莱夫将军的率领下，取得了普拉西胜利，随后又先后击败了孟加拉和阿瓦德。1764年，莫卧儿皇帝沙阿·阿拉姆二世在伯格萨尔宣布承认东印度公司的领土权利。尽管没有人能够在1765年想象到，英国有朝一日会成为整个次大陆的统治者，但是在1779年伊莱莎·费伊到达时，英国正在与法国、迈索尔、海德拉巴和马拉地争取剩余的莫卧儿帝国的领土——这场战争持续了几十年，当时恰值几国战斗正酣之际。

在海上航行了数周之后，青翠欲滴的马拉巴尔海岸的诱人景色尽收眼底，但是安东尼只是焦灼地盼望开始他的法律生涯，于是费伊夫妇便迫不及待地从卡利卡特前往英属印度的首都加尔各答。正如伊莱莎在几个月后写给妹妹的信中所说：

> 我们迅速赶往孟加拉实在是太重要了，尽管许多情况都意图使我们放慢脚步。不过我们深知，如果拖延，损失的不仅仅是时间，而且还会引发费伊先生被宫廷拒绝等严肃问题。作为一个律师，长久以来，这就像无数的匕首，深深地刺痛我的生命。而一想到我和我亲爱的朋友们远隔千山万水，我就更加心碎难忍。要

知道，只要有朋友们无言的陪伴，我就会幸福得别无所求。[3]

　　伊莱莎离她在英国的朋友的确无比遥远，用18世纪的标准来衡量时尤其如此。伊莱莎和她的丈夫于4月11日离开英国，顺着法国海峡沿岸，从多佛与加莱之间的老路航行，天气晴好的情况下，航程只需要三个小时。尽管当时法国正在与英国作战，但是费伊夫妇还是在相对未受干扰的情况下畅游了法国的乡村。他们乘着马车从加莱一路到达巴黎，中途在尚蒂利和圣丹尼斯停留，参观了法国中世纪君主的陵墓。费伊夫妇原本打算先由陆路到马赛，再乘船去利沃诺，然而由于美国战争的影响，有人警告他们说，这是"最没有保障、最危险的办法，因为在英国和法国之间，几乎没有任何船只可以自由通过"。由于海路行不通了，费伊夫妇便决定买两匹马和一辆单马马车。他们乘马车从巴黎途经萨瓦王国西南边境索恩河畔的沙隆前往里昂。离开巴黎后不久，一场偶然的风暴使得这对夫妇在枫丹白露停留，此地拥有最辉煌壮丽的皇家城堡。然而，站在这个上次与法国的战争正式结束的地方，不禁令人百感交集，著名的宫殿和花园在奔涌的情感面前黯然失色。[4]

　　他们从萨瓦穿越阿尔卑斯山进入意大利，那里的群山比伊莱莎想象中的要壮丽许多。在浪漫主义情感的激荡下，伊莱莎充满激情地写道：

　　　　自在北威尔士旅行之后，我以为自己已经对山脉及其周边景致有了还算不错的认识，比如说瀑布啊，洪流啊，还有高高悬在空中的吊桥……但是，穿越阿尔卑斯山的旅程，使所有的一切都相形见绌，我用全部的想象力所能描绘出的最精彩画面，在这幅美景面前也黯然失色。一句话，这里的景致无比优美，远远超出了我看到自然界中同样的景色后已经形成的任何认知。这些美景将崭新的领悟能力传递到我的头脑中——如果我可以这样表述的话，它们扩展了我的灵魂，将其升华到离造物主更近的地方。

费伊夫妇历尽艰险，以顽强不懈的精神穿越了无比壮美的阿尔卑斯山，一路沿着意大利半岛，穿过都灵和热那亚，最后在利古里亚海岸的利沃诺登上了一艘船。[5]

利沃诺是意大利半岛上崛起的商业大国。从文艺复兴时期开始，它一直是托斯卡纳地区首屈一指的港口。但是自17世纪以来，它的命运便与英国的商业扩张紧密地联系在一起。随着英国贸易在17和18世纪的不断扩张，英国的船只开始涌入地中海，利沃诺因此成为商业链条上至关重要的一环。与英国的紧密联系意味着，当费伊夫妇于1779年抵达时，利沃诺已经是许多英国贸易公司的所在地，也是英国旅行者、商人、艺术家和作家们经常光顾的地方，为这个陌生的意大利城市增添了一丝熟悉的味道。然而，费伊夫妇和其他英国游客所不知道的是，在熙熙攘攘的商业世界主义表象之下，有一些人正在秘密破坏大英帝国。

费伊夫妇到达利沃诺的时候，恰巧托斯卡纳最富活力的土著子孙菲利普·马泽伊回归故里。他出生在普拉托外城，在1755年移居伦敦之前，他在意大利和中东行医达数年之久。到伦敦之后，他开了一家意大利语教师服务部，为那些对伟大的"研学旅行"无比着迷和对所有意大利事物非常迷恋的人提供服务，以解他们的思乡之痛。在英国的首都，马泽伊与两个志同道合的美国人——本杰明·富兰克林和托马斯·杰斐逊——结下了亲密的友谊，在他们的鼓励下1773年搬到了弗吉尼亚，并在杰斐逊的资助下建起了一座丝绸工厂。这个意大利人和这个弗吉尼亚人还一起建立了一个商业葡萄园，但是他们的关系超越了共同的商业利益。他们定期就政治和哲学思想进行交流和通信，他们的讨论使得两个人对自由理想的追求更加执着。马泽伊是位坚定的爱国者，他心怀为美国事业助力加油的激情，于1779年作为弗吉尼亚的秘密代理人回到意大利。因此，当费伊夫妇在为谋划如何穿越地中海时，马泽伊则正忙着筹划如何从利沃诺向美国叛军运送武器。在战争进行期间，他将一直从事这样的活动。1783年，他则成为在整个欧洲推行共和理念的拥护者，因而也成为波兰和法国革命的重要联络人。1816年他去世之后，他的家人则应杰斐逊本人的邀请，定居到这个崭新的共和国。[6]

利沃诺无意在共和国自由的祭坛上牺牲掉与英国密切的商业关系。因此，虽然当局没有阻止马泽伊运送武器的行为，但是也未曾给美国任何官方的支持。意大利全境的各个公国分崩离析、支离破碎，每一个国家都害怕卷入欧洲列强之间的纷争之中。威尼斯拥有共和政府的悠久历史，而其商业交通要道的地位在很大程度上已被利沃诺所取代，因此，威尼斯最有可能成为新兴共和国的天然盟友。然而，即使如此，威尼斯依然拒绝了杰斐逊、富兰克林和约翰·亚当斯希望与古老的水城建立商业与外交关系的联合努力。此外，尽管威尼斯与美国的政府形式在表面上相似，但是以约翰·亚当斯为首的美国人在《为美利坚合众国政府宪法辩护》中以威尼斯为例，阐明了共和政体被财富和贵族权力腐蚀的过程。在美国正式独立之后，威尼斯依然对其持怀疑态度，认为美国早期的法律和制度不过是英国的另一种表现形式而已。用威尼斯驻美国大使的话来说，"完全是英国的法律和制度的翻版"。这也体现出一个明确的迹象，即美国会很快回到英国的怀抱。[7]

伊莱莎和安东尼从利沃诺出发，冒险穿过汹涌狂暴的地中海——法国的私掠船和阿拉伯的海盗使地中海危机四伏。他们到达埃及海岸的亚历山大港后，在那里下船登陆。尽管他们对新港湾的灯塔、高耸的庞贝柱和克里奥帕特拉宫殿的遗迹心怀向往，但是亚历山大城却没有给他们留下深刻的印象。伊莱莎感叹道："这座曾经无比辉煌的城市，由最著名的征服者建造的城市，用最精美的艺术品装饰的城市，如今却只不过是一堆废墟而已。"她更喜欢沿着尼罗河顺流而下前往开罗——"那永恒的富足之源"——的旅程，明知夜间有强盗流窜，但是这种危险也没有阻挡他们的脚步。"破晓之际，眼前出现的这个国家令我无比欣喜，我从未见过如此迷人的景色。"他们的小船一路向南蜿蜒而行，古老的开罗次第呈现，不禁令人浮想联翩，所有的时间感都因此变得模糊，伊莱莎不禁沉浸在对历史的幻想中无法自拔。她这样对姐妹们吐露心声：

> 伟大的开罗城离我越来越近了，看到巧夺天工的神奇的人类劳动成果——埃及的金字塔，所有的感觉都被强烈地唤醒了。在想象中，我成为早已逝去的那个世界的一位居民。又有谁能够看着眼前这三千多年前的建筑，不会在不知不觉中后退呢？退回到远古的存在中，生活在遥远的岁月中。如今一切都已随风而逝，被时光湮没，就像一段古老的传说。[8]

在开罗短暂的停留之后，这队如今已经全副武装的英国人马，踏上了为期三天的穿越沙漠前往苏伊士红海港口的险恶行程。他们一路上"幕天席地"，躲过"阿拉伯的强盗大军"。费伊夫妇决定首先乘船到开罗，再横跨西奈半岛到苏伊士，之后再由海路前往印度，而不是沿着好望角绕着整个非洲大陆航行大约一万三千英里——这个行程至少要花费半年的时间。在苏伊士，费伊夫妇和一小队英国人登上了"纳塔利亚"号，这是一艘丹麦船只，是从位于加尔各答北部的胡各利河畔的丹麦贸易站塞兰普尔驶来的。[9]

伊莱莎和安东尼于1779年9月到达苏伊士后，又继续乘船出发，从苏伊士向南驶过红海，然后再次在以咖啡市场闻名的也门港口穆哈停留。这段旅程平安无事，或者说相当顺利，也算是经历了从开罗到苏伊士的磨难之后的解脱，令人无限欣慰。"我们沿红海而下的旅程比较愉悦，"伊莱莎写道，"但是除了远眺何烈山之外，却也没有什么太多的乐趣可言。何烈山再一次让我想起了以色列后人的逃亡。你肯定知道，在体验了埃及各种各样与众不同的优长之后，我对他们为什么要千方百计离开埃及并不感到奇怪。"穆哈本身是一座有着庞大围墙的城镇，也有着极好的食物和淡水供应。从北欧人的角度来看，唯一令人抱怨的地方就是炎热。也门的酷热天气还让费伊夫妇的船员们创作了一句谚语：在穆哈和地狱之间，只隔着一张薄纸。[10]

1779年9月中旬，费伊夫妇从穆哈起程，开始了整个旅程中最漫长的一段海上航程，持续长达七周。他们乘"纳塔利亚"号驶入了亚丁湾，一片夹在阿拉伯西南海岸和"非洲之角"之间的狭长水域，最后进入阿拉伯海和真正的印度洋。不知是因为运气好，还是计划得当，"纳塔利亚"号上的乘客在从穆哈到卡利卡特的航程中，没有受到臭名昭著的狂暴无比的印度洋季风的袭击。宁静的大海使其他乘客得以像往常一样静静地思考庸常之事，而伊莱莎则能够细细地观察起形形色色的乘客来。

船长切努是最近才升职的，因为"纳塔利亚"号原来的指挥官范德菲尔德和他的大副在穿越沙漠的旅程中不幸去世，切努才以非官方任命的方式快速晋升。切努深知自己的新地位还不稳固，于是摆出一副神气十足、高人一等的官腔，大有言出必行之势，因此船上的每一个人都看不起他。除了船长切努之外，还有图洛夫妇，一笑起来就是一副"坏坏的样子"，以及约翰·黑尔，一位和安东尼一样到印度宫廷赴任的大律师。黑尔堪称势力小人的典范，"猥琐程度非常人能及。他的身体总是以特别夸张的姿态前倾，好像在宫廷里讲话的样子，确实势力得有些过度"。他绝不肯在任何物品上"体现出任何城市的名字"，唯恐别人看出他实际上只是个商人的儿子。除了这些令人反感的角色之外，还有不到二十岁的曼内斯蒂先生，他去印度是为孟买的东印度公司做合约撰稿人；莫罗先生，一位到日益欧化的南亚去寻求资助的音乐家；还有富勒先生，一位已经一无所有的商人，打算到印度去寻找挽救他不幸命运的最后机会。[11]

用伊莱莎的话说，"纳塔利亚"号上的乘客就好像一群不同寻常的喜剧人物的大集结，然而，如果不考虑个性，仅从专业角度来说，他们都是标准的乘客。18世纪的大英帝国是一片充满机遇的热土，一个可以创造和再次创造财富（当然失去财富同样轻而易举）的地方，一个可能是唯一一次可以跨越出生阶层与人脉的地方。随着美国独立战争的爆发，美洲作为这些躁动不安但雄心勃勃的个体的出口陷入停摆，来自各行各业、各条战线、各个阶层的青年男女们，冒着危险从宗主国来到殖民地，希望会在这里得到命运的眷顾。可以说，1779年"纳塔利亚"号的男男女女们本质上并没有什么不同。

11月4日，伊莱莎终于又看到了大陆。印度的西南海岸很久以来就是个跨文化交流的场所，亚洲与中东之间的贸易中心，葡萄牙航海家瓦斯科·达·伽马和中国航海家郑和曾经登陆的地方，也是各个民族、各个国家的共同家园：印度人、阿拉伯人、犹太人、葡萄牙人、中国人，最近又增加了荷兰人、法国人和英国人。现在印度终于映入了眼帘，伊莱莎不禁为之一振。她在甲板上看着船缓缓靠岸的时候，就激动万分地写道："我用渴望的目光热切地看着孟加拉，我的下一封信将从那里发出。天气似乎为了配合我的心情，也是晴好宜人。我根本不会在意炎热，它也不会影响我的精神和食欲。"[12]

然而，伊莱莎神采飞扬的兴致很快就烟消云散了。当"纳塔利亚"号在卡利卡特的航道上抛锚时，令人担忧的麻烦与苦恼不期而至。港口中没有英国船只，英国领事馆上空也没有旗帜飘扬。这些迹象所预示的恐惧很快就变成了现实。"纳塔利亚"号刚刚进入港口，便立刻被外国的船只包围，这些船只"带着如此强烈的敌意，我们都惊恐万分"。尽管船上明显没有枪炮、弹药和战斗人员，但是船长切努却觉得武力是最有效的行动方式，他希望用哑剧般的战斗气场把威胁吓退。图洛太太更是把整个场面弄得无比滑稽。她一直渴望"浪漫的冒险"，于是"坚持让人搬一把椅子放在甲板上，她决心就坐在椅子上观战。她觉得与从海难中逃脱相比，观战虽差强人意，但也无比刺激"。周围的船只肯定也看穿了这个舞台闹剧般的场景，一个中年妇女坐在椅子上观战，与扬言要打仗的男人显然格格不入。不管怎样，外国的船只并未与他们交战，"纳塔利亚"号上的乘客们大大松了一口气，尽管他们心里还是有些疑惑。[13]

在接下来三天的时间里，因为大家只能待在船上等待岸上的消息，疑惑很快就演变成了忧虑。从船上派到卡利卡特打探情况的人回来了，带回的消息更令人忧心忡忡：英国领事早已带着他所有的财物，在几个星期前逃离了这个地区。听到这个最可怕的消息后，这些胆战心惊的英国人想到自己拥有丹麦护照，因而转向丹麦领事寻求救援。他们从丹麦人那里了解到，英国和迈索尔王国的实际统治者海达尔·阿里之间确实在酝酿着某种冲突，而卡利卡特就夹在中间。

马拉巴尔海岸是首批触发全球化进程的地点之一。三百多年前的1498年，首次绕过非洲之角进行伟大冒险的瓦斯科·达·伽马就曾在该地区登陆——就像费伊在卡利卡特登陆一样。他发现马拉巴尔地区是一个地势低、水源充足的平原，从海边一直延伸到西高止山脉，盛产胡椒。接下来的几百年间，葡萄牙和荷兰的各个弹丸小国的国王们都争先恐后地控制利润丰厚的香料贸易，各个地区形形色色的商人们也蜂拥而至。而英国人却姗姗来迟，因此只介入了印度西南部地区。直到18世纪，英国人才开始像钳子一样，从他们在东南海岸的马德拉斯的基地和马拉巴尔北部的孟买向前挺进。

伊莱莎并不知道，到她抵达马拉巴尔海岸的时候，海达尔·阿里与英国人之间针锋相对、剑拔弩张的状态已经持续很长时间了。海达尔·阿里是印度南部迈索尔国王手下一位军事指挥官的儿子，他在1749年崭露头角。当时，他在第二次卡纳蒂克战争中担任一支部队的指挥官，这场战争是18世纪中叶英法旨在控制印度东南海岸的一系列战争的组成部分。充满扩张野心的法国东印度公司——位于科罗曼德海岸的本地治里基地——和在马德拉斯附近驻扎的英国对手之间的竞争，是卡纳蒂克战争的核心，它们的竞争与欧洲和北美之间进行的帝国主义竞争如出一辙。从很多层面看，第一次和第三次卡纳蒂克战争可被视为奥地利王位继承战争和"七年战争"所分别发出的帝国的回声。在争夺地位的过程中，法国和英国分别与不同的地方势力结成联盟，尤其是强大的南印度本土力量，如海德拉巴的"尼扎姆"、迈索尔国王和马拉地帝国的"佩什瓦"。第三次卡纳蒂克战争期间（1758—1763），海达尔·阿里在英国围攻本地治里时前来支援他的法国盟友，由此为他赢得了广泛的声誉，人们一致认为他是位鼓舞人心的军事指挥官。尽管法国输掉了那场战争，同时也丧失了其在印度的大部分领土与权力，但是海达尔·阿里却名声日盛，大有令人闻风丧胆之势。他有了一支包括法国大炮和法国逃兵在内的队伍，同时成为迈索尔军队的官方指挥官。到了1761年，他已从迈索尔的名义统治者克里希纳拉贾·沃德亚尔二世手中夺取了实际统治权，并将王国向南扩张至喀拉拉和马拉巴尔，使其成为该地区首屈一指的强国。

英国和海达尔·阿里治下的迈索尔王国之间的冲突始于1767年，当时新上任的海德拉巴的"尼扎姆"是阿里汗，他将海德拉巴的盟友从法国转换为英国（他的前任曾是法国的傀儡，被他于1762年罢黜）。英国人和这位尼扎姆都对迈索尔的力量和胆略日益强大感到震惊，他们担心海达尔·阿里很快会将其军队调度到北方，从而威胁英国和海德拉巴在卡纳蒂克地区的利益。这对新盟友不愿意冒着失去在卡纳蒂克战争中取得的成果的危险，因此采取了先发制人的策略，率先攻打迈索尔，引发了第一次英国-迈索尔战争（1767—1769）。

海达尔·阿里又一次在与英军的战争中以杰出的表现令人刮目相

看。这场战争以僵局告终，英国和迈索尔结成了防御联盟。根据和平协议，如果与第三国发生战争，英国将对迈索尔提供援助。1764年，这项协议得到了实践检验的机会。当马拉地帝国入侵迈索尔时，英国却心不在焉地只履行了协议的一部分，这让海达尔·阿里和他的儿子、继任者蒂普苏丹永远怀恨在心。在被英国人背叛之后，海达尔·阿里和法国结成了新联盟。

1779年11月，当"纳塔利亚"号抵达印度时，船上的乘客对于这里是名副其实的帝国争斗大熔炉的事实，很可能是毫不知情的。1778年，法国为了支持美洲殖民地而向英国宣战，冲突迅速蔓延到印度次大陆。1778年10月，英国人袭击并占领了法国在印度的核心所在地本地治里，之后开始迅速吞并法国的港口和属地。到了1779年，英国东印度公司的军队已经将目标锁定在马拉巴尔海岸的港口城市马埃。马埃距伊莱莎·费伊即将到达的卡利卡特北部只有五十英里。马埃作为迈索尔与法国之间军火贸易的要害之地，对于海达尔·阿里的军事力量有着至关重要的作用，因此，它受到海达尔·阿里的明确保护，由他自己的军队亲自守卫。当英国人攻占马埃时，他们犯下了对迈索尔人的侮辱之举，这是令对方不可饶恕的，于是，迈索尔与英国之间的战争不可避免。1779年11月，"纳塔利亚"号驶入了愈演愈烈的旋涡中心，一艘英国船只竟然要在被愤怒淹没的海达尔·阿里的领土登陆。

当他们紧张地等待船只向孟加拉起航时，伊莱莎·费伊和她的船友们发现，他们已经身不由己地成为全球斗争的棋子。这场斗争使英国与反叛的美洲殖民地及其新盟友们——法国和迈索尔——兵戎相见。在船上等待的三天里，大家都担心，如果他们一上岸，毫无廉耻的船长切努就会弃他们不顾。三天后，一艘载满武装士兵的小船开了过来，他们声称要为这艘"丹麦"船只做些准备工作，以应对英军即将发动的进攻。他们登上船来，船上的气氛紧张得似乎要凝结一般。

尽管费伊夫妇已经得到准许，让他们收拾好所有物品自由离船，但是当伊莱莎无意中听到一些印度士兵在讨论掠夺船只的新命令时，这对夫妇吓坏了，于是决定把自己关在船舱里。[14]

凌晨两点钟时，令人恐惧已久的袭击终于开始了。一队武装人员包围了费伊夫妇的船舱，要求进入查看。正如费伊后来在回忆时所说：

> 我紧紧地抱着丈夫，求他看在上帝的分上不要让他们进来。因为从他们那些人里，你能得到的只有最骇人听闻的虐待，其他的就不要再有什么指望了。尽管他们的掠夺没有那种碎裂和撕扯的声音，但这一切都使我确信，一旦我们失去了那点儿可怜的财产，那就什么都没有了。[15]

袭击者的耐心很快就耗尽了。他们拔出弯刀，以毒打和谋杀相威胁，希望引诱他们投降屈服。安东尼也拔出剑来，咬牙切齿地说："谁敢第一个冲上来，谁胆敢进入我妻子的房间，那就踏着我的尸体来吧！"船舱外面，进攻者们开始高呼，"不停地喊着'啊，啊'"，或者是"来吧，来吧"。伊莱莎任凭令人毛骨悚然在喊声在耳边回响，她匆匆地穿好衣服，准备离开船舱。外面的印度士兵依然高声唱和着，威胁着让她速度再快一些。当他们终于放弃了所有抵抗的念头时，船舱的门突然打开了，费伊夫妇与俘虏他们的人面面相觑。他们看着敌人的眼睛，却从对方直直瞪过来的眼睛中发现，原来他是个英国人。这简直太令人震惊了。罪犯运送再一次与革命步调一致起来。[16]

真是令所有人目瞪口呆，劫持"纳塔利亚"号乘客的突击队首领居然是个英国人。这位艾尔斯上尉，是英国人的宿敌海达尔·阿里部队中值得依赖的指挥官。艾尔斯生于伦敦，小时候曾给一名马鞍匠人做学徒。尽管他并不是个游手好闲的学徒，但是马鞍制造业却不是他想专心投入的行业。他觉得更轻松的从业形式才更适合"他这种思想活跃的天才"。一心想去冒险，一心想快速发财致富的艾尔斯，终于变成了一个拦路抢劫的强盗，专门瞄准伦敦城外的乡村公路上隆隆驶过的长途马车实施抢劫。他吹嘘说，作为一名劫匪，他曾"取得过许多光辉业绩"，尽管偶尔也会"深陷在法律的铁腕之中"，但是他最后总能毫发无损地逃脱。在18世纪，胆大妄为、耀武扬威的罪犯通常不会得意太久，最后总会走向子弹或者绞索；但艾尔斯是个例外。他也曾被抓住并接受审判，"他犯罪的证据确凿有力，尽管他花费大量钱财，也有很多朋友保他（在他的案件中，这些都是从来不会缺少的），但是他最终还是被判处死刑"。[17]

然而，艾尔斯的运气还算不错，这位不安分的学徒没有被处死，而是被辗转运送到印度，成为东印度公司的一名士兵。在孟加拉，艾尔斯很快就恢复了元气，以"公路绅士收藏家"的名号开始重操旧业。在两次涉嫌在加尔各答抢劫被捕后，艾尔斯被移送到马德拉斯，希望新的地方能够缓和一下他的犯罪倾向。可是，转移地点并没有起到理想的效果。艾尔斯感到军饷不足以支撑他的生活方式，于是决定放弃英军，转投到海达尔·阿里的帐下，因为他发现在那里他有机会以叛徒的身份获得丰厚回报，以此摆脱英军薪水低廉的苦力状态。这位英国叛徒偷了两匹马以及各式武器，想办法跑到海达尔·阿里的军营来。既聪明过人又勇武好战的迈索尔统治者立刻发现了艾尔斯的用途，便冷血无情地将他利用起来。艾尔斯被派往卡利卡特，据说他残酷地屠杀任何敢于挑战他权威的人，并以这种方式平息了当地居民的一场叛乱。正如伊莱莎·费伊所了解到的，"他所施行的最轻最小的惩罚就是把那些可怜人的鼻子和耳朵割掉，那些人的悲惨命运遭受着他残暴手段的蹂躏。他所犯的滔天罪行是对人性的侮辱和践踏，累累恶行可以说是罄竹难书"。[18]

伊莱莎·费伊和她的丈夫如今恍然明白，他们现在就落到了这样一个恶棍的手里而听其摆布。这是实施英国罪犯运送政策的直接后果。在英国，形形色色的罪犯横渡大海，到大英帝国遥远的角落定居、劳动和战斗。艾尔斯上尉无疑是英国最残忍、最有影响力的逃兵之一，但他绝非独一无二。由于薪水低廉、纪律严苛，很多英国士兵对曾经流放他们的国家几无忠诚意识可言，尤其是那些被迫服役的士兵，通常都会从英国指挥官转投到印度或法国指挥官的帐下。在海达尔·阿里的驻卡利卡特的部队中，至少还有两名英国逃兵。伊莱莎·费伊遇到的这位叛徒还流露出关切之情，他看到"一位乡下妇女陷入如此困窘的境地"，便给她递来一把雨伞，以免她受到将马拉巴尔海岸淹没成一片汪洋的暴雨的袭击。在卡利卡特的迈索尔部队中，还有一名叫韦斯特的上尉和一名叫佩雷拉的葡萄牙军官，他们都抛弃了自己国家的军队，转而为海达尔·阿里效命。尽管安东尼·费伊成了囚犯，海达尔·阿里麾下的地方指挥官萨达尔·阿里汗还要授予他军官的头衔，但是他予以坚拒。[19]

这些场景如果是第一次出现，的确令人惊讶，但是几个世纪以来，欧洲雇佣兵在印度国王的宫廷中服役，却早已成为常态。1498年，当瓦斯科·达·伽马开拓性地沿非洲大陆航行时，曾在卡利卡特登陆，那时他就发现意大利的士兵在当地国王的军队中服役。这种服役显然极有诱惑力，当达·伽马离开马拉巴尔时，他的两个手下不知去向。原来他们趁机逃走，跑到印度军队中寻求职位去了。叛逃的吸引力如此之大，以至在1565年时，一位葡萄牙编年史家声称，多达两千名欧洲人在当地的宫廷服役，这一数字在17世纪初上升到五千人。随着法国和英国在印度扩大自己的利益范围，他们的大量士兵也随着葡萄牙人的脚步进入了国王们的军队之中。英国人更倾向于蜂拥到印度中南部的德干高原上，加入那里的"外国兵团"，那是莫卧儿苏丹和穆斯林统治者的军队。事实上，由于法国和英国士兵潮水般涌入帝国首都德里，数量太过巨大，人们建造了被称为"外国人小镇"的特殊郊区来安顿他们。这些人必须皈依伊斯兰教并接受割礼，虽然代价沉重，但是仍有数千人趋之若鹜。[20]

大多数离家叛国加入印度军队的欧洲人都是边缘人物，他们在印度宫廷的耀眼财富中看到了发财的机会。所有的欧洲士兵都是变节叛逃者，但是只有炮手和骑兵，即那些有技术的人才是印度统治者迫切需要的，也只有他们才能找到有丰厚回报的职位。欧洲士兵的生活一般说来都非常凄惨，食物寡淡无味，住宿条件恶劣，工资微薄。用威灵顿公爵尖酸刻薄的话来说，这些都是"人渣"，因此在印度军队服役的吸引力显而易见：工资更高，支付时间更加固定，住宿条件更加舒适。除了单纯的金钱利益，印度社会对那些委顿不振、残暴不堪的士兵还有许多其他诱惑。一些人被当地习以为常的纳妾制和一夫多妻制所吸引，而另一些人则见惯了家乡无休止的宗教纷争，认为印度社会提供的宗教自由和宗教融合具有极大的吸引力。

美国战争结束之后，更加严格的禁令开始出现之前，欧洲和印度社会之间的界限更为开放，流动性更强。既为印度也为欧洲服务的士兵和商人，都能融入当地的习俗、当地的语言和当地的宗教中。许多人娶了印度妻子，或者有了印度情妇，生下了混血的孩子，在次大陆过着心满意足的生活。托马斯·莱格是18世纪来自爱尔兰阿尔斯特的幸运士兵。他对印度的炼金术和神秘宗教无比着迷，他甚至把自己当成了托钵僧，选择在拉贾斯坦邦塔尔沙漠的废弃坟墓中过起赤身裸体的生活。[21]

另一位名叫乔治·托马斯的爱尔兰士兵也融入了当地文化，但呈现出更加宏大的样貌。像18世纪的许多人一样，托马斯没有选择去印度，而是被一个抓丁团带走，被迫到海军服役。作为一个可怜的水手，他要承受严苛的纪律，几乎没有任何升迁的机会。他为此感到异常恼火，于是在1781年，当他的船在马德拉斯停泊时，心生恶念的他弃海军而逃，一路辗转到了财大气粗的贝古姆·萨姆鲁麾下服务。萨姆鲁是德里附近气数短暂的萨尔达纳公国的统治者，而她本人则是卢森堡雇佣兵上尉的遗孀。托马斯是个活力充沛、野心勃勃的士兵，最终在德里以西的哈里亚纳邦创建了他自己的王国。已经号称"耶哈斯老爷"的托马斯，在他的首都汉西铸造钱币，建造宫殿，并拥有了一个后宫。直到1801年，他被另一个欧洲雇佣兵皮埃尔·库利耶-佩龙领导的部队赶出了他自己建立的王国。皮埃尔·库利耶-佩龙是从法国的海军叛逃出来的，后来升任瓜廖尔的马拉地统治者马哈达吉辛·迪亚的军队指挥官。这位"来自蒂珀雷里的王公"与当地人完全处于水乳交融的状态，他口述回忆录时都是使用波斯语，因为他基本上已经将母语遗忘殆尽。他拥有双种族身份的儿子简·托马斯成为乌尔都语诗人，在莫卧儿的德里续写了辉煌的生涯。[22]

　　鉴于有这么多诱惑，那些被驱逐出境的罪犯有可能再次走上犯罪道路，对英国当局而言应该并不会感觉惊奇。但是，有一个发现肯定令人无比惊讶，即如今在印度南部领导人民对他们发动战争的人，正是被英国人自己运送到印度去的英国罪犯。到了1779年，全球范围内的军事危机使得成年男子成为最抢手的需求，人们甚至到监狱中搜寻潜在的新兵，不管他们愿意与否。众所周知，这也是一个忠诚不断流动的年代。在这样的时代，忠诚容易被抛弃，而且常常被新的忠诚所取代。无论在美国还是在印度，英国人和美国人、英国人和法国人、英国人和印度人，他们之间的身份界限是未定形的和不固定的。虽然殖民地在努力赢得他们所渴望的独立，英国人则试图保住帝国，然而更多的个体所寻求的，只是生存和利益。

　　在普拉西和伯格萨尔取得的胜利巩固了英国在印度的立足点，也使其更加规范化。然而，在18世纪最后的二十多年中，战争却对次大陆造成了持续不断的困扰。当新英格兰爱国者队伍与英国红衫军在波士顿的街头、列克星顿和康科德的战场上兵戎相见时，南亚地区同样发生了激烈的冲突与对抗。这些冲突像北美发生的事件一样，将对大英帝国的塑造起到推波助澜的作用。克莱夫将军和库特将军分别在18世纪50与60年代所取得的胜利，扩大了英国对古老的莫卧儿帝国的大片领土的统治权。杰出的巴布尔帝国、阿克巴大帝和沙贾汗很快告别了昔日辉煌，成为阴影般的存在，在自身的重压和英军的贪婪攫取下分崩离析。然而，现在的麻烦来自次大陆那些早已摆脱了莫卧儿王朝控制的地区，因为那些地区充满活力。英国与马拉地帝国和迈索尔王国在领土和条约上的争端，导致这些国家与法国联起手来。于是，1778年当英国与法国的战争爆发时，印度南部的战争也赫然临近了。

随着1767年和1780年与迈索尔、1773年与罗希尔坎德、1775年与马拉地联盟相继爆发战争，而且这些战争断断续续持续到19世纪初，东印度公司迫切需要更多的士兵，以保护他们的利益，显示他们日益增长的权威。然而，由于与美洲殖民地进行着武装冲突，最后又与法国在1778年开战，使得英国的人力资源捉襟见肘，很难找到愿意入伍、有能力入伍的志愿者。英国与许多其他欧洲国家不同，它并没有征兵入伍的正式制度，因为这种做法与英国人民的权利和自由观念相违背。因此，确保招募到稳定兵源的首要策略就是通过现金奖励的方式。

为了吸引志愿者入伍而采取的最有效方式，是1778年和1779年颁布的《招募法案》。这些法案的通过是为了应对日益严重的北美危机，也是基于对法国参战的预判，除了军队的常规军饷外，依据法案，还需向这些志愿者提供现金奖励。1778年的《招募法案》规定，志愿者将获得三英镑的奖金，这是那个时期一名手艺人一个月的工资数额。为了使条件更加诱人，1779年的《招募法案》将现金奖励提高至五英镑三先令，同时还为退伍军人增加了一些新的福利。如果战争结束，士兵们在五年后便可退伍。退伍的老兵可以免除常规的法定公共服务，如交通要道服务、教区官员服务和民兵服务等。此外，他们还被赋予在英国任何地方进行贸易活动的权利。[23]

　　然而，英国军队和东印度公司的需求远远超过了他们通过普通手段所能招募的人数。由于自愿入伍的人无法满足需求，狡猾的招募人员开始不择手段，采取一些极端的措施。从18世纪70年代开始，军队和东印度公司开始向法院寻求一批被关押监禁的、能随时出征的潜在士兵和水手。美洲作为囚犯的垃圾场已经关闭，然而军事需求日益增长，于是那些被判处了死刑，但是能够被远程运送的人，都被免除了刑事判决，获得了远赴印度或者美洲服役的机会。

　　以这种方式获得的新兵，其素质必然难以保证，他们毫无奉献精神和忠诚意识，艾尔斯上尉就是很好的例子。然而，在面临或者被处死，或者被运送到澳大利亚的选择时，大多数囚犯都积极申请甚至乞求到印度服役的机会。因为许多刑事放逐的判决并不列出具体的目的地，所以很难确切地获得被运送到东印度公司服役的具体人数。尽管证据并不完整，但是这种强迫招募相对来说是比较普遍的。例如，仅在1782年中的一天，就有四个不同案件中的四名罪犯被判决到东印度公司服役。[24]到了1775年，这种做法已经相当普遍了，心慈面软的自诉人碰到有悔过之心的被告，都会保证说尽可能地放他一马，努力申请送他去东印度当兵。这种惩罚措施最迟到18世纪70年代，就已经成为无人不知、无人不晓的办法了。东印度公司通过运送而招募的人手，的确在18世纪80年代开始不断增加，而这时针对殖民地的战争陷入拖延状态，对抗迈索尔和马拉地人的战争则渐渐激烈起来。[25]

　　现金奖励和赦免重刑犯的措施，依然不足以满足这个坐落于地球最遥远角落、饱受战争困扰的弹丸小国的人力需求。随即英国又采取了一种备受谴责的策略，即强征入伍。从朴茨茅斯到普罗维登斯的港口城市，一群群前来施压的人用恐吓甚至暴力的手段强迫平民水手加入皇家海军。这些人被指控使用无所不用其极的卑鄙手段——从围捕醉汉到绑架毫无戒心的水手——他们的暴力手段经常遭遇到抵抗甚至暴动，但是当时世界正处于战争状态，英国海军急需人手，因此无论用什么手段，无论付出什么代价，都要进行招募。18世纪末，英国人普遍对自己国土面积狭小、资源匮乏感到深刻的忧虑，完全没有后来那种强大的帝国自信意识。于是，他们一直为能否有足够的人手来管理不断壮大的帝国而惴惴难安。英国缺乏有技术的水手是长期的历史问题，于是英国政府决定采用历史学家所说的"必要的邪恶"，即强制海军服役。在海军军官的率领下，成群的海军士兵经常在当地军事力量的支持下，在港口城镇搜寻熟练的水手，并用威胁和暴力的手段强迫他们服役，直到实现和平，或者客死军中。这并非权宜之计，而是官方的帝国政策。从1688年到1815年间的任何时间段，这些被迫入伍的水手都占大约一半的数量。整个18世纪，被迫到海军服役的总人数达到约二十五万人。随着战区向遥远的地方不断延伸，美国战争见证了这种强征海军服役措施的大规模扩张，甚至在整个军队都出现了史无前例的强征入伍的行为。1778年之后，地方治安官被授予了将所有"身体健全、游手好闲、寻衅滋事的人"召集起来服兵役的权力。[26]

1780年，虽然强征入伍的做法受到了一些限制，但是这种征兵策略和行为依然受到了广泛的批评。在当代的记录中，东印度公司的招募者经常被称为"绑架者"，因为他们对于穷人、流浪汉和醉鬼所实施的策略无比阴险低劣。直到1789年，一名被指控盗窃的男子在为自己辩护时声称，他"在东印度公司律师的诱骗下"，被强迫登上一艘船。他在船上生病时，心肠歹毒的中士又把他扔回岸上，身无分文的他只能靠行窃果腹。许多费尽艰辛终于在法庭上顺利过关的穷人，都对不择手段的征兵者作了类似的描述。在1795年发生过这样一起事件：一名警察遭到一群暴民的袭击，因为他们把他当成了来绑架醉汉到印度服役的征兵者。由于美国战争对英国人越来越不利，英国就更加迫切地需要越来越多的士兵。据报道，一些农业工人和产业工人因为对被强征入伍的前景感到格外恐惧，他们就故意切断自己右手的拇指和食指，把免于强迫服役的希望寄托在这种残害自身的行为上。[27]

伊莱莎·费伊一定也感受到了这种类似的恐惧——成百上千人曾经体验过的忧虑和恐慌的滋味，他们不知是被迫到英属印度服役，还是能够得到赦免。当然，她去印度是出于自己的意愿，但是当她在11月的倾盆大雨中站在"纳塔利亚"号的甲板上时，根本不知道她在卡利卡特的囚禁生涯什么时候才会结束。她如今只能听任海达尔·阿里及其盟友们的摆布。几天之前，她是无论如何也不会想到这种情形的。她无法深刻理解，"在这个大陆上任何一支但凡独立的力量，都敢以如此残暴的方式对待英国公民"。在18世纪70年代，似乎世界上的许多国家都在寻求独立，却鲜少顾及"英国臣民"的感受。[28]

然而，与许多身不由己的英国士兵不同，伊莱莎的苦难只是暂时的。她和丈夫被押送着走过白浪翻腾的海滩，立刻便被那里的"卡利卡特暴徒包围，那些人似乎很喜欢看到白人受苦，毕竟白人一直都是他们嫉妒和厌恶的对象"。无论这群人是真的幸灾乐祸，还是仅仅出于好奇，总之费伊夫妇被带去与海达尔·阿里的妹夫、卡利卡特的行政长官萨达尔·阿里汗见面。行政长官抽着水烟，似乎对被淋成落汤鸡的这对夫妇没什么兴趣，只是命令把他们拘禁在一座已经废弃的英国工厂，他们在那里与蜥蜴、蝎子和蜈蚣相伴，度过了极其难受的一晚。

不久之后，费伊夫妇又被带走，与其他的英国乘客关押在一起。那些乘客之所以被逮捕，是因为吹牛大王约翰·黑尔一时爱国心起，把这对囚犯夫妇的真实国籍告诉了艾尔斯那个叛徒。接下来，囚犯们又被从英国工厂转移到卡利卡特要塞附近监禁起来，在那里，他们必须要与积水、老鼠和蝙蝠搏斗。在这座潮湿阴暗、瘟疫肆虐的监狱中被关押了一个月之后，所有的英国人都获准从陆路离开卡利卡特。眼看拯救在望，费伊夫妇却又遭受了一次残酷的打击，只有他们被剥夺了离开的权利。于是，在12月5日，费伊夫妇挥手与饱经风霜的"纳塔利亚"号船上的其他乘客告别，然后便开始审视他们的处境到底有多么绝望。

随着时间一天一天过去，他们能够自由离开卡利卡特的希望变得越发渺茫，但是落在抓捕者手里遭遇暴力对待的恐惧却日益加深，于是安东尼·费伊决定采取措施，用钱买通逃跑的路径。费伊夫妇先是向当地一名叫以撒的商人寻求帮助。以撒是一名富有的犹太商人，与海达尔·阿里和萨达尔·阿里汗签了很多合同，对他们也有相当大的影响力。在伊莱莎眼里，以撒就像父亲一般。她在写给英国朋友的信中，对他的描述充满了爱意。"以撒是个心地善良、受人尊敬的老人，大约有八十五岁了，留着长长的白胡子，他的面容没有一丝的阴暗，而是流露着温和而威严的神情。我看着他时，不禁感到他就像他的名字所寓意的那样，是令人尊敬的犹太教长。"以撒的斡旋并没有确保他们能立刻获救，不过，他却能够从代利杰里（现在的塔拉斯塞尔伊）的英国总督那里为费伊争取到资金。这是一座刚从法国人手里夺取的城市，位于卡利卡特以北四十英里。带着这笔新得来的钱，安东尼找到一位葡萄牙修士，他答应去找来一些假文件，帮助费伊夫妇出逃。假通行证上，费伊夫妇的身份被写成两位前往马埃旅行的法国人。于是，安东尼穿着水手的制服，伊莱莎也扮成男子模样——穿着男式夹克、条纹裤，戴着帽子，夫妇俩贿赂了一名船夫，然后就等待可以离开的信号。结果，他们满怀期待地等了好几天，以为能从卡利卡特顺利逃出来，但是事实最终证明，那位修士只愿意拿走他们的钱，却不愿意真的冒险帮助他们逃脱。[29]

"极度阴郁、极度哀伤的圣诞节"和新年都过去了，费伊夫妇却依然被关在卡利卡特，陪伴他们的只有以撒和令人厌恶的艾尔斯上尉。

> 对于像我这样厌恶伪装的人来说，艾尔斯的来访就是一次次可怕的考验。这个讨厌的坏蛋有一两次提到，有头母牛总是进入花园中，或者说是围场中——应该就是他家所在的地方，这让他特别恼火。今天早上，他拿着一把血淋淋的弯刀走近工厂，脸上一副恶魔般的喜悦表情，我就知道他肯定是把那头母牛给宰了……你想象不出拿着这把刀干这种活儿是多么美妙的享受……我的心因为恐惧而震颤。我觉得他杀我肯定也像宰那头奶牛一样无比愉悦。[30]

拯救之日终于在1780年2月到来。在费伊夫妇度过了三个月可怕的囚禁时光之后，以撒终于成功地争取到释放他们的机会。这位商人与萨达尔·阿里汗进行了交涉，为这对夫妇办理了乘坐他自己船只的通行证，带着他们前往科钦，前往自由。2月18日，伊莱莎和安东尼·费伊终于踏上了他们原本计划行程的最后一程，即前往孟加拉和不断扩张的大英帝国的官僚机构。伊莱莎给后世留下了她感人至深的致敬之辞，以撒当然是受之无愧的。

> 他送给我们的是无法估量的自由的礼物，我们无论如何感谢都不为过。语言无法表达我的感激之情。我随着命运漂泊，不知会落脚在世界上的什么地方，也不知会有怎样的境遇；我不知能否如心所愿、如心所想，幸福无恙地到达安全之所；抑或我注定会再次经历被囚禁的焦虑与苦难；也不知我接下来的岁月中是否会享受阳光与富足，或者暴露在令人惊悚的逆境中任凭雨打

风吹。但是，以撒这个犹太人的名字将永远与我最幸福的人生记忆联系在一起。只要我的心在跳动，只要热血依然在我的身体流淌，那么无论是时间还是空间的距离，都无法从我的脑海中抹去对这位最值得尊敬之人的无限感激与怀念之情。[31]

伊莱莎可能不会意识到，能在1780年的前几个月逃离马拉巴尔是多么幸运的事情。那个时候，英国、法国和迈索尔的战火正烈。就在费伊夫妇逃离卡利卡特的几个月之后，海达尔·阿里便率领一支约有八万人的大军入侵了卡纳蒂克。海达尔意图攻陷马德拉斯，这是英国在南印度最重要的属地，也是长久以来横在迈索尔扩张主义野心中的一根刺。为了应对迈索尔大军的威胁，威廉·巴利上校从其在冈图尔的哨所被派遣过来，加入了驻扎在马德拉斯附近的康杰韦勒姆的赫克托·蒙罗爵士的部队，意图通过加强兵力，联合对抗海达尔的入侵。海达尔很清楚，如果这个地区的两支英军能够联合起来，那么他的成功机会将直线下降，因此他派遣蒂普——一位已经能独当一面的天才指挥家和战略家——去拦截巴利。

1780年9月10日，蒂普的部队与巴利的部队在波利卢相遇，给英国带来了灾难性的后果。可以说，英国是全军覆灭。这是自17世纪末，在英国-莫卧儿战争（又称童子军战争）被莫卧儿皇帝奥朗则布大败以来，英军第一次全线溃败。巴利率领大约四千名士兵参加了这次战斗，到战争结束时，只剩下大约二百名士兵和五十名军官。巴利上校自己也成为俘虏。战俘们被押送到迈索尔的首都斯里兰伽帕塔姆，在那里，他们将与越来越多的英国战俘共度战争岁月。就在距离巴利和他的手下被囚禁处不远的地方，蒂普委托人画了一幅巨型画作，描绘的正是他在波利卢大败英军的情景——英国的士兵正被意气风发、大获全胜的蒂普骑兵砍杀。

由于一支英军已经一败涂地，因此赫克托·蒙罗就是否撤离马德拉斯地区而举棋不定。这时，"七年战争"期间印度战场的英雄艾尔·库特爵士，从加尔各答被派来增援。库特的运气比巴利要好，他在波多诺伏、肖林赫尔和波利卢都战胜了海达尔，但都不是决定性的胜利。过了不到一年，马德拉斯收到了一则令人郁闷的消息：美国战争进一步扩大，为了支援美国和法国，荷兰共和国已经对英宣战。几十年来，荷兰在印度地区的桥头堡几近绝迹，但是他们在科罗曼德海岸仍有属地，而四面楚歌的英国人已经无力再应对除印度之外的另一个敌人了。尽管如此，刚刚从格林纳达岛前来入职的乔治·夏尔尼勋爵，即新任的马德拉斯的指挥官，却对这个机会表示欢迎，他希望通过与法国和荷兰的对抗，将他们赶出科罗曼德海岸，赶到孟加拉海里去。11月，在海军的大力援助下，英国人成功地占领了荷兰人在印度的都城奈伽帕塔姆。

然而，英国在科罗曼德取得的成果，很快就受到法国海军的威胁。这支法国海军由上将贝利·德絮弗伦率领，于1782年年初抵达。随后，德絮弗伦和英国准上将爱德华·休斯爵士展开了一系列海战，后来又联合迈索尔围攻旺达瓦西，但是都无功而返。不过，英国还是深刻感受到法国、荷兰和迈索尔的重压，其马德拉斯的部队受到限制，于是，英国决定谨慎开辟第二条战线。他们把迈索尔的一些部队撤离了科罗曼德。由此，军队从英属孟买被派遣到西南海岸的代利杰里，他们从那里出发进攻马拉巴尔。作为回应，海达尔派蒂普率领一支军队迎战英军，保卫马拉巴尔。1782年12月，蒂普一如既往地把孟买的军队逼入绝境，一切都变了。[32]

海达尔·阿里去世之前已经病了一段时间，但是，他于12月7日去世时，对于已经卷入战争的国家来说，这个消息依然造成了意想不到的麻烦。在确定王位继承人期间，人们试图尽可能久地对外保守伟大领导人去世的秘密。蒂普苏丹是海达尔的儿子中年龄最长、权势最大的，但是由于海达尔的统治建立在征服而非继承的基础上，因此，无法保证他会继承王位。蒂普得知父亲去世的消息时还身在战场之中，他迅速赶到奇图尔，成功地保住了他的继位权。在海达尔·阿里身上，英国人看到的是意志坚定的敌人，但是在他的儿子和继承人身上，他们会发现更加可怕、更加危险的东西：一个野心勃勃的、远见卓识的扩张主义统治者，对英国人有着不可磨灭的深沉恨意，铁了心要看到英国在印度的影响力被血腥地终结。

几十年来，英国在印度的收益进展缓慢，但是蒂普苏丹既没有被英帝国扩张的缓慢速度所蒙蔽，也没有被英国人宣称他们只有商业野心的凿凿言论所欺骗。蒂普在写给海德拉巴的"尼扎姆"的信中这样警告他的邻居："你们不知道英国人的作风吗？无论他们的魔爪落到哪里，他们都会处心积虑地一点一点侵入到整个管理事务中去。"[33] 蒂普对于英国人带来的危险深信不疑，可以说他本人就是迈索尔的反英形象的充分代表。一旦登上王位，他便不遗余力地打造自己的声誉，使自己成为英国不可摧毁的劲敌，并公然宣称他"宁愿像老虎一样活一天，也不会像绵羊一样过一生"。他命人制作了一只真人大小的、正在蹂躏一名英国士兵的机械老虎，上面还画着他和父亲大败英军的图画。一位观察家报道说，他的首都斯里兰伽帕塔姆"装饰着许多绘画作品，比如，有大象把欧洲人卷入空中转圈的，老虎把全部为英国打仗的印度兵都抓住的，五六个英国军官匍匐在他的骑兵脚下乞求宽恕的，还有在他的马队面前吓得四散而逃的人群"。在所有地方，通过所有你能想象的所有媒介，蒂普都将迈索尔描绘成斗志昂扬、复仇心切的冲锋者，而英国人则被描绘成懦弱胆小、贪生怕死、软弱无能之辈。[34]

海达尔和蒂普作为反对英帝国暴政的亚洲代表，在世界范围内产生了回响，引发了另外一批反英革命斗士的激情想象。美国很快就意识到他们自己反对英帝国主义的努力与迈索尔统治者的努力之间的亲密联系。早在1777年，爱尔兰冒险家托马斯·康韦——后来因为阴谋取代华盛顿成为美国军队的总指挥，但是由于阴谋败露而闻名于世——就曾建议派遣美军前往迈索尔。这个计划不切实际，因此也不了了之，但是迈索尔却留在了美国人民心中。虽然美国军队从未曾到达蒂普的领地，但是在整个战争期间，美国的船只却与迈索尔及其法国盟友之间有贸易往来，并试图破坏英国东印度公司的垄断地位。1781年，宾夕法尼亚州以海达尔·阿里的名字命名了一艘军舰，美国独立战争期间的伟大诗人菲利普·弗伦诺曾专门写诗赞扬了这艘军舰，并向该舰的印度同名者致敬。

> 船的名字来自遥远东方，
> 是谁用自由的神圣火光，
> 使胆敢进犯的英国蒙羞，
> 为国家蒙受的苦难报仇！

　　一群准共和党人竟然对两位君主大加赞赏，而这两位君主的独裁和帝国野心与英国相比毫不逊色，这真的是咄咄怪事。但是，美国的关注点仅仅局限于海达尔和蒂普战胜英国的英勇气概，并非他们的政治价值观。当蒂普苏丹登上王位时，全世界各国对此有振臂欢呼的，也有恶语辱骂的，不过美国和法国都对其倍加赞赏，因为他是英国最无情的敌人之一。[35]

　　蒂普苏丹的确是英国在印度殖民地的敌人，但他却不是美国想象中的反帝国主义者。相反，在18世纪的印度，海达尔·阿里和蒂普苏丹的迈索尔是拥有最强烈、最热切的帝国扩张野心的国家之一。尽管迈索尔受到欧洲的影响，与英国、法国和马拉地帝国发生过冲突，但它仍然是一个土生土长的、积极进取的、骄傲自豪的帝国。蒂普的政策、战略和目标与最具帝国气质的英国惊人地相似。他利用税收、赔偿和财政收入作为控制小统治者和地主的手段，并以此作为吞并领土的借口。他对叛军和土匪毫不留情，并且为了击败对手寻求联盟力量。蒂普的迈索尔是18世纪末印度的众多帝国势力之一，他们试图填补日渐衰败的莫卧儿帝国留下的权力真空。美国战争的到来加剧了这场斗争，致命地削弱了法国和迈索尔的力量，同时也巩固了英国在次大陆的控制权。

伊莱莎·费伊在帝国主义斗争日益激烈之际抵达印度，的确是运气不佳，不过，她并不是唯一一个受到美国战争影响的人。事实上，在迈索尔的首都斯里兰伽帕塔姆的监狱里，全部是英国的俘虏，其中包括在1780年的波利卢战役中被俘虏的三百多人，1782年2月蒂普在坦焦尔获胜后抓捕的人数可观的俘虏，还有1782年法国海军交给蒂普的近五百名英国水手。当和平终于在1784年到来时，迈索尔释放的英国囚犯多达一千三百人，还有二千多名为英国而战的土生土长的印度人。俘虏和监禁英国士兵与英国军官的行为，与其说是战争的附带利益，不如说是蒂普苏丹的一种有意识的策略行为。首先，蒂普深知英国囚犯，尤其是地位较高的俘虏或者数量较多的囚犯，可以作为外交棋子，既能在谈判中增加筹码，又能保证英国在对待迈索尔囚犯时不敢轻举妄动。其次，也是最重要的，蒂普深知欧洲在训练、战术和技术上的创新，使得他们的部队比传统的印度部队有着明显优势。他的父亲很早就明白欧洲顾问的重要性。到1767年，他的军队至少雇用了二百一十名欧洲人，这一数字在战争期间一直稳步上升。欧洲人在现代特殊的军事任务中尤其重要，例如，在枪炮的使用和海军的指挥上均是如此。在这方面，海达尔·阿里挑选了一位名叫斯坦内特的欧洲军官来指导他羽翼渐丰的海军队伍。要让迈索尔获得这些益处，蒂普就需要熟悉新战术和新技术的欧洲顾问，还有什么比通过战俘获得这些知识更好的方法呢？威廉·艾尔斯和其他18世纪印度的军事冒险家们的范例告诉蒂普苏丹，比上述一切更重要的是，欧洲士兵的忠诚意识充其量说，是摇摆不定、适时而易的。他的经验告诉他，英国囚犯可以被转化、被说服，稍加诱骗就能加入迈索尔的队伍。这样的叛徒对他很有用处，因此他对俘虏也采取相对应的待遇。[36]

如果蒂普的目标是俘获和关押数量如此之多的英国战俘，是为了耗尽英国的人力和他们的军事技术优势，那么可以说他非常成功。1784年，英国和迈索尔宣布和平，蒂普同意释放一千三百名英国战俘。尽管他们可以自由离开被俘地，但是仍有四百多人选择留在迈索尔，这些大多是在蒂普军队的士兵或顾问。然而，双方握手言和之后，还足足有一千七百名英国人留在蒂普的监狱中，其中有四分之一最终加入了迈索尔的军队，许多人是自愿加入，有些人则是被迫加入。对于当时的大部分士兵来说，无论他们的原国籍是什么，当兵都只是一种工作，而不是使命的召唤；是雇佣劳动，而不是爱与忠诚的奉献。在这个国家服役的条件、薪酬和待遇往往比在英军中好得多，因此许多人都非常愿意换上另一种军服，不带丝毫的犹疑与内疚。英国和印度之间的确有深刻的分歧，但是严格的国家界定与民族认同是在18世纪80年代才渐渐开始的。[37]

当蒂普苏丹于1782年登基时，他立刻给自己的统治注入了更加富有活力的伊斯兰教色彩。用一位学者的话来说，这是"一种好战的宗教色彩"。蒂普与他的父亲不同，他受过波斯语教育——波斯语是印度各地穆斯林统治者的语言，因此他对伊斯兰教神学和穆斯林历史都相当熟悉。他一心一意要向他自己的穆斯林统治阶级和他的穆斯林邻居们表明，他的统治是神授的，是"上帝赐予的政府"。他给他的政府正式起名为"萨尔卡·库达德"，传达的正是这个意思。他在铸造硬币时也刻上关于真主、先知和伊斯兰教什叶派十二位伊玛目中的第一位阿里的传说。他对老虎意象的使用远近闻名，正如他的头衔"阿里"也意味老虎（或狮子）一样。他兴建了宗教学校，并任命伊斯兰法官去传授伊斯兰教。城镇也重新以波斯语的名字命名。在蒂普对抗英国人和印度马拉地人的战斗中，他援引伊斯兰教的圣战或"加兹瓦"思想来作为激励士兵和军官的手段。通过这些方式，蒂普放弃了他父亲更加宽容的做法，而将伊斯兰教作为"其权力意志的伟大意识形态支柱"。18世纪80年代，当蒂普开始领土扩张时，这个思想则演变成对其他宗教少数民族实施统治的工具。[38]

与基督教强国英国的战争，迫使蒂普苏丹对基督教和印度教臣民的忠诚问题产生疑虑，从而导致了某种程度的宗教迫害，以及南印度的永久性的、毫无转圜余地的宗教分裂。1784年，当他侵略芒格洛尔周围的领土时，他俘虏了数以万计的当地的天主教徒，其中许多人被投入监狱、被迫皈依伊斯兰教，甚至被肢解。英国水手詹姆斯·斯库里从他自己的监禁地，为世人提供了令人心碎的第一手资料——一个芒格洛尔天主教徒的苦难经历。

> 蒂普的军队包围了他们的国家，将三万多名男女老幼驱赶到斯里兰伽帕塔姆，在那里，所有能拿起武器作战的人被实行了割礼，然后分成四个营队。这些可怜的生物所受到的折磨是最惨无人道的。应召而来的一些鞋匠把他们的鼻子、耳朵和上唇全部割掉，然后让他们头朝尾巴骑在驴上，就这样血流满面地穿越帕坦。在最前面带路的是负责宣布他们罪行的恶棍。有人当场就从那畜生驴子背上跌落下来，因流血过多而死。这种支离破碎、鲜血淋漓的场面激起了无数人的同情，灭绝人性的惨状简直使人的心都要蹦出来。[39]

其他的一些记载证实了斯库里的说法，只是涉及人数有时差异较大，从斯库里说的三万多人到一些人估计的八万人不等。在蒂普苏丹的回忆录中，他对自己所俘虏的基督徒的人数估算为六万人，包括男女老幼各色人等。他以最典型的方式，将整个过程的计划做了详细安排，包括最微小的细节。首先，把当地的公共注册簿拿来，详细列出每个基督家庭、每一个基督徒拥有的每一分财产。将基督徒的数量登记在册之后，士兵们就驻扎到每一个基督教社区，并命令所有士兵在收到进一步行动的命令之前，要保持高度警惕。为了组织协调这些清洗行动，防止任何基督徒逃跑，送给各个官员的密件都要求在特定的日子、特定的时刻才能打开，即在基督徒祈祷的时刻。这一切都进行得非常顺利。根据蒂普自己的记载："我们的命令在同一时刻开始执行。所有的基督徒，无论男女，无一例外，共有六万之众，都在同一时间（即在晨祷的时刻）被囚禁，被带到我们面前……并最终被伊斯兰教的荣耀所折服。" 40

不出所料，在蒂普的记载中，他对芒格洛尔俘虏们的苦难遭遇只字不提，但是多年之后，一些俘虏在获释后所讲述的故事，几乎与英国俘虏詹姆斯·斯库里讲述的完全相同。一名来自巴尔库尔的幸存者描述得画面更加阴森恐怖。人们被迫从芒格洛尔行军到斯里兰伽帕塔姆，当时情形极为凄惨，大约有两万人在到达目的地之前就死于疾病或饥饿。其他人，尤其是基督教社区的领导人，据说都受到了卫兵的虐待，一些甚至在未接到具体命令的情况下被处决。当他们最终到达蒂普的首都时，有成千上万人，特别是那些适合服役的青年男子，都被迫皈依伊斯兰教。凡反抗者均受到折磨，嘴唇、鼻子和耳朵都被割掉。许多年轻妇女则成为穆斯林士兵和军官的妻子。这种以青年男女作为主要目标的方式，不仅能够扩充迈索尔的军队，而且有助于迅速而不可逆转地消灭未来几代基督徒，只不过他们的忠诚度或许不够纯粹，值得怀疑。在基督徒遭到围捕并被赶出喀拉拉邦之后，他们的教堂被立刻摧毁，土地被立刻没收，并被分配给了蒂普忠实的追随者们。这就好像一块被确诊为癌症的肿瘤从迈索尔的领土上被清除出去，这种清除战略保证了蒂普能够安全达成目标，而且也阻止了英国未来的侵略。而且，无论从哪方面讲，这都是一种蓄意的种族清洗战略。41

印度教徒同样也经常成为蒂普的目标，尽管他们长期与穆斯林统治阶级并肩生活和战斗，而且人数还占迈索尔总人口的绝大多数。现代卡纳塔克邦森林茂密的库格山区，自海达尔·阿里时代开始，就一直是迈索尔的眼中钉、肉中刺。生活在这里的科达瓦印度教徒独立意识非常强烈，经常抵制迈索尔政府的侵扰，被视为充满敌意的地区。作为美国战争的一部分，英国和印度教马拉地帝国的战争一直在继续，这种抵抗行动尤其危险，令蒂普苏丹感到越来越不安。他担心顽固的科达瓦人也许会破坏他在该地区的权威，而且还有与他的敌人，即英国人和马拉地人结成联盟的潜在可能。他几次试图用武力令库格山区的人屈服，但是都无功而返，因为科达瓦人的法宝是退入山林之中，进行游击战。1784年迈索尔与英国握手言和时，蒂普便利用与东印度公司的战时平静间隙，决定一劳永逸地解决库格山区的问题。一支由卡努尔的"纳瓦布"伦穆斯汗率领的队伍被派遣过去，成功地占领了科达瓦的首都，捕获了库格地区的领导成员。

在蒂普的眼中，科达瓦人的命运完全是因为自己不断的反抗行为自行招致，而这种叛乱是坚决不能容忍的。因此，按照已经成为蒂普惯例的做法，被征服的人将被俘虏，并被迫皈依伊斯兰教。在一封写给伦穆斯汗的信中，蒂普大概阐述了他对待被击败叛军的政策：

> 在库格地区煽动叛乱的人，没有考虑后果，他们只是按照儿童自私的本性和伺机叛乱分子的天性而行，因为距离遥远，他们居然对我们的胜利之师怀有战胜的希望，以致骚乱抬头，所有人都跃跃欲试。岂不知他们不自量力，希望原本只是泡影。我们一了解到这种情形，便立即以最快的速度前进，并迅速把四万企图寻衅滋事、犯上作乱的库格人全部俘虏起来。他们对我们胜利之师的到来惊恐万状，四散潜入树林，藏身在连鸟兽都无法到达的高山之中。之后，我们把他们带离他们的家园（就是叛乱的始发

之地），培养他们对伊斯兰教的尊崇之心，并把他们纳入我们的艾哈迈迪军团。如我所料，这些喜讯会立刻给那些伪君子敲响警钟，让朋友们、忠实信徒的首领们欢欣鼓舞，让亲善之笔在此详加记述吧。[42]

显然，科达瓦印度教徒并没有像蒂普所期望的那样，认真吸取被迫迁移、囚禁和皈依的教训。马拉巴尔的奈尔印度教徒，就是与伊莱莎·费伊一同被关押的人，也成为通过囚禁和皈依手段进行惩罚的目标人群。就在费伊夫妇在卡利卡特的囚禁生涯的几年之后，蒂普粉碎了一场叛乱，他认为这场叛乱是由英国人鼓动的，因此甚为担忧。战败的印度教徒被强行赶出家园，被迫皈依伊斯兰教。在一封封写给其军事指挥官的信中，蒂普敦促他们要强力镇压任何煽动行为，确保民众皈依伊斯兰教。他命令布鲁兹·祖曼汗将一位不到二十五岁的叛军首领连同他的侄子一起，在十字架上钉死，迫使他的二百多名追随者皈依，并在一个月之后写的第二封信中，对同一名军官提出表扬，因为他强行实施割礼，并因此使一百三十五名年轻的奈尔俘虏征召入伍。奈尔信徒在迈索尔的残暴统治下怒火持续燃烧，于是蒂普威胁要处以集体绞刑，以此唤起了人们对上一次大清洗的记忆。蒂普对他的指挥官说："十年前，在那个地区的树上共吊死了一万到一万五千人。从那时起，那些树就一直等待着吊死更多的人。你必须把那个地区所有这样的居民全部吊在树上，就像对待那些在叛乱中起领导作用的人一样。"他对另一个军官下达的是"地毯式搜捕"，即哪里发生动乱，就在哪里镇压。"无论反叛者在哪里抬头，都要迅速实施惩戒。先把他们全部囚禁，把年龄小的安置到艾哈迈迪军团（由皈依者组成的队伍），其他的全部绞死。"[43]

被俘虏或者被迫皈依伊斯兰教的印度教徒的确切数字，至今尚不完全清楚。有消息称，科达瓦俘虏的人数高达八万五千人，而奈尔俘虏的数量则多达三万人。总之，大概有十万印度教徒被强行驱逐出自己的土地，其中一大部分在极端胁迫措施甚至是酷刑之下被迫放弃了自己的宗教。还有数不胜数的俘虏或者在接下来征服新领土的战斗中被消灭，或者在迈索尔控制的地区镇压异见人士的运动中被处决。这些看上去非常可怕的做法，本质上是一种经过深思熟虑、久经考量的战略，蒂普在后来持续不断的战争和地区混战中频繁地使用。

蒂普积极倡导伊斯兰教，同时热衷于使用暴力，这是他的战略和战术，而非仅仅是顽固与褊狭的表现。他有充分的理由对芒格洛尔的天主教徒与库格和马拉巴尔的印度教徒的忠诚度表示怀疑。这些领土处于不断扩张的迈索尔疆域的边缘地区，因此也是极具扩张主义野心的英国、马拉地和迈索尔频繁争夺的地区，在18世纪曾经几度易手。例如在1768年，芒格洛尔曾落入英国人的手中，尽管它很快就被蒂普的父亲海达尔·阿里收复。但是一直有传言说，这个地区的基督徒对英国的征服给予了积极的援助，在战争期间为马修斯将军提供了大量的资金支持。海达尔对这次的背叛行为采取了比较克制的措施，监禁了那些涉嫌勾结共谋的人，拒绝对所有人进行处置，也没有针对更广泛的基督教社区。

1780年，与英国的战争爆发时，芒格洛尔成为必争之地，征服、再征服，然后，背叛的模式再度抬头。1782年，当芒格洛尔再度落入英国人手中时，一时又传言四起，说由于蒂普父亲的溺爱和仁慈，基督教社区与敌人密谋对抗迈索尔。有线人向蒂普汇报说，基督教社区向入侵的英国人提供人力、金钱和物资，甚至在迈索尔随后围攻芒格洛尔期间继续如此。作为王子，蒂普曾提议对喀拉拉邦的基督徒采取强硬政策。他坚持认为，英国人之所以能成功占领这片领土，而他再度夺回如此艰难，在很大程度上是当地基督徒背叛的结果。他指责他们"充当向导，协助他们（英国人）的交通与联络"，还向他的敌人提供人力、物力和金钱支持。[44]

尽管当地的基督徒的确向英国提供了一些援助，但是没有证据显示存在广泛的、有组织的串通与勾结。不管怎样，蒂普对此深信不疑。他认为，与英国接壤的边界地区非常敏感，只要有潜在的由基督徒组成的第五纵队，那么他的王国就永远不会安全。因此，当1784年重新夺回芒格洛尔时，蒂普当机立断，抓获了当时那个地区行迹最为可疑的基督徒，夺取了他们的土地，把他们囚禁起来，驱赶到迈索尔王国更为稳妥的心脏地带。

　　蒂普对印度教徒的迫害虽然规模不大，但同样反映出其对背叛的恐惧和对地缘政治的敏感。奈尔和科达瓦印度教社区位于边缘地带，或者说是迈索尔刚刚征服的地区，使人对这些地区的忠诚度产生高度怀疑。而且，他们又恰巧位于迈索尔王国与印度教马拉地帝国和英国东印度公司接壤的敏感边界上。考虑到迈索尔已经与这两个大国交战了数十年之久，而且库格和马拉巴尔的印度教徒长期以来都不安分，因此蒂普苏丹会理所当然地认为，奈尔和科达瓦是煽动叛乱或者颠覆活动的潜在源头。的确有证据表明，奈尔人的起义是由英国人直接鼓动的，这也印证了蒂普对于煽动叛乱的恐惧并非无稽之谈。在迈索尔的统治者看来，就在他最敏感的边界地区，潜在的第五纵队可谓遍地都是。因此，他要把这些可疑民族从敏感的边界地区清理出去，并令他们皈依伊斯兰教，那么他与敌人在南印度进行对抗的一个潜在薄弱环节也就得以清除了。在其他地区，特别是在迈索尔的心脏地带，蒂普尽其所能地培养印度教徒的忠诚意识。他向许多印度寺庙赠送礼物和善款。他尤其看重斯林格里神庙，并以非常恭敬的姿态长期与斯林格里神庙的"斯瓦米"保持通信往来。礼物通常并不贵重，但是清晰地表明了蒂普的意图，即希望得到迈索尔大多数印度教徒的支持，同时也是为了消除他们的忧虑，因为他们很可能已经听到他对印度教社区进行镇压，并强迫他们皈依伊斯兰教的消息。[45]

　　鉴于18世纪80年代美国战争的大背景，对蒂普来说同样重要的是，他要把自己描绘成强大的伊斯兰教的捍卫者。事实上，面对狡诈诡谲、不断扩张的基督教世界，他自己认为其对待芒格洛尔基督徒的残忍行径是正义的。在其回忆录中，蒂普声称，面对基督教的入侵与皈依者日众的现实，他自己"对信仰的热情已经沸腾"。他认为，他是在纠正三百年来的历史错误。"葡萄牙的拿撒勒人（即基督徒）"已经在果阿建立了自己的领地。根据蒂普的说法，他们获得了领土之后，便"禁止伊斯兰教徒斋戒和祈祷……最后把所有不肯拥护他们宗教的人从那里驱逐出去"。基督教像瘟疫一样迅速蔓延，在贫穷和无知的人中间传播尤甚，直到蒂普征服了芒格洛尔才得以终止。当他听说了基督徒及其传教士的行为时，他站起来为伊斯兰教辩护，并将基督教团体驱逐出去。就这样，野蛮行径被重新包装为宗教复兴的行为。同样，他在解释对待库格印度教徒的血腥手段时强调，强迫皈依既是对其他反叛者的警告，也是向共同的宗教信仰者们，向他的"朋友们"，即真正信徒的首领们，传达他的宗教诚意，这也是至关重要的。[46]

在18世纪80和90年代，蒂普苏丹一次又一次发现自己陷入敌人的包围之中。迈索尔与英国的战争似乎永远不会停止，英国的领土从两边推进，而北部印度马拉地人本身就是"异教徒"，自1782年以来一直与英国密谋勾结。蒂普最喜爱的法国盟友，却被1784年与英国签订的和平条约拖了后腿，而且战争也使法国一蹶不振，已经无法再为迈索尔的事业做出什么重要承诺了。为了应对与这些基督教和印度教列强的冲突，蒂普急需结盟。他主要向穆斯林国家提出结盟的倡议，首先是他的邻国，有些还是敌人，包括海德拉巴的"尼扎姆"，后来是奥斯曼帝国。蒂普派特使前往奥斯曼帝国，指示该特使向对方提出警告：英国人给印度穆斯林带来了严重的威胁。蒂普警告说，英国人已经占领了孟加拉，侵占了莫卧儿帝国的财政收入，改变了许多穆斯林的信仰，奴役了穆斯林的妇女和儿童，摧毁了清真寺、陵墓和其他圣地，用基督教堂取而代之。面对如此疯狂的掠夺，迈索尔忍无可忍，曾经以神圣的名义与英国宣战，现在蒂普敦促奥斯曼帝国的加入。但是，这些外交努力最终却一无所获。"尼扎姆"受过英国许多恩惠，心怀感激，因此现在无法与他们作对；而奥斯曼为对付俄国和奥地利已经忙得不可开交——这两个国家利用美国战争提供的有利时机，志在夺取奥斯曼帝国在欧洲和中亚的属地。无论如何，在一个积极寻求穆斯林盟友的世界里，把自己打造成一个积极的穆斯林支持者，而并非只为了个人利益或领土利益，的确是引人注目的战略。[47]

蒂普作为伊斯兰教捍卫者形象的重要意义，不仅在于它的对外宣传与影响，而且对于王国和迈索尔军队自身的内部接受程度也同样重要。虽然迈索尔的平民人口大部分是印度教徒，但是蒂普的军队和行政机构却主要由穆斯林组成。因此，将自己打造成伊斯兰教统治者的形象是缜密的战略步骤，至少在某种程度上能够确保其士兵和官员的忠诚。这种狂热的伊斯兰教的形象需要仔细而精准地投射其影响力，主要针对迈索尔边界之外的地区，为的是避免过度疏离大量的印度教人口。如果实施得正确得当，它的效果还是很可观的。将没收的基督教和印度教的财产奖励给忠诚的穆斯林军官和行政官员，有助于加强蒂普和他所依赖的穆斯林精英之间荣辱与共、同仇敌忾的感情。

在蒂普苏丹统治之前的几个世纪里，印度这片土地一直呈现出文化、语言和宗教方面的惊人的多样性。由于存在诸多外在差异，政治忠诚与宗教认同需要协同一致的观点，在欧洲从未被认为是真理。除了少数例外，次大陆两种最主要的信仰，即印度教徒和穆斯林之间的宗教冲突，是微不足道和零星散落的，只是例外而非规则。海德拉巴的"尼扎姆"这样的穆斯林统治者，既是印度寺庙的积极赞助人，也是印度教节日的积极参与者。同样，印度教徒也毫无愧疚地参加穆斯林的节日与庆典。几个世纪以来的和平交融，使得蒂普的强硬行为显得更加令人不可思议，但是由美国战争导致的不断扩大的混乱局面，导致忏悔边界的重新划定，使印度教、基督教和穆斯林之间的界限变得不可逾越。[48]

没有理由怀疑蒂普对他的信仰的真诚热爱，也没有理由怀疑他为了战略目的肆无忌惮地利用宗教对真正的宗教精神造成的阻碍。蒂普苏丹只是以同样的方式，利用宗教去回应同样的恐惧，而正是这种恐惧在美国和英国引发了宗教沙文主义和宗派暴力。就像美国人害怕并把矛头对准边境的土著美洲人，解放南方的奴隶，到处都是忠心耿耿的天主教阴谋家一样，也像英国人把矛头对准法国间谍、爱尔兰叛军和天主教叛徒一样。蒂普苏丹的矛头对准的是科达瓦印度教徒和芒格洛尔的基督徒。正如美国革命为大西洋世界宗教和社区暴力提供了空间和理由，印度战区则为大规模的、震惊世人的宗教迫害创造了必要的条件。这种暴力遗产将持续数代之久。直至今日，喀拉拉邦和卡纳塔克邦的社会紧张与宗教暴力依然在持续加剧。

面对蒂普苏丹的统治，英国人摆出一副自以为是、道貌岸然、高高在上的虚伪姿态，并在战后企图污化他的名声。然而，他们自己恐怕难以摆脱贪婪残暴的指控。英国和法国的媒体都定期刊登关于英国在印度残暴行径的文章，主要围绕1783年在阿嫩达布尔的大规模屠杀和强奸妇女的指控。对这一事件的报道并非毫无利益关系。报道首先出现在《年鉴》上，这本期刊与埃德蒙·伯克和对东印度公司持反对意见的人密切相关，该期刊之前曾就海达尔·阿里之死刊登过宏大的悼念文章。但是，阿嫩达布尔大屠杀无疑也反映出，战争期间双方对于囚犯和无战斗能力的人使用暴力是常规行为。

对于普通百姓来说，即使他们想方设法避免选边站队，频发的战争对他们也是毁灭性的打击。因此，除了成千上万被俘虏的人之外，英国和迈索尔的战争也使成千上万人流离失所，为了安全，他们逃离战区，逃向防守严密的城镇。1780年，艺术家威廉·霍奇斯在马德拉斯就碰到一群难民。霍奇斯正打算在那个地区游览，那时东方如画的

美景在西方正成为艺术时尚，但是，

> 人类本性像泛滥的洪水把旅程切断。战争，这个艺术家最大的仇敌，它恐怖的样貌也许是文明的欧洲见所未见、闻所未闻的。它像激流冲击着整个国家的容颜，吓得农夫丢下了梨锄，工人丢下了织机，和平一去不返。忧虑的我目睹了战争的影响，人们从四面八方拥来，拥到马德拉斯寻求避难之所。他们的肩上扛着可怜的微薄财产，母亲怀里抱着幼小婴儿，父亲则牵着马匹，马背上是年轻家庭的全部家当，每一个物体上都分明写着困惑和沮丧。

霍奇斯估计，仅仅几天之内，逃往马德拉斯的难民就有二十万左右，他们赶在迈索尔大军入侵之前，想方设法夺路而逃。难民人数过多，马德拉斯无法容纳，因此许多人被重新安置在北部地区，这里最近已经成为英国的属地。事实上，这场战争与他们无关，战争在世界的某个地方开始，而他们对那个地方充其量只有模糊的认识而已。但战争就是这样，这个地方的农民和工匠已经身不由己成为帝国战争的难民。[49]

印度战区的战争结束得非常突然，几乎令人难以置信。尽管巴黎谈判已经进行了一个多月，而且，1783 年 2 月在凡尔赛签署了《和平初步协议》，但是由于 18 世纪的通信手段变幻莫测，因此直到 6 月底，马德拉斯的马戛尔尼勋爵才收到消息。对于英国人来说，和平来得并不早。在海达尔·阿里去世、迈索尔陷入混乱的时候，他们未能发动进攻。此后的一年里，他们与蒂普苏丹及其法国盟友的对抗陷入了僵局。当和平的消息传来时，战事其实已经凄凉无望了。英国的军队在古德洛尔被比西侯爵的部队包围，而蒂普的军队则即将在芒格洛尔占领另一个重要的英国阵地。于是，他们火速把欧洲来的消息告诉了法国人，就怕万一他们没有收到从巴黎来的消息——比西冷嘲热讽地说，如果英国的力量更强大，处境更好的话，他们"会毫不犹豫地对我们隐瞒他们收到的消息"。信件被送往比西和德絮弗伦那里，随后是负责协商具体条款的专员。法国人也很清楚他们的资源已经捉襟见肘，于是很快与英国达成了协议。1783年7月2日，印度终于迎来了和平。[50]

1784年3月，蒂普苏丹致信法国本地治里总督，就法国和英国达成和平的消息向他表示祝贺，并强调说："这一消息令我们非常满意。"然而，在私下里，蒂普对于和平感到无比愤怒。他已经将英国人逼上了绝境，已经准备给予英军决定性的打击了，可是就在这样的关键时刻，他昔日的盟友却与英国握手言和了。对于在德里的莫卧儿皇帝沙阿·阿拉姆来说，他对于结束战争有截然不同的看法。他写道：

> 这位坚定的信徒为了支持穆罕默德的宗教，对拿撒勒人（即英国人）进行了惩罚。当英国人已经无力维持战争的时候，便以最卑鄙的方式寻求和平。这是尽人皆知的事实，使他们臭名远扬，在此不再赘述。在神的保佑和神的帮助下，就在现在，我再次下定决心，要坚定不移地彻底消灭、彻底摧毁信仰的敌人。[51]

尽管他们根本不愿承认这一点，但是在印度和英国的大英帝国当权派中的许多人，也无可奈何地对蒂普关于糟糕的印度局势的评估表示认可。根据英国首相诺斯勋爵所言，波利卢失利的消息——尤其是这场失败与美国约克敦的失败是在同一年——以及随后英国在印度的一系列失败的消息，"引起了全世界的关注，引发了公众强烈的抗议与不安"。于是，议会通过了一些方案，要求停止进一步进行领土征服的企图。同时，公众对于印度本土力量的看法，特别是对于蒂普苏丹的迈索尔的看法，也在发生显著的变化。蒂普苏丹被称为迈索尔的老虎，而他也的确就像用来命名他的动物一样，成为大英帝国恐惧的对象。马德拉斯的总督承认："印度人对我们的武器没有那么害怕。"可以说，美国战争的结束带来的不仅是美洲殖民地的丧失，也带来了一种前所未有的感觉，即大英帝国在印度已经脆弱不堪、伤痕累累、气数已尽，成为迈索尔这个新兴猎食者的猎物。[52]

和平虽然使英国解脱，伴随而来的是酸楚与阴寒之感，但蒂普苏丹则因深感背叛而义愤填膺。迈索尔和法国联盟的基础是，法国会向南印度派遣一支庞大的军队和强大的海军分遣队，目的是将英国人从这个地区彻底清除干净。然而，蒂普收到的却是借口人手不足、行动受限等一拖再拖的消息。冲突已经开始几个月了，而法国承诺的庞大军队依然没有出现。当最后终于姗姗来迟时，这对盟友却开始争吵不休：海达尔·阿里和蒂普苏丹抱怨法国总是指手画脚，而且战战兢兢，未能与英国正面交锋，更没有通过削弱英国的力量而取得后续的胜利。反过来，比西则严厉斥责迈索尔的领袖是完全靠不住的"强盗和暴君"，甚至含沙射影地说，法国最好是与马拉地或者海德拉巴的"尼扎姆"结盟，根本不应该与迈索尔联手。经过这一系列的分歧和失望之后，恰逢战争大潮开始呈逆转之势，英国似乎陷入困境，脆弱得不堪一击，然而就在这个胜利唾手可得之际，法国却一听到欧洲传来的和平消息，立刻在转瞬之间消失了。比西不仅命令增援蒂普围攻芒格洛尔的法国部队从岗哨上撤下来，甚至命令正在迈索尔军队中服役的法国军官——特别是拉利和邦迪诺——也一起撤离。更糟糕的是，法国与英国已经达成了和平协议，却根本没有通知蒂普，更不用说在最后的停战协议中考虑和顾及迈索尔的利益了。蒂普打算依靠自己的力量继续围攻芒格洛尔，但是他的法国顾问却只是袖手旁观，最后比西直接给蒂普写信，敦促他与英国人握手言和。马德拉斯的英国人在蒂普的军队离开卡纳蒂克之前，拒绝归还在战争期间占领的法国领土，因此即使和平协议根本无视迈索尔的利益，但是为了让蒂普履约而向他施加的压力却是实实在在的。比西自己也意识到了这种背叛，他承认和平协议并没给法国"带来什么好处"，而且会使法国"很难维护国家声誉和民族荣光"。[53]

迈索尔内部的自身发展，似乎证实英国的溃败局面和迈索尔的十足信心是千真万确的事实。18世纪的后半叶见证了海达尔·阿里和蒂普苏丹的土地上所爆发的真正的军事革命。迈索尔拥有丰富的农业资源，大国潜力早已蓄势待发，只是现代军事的投入因为对当地世袭地主的依赖而受到制约。在海达尔·阿里和他儿子的统治下，通过直接向农民征税，并由拿薪水的政府官员进行征收的措施——后来马德拉斯的托马斯·蒙罗爵士也采取了这一制度，迈索尔开始了中央集权的进程。尽管经济由国家主导，但是蒂普也清楚地看到了多元化经济的重要性。于是，他开始着手复制英国的商业与产业模式，建立垄断贸易公司，并在马斯喀特和其他地方兴建工厂，同时大力鼓励养蚕业发展，促进国内糖业生产。贸易的增加和中央对管理的强化，反过来使得增加军事投资和提高军事技术成为可能。蒂普雇用了欧洲指导人员，翻译并印刷了军事操练手册，引进了欧式训练机制，封建征兵体制被体系化的制度所取代，将迈索尔军队重组为标准化部队。蒂普还承认，法国和英国在印度的成功很大程度上依靠的正是欧洲的技术优势。意识到这一点，蒂普便投资钢铁生产，兴建大炮铸造厂和枪支制造厂，为他的军队提供尖端火炮和燧石火枪，这些武器在每一个细节上都不输他的英国对手。海达尔·阿里和蒂普苏丹统治下的迈索尔，绝不是什么落后的东方王国，而是一个中央集权的现代化帝国，具有蓬勃的扩张主义野心，财政收入相当可观，拥有一支训练有素、装备充足的近十五万人的庞大军队（如果加上十八万的民兵力量则更加壮观）。如果英国人认为他们只是填补了衰败的莫卧儿帝国留下的空白，那他们就大错特错了。迈索尔是印度最具生机的力量，其统治者发誓要把英国人赶出孟加拉湾。[54]

从表面上看，第二次英国-迈索尔战争的结束，似乎标志着南印度地区实现了新的力量平衡。对英国人来说，这场战争是个灾难。英国军队遭受了自17世纪以来最惨痛的损失：英国军人成群结队地加入到迈索尔部队当中；从法国手中夺取的城市又全部归还；更重要的是，一个充满活力、现代化的反英帝国赫然出现，对英国利益形成了严重威胁。英国的人力和财力都已消耗殆尽，其在印度和其他地方的权威已经岌岌可危。很多观察家都很清楚地看到，进一步的扩张显然不符合利益取向，更不用说东印度公司的业务范围完全无利可图。甚至于保留1783年占领的领土，都成为未来几年中极具挑战性的难题。然而，他们可能并不知道，至少那时没有意识到，1783年是英国财富的低谷，同时也是迈索尔的权力与影响的巅峰。美国战争的印度战区根本没有为印度新秩序奠定基础，相反，它从根本上破坏和动摇了印度人民对英国侵略的抵抗。如果和平的消息未能在1783年6月传到马德拉斯，如果法国人的行动不是那么迟缓，如果蒂普没有做那么多破坏与其他君主国关系的事情；那么，美国战争有可能终结英国的扩张进程。然而，事实却是，美国战争带来的只是暴风雨前的平静，使最后一次阻止英国征服印度的良机永远成为泡影。

第八章
英属印度的诞生

众所周知，加尔各答坐落在恒河的支流胡格利河畔。河畔的花园纵横达九英里，从城镇走进这座一望无际的大花园，映入眼帘的是比任何想象都更加迷人的风景。果然名不虚传，河岸两旁到处都是优雅无比的宅邸……幽静的树木和宽阔的草坪点缀其间，一直延伸到水畔。应接不暇的美景令人赏心悦目，同时也在静静诉说着财富与高雅。

伊莱莎·费伊第一次看到英属加尔各答时，正是身心俱疲的时候——她刚刚从卡利卡特惨遭囚禁的苦难中获释。然而，眼前风光无限旖旎，浪漫新奇的景致与熟悉的欧洲文明样式曼妙结合，葱茏的热带植被与优美的英式建筑绝妙相融，不由得令人神清气爽。这座城市的秀丽风景沿着胡格利河次第展开，新古典主义风格的宅邸在岸边依次排列，"各种各样的船只在河面上往来穿梭"，令她恍然觉得这一定是把泰晤士河搬移到了亚洲。"这个国家的整个面貌令人震惊，"她感叹道，"我从来没有见到过比这里的土地更加青翠的绿色。这种效果令人迷恋，也令人迷惑。"这是一幅"无比壮丽、无比秀美的移动画卷，不由得令人神思激荡、心旷神怡。眼前看到的每一帧景致，都因灿烂明亮的气候的映照而越发光彩夺目"。[1]

　　尽管看上去像田园诗一般美好，但实际上，伊莱莎·费伊在1780年走进的加尔各答，其紧张与不安的程度绝不亚于伦敦。法国和英国正在印度交战，由于对法国的袭击充满恐惧，各地都在急急忙忙地做着战斗准备。为了应对似乎迫在眉睫的法国入侵，士兵们全部聚集在加尔各答城市及周边的各个堡垒及营地中。其中有位年轻的穆斯林士兵名叫迪安·马哈茂德，他的生涯与事业都将被欧洲帝国主义在印度的错综复杂的网络所左右。1759年，迪安·马哈茂德出生在比尔哈邦的巴特那，他的家族在几代之前就来到这一地区，身份是为扩张的莫卧儿帝国服务的穆斯林精英。到马哈茂德出生的时候，莫卧儿帝国对于其广阔疆域的控制力正在减弱。像历史上更迭交替的许多帝国一样，莫卧儿曾经一往无前地开疆拓土，但是毫无节制的帝国军队与宫廷花销，蚕食了德里对边远邦国的控制力度。于是，一个又一个的莫卧儿的地区行政官开始篡夺对其邦属的实际统治权，把自己设定为名义上的莫卧儿宗主治下的世袭统治者。当比哈尔邦的行政官宣布自己为孟加拉和比哈尔邦的世袭"纳瓦布"时，马哈茂德的祖先立刻转变立场，开始效忠当地的新政权。这并不是他们最后一次随着当地权力的动态变化来调整自己的效忠对象。[2]

　　1758年4月，即迪安·马哈茂德出生的前一年，他的父亲就在巴特那的一次征兵活动中，做出了加入东印度公司军队的重大决定。由罗伯特·克莱夫领导的东印度公司的军队，当时正在致力于招兵买马、扩充军队。1750年之前，该公司的军事力量微不足道，与当时表面上不温不火的商业规模颇为契合。可是，随着该公司获得了领土，而且与当地邦国和其他的扩张主义欧洲强国发生冲突时，扩充军队的诉求也随之而来。1754年，"七年战争"爆发的时候，印度迅速成为冲突的战场，英国和法国开始争夺对印度东南部和孟加拉的控制权。孟加拉和比哈尔邦的"纳瓦布"西拉杰·乌德·达马拉与法国结盟，法国与孟加拉联合军队的威胁促使英国扩大自己的军队。而当地的欧洲部队人力缺乏，因此克莱夫利用现有的雇佣兵市场来扩充队伍，到了1760年，英国在孟加拉的军队兵力已经增加到一万八千人左右。

东印度公司对人力资源的需求非常迫切。随着英国已经在全球范围内与法国开战，该公司在孟加拉的无情扩张导致当地的政治稳定性遭到迅速破坏。1756年，孟加拉的"纳瓦布"对于英国的非法入侵感到怒不可遏，于是攻占了加尔各答，并将一百四十六名英国战俘囚禁在臭名昭著的"加尔各答黑洞"中。除了二十一人之外，其他人都被活活闷死在一个长十八英尺、宽十四英尺的狭小空间之内。"纳瓦布"的开局一战以失败告终。1757年，他的军队在普拉西战役中被罗伯特·克莱夫的军队打败，"纳瓦布"本人也被一个更加顺从的英国傀儡米尔·贾法尔取代。普拉西战役的胜利，使得东印度公司开始从商业企业向领土强国转变。

面对日益紧张的局势，英国招募印度士兵的一举成功初看起来似乎令人难以置信。为什么如此多的印度士兵选择加入一个极具侵略性的、志在扩张的外来帝国强权的行列？其实，印度长期以来就是一个多元化、多种族的社会。在马哈茂德的故乡巴特那，印度教徒和穆斯林长期共存。1650年，当英国人前来进行硝石、靛蓝染料和鸦片贸易时，他们很容易便适应了这个多种族的莫卧儿国度。一个世纪之后，当克莱夫在这里开始征兵时，英国只是许多地方权力集团中的一员，所有的权力集团都为了从衰败的莫卧儿帝国中分一杯羹而互相角逐。此外，马哈茂德家族所属的穆斯林军事和行政精英，也早已因为宗教、语言和习俗的原因，与当地民众隔绝开来，这也使他们对国家本身的忠诚意识薄弱。或许最关键的是，像马哈茂德这样的家族主要依靠服兵役作为主要收入来源。随着莫卧儿帝国的衰落以及"纳瓦布"政权的衰败，职业军人自然会开始寻求其他能够就业的地方。于是，不断壮大的东印度公司便为那些因本土力量崩塌而无枝可栖的印度人，提供了一条受欢迎的出路。数千人接受了这条出路，到1760年，在孟加拉服役的印度人已经多达一万五千名。此后这一数字呈指数增长，1767年为二万七千人，1782年为五万二千人。此外，如果成千上万名为军队提供支持和补给的工匠、搬运工和随营人员——按照每位士兵两到三名的配给——也计算在内的话，那么东印度公司雇用的印度士兵人数则会大大增加。[3]

由于马哈茂德的父亲来自当地的精英家族，因此很快便在由当地人组成的军营中得到晋升，成为一名"苏达尔"，仅次于印度人所能达到的最高级别。1769年，他早逝于一场自相残杀的冲突中——那些年正是被饥荒困扰的绝望年代。1757年的胜利之后，东印度公司的政策非但没能促进孟加拉的经济发展，反而使其更加恶化。或者这在很大程度上导致了席卷孟加拉的大范围饥荒。到1772年，死于饥荒的人数已多达一千万。从1769年开始，"全国范围内物资严重匮乏"，迫使当地两名"拉贾"即印度王族成员，未能将年度贡金上交给执行长官希塔布·拉伊。于是，马哈茂德的父亲便被派去"强迫他们交付"。而饥荒却在日益恶化，抵抗运动不可避免地发生了。马哈茂德那"令人怀念的父亲"在逮捕了一个顽固不化的"拉贾"后，自己也倒在了特拉哈。父亲不幸去世的痛苦记忆伴随了他的一生。[4]

父亲去世以后，他的哥哥（也是东印度公司军队的一名士兵）要求继承大部分遗产，于是马哈茂德选择追随家族行业，在孟买的军营中寻求财富。在他十岁那年，东印度公司军队人员的华丽制服和高贵风度让马哈茂德眼花缭乱，于是他很快就迷上了一位来自爱尔兰的年仅十几岁的军官，但是开始的时候这种关系并不正式。正如马哈茂德所回忆的："没有什么比我对军人生涯的雄心壮志更重要：一想到带着武器，住在军营中，我就不由得心花怒放。我母亲的劝慰与恳求都没有用处。"马哈茂德下定决心只要有时间就待在军营中，那些欧洲军官走到哪里，他就跟到哪里。"只要我发现他们要出去，我就立刻跟上去。有时他们去了国王的宫殿，那我也能跟着自由出入，有时他们去装备精良的网球场——他们经常在晚上光顾那里。后来有一天，在其他几个绅士中间，我看到了贝克先生。"年仅十几岁的戈德弗雷·贝克来自爱尔兰的科克，是孟加拉部队欧洲第三军团的一名新学员。他自己不过还是个孩子，可是他对年轻的马哈茂德的依恋却是千真万确的。他将终生不渝地支持马哈茂德。[5]

马哈茂德依然是一名随营人员，虽然没有什么正式任命，但他一直紧跟着贝克上尉，随着他和他的连队在东印度公司从一个哨所转移到另一个哨所，直至半个地球之外的殖民地起义改变了他的生活。1778年后，英国与法国及其印度盟友迈索尔王国、马拉地帝国之间爆发战争，使马哈茂德有机会在东印度公司的军队中谋得了更加正式的身份。英国和法国在全球范围再次爆发冲突的时间节点，对于东印度公司来说是糟到不能再糟了。伦敦的董事们都极为沮丧，因为东印度公司的利润正一步步被蚕食殆尽——私人贸易受到严重影响，而治理正在迅速扩张的英国领土所需的开支，看起来却无休无止。对土地的永无止境的征服，使东印度公司陷入了与印度邦国和欧洲对手之间的冲突之中，而这些冲突看上去永无终止之日。1775年，当北美战争爆发时，由亚历山大·钱皮恩领导的东印度公司与盟友阿瓦德王国携手对抗罗希拉人——罗希拉人是普什图族的少数民族，后来占领并统治了北方邦北部的山区——并在血腥的战役之后进行了扫荡。同年，东印度公司卷入了马拉地帝国一场肮脏的继承者纠纷，最终导致了公司和马拉地人之间的一场公开战争。

马哈茂德可能只是在远处看着战友们取得一次又一次的胜利。英国在印度的处境每况愈下。在波帕姆上尉向瓜廖尔进军时，马哈茂德和他的军团被召至加尔各答，去抵御那里更加严重的威胁。法国已经向英国宣战，尽管这种宣战表面上看是为了劫持美洲殖民地，但是东印度公司的官员并不敢幻想次大陆会毫发无伤地躲过战争。1778年，加尔各答成为军事活动的繁忙之地，因为东印度公司的总部几乎确定法国一定会发动侵袭。对于马哈茂德来说，他的命运并不是第一次被美国战争所左右。

对于东印度公司来说，由于成本上升、收入下降，其财务情况已经捉襟见肘，北美的战争消息正是在这最不受欢迎的时刻传来。随着东印度公司与印度政界的联系越来越密不可分，为了保护其在次大陆的立足点，对人力和财力的需求也一并增加。当美国战争开始吸走英国的人力资源时，这一需求变得更加刻不容缓，而加尔各答的总督沃伦·黑斯廷斯解决这种短缺的选择范围十分有限。18世纪下半叶，欧洲士兵的极度短缺，再加上法国及其印度盟友永恒不变的威胁，反倒为当地像迪安·马哈茂德这样的人和家庭提供了一系列经济机遇。不过，伴随这些新机遇而来的，是印度社会的可怕后果：土著邦国遭到侵蚀，英国的掠夺本性伸向了四面八方。

早在18世纪50和60年代，当克莱夫开始迅速扩充东印度公司的军队时，当地的统治者就很快意识到欧洲式武器、训练和战术的突出效果。为了跟上英国和法国的步伐，许多印度王公开始按照类似的路线来组建自己的军团。然而，这些军队的维护费用是毁灭性的，因此许多统治者迫不得已以一个协商好的费用开始租用东印度公司的军队。这便给土著邦国带来了两个灾难性的后果。首先，租来的军队通常由欧洲军官指挥，而他们的忠诚对象是东印度公司或英国，绝非临时的雇主。这一事实对统治者自治权的损害是致命的，这就等于他们把命运交到东印度公司或公司军官的手里。其次，由于在美国战争期间，英国人自己也面临着越来越严重的财政压力，他们便很有可能提高军队的费用。那些无法支付或拒绝支付增加的费用的人，要么会面临被更顺从的统治者取代的危险，要么会眼睁睁看着土地被英国人夺走。1781年，马哈茂德目睹了这个残酷无情的新的经济世界。

当法国于1778年加入战争与美国携手对抗英国时，东印度公司的金库已经彻底枯竭了。备用金一直都很紧张，而且，在印度与马拉地、迈索尔和罗希拉人之间的持续战争更是雪上加霜。因此，对于黑斯廷斯和东印度公司来说，法国宣战的时间恰逢最糟糕的时刻。与法国的战争肯定会在次大陆爆发，组织军队和提供给养都意味着需要大量的金钱。陷入绝境的黑斯廷斯只好求助盟友。他向许多名义上独立的邦国请求支援，这些邦国每年都要向东印度公司提供金钱或人力。黑斯廷斯将筹集资金的重点放在了年轻的贝拿勒斯的"拉贾"查特·辛格身上。他是英国的盟友，但是那时他已经向英国支付了二十二万五千英镑的贡金。当辛格于1770年成功继位时，贝拿勒斯已经在英国的宗主权统治下长达五年之久了。阿瓦德的"纳瓦布"西拉杰·乌德·达乌拉在1764年的伯格萨尔战役败北之后，便依据随后的《阿拉哈巴德条约》将贝拿勒斯交给了东印度公司，以换取英国的保护。虽然贝拿勒斯的统治权因此从"纳瓦布"移交给了英国人，但是贝拿勒斯的"拉贾"却保持了相当大的独立性，并以上交年度贡金的方式换取英国予以保护的承诺。这种安排只是存在于美国战争进行期间。

　　法国入侵的威胁越来越紧迫，但是也没有什么有吸引力的办法来筹集资金，于是1778年，黑斯廷斯要求查特·辛格在正常的年度贡金之外，再支付五万英镑。根据黑斯廷斯的新逻辑，"每个政府都有这样的固有权利，如果它认为对公共服务有利、对保护臣民有利，那么它就可以进行评估，要求其支付相应的金额。'拉贾'和这个政府之间的任何协议，都没有这将一规定排除在外"。美国革命的回响真是令人不寒而栗。"拉贾"知道自己处于弱势，因此尽管他提出抗议，但仍然支付了这笔钱。这种超额支付贡金本来应该是一次性的，但是在1779年和1780年，英国又两次要求他额外支付五万英镑。1779年，辛格冒昧地提出要求，这是最后一次付款。但是，黑斯廷斯却认为这种态度很无礼，于是他的回应是一次性全部付清所有款项，不能分期支付。辛格请求再宽限些时日,黑斯廷斯断然拒绝,并告诉"拉贾"说,逾期付款将被视为拒绝付款。东印度公司将派士兵到辛格的领土上,强行逼迫他付款,甚至连这些军事行动的费用也加到他的账单上。如果说这些行为还不足以引起他们对英国人生出恶意的话,黑斯廷斯紧接着又增加了一项要求。他派人通知"拉贾",他需要向东印度公司提供两千名骑兵,而事实上,在贝拿勒斯与英国签订的条约中,他根本"没有增援军队的义务"。[6]

查特·辛格只得再一次满足了黑斯廷斯永不满足的贪婪胃口。然而,军队已经集结完毕,等待命令随时出发的消息却没有传到黑斯廷斯那里(至少后来总督是这样对外宣称的),于是辛格被罚款五十万英镑。黑斯廷斯自己亲口承认:"我决心从利用他的负罪感套出钱来,以缓解东印度公司的窘境。一句话,他要想获得原谅,就得付出特别大的代价,否则就对他过去的忤逆行为实施严厉的报复。"[7]

1781年8月,总督沃伦·黑斯廷斯率领两个由印度兵组成的连队,从加尔各答行进到古城贝拿勒斯(现在的瓦拉纳西),去向查特·辛格兴师问罪。尽管带着这样的任务,但是黑斯廷斯并没有遇到任何抵抗,顺利到达了恒河岸边。年轻的"拉贾"卑躬屈膝地给黑斯廷斯写了一封恳求信,乞求总督"可怜可怜我吧,求求您啦,念在我父亲所做的那些贡献的分上,也求你原谅我年轻,没有经验吧……是否要让我永远离开我的国家、我的祖先,就全靠您一个人了。有什么必要这样对待我呀,我是随时随刻都愿意为您效劳,奉献我的生命和财产呀"。[8]

查特·辛格的哀求被置若罔闻,至少没有得到丝毫的同情与怜悯。黑斯廷斯立刻下令逮捕他。"拉贾"悄无声息地屈服了,"没有任何反抗的迹象"。然而,他被捕的消息传开后,激起了贝拿勒斯的士兵与臣民的"巨大愤怒","他们自发地组成庞大的队伍,从拉姆纳古尔渡过恒河,前往查特·辛格被关押的宫殿。一点钟时,随同黑斯廷斯行军的艺术家兼旅行者威廉·霍奇斯听到消息说，关押"拉贾"的宫殿已经被包围。宫殿内有一支英国小分队负责看守查特·辛格，领队斯塔尔克中尉送出消息说，"人民已经挑起了事端"，需要紧急支援。现在看来，当时英国的领导层对形势做出了错误估计，导致了灾难性的后果。他们没有预料到会有人反对逮捕"拉贾"，而且为了减轻"拉贾"的恐惧，除了对他的关押之外，根本没有进一步实施其他惩罚的意图，因此便没有命令士兵准备好武器，也没有准备任何弹药。当"拉贾"的人包围宫殿之后，英国的分遣队已然处于严重的危险之中：他们没有任何防御能力，只能听任敌对人群的摆布。[9]

叛乱正在酝酿的消息传到了英国部队其他成员那里，贝拿勒斯英国军队的首领波帕姆少校立刻前去解救被围困的分遣队，但是他来晚了。"虽然他一路快马加鞭，尽了最大努力赶到，但只是痛苦无奈地见证了这场可怕的屠杀，根本无力复仇。"守卫辛格的士兵们几乎全部被"这种一往无前的力量血腥屠杀，那是一种势不可挡的力量，它将面前的一切席卷殆尽、扫荡一空"。东印度公司的部队被杀得几乎片甲不留，刚刚获得自由的"拉贾"带着他的军队逃到拉蒂夫加，最终又逃往相对安全的位于瓜廖尔的马拉地据点，而手无寸铁的总督则被"拉贾"的复仇之师追击到丘纳尔——坐落在附近乡村七百英尺高的悬崖峭壁上的一个众所周知难以逾越的堡垒。在拉姆安古尔，玛亚弗雷上尉意图率领英国部队杀出一条出城的血路，然而，他们却被"城镇中狭窄的街道和蜿蜒曲折的小巷重重围困，敌人的火力从四面八方攻来"，玛亚弗雷和他的一百五十名士兵尽折于此。[10]

被围困在丘纳尔堡垒的黑斯廷斯迅速组织了对叛军的攻击。在派出营救总督、镇压叛军的士兵中，就包括贝克上尉和迪安·马哈茂德。增援部队的到来迅速扭转了局势。波帕姆少校领导的东印度公司的部队在萨克鲁特取得了关键性的胜利，之后又向帕特埃塔进军。目睹了这场战斗的马哈茂德对双方都赞不绝口（这也许是他既忠贞不贰又和善可亲的表现）：

> 双方都以极大的热情在战斗，勇猛无敌，直到胜利到来依然心有不甘。等到法伦和比勒尔到来，他们团结一心，众志成城，公正无私的女神将永不褪色的桂冠授予了他们，他们的努力有了回报，开始占据优势。

马哈茂德哀叹道，这真是"惨绝人寰的杀戮，双方都死伤惨重"。"拉贾"的军队大败而逃，扫荡开始了。[11]

这场短暂但血腥的冲突，只是18世纪70和80年代席卷全球的更广泛战争的一个战场，它与北美战争有着千丝万缕的微妙联系。查特·辛格的被捕虽然引发了战争，但他却不是美国的盟军，也不是法国的朋友。事实上，他是英国的盟友，是与东印度公司的条约的签署者。贝拿勒斯的"拉贾"与其臣民并不是公开战争的受害者，而是英国永无止境的资金需求的牺牲品。世界战争的经济代价使任何人都无法幸免。

查特·辛格的叛乱所造成的恶性影响不仅局限在贝拿勒斯地区，其他印度邦国的独立根基都遭到了广泛破坏。乌德拥有丰富而灿烂的文化，其首都勒克瑙更是这一文化的中心。这座城市是公认的印度境内最美丽、最迷人的城市，它位于英属孟加拉和莫卧儿与马拉地帝国的领地之间，占据重要的地理优势。因此，这里一直是黑斯廷斯计划中的关键所在——他的计划是在东印度公司属地和强大的印度对手之间建立一个缓冲区。事实上，乌德的"纳瓦布"一直是贝拿勒斯众"拉贾"的霸主，直到1775年，新的"纳瓦布"阿萨夫·乌德·达乌拉迫于黑斯廷斯的压力，拱手将这块领土的主权让给了英国人。十年前，即在1764年的伯格萨尔战役中被英国打败之后，乌德的前"纳瓦布"西拉杰·乌德·达乌拉与英国签署了一项条约。该条约规定，乌德与东印度公司达成防御联盟，为了表示对该联盟的支持，乌德需要定期向其支付维持部队所需的费用。尽管乌德拥有巨大的财富，但是在新的"纳瓦布"登基之前，他应该继承的遗产，包括土地与财政收入，就已经以补助金或庄园的形式分到了众官员和侍从的手里。像前前后后的许多印度统治者一样，阿萨夫·乌德·达乌拉被与英国签署的条约压得喘不过气来，很快就欠下了超过六十万英镑的巨额债务。为了偿还拖欠英国人的债务，"纳瓦布"迫不得已向他的母亲和祖母——乌德的贵妇们——借了一大笔钱，他用价值比所借款项大得多的土地作为回报，然而土地却被英国人占领着。[12]

当查特·辛格面对被捕的命运而起兵造反时，阿萨夫·乌德·达乌拉则站在其英国同盟一边，可是贵妇们却与叛军有千丝万缕的联系，而且"纳瓦布"答应赐给贵妇们的土地也被英国夺走，作为他们背叛的代价。当这位"纳瓦布"的父亲去世时，乌德的大部分财富都被留给了贵妇们，这与伊斯兰的法律不符。因此，在黑斯廷斯夺取贵妇们的财富时，阿萨夫·乌德·达乌拉不但不反对，反而暗中支持。这种情形，再加上本已不堪重负的同盟条约，意味着要给予东印度公司更多的财政收入，这就会损害乌德的主权，将其置于更加从属的地位。阿萨夫·乌德·达乌拉于1797年去世，他的养子在英国的支持下登上王位，但是仅仅一年就被英国罢黜，扶植其兄弟萨达特·阿里汗继位，他后来将乌德领土的一半送给东印度公司作为回报。[13]

1781年的贝拿勒斯叛乱和1775年美洲殖民地的反叛有着惊人的相似之处。在这两种情形中，捉襟见肘的大英帝国向其周边地区的臣民施加日益严苛的经济要求，并口口声声说这是为了捍卫其远在海角天涯的领土不受法国侵袭。无论是贝拿勒斯还是美洲，冲突的导火索都是平民抵抗运动，是针对帝国代表的犯上作乱。只不过贝拿勒斯的反抗运动是短暂的，"拉贾"的军队很快被东印度公司的居高临下的实力所击垮。尽管如此，贝拿勒斯的民众依然会继续反抗，他们拒绝缴纳关税，并攻击税收官员。贝克上尉和迪安·马哈茂德的营队被派去终结这起抵抗运动，他们花了几个月的时间才铲平农民叛军。当地人的武器只是一些弓箭和自制长枪，他们毫无取胜机会。面对"我们的恐怖武器，那些顽固不化的人被吓得缴械投降"。马哈茂德在战斗中尽职尽责，但是对于自己在镇压贝拿勒斯中所扮演的角色，他的感情相当复杂。他在诗中感叹道：

啊！辣手无情推动毁灭之战！
一切温暖的关系中断，温柔的依恋消散，
洒在朋友胸膛的珍贵泪水从此消失不见。
这可怕的屠杀在全世界蔓延。
仿佛突然之间，在这广袤的荒野中，
无畏的纯真与颤抖的内疚纠缠交织，
战争唤醒了爱人、朋友和孤儿的叹息，
血染的紫红色翅膀上只有死亡在生长。
憔悴的恐惧，发狂的沮丧，
随后而至的是野蛮的荒凉。
时间的镰刀拙钝，却慢慢侵蚀一切，
随着暴徒的暴行，撕扯得四分五裂，
整个帝国顷刻变成坟墓，荒芜遍野。[14]

不过，迪安·马哈茂德并不是唯一对沃伦·黑斯廷斯和东印度公司在战争期间的所作所为感到担忧的人。事实上，无论是加尔各答还是伦敦的英国当局，都对东印度公司在次大陆的事务存在着严重分歧，正是这种分歧，成为沃伦·黑斯廷斯倒台和英属印度独裁转型的潜在性因素。[15]

1732年，黑斯廷斯生于牛津郡的一个牧师家庭，并于1750年作为东印度公司的一名作家来到孟加拉，那时的孟加拉还是一幅截然不同的景象。到了1770年，黑斯廷斯已经晋升为马德拉斯委员会成员，并于1772年被任命为孟加拉总督。在他被任命为总督的时候，英国政府已经对英属孟加拉一贯的管理不善感到不胜其烦。埃德蒙·伯克对东印度公司的严厉抨击至今令人记忆犹新。他认为孟加拉的管理"渗透着年轻人无尽的贪婪与浮躁，他们一个接一个地来去，一浪接一浪地轮回，当地人的眼前除了捕猎鸟飞来飞去的前景之外，一无所见。他们看不到强取豪夺的尽头，心中完全丧失了希望。这些捕食者的口味不断更迭，食物却在不断地浪费"。在许多人眼里，问题是，至少表面的问题是，从前以贸易为重点的商业定居地，到1770年已经成为英国的属地，而管理体系却仍然是依照纯粹商业企业的理念而设计。东印度公司的官员到这里来是出于金钱欲望和商业动机，而非行政野心。同样令人忧虑不已的是，在这样一片富饶的领土上——所有人都认为孟加拉有着巨大的潜在收入——提取税收的方法却不足以维持管理这片巨大领土所需的成本。[16]

于是，似乎所有人都同意，英属印度的问题在于东印度公司的结构以及随之而来的管理不善。然而，究竟如何进行补救，却引发了激烈的争论。很多人与曾经亲自为公司开疆拓土、扩大财产范围的克莱夫勋爵的观点一致，认为英国在印度的属地需要"国家的援助"，毕竟这片领土对于"一个商业公司来说太大了"。而其他人虽然承认改革的必要性，却担心与印度的进一步纠缠和瓜葛会耗尽英国的资源。随着英国与美洲殖民地的冲突不断升温，这种担忧也变得越来越紧迫，呼声也越来越高。对这些意见通盘考虑之后，议会于1773年通过了《东印度监管法》，对东印度公司在印度的治理进行了重组，建立了新的执行机构——最高委员会。委员会由五名成员组成，由身为第一总督的黑斯廷斯领导。为了保证公平公正，还设立了由皇家任命的法官组成的最高法院。[17]

黑斯廷斯坐上总督的宝座时，就已经敏锐地意识到，孟加拉在为英国提供财政收入方面具有巨大的潜力，于是他坚决而笃定地要让这个邦国掏出钱来。如今他被任命为第一总督，黑斯廷斯更是非常清楚，孟加拉就是个尚待开发的金矿。作为一个拥有两千万居民的邦国，其财政收入仅相当于英国的四分之一，出口价值超过一百万英镑。在他赴任之前，税收是按照配额向当地的世袭地主进行收取的。每个地主的应缴配额是按照其占有的农民土地的耕种价值计算的。黑斯廷斯认为这种习惯性税费缴纳效率低下，因为这种方法将地主们视为了世袭的政府官员或税务官员，而非拥有长期权利与义务的土地所有者。因此，他将税务缴纳工作放开，交给收缴额度最高的人负责征收，认为这种收割式税收制度能够使财政收益最大化。[18]

尽管黑斯廷斯改革了税收制度，并且大力加强了对税收工作的监督，但他在推行这些制度时，也致力于维护印度官员和印度行政与治理的方式。他对欧洲官员的能力和廉洁几乎没什么信心，到了1781年，他已经用印度的税收监管员代替了大量的英国"税收官员"。总体来说，黑斯廷斯关心的是实施他认为必要的改革举措，但是实施的方法是不破坏印度传统，也不疏远大英帝国新的印度臣民。用一位历史学家的话说：

> 他认为孟加拉的治理一定要以人们已经习惯和认同的方式进行。印度的治理方法和印度法律必须得以维护。英国应该致力于"依据这个民族自己的理念、方式和成见以轻松温和的方式实施统治"（格雷格，1.404）。他认为，印度教和伊斯兰教的教义本身在很多方面是令人钦佩的，因此也适合英国统治下的这些人民的需要。他鼓励英国的官员学习他们的语言，进行相关研究，并翻译相关文本。虽然他认为东印度公司的主权不受任何限制，绝不允许印度当局与之竞争，但是他也觉得，在英国指导下的治理权

力的行使，在很大程度上应该交到印度人手里。他对大量英国雇员的能力评价不高，对他们的无私之心更是没有任何认可度。[19]

由于来自土地的税收正成为东印度公司财政收入的重要组成部分，因此黑斯廷斯确信，只专注于商业活动会适得其反。然而，由于资源已经接近极限，他也坚定地认为，进一步收购领土也是不可取的，甚至是非常危险的。他提议在进一步征服和纯粹的商业行为之间选择一条中间道路：他将寻求与周边土著邦国的联盟，着眼于建立一个"联盟栅栏"，以保护英国的孟加拉属地，但同时他又决心不插手印度事务。这将是一个"常规体系……将英国的影响扩大到离它们的属地不太遥远的每一个角落，但是既不扩大其防御范围，也不使英国卷入充满危险和无休止的交战中。同时，英国也接受邻国的效忠，这些邻国将被列入大不列颠国王的朋友和盟友的名单之中"。由此，黑斯廷斯通过与顺从的本土势力结成联盟，在他们的领土驻扎英军，并向其统治者收取维护这些防御的费用等方式，围绕英国的利益建立缓冲区——包括阿尔乔特和卡纳蒂克，还有海德拉巴、马德拉斯地区，以及孟加拉周围的乌德和贝拿勒斯。通过这种方式，可以对孟加拉丰富的矿产资源进行开采，获得财富，但是又不会对英国的属地产生威胁，也没有进一步的战争成本。[20]

因此，罢黜查特·辛格是寻求印度联盟并让他们自行买单的政策的逻辑结果。贝拿勒斯不仅拒绝支付在战争的背景下黑斯廷斯迫切需要的费用——他认为贝拿勒斯人随时都支付得起，甚至胆大妄为到反叛的程度。这对孟加拉周围脆弱的缓冲地带造成了威胁，因此决不能容忍盟国的这种行为，一定要做出个示范让大家知道后果。更重要的是，黑斯廷斯要让自己坚信，让盟国的军队支付费用，如果无法或无力支付便夺取他们土地的政策，与他希望维持印度的治理形式和行政制度的愿望是相辅相成的。1757年米尔·贾法尔继任为孟加拉的"纳瓦布"时就被迫接受了财政与军事义务，1775年查特·辛格继任时同样如此，英国领导人几乎没有做丝毫的变通。这些义务长期以来一直是莫卧儿帝国脆弱联邦的一部分，其他本地统治者也将继续履行这些义务。例如，在很大程度上造成了印度两个最重要国家的分裂，削弱了蒂普苏丹击败英军的能力的马拉地和迈索尔之间的战争，其起因主要是蒂普和马拉地人就迈索尔是否有权从两国边境处的一个地主那里收取贡品和军事债务的问题产生了分歧。

事实上，黑斯廷斯的总督职务可以被视为用东方方法进行公司统治的最高点，也可以从更大意义上被看作后莫卧儿邦国时代的更广泛的治理趋势。在印度境内，甚至是在更远的地方，土著和欧洲的帝国都在沿着类似的轨迹前进，即强调中央集权，削弱地方贵族的势力，发展庞大可观的税务基础，以及以战争为目的建立国家组织。这些旨在发展财政和军事国家的政策，以及旨在使其合法化的意识形态，都是极为相似的。例如，无论是迈索尔的海达尔·阿里，还是沃伦·黑斯廷斯，都试图通过剥夺当地精英的世袭权利来确保他们的土地税收基础。在这两种情形中，都是通过援引莫卧儿的先例赋予他们的利益以正当的理由和依据——当年莫卧儿王朝就认为当地的土地所有者不具备永久性的土地收益权。于是，在迈索尔和孟加拉，旨在支持中央集权的财政军事体制的税收改革，就是以现存的治理形式为基础，并与过去的莫卧儿王朝保持一致。[21]

对黑斯廷斯来说，将莫卧儿的先例作为依据是有原因的。他对印度历史和文化由衷地感到钦佩，并坚信本土的行政方式才是治理印度的最合适方式。更重要的是，他明白，如果让一小部分英国官员统治如此庞大的印度人口，英国的治理方式就一定要让这里的人民接受才行。于是，他将他的政权描述为"新婆罗门教和新莫卧儿"，希望以这种方式赢得印度教徒和穆斯林的支持。为了达成这个目的，黑斯廷对编纂和翻译印度教徒与穆斯林的法律法典给予赞助，以此作为恢复本土司法形式的手段。他还支持像威廉·琼斯这样的学者翻译和出版关于印度历史、文学和宗教的著作，强调印度教和伊斯兰教固有的相似性与兼容性，以及它们与西方文化、西方宗教的共同之处。这些措施作为呼吁大家支持英国统治的手段，无疑是非常有效的。但是，黑斯廷斯、威廉·琼斯和这个圈子里的其他人，还希望以积极正面的方式向欧洲呈现印度文化和印度历史，作为削弱错误偏见的一种方式，因为他们感到这种偏见对二者之间的有效关系正在造成破坏。正如一位历史学家所提出的，对于黑斯廷斯来说，"亚洲语言的知识并非仅仅是统治亚洲的工具，它还使人意识到英国人一无所知却鄙夷轻视的丰富文化"。他后来写道，这种意识将使"英国人与印度土著人达成和解"。[22]

其他人对黑斯廷斯的改革和策略表示强烈反对，他们无法相信一个贸易公司会被设计来统治一片如此庞大、人口如此众多的领土。同时，英国的许多人希望阻止该公司企图使英国政府卷入印度事务的阴谋，认为这将使英国付出代价。他们主张采取一种策略，即让东印度公司专注于商业活动，不要与次大陆有任何纠缠和瓜葛，次大陆像拜占庭一样，关系错综复杂，神秘到不可探知，纠缠的代价无比高昂。黑斯廷斯在印度最强烈的反对者菲利普·弗朗西斯认为："压倒一切的政策应该是和平，英国不应该寻求领土扩张，更不应该与印度邦国通过结盟纠缠在一起……这个公司应该纯粹局限于贸易事务，不要插手印度的治理，'贸易公司没有资格拥有主权'。"而黑斯廷斯的东方主义政权越来越成为干涉主义政权，不断地将英国卷入其邻国的事务当中。正是基于这些理由，弗朗西斯在到达加尔各答不久就对黑斯廷斯在罗希拉战争中的所作所为予以猛烈抨击；正是基于这些理由，他反对马拉地战争的扩大，这也导致了他与总督之间的决斗。查特·辛格的"叛乱"不过是黑斯廷斯扩张主义野心的又一例证，在弗朗西斯看来，也是毫无必要在印度事务中纠缠的又一例证——这种纠缠危险性过高。[23]

　　在许多人看来，一个清晰的事实是，黑斯廷斯是在这位最恶毒的批评者离开之后，才开始与贝拿勒斯的"拉贾"针锋相对的。菲利普·弗朗西斯于1780年11月起航前往伦敦，这使得黑斯廷斯自1774年以来第一次可以为所欲为。在给一位英国朋友的信中，黑斯廷斯着实夸耀了一番他这个说一不二的崭新地位。"弗朗西斯先生已经宣布要离开我们了。他的离开也许是我政治生涯一个完整时期的结束，也意味着一个崭新的开始……再也没有竞争对手对我的计划提反对意见了，再没有人鼓动大家不服从我的权威了，再没有人煽动民众，激发大家对我的不满了。一句话，我将拥有权力，我将使用权力。"他确实使用了权力——在贝拿勒斯、在瓜廖尔、在马拉巴尔、在卡纳蒂克。不过在遥远的伦敦，他的敌人一直在磨刀霍霍，从未有过停歇。[24]

　　随着1781年英国在约克敦的失败，以及越来越明确地意识到英国在美国的利益攫取将走向不光彩的结局，伦敦的目光开始转向印度事务。议会组织了两个特别委员会，来调查东印度公司的失败及其官员的情况。黑斯廷斯的税收改革基本上是失败的。通过用农民税收取代地主税收的举措，财政收入并没有显著增加，却成功地几乎使所有人怨声载道。地主阶级对于传统角色被剥夺与否定感到愤恨不平，孟加拉的农民种植者则认为苛捐杂税过分严厉，而且由于土地估价和出价过高，配额一直无法得到满足。由于财政收入陷入僵局，黑斯廷斯被迫转向对盐和鸦片等商品征收最不受欢迎的间接税。到1784年的时候，孟加拉的经济依然没有适当的基础，而成本的持续飙升导致乡村居民怨声载道。同样，尽管黑斯廷斯强烈希望与印度的国内政治和国内战争保持距离，但是他鼓吹的"联邦栅栏"却只会让公司卷入它努力避免的战争中去。公司被迫与马拉地、贝拿勒斯以及迈索尔进行战斗，同时又与传统的法国敌人发生冲突。直到1782年才与马拉地达成和平，1784年与迈索尔和法国握手言和——但是都付出了代价。人力、金钱和声望都白白丧失掉了。英国在印度的敌人都满怀信心地面向和平，而东印度公司却只能舔舐伤口。

美洲殖民地的丧失也提供了一个客观的教训，即在海外拥有土地的帝国扩张是无比危险的。的确，战争仍在肆虐，英国军队在萨拉托加战败之后依然被阴森森的恐慌所笼罩，财政大臣约翰·罗宾逊指出，虽然东印度公司在印度的统治"相当荒谬"，但是美洲殖民地的反叛也恰如其分地说明，英国要想直接控制海外遥远的帝国属地，是多么危险的事情。美洲的叛乱正在迅速耗尽英国的国库和人才，"七年战争"期间，为了保卫殖民地，同样花费巨大的资金，而这些花费的作用首先是导致了殖民地的叛乱。用直接的政府控制代替公司统治，则只能造成完全相同的后果，而且一旦后果出现，英国就会因为巨大的花费变得像乞丐一样一无所有。直接统治只会为进一步的殖民地动乱埋下伏笔。查尔斯·詹姆斯·福克斯对此表示赞同（即使对解决方案是否合适不完全赞同，但至少对问题的性质持赞同态度），他问当时的首相诺斯勋爵，他是满足于只失去美洲的殖民地，还是"希望把东印度公司在印度的属地也毁掉"。[25]

与此同时，与美国战争相同的情形无比迅速、无比猛烈地蔓延到次大陆，也充分说明了黑斯廷斯战略的失败——他原本希望东印度公司不受印度战事影响。在伦敦和加尔各答的许多人看来，公司统治导致了与欧洲和印度列强的战争，而且这种情况肯定会持续下去，但是直接的政府管理则只会导致在英属印度的第二次殖民地革命。如果不是因为美国革命，那么英国政府很可能已经着手开始在印度行政管理上进行全面的改革，彻底取消公司主权，代之以直接的国家统治。然而，事实与此相反，英国正在试图寻找一条中间道路。[26]

1781年，康沃利斯在约克敦投降，使得失去美洲成为确凿无疑的事实，也为最终解决英国的印度问题制造了新的压力。空气中弥漫着失败的气息，诺斯勋爵也迅速请辞首相职务。美洲或许是没有希望了，但是战争依然在继续，失去美洲后再失去印度，这种可能性实在令人恐惧。因此，虽然美国革命的代价与后果还像横在心里的刺一样带来阵阵锐痛，但人们的注意力却更多地转向印度。有人提出了一些改革建议，所有的建议目的都是使东印度公司及其在印度的属地进行一些改变，以防止第二次帝国革命进一步分裂大英帝国的世界。议会成立了两个委员会：一个是由埃德蒙·伯克领导的特别委员会，负责再次调查公司官员涉嫌贪污和滥用职权的问题；另一个由亨利·邓达斯和约翰·罗宾逊领导的秘密委员会，表面上负责调查与迈索尔开战的原因。两个委员会都明确表示，迫切需要进行彻底改革。1783年12月，当年轻的威廉·皮特上台担任首相时，他在福克斯和邓达斯呈交的法案的基础上，提出了折中的改革法案。

皮特于1784年颁布的《印度法案》，旨在解决公司在印度属地的管理中长期存在的主要缺陷。首先，为了消除公司独立的危险性，防止进一步的贪污和滥用职权，法案设立了"控制委员会"。该委员会设在伦敦，负责监督公司所有形式的事务，包括民事、军事和财政事务。这个新的委员会与公司的董事会不同，它由执政的政府部分成员取代持股的董事，国务大臣任新委员会的主席。鉴于加尔各答最高委员会成员之间有内讧，最高委员会的成员从五个减少到三个，总督独立行动的权力得到极大的增强——在战争期间尤其如此。孟买和马德拉斯总督的独立性，在很大程度上导致了与马拉地和迈索尔的战争，因此这种自由被取消。新的、权力更大的总督，此后将直接从国王那里接受任命。这些改革的目的非常明确。东印度公司依然负责治理印度，但是作为英国政府的一个分支或机构来行使权力。[27]

然而，仅仅改革公司是不够的。作为总督的黑斯廷斯显然成了众矢之的。由于税收改革与避免代价高昂的战争的失败，黑斯廷斯几乎能够确定他将被从职位上召回。不过，对一些人来说，这是远远不够的。黑斯廷斯在加尔各答多次树敌，这些敌人已经返回伦敦与公司和总督在英国的敌人携起手来，这些敌人包括埃德蒙·伯克、理查德·布林斯利·谢里丹和查尔斯·詹姆斯·福克斯。对于伯克和他的盟友来说，东印度公司在印度的统治只不过是英国民族性格上的污点，而印度则是一个被贪婪、腐败和残暴的公司官员掠夺和剥削的国家。黑斯廷斯注定要为这种状况承担责任，同时也要为印度发生的代价高昂的扩张性战争负责，因为这正是急需将英国资源用在其他地方的关键时刻。他们坚信，黑斯廷斯在印度的政策不仅是无能与误导，而且是犯罪。于是，他们开始鼓动对他的弹劾。

1787年，针对黑斯廷斯的五项主要指控被提交到下议院。黑斯廷斯为了谋取私利而与罗希拉开战；强迫贝拿勒斯的"拉贾"提供条约要求之外的军事捐助；压榨乌德的贵妇们；收取超出东印度公司官员允许范畴之外的个人礼物；以及偏袒朋友，助其签署有利可图的合同。有关罗希拉的指控被下议院驳回，其他的指控都予以接受。对黑斯廷斯的审判于1788年在上议院开始进行。

1788年2月，埃德蒙·伯克在威斯敏斯特大厅向聚集那里的上议院议员发表演说，他以铿锵有力、掷地有声的语言对黑斯廷斯进行了严厉批评，并恳求上议院纠正历史错误。

> 我弹劾沃伦·黑斯廷斯，以受到他羞辱的我们神圣宗教的名义；我弹劾他，以受到他亵渎和损害的英国宪法的名义；我弹劾他，以被他欺压凌辱的数百万印度人的名义；我弹劾他，以人性的名义，以人性中最重要的权利的名义。我恳请这个崇高而神圣的法庭倾听这些祈求，绝不能坐视不理！[28]

审判以伯克雷霆万钧的谴责之声拉开帷幕。整个场面相当壮观，充满戏剧性的演说、恶毒的谩骂，以及拒绝任何和解与妥协的顽固态度。近七年来，年复一年，日复一日，伯克、谢里丹和福克斯用黑斯廷斯背信弃义、平庸无能的证据对他进行猛烈抨击，而好奇的旁观者们将旁听席挤得水泄不通，来见证这场名副其实的世纪审判。面对一切抨击，黑斯廷斯却始终坚定不移地相信，这些指控都是无中生有，他清白无辜，他在印度所起的作用值得政府和国家的感激与褒奖。他确信他的行为是高尚的，而且他认为他为公司、为国家拯救了印度。他告诉与会者：

> 各位阁下，我郑重地声明，我的行为完全基于我的良好判断，一方面对公正的法律给予最恰当的尊重，另一方面也考虑到我雇主的利益。我想对下议院说，你们以下议院的名义传讯我，指责我将他们统治下的印度公国变得萧条凄凉。我敢大声回应，那些公国是整个印度最繁荣的地方。是我，造就了这种繁荣。其他人的勇猛奋战使你们获得了那里的统治权，但是我扩大了统治范围，使统治更有章法并得以一以贯之。我保住了它，我奉献了所有。而你们，却以没收我的财产，辱没我的名声，对我进行弹劾调查来回报我。

整个过程就是一场令人心烦意乱的折磨，但他的信念却从未动摇。而审判最富戏剧性的就是，最后证明他是正确的。正如他对在印度的一位朋友所说的话："你们大可放心，正如浪花的喷溅，或者暴风雨的击打，都无法伤害在广袤的海洋之上翱翔的信天翁的羽毛，无论多糟糕的情况都不能伤害我分毫。"[29]

1795年，在判决书宣读之时，忍受了数年公众羞辱的黑斯廷斯，终于证明了自己的清白。美国战争带来了一种"崭新的、更加自信的民族主义舆论氛围"，而在审判开始后的几年内，这种氛围在法国大革命的恐怖影响下得以加强和巩固。结果是，人们对帝国的态度发生了变化。黑斯廷斯不再被视为帝国悲剧和耻辱的化身，而是伟大英国的捍卫者，更是辉煌英国的拯救者。如今，曾经疯狂压制英国国内自由的保守与独裁观点又得到追捧，赋予了帝国崭新光芒。事实上，黑斯廷斯尽最大的努力把自己描绘成为帝国纷争时代的英国利益捍卫者。他辩称，他从未考虑过自己的利益或前程，他一如既往地"从我知道法国在不遗余力、绞尽脑汁地想要与我们争抢那个帝国开始，我就心无旁骛地只关注如何采取措施，为大英帝国保住印度"。黑斯廷斯坚信自己的所作所为是功臣之举，在民族主义与帝国扩张的氛围中，他成功地说服了公众，尤其是上议院。他最后被判无罪，所有指控都不成立。[30]

当黑斯廷斯站在伦敦的被告席上汗流浃背时，接替他总督之位的康沃利斯正在前往加尔各答的路上。查尔斯·康沃利斯是第二代康沃利斯伯爵，任命他作为新的、改革后的英属印度政府的带头先锋，这也许是个令人不解的选择。毕竟，他就是在1781年的约克敦战役中投降的指挥官，正是这场战役使得美国革命的潮流有了巨大转向，向着有利于反叛的殖民地一方发展。1782年，旗开得胜的美国人对他予以假释，于是他在本尼迪克特·阿诺德的陪同下，无比羞愧地回到英国。尽管他受到了广泛的批评，但是国王和许多大臣对他依然持信任态度，这对康沃利斯来说是至关重要的。1786年，在普鲁士腓特烈大帝的宫廷担任大使，并就这一职位的性质进行了一系列旷日持久的谈判之后，康沃利斯被任命为总督兼英国驻印度部队的总司令。他于1786年2月抵达加尔各答，受命重整、改造与重置英国在印度日益增多的属地。

总督之职从黑斯廷斯到康沃利斯的转变，影响是极为巨大的。皮特的《印度法案》赋予了新总督在印度更加绝对、更加集中的权力，康沃利斯毫不羞怯地利用这些权力来纠正他认为在黑斯廷斯制度中存在的弊端。正如我们所看到的，黑斯廷斯曾寻求按照本土的治理模式来贯彻英国的统治，将重点放在对如今已经衰败的莫卧儿制度的衔接上，并与18世纪出现的其他邦国的继任者保持直接平行。他一心一意专注于建构更大的中央集权，建立以税收为基础的财政军事国家。而这种税收提取机制通过改革后的农场税收体系得以实现，这个机制也与莫卧儿的政策和迈索尔、马拉地以及其他扩张主义土著邦国实施的改革相呼应。他用联盟和委托代理制度，让各邦国承担军事义务，以此获得扩大英国影响、提高军事实力所需要的经费，这本质上也与土著的政治和财政惯例相一致。在法律和司法领域，黑斯廷斯一直鼓励继续使用当地的印度教与穆斯林的法律，甚至就扩大英式法庭的司法范围而与首席大法官英庇发生冲突。

对于许多人来说，事实已经证明，黑斯廷斯的东方主义政权是一场可悲的失败——这也许是大多数英国人的观点，康沃利斯也是其中之一。1786年，当康沃利斯到达印度时，东印度公司陷入了战后经济危机的泥潭之中。公司的收入依然无法满足成本，腐败和无能似乎侵入了公司的每一个角落、每一条缝隙。英国在印度的敌人似乎占了上风，摆出一副要攻击脆弱不堪、管理不善的东印度公司领土的架势，情形实在堪忧。对东印度公司来说，美国战争的代价极为昂贵，战争破坏了本是财富来源的海外贸易的关键时刻，正是需要注入大量资金来维护自身利益的危急时分。在伦敦的英国政府和公司官员，把公司财务状态不佳的大部分责任一股脑地推到了黑斯廷斯身上，认为他在印度的管理无能，腐败严重。埃德蒙·伯克和其他批评家认为，统治方式要同时兼顾印度和英国双方的利益，这是帝国所赋予的道德责任。他们争辩道，黑斯廷斯在战争期间的行动和策略违背了统治者和被统治者之间的契约，使得印度民众对英国殖民地官员生出疏远之意。这与美洲的英国官员与殖民地民众的疏远断绝之意完全相同，而正是这种疏远导致了美国革命的发生。如果英属印度要避免类似的革命命运，公司的管理层就必须进行改革，消除腐败，杜绝滥用职权。尽管康利沃斯作为军事指挥官是失败的，但是他作为英属印度的改革先锋则再合适不过了。诚实、正直、谨守道德的康沃利斯与伯克一样，致力于殖民地治理的全面改革。为了确保印度民众的支持，康沃利斯改革之后的治理将严厉打击腐败与渎职，但是也将通过改变英属殖民统治的制度基础，来寻求在这个国家建立一个有固定利益的忠诚的印度有产阶级。[31]

从美国革命那里也能吸取其他教训。在美洲殖民地定居的几年中，英国定居者慢慢建立了一个克里奥尔政治阶级，这个阶级有其自身不同的美洲利益。当美洲人越来越认同殖民地的利益，越来越背离大英帝国的广泛利益时，冲突和革命几乎就不可避免了。康沃利斯曾目睹美洲分离主义的灾难性后果，因此对英属印度要重蹈覆辙，重复英属美洲的错误感到无比担忧。为了阻止英国在印度形成与众不同的政治阶级，康沃利斯通过了一些措施，旨在将英国官员与印度区分开来，禁止公司官员在加尔各答以外购买房产。为了防止在18世纪非常普遍的异族通婚——这不可避免地会造成地方关系网络，康沃利斯通过了禁止印度女性进入东印度公司社群的法律，并限制混血儿在军事和民事机构中任职。到了1790年，土著印度人被禁止担任年收入超过五百英镑的任何职务，印度士兵也被排除在军官任命的行列之外。到了1791年，"任何人，土著印度人的子孙……都不得在公司的民事、军事和海事组织中担任任何职务"。最终，到了1795年，所有的公司官员都需要有父母双方均为欧洲人的证明才有任职的资格。[32]

这些努力的目的是避免再犯使英属美洲走向灭亡的错误，而这些措施的影响极为剧烈和深远。从18世纪80年代开始，随着英国人和印度人之间的鸿沟成为不可逾越的障碍，一种流动的种族边界也变得越来越僵化。统治手段的改变，造就了英国统治者和印度臣民的鲜明分界。英属印度不再只是继莫卧儿王朝之后，模仿莫卧儿的先例而建立的诸多邦国中的一个，而是首次以外来帝国占领的形式出现。这个帝国的法律与制度不再以土著的形式与习俗为基础，而是具有鲜明的欧洲模式。在许多方面，美国革命都标志着"大英帝国"在印度的诞生。

由此，康沃利斯逐渐开始彻底改革黑斯廷斯的制度，用欧洲化的殖民国家取代延续土著印度杂糅并存的方案。在康沃利斯到来之前，公司的官员可以（至少是默许）将其作为公司代理人的官方职责与私人交易相结合，从而使个人获得收益。这种措施使公司不用向员工支付高额工资，但同时也助长了腐败和疏忽大意，财富都被吸入到个体手中，公司和社群都因此陷入财政困境。私人财富的攫取是没有止境的，因此在英国，人们看待这些所谓的"富豪"的眼光既恐惧又厌恶。人们普遍认为，这些从东方掠夺来的金钱可以使"富豪"为所欲为，毫无底线。他们用这些资金购买权力和影响，而这两样东西在英国都是明码标价的。黑斯廷斯本人在印度期间也获取了大量财富，这笔不义之财也是他的弹劾案的靶子之一。

为了保证全部的贸易收入都流入公司的金库，并防止官员腐败，康沃利斯禁止了私人交易，并以提高工资来弥补公司官员的损失。康沃利斯本人身先士卒，通过自己谨慎小心、奉公守法的行为，鼓励良心未泯的官员以他为榜样，对印度外交中惯常的送礼行为予以坚拒。尽管他拒绝以土著的传统治国方式来运作公司的行为令当地的统治者非常恼火，但是它对于根除盘根错节的关系似乎起到了相当有效的作用。尽管贪污腐败和尸位素餐的行为依然使公司统治备受困扰，但是愤怒的印度人和怨烦的英国人之间那种公开的欺诈行为，却不再是行事规则，而是成为例外事件。用正直的管理者取代贪婪妄为的官员，在很大程度上确保了被统治者的信任，或者至少开始消弭几十年来积累的不信任情绪。不过，这也带来了更为险恶的后果。对于那些从英国跑来治理英属印度的年轻人来说，能够相对迅速地赚到能够改变人生的大笔金钱，是他们远离故土，奔赴远在亚洲的危险职业的最主要诱因之一。由于私人交易和接受大额礼物都被明令禁止，这些一心发财致富的公司官员便开始寻找新的途径，使他们的印度之旅得到回报。对许多人来说，将重心从金钱攫取转移到政治与军事生涯，成为社会进阶的主要方式。

确保一个人在印度期间实现官位升迁的最好方式，就是赢得对抗外国力量的战役，或者与印度盟友签署有利可图的条约。对目前和平与繁荣景象的细心管理，绝不会引起远在英国的国人关注，可是，如果能够给英国增加财产、带来荣耀，那肯定会获得青睐与荣誉。这种做法会给帝国带来什么负面影响，就与他们不相干了。结果，尽管英国政府和公司官员一直以来都一致拒绝实施进一步的土地征服与掠夺，但是在美国战争之后的几年内，印度的一系列高级官员依然积极地挑起事端，进行战斗与征服活动。例如，当韦尔斯利侯爵——他的弟弟是更加著名的惠灵顿公爵——于1798年就任总督时，他就怀着迫切的愿望开拓征服，旨在确保政治升迁——显而易见，他在英国时仕途一直处于失意状态。因此，尽管有人指示他不要与其他印度力量交战，而且他后来到这里时自己也声称根本没有这样的野心，但实际上他很快就轻而易举地找到一个借口，开始入侵迈索尔。私人贸易的利益链条被切断了，官员们便转向战争与政治的利益角斗场。

康沃利斯在寻求东印度公司财政稳定的改革探索之中，也重新设计了其前任建立的税收体系。黑斯廷斯开始向农民征税，这虽然与其他印度各邦国的发展相一致，但是事实证明，无论是为公司带来更多税收，还是赢得公司臣民的心意方面，这项举措都是极不成功的。对农民直接征税不但没能刺激当地的经济增长，反而将更沉重的财政负担转嫁到农民肩上，导致农民会时不时地起义反抗。而地主们由于世袭的土地权利遭到剥夺，同样对黑斯廷斯的体制怀恨在心。针对这一问题，康沃利斯的解决办法是建立后来被称为"永久居住地"的制度。在这里，地主们对土地仍有永久性的世袭权利，作为回报，他们每年要上交固定的税费。直到19世纪中叶，这个制度一直是英国在印度的土地税收制度的基础。

结果，英国在印度的治理本质发生了剧烈的变革，可以将之称为一场专制革命。从前，当地的统治者还拥有相当大的自治权，在谈判时也拥有极大的转圜空间，而从18世纪80年代起，英国在印度的统治变得更加严密和严格。迟至18世纪70年代，在东印度公司的四百三十名文职人员中，只有五分之一居住在加尔各答、孟买和马德拉斯三个都城之外；而到了18世纪末，该公司六百多名官员中有一半以上全部分布在农村各地，担任税收官员、外交官员和法官等职。虽然"永久居住地"的确使东印度公司的正常收入有了保障，但同时也为公司从土地上获得财政收入设定了天花板，限制了在既得土地上的财政收益，因此使得征服新领土、弥补收益缩水便成为必要之举。对于印度土地所有者来说，新的"永久居住地"制度还取消了从前更加灵活的制度，即根据当地具体情况和暂时性危机允许税率进行随机调整。因此，地主们对农民这些土地耕种者的压榨，与从前相比愈演愈烈，而这些农民如今不得不面对抵制进一步改革的、根深蒂固的新阶级。伴随"永久居住地"制度而来的，是新的社会裂痕，这条裂痕标志着"与过去的明显决裂"。最后，无论是地主还是农民，都对新的税收制度心生怨恨，首当其冲受到新的财政制度灼伤的农民更是如此。[33]

在黑斯廷斯治下，司法体系基本上是沿着印度人的路线进行的，强调地方法律，许多土著居民在法律体系中占有一席之地。而在许多英国官员和观察家眼中，这样做的结果是一团混乱。印度教和穆斯林的许多法律纠结交织，还需要依赖印度翻译来分析阐释所使用的诸多法律来源，这就使得英国地方法官和英国官员很难确定实施的法律是否公平公正，是否一以贯之。在康沃利斯治下，再加上诸如威廉·琼斯——他既是位相当博学的治安官，同时又是才华横溢、见解超前的语言学家——这样的官员的协助，印度教和穆斯林的法典得以编纂与翻译，使英国治安官和司法倡导者可以对法律程序进行更有效的控制。遵循相同的思路，土著印度人从高级司法和行政位置上被撤掉，取而代之的是欧洲官员。在康沃利斯看来，"印度人低人一等，他们不诚实，也不足以胜任职位"。在谈到他们的肤色和血统时，康沃利斯解释说："在这个国家，他们的确比不上欧洲人。我认为，即使是他们当中能力最强的，也不具备履行军官职责所必需的权威与尊重。"因此，自1791年起，康沃利斯规定："从此之后，任何土著印度人，任何土著印度人的子孙，都不得被任命为公司的民事、军事或海事部门的职务。"就这样，印度手中的中央及地方司法权力均被剥夺，而公司的税收官员和新体系中的巡回法院官员则被授予了这些司法权力。[34]

这种新的专制主义的"康沃利斯法典"的影响相当巨大。英国官员政策首次将种族或者血统列为任命行政官员的首要考虑因素。尽管威廉·琼斯及其同事们对印度教和穆斯林法律的编纂工作非常谨慎严格，恪守学术规范，但还是情不自禁地用英国方式对印度法律进行阐释。结果，这份被一位历史学家称为"对演变中的法律进行当下运用的不实指南"的法典，成为杂糅了英国和印度法律体系的文本。它在很大程度上一直是有效的，直到今天依然如此。然而，印度法律的英国化，也的确使一些滥用得到解决和改革，而这些滥用在印度法律时期都被视为合法，一直被忽视或者宽宥。其中最重要的是新的立法，即康沃利斯旨在取缔儿童奴役和奴隶贸易的"反奴隶贸易宣言"，而这在之前的土著法律中一直是被允许的。[35]

整体看来，康沃利斯所推行的改革，是由于美国战争席卷英国所掌控的全部世界而做出的保守主义、专制主义的反应。面对国库储备的日益减少，通过根除腐败、消除私人贸易和改革土地征税体制，东印度公司和英属印度财政收入的基础将更加扎实与稳固。面对与欧洲列强的全球性竞争，以及依照美国模式进行地区叛乱的威胁，印度政府被重新设置，强调将权力集中到加尔各答手中，确保了英国政府的监督职能，同时用欧洲行政官员取代本土官员。中央集权和欧洲化取代了从前那个更加分散、更加杂糅的体系，将土著人和土著习俗排挤出去，英属印度从松散的贸易联盟走向英国王室的绝对行政单元的趋势成为定局。正如资深的殖民地管理人员所说：

> 必须确立一个根本的、高于一切的出发点，即政府至高无上。换言之，除代表之外的任何个人都不得行使任何权力。所有权力无一例外地属于统治阶层。所有地主应该被强制解散武装组织，当然可采取立刻执行或缓慢执行的方式，他们持有的所有武器必须无一例外地归属公司所有。[36]

美国革命促使英国重新思考帝国统治的本质与目标，确保在世界一角的叛乱不会使整个帝国体系崩溃。对于黑斯廷斯来说，公司统治的目标是建立一个维持英国控制权的制度，但是他采取的方式是与印度历史相符合，与印度人的感情相顺应，"根据这些人自己的理念、行为与偏好，轻松而温和地进行统治"。权力最终是掌握在英国人的手中的，但是具体实施和管理就交给印度人民，将政府视为代表他们而运作的机构。而对康沃利斯来说，该公司印度属地的首要功能是被英国人所使用，并为英国人提供有利的资源。鉴于此，在康沃利斯的"永久居住地"草案的开篇中，他将政府的首要功能界定为："确保其政治安全，并尽可能地使东印度公司和英国在这块属地中得到的好处最大化。"基于这样的想法，康沃利斯坚持认为印度人能力低下、信用缺失、腐败堕落，因此绝不能放手让他们在政府任职。在战后的几年里，一个东方主义体制被殖民体制所取代，而统治这个勇敢新世界的工具则是情报、官僚和暴力。[37]

尽管不同的参战方对于1784年和平的看法不尽相同,但是几乎每个人都意识到,美国战争结束所带来的敌对行动的停止,只是暂停了帝国争抢南印度的进程,而非真正的结束。新的开战缘由是蒂普苏丹入侵特拉凡科王国,这个王国是英国盟友,位于印度半岛西南端。长期以来,蒂普一直觊觎特拉凡科的领土,之前就曾试图通过武力进行夺取。特拉凡科意识到他们强大的邻居意在掠夺的目的,于是便在与迈索尔接壤的地方建造了一系列堡垒,甚至还从荷兰的东印度公司购买了两个堡垒。蒂普对这种咄咄逼人的挑衅姿态感到震惊,对于一些新建的和新购买的堡垒居然建在迈索尔附庸国的领土上感到无比愤怒。1789年,蒂普以侵略作为回应,而这又使特拉凡科与英国人都大为震惊,特拉凡科的"拉贾"向英国寻求军事援助。东印度公司的官员早就知道,迈索尔发动新的敌对冲突的对象,十有八九会是特拉凡科,而且他们甚至对蒂普苏丹提出过警告,告诉他对他们盟友发动的战争,都将被视为对东印度公司宣战。

蒂普对英国的威胁有充分的认识,于是他利用中间休战几年的和平岁月来加强军队建设,并在其他地区寻求盟友。为了打破马拉地、海德拉巴和东印度公司的联盟,使这个联盟不再成为困扰他的扩张主义进程的障碍,蒂普在1790年与马拉地联盟名义上的领导人普纳的佩什瓦达成协议,迈索尔每年付给马拉地一百二十万卢比的贡金。作为回报,马拉地要放弃与英国的联盟,或者至少在未来的战争中保持中立。考虑到在18世纪后半叶,马拉地和迈索尔几乎连年征战的历史,以及最近为了争夺边境上的土地权又起战事,因此很有可能是佩什瓦拒绝了这个提议,并转而加入了英国在1791年攻打迈索尔的战争——这是情理之中的选择。[38]

由于迫切需要盟友,蒂普甚至还向奥斯曼人和法国人求援,希望与他们联合对付英国人。不过,蒂普最需要的是船。他深知在上一次战争中,英国强大的海军优势是其制胜的关键,下次很可能还是这样。对他父亲的见解，他一定是完全赞同的，"在陆地上我们能打败他们，但我们却吞不下大海"。蒂普曾试图建立迈索尔海军，并着眼于创建一个贸易公司，既与英国展开竞争，又能减少他在海上的战略劣势。他取得过一些进展，但是在短时间内实在无法克服技术上的一些缺陷。蒂普对此念念不忘，于是，他在1785年和1787年分别向奥斯曼苏丹和法国派遣大使。但是，这两个国家都因美国战争中代价高昂的战斗而耗尽了人力与金钱，而且奥斯曼帝国还面临与俄国和奥地利的战事，法国则在全球范围内与英国角斗较量。双方都没有能力派遣军队，也不可能给予迈索尔资金支持，他们甚至都不愿意因为直接支持蒂普苏丹而惹怒英国。法国人对蒂普作为迈索尔君主的地位予以官方认可，但是不能允许乘坐迈索尔船只的大使登陆法国。法国人坚持让他们一行换乘一艘较小的法国船只，沿塞纳河而上，前往巴黎。[39]

18世纪80年代，法国的债务负担已经开始显现。法国未能在战争中脱颖而出，巩固和强化其世界强国的地位，胸有成竹地与英国争夺世界霸主，其财政泥潭也意味着它实际上已经无以为继，被迫从对外征服的事业中撤退出来。法国甚至恍然发觉，自己已经无力介入决定邻国命运——即法国的前盟友荷兰联合省——的重要战争。1787年，当蒂普苏丹向法国请求支援时，法国正深陷于财政危机之中。这场财政危机正是由于那场代价无比惨重的美国战争所引起。在革命的边缘摇摇欲坠的法国，实在无力向昔日的印度盟友伸出援手。1790年第三次英国-迈索尔战争爆发时，法国只能严守中立姿态。在法国援助可能起到决定性作用的时刻，蒂普的愿望再次落空。

就连刚刚获得独立的美国，在反帝斗争中曾经将海达尔·阿里和被称为"迈索尔之虎"的蒂普苏丹视为兄弟，可是如今也抛弃了他们的次大陆盟友。自《巴黎协定》签署以来的几年里，美国一直在尽力避免对外冲突，并确保与英国恢复互惠互利的贸易关系。因此，在印度的美国商人努力避免与他们的老相识法国和迈索尔建立贸易伙伴关系，而是选择与英国进行贸易往来。美国从来就没有认真想过全面介入英国–迈索尔战争，它把利益放在前盟友之上，协助英国填充国库，却拒绝通过贸易使法国获得急需的财政收入。加尔各答和马德拉斯很快成为美国所青睐的贸易中心，两国的外交关系也迅速发展。1792年，美国在加尔各答和马德拉斯分别设立了领事馆，而迈索尔作为最早承认美国独立的国家之一，却没有得到正式的贸易与外交关系。

同时，早在康沃利斯刚抵达印度时，他就已经在酝酿击败迈索尔的计划。之前与迈索尔的战争被大多数英国人视为失败，因为它削弱了英国在印度的威力与威望。自1781年康沃利斯在约克敦签署投降协议之后，他就一直将英国的失败视为自己的责任，深刻的负罪感使他内心难安。他迫切地需要胜利和救赎。因此，自从他被任命为总督的那一刻起，他就在寻找与迈索尔再度开战的借口。同时，他也立刻开始加强结盟。他派给海德拉巴的"尼扎姆"一支英军分遣队，并同意一旦开战，他将分得从迈索尔那里夺取的领土。康沃利斯意识到特拉凡科很可能是下一次冲突的爆发点，他清楚地知道"拉贾"会尽其所能地激怒蒂普苏丹，因此他向特拉凡科保证英军会提供保护，这样他就能确保战争一定会到来。[40]

令人意想不到的是，1790年爆发的第三次英国–迈索尔战争，与前一次战争结束时相比，这一次并没有显示出吉祥有利的兆头。蒂普再一次挺进到卡纳蒂克，对马德拉斯形成威胁，也使康沃利斯处于不利地位。然而，就在这个关键时刻，东印度公司在确保和维持土著联盟方面的成功得到了回报。蒂普早已与马拉地和"尼扎姆"离心离德，而他的另一个昔日盟友——破产的法国——只希望能够悄无声息、安然无恙地幸存下来。马拉地人一方面对好战的蒂普曾经的打击记忆犹新，一方面也惦记着英国允许他们分得迈索尔的肥沃土地的承诺，一举入侵了迈索尔的心脏地带，缓解了康沃利斯向班加罗尔和斯里兰伽帕塔姆进军的压力。1792年2月,蒂普的首都遭到围攻。尽管英国最后并没有拿下这座城市,但是迈索尔还是被迫提出和解请求,并被迫黯然接受了令人沮丧的和解协议。

最终,蒂普失去了六十七座堡垒,失去了他最心爱的炮兵部队的八百零一门大炮,另外还有整整一半的王国领土地被东印度公司吞并。马拉地和海德拉巴由于介入及时,也从迈索尔的领土上分得了大片土地。蒂普为此付出了巨大代价,甚至还搭上了未来。蒂普失去了迈索尔最重要的粮食种植区,也失去了西海岸最重要的通商口岸,那里曾经是蒂普所依赖的来自毛里求斯的法国援助的登陆点。失去一半的土地,也就意味着税收的巨大损失,再加上还要支付巨额的赔款(估计是蒂普年度总财政收入的三倍),蒂普和他父亲费尽心力建设的财政军事国家遭到了致命破坏。而1792年英国的胜利,可以说是"为英国成为整个印度的霸主铺平了道路",并且从根本上消灭了最后一个拥有经济和军事实力,可以与东印度公司相抗衡的本土邦国。事实证明,第三次英国-迈索尔战争是决定性的,迈索尔对英国霸权的挑战永远成为过去。但是,将法国拖入崩溃破产的境地,使蒂普失去了他最大的盟友,也使英国得以放开手脚在印度作战的,归根结底是美国革命。因此,美国革命才是大英帝国掠夺印度进程的真正转折点。[41]

海德拉巴和马拉地联盟可能会很庆幸自己选了正确的一方,参加了羞辱他们最难对付的敌人的过程。但是,这些由更广泛的美国战争所引发的一系列战争,也对本土势力产生了影响。然而,对于马拉地来说,与英国达成的和平却只带来了短期的好处——击败迈索尔,将联盟的土地扩展到从前蒂普所拥有的地区——但是从长期来看,这却是一个战略失误,使他们错失了一个极为关键的机遇。用一位历史学家的话说,18世纪80年代早期是"马拉地人摧毁东印度公司的绝佳良机"。如果马拉地不与黑斯廷斯达成和解,而是加入迈索尔和法国的联盟，那么英国可能已经被永远地赶出印度了。美国战争早已使英国弹尽粮绝，再加上18世纪80年代时，海达尔·阿里已经控制了马德拉斯和孟买的军队，导致两个邦国的首领只能依靠资源更强大的英国得以维持。在这个紧要关头，如果马拉地介入的话，尤其是如果它攻击加尔各答，那么马德拉斯和孟买会一蹶不振，东印度公司也便摇摇欲坠——自己的资源日渐耗尽，而敌人则形成了团结一致的联盟。英国在印度的前景将无比惨淡。[42]

18世纪末，英国、马拉地、海德拉巴、迈索尔和法国之间的冲突搅得整个印度大地不得安宁，这既是趋势长期发展的结果，也是更广泛的美国革命直接造成的地缘政治环境的结果。自17世纪末和18世纪初莫卧儿王朝开始衰落以来，在地方经济增长和行政重组的助力下，一些充满活力的、实行继承制的区域性邦国日渐发展、不断扩张。随着这些邦国的发展和壮大，为了在相互的竞争中能够胜出，它们采取的策略相差无几，都以集权、税收和军事增长为主。尽管它们都是经过了很长时间有组织、有体系地发展起来的，但是欧洲和发展起来的印度继承邦国之间并没有二元对立的形势，他们采用的方法与策略也几近相同。也就是说，到18世纪中叶，东印度公司只不过是冉冉出现的许多集权化的、现代化的、奉行扩张主义的帝国主义邦国之一。

像孟加拉、乌德、迈索尔、海德拉巴和马拉地帝国以及法国和英国东印度公司都在扩张，寻求更多的税收，控制更多的土地和贸易，拥有更强的军事力量，因为战争总是让人感觉一触即发。在美国战争之前的几十年里，战争一直是家常便饭，之后的几十年依然会继续。尽管这些年来英国和法国、英国和迈索尔以及英国和马拉地之间的战争，并不是欧洲和印度帝国力量的终极对抗，但它们决定性地将力量的平衡转向了英国。在18世纪80年代，当这些战争爆发时，有充分的理由相信，一定能把英国从印度的据点中赶跑，至少会使他们受到控制和约束；有充分的理由相信，迈索尔或马拉地一跃成为次大陆的最强力量，或者至少会与其欧洲邻居的关系得到长久缓和；有充分的理由相信，最让人担忧的是法国很可能成为印度唯一一个名副其实的大国。当1784年和平到来的时候，尽管蒂普苏丹信心满满，尽管英国惧怕衰落，但是力量的平衡却不可挽回地发生了变化。

在蒂普毫不知情的情况下，美国战争摧毁了他的法国盟友，导致战事再起时，法国抛弃了他，使他完全无法得到急需的物资与海军支援。不过，蒂普本人对自己的地位也起了破坏作用。他与几个邻国——马拉地、海德拉巴和特拉凡科——的关系本就不稳定，他一贯的扩张主义进程及其对宗教少数群体的铁腕镇压，使原本动荡的关系更加恶化，使他失去了至关重要的地方盟友，当迈索尔与英国在18世纪90年代开战时，它只能作为一个被孤立、被围困的大国单独应战。蒂普把18世纪末的战事变成了一场"罪行大赛"，他未能创建与英国对抗的泛印度联盟，反而疏远了潜在的盟友。对印度次大陆的居民来说，印度是一种地理表达，而非对共同身份或民族融合的聚焦。从某种意义上说，英国也没有被视为新生的、统一的印度的帝国压迫者，而只是被视为统治了次大陆部分地区长达数世纪之久的霸主群体中的一员。事实上，在18世纪末的改革之前，英国人就已经有意识地效仿土著先例，采用本土法律、财政和行政管理方式。他们的军队、法庭和公务人员雇用了几十名印度人，并且直到19世纪，对土著宗教的干预也有意减少。

在印度教占多数的印度，许多人认为英国统治阶级和波斯统治阶级之间并没有实际的差异，这的确不足为奇——波斯曾经的控制范围包括孟加拉或贝拿勒斯，或者说在迈索尔或海德拉巴仍有统治力量。这些统治者与英国人一样，他们使用着不同的语言，信奉少数派宗教，通常为内部通婚，并且与印度境外保持着交流交往与文化联系。此外，他们和英国人在统治方式也大致相同，都着眼于从土地中获得税收，用以建立军队。鉴于他们在印度的人数微乎其微，因此英国只有得到人民某种程度上的认可，才可能成功地实施统治。一般情况下，他们都能做到这一点，不仅因为他们能对本土邦国提供更好的统治方式，而是因为他们的统治形式基本相同。对于大多数印度人来说，18世纪英国统治者与土著统治者之间几乎一样。从某种程度上说，他们都无比贪婪，都倾向于中央集权，都是扩张主义者，都试图按照存在已久的土著传统方式进行统治，以此来安抚他们的人民。在这一时期的一系列战争中，蒂普失败而英国人获胜，并不是因为英国的例外主义，而是因为英国在印度的统治毫无例外性的本质。然而，事实证明，美国战争是一个转折点，它使得权力的平衡偏向了英国。这也是英国统治开始与次大陆的既定形式发生严重背离的时刻，可以说，美国战争将英属印度从一个土著邦国转变为欧洲帝国的属地。

对于被蒂普关押的数千名印度教徒和芒格洛尔基督徒来说，对他们的囚禁并不会随着1783的巴黎和谈而结束。1792年，多达一万二千名科达瓦印度教徒利用第三次英国-迈索尔战争成功逃跑，而对于其他被囚禁者来说，要等到蒂普的垮台，首都斯里兰伽帕塔姆这个要塞被攻陷，才能够获得自由。1799年，新任总督韦尔斯利侯爵随便找了个根本站不住脚的借口，便把蒂普苏丹那无聊的阴谋永远地结束了。1799年5月，由乔治·哈里斯、戴维·贝尔德和总督的弟弟、未来的威灵顿公爵受命率领的一支军队开往迈索尔，经过激烈的战斗，蒂普的首都沦陷。当战斗的狼烟散尽，"迈索尔之虎"残缺不全的尸体在战场上被找到。这个男人带着他渴望已久的愿望一命呜呼，被他囚禁了十多年的男男女女终于得以释放。在18世纪80年代，被关押的八万多名基督徒中，还未得到自由的只有一万至二万五千人了。根据被派去对新领土进行调查的弗朗西斯·布坎南的说法，多达一万五千名囚徒返回芒格洛尔，一万名移民到马拉巴尔。他们在那里受到那个地区第一位英国收藏家托马斯·蒙罗的帮助，被夺取的部分土地又回到他们手中。之前未能逃脱的科瓦达和奈尔的印度教徒也获得了自由，不过他们已经皈依了伊斯兰教，他们并不希望，或者说也无法回归从前的宗教信仰。对于这些被作为针对目标的宗教群体来说，美国战争的代价不仅仅是多年的囚禁，还有对他们的民众的屠戮及生活方式的改变。尽管他们会尽最大努力进行维系，但是战争的代价无疑是巨大的。[43]

对于伊莱莎·费伊来说，卡利卡特的经历以及威廉·艾尔斯的阴魂，在接下来的岁月中还是会继续困扰她，令她心神不宁。即使在到达了加尔各答的安全地带之后，她还会及时去了解马拉巴尔的消息。一名曾对韦斯特施以援手而被艾尔斯虐待的下属，于1781年2月逃到了孟加拉，他满怀的怨恨终于得到舒缓。他这样记录道：

> 我们最主要的敌人萨德尔汗和艾尔斯终于结束了罪恶的生涯。前者在到达代利杰里之前便伤重不治而死；后者几次都接近那个地方的防线，对军官们极尽污辱和咒骂之能事，语言无比恶毒，手段无比下流，每个人都感受到了深刻的屈辱和蔑视，于是壮起胆来向他开火（我想肯定是靠酒壮胆吧，真是可怜至极！），最终还是把他消灭掉了。对于这样一个邪恶的怪物来说，这种死法太体面了。我真希望他能被囚禁起来，之后再被当作逃兵射杀。[44]

虽然她在纷飞的战火中得以幸存，从艾尔斯这样的无耻恶棍的魔爪中逃脱出来，但她永远不可能完全回到对外面的世界充满憧憬、对旅行充满渴望的从前了。她的婚姻也失败了，只剩下她一个人留在加尔各答，而安东尼则回到伦敦，加入到要求黑斯廷斯偿还血债的大合唱中。她鼓足勇气，一心希望靠自己的努力开始新的生活，但最后还是于1782年返回了英国。1783年2月，经过漫长而艰难的航程，伊莱莎终于见到了英国的水域。这时，距她第一次离开英国远赴印度已经整整四年之久了，距落入威廉·艾尔斯的魔爪整整三年。然而，在离家这么近的地方，伊莱莎却蓦然发现自己再一次身陷囹圄，这简直是一种令人惊恐的莫大讽刺。她的船被当作"美国"船只，"我们这些孤苦无援的可怜生物，立刻被当作囚犯赶下船来"。英国与其前殖民地的和平条约已经签署，但是这一重要信息当时还没有传达到英吉利海峡的每一艘船上。不过，错误很快便得以纠正，然而这一事件留下的创伤却再难愈合。伊莱莎·费伊到达印度时，稀里糊涂地成为席卷全球的那场战争的囚徒，而她在返回英国时，再次成为已经结束的这场战争的囚徒，这也许就是罕见的机缘吧。[45]

对于迪安·马哈茂德来说，1782年也是决定命运的一年。年初，贝克上尉和他的属下被派到贝拿勒斯，去抓捕三名被控谋杀一位显赫的婆罗门的罪犯。这本来是一项相对简单清晰的任务，但是在贝克和他的部队到达后的几天，甚至是接下来的几个星期中，加尔各答却开始收到报告，抱怨说他们并没有抓捕嫌犯，而是忙着在整个村子中搜刮钱财。虽然后来针对贝克的指控被撤销，但是考虑到查特·辛格被罢黜后这个地区的紧张局势，以及来自都城伦敦对于黑斯廷斯的腐败与渎职的批评，对这种指责绝不能等闲视之。因此，贝克便含辱蒙羞地被传唤到加尔各答。腐败的污点使他感到耻辱，而就他的指挥权进行的公众投票显示出的不信任情绪，则更令他无地自容，于是贝克立刻辞去了他的职务，并计划离开英国返回爱尔兰。[46]

迪安·马哈茂德渴望行走世界，同时也害怕失去朋友和朋友的资助。贝克和马哈茂德之间的友谊真挚而深厚，而且似乎马哈茂德对于暴力争斗连年不断的印度感到幻灭，对于自己在乱世所扮演的角色也感到失望，同时对于他在自己出生的世界如何自处，也感到越来越踟蹰犹疑。马哈茂德作为一名印度士兵，已经在英国的军队中获得了最大程度的升迁。尽管如此，他还是辞去了职务，并于1784年1月登上了前往英国的"坚毅"号。整个航程平安无事,除了"几种生活在'茫茫液体'中的'鳍类居民'相扰",以及在马德拉斯和圣赫勒拿附近海角的风暴侵袭,便乏善可陈了。他们在圣赫勒拿做了短暂停留以增加补给。在那里,他们遇到了沃伦·黑斯廷斯的妻子玛丽安,她在战火点燃之前被送回英国,而那时黑斯廷斯也马上要辞去总督职务。他们还遇到了艾瑞·库特爵士的遗骸,他是在印度多次为东印度公司冲锋陷阵的战斗英雄。沃伦·黑斯廷斯心爱的妻子与在征服印度的过程中建功立业的伟大将领的尸体一同在圣赫勒拿出现,预示着一个时代的结束——一个从18世纪纵情恣意、声威煊赫的连年征战中退却的时代,同时也是一个从关注土著治理形式、维护土著治理形式的英属印度的理想情怀中退却的时代。迪安·马哈茂德在这个时代中扮演了自己的角色,同时也见证了它的衰落。然而,几个月之后,他于1784年9月抵达达特茅斯或科克时,他既不是回家,也不是退隐,而是开启了生命的新征程。他并不是作为帝国撤退的一员来到伦敦,而是作为帝国向不列颠腹地推进的一部分。大英帝国已经不再是发生在英国国内熟悉的意识领域之外的事情了,帝国逐渐成为英国生活与英国想象的中心。对黑斯廷斯的审判以及随之而来的改革,使人们强烈地意识到了这个令人无法忽视的宏大事实。而这一事实在迪安·马哈茂德身上体现得更加朴实无华。[47]

　　1784年年底,马哈茂德来到科克时年仅二十五岁。这对他几乎是个完全陌生的世界,但是戈弗雷·贝克及其家人的资助使他得以轻松地融入爱尔兰社会。在贝克的支持下,马哈茂德开始学习英语语言和文学。机缘巧合,他在学习的过程中偶然与简·戴利有了接触,她只有十几岁,是一位颇有身份的新教家庭的女儿。两人于1786年私奔,但是这段匆匆结就的婚姻却在科克受到广泛接受。戈弗雷·贝克于同年去世,之后年轻的夫妇便住在戈弗雷弟弟威廉的庄园里。威廉后来结束孟加拉军队的服役,回到英国。马哈茂德似乎更像是被威廉·贝克所雇用的对象，不过不是仆人，而是地产经理，同时马哈茂德也要为自己的家奔波——阿布·塔利布汗是这样记述的，他是一位印度穆斯林的精英，曾于1799年造访威廉·贝克的家。不过，马哈茂德与贝克的关系一定是反目成仇了，因为在科克生活了二十三年之后，马哈茂德于1807年带着他人丁日益兴旺的家庭搬到了伦敦。[48]

在伦敦，他在苏格兰超级富豪巴兹尔·科克兰的蒸汽浴室工作。他后来声称，他在那里工作时，为英国引进了"洗发药剂"或者是按摩疗法。在与科克兰一起工作两年之后，马哈茂德开始独自创业，他在乔治街和查尔斯街的拐角处开了一家"印度派咖啡馆"，离炫目耀眼的波特曼广场很近。为了适应曾在印度生活过和工作过的英国绅士的需要，"印度派咖啡馆"的装修风格具有独特的东方情调，供应的菜肴也是印度风味——这对那些有着浓烈怀旧主义情怀的人非常有吸引力。马哈茂德的餐厅极受欢迎，但是从未获得稳定的客户群，导致马哈茂德于1812年破产。为了寻求新的开始，1814年，马哈茂德和他的家人又搬到了新兴的海滨度假胜地布莱顿。乔治四世最近刚刚完成了对布莱顿穹顶宫的翻新，这是一座仿东方风格的华丽宫殿。乔治四世的支持与资助使得这座曾经沉睡的港口成为富人度假的首选之地，成为精英寻求时尚医疗方法的首选之地。凭借其异国背景及药浴的经验，马哈茂德乘着布莱顿的繁荣之势占尽先机，把自己打造成为最先进、最高端的"香氛治疗师"。1816年至1841年间，他已经拥有了以印度装修和东方疗法而闻名的一系列洗浴场所，无疑是名成功人士。随着生意的壮大和兴隆，他俨然成为布莱顿社会一个不可或缺的重要存在，近而成为皇家御用香氛治疗师，定期到布莱顿穹顶宫为乔治四世和威廉四世服务。他每次都穿着自己设计的印度王子的装束，直到1851年去世一直如此。[49]

迪安·马哈茂德的生活轨迹与事业发展无比生动地表明，美国战争给那些生活在印度次大陆的人们带来的是利益还是代价，绝非三言两语可以说清。亚洲的帝国战争使个体摆脱了贫困，但同时也使全国上下——从王公贵族到乡野村民——屈膝折服。像马哈茂德一样，成千上万的人在蹂躏全国的军队中找到了机会，而其他人则只能在随后而至的苦难中挣扎。一方面，18世纪末英国对印度甚嚣尘上的大举征服，如果没有成千上万的，或许是数百万印度人民的大力支持与积极服役，是根本不可能完成的。这些人大多又直接在参与的过程中受益。另一方面，数百万人承受了苦难，他们为此丧失了生命，失去了土地和生计。祸福相倚这个词也许是比较恰当的。单一的印度视角是不成立的，单边的印度文化、印度经历同样无法成立。因此，单纯的我们与他们、印度与欧洲的简单划分与对比是毫无意义的。对于本土王朝的忠诚——这些王朝往往与他们的人民在宗教、文化和语言上表现出差异——常常是最脆弱易折，或者说因势而变的。欧洲人在莫卧儿到来之前就曾出现在这片土地上，在长达两个世纪的历史长河中，欧洲人一直是诸多印度政治势力中的重要角色之一，而到了18世纪70年代，欧洲则成为众多势力中的平凡一员。如果他们能预见到通过集权进行剥削和压迫的未来，他们可能真的会有不同的感受。但是，在18世纪末期连年征战的背景下，英国、法国、莫卧儿、马拉地帝国和迈索尔王国互相为敌的性质，几乎完全取决于个体境遇和个体经验。

对于马哈茂德来说，战争的结果同样是模棱两可、难言成败的。东印度公司的军队为他提供了晋升为统帅的机遇，为他打开了通往成功之路的大门，使他最终成为在爱尔兰和英格兰享有盛誉的作家和商人。但是同时，他与英国人的长期交往使他与自己的祖国与家人疏远，使他在自己的土地上成为陌生人。因此，他移民到欧洲，一方面是因为作为印度人，在军中的晋升之路已经到了尽头；另一方面也是他孑然孤立、无枝可依的现实使然——他肯定不是英国人，但也不是完全的印度人。作为在科克和布莱顿的唯一的印度人来说，帝国内战带给他的感受一定是苦乐参半。

第九章
罪犯帝国

1794年4月16日，威斯敏斯特大厅水泄不通，人满为患。自从1788年2月以来，大量好奇的人群便日复一日拥向这里，只为见证那个时代最著名的审判之一，即对18世纪大英帝国最重要的缔造者、曾任印度总督的沃伦·黑斯廷斯的弹劾。这场审判是轰动一时的名人事件，一场引人注目的公共事件——自我陶醉的慷慨演说和对政治动机的激情指控充斥着伦敦的各大报纸，成为整个国家的咖啡馆和客厅八卦的核心话题。大厅的每个角落都挤满了前来旁听的人，这些人也着实体会到了拥挤不堪的滋味。整整一百四十八天，他们心无旁骛，被埃德蒙·伯克——这场诉讼的发起人——那如雷霆之势的滔滔言辞所吸引，被理查德·布林斯利·谢里丹、查尔斯·詹姆斯·福克斯和菲利普·弗朗西斯等人凌厉尖刻而又不失幽默风趣的发言所折服。他们所谴责的正是黑斯廷斯的腐败、渎职和谋杀行为。

当沃伦·黑斯廷斯从风暴的中心凝视着鼎沸不息的人群时，有两个人从中站起身。在挤满老爷太太、格拉布街邋遢潦倒的文人和呆头呆脑的百姓、伦敦社会的精英和渣滓的人群中，这两个人显然与众不同，他们分别代表着另一种文化、另一个国家。尽管那里与英国都市相距遥远，或者说是天涯海角之隔：澳大利亚土著埃奥拉人班纳隆和耶默拉瓦尼。他们是否在意观众们对这场审判的看法，他们是否听到了那耳熟能详的关于大英帝国在印度施暴和腐败的故事，这一切都没有记录。不过，他们是如何来见证对沃伦·黑斯廷斯的审判的，却是猛烈激荡的英国内战的直接结果。这场内战在18世纪70和80年代撼得英国地动山摇。美洲殖民地的丧失迫使他们寻求新的出口，以缓解人满为患的监狱状况。这便导致了一系列事件的发生，而这些事件又导致了英国人在一个崭新大陆的定居，导致了这两位土著领袖到伦敦的旅程，并最终导致了英国对土著居民的大肆屠杀。

班纳隆穿着英式服装，登上英国皇家海军"信实"号的那一天，天气似乎异常寒冷。这毕竟是1月，地球上这个奇怪的角落冷得钻心刺骨，似乎身体和灵魂都被冻僵了。他在这片陌生的、冰冷的土地上已经待得太久，如今他马上就要回到家乡，回到他前世那阳光明媚的地方了。但是，班纳隆却发觉自己被困在了一艘停泊在普利茅斯的船上，要等待指令、给养，并且风向适宜的时候，它才可能起锚驶向太平洋。就在八个月前，班纳隆还站在肯特郡埃尔瑟姆的施洗者圣约翰教堂的墓地中，看着他年轻的同伴耶默拉瓦尼被放入英国坚硬的土地中，他的遗体慢慢被异乡的白垩土覆盖。耶默拉瓦尼从来就没有适应过英国的天气，他们到达后的几个月里，他饱受折磨，身体逐渐衰弱下去，尽管英国的医疗已经做了最大的努力——也许，他的衰弱正是这些医疗的结果。现在他已经走了，作为一名基督徒被埋葬在埃尔瑟姆当地的死者中间，一座石质墓碑标志着第一批访问欧洲的两名澳大利亚人的其中一个，已经被安葬在这个地方。在耶默拉瓦尼死后的一个月后，班纳隆回到了肯特郡的墓地。他或许是为了哀悼，或许是为了在这遥远的小岛上举行只有他才知道的死亡葬仪。

或许，他的亲朋好友们终究是对的。当他们踏上离开澳大利亚的旅程时，他们"无不悲痛，无不忧伤，无不难过"。如今，他在英国是孑然一身了。如果说之前让他登船回家还有些不耐烦的话，现在，回到他的人民中间，既是无比迫切的需要，同时也夹杂着深深的无力与沮丧。新南威尔士的新总督约翰·亨特船长陪他一同登上"信实"号，那艘停泊在普利茅斯港湾的大船，似乎也透出无限懊恼的神情。亨特很快就意识到班纳隆的抑郁状况，也看出他离开的决心——想必这个地方已经成为他的伤心之地。亨特在写给海军部的一封信中，表达了他对这位思乡心切的埃奥拉人的担忧之情。

> 这位大难不死的土著人班纳隆与我在一起，不过我觉得他的健康状况极不稳定。在过去的十二个月里，我们一直安抚他很快就能再次见到故乡了。他对这种幸福充满了渴望和向往，但是长期的失望几乎使他的精神崩溃。这里的寒冷天气使他时常病倒，我担心他的肺受到了影响——他的另一个伙伴就是死于肺病。我尽我所能让他坚持，不过依然对他能否撑下去感到怀疑。[1]

班纳隆和耶默拉瓦尼大约在两年前来到英国，当时是1793年5月，天气相对更加宜人。整个航程相对来说平安无事——从杰克逊港穿越印度洋，绕过好望角，穿越大西洋到达里约热内卢，再向北穿越大西洋到达不列颠群岛，就像所有的越洋航行一样。只是法国私掠船的出现打破了单调的航程——它在驶入英吉利海峡时向大西洋的方向开了三枪。然而，当他们于5月20日在法尔茅斯下船时，一切却都发生了改变。当时迎接他们的，是不可思议的陌生的英格兰景色。

英国人对新来的人感到好奇——是那种高高在上鄙夷不屑的好奇。有一份名为《伦敦邮包》的报纸报道说："菲利普总督带来了两个新荷兰的土著，一个男人和一个男孩。"不过，随后立刻又加了一段观众评论，语气中充满了蔑视。《伦敦邮包》完全剥夺了两名埃奥拉人给英国人留下好印象的机会。它在文章中这样写道，这两个人"根本不具备一丝一毫的文明能力"，"他们就是人类种族中的低端阶层"。

或许这些厌世仇生的人和那些潦倒穷困的文人在胡说八道的时候，都以为他们已经见识了整个世界吧。毕竟，大英帝国在全球范围内的稳步扩张，使得俘虏、使团、商人和旅游者从海外的四面八方拥入英国。在北美之事尘埃落定后的几年里，一支真正的美洲土著人的游行活动，常常令伦敦人目瞪口呆，使他们领略到海岸对面异域世界的味道。1616年，著名的波瓦坦公主波卡洪塔斯曾来到英国，而她却不幸预言了未来耶默拉瓦尼的命运。她曾面见国王詹姆斯一世，并且参加了本·琼森的一次假面舞会，后来却被一种无法诊断的疾病夺去了性命，并于1617年被葬于格雷夫森德。年轻的澳大利亚人并不是第一个远渡重洋却在远离家乡的殖民者的首都永远停止了呼吸的人。

伦敦报界对班纳隆和耶默拉瓦尼的到来所刊登的污言秽语与恶语中伤只是一个开场白，接下来就是不断正当化自己的行为——到一片已有人居住的领土去殖民。他们给土著人民贴上"无力走向文明"的标签，使他们成为新帝国的征服对象。这种作者只是在拾人牙慧，重复17世纪以来的辩护理由，为自己掠夺已经成熟的社会提供借口，为自己的侵犯行为正名。在帝国主义的辩护者眼里，这些民族没有像欧洲人那样使用和改善土地，因此他们便无权拥有土地。新来的人也被比作非洲人，根据《创世记》的记载，这些都是祖先哈姆的后代，注定是"他兄弟的仆人的仆人"。在这种观点看来，班纳隆和耶默拉瓦尼"无文明能力"的命运已经铸就，无可挽回，因此天生处于从属地位，他们只能俯首于英国的殖民。英国在澳大利亚的定居与开发进行得清清白白，问心无愧。[2]

我们无法确定班纳隆和耶默拉瓦尼是否意识到这些虚情假意的表演，我们也不知道他们是否觉察到主人慷慨外表下精明的帝国逻辑，不过至少在表面上，他们似乎接受了旅游者的身份。两个人从普利茅斯辗转前往伦敦。在那里他们被安排好食宿，还配备了一名仆人和一名洗衣女工。他们的衣服都是负责陪同他们前往英格兰的前新南威尔士总督阿瑟·菲利普为他们定做的。菲利普希望将他们引荐给国王乔治三世，于是让他们穿上一模一样的绿色外套，配上蓝色和浅黄色条纹的马甲，石板色马裤和丝制长袜。在英国人的眼里，不知道欧洲服装是剥夺了他们从前的身份，还是更加强调了他们的异国色彩，总之相同的服装剥夺了他们的个性，使他们沦落为代表地图上新的英国殖民地的空洞符号，而非作为独特的人呈现在大家面前。

觐见国王的承诺从来没有兑现，不过这两位刚刚被"欧洲化"的游客却忙得不可开交。1793年7月，他们搬到了闪耀迷人的伦敦西区格罗夫纳广场一处更加时尚的住所内。在那里，人们给他们买了书，请了读写老师，要看看这两个人是否真的"没有文明的能力"。约瑟夫·班克斯爵士是皇家协会主席，同时也是库克船长第一次澳大利亚探险之旅的常驻博物学家，菲利普对他说，只要教会他们英语，就能从他们那里收集很多信息。他们乘着马车游览了伦敦城，参观了伦敦塔和圣保罗大教堂，并参加了沙德勒之井剧院和考文特花园剧院的演出。比较奇怪或者说恶意的安排是，他们还被带到了帕金森博物馆，那里有一整间屋子专门用来摆放库克船长从太平洋带到英国的物品。如果说那些温文尔雅的伦敦人以刺探打趣、令人不适的方式来满足自己的好奇心的话，我们其实也没什么可大惊小怪的。[3]

表面上看行程紧凑繁忙，但实质上事情却变得越来越暗淡。9月的天气已经是风寒雨冷、恶劣难耐，耶默拉瓦尼病倒了。他和身体时好时坏的班隆纳被转移到离伦敦七英里之外的埃尔瑟姆，住在爱德华·肯特的房子里，这样可以使他们远离这座大都市的恶臭空气和瘟疫般难耐的潮湿。在接下来的七个月里，两个人在伦敦和埃尔瑟姆之间来回穿梭，一是为了继续巡游，二是为了寻求治愈这个埃奥拉年轻人的办法。尽管有布莱恩医生的照料，并用放血法、催吐法、利尿法予以治疗，甚至还使用了福塞吉尔博士著名的药片，但是耶默拉瓦尼仍然一天天衰弱下去。1794年5月，即到达伦敦后整整一年之后，他终于因肺部疾病或肺炎去世，年约十九岁。[4]

我们只知道班纳隆和耶默拉瓦尼的大致行程，不过如果他们在首都环游时，也许恰巧去过伍尔维奇，在那里他们也许会看到玷污泰晤士河的一个新设施：停泊在河边的那座臭名昭著的"巨轮"监狱，那里挤满了被迫为改善泰晤士河而劳作的罪犯们。1775年之前，这些罪犯的命运是到美洲服苦役，可是现在们被关押在腐烂的船舱中，挣扎在肆虐的瘟疫中。如果班纳隆和耶默拉瓦尼在伦敦逗留期间，真的曾注视过这拥挤不堪的庞然大物的话，那么他们也许还未意识到，这些船只对于他们的本土海岸将造成多么深远的影响。因为就在沃伦·黑斯廷斯的审判即将开始之际，一支船队正将第一批"囚犯货物"卸在澳大利亚的海岸上。导致印度总督走上被告席的同样事件，也在南太平洋启动了，一个新的罪犯殖民地正在建成。英属澳大利亚如何建立的故事，两个澳大利亚土著如何见证黑斯廷斯在伦敦接受审判的故事，从根源上说，都是美国革命所造成的无法预料的影响。

到了1785年，由美国革命引发的刑事问题越变越糟。美国革命结束之后，英国依然在美洲保留有帝国属地，然而横跨大西洋的罪犯运送却停了下来。在为一名从运送过程中返回的客户辩护时，著名的律师威廉·加罗将禁止运送的事实表达得非常明确。他在法庭上辩护道："阁下知道，你不再有权力将其运往美洲，至少你不能再行使这种权力。"[5]事实上，为了反映新的地缘政治现实，法律已经做了修改，只是法案的措辞尽量避免提及日益严峻的殖民地叛乱形势。法案未能对殖民地的实际状况做出回应，只是直接规定："将罪犯运送到陛下在美洲的殖民地和种植园，在诸多方面均有不妥。这种做法尤其剥夺了王国的许多臣民对社区做出有益劳动的机会。这些罪犯如果受到良好的照看与纠正，应该有机会从邪恶的犯罪道路上恢复过来。"于是，苦役代替了远程运送，至少在官方层面，重刑犯将不再运往美洲。[6]

向美洲运送罪犯的行为或许全面终结，但是血腥的法律法规依然需要对那些罪行较轻的人提供更加宽仁的选择。既然一个安全阀永远地关掉了，英国就需要为那些多余的囚犯寻找新的目的地。开始的时候，英国当局认为，他们也许能把新问题转化为优势。帝国的战区众多，军队永远都是必需，因此如果有罪犯愿意加入英国军队，就会对他们的罪行予以赦免。当时，1776年的《刑事法案》通过的消息传来时，"泰勒"号上的重刑犯们都收拾好行李，准备出发到美洲去。这些人可以选择参军。作为对颇有影响的司法改革家切萨雷·贝卡里亚和乔纳斯·汉威观点的追随和回应，一些进步的改革家提出了用放逐来代替苦役和监禁的策略。这个策略的核心是英国不具备支撑监禁系统巨大转变所需要的基础设施，长期以来，这一策略都被用作对罪犯阶层宣传和灌输"劳动纪律"的手段。刑事司法改革者威廉·伊登针对由美国革命引发的刑事危机发表意见时声称："事实是，我们的监狱已经爆满，目前我们无力处置罪犯。"[7]

人们尝试了各种各样的方案来解决囚犯过多带来的管理问题，其中最臭名昭著的就是被当作监狱使用的那个庞然大物。这个想法就是迫使那些被判决放逐到美洲的罪犯来疏浚泰晤士河道，以提高伦敦日益拥挤的港口的承载能力。授权这项法案的计划没有明确规定这些被强迫劳动的人应该被安置在哪里。但是由于监狱已经爆满，无力再容纳更多罪犯，于是一位名叫邓肯·坎贝尔的前罪犯运送商，由于他赢得了泰晤士河疏浚工程的合同，因此决定将重罪犯安置在两艘改装过的船上。这两艘大船——就是众所周知的监狱船——的情况极为可怕，船上拥挤不堪、伙食极差、卫生条件极差，导致了惊人的死亡人数（在二十个月的时间里，死亡的罪犯超过四分之一），同时还有大量越狱和叛乱的发生。[8]

巨船内惨绝人寰、呕心抽肠的恶劣环境，引发了当代人和后人的无限想象，其中最著名的就是查尔斯·狄更斯在《远大前程》中的描述。可是，每年在伦敦法庭被定罪的男男女女人数过多，这些巨船连其中的一小部分也无法容纳。尽管船上已经挤满了犯人，并且还有很多最后都会被运往美洲，但是需要在巨船上找到容身之地的犯人仍然多得不可胜数。1785年，坎贝尔利用其伍尔维奇囚犯监督官的身份向国王法庭呈递通告称，被关在巨船上的犯人达八百多名，还有更多被判决放逐出境的犯人却毫无被送出国外的希望。全国各地的监狱都人满为患，等待送到这些巨船上以减轻压力，但是伍尔维奇既没有空间，也没有工作可以提供。长期担任首席大法官的曼斯菲尔德勋爵收到这一信息时感到非常震惊，并将坎贝尔的报告递交给了总检察长和政府其他大臣。[9]

到了1781年，危机已呈万分危急之势，法官们立刻再次判决向国外运送罪犯。有一艘船把罪犯运到了非洲海岸，但是他们选择的登陆地点条件非常恶劣，于是船长宣布，任何认为自己能够在这里谋求活路的重罪犯都将得到释放。1783年，第二艘名为"雨燕"号的运送船离开伦敦，前往新斯科舍。而这艘船的真实目的地是马里兰，那里长期以来都是受到英国人青睐的罪犯登陆点，只是这个目的地对外保密。然而，费尽周折的"雨燕"号还没来得及航行出英国的水域，船上那些以为真正的目的地是非洲的罪犯们出于巨大的恐惧心理，都起来反抗并逃到了肯特海岸。不过，他们最后在那里被再次抓获，并成功地运送到巴尔的摩。不久之后，第二艘开往马里兰的船被拒之门外，向美洲运送罪犯的第二个时期宣告终结。[10]

接下来的几个登陆点都屡试屡败，万般无奈之下，人们在远在海角的、几乎从未有人探索过的新大陆——澳大利亚——找到了最终的解决办法。澳大利亚，或者说当时被称为新南威尔士的地方，肯定是18世纪末萦绕在许多人心头，挂在许多人嘴边的地方。著名的库克船长在1770年绘制了澳大利亚东海岸的地图，他的航行、他的发现以及他悲剧性的死亡，都深深吸引着这个对战争感到厌倦的国家。同年4月23日，库克和他的团队首次登上澳大利亚大陆，登陆点是一个原本被命名为"黄貂鱼港"的沙质浅水湾。由于与远征队一起航行的两位极具探险精神的博物学家约瑟夫·班克斯和丹尼尔·索兰德在这个海湾成功地采集了大量植物，因此这个名字便立刻被改为了"植物湾"。

在英国军官的眼里，这个地方简直是安放罪犯的完美之选。它的遥远程度完全可以视为严厉的惩罚，具有真正意义上的刑事威慑力。同时，这种距离也足以使任何罪犯都无法逃回英国。穿越半个地球，将罪犯安顿在新南威尔士在战略上同样具有地缘政治利益。在一个帝国力量激烈竞争的时代，将英国人——无论这些英国人的出身如何——植入到南太平洋，终将有助于巩固英国的领土主张，并有可能为英国贸易开辟崭新的市场。由于可供英国人选择的殖民地非常多，而之前的殖民地更加知名，建设也更加成熟，因此很难找到自愿移民到这里的人，强迫定居也便成为完美的解决方案，既能缓解监狱拥挤的问题，又能实现帝国野心。

1785年12月，议会颁布命令，在植物湾创建一个刑事殖民地。到1787年年初，伦敦法院的第一批罪犯便被判决运往植物湾。1月10日，在伦敦中央刑事法院的法庭上被判决的共有二十九名男犯、四名女犯，官方简报如下：

> 下列在前几次审判中均被判处死刑的罪犯获得了国王陛下的赦免，条件是将他们押送到新南威尔士东海岸，或邻近的其他岛屿。名单如下：查尔斯·金、托马斯·汤普森、本杰明·罗杰斯、休·唐纳德、约瑟夫·戴尔、乔治·查尔伍德、托马斯·科尔布鲁克、约翰·兰福德、莎拉·帕里、托马斯·哈里斯、汉娜·马伦、詹姆斯·梅、爱德华·佩尔德、约翰·德洛夫、亨利·阿瑟、丹尼尔·钱伯斯、约翰·图尔伍德、托马斯·弗里

曼和约翰·克劳福德。以上人员终身不得离开此地。乔治·邓斯坦、托马斯·斯克里夫纳、约翰·贝特曼、亚伯拉罕·博伊斯、约翰·米尔斯、乔治·谢泼德、约翰·洛克、玛丽·史密斯、亨利·帕尔默、约瑟夫·伯德特、詹姆斯·埃文斯、威廉·奈特、约瑟夫·巴特勒和玛格丽特·道森。以上人员定居的期限为七年。[11]

1788年1月19日，"第一舰队"的指定随行医生之一的阿瑟·鲍伊斯·斯迈思站在"彭恩夫人"号的甲板上，凝视着无边无际的太平洋，望眼欲穿地寻找出现在地平线上的黑点。当他听到船员们爆发出激动的喊叫声时，便知道漫长的旅程终于结束了。他们于1787年5月13日离开朴茨茅斯，踏上这长达二百五十天的漫长旅程。他们驶入英吉利海峡，经过特纳里夫、里约热内卢和好望角，驶向南大洋，乘着无休止的吹向南太平洋的"咆哮西风带"一路航行而去。由阿瑟·菲利普准将指挥的"第一舰队"由精挑细选的十一艘船组成，如今这个舰队已经声名赫赫。"第一舰队"在植物湾建立了一个罪犯放逐地，超过七百五十名罪犯——五百四十八名男犯、一百八十八名女犯和十七名儿童——按照性别分别被捆绑在六艘运输船上。两艘皇家海军舰艇——"天狼星"号和"补给"号——提供了武装护航，另有三艘储备船运送急需的物资，包括食物、种子、工具和农业设备，以帮助建立殖民地，弥补缺口，直至实现自给自足。那天早上，斯迈思五点便起床了，希望能第一眼能看到他的新家，然而，他的乐观情绪很快便消失得无影无踪。目之所及，除了漫无边际的蓝色，什么也没有。多少天来，他们一直热切地期待看到陆地。前天晚上，斯迈思曾在日记里这样倾吐："微风吹过。期待今天晚上能看到陆地……到了八点钟，依然没有看到，不知为什么舰队接到命令，要求通宵停泊待命。"[12]

从英国出发时，旅程相对平稳，但是他们离开好望角已经有十个星期了，而这整整十个星期连陆地的影子也没有见到。"这是我们在海中度过的最长的一段时间，其间没有停靠任何港口。"在海上航行了八个月之后的一天，早上七点钟的时候，斯迈思和他的船员们，还有"彭恩夫人"号上的一百零一名女犯，第一次看到了新南威尔士的诱人景色。经过如此漫长的航行之后，看到坚实土地时的心情真是难以用语言形容。斯迈思写道："每个人盼望了那么久的事情已经成真，那种喜悦的心情只能意会，绝不是语言能够表达的。特别是对于以植物湾为航程的终点，要在这里定居下来的人来说，心情更是无以言表。"第二天，"彭恩夫人"号驶入了植物湾，通过单筒望远镜窥探到"七个在树林中奔跑的土著人"。[13]

这支不可思议的舰队的首领，远征队的指挥官阿瑟·菲利普成为殖民地的第一任总督。菲利普在如履薄冰、福祸难测的环境中升至指挥之位。这位日后成为总督的人，出生在伦敦的齐普赛街，他的父亲是一名地位不高的语言教师，曾经在法兰克福做过水手，他的母亲是一名水手的遗孀。他的父亲在他出生后一年，即1739年去世，菲利普的生活似乎机遇渺茫，毫无希望。然而，他后来在致力于给贫穷水手的孩子提供帮助的一个慈善基金会的帮助下，获得了格林威治医院学校的一个职位。他的运气也随之改变。他开始在一艘捕鲸船上做水手，从此开始了航海生涯。1754年，他加入了皇家海军。"七年战争"期间，他参加了米诺卡战役和哈瓦纳战役，由于在战斗中表现突出，得以晋升为中尉。1774年，随着英国步入和平，菲利普便加入了葡萄牙海军，担任船长职务，在西班牙和葡萄牙战争期间在南美洲作战。1778年，法国加入了美国战争，菲利普便应召回到英国海军。

菲利普被选为驻扎在新南威尔士的远征队的领导，并非是没有道理的。他从前有过领导罪犯运送的经验，也在西班牙和葡萄牙的战争中指挥过一艘运送罪犯劳工的葡萄牙舰队。他对南美洲的了解也被英国当局视为福音。到南太平洋殖民的好处之一是，它被视为向南美太平洋沿岸的西班牙殖民地发动袭击的有利基地和集结地。在美国独立战争期间，菲利普负责策划并领导过一项任务，在穿越太平洋袭击菲律宾之前，彻底摧毁在智利、秘鲁和墨西哥的西班牙殖民地。1783年与西班牙达成和平协议之后，这个计划成为泡影，但是菲利普对西班牙在太平洋的力量非常了解，使得让他带领远征队奔赴植物湾成为一个极有吸引力的选择。

菲利普很快就赢得了"天狼星"号船员的喜爱，"天狼星"号也是"第一舰队"的旗舰。在5月份离开英国水域前往特纳里夫岛的途中，有一艘船上的军官因为一些小过失，开始鞭打其中的几名船员。船员们向船长亨特抱怨说："如果他们有这种打人的习惯，那还不如跳到海里去，总比在异国他乡被人谋杀要强一些。"船长将这一争端告知了菲利普总督，菲利普立刻通知他手下的军官，在这次航程中，像以前那样严厉残暴的海军纪律是无法容忍的。菲利普"命令甲板上的所有军官都到船舱集合，并告诉他们，如果他知道有任何军官在船上殴打他人，他会立刻把他的腿打断"。在正常情况下，这样的体罚一般都视同寻常，甚至还会鼓励这种做法，然而身为总督的他却意识到，船员们正是站在军官和平民以及数百名饱含愤怒的罪犯之间的人。正如他向他的军官们所阐释的那样：

> 这些人都是我们必须依靠的人，如果我们虐待这些我们必须信任的人，那些罪犯就会起来造反，把我们全部杀光。这些人是我们的后盾。在这个殖民地定居是我们面临的一项漫长而严峻的考验，至少我们不能指望能在五年内返回。这艘船和它的船员们都是国家的保卫者与支持者，如果他们受到自己军官的虐待，那你能指望他们会给你什么样的支持？航程还不到一半他们就都死掉的话，那么谁把我们带回去呢？[14]

总督对囚犯起义的冷静而睿智的预判起到了预期的效果。在接下来的航程中，登陆的情形与海上航行时一样，生命随时处于危险之中。这支舰队在巴西花了六个星期的时间收集补给，让罪犯们恢复精神和体力。每当船员们上岸时，为了防止他们会被迫到另一支海军或另一艘船服役，都不得不派一名身穿军装的士兵陪同前往。10月，舰队到达里约热内卢和好望角之间时，又在那里逗留了长达六个星期之久。这时，令人无比担忧的罪犯起义首次现出端倪。一艘名为"亚历山大"号的囚犯运输船上的囚犯开始密谋"进行起义，夺取船只"，但是几个头目在计划得以充分发展之前就被发现并抓获。这些野心勃勃的斯巴达克斯被带上了"天狼星"号，他们在那里被狠狠地处以鞭刑，然后戴着锁链镣铐回到他们的船上。看来菲利普的警告并非虚声恫吓。[15]

　　"第一舰队"的船员体现着航海时代的显著特点，水手们来自不同的地方，有的来自英国的各个角落，也有的来自更加遥远的地方。雅各布·纳格尔是"天狼星"号上的一名船员，他的背景非常复杂，不过倒也没有什么异乎寻常之处。1762年，他出生在宾夕法尼亚雷丁的一个德意志人和英国人组合的贵格会教徒家庭。1777年，十五岁的他跟随父亲参加了大陆军队，并在华盛顿麾下参加了布兰迪万河战役。当军队在福吉谷驻扎下来时，他的服役期也结束了。但是，纳格尔是个不安分的小伙子。他的父亲在费城的沃特街开了一家小酒馆，酒馆里的水手们讲的航海故事令他备受鼓舞，于是他从1780年开始连续在几艘私掠船上做船员。1781年，他在"特洛伊"号私掠船上做船员时被英国人俘虏，并作为战俘被送到加勒比海的圣克里斯托弗岛，但是同年晚些时候，圣克里斯托弗岛又落入了法国人手中。纳格尔刚获得自由不久，便再度被法国人逮捕，原因是他在法属马提尼克岛等待开往美国的船只时，协助一名从宾夕法尼亚逃跑的法国囚犯。1782年，纳格尔再度获得自由，这一次是因为英国在"圣徒之战"获胜后，作为部分交换战俘而获释。不过，他并没有获得完全的自由，而是被迫在英国海军服役。[16]

1783年，在战争正式结束之前，纳格尔一直在英国海军服役。战后，他的战船返回英国，而他也和其他船员一样，在英国退役。他离开了普利茅斯的海军生涯，与其他一同被遣散的船员们前往伦敦，去寻求能让他回到家乡费城的盘缠。他发现，要找到一艘能把他带回美国的船比想象中要困难得多，也许是因为他缺乏必要资金的缘故。由于返回家乡的事情还遥遥无期，纳格尔便又加入了英国海军，参加了1783年对直布罗陀的第三次、也是最后一次救援。初看起来，纳格尔自愿再次加入英国海军的行为，确实有些不可思议，因为正是英国海军之前逼迫他为其服役，而且是为了对抗他自己的国家。但是，对于普通的士兵和海员来说，在不同的阵营服役，甚至是相互敌对的阵营里服役并非罕见行为。服役既是一项事业，同时也是一种职业。到了1787年，纳格尔已经完全习惯了海上生活，对于四处飘荡的航行与无时不在的冒险已经习以为常，因此他及时抓住了一个机会，乘船前往地球上最新开发的地方。这个年轻人曾经在1776年那个令人兴奋的夏天，行走在独立大厅的阴影中，当时美国宣布脱离英国独立。他曾在华盛顿麾下作战，对抗大英帝国，如今他却已经成为大英帝国新的扩张项目的一名成员，踏上了前往太平洋的旅程。[17]

纳格尔并不是唯一一个作为"第一舰队"的成员踏上航程的美国人，仅在"天狼星"号的船员中，就至少还有五名美国水手，其中两名与纳格尔一样来自宾夕法尼亚。另外三个人——约翰·罗利、詹姆斯·普罗克特和约翰·哈里斯——则分别来自弗吉尼亚、马萨诸塞和纽约。六名美国人在"天狼星"号上服役，而这艘船的船长戴维·柯林斯是曾经参加英军在邦克山的战役的苏格兰人，或许还是有些尴尬的。事实上，"第一舰队"中的许多军官都作为英国陆军或英国海军的一员参加过战斗。

舰队中也有来自美国却不太愿意参加此次征程的人。来自北美的十四名被放逐者中，至少有八名囚犯在战争之初是美洲殖民地的奴隶。有一个名叫约翰·马丁的人，在法庭记录中被称为"黑人"，他就很可能是利用革命的机会为自己争取到自由的前奴隶。在逃离了美洲的奴役生活之后，马丁设法来到伦敦，并在那里做了一名水手。马丁刚刚获得的自由并没有持续很久，他便于1782年因为涉嫌盗窃衣物被逮捕。他被关押在新门监狱，对他的判决就是被放逐到非洲。然而，一场伤寒却挽救了马丁，使他没有踏上前往非洲海岸的灾难之旅，而是从1782年起，就一直被关押在新门监狱中。后来，他便作为囚犯加入了"第一舰队"的队伍之中。和他一起登上"亚历山大"号的还有詹尼尔·戈登、恺撒和约翰·兰德尔，他们都是从康涅狄格逃出来并加入了英国军队的奴隶。战后，兰德尔在曼彻斯特被遣散，之后又因为盗窃被抓获，最后被判决放逐到非洲。[18]

因此，整个事件都带有一种美国味道。与美国的战争本身就是在太平洋建立新的罪犯殖民地的主要催化剂，而且新南威尔士殖民地的最早期支持者之一也恰恰是美国人。马里奥·马特拉是意大利裔纽约人，他于1770年与库克船长一起完成了著名的前往植物湾的航程（事实上，马特拉声称自己是第一个踏上这片土地的欧洲人）。马特拉在革命期间依然对英国忠心耿耿，他和许多同胞一样逃向了伦敦。然而，他作为忠诚派难民的身份却被英国当局忽略，基于对其他流亡的美国同胞的观察，他提出了到新南威尔士定居的新方案，其目的是"为了弥补美洲殖民地的损失"。由于人们更倾向于将澳大利亚建成罪犯殖民地，因此他计划将美国的忠诚派难民安置到澳大利亚的计划被取代。不过，他的提议对于将英国不受欢迎的人口安置在新威尔士的计划是非常有帮助的，也提升了其具体实施的可能性。[19]

对于美国人和英国人来说，虽然大家对好望角和植物湾之间的那段航程基本上一无所知，但那段航程也有可能是最令人愉悦的一段，因为那里气候宜人，风向适宜，因此可以快速前进。尽管在澳大利亚海岸附近刮起了一阵怪异的狂风，但是舰队还是在1788年1月21日到达了植物湾，那时已经离开英国长达八个多月之久。被指派到"天狼星"号的随船医生乔治·沃根在写给弟弟的信中，生动地描绘了植物湾呈现在首批抵达的英国人眼里的令人眼花缭乱的景象。"这里的海岸，"沃根写道，

> 地势整体上不算高，而且很有规则。缓缓的山丘，舒展的平原，无论上山还是下山都不会有什么难度。大地上树木葱茏，内陆中牧草茂盛。海岸上布满岩石，可谓是怪石嶙峋，形成许多陡石峭壁、悬崖奇峰。走近植物湾的那片陆地——我觉得与杰克逊港的陆地非常相像，眼前展现出与想象中的画面相一致的肥美植物与乡间美景，高低起伏的和缓山丘都被茂密青翠的树木和常青植被覆盖，有密密的灌木丛，也有高耸入云的参天大树，中间不时会出现令人眼前一亮的一片片空地，见之不禁心生愉悦。这边看，高高的峭壁上又有一块引人遐思的美丽岩石，一条潺潺的溪流淌过，形成了一帘小小瀑布。而那边，又是一片绿得温柔沉醉的一片草地，阴凉的绿意令你不由得凝神而视。用一句话说，展现在眼前的是一幅妙趣横生的浪漫景致，大自然的妙手漫不经心地随意一抛，形成了这里包罗万象的甜美画面。[20]

阿瑟·斯迈思却并没有被植物湾天堂一般的美妙景致所迷惑，他立刻便意识到，在这里定居将是一项极为艰巨的任务。斯迈思非常准确地预见到定居者们要面对的问题。他悲伤地哀叹道：

> 第一眼看到这片无比肥沃的土地，人们肯定会被它深深吸引。这里有那么多参天大树，层层叠叠直到水畔。树林间的每一

块空地都绿意浓重，苍翠欲滴。然而，走近后仔细观察就会发现，那些草又粗又长，树木也非常粗壮，然而大多都是空心的，那些树木除了能用来生火之外，可以说一无是处，根本不能用来搭建房屋。这里的泥土是厚厚的一层黑沙，同样毫无用处。如果把树木移走，让这些土壤暴露在阳光之下，那么这些土壤不适合任何植物生长，甚至连那些在树荫中看起来绿意盎然、丰美茂盛的野草都会慢慢死去。除此之外，这片土地上面无处不被体型巨大的黑蚂蚁和红蚂蚁所覆盖。

时间很快证明，斯迈思这些清醒的判断是多么正确。[21]

在到达植物湾之后的几天内，菲利普总督便开始对这个地区进行探索，希望找到更适宜定居的地方。在植物湾北部的杰克逊港，人们发现了一个前景更加美好的地方。按照菲利普的描述，那里是"世界上最好的港口，上千艘帆船可以在那里从容航行，绝对安全无虞"。大家一致认为，这个天然港口是更加适合建立新殖民地的地方。于是，在植物湾登陆的六天之后，军队和囚犯都到了杰克逊港，热火朝天地投入到建设殖民地的艰辛工作中。根据雅各布·纳格尔的记载：

> 军队登陆后负责安营扎寨，而囚犯们则负责清理地面。总督从英国带来了一座框架帆布屋，人们把它搭建在海湾顶端流过的那条淡水小河的东侧。副总督罗斯少校和官兵们则在河水的西侧扎下营地。男女囚犯们的营地则被安置在靠西侧的中心位置，女子营地单独搭建。整个营地都布满了哨兵，总督那一侧同样也安排了守卫。囚犯们被迅速安排了砍伐树木和清理地面的工作，并在清理好的地面上为小河西侧的官兵搭建木屋，在木屋周围安装栅栏。而女囚犯的工作则是把石头送到栅栏的角落里。[22]

在接下来长达五十年的时间里，共有大约十五万人被强制安置在新南威尔士定居，包括男性、女性和儿童。因为有如此多的殖民者陆续到达，欧洲殖民地不断扩张，与土著人的冲突也不断加剧。英国有许多人也许会认为澳大利亚是一片无人居住的不毛之地，事实却并非如此。植物湾周围的地区就居住着大量澳大利亚土著人，包括埃奥拉、旺加尔、卡迪加尔和卡默雷加尔等各个族群，人数大约在一千五百人至四千人之间。登陆之后，英国人与当地的土著居民不可避免地发生了联系。库克在十八年前就曾在这个地区待过一段时间，因此，对于埃奥拉人来说，这些陌生人在他们的海岸登陆，其实也并非完全是一无所知，或者完全出乎意料。即便如此，双方对第一次会面的态度既非常谨慎，也充满好奇。我们没有从埃奥拉人的角度对早期会面的相关记述，但是在英国的记述中，埃奥拉人既有高高在上的种族优越感，同时又表现出真实质朴的人性，两种性情结合在一起，那种形象既令人惊叹、令人钦羡，又令人感到厌恶。

与大多数人相比，乔治·沃根对埃奥拉人的描述更富有同情心。一方面，他的确将他们视为粗鲁可怜的野蛮人，而另一方面，他的记述也确实饱含着同情、钦佩和理解。从我们的角度来看，我们倾向于对于非欧洲族群采取一成不变的沙文主义姿态，但是对于土著民族来说，从来就不存在单一不变的态度。实际上，西方对于土著民族的记述涵盖了从毫无根由的厌恶到唤起共鸣的浪漫主义之间的所有形态，或者说涵盖了从霍布斯的"令人生厌的粗鲁怪物"到卢梭的"高贵的野蛮"之间的所有情绪。沃根的叙述完美地展现了这种矛盾心态，值得在这里详加引用。[23]

他们身高适中，极少有人能达到六英尺的高度。他们的体格并不是很强健，应该说是比较纤细。肤色是红中带黑、黑中泛红的烟灰色，看上去又黑又脏，令人生厌。男女儿童都是一丝不挂，连像无花果叶那么大的遮羞面纱都不屑一顾。他们无论男女，身体的不同部分都有大大小小的伤疤，似乎是为了装饰而故意切割成了特定的线条。许多妇女，无论年龄大小，无论已婚未婚，几乎都将左手小手指的前两个关节斩断，这种习俗显然是不分青红皂白一律执行的。我们也猜不出这样做到底是为了什么。男人们则几乎全都拔掉了一颗前牙，对这种人人如此的普遍现象，我们也完全茫然，不知道这种习俗是出于怎样的动机。他们有时会将手指伸进你的嘴里，看看你是否拔掉了这颗牙。碰巧总督的这颗牙早就掉了，他们对这种情况感到既惊讶，又有些开心……他们非常擅长模仿的艺术，无论在他们的行为举止还是在重复我们的许多短语方面都是如此。他们会跟着我们说"再见"，说得相当清晰。有的水手就开始教他们骂人的脏话。看到我们笑，他们也会跟着笑。看上去他们的性情平和安宁，而且非常慷慨大方，会把他们的食物给你分一份。只要你遇到他们，他们就毫不犹豫地把鱼、火把和水都递给你……总之，对他们的个性与精神面貌做个总结的话，可以说他们似乎是一个积极活跃、灵活敏捷、憨厚平和、本性快乐、天生爱笑、风趣可爱、性情善良但又肮脏得令人厌恶的人种，一直以来都处于野蛮的状态中。[24]

在他们看来，埃奥拉人对于新近到来的陌生人疑虑重重，他们当然有理由怀疑。"第一舰队"抵达后的几个星期内，班纳隆和他的人民就清楚地意识到侵略者所带来的危险。按照英国探险者和定居者的常规做法，阿瑟·菲利普开始与当地的居民展开对话，这是对当地的地形、民族和动植物等情况进行了解的宝贵信息资源。乔治三世曾指示菲利普要"尽一切可能与当地人展开交往，想方设法安抚他们的感情"。菲利普总督对皇家指示的践行可谓是字字不落，不打任何折扣。

首先，菲利普严格遵照皇室的命令，努力"安抚"当地人的"感情"。纳格尔作为总督菲利普的一艘小船上的一名船员，经常会陪同他一起进行勘察。据他所说：

> 无论我们跟着总督走到哪里，他都会送给他们衣物和小饰品，竭尽全力地劝说他们归顺英国。他不允许对他们做出任何形式的误导，即使为此冒着生命危险也在所不惜。我们碰到大群鱼，正准备开枪的时候，土著人看到我们，他们就会拿着长矛冲下来，把他们认为合适的鱼拿走，直到我们把鱼堆到船上，并把船推开才算罢休。总督不允许我们用武器自卫，唯恐我们在自卫的时候会把他们杀死。[25]

两种完全相异的文化之间注定存在各种各样的误解。菲利普努力防止这些误解演变成致命的冲突，这似乎是极其明智的策略。在北美定居的最初几年间，英国殖民者与美洲土著人之间饱受折磨的关系导致了许多悲剧的发生，这些经验如今仍历历在目。不幸的是，在对待澳大利亚土著人时，菲利普并未从北美的先例中吸取教训。菲利普花了一年的时间努力与土著人建立牢固的关系，但是收效甚微。与埃奥拉人持续接触与对话的贫乏使菲利普感到沮丧。他知道，他的定居点羽翼未丰，如果想要在异乡的土地上生存下去，向当地居民学习是至关重要的。于是，菲利普便采取了一种屡试不爽的策略来确保从土著居民那里获得信息：他简单粗暴地绑架了他们。在北美定居的早期岁月中，英国探险者和定居者一直以来就靠绑架土著人来获取信息。早年在普利茅斯后来被称为马萨诸塞的地方登陆的清教移民得到了蒂斯昆特的帮助，他更为后人所知的名字是斯昆托，是一个会讲英语的帕托西人——早在1614年，他被一个英国冒险家绑架之后，便学会了这门语言。菲利普原本对这些众所周知的先例铭记于心，加之埃奥拉人又基本不愿意合作，于是在1788年12月31日，他命令鲍尔中尉率领两艘小船，命令乔治·约翰逊中尉率领一支海军陆战队，"去抓捕几个土著人，把他们带回来"。[26]

中尉带着他的人立刻前往英国定居点东北部的"男子汉湾"，在那里的海滩上发现了一群埃奥拉人。英国人给这个海湾起名为"男子汉湾"，是因为"人们发现那里的土著人具有勇敢无畏的男子汉气概"。不过，英国人总是施展他们最擅长的诡计，来引诱这些毫无戒心的当地人，"用我们最有礼貌的行为，再加上几个小礼物"便能诱使他们与我们交谈起来。埃奥拉人的戒心刚刚放下，便坠入了英国人的陷阱中。一位目击者后来回忆说："出现了一个绝好的机会，我们的人立刻冲到他们中间，抓住了两个人，其余的都跑掉了。"埃奥拉人对英国人的开局招式感到无比惊讶，但并没有被吓倒。当这两个人与抓捕他们的英国人挣扎搏斗时，其余的埃奥拉人又重新组织起来，不顾一切地与英国人厮打在一起，试图解救那两个被抓的同伴。一场激烈的战斗之后，其中一个被抓的人设法逃掉了，不过第二个名叫阿拉巴努的俘虏则被紧紧绑起来，扔进一艘小船里。一般情况下，埃奥拉人面对英国的枪炮都会四散而逃，英国人对此也习以为常。可是这一次，埃奥拉人却再次发动了攻击，在心急如焚的阿拉巴努发出的"尖厉无比、痛苦无比的呼喊"声中，他们勇敢地向前扑来。英国人急匆匆地开枪一通乱射之后，便趁乱迅速撤离了。"小船不敢有片刻耽搁，立刻起航。海岸上的进攻也立刻开始了：他们朝船投掷着长矛、石块、火把和任何能够抓到手的东西。他们没有像从前一样撤退，纵然有许多步枪朝着他们开火也不畏惧。"[27]

阿拉巴努被带回了杰克逊港，戴上了手铐脚镣。人们在他身边安排了一个罪犯，与他同吃同睡，监视他的一举一动。一位英国观察家记录道："尽管他吃喝不愁，但是精神状态非常低落。第二天早上，他脸上阴郁沮丧的神情非常显著，令人心惊。为了逗他开心，他被带到营地周围，还参观了天文台。从他站的地方向对岸望去，能够看到他的同胞们燃起的烟火。他目不转睛地看了好久，然后深深叹息了几回，嘴里迸出一个'火'字。"

英国人竭尽全力想逗他开心，给他放音乐，给他看小鸟的图片——其中包括一些他认识的鸟，还有人的图片——其中包括坎伯兰公爵夫人。在他被捕之后的几个星期内，他们还费尽心机地安抚这位埃奥拉人，不过他们的方法可谓残酷得令人心碎。"为了让他的族人相信我们不会伤害他，总督把他带到小船上，沿着港口巡回驶过，这样他们就能看到他，能和他说几句话。小船驶过来，停在离海滩不远的地方，几个在小船驶近时原本吓得要逃跑的几个土著人，看到阿拉巴努后又折返回来。被捕获的埃奥拉人的情感受到了巨大冲击，他流下了眼泪。最后他们开始交谈起来。我们对他们的语言一无所知，因此无从得知他们到底说了什么。然而，我们却完全能够明白，他的朋友们一定是问他为什么不跳下船来，回到他们中间。他只是叹了口气，指了指脚上的镣铐，说明他被绑得紧紧的。"还有一次，阿拉巴努和菲利普总督一起坐船出行的时候，突然从船上跳下来打算逃跑。他游泳的能力很强，但是穿着欧洲的服装却很难游得起来，因此很快又被抓了回来。[28]

绑架和囚禁并不是新来的人所犯下的唯一错误。虽然英国的总部对于他们的新线人感到很满意，但是定居者中的其他人却非常不安。1789年3月，由十六名罪犯组成的团伙策划了一个袭击附近的埃奥拉定居点的计划，希望能缴获他们的捕鱼工具。有一天，当罪犯们在砖窑干活时，几个重犯带着棍子和其他工具悄悄从英国营地溜了出来，鬼鬼祟祟地来到了植物湾。如果说罪犯想要把他们的猎物吓一跳的话，他们可是大错特错了。当他们靠近海湾时，

一大群可能早就发觉了他们的行动的土著人，根据经验完全看透了他们的意图，突然出现在他们身边。我们的英雄们立刻被打得

四处逃散，各自想各自的办法，慌不择路地逃命去了。他们四散逃窜的过程中，有一个人被杀死，七个人受了伤，而且大部分伤情严重。那些比战友们跑得快的幸运儿跑回了营地。他们首先发出了警报。于是，由一名军官率领的一支海军陆战队便奉命前来解救他们。军官来得太晚了，土著人已经撤离，不过他把被杀的人的尸体带了回来，结束了这次追捕行动。

菲利普总督无比震怒。囚犯们未经允许就私自离开砖窑，他们的行为是巨大的威胁，与埃奥拉人之间本已无比脆弱的和平关系面临被颠覆的危险。罪犯们声称他们无缘无故就受到了埃奥拉人的袭击，但是真相最终浮出水面，这些罪犯受到了"严厉鞭打"。阿拉巴努也见证了鞭刑，英国人严厉惩罚了那些袭击过他的族人的人，而这也许是英国刑法中最严厉的惩罚手段。如果说施以鞭刑的目的是想获得埃奥拉人的认可，那么并没有达到预期的效果。正如一位旁观者所记述的那样，"执行鞭刑时阿拉巴努在场，人们对他讲了惩罚的原因以及必要性，希望他能够理解，而他在当时表现出来的只有厌恶和恐惧"。对于阿拉巴努和埃奥拉人来说，英国人带给澳大利亚的不是正义或文明，而只有暴力与死亡。[29]

阿拉巴努对于英国闯入者的看法颇有几分道理，因为他们不仅对埃奥拉人凶狠残暴，其实他们彼此之间也常常是自相残杀的。在定居的第二年，或许是因为对远离家乡的艰难生活感到厌倦，有八名士兵打算借酒浇愁。他们策划了一个计划，打算从定居点的储藏室中偷些酒来买醉。他们让一个做过铁匠的囚犯配了一把钥匙，在这伙人中的一名同谋担任哨兵的时候，从仓库中偷了大量的酒和其他补给。不料，钥匙却在门上断开了，成了提醒守卫库房失窃的证据。由于害怕被发现，其中一名士兵便交出了证据，并向总督坦白了整个过程。他承认，除了偷窃以外，这些同谋们还喝了偷来的烈酒，并且把一个威胁要告发他们的同伙活活打死了。士兵们不仅没有感到懊悔，反而带着一桶偷来的烈酒跑到死去的同伴坟前，"坐在坟墓边，把刺刀插进坟墓中，再次宣誓说他们不会被发现"。尽管其他士兵为他们求情，希望总督能宽恕一些同谋者，但这些士兵受到了应有的审判——他们不仅被判定有罪，还被处以绞刑。菲利普总督的回应是："如果他宽恕了一个，就必须原谅所有人，而这超出了他的权力范围。他必须为他的国家伸张正义。"

深刻感受到18世纪正义重负的人，并非仅仅是士兵们。1789年11月，美国水手雅各布·纳格尔无比厌恶地看着一个名叫安·戴维斯的女囚犯，因为偷了一些衣物被处以绞刑。她被两个妇女架到绞刑架前，因为她"已经醉得东倒西歪了，要是没人扶着她根本就站不起来"。对于纳格尔来说，"眼睁睁看着有人以这种毫无意义、令人震惊的方式永远地离开这个世界，真的感到很可怕"。但是大家依然认为，通过把罪犯们运到澳大利亚的方式，让他们免于在英国死于绞刑，这已经是对他们的莫大恩典了。正因如此，任何再进一步的犯罪行为都变得无法容忍。[30] 如何控制大量的犯罪人口一直是殖民地领导人所关心和忧虑的问题，而对违法者进行粗暴处理的方式也是为了让其他罪犯心有所忌。但是，边界之外的生活具有永不消失的诱惑力，这使得纪律要求更难见效。整个营地都布置了哨兵，竖起了栅栏，但是对于一心想到灌木丛中冒险的罪犯来说，这些阻碍根本起不到任何作用。在营地之外的生存也许无比艰难，但是许多罪犯宁愿冒着生命危险，也愿意到广袤的澳大利亚内陆去体验自由。

在定居的最初几年里，一个名叫约翰·恺撒的非洲裔囚犯的逃脱经历最为曲折艰险。他的名字相当响亮和典雅——与恺撒大帝同名，而他也很可能是随着"第一舰队"首批到达这里的前奴隶之一。1789年4月，他被指控犯有盗窃罪，他的麻烦之路也就此开始了。恺撒长得人高马大，是整个殖民地中力气最大的，也是最让人害怕的人物。

在殖民地的补给得到补充之前，分配给大家的口粮配额少得可怜，每天从事繁重劳动的恺撒为了维持他那硕大的身体和辛苦的劳动，只好去偷食物吃。5月初，恺撒逃脱了囚禁之地，带着偷来的步枪和弹药跑到灌木丛中。尽管他带着枪，但是在定居点外的荒野中生存显然异常艰难，到了5月底的时候，人们发现他在一个罪犯制砖厂里偷东西。这一个月的自由生活险象环生，这名逃犯也于6月份被再次抓获。由于他记录在案的偷窃和逃跑次数太多了，恺撒便觉得他肯定会被绞死，不过他的心情倒丝毫未受这种可能性的影响。戴维·柯林斯船长把他形容为"面对死亡无动于衷，在关押期间，他甚至宣称如果要把他吊死的话，他会在送上绞架前跟刽子手耍些小把戏，逗大家笑上一番"。不过，恺撒这场令人惊吓的表演没有得逞，他对死亡漠不关心的样子使人怀疑他的精神状态有些问题，于是菲利普总督认为，即使处决他也不会对其他的囚犯起到什么教育作用。正如柯林斯所转述的那样，"把约翰·恺撒吊起来"做示范，根本起不到预期的效果，意义不大。结果，恺撒被减了刑，送到花园岛去干活了。[31]

　　事实证明，菲利普总督并未听到约翰·恺撒的死讯。1789年12月，他再次带着枪和弹药从流放的花园岛逃走。那些负责把他抓回来的人根本就没抱什么希望，他们承认，"花费力气把他抓回来太危险了，他既无知又无畏，身体特别强壮，力气大得可怕"。如果他希望在丛林中生存的时间更长一些的话，那他就要再次失望了，因为他发现独自在野外生存无比艰难，困难越来越不可逾越。于是，在一个月以后，即1月份的时候，他再次投降。为了防止他再次逃跑，他被"双重铁镣"锁住手脚，并被"再次审判，准备处以死刑"。总督费尽心力说服恺撒，让他了解他当下处境的严重性，以及他要再次偷窃或逃跑的严重后果。在菲利普总督与被判刑的罪犯的谈话中，你都能听到那种温柔的恳求之声，只不过要使约翰·恺撒相信死亡的结局和即将到来的无情审判，再温柔的声音也是徒劳。他问恺撒，"想到自己就要死的时候，他到底是如何看待的”，那因犯只是笑了笑，"似乎特别开心的样子，说我总算要回到自己的国家，去见自己的朋友了"。也许众人眼中头脑简单的恺撒只是假象，这令人心碎的回答却暴露了他的内心。对于一个可能会终生为奴的人来说，他们要么是从自己的家园中被偷抢而来，要么就是生长在大西洋彼岸残酷的奴隶世界。当这个人在同样是异国他乡的英国刚刚获取了一点点自由时，却又被抓捕起来送到世界之涯的新的殖民地去，再次成为那里的俘虏。对于这样的人来说，家乡只是遥不可及的呼唤，家人与朋友是永远触摸不到的思念，那么尘世的死亡又有什么可怕，只徒增古怪可笑罢了。[32]

菲利普总督再次对恺撒减刑，这一次把他送到了更加遥远的诺福克岛，但是他初衷不改，坚定不移的逃跑念头仍然无法长久控制。1793年，他再次被抓回杰克逊港，但是他逃跑之后再投降的模式继续上演，直到1796年，五加仑酒的悬赏最终要了他的性命。那一年，即他坚持不懈地对抗囚禁生涯长达八年之久的时候，约翰·恺撒被一个渴望得到赏金的埃奥拉人击毙。据报道，恺撒之所以经常溜走，部分原因是因为他希望"能在土著人的社会中站稳脚跟，希望能够接受土著人的生活习俗，与他们生活在一起。但是他却总是受到土著人的排斥，最后因为饥饿和痛苦被迫返回到我们中间"。一个澳大利亚土著人会因为殖民当局设立的悬赏而杀死非洲裔的英国囚犯，这是18世纪末不断扩张的世界中发生的许多可怕的超现实事件之一。[33]

欧洲人在他们的一系列行动之外，还带来了更加阴毒险恶的祸事。他们与从前基本上是孤立生存这群人相遇时，恶性传染病便在接触之后悲惨地蔓延开来。英国人到达仅仅一年之后，美洲土著人的灾祸——天花——便在埃奥拉人中暴发了。1789年4月，英国的搜寻分队开始在悉尼港的海湾附近发现漂浮的埃奥拉人的尸体。显然，问题极为严重，殖民地的一些外科医生和医务人员便采集了尸体的样本进行检查。他们的发现的确令人大吃一惊："经过检测，当事人几乎全部是自然死亡：由类似于天花所引起的脓包在全身增厚性扩散。可是据我们之前的观察，陌生疾病是不应该出现的，可是这种疾病是如何突然暴发，如何广泛传播的呢？真是令人费解。"英国的观察家无论如何也搞不明白，天花是如何传播到如此遥远的海岸的。在离开好望角的十七个月里，没有一个欧洲人出现这种病的任何症状。有人推测，天花是由法国人，或者是库克船长传播开来的，甚至有可能是通过威廉·丹皮尔的早期接触从西澳大利亚大陆传播过来的。无论病毒的来源是什么，到1789年5月，埃奥拉人正濒临死亡。[34]

阿拉巴努的族人中，有一户住在海湾附近的人家受到这种新的疾病的袭击，阿拉巴努知道后立刻便和菲利普总督以及殖民地的一名医生火速赶到现场。他们看到了令人伤心欲绝的毁灭性一幕：

> 一个老人四肢无力地瘫在地上，面前是几根点燃的棍子。一个九岁或十岁的男孩正用贝壳舀着水浇在那老人头上。他们身边躺着一具小女孩的尸体，再远一些是那可怜的妈妈的尸体：那女人的尸体如皮包骨般瘦小，显然是经过了饥荒的虐待之后，又受到疾病的侵袭，使她必然被死亡吞噬。那可怜的男孩从头到脚全是脓疮，那老人形容枯槁，连把他带上船去都无比艰难。

老人和男孩最后被安排在一条小船上，带回了殖民地医院。但是阿拉巴努却拒绝离开，他一定要见证死者的葬礼才罢休。他亲自用手在沙土上挖了一个坟墓，在坟墓里铺满了草，接着他小心翼翼地把女孩的尸体放进这简陋的坟墓里，用草把小小的尸体盖住，再用沙子掩埋起来，直到她的身上涌起了一个小小的土堆。[35]

尽管阿拉巴努尽力看护，付出了满腔关爱，但是这位埃奥拉老人还是在到达杰克逊港几个小时之后去世了。他临终的场景悲惨得令人心碎。据目击者说：

他冷静而克制地忍受着阵阵巨痛的不断扩散，直到最后都保持着理智与尊严，几乎没有发出任何呻吟之声。那个名叫纳巴雷的埃奥拉小男孩在整个过程中似乎丝毫不为所动，他冷眼静静地看着祖父的尸体，只是没有任何感情地喊了一声"死了"。这让我们很是不解，因为那老人眼睛里充满了对孩子的温情与焦虑，那种关爱与不舍令人动容。尽管他已经痛得抬不起头，但依然用尽全身力气朝孩子这边看过来，他死死盯着孩子的担架，用手轻轻拍着他的胸脯，他那垂死的眼神似乎在乞求我们多多关爱他、保护他。

阿拉巴努又一次亲自去埋葬他。不过令人惊奇的是，纳巴雷却康复了。后来，他被殖民地外科医生怀特先生的家庭收养。[36]

随着日子一天天流逝，疫情的暴发越来越严重了。两个埃奥拉年轻人，他们是一对兄妹，因为罹患天花，在极大的痛苦中来到英国人的定居点求救。阿拉巴努和外科医生再次尽全力营救，但是年轻的男孩还是很快就衰弱而死。他的妹妹静静地躺在他的尸体旁边一动不动，直到夜晚的寒风迫使她离去。阿拉巴努目睹他的族人在他身边死去，一直尽其所能为那些生病的兄弟们提供帮助，到最后他也病倒了。英国的医生们全力地抢救他，希望能帮助他渡过难关，但是患病六天之后，阿拉巴努还是去世了。阿拉巴努死于"对他生病的同胞的人道关怀和深切爱护"，同时也死于英国人到来之前从未有过的未知疾病。[37]

由于人们对这种疾病没有免疫力，因此死亡率非常惊人。错位效应同样令人瞠目。1789年4月疾病首次暴发时，埃奥拉没有任何先前的资料可供参考，对于病痛的起因和如何救治更是一无所知。他们的传统知识中没有任何东西能起到改善的效果，随着这种可怕的、令人面目全非的疾病使越来越多的人病倒甚至死去，许多人干脆选择了逃走。他们把数十名"躺在沙滩上和岩石洞中的尸体或病人抛下不管，一旦发现有人染病，其他人就立刻抛弃他们。人们通常会发现这些被抛弃的人身体两侧都会有一小撮灰烬，在他们触手可及的地方也通常会有些水"。但是逃跑并没有拯救他们，疾病只是随着传染人群的分散而传播得更快、更广而已。无论死亡还是逃离，总之他们身后都是支离破碎的社区，支持埃奥拉人得以生存的关键活计，如狩猎、捕鱼和采集，都因为成年人口的丧失而遭到严重破坏。天花病毒致病力最强的是五岁以下和十四岁以上的人群，这使得情况越发恶化和加剧。超过一半的成年人口最终走向死亡，其他的人则因为试图逃离疾病而离开家园。怀孕的妇女和五岁以下儿童的死亡率更高，这也意味着几乎整整一代新出生的埃奥拉人转瞬之间被消灭。疫情暴发之后，当地的社区数量大大减少，新的失衡情况开始出现。年龄在五到十四岁之间的埃奥拉人存活率远远高于其他人群。当地的幼童和青年原本就很稀少，使得社区不仅在当前难以幸存，甚至将来也难以为继。当疫情最糟糕的阶段过去时，也许有70%的当地人口死亡。而这个时候，英国人到达植物湾刚满一年。[38]

正如两个世纪之前在北美发生的情况那样，在澳大利亚土著人中暴发的致命疾病迅速削弱了当地人对英国入侵的抵抗效果，并为日后英国的定居提供了空间，也提供了理由。由于疾病导致的后果被视为对英国利益的积极利好，因此，有人认为在北美和澳大利亚暴发的天花感染，其实是有意释放病毒的行为，也是生物战争的早期案例，而绝不仅仅是之前互无接触的人类族群之间接触之后暴发的悲剧性偶然事件。在北美或澳大利亚土著居民中间共同释放天花病毒的行为是否为计划所安排，尚无直接的证据，但是澳大利亚事件中的间接证据至少也是有一定启示意义的。[39]

班纳隆的命运与阿拉巴努的命运紧紧联在一起。班纳隆肯定听说过阿拉巴努被抓捕的消息，甚至可能曾经混迹在海滩上的各色人群之中，或者亲眼看到那个孤单忧郁的人在英国人的护卫下被带往各处的身影。或许他听说过阿拉巴努无私地照顾生病同胞的故事，也听说过他被囚禁后由于郁郁寡欢而过早死去的故事。那时候，班纳隆自己身染天花，痛苦不已，不过，与其他被感染的埃奥拉人不同，他没有到英国人定居点去寻求帮助。无论他对阿拉巴努的生与死有多少了解，当那个被俘之人于1789年5月去世时，班纳隆的人生道路也永远地改变了。尽管阿拉巴努很不开心，总是试图逃跑，但是事实证明，他对于菲利普总督是非常有用的。他开始向英国人讲述当地民族的"风俗习惯"，告诉他们当地的植物、动物、河流和海湾的名字，这是翻译的起点。然而，他的死亡却使这一新的信息流突然中断，于是菲利普总督命令手下再去捉一个埃奥拉人来。正如一位英国定居者所观察到的，"他的死使得捕捉他的计划彻底失去了意义。在被带到我们中间的五个土著人中，有三个人的死亡是不可避免的，而死因却根本无法向这个民族解释清楚。他们就是不愿意屈尊与我们交往。对于我们的接近，他们依旧疑虑重重，或者说充满恐惧，一旦我们的队伍中有人落单离队，就可能遭到他们的报复。这种场景在不断地上演"。[40]

到了1789年11月，菲利普总督下定决心，如果英国希望就该国的资源获取任何信息的话，就必须再抓获新的俘虏。布拉德利中尉带着一队人马，瞄准时机分散出击，带回来两个年轻的埃奥拉人，即班纳隆和科尔比。布拉德利汇报说，他们未费一枪一弹便捉住了这两个人，不过考虑到抓捕阿拉巴努时遇到的抵抗和阻力，这似乎有些不可思议。雅各布·纳格尔很可能当时就在现场，他没有理由为暴力绑架的行为进行遮掩。在他的讲述中，这次行动呈现出完全不一样的场景。纳格尔回忆说，当时派了三艘小船"开到港口……去抓几个土著人回来驯化他们"，他就在其中的一条小船上。他们好像是在"男子汉湾"的某个地方登陆，一群埃奥拉人朝他们走过来，态度非常友好。他们看中了其中的两个人，当信号发出时，"船上的船员们就马上出击去抓他们，并立刻把他们带回船上"。埃奥拉人绝不会默然接受这样的绑架行径，他们进行了猛烈还击。"他们朝我们投掷长矛，军官们和海军陆战队的士兵一起朝他们开火，由于失去了首领，他们意志更加坚定，绝无后退之意。他们退到丛林中藏身，长矛从丛林中雨点般投掷出来。"在一阵阵长矛的袭击中，伴着猛烈的炮火掩护，三艘小船侥幸逃脱，回到了杰克逊港。那里的人对抓来的俘虏笑脸相迎。之前被英国人抓捕的那两个埃奥拉人——阿拉巴努和纳布雷——前来迎接。他们似乎认识这两个新抓来的人，他们见面就直呼彼此的姓名。[41]

班纳隆被抓的时候，年仅二十六岁，个头很高，身体强壮，性格勇猛，敢于公然对抗，把他囚禁起来也没能丝毫改变这种个性。班纳隆的战斗经历在他身体上留下了明显的印记。他的头上满是战斗的伤疤，胳膊、腿和拇指上都有长矛刺伤的痕迹。在班纳隆的囚禁岁月中，他的聪明才智使他受益匪浅。他很快就适应了英国人的生活方式，很快学会了俘虏他的人所使用的语言和举止。他还通过唱歌跳舞、讲爱情故事和战争中的征服故事来极力取悦俘虏他的人。他与之前被捕的埃奥拉人不同，他毫无保留地给英国人提供他的族人的相关信息，给他们讲自己的习俗和经济，并与菲利普总督建立起了相互尊重的友好关系。至少在表面上看，班纳隆扮演了英国人希望看到的角色，即快乐的线人。然而，他对自己境遇的真实感受却复杂得多。这一点在1790年得以体现出来。[42]

那一年，英国人更加明显地意识到，获得土著人的信息对他们来说无比重要。尽管他们已经在澳大利亚生活了近两年，但是定居点依然不能完全做到自给自足。杰克逊港的殖民地就像北美的普利茅斯殖民地一样，要依赖于英国和其他殖民地的物资供给才能生存。1790年，由于供给船未能如期出现，饥荒和绝望情绪便开始在英国营地内蔓延。当饥饿的前景在这片土地上耸然出现时，囚犯和士兵们都开始从花园和仓库中偷东西，因为这是唯一切实可行的谋生手段。在这样的艰难时期，英国法律再次体现出它的强大威力。根据沃特金·坦奇的记载：

> 每个人都使出浑身解数，只为了获得那一点点能够维持生命的东西。然而，这种努力，却把其邻居所拥有的那一点点东西夺走了，使邻居陷入绝望之中。没有颁布新的惩治盗窃的法律，但是各色人等全部受到公开的警告，即会按照现行法律最大的执行范围，对于违法犯罪者予以最严厉的惩罚。对一个溜进花园盗窃土豆的罪犯给予了如下判决就是个很好的说明：他被立即执行了鞭刑三百下，之后用铁链把他与另外两名罪犯绑在一起。监禁期为六个月，同时停止发放六个月的面粉津贴。这就是我们被迫加大司法惩治力度的后果，真是令人感到悲哀。

粮食的极度短缺，以及由此而引发的残酷事件，只会使了解当地情况的重要性更加突出和迫切。如果这个定居点想要获得任何长期成功的机会，它就必须学会如何种植、打猎和采集其自身的资源。如果他们想要真正实现自给自足，那么殖民地就需要从班纳隆这样的人那里获得当地资源的信息。然而，与此同时，他们要尽力阻止班纳隆得知他们目前的悲惨处境。他们害怕他们不堪一击的消息一旦传到当地的埃奥拉人那里，埃奥拉人就可能抓住机会，把英国人永远地从这里赶出去。[43]

1790年5月，当班纳隆成功逃跑时，这些恐惧似乎就要变成现实了。5月3日凌晨两点钟的时候，班纳隆谎称有病，让他的看守者跑出去寻求帮助。在无人看守的情况下，他蹑手蹑脚地走出房子，跳过篱笆，挣脱了束缚，逃向了自由。几个月之后，他们再次得到了班纳隆的消息，不过后果几乎是致命的。9月7日，从杰克逊港出发前往布罗肯湾的一队人马发现，大约有二百名埃奥拉人聚集在"男子汉湾"的一具鲸的尸体周围，点燃了十几堆火来烤肉吃。对于埃奥拉人来说，搁浅的鲸是巨大的恩惠，一般这种场合都会洋溢着节日般的欢乐气氛，但是当英国人接近埃奥拉人时，他们显然紧张地戒备起来。当他们发现英国人准备登陆的时候，都匆匆忙忙拿出长矛，准备应对隐隐逼近的威胁。英国人对于他们的敌对反应感到有些震惊，不过他们在人群中看到了一张熟悉的面孔，焦虑的心也稍稍放松了一些。虽然脸上多了两道新的伤疤，而且凌乱的胡须遮住了五官，一眼很难认出那就是班纳隆，但是前俘虏和捕捉者的重聚，多多少少也缓和了一下紧张气氛，于是英国人开始和埃奥拉人攀谈起来。他们询问了总督的情况，并且向英国人借斧头用——要把鲸的尸体中间那些纤维状的部分弄断，斧头要比他们传统的贝壳刀好用。可是，当英国人给他们递来刀子、衬衫和手帕时，他们明显感到失望。尽管这场邂逅表面看来亲和友好，但是埃奥拉人依然非常警觉，他们的妇女和孩子站得远远的，拒绝让任何人靠近，即使拿着奖励和礼物也不行。

尽管这次相遇有些紧张，不过英国人还是决定按照原计划继续前往布罗肯湾，只是派了几名水手返回杰克逊港，向总督汇报遇到班纳隆和一大群埃奥拉人的消息。他们还带了一大块鲸肉上船，这是班纳隆送给总督的礼物。当菲利普总督听到班纳隆被找到的消息时，他立刻召集了一批船员向"男子汉湾"出发。屠宰和食用鲸肉是项非常耗时耗力的工作，即使二百名饥饿的人一起努力也是如此，所以当菲利普总督到达"男子汉湾"时，班纳隆和他的伙伴们依然在海滩上。菲利普总督在三个人的陪伴下上岸朝他们走去，尽管班纳隆一开始似乎有些冷淡，但是很快他就变回了英国人所熟悉和喜爱的那个可亲可近的人。他接过一杯酒，在喝下之前向国王致敬，向身在杰克逊港的英国朋友们问好，还模仿和嘲弄了他所熟悉的定居点中法国厨师的模样，甚至还询问了他曾亲吻过的一个女人的情况——为了重现风流场景，他当时出奇不意地吻了一个女人。

然而，当总督一行打算从海滩向内陆进一步行进时，欢迎友好的平静气氛却被打破了。他们很快被埃奥拉人从四面八方包围起来，虽然没有任何暴力行为，但是他们却被迫退回到海滩上的原来位置。回到海滩上之后，和平再一次占了上风，可是聊了半个小时之后，一名手持长矛的埃奥拉战士的出现却使紧张气氛进一步加剧了。手持长矛的人向英国人走来，最终在距离四个欧洲人大约二十码的地方停下来。为了使新来的人放松一些，总督慢慢地走近他，为了表示友好伸出了一只手，并把别在腰上的长匕首扔到地上。总督和善友好的手势却没有达到预期的效果，当他走近时，那个埃奥拉人变得更加紧张，提起长矛准备出击。

不知是因为他不想在一群埃奥拉人面前显得软弱，还是因为他觉得这是缓解局势的最好办法，总之菲利普总督继续稳步前行。这是个代价高昂的错误判断，正如沃特金·坦奇后来所记述的：

> 当时大人肯定认为撤退比前进会更加危险，于是他对那个人用土著语言喊道，"不好，你这样是错的"，同时用各种方式表达出友善和信心。然而，他的话还没说完，那个土著人的脚便向后一踏，用足力气举起长矛，瞄准总督的右肩斜刺下来，矛头穿过锁骨上方从后背刺出来，造成了一条几英寸长的伤口。那个人的眼睛直盯着矛头，看着它刺中目标，才猛地冲向丛林，消失在密密的丛林中。[44]

场面一时变得无比混乱。班纳隆消失在内陆的腹地之中，长矛像阵阵雨点向英国人袭来。留在船上的人试图靠近被围困的战友，但是只有一支步枪能够开火。与此同时，身受重伤的菲利普总督挣扎着前往安全地带。坦奇这样记述道：

在那个时刻，再也想象不出比总督更加痛苦的情形了。那把至少有十英尺长的矛杆，就在他身前直挺挺地突出来，使他根本跑不起来。长矛的托把不时地撞在地面上，伤口随之也撕裂得更深更重。沃特豪斯想弄断它却根本没有办法，因为另一边的倒钩如果不进行处理的话，根本就无法拔除。最后人们终于把它弄断了，大人也最终上了船。[45]

总督很快被送回了杰克逊港。尽管很多人都觉得他肯定活不下来了，但是矛头还是被成功取出，血也止住了。[46]

总督很快好了起来，但是所有人都心知肚明，与埃奥拉人的关系已经恶化。此后，有人认为对菲利普总督的袭击是班纳隆蓄意已久的计划，他是因为绑架事件寻求报复，平复心中积怨。人们对班纳隆在这一时期的想法没有任何了解，因此也不可能知道这场袭击是不是他策划的。无论直接原因是什么，"男子汉湾"的混乱事件是英国人和埃奥拉人之间紧张关系加剧时期的开始，甚至是敌对形势的开始。埃奥拉人终止了与英国人的一切接触，另一支欧洲人马也遭遇了伏击。雅各布·纳格尔和一群水手在离岸后不久遭到了袭击。船上的舵手被长矛刺穿了右臂，纳格尔自己也差一点被击中，那支长矛就落在他身边的桅杆上。总督之前试图通过限制使用枪支来维护与埃奥拉人的关系，但这一努力被彻底推翻。士兵和水手们只要离开相对安全的定居点时，都会带上武器。[47]

当英国人与埃奥拉人的接触断断续续地恢复时，他们便了解到袭击总督的人来自布罗肯湾。随着越来越多的接触，他们也了解到造成袭击与关系僵化的可能原因。两名来自罗斯山的埃奥拉人询问了总督的健康情况，听到他正在康复的消息时，他们非常开心，但是他们同时也"对大量白人定居在从前属于他们的土地上感到非常不满"。到了1790年，住在离英国殖民地最近的埃奥拉人也只能任由英国人继续住那里。然而，在1790年6月，随着载有近千名囚犯的第二支舰队的到来，英国占领的地区不断扩张，导致一群之前因为各种原因与欧洲移民保持距离的埃奥拉人，越发意识到这种威胁的严重性。袭击菲利普总督的人来自布罗肯湾，这个地区最初离英国人很远，但是现在英国人已经侵入到这里。这一事实并不令人惊讶。比起班纳隆想要平衡双方关系的想法，这显然是袭击行动更加合理的原因，考虑到班纳隆在随后几个月的行为，这个理由便更有说服力。[48]

9月份，埃奥拉人和欧洲人的紧张关系持续了一段时间之后，有人发现悉尼港北岸发生了火灾。从英国人定居点派出的一队负责调查的人发现，班纳隆和他的几个族人聚集在海滩上。尽管之前发生过流血冲突，但这次会面比较文明，双方在当天晚些时候还安排了晚饭。虽然他们对他为什么逃跑感到不解，对菲利普总督的遇袭也非常困惑，但是英国人依然敏锐地意识到，土著线人对他们有着至关重要的意义。因此，他们为了弥补与之前这位俘虏的关系付出了相当大的努力，他们希望能慢慢说服他回到杰克逊港，至少偶尔回来看看。为了达成这个目的，他们送了礼物，提供了食品和酒，给班纳隆刮了胡子。这个举动给班纳隆带来了意想不到的额外好处，那就是给他的族人留下了特别深刻的印象。很显然，即使从英国人的说法来看，班纳隆要用到英国人的地方和他们用他的地方一样多。他很清楚英国人需要他所能提供的信息和知识，他要通过这种需求达到自己的目的。班纳隆不仅收下英国人送来的漂亮礼物，而且还多次利用他对英国商品和习惯的知识，以及他在英国人面前毫无畏惧的样子——比如让英国人刮胡子，来提高他在自己族人中的地位。[49]

对英国人而言，他们很快便意识到，班纳隆对于返回定居点充满警惕之心是可以理解的，于是便试图通过利用他妻子巴兰加罗来达到改善关系的目的。英国人送给她一条衬裙，不过很快她"就因为大家的嘲笑脱了下来"——英国人和班纳隆一起嘲笑她。英国人给她梳洗打扮，把她的头发梳得整整齐齐，把欧洲女性美的标准强加于她。她摆出一副娇羞胆怯的模样——一位观察家不由得感叹——这足以令英国人想念起被他们留在家乡的"文明女性"来。沃特金·坦奇将他的惊喜记录下来：

> 在一群游荡无着的野蛮人中间，在新南威尔士的沙漠荒野中，却能够发现如此动人的女性的纯真、温柔和谦逊（考虑到教育背景的必然差异），这是最完善的制度才会孕育的美，是最光鲜的圈子才能产生的美。我们真的不能匆忙对人性做出判断！然而，一些国家总是在这样的基础上被描绘出特色，一些民族也是在这样的基础上被判断出特征。其实，自然的状态最具优势、最为优越，只有在此基础上，才会出现精心打磨的作品。[50]

英国人或许是戴着歧视女性的有色眼镜来看待她的单纯，可是巴兰加罗并不是傻瓜。她不仅没有鼓励班纳隆回到英国定居点，反而对此持强烈的反对态度。她甚至试图说服另一个被英国人捉去的俘虏布荣回到自己的族人身边。英国人太怕再失去一名埃奥拉的翻译了，于是要求班纳隆为布荣找一个丈夫，希望借此来安抚布荣，同时又能将班纳隆和英国定居点更加紧密地联系在一起。他们找到了一个有希望的候选人，是一个十六岁的埃奥拉少年，名叫耶默拉瓦尼，即班纳隆未来的欧洲之旅的同行者。不过，布荣对他却一点儿兴趣都没有。作为潜在的追求者，年轻的耶默拉瓦尼虽然遭到了拒绝，但是他充满活力，又敢于冒险，所以他很快成为英国和埃奥拉关系中不可或缺的人物。

英国人试图改善与班纳隆和埃奥拉之间关系的开局一招失利了，但是他们很快又尝试了一步新棋。从他们最初开始接触以来，埃奥拉人就经常抱怨这些新来的人总是喜欢偷盗他们的船只和捕鱼器械，有时候他们会做出相当激烈的回应。班纳隆与英国之间的从属关系，既增加了他在自己族人中的权威，又使他成为要求将偷盗之物归还的不二人选。菲利普总督很清楚，与当地人民建立和谐关系的过程是极度敏感的，很容易就被破坏掉，因此，他一直在努力阻止偷盗的行为，当他注意到这个问题时，他也努力督促将偷盗来的赃物归还。后来，当一名盗贼被指控从埃奥拉人那里盗窃渔具时，总督立刻下令，对他施以严厉的鞭刑，并在尽可能多的埃奥拉人到场的情况下进行。许多埃奥拉的男男女女聚集起来观看行刑，英国人把执行这一程序的原因解释给埃奥拉人听，可是他们的反应却是绝不能接受欧洲的行刑方式。正如沃特金·坦奇所观察到的，

> 如果现在收集到的行为信息与他们的性格相符的话，那么，我认为，完全可以得出这样的结论：这些人既不野蛮嗜血，也不冷酷无情。他们的确很快产生了怨恨情绪，不过这种伤害并非不可原谅。他们中没有一个人不对惩罚表示出强烈的厌恶之情，没有一个人不对受刑者表示出感同身受的同情。妇女们受到的影响尤其深重：达林加流下了眼泪，而巴兰加罗则怒火中烧，拿起根棍子去威胁行刑的人停止施刑。这些妇女在这种场合的行为，恰恰是她们真实性格的写照：前者温顺而柔弱，而后者则凶猛狠辣，绝不屈服。[51]

1790 年 10 月，为了满足班纳隆提出的归还赃物的要求，英国人做出了一项安排，这似乎促成了紧张关系的普遍缓和。他刚刚成功地使英国人归还了从他的族人那里偷走的财物，就开始对总督的健康状况进行了细心的询问。从他所有的行为来看，很显然，班纳隆对于菲利普的尊重是真诚的，他希望他一切都好，这绝不是装出来的。他询问总督的情况，似乎也表明他在释放一个信号，即他愿意再次到英国

人的定居点来。10月中旬，他真的来了。他与几个同伴一起前往杰克逊港，条件是必须有个英国人质处于他的族人的监视之中。

在接下来的几个月中，班纳隆经常会出现在英国人中间，他也经常收到礼物，而且菲利普总督甚至为他盖了一幢面积为十二平方英尺的砖房，这个房子仅供他本人使用。砖房的地点就在杰克逊港如今被称为"班纳隆角"的地方，即如今的悉尼歌剧院的位置。班纳隆再次成为埃奥拉与英国的中间人，对于保证与邻近地区的土著人保持良好关系起到了很好的助推作用。然而，在更远的地方，由英国人入侵造成的暴力事件依然继续肆虐。

英国人抱着热切的希望接近班纳隆，这种情况在英国人与其他土著民族的关系中是根本不存在的。就像经常发生盗窃埃奥拉财产的事情一样，许多这样野蛮对待土著人的行为，与菲利普总督发出的明确命令完全违背，与总督从英国接受的指示也是相违背的。尽管他们努力阻止入侵者和被入侵者之间的公开敌对情绪，但是一些定居者的行为却一次又一次地对这种努力造成了严重破坏。1790年12月，有一个英国的罪犯定居者被杀害，形势明显转向暗淡。那个叫麦克蒂尔的囚犯还兼任总督猎场的看守人，当时他和几个定居者到植物湾北岸去捕猎袋鼠。晚上是对付这种奇怪生物的最佳时机，所以捕猎小队蹲在树枝搭的小屋子里过夜。凌晨一点左右，猎人们被丛林中沙沙作响的声音吵醒了。他们以为这声音是由他们准备捕杀的猎物发出来的，于是麦克蒂尔和其他人就拿着枪从小屋里爬了出来，做好了开枪的准备。

令他们惊讶的是，在本来应该有袋鼠出现的地方，他们发现了五名手拿长矛的埃奥拉人，正悄悄地走近他们的营地。麦克蒂尔认出了几个埃奥拉人，于是他放下枪朝那些人走过去，用他们的语言讲起话来。埃奥拉人看到自己被发现了，便开始慢慢撤退，可是麦克蒂尔一路跟过来，试图继续跟他们平静地谈话。但是转瞬之间，一切都出了问题。一个名叫皮梅尔维的埃奥拉人不知道从哪里冒了出来，他跳到一棵倒下的大树上，举起长矛深深刺进了向前走来的麦克蒂尔的身体。长矛在两根肋骨之间刺穿了身体，生命迹象渐渐衰弱的麦克蒂尔被带回了定居点。尽管医生们认为病人已经完全没有希望了，但是他们还是向碰巧来到定居点的埃奥拉人寻求医疗建议。尽管已经无力拯救猎场看守了，医生们还是希望从当地人那里学习一些方法，以便能更好地处理被土著长矛刺伤的伤口。这些长矛有向后的倒钩，因此想取出来特别困难，而且也非常危险。埃奥拉人的医学观点和他们的想法非常一致，要把刺得这么深的长矛拔出来，那麦克蒂尔肯定会很快死掉。起初，医生们听从了他们的建议，但是两天之后，他们又实施了一次相当笨拙的手术。正如埃奥拉人所预见的那样，长矛被拔出来了，但是倒刺却在患者体内断裂，麦克蒂尔没过多久便一命呜呼。[52]

也许是因为对他的猎场看守人感情深厚，也许是因为这是一系列袭击英国定居者中的最近一起死人事件，总之菲利普总督得知麦克蒂尔的死讯时勃然大怒。在他看来，为了确保英国人和澳大利亚人之间的文明冲突尽可能地走向和谐和解，他已经尽了自己最大的努力。他从北美殖民地一触即发的暴力事件中吸取了教训，因此菲利普公开惩罚了偷盗当地人财物的英国人，以示众的方式对他们进行羞辱。为了防止一点点冲突就发展成射击事件，他甚至对在定居点外使用枪支进行了限制。他广送礼物、广交朋友、维护正义，可是到1790年年底，埃奥拉人杀害或伤害他部下的事件居然达到了十七起。虽然他希望维护和平，但是菲利普也相信，如果埃奥拉人认为他们可以不受任何惩罚地随意攻击定居者的话，也是不可能拥有和平的。于是，他命令他的下属组成一支五十人的队伍，前往袭击麦克蒂尔的地点，把行凶的人抓回来。为此，他颁布了一项命令。命令如下：

> 一些土著部落的人依然在向他们遇到的任何没有武装的人投

掷长矛，其中一些人已经因此毙命，或者身受重伤，性命堪忧。为了阻止土著人未来不再做出此等行为，总督已经下令派出我们的小队去搜寻伤害罪犯定居者麦克蒂尔的人，以此给那个部落发出信号，做出示范。上星期五，麦克蒂尔在没有施行任何冒犯之举的情况下，以无比危险的方式遭遇伤害。同时，总督严格禁止任何士兵或任何个人，在没有接到明确命令的情况下——除非自卫——绝不允许向任何土著人开枪，否则将给予最为严厉的惩罚。任何士兵和任何个人，也不准以任何形式骚扰土著人，不准拿走任何长矛，或者属于那些人的其他任何物品。土著人只要伤害了我们中的任何人，也会受到最严厉的惩罚。但是，对他们的惩罚要让他们心服口服，即对他们施加惩罚的原因是因为他们自己行为有失。如果要让他们继续保持和平安宁，就必须仁慈地对待他们，否则他们就会失去理智。

总督很清楚，埃奥拉并非是一个没有任何差异的群体，它分为不同的部落或部族，每个部落都有自己的领地，与其他部落也有自己的政治关系。埃奥拉人之间的战争也像欧洲人之间的战争一样非常普遍，而且就像北美一样，英国人的到来极大地破坏了当地部族之间微妙的平衡关系。正如菲利普所预测的那样，这种平衡关系是土著人政治的核心。他观察到，虽然他们不惧怕个体的死亡，但是不同部落的权重和重要性似乎是他们希望追求的最高目标。每个部落都认为它的力量和安全完全取决于它的综合实力。菲利普确定比吉加尔部族是袭击英国定居者的主要力量，这个部族的领地位于植物湾北部，就在麦克蒂尔遭遇袭击的地方。然而，总督似乎完全没有意识到，他与杰克逊港的一些部族建立了密切的关系，这对当地的力量平衡造成了破坏。这些部族看到新来者与他们的老对手之间结成联盟，便会感觉到深刻的威胁，从而导致敌对情绪的产生。英国当局以及菲利普自己一直在尽最大可能从北美的错误中吸取教训，并且采取了相关措施，以此保证席卷大西洋殖民地的暴力革命不会在太平洋地区重演。然而，英国的定居再一次导致了毁灭性的疾病、无所不在的暴力和派系间的斗争。暴力只不过是帝国主义和英国人的必要条件，因为帝国主义和英国一如既往地制造着毁灭和死亡。

菲利普命令沃特金·坦奇率领一队英国人马去惩罚比吉加尔部族的行为，显示出正义与恐怖的诡异结合。一方面，菲利普总督希望"通过采取果断有效的打击，使他们立刻对我们的优越性不再有任何质疑，同时使他们普遍感到恐惧，这样才有可能阻止恶性事件继续出现"。为了达到目的，他命令坦奇前去抓捕两名比吉加尔人，并在当场处死十人。他还命令他们把被处决的人的人头砍下带回来，将这些人头视为可怕的英国力量的证明。另一方面，坦奇必须确保妇女和儿童不受伤害，不许烧毁任何棚屋，除了武器之外，不许带走或毁坏任何物品。同时，他必须光明正大地行动，不允许用欺诈手段，也不允许以友好会面的承诺来作为接近目标的方法。在他们所有的行为中，务必要让所有观察者都看清楚，这是一个司法任务，目的是惩罚犯罪，绝不是任何意义上的战争行为。菲利普希望能够向大家展示，袭击英国人会有怎样的下场，但同时又不希望破坏与当地人民的未来关系。而埃奥拉人是无论如何也不会接收到这样的信息的，不过它确实反映了菲利普的努力。他寻求澳大利亚定居问题的解决办法，希望在这个办法与北美问题的解决办法之间画出一条泾渭分明的界线。[53]

事实证明，无论从何种意义上说，复仇都是明显的失败之举。麦克蒂尔的死亡和总督有意报复的消息迅速传遍了整个地区，当坦奇率领的庞大突袭队接近附近的埃奥拉地区时，迎接他们的只有空荡荡的丛林。英国人在一个又一个空无一人的村庄跋涉，却一无所获。他们两次想要惩罚比吉加尔人，最终都以耻辱收场，于是正义的事业被放弃了。最后，菲利普总督的义愤也化为乌有。甚至在英国人当中，许多人也把麦克蒂尔的死直截了当地归咎于死者自身。众所周知，这个囚犯兼猎场看守人在埃奥拉人中声名恶劣。班纳隆毫不掩饰对他的鄙视，而且他并不是唯一一个对他心怀仇恨的人。坦奇自己的记录也显示，对麦克蒂尔的厌恶很普遍，这导致许多定居者相信那些传言，即这个猎场看守人把射杀和伤害埃奥拉人视为家常便饭，凡打猎时遇到必定出手伤害。所有人都认为这是千真万确的事实，因此麦克蒂尔临终之时，还有人就此向他求证。这个将死之人承认他曾经射杀过一名埃奥拉人，不过他表示那是出于自卫。尽管他临终时仍然坚决否认，但是大多数人依然坚信，他不是死于冷血的残杀，而是死于他自己之前那些野蛮行径的报应。当麦克蒂尔认出那些人时，他打消了疑虑，放下了武器，而那些人却袭击了他。事实却是，那些人知道他是谁，因此可以说，正是他之前施过的暴行注定了他最后被杀死的命运。

1795年9月7日，英国皇家海军舰艇"信实"号在杰克逊港登陆。班纳隆已经离开家乡近三年了。他也曾看尽了伦敦的奇观，看尽了英国乡村的温柔美丽，但是他也失去了伙伴，经历了英国无情的凛冬，也承受了随后而来的疾病侵袭。他也曾身着华服美衫，也曾品尝珍馐佳肴，也曾受到伦敦社会的热情款待。他亲身经历了英国所能给他的最好待遇，也目睹了欧洲文化和现代西方社会的精萃华美。但是这远远不够。他是那么迫不及待地渴望回到自己的家乡，并不仅仅因为这里有熟悉的风景和熟悉的面孔。他像英国人一样生活了近三年的时光，之后，班纳隆便急于摆脱欧洲化的伪装，热切地希望回到他的族人之中。据一位观察家说："他把旅行中收获的一切精美物品和先进器物都放在一边，以越来越强烈的兴致回归到他原来那些令人厌恶的野蛮习性当中。他把华美的衣服扔掉了，因为他四肢的自由受到沉重的限制。他再次成为一个自由自在的'新荷兰人'，就像从未离开过故乡的天然之地一样。"他依然会不时地到英国人的定居点去，但是比菲利普总督在位时期的次数要少得多。据称:"他一回到殖民地,就自然而然地回归了早年的习惯。虽然为了使他文明化,人们已经竭尽了全力,各方面都考虑得非常周全,但他依然回到丛林当中,只是偶尔会回到政府办公的房子来看看。"英国人不能完全理解他们文化的致命盲点,即他们的文化隐隐带着帝国主义胁迫的意味,即使那些本意良好的人也不可避免。[54]

1795年之后的几年里,班纳隆在他的族人之中的地位骤然提升,拥有了相当高的权威。他成为帕拉纳塔河沿岸一个约一百人的部落的首领,成为该地区的埃奥拉人中首屈一指的显赫人物,也是诸部落之间为决定地位高低进行决斗与战争时主持仪式或判定胜负的不二人选。他于1813年1月2日去世,死于他在酿酒商詹姆士·斯奎尔的果园中建造的一栋房子里,他和其中一名妻子共葬于一个名叫"亲吻点"的地方。他的死对于欧洲定居者产生了深刻影响,不过欧洲人谈到他,更多的是怨恨而非尊重。怨恨之情表明,一是欧洲人对澳大利亚土著人的态度日益强硬,二是欧洲人和土著社会之间产生了新的分裂。

班纳隆是在星期天的早上在"亲吻点"去世的。对这个土著部落的老将来说,实在说不出什么赞美之辞。他被带到英国旅行,他的整个旅程都受到仁慈的接待,可是他的举止与性情却没有任何改变,真是天生的残暴与野蛮。

多年来,政府的主要官员一直在倾尽全力,他们用最亲切的方式,使他摆脱原有的习惯,吸引他来享受文明的生活,但是所有的努力都徒劳无功。在过去的几年中,几乎没人注意到他。他酗酒的程度有些过度,一旦醉酒,他就变得不可一世、专横霸道、令人畏惧。事实上,他是一个彻头彻尾的野蛮人,人类用尽所有的努力,都不可能扭曲和改变大自然赋予他的形态和性格。[55]

自从班纳隆去世之后，他常常被视作一个介于两个世界之间的典型人物，一个通过与欧洲人接触之后，永远不会在他自己的社会中被完全接受，也永远不会在欧洲社会中获得平等资格的人。造成他死亡的原因是什么？可以说，他既死于传统报复战的创伤，也死于由英国引入的酒精的影响。这似乎正反映出这个试图在两个世界生活的人的恶性后果。不过，这样的勾勒也不能呈现全部真相。班纳隆似乎是一个夹在两个文明冲突之间的人，由于擅于在两个文明中运作，他能够从每个文明中攫取他所需要的，摒弃对他无用的。他利用与英国人的关系获得商品和保护，又在自己的人民中获得权力。班纳隆之所以在澳大利亚历史上有突出的地位，不仅仅因为他代表了英国殖民定居的成本，更是因为他作为一个埃奥拉人，在一段短暂的时间内，能够成功地在两边转换角色，成功地在两个世界生活；而那段时间正是态度和敌意尚未稳固的阶段，同时也是权力平衡尚未向英国严重倾斜的时期。到1813年他去世的时候，情况已经发生了变化。英国的殖民地迅速扩张，埃奥拉人被赶出了他们的土地。他死后，传教士和学校都把矛头对准了埃奥拉文化；而班纳隆自己的儿子恰恰就读于这样的学校，欧洲人对于土著文明越来越无法容忍。班纳隆的人民面临着入侵的威胁、流行病的侵袭和暴力攻击。像班纳隆这样蓬勃发展的只有少数人，对大多数人来说，这是一个极度痛苦的混乱时代。

　　和世界上许多其他地区一样，西边的美洲殖民地丧失之后，迫使英国将目光转向东边。英国依然需要为它那些躁动不安的年轻人找到发泄渠道，既然美国对英国的军队和英国的重犯们关上了大门，英国就需要获得新的安全阀。由于新南威尔士成为最受欢迎的英国国内罪犯和帝国敌人的安置出口，在1798年爱尔兰叛乱后的几年中，爱尔兰的革命者和政治犯们也加入到新南威尔士的罪犯定居者的行列。19世纪初，当传统的纺织工人和农场工人摧毁新的工业机械时，他们也被放逐到澳大利亚。澳大利亚使得英国将暴力不安因素输出到国外再次成为可能，也使英国避免以维持秩序的名义制造囚犯或死难人员。随着大西洋对岸的利益日渐减少，英国的士兵、水手甚至是医生也都被输送到印度洋和太平洋，这里也日益成为帝国对抗的角斗场。随着美国作为首要罪犯放逐地的丧失，英国被迫进行改革创新，将那些要送进监狱的人最终送到了太平洋。士兵、水手和罪犯们被迫向东迁移，促进了世界局势的变革。美国革命颠覆和取代了大英帝国长期以来进行的司法实践，从根本上改变了数以万计的人们的生活，使无数贫穷和饱受蹂躏的欧洲人在违背意愿的情况下散布到世界各地。反过来，这些被迫移民的人与亚洲和大洋洲现存的人口和文明发生冲突，这是欧洲征服带来的第一波破坏全球稳定的浪潮。种族之间的紧张关系，以及由此导致的生活在遥远的南太平洋的土著民族大量减少，其根源都在于美国革命。如果没有美国殖民者争取独立的最终成功，那么生活在东澳大利亚的那些族群——旺加尔、卡迪加尔和卡默雷加尔——便很可能在很长一段时间内不会受到欧洲的侵犯，也不会受到欧洲疾病的侵袭。然而，事实却是，在1788年至1840年间，被运送到澳大利亚的罪犯超过十五万名，与他们一起裹挟而来的，是大英帝国的疾病、暴力和文化毁灭。[56]

第十章
流亡者

约翰·兰德尔发现自己被迫在南太平洋定居——这只是美国革命引发的一系列灾难中的最后一个而已。因为偷窃，他被判决流放到新南威尔士的殖民地——这就是他现在的命运。然而，他之所以沦为盗贼，也是为生活所迫。在过去的十年间，他一直辗转流离，无法找到容身落脚之地，最后终于发现，他在英国已经被剥夺了全部的希望。1764年，约翰·兰德尔出生在康涅狄格，生而为奴，应该是属于斯托宁顿的约翰·兰道尔船长所有。1777年他还是个十几岁的少年时，英国开始对康涅狄格的海岸展开攻击，他则因此获得了摆脱奴隶锁链的机遇，转而投靠到美国奴隶主的敌人阵营之中。因为他年纪太小，不能参军入伍，但是他会吹长笛和击鼓，因此成为第63步兵团的鼓手，也同时为他赢得了自由的机会。由于无家可回，战争结束后他便跟随部队来到英国，并于1783年在曼彻斯特复员。

在战后的英格兰，到处都是复员军人和忠诚派难民，数量成千上万，而就业机会却极其稀少，救济发放更是少得可怜。为了在没有亲朋好友的异国他乡谋生，他拼尽了全身力气。但是，仅在曼彻斯特的复员军人就达五个团之多，合法就业的前景无比渺茫。两年来，他不顾一切地拼命努力，最终换来的只是勉强维生。1785年，约翰·兰德尔和许多其他陡然陷入绝境的人一样，转而走上了犯罪道路。1785年4月，他与另外一个黑人——也许从前也是奴隶——合伙偷盗了一块手表。兰德尔被捕时，曼彻斯特的监狱已经人满为患，挤满了战后在城市中激增的窃贼和乞丐。由于无力应对罪犯的庞大洪流，当地官员决定将他们运送到非洲。因此，兰德尔和他的搭档被送往伦敦。在那里，他们被铐在庞大的"谷神"号狱船的甲板之下，等待被运往非洲。他们在泰晤士河上臭气熏天的庞大狱船里一等就是好几年，最后伦敦官员终于明白，运往非洲的计划行不通。之后，约翰·兰德尔便发现自己作为一名"罪犯先锋"登上了"第一舰队"，被运往英国在南太平洋获得的新的罪犯殖民地。他曾是帝国竞争这场更大规模博弈中的一个棋子，被历史的大潮裹挟，被别人的突发奇想左右。在这件事上，他并不孤单。[1]

还有许多曾经身为奴隶的人发现自己成为美国战争中不受欢迎的难民，漂洋过海来到一个他们从没听说过的国家。约翰·兰德尔只是其中之一。兰德尔坐在"谷神"号拥挤不堪的舱房中，环顾身边与他长着相同面孔的人们，极有可能他曾在首都熙熙攘攘的人群中见到过他们。因为在战后的几年中，有成千上万名曾经为奴的人一瘸一拐地来到伦敦以及其他英国的港口城市。他们为了国王和国家贡献了自己的力量，为了换来自由的承诺，他们曾经自告奋勇去参加对抗反叛殖民地的战斗，去与曾经的主人为敌。对于许多人来说，做出这样的决定并非难事，因为战争开始的时候，英国已经成为自由的象征，许多生而为奴的美国人将其视为希望的灯塔。然而，当1783年英国最终屈服于不可避免的命运而缴械投降时，这些从前的奴隶别无选择，只能跟随战败的盟军流亡到加拿大、加勒比或英国。

他们的流亡之路疲惫不堪，所到之处，难民们面对的是偏见、敌意和贫困，而且时常伴随着暴力。很多人可能想不明白，他们的牺牲到底为他们赢得了什么。英国的承诺是否更像是自私自利的豪言壮语，却毫无实质内容。他们是否能在为之奋斗的帝国找到一席容身之地才是问题的核心。不过，这些为了摆脱束缚而勇猛作战的男男女女，为了自己的自由不知疲倦地呐喊呼吁，在把他们所期盼的新世界牢牢抓在手里之前，他们永远不会停歇。从美国的奴隶制，到加勒比、新斯科舍、英国和最后的非洲，他们一路颠沛流离，美国革命中黑人难民的旅程将从根本上重塑大英帝国，使欧洲争夺非洲的斗争迈出犹疑的第一步，并为最终废除奴隶贸易——正是这种贸易使得一代又一代黑人被偷运到美洲为奴——铺平道路。[2]

波士顿·金是英国黑人社区中的一名居民，他的情况有些不同寻常。与16世纪以来以奴隶或奴仆身份抵达这里的老牌英国黑人不同，与最近随着战败的英国到达这里的"穷黑人"也不尽相同，他是1794年直接从非洲来到这里的。他不是作为奴隶或奴仆或难民来到英国的，他的身份是英帝国主义的热心代理人。在英国，他希望获得教育和宗教培训，因为他认为这是他最为珍视的雄心壮志得以继续的必要条件。他的雄心壮志是将基督教和欧洲文明带给他的非洲亲人。尽管他是从非洲来到英国，但他并不是在非洲出生的。像许多与大英帝国有关的人一样，波士顿·金的故事也是由美国革命所塑造的。

据他所知，波士顿·金大约于1760年出生在查尔斯镇——后来的查尔斯顿——外二十八英里的理查德·沃林的种植园中，生而为奴。他的父亲还是个孩子时就被"从非洲偷走"，在臭名远扬、恶劣无比的"中间航程"中幸存下来，之后被卖到南卡罗来纳为奴。金的父母凭借熟练的技能和坚定的意志，在种植园这一狭小的世界内获得了相对有些特权的地位。他的父亲多年来一直担任种植员的监工，他的母亲则从美洲土著人那里学会了如何用当地植物与草药制作药剂，因此她的职责是照料生病和受伤的人。金六岁时，他被安排到主人家中作仆人。九岁的时候，他负责照看种植园中的牲畜，最后因专门照看主人的赛马而陪同主人走遍了美国。尽管他没有在田间从事最为繁重的非人劳动，但是他的生活却远非易事，任何一个小小的失误都会招致残酷的惩罚。有一次，他把新郎的靴子放错了地方，便被罚整整一冬不准穿鞋。³

当北方的战争爆发时，金正在查尔斯顿给一个木匠做学徒。他的主人非常残暴，金经常因为弄丢东西、把工具放错地方或其他微小失误而遭受毒打，常常打得他几周都无法动弹。北方开战的消息渐渐传到了南卡罗来纳，而在查尔斯顿深陷恐惧之中的金，一定对这些消息充满了无人能及的巨大热情。消息传播得非常迅速，即使在大多都是文盲的奴隶群体中也是如此。在一天筋疲力尽的劳动之后，在奴隶小屋的昏暗灯光下，在查尔斯顿的街道上——被奴役的工匠被迫学习工艺技能，然后被他们的主人租出去——只要稍稍留心，就会感到越来越强烈的希望，因为美洲殖民地和英国之间爆发战争的谣言越演越烈。

从他还是个孩子的时候，金就知道殖民地的白人们采用了奴役话语体系，将自己的处境与奴隶相提并论。他们与英国政府的冲突也在日益加深。"七年战争"之后，为了弥补帝国战争中的损耗，英国于1765年和1767年相继通过了《印花税法案》和《汤森法案》，这在美洲立即引起了巨大的反响。大西洋沿岸上上下下的殖民者们，对于未经他们同意而增加税收感到无比恼怒。在随后到来的危机中，美洲的白人不断发出哀叹，认为他们处在"无比悲惨、无比可怕的奴隶制状态"，并警告说英国"打算奴役自己的孩子"。用乔治·华盛顿的话来说，他们"试图使我们成为温顺可卑的奴隶，就像被我们随意支配、任意凌辱的黑奴一样"。在南卡罗来纳，波士顿·金很可能亲耳听到过这种装腔作势、矫揉造作的闹剧。1796年，《南卡罗来纳公报》也加入了声讨《印花税法案》的行列，对其读者说："无论我们如何看待自己，我们其实与那些被我们驱使喝令的人一样，是真正的奴隶！"当这个令人痛恨的法案最终被废除时，查尔斯顿的街上点起欢乐的篝火，人们围着篝火狂欢庆祝，其中就有戴着黑脸面具的白人水手，他们以此来表示自己身为英国政治奴隶的身份。[4]

如果金真的听到过这样的话，他一定会为这种无耻的对比感到目瞪口呆——仅仅是政治代表性的欠缺怎么能和他作为一名真正奴隶所忍受的伤痕累累、血肉模糊的生活相提并论。然而，这种言辞却不仅仅是纯粹的伪善。对于那些目睹过残酷现实的人，对于曾亲自套上枷锁、戴上锁链、挥舞鞭子的人来说，政治奴役的呐喊是他们表达愤怒与沮丧的最有力的语言手段。因此，关于奴役的论述成了一种聪明的爱国宣传，针对的其实并不是英国官员，因为英国官员早就看穿了它的荒谬无稽和夸大其词。这种言论针对的就是殖民地定居者自身，他们大多对于即将到来的对英冲突仍持矛盾态度，而奴隶制是他们能够想象到的最糟糕的结局。与很多英国人不同的是，他们已经目睹了奴隶制的恐怖。在他们眼里，如果要让殖民地民众意识到英国帝国政策的危险性，就必须使用这种令人毛骨悚然的比喻。因此，美国革命既是一项充满希望的理想主义事业，同时也令人无限恐惧。除了对奴隶制和奴役命运的可怕预言之外，还有野蛮的印第安人的袭击、黑森雇佣兵的惨无人道，以及英国人的报复等，这些合力成为一种恐吓，使人数众多、意志不坚定的中立者加入爱国者事业。奴隶制那套说辞并非表明美国白人对自己作为奴隶所有者的角色视而不见，他们只是利用自己的亲身经历，力图施加威胁，使他们的警告更具威慑效果。

然而，在像金这样的奴隶眼里，伴随着《印花税法案》的危机而甚嚣尘上的奴役言辞，形成了极具鼓动作用的语言与思想。与英国奴役的叫嚣一起到来的，是对自然权利的探讨，对普遍自由的探讨，对人类兄弟之情的探讨。一些人在加入这场崭新的、具有启蒙意义的时代合唱后，甚至开始对非洲奴隶本身的道德问题提出质疑。这样的想法令许多美国人感到兴奋，但是最让人激动的莫过于那些被锁链锁住自由的人。被奴役的美国人吸收了这种思想、接纳了这种思想，并且开始利用它们为自己的自由和独立呐喊。在查尔斯顿，金也许已经目睹了这种结果。早在1765年，南卡罗来纳的黑人便抓住《印花税法案》的例子，开始为自己的自然权利声辩。他们一天接一天地在街上游行，"高喊着自由的口号"，最后当局变得非常紧张，强迫他们停止了抗议活动。[5]

1775年，战争在马萨诸塞爆发，在这场逐渐激烈的冲突中，被奴役的美国人看到了一线希望。反叛的殖民地定居者既然如此言辞凿凿，人们便有理由相信，美国的胜利会扩大对政治奴役的打击范围，将奴隶制也作为打击目标，并将自然权利和普世自由具体化。他们认为，在这种情况下，解放肯定不再遥远了。尽管有一些人寄希望于殖民地能够把他们开明的理想带到废奴主义的结论中——这是合乎逻辑的推进，但是更多人则将英国视为自由的源泉。在过去的十年里，当白人殖民者忙着将英国演变成暴政和政治奴役的象征时，身为奴隶的美国人则开始将英国视为自由之泉。1772年，英国首席大法官曼斯菲尔德勋爵表达了对美国奴隶詹姆斯·萨默塞特的支持。萨默塞特是由主人带到英国的美国奴隶，在英国的时候，他曾尝试逃跑，结果只能是被抓了回来。萨默塞特的主人想把他卖给西印度群岛的另一位主人，废奴主义者紧紧抓住这个事件造势，而该事件也成为众所周知的推动废奴运动的早期因素。曼斯菲尔德本打算作出萨默塞特获得自由的有限裁决，但是他宣称奴隶制在英国没有法律基础，这个决定便成为英国奴隶制终结的标志。蓄奴的美国人将这个决定视为对他们的背叛，是英国专制意图的又一个信号，于是他们开始考虑与英国分道扬镳。不出所料，美国的奴隶们则将这起案件视为一个信号，即他们向往已久的自由会在英国或通过英国的方式实现。

回到查尔斯顿，波士顿·金便成为核心人物，殖民地与国王之间的戏剧围绕着他一幕幕上演。如果说他从前是希望美国白人能够将他们那天花乱坠的崇高言辞付诸实践的人之一，那么他在1775年夏天则非常强烈地醒悟过来，彻底抛弃了那种想法。那年8月，一大群人聚集在他的城市，见证托马斯·耶利米亚因煽动奴隶叛乱而遭到处决的场面。托马斯·耶利米亚是全部殖民地的区区五百名自由的有色人种之一，当然他也是最成功的。他是港口的领航员，同时也是名渔夫，已经积累了相当可观的财富，很可能是全部英国北美殖民地的非洲后裔中最富有的人。然而，1775年6月，耶利米亚却被指控试图向当地的奴隶提供枪支，并且参与了推翻殖民统治的更加广泛的阴谋。线人作证时说，耶利米亚告诉每一个愿意听他鼓动的奴隶，"一场伟大的战争就要来临，这场战争是来帮助穷困的黑人的"，而且，为了援助英国人，他愿意把枪"交到黑人手上，让他们与该地区的居民作战（反抗该地区的居民）"。[6]

对于南卡罗来纳的白人来说，这些与英国结成同盟而展开的奴隶起义的故事，使他们最大的担忧变为了现实。南卡罗来纳是北美奴隶占比最大的地区，奴隶的数量多达十万七千人，远远超过约七万一千人的白人人口。这种人口的不平衡使他们对奴隶叛乱的恐慌由来已久、根深蒂固。噩梦早在三十五年前的1739年就变成了现实，当时大约有一百名奴隶从斯托诺河地区向西班牙所属的佛罗里达进军，他们打着"自由"的横幅一路上把种植园夷为平地。1766年，在《印花税法案》斗争期间，又发现了一起所谓的奴隶阴谋。1775年与英国的战争打响时，从马萨诸塞传过来的消息对于蓄奴的南方而言，感到的绝不是希望，而是深刻的恐惧。整个北美从南到北，尤其是南方殖民地中，很多爱国者都坚信，英国政府正在设计一个"黑人计划"，旨在煽动奴隶起义，以此作为镇压北美异见者的手段。因此，当威廉·坎贝尔爵士于1775年6月抵达查尔斯顿接任皇家总督一职时，他被指控为派来组织奴隶起义的人，使其赴任之事遭到阻碍。镇上有传言说，他带来了一万四千支枪来武装奴隶，他还派了一些流氓恶棍"欺骗奴隶和奴仆，骗他们说马上就能得到自由了"，还说"国王陛下的大臣们和其他仆从们煽动他们的奴隶反抗主人，割断主人们的喉咙"。一位官员回忆说："每个孩子的嘴里都说着屠杀和叛乱这些字眼。"[7]

针对耶利米亚的不利证据是无论如何也站不住脚的，几乎可以肯定，对他的指控完全是无中生有。然而，这就是蓄奴白人的心态和思维方式，为了安抚暴民，无论如何都要牺牲耶利米亚。耶利米亚本身是自由人，而且也是奴隶主，他根本不可能去鼓动奴隶起义，更不用说去当什么领袖了。然而事实却是，在这样一个高度紧张的时代，或许正是耶利米亚作为自由人的成功，使他鹤立鸡群，成为白人不安全感的化身。作为首席检察官之一的亨利·劳伦斯认为，耶利米亚是个"激进的家伙，有钱有势，招摇霸气，是被放荡和奢侈毁掉的人，而且变得不可思议的虚荣与不可一世"。在革命如火如荼展开的背景下，一个威胁要颠覆种族等级制度的黑人显然成为攻击的目标。不过，耶利米亚的事件并非仅仅为了让焦虑的白人可以睡个安稳觉这么简单，它的作用还在于制造恐惧，将久已存在的对种族不平衡的焦虑再度激发出来，从而获得更多的支持，使人们投身于殖民地事业。根据当地一位英国官员的说法，爱国者需要"借助在他们的奴隶中间煽动起来的暴动，使提出的观点得到更有效的接纳"。南卡罗来纳爱国者委员会自己也承认，"对国内煽动暴动的恐惧感"，足以"迫使被压迫的人们拿起武器反抗"。对奴隶起义的恐惧是真实存在的，在战争期间尤其如此，但是这些恐惧感被有意强化，目的是丑化英国人，从而获得更多的支持者。[8]

因此，审判耶利米亚本质上是一场虚假的闹剧也就不足为奇了。尽管耶利米亚是自由之身，但是他还是在奴隶法庭接受审判，其依据是1740年的《黑人法案》。根据该法案，他在被证明无罪之前，将被视为有罪。南卡罗来纳的英国总督威廉·坎贝尔遭遇围攻，处境艰难，虽然他试图介入审判，但是被安全委员会叫停，并宣布如果他继续干预，那么他们将把耶利米亚在总督官邸前直接绞杀。缓刑的提议也遭到拒绝。1775 年 8 月，耶利米亚被处以绞刑，他的尸体随后被焚烧。这在当时是一种常见的私刑仪式。这等于发出了多重警告：对于奴隶来说，不要指望英国人能给他们带来自由；对于英国人来说，不要琢磨着煽动叛乱；对于美国人来说，现在是做出选择的时候了。垂头丧气的坎贝尔在写给英国的信中坦言："当我读到他们把自己的同类处死的理由与依据时，我的血液都凝固了。那个人是被谋杀的。""他们的双手沾满了鲜血，"他带着不祥的预感总结道，"万能的上帝知道何时才会结束。"⁹

当整个南卡罗来纳的奴隶和自由人都在思考那些攀爬得太高的人的命运，并在即将到来的战争中获得解放的可能性时，弗吉尼亚的皇家总督邓莫尔勋爵，却从奴隶的解放梦想和爱国者的宣传中获益。1775 年 11 月 14 日，遭到围攻、饱受批评的邓莫尔对日益强硬的殖民地态度做出回应，宣布实施戒严，并宣称，任何加入到他的部队对抗叛军的奴隶或契约奴仆都将获得自由。早在 1772 年，邓莫尔就认真考虑过建立一支奴隶军队，1775 年春天，他也曾威胁过要采取切实措施。事实上，在官方正式宣布之前，逃跑的奴隶就都蜂拥到他在诺福克的部队中要求参加服役了。他们使总督更加确信计划是可行的，这也破坏了殖民地将奴隶身份视为天然的概念。邓莫尔的官方声明立刻带来了巨大回报。自由的消息迅速传播开来，南方殖民地的奴隶们争先恐后地抓住这个获得自由的机会。

邓莫尔许下的自由诺言成为所有美国人的谈资，无论自由身份还是奴隶身份。美国白人坚定地认为，这个宣言会对心生异念的奴隶和奴仆起到鼓动作用，会导致各地发生叛乱，颠覆种族秩序。在被视作自由中心地带的费城，一名白人妇女报告说，一名黑人男子拒绝对她表示任何尊重之意，在一条狭窄的小路上碰面时不但拒不让路，还羞辱她说如果她待着不走，"等到邓莫尔勋爵和他的黑人军团来了以后，试试看到时候谁给谁让路"。另一个费城白人则抱怨说："从地狱里吐出来的东西也没有邓莫尔解放奴隶的计划这么黑这么丑。奴隶的身上都燃起火焰，像野火一样根本控制不住。"罗伯特·卡特把他的奴隶在弗吉尼亚的种植园中聚集起来，试图说服他们相信邓莫尔的声明只不过是他耍弄的伎俩，目的是把他们当成奴隶卖到西印度群岛去。他确信他手下的奴隶不会逃到邓莫尔那里去，但事实很快就证明他是错的。奴隶们组织了一次计划相当严密的突围行动，与附近种植园中的奴隶一起逃走了。托马斯·杰斐逊对于邓莫尔的声明感到异常愤怒，他甚至抱怨英国人"刺激那些奴隶们拿起武器"，并通过谋杀美国人获得争取自由的砝码。[10]

当邓莫尔发表宣言的消息传遍奴隶社区体系更为复杂的南卡罗来纳时，许多奴隶迫不及待地想抓住这个获得自由的机会。这项声明就是专门针对受到美国奴隶主奴役的奴隶而来的——毕竟邓莫尔自己也是一位拥有大量奴隶的奴隶主——他的声明只是给那些已经相信英国是自由之源的美国人听的，因此他的宣言似乎更像是一种以为王室服务来换取自由的邀约。早在1775年12月，一股涓涓细流正在生成，接着便是洪水一般的非洲裔美国人开始逃向位于查尔斯顿港中部的沙利文岛，因为那里停泊着英国的船只。在沙利文岛摆脱奴隶的枷锁，对这些前奴隶来说再合适不过了。自从1707年以来，这个沙滩密布、风暴肆虐的岛屿便是奴隶的卸货点和隔离地，男女老少不计其数。这些经过恐怖的"中间航程"幸存下来的人，在被送到查尔斯顿拍卖之前都会先在这里中转。现在，成百上千名被吸引来寻求英国船只保护的人，也同样在美国沙利文岛的沙滩上迈出了摆脱锁链的第一步。

尽管当时波士顿·金就住在查尔斯顿，而且作为学徒，他有一定的行动自由，但是他却没有随着那成百上千的奴隶蜂拥到沙利文岛上，寄希望于得到英国人的青睐。跑到英国去的风险还是相当大的。许多奴隶主就像上面提到的罗伯特·卡特一样，都警告他们的奴隶说英国给出的条件是骗人的，自由的承诺只不过是为了掩盖要把美国奴隶卖到臭名昭著的加勒比糖业种植园去的一个阴谋。对于没有被这种说法愚弄的奴隶，殖民地的奴隶主们则加强了巡逻，增加了守卫的哨兵，一旦有人逃跑便立刻抓回来，迫使他们继续为奴。而那些逃往英国，或者跑到英军服役之后又被抓捕的，则会受到残酷至极的惩罚。被再次抓捕回来的奴隶会被卖到西印度群岛，被迫在铅矿干活，甚至被处死。有一个曾给英国人当向导的奴隶被抓住后砍了头，他的头被留在柱子上，给其他逃跑奴隶和逃跑者一个血淋淋的可怕警告。不过，跑到英国军营中去的奴隶的情况也没好到哪里去，那里粮食匮乏，疾病猖獗。邓莫尔离开诺福克的时候，身后留下的难民尸体达五百多具，许多尸体就暴露在阳光下，任其腐烂。正如《弗吉尼亚公报》的报道所说，"他们身上连一铲泥土都没有"。阻碍因素是如此严峻，逃跑便绝不是轻易可以做出的决定。而且，有相当多的证据表明，那些选择逃跑的人是经过了极为精心细致的策划，或者英军的防线已经近在咫尺，他们对于成功的机会比较确定。不过，尽管危险重重，数千被奴役的美国人还是一心只想抓住自由的机会。[11]

1776年1月，在波士顿·金下定决心为自由而出逃，加入到查尔斯顿的英军之前，威廉·坎贝尔爵士和他的士兵被赶出了查尔斯顿港。早在1775年，一直有传言说坎贝尔在策划煽动一场大规模的奴隶起义，以解决英国与殖民地的争端。据说，被运到查尔斯顿的枪支有一万四千支之多，全部用来武装南卡罗来纳志在复仇的奴隶。许多人很快便明白过来，跑到沙利文岛的难民只是叛乱这座巨大冰山的一角而已。1775年秋天，在英国保护下住在沙利文岛的奴隶已经超过五百多名。随着时间的推移，查尔斯顿的公共安全委员会听取了相关证词，证明难民们在夜间对周围的种植园发动突袭，并潜伏在查尔斯顿的街道上鼓动其他奴隶跟他们一起跑到沙利文岛上。查尔斯顿隐藏着许多受到英国保护的逃亡奴隶这一事实，正好可以用来当作袭击沙利文岛的借口：最好是在英国煽动者展开邪恶阴谋之前把他们赶走，把那些活的财产——奴隶们——夺回来。坎贝尔在逃跑的时候带走了一些难民，不过其他的都被抓住了。[12]

一想到曾经跑到沙利文岛躲到英国人枪下避难的奴隶们如今的悲惨处境，波士顿·金也许会为自己没有加入他们感到有些庆幸。然而，英国人的离开切断了南卡罗来纳的奴隶们可能会通向自由的唯一一条最可行的路——如果这样的路真的存在过的话。对于波士顿·金和其他人来说，或许意味着他们获得自由的机会也随着英国人的舰队远航而去了。不过，还有另外一个机会。英军在萨拉托加战役惨败之后，对于打破北方的僵局感到无比绝望，于是在1778年3月，他们改变了策略。时任英军指挥的亨利·克林顿爵士奉命将目光转向南方的殖民地。英国希望那里的忠诚派和奴隶们会蜂拥到英国的旗帜之下，使战争的平衡向着有利于英国的方向转变。第一批目标就包括萨凡纳和查尔斯顿，两者都是殖民地经济的重要引擎。

1778年12月，在一场激烈但毫无悬念的战斗之后，萨凡纳被英军攻陷。而在距萨凡纳一百英里开外的查尔斯顿，爱国者、忠诚派和奴隶们都在翘首期待，焦急地等着英国的围攻——他们坚信英国军队马上就会到来。但是，如果希望在即将到来的战斗中获得自由，那么波士顿·金则会再次尝到失望的滋味。金的主人与查尔斯顿的大多数居民一样，都对英国入侵的前景感到恐惧，于是他带着金一起逃离了城市。1780年4月1日，当克林顿的军队开始围攻查尔斯顿时，波士顿·金在离城市四十英里开外的地方为一位叫沃特斯的先生盖房子，那时他已经是个技术娴熟的木匠了。5月12日，即六个星期之后，城市落入英国人的手中。查尔斯顿被奴役的奴隶们都窃喜不已，而被困在乡下的金则似乎又一次与自由的机会擦肩而过。

然而，在查尔斯顿被征服后不久，金获准去探望他的父母。他的父母住的地方离沃特斯家十二英里。他从沃特斯那里借了一匹马，打算骑马过去，然而沃特斯家的一个白人却把马骑走了，剩下可怜的金不知如何是好。他很清楚，马找不到的事情一定会算在他头上，他肯定会"受到最严厉的惩罚"，因为他的主人是个"根本不知道怜悯为何物的人"。于是，他选择趁机逃跑。四年前，当金面临同样的暴力对待时，尽管当时有很多奴隶跑到附近沙利文岛的英国人那里去避难，但是他却选择留下。如今英国人再次回到南卡罗来纳，而且这一次他们是在几英里远的地方，似乎触手可及。尽管如此，自从金上一次考虑逃跑以来，这些年已经发生了巨大变化。

当时还是1776年，邓莫尔勋爵，即那个承诺只要加入英国军队就能获得自由的人，就驻扎在几英里外的弗吉尼亚。当难民营里的故事经过层层过滤传到南卡罗来纳时，那些响应了邓莫尔号召的人的命运与生活情形都被描绘成悲惨凄凉的样子。而且，1776年时，南卡罗来纳的英国官员没有做出任何承诺，沙利文岛上的情况并没有比弗吉尼亚流传的故事好多少。如今已经是1780年了，查尔斯顿的统治者已经换成了亨利·克林顿爵士。他为了给进攻南方做好准备，于1779年6月在菲利普斯堡亲自发表了宣言，向任何叛逃到英国军队的奴隶允诺了自由。萨凡纳沦陷之后，成群结队的黑人难民加入英军阵营，为卡罗来纳的奴隶们开创了一个先例，使他们更有力量、更加无畏。

自1776年以来的几年中，那些对难民的悲剧生活进行细致刻画的故事和文章，也被更加英勇果敢的故事所取代。到了1780年，这些奴隶已经不再是躲在英国人防线后畏畏缩缩的形象，不再是被疾病和报复所攫获的软弱模样，而是成为加入了邓莫尔的埃塞俄比亚军团、黑人先驱团和瓦茨黑人团等军团的奴隶斗士，向他们从前的奴隶主们发起了攻击。黑人先驱团在纽约、宾夕法尼亚和罗德岛就曾经以骄人的勇气和卓越的能力著称，甚至还在卡罗来纳低地与弗朗西斯·马里昂的游击队展开斗争。在新泽西，一个名叫克罗尼尔·泰伊的前奴隶挣脱了枷锁，加入了英军，开辟了一条穿越殖民地的线路，并在沿线对爱国者民兵展开伏击，甚至袭击了种植园。而对于波士顿·金这样的年轻人来说，一生都处于奴役之中，这些关于黑人行动和前奴隶反抗的故事，一定让他无比振奋。这些故事无疑使加入英国军队的前景更加令人向往。而且，这些黑人英雄如今都已经是征服萨凡纳和查尔斯顿的英国征服者的成员了。是选择忍受奴役的皮鞭，还是握紧为自由而战的拳头，波士顿·金与无数卡罗来纳的奴隶一起，选择"到查尔斯顿去，把自己交到英国人手上"。他"伤心"地离开了依然被奴役的朋友和家人，不过英国人对他的到来表示热情欢迎。在忍受了二十年的奴隶生涯之后，波士顿·金有生以来第一次"开始感受到自由的幸福，我之前从未有过这样的感觉"。[13]

波士顿·金永远也想不到，他眼前的纽约城会是这个样子。1782年12月，当他到达纽约城时，那里已经人满为患，到处是忠诚派和难民。自从1776年9月以来，这座城市就是英国的重要据点，也是自邓莫尔发表声明以来忠诚派和难民的避难之地。有一些人是最近刚刚到达的，成千上万拥入城市的人都来自刚刚战败的英军，他们一瘸一拐地从约克敦、萨凡纳和查尔斯顿撤退而来。现在又有三千多名黑人难民拥入了这座城市，他们就挤在百老汇和哈德孙河之间的帐篷和临时住所中勉强安身。1776年，在英国人占领这座城市不久，爱国者恐怖分子们便点燃了这座城市，因此这个地区被火烧成了黢黑的废墟。战争之前，大多数逃亡都以男性为主，但是纽约的难民营中则前所未有地挤满了男女老幼，所有的家庭都在争取自由，所有的人都不惜冒着失去一切的危险。

金的纽约之路也是一条令人肝肠寸断的悲伤之路。身为自由人的金刚到查尔斯顿，就得了天花一病不起。这场天花在人潮拥挤的纽约城中肆虐，难民们更是首当其冲。英军司令部害怕这场疾病会蔓延到军营，因此难民都被拖运到离军营一英里或更远的地方。他们在那里没有足够的食物，甚至连水都没有，是康复还是死亡，就全凭自己的运气了。金非常幸运地得到了一名志愿者的帮助,在卡姆登再次参军。克林顿返回纽约后,康沃利斯勋爵成为英国军队的指挥,在卡姆登战役之后,他命令军队在那里驻扎下来。像许多难民一样,金没能加入步兵部队,而是为一个名叫格雷的上尉打杂,负责送信,还兼向导和仆人,并负责各种杂务活计。他有两次面临极危险的处境,眼看就要被捕获,或者重新为奴,甚至被处决。一次是给纳尔逊渡轮的一位指挥官送信时撞到了爱国者部队,一次是忠诚派民兵团叛逃的队长打算再次使他为奴。金独自一人为格雷上尉捕鱼时,与这位忠诚派队长不期而遇。忠诚派队长问他:"你看我做你的主人怎么样?"金不想轻易放弃自己刚刚赢得的自由,便以非常尖锐的言辞回应说,他现在是个自由人。可是队长的回答却是令人毛骨悚然的熟悉味道,他不动声色地警告金说:"如果你不好好表现,我就给你戴上镣铐,每天早上拿鞭子抽你一通。"金最后得以逃回英国军营,不过对于跑到英军的难民来说,被抓捕和重新为奴的威胁一直都在。[14]

金的运气却一直不错。在他费尽心机躲避爱国者的纠察队和忠诚派的叛徒时,康沃利斯的大军正一路跋涉着前往弗吉尼亚,一路上丢弃了成千上万具尸体,都是些因疾病侵袭而丧命的士兵和难民。然而,在弗吉尼亚的约克敦等待他们的,却是围困之网。那些还有力气干活的难民都被派去挖沟造渠,为即将到来的围攻修建工程。但是英国人却被包围起来,物资极度短缺,疾病更是使整个部队千疮百孔。连日的轰炸也没有使局势得到任何缓解,士兵和难民成群结队地生病或死亡,最后康沃利斯的军营中只剩下区区三千五百名军人,去面对一万六千名法美联军的围困。康沃利斯根本无计可施,只好在1781年10月19日投降。在跟随康沃利斯来到约克敦的大约五千名前奴隶中,只有极少数人得以安然无恙地逃脱。多达三千人已经死于军营中肆虐的伤寒和天花,而美国军队又设立了哨兵,专门逮捕宣布投降后还试图逃跑的人。有的人设法逃到法国人那里,有人则成功地登上了前往纽约的英国船只，而多达一半的幸存难民则再次成为美国人的奴隶。他们为自由的赌博以失败告终。

波士顿·金从约克敦的恐怖局势中逃脱出来，但是他也被迫考虑重新为奴的命运前景。康沃利斯宣布投降时，金就在查尔斯顿，显然，英军很快就会撤离这座城市，并将其移交给美国人。奴隶主和他们的代理人都从南方蜂拥到查尔斯顿，来哄骗他们的前奴隶回到种植园，甚至不惜用偷窃的手段。查尔斯顿的英国指挥官莱斯利将军与南卡罗来纳州州长约翰·马修斯洽谈撤退事宜，对奴隶主们的行为予以官方认可，并要求英军撤离时将所有逃跑的奴隶留下。美国人不顾一切地想要让这些难民重新为奴，州长甚至威胁说，如果不归还他们的前奴隶，那么南卡罗来纳欠英国商人的债务也会拖欠不还。南卡罗来纳商人欠下的债务数额非常巨大，因此这个威胁必须予以严肃对待。但是，对于莱斯利将军来说，曾经对难民做出过的承诺事关荣誉与信用，也是不能违背的。"那些主动跑来，相信我们，自愿接受我们保护的人，"他解释道，"在道义上我们不能抛弃他们，让他们回到前奴隶主无情的怨恨中。"因此，1782年12月，波士顿·金成为八千名前奴隶和现奴隶中的一员，他们登上英国的船只，开始了纽约、佛罗里达或加勒比的流亡之旅。[15]

金非常幸运，他是从查尔斯顿被派到纽约的人员之一，大约一共只有五百多人。许多南方的黑人难民几乎都依然作为忠诚派的财产被运送到佛罗里达东部，最终被运到牙买加和巴哈马，为英属加勒比的甘蔗种植园干活，那里条件极为恶劣，处境艰险到难以形容。在战后的三年里，巴哈马的人口增加了七千多人，其中大部分就是这些新到的忠诚派的奴隶财产。尽管来自非洲的奴隶贸易中断了，但是牙买加的奴隶人口却在迅速增长，到了1785年，增长的奴隶人数达到八万名之多。老牌的种植园主和忠诚派的白人难民都渴望弥补失去的时间和利润，于是加勒比的糖业从战后几年的衰败和低谷中迅速复苏。有人试图保护忠诚派的黑人难民，主张他们身份自由——自1787年起担任巴哈马总督的邓莫尔勋爵建立了一个"黑人法庭"，专门裁决这种主张——不过整体来说，加勒比地区的大部分黑人难民都难以逃脱再次被奴役的命运。[16]

金第一次走进纽约熙熙攘攘的街道时，一定感到胆战心惊。对于1782年后成千上万名拥入纽约的人来说，前景依然难以预测。英国在约克敦的失败是战争结束的开始，而且仅仅是开始。一个月又一个月过去了，英国和美国的军官们在为和平的具体条件艰难谈判，而纽约的忠诚派和难民们渐渐冷静下来，为他们的战后命运忧虑。至少，金可以安慰自己说，他不像许多前奴隶一样，他至少还掌握一门手艺。要重建饱受战争蹂躏的城市，熟练的木匠肯定是极为需要的。然而不幸的是，金在逃往英国军营时，迫于情势不能随身带着他的工具。没有工具的金如今又迫不得已放弃了得之不易的独立手艺人的身份，加入家政服务的行列，这对他来说肯定是个难以承受的巨大打击。可是，这样的羞辱似乎还不够。因为难民人数太多，即使是体力活也很难找到，工资还低得可怜，因此金和其他许多人一样，几乎"连蔽体的衣服都挣不到"。第二个雇主承诺的工资更高一些，但是根本不支付，为了使自己能度过寒冬，金又被迫到处去找零工。[17]

像金这样挣扎度日的情形并不罕见。随着忠诚派和难民拥入这座在英国控制之下的城市，它从战前的五千人激增到1783年的三万五千人。这些新增的人口大多既没有积蓄，也没有工作，导致了穷困和种族对立局势的爆发。为了维持生计，一位来自弗吉尼亚的名叫朱迪亚·摩尔的难民租了一间地下厨房，打算创业谋生。但是由于空间竞争过于激烈，她租的房子很快被一个出价更高的名叫约翰·哈里森的白人抢走了。她的房东愿意让她留下来，但是哈里森却决意将她赶出去。摩尔跑到市长那里，希望就这种骚扰行为得到赔偿，然而市长无比尖刻地回复说："没有把从弗吉尼亚跑出来的黑人送回到他们的主人那里去，真是太遗憾了。"[18]

尽管如此，纽约的难民社区还是在努力前行。非洲裔美国人建起了新的自由社区，许多人在这里建构了新型的社会关系，并从中得到极大的慰藉。战争迫使数千名前奴隶流亡到陌生的地方，但是共同的创伤和经历使他们以新的方式、在新的社区紧紧联系在一起。在这种新兴的社区中，金找到了一位妻子。她叫维奥莱特，之前在北卡罗来纳的威明顿为奴，比金大十二岁。在无比绝望又充满希望的时代背景下，一个伙伴就是一种巨大的安慰，并会不断提醒人们，他们可能会拥有更加光明而自由的未来。

有了妻子，就意味着要拥有家庭，于是金继续寻找更加稳定的工作机会。虽然他对海洋没有什么经验，但他还是到领航船上当了一名船员，负责带领船只穿过暗礁出没、情势混乱的海峡和岛屿，驶进纽约港。如果说这份工作薪水更高些，那肯定是因为它更危险。刚加入船队不久，金的小船便被抛进海中，他在海上漂流了八天，但是只有五天的补给。非常幸运的是，他们遇到了一艘美国捕鲸船，这艘船给全身泥污的船员们提供了食物和水，并把他们带回来，在新泽西的新不伦瑞克登陆。然而，新泽西是美国的领土，不在英国控制的范围内，令金恐惧万分的是，他发现自己再一次沦为奴隶。但是他吃得很好，待遇也非常不错——他甚至可以去夜校读书学习——他对于北方如此优越的奴隶待遇感到惊讶不已。不过，在他的记忆中，"所有乐趣都无法令我心满意足，我想要的唯有自由……身为奴隶，任何愿望都无法使自己得到满足"。波士顿·金已经尝到过自由的滋味，便下定决心不再受任何束缚。

然而，在新泽西的奴役与纽约的自由和家庭之间，却存在着巨大的障碍。他要穿越两条有一英里甚至更宽的河流，还要避开防止奴隶逃跑的守卫。在新不伦瑞克，眼前就有一个显而易见的人，一直在提醒什么是他失败的代价。那也是一个来自纽约的朋友，他也是被再次捕获并再次为奴，在一次飞速的逃跑失败之后，他被日夜拘禁，不准进食。然而，金没有被吓倒，于是，一天夜里在一点钟的时候，他涉水穿过一条名叫安博伊的浅河。趁着平时的警卫不在，金又涉水穿过拉瑞坦河，他一路不停地走了四个小时，才在天亮前躲藏起来。第二天夜幕降临时，他又摇摇晃晃地穿过环绕着海岸的沼泽地，找到一艘遗弃的小船，一路划过阿瑟溪，驶向斯塔顿岛和安全地带。

当金正在跋山涉水、不顾艰险地从新泽西返回自由之地时，美国和英国的官员们在巴黎开始敲定和平协议的一些初步意向。这个过程相当复杂，但对于纽约的难民来说，这份协定中最重要的是第七条。第七条是亨利·劳伦斯在最后时刻、利用最后一分钟进行游说的基础上产生的。劳伦斯代表美国拥有奴隶的庞大群体进行游说，要求英国归还所有被他们没收的美国财产，尤其是成千上万名挤在曼哈顿的前奴隶。有几位英国指挥官曾对难民做出过承诺，但是英国的代表理查德·奥斯瓦尔德却没有遵守国家的承诺，而是毫无异议地接受了劳伦斯的提议。奥斯瓦尔德精明地维护了英国的贸易利益，却未对奴隶权益做出任何辩护。他在塞拉利昂海岸有一家奴隶工厂，他从那里把奴隶们运送到美洲各地的港口，为此赚足了财富。在南卡罗来纳——奥斯瓦尔德的奴隶的首要目的地之一，他的搭档和帮手正是亨利·劳伦斯。奥斯瓦尔德已经和劳伦斯讨论过，如果靠这赚的钱还不够，那么一旦和平到来，他将在南卡罗来纳建一个种植园。奥斯瓦尔德和劳伦斯都从美国已经获得自由的奴隶回归奴役的过程中轻而易举地获得收益。

这个背信弃义的消息对于纽约的难民来说，无异于晴空霹雳。"这谣言太可怕了。"金回忆道：

> 我们的心中充满了无法形容的痛苦和恐惧，尤其是当我们看到我们之前的主人从弗吉尼亚、北卡罗来纳和其他地方赶来，在纽约街头把他们的奴隶抓住，甚至把他们从床上拖出来。许多奴

隶的主人都特别残忍，因此一想到要和他们回去的悲惨境遇，我们就苦不堪言。几天来我们食不下咽，寝不能眠。

在众多咬牙切齿要回收他们的奴隶财产的奴隶主中，就有当时在城外的纽伯格扎营的乔治·华盛顿。他在与英军的指挥官盖伊·卡尔顿爵士商谈投降的条件时，就写信给城中的代理人，指导他们找到他从前的奴隶，并把他们绑回来。他的前奴隶之一哈里·华盛顿曾经逃离弗农山，在查尔斯顿加入了黑人先驱团，后来又撤退到纽约。乔治·华盛顿给他的代理人丹尼尔·帕克写信说，他希望能够阻止英国人"带走任何黑人和美国居民的任何其他财产"。有乔治·华盛顿这样的想法的人绝非少数。一位黑森警官记录道："大约有五千人来到这所城市，再次将他们从前的财产据为己有。"从前的奴隶被前主人和相关代理人抓获、捆绑，并塞进等候的船中。有一些人在英国当局的干预下幸免于恐怖的命运。英国人抓捕了伏击弗兰克·格里芬的几个绑架者。他们当时正准备把格里芬逼到船上去，卡夫上校——从前也是一名奴隶——及时赶到，逮捕了折磨格里芬的那些人。[19]

1786年5月6日，卡尔顿与华盛顿在塔潘会面，就英国人撤离纽约的问题展开磋商。当时华盛顿提醒对方，他有义务遵守《巴黎协定》的第七条。卡尔顿对此予以严辞拒绝，他在拯救奴隶方面可谓功不可没。他认为第七条是"一种耻辱"，是英国荣誉上永远抹不掉的污点。足智多谋的他对华盛顿说，这一条款只适用于1782年首次停火之后抵达英国防线的那些奴隶，而在此之前逃走的那些奴隶"则可以去他们想去的任何地方，去新斯科舍或者其他任何地方都可以"，否则，"将是对公众信念不可容忍的亵渎"。华盛顿对此感到无比震惊和愤怒，但也毫无办法，除非他愿意拿冒着巨大牺牲才得到的和平去冒险。[20]

其实在与华盛顿会面之前，卡尔顿就已经下定决心，要不惜一切代价去保障那些曾为英国人的利益做出巨大牺牲的前奴隶的安全与自由。那年早些时候，他就已经开始用开往新斯科舍的英国船只将难民们运出纽约城。在塔潘的会议之后，卡尔顿重新对难民们做出了更加正式的承诺，宣布所有在英国的防线内待了一年以上的难民，或者可以证明自己的身份是自由人的难民，在他的部队撤离纽约时，都将获准在大英帝国的其他地方定居。为了安抚美国人，卡尔顿建立了一个委员会，再次审查前来领取证件的难民的真实情况，其中就包括华盛顿的代理人。他允许美国的官员们检查离开纽约的私人船只，看是否藏有偷渡的奴隶。然而，难民们几乎都没有能够证明其身份的文件证据，于是由塞缪尔·伯奇领导的委员会便欣然相信难民提出的大部分口头陈述，即使大部分关于自由身份的主张显然是捏造的。令华盛顿无比懊恼的是，几乎所有的难民都得到了他们口中所称的"伯奇证明"。一共有三千名前奴隶，包括一千三百三十六名男子、九百一十四名妇女和七百五十名儿童登记在"黑人登记册"中，这本册子记录了所有获益人的详细资料，他们都作为自由人离开了纽约。[21]

波士顿·金和他的妻子维奥莱特都获得了证明。1783年7月31日，他们和其他四百零七名难民一起登上"丰安"号，驶出纽约港，驶向新斯科舍的新生活。总的来说，在战前总数为五十万人的美国奴隶中，到战争结束时，有多达十万人加入了英国战线。其中大约有九千人幸运地挣脱了奴役的枷锁，以自由之身进入了大英帝国。但是还有更多的人，大概有数十万的奴隶，虽然离开了美国海岸，但再次被六万多名定居在大英帝国的白人忠诚派的难民所奴役。对于波士顿·金和那九千多名刚刚得到自由的人来说，离开纽约只是他们漫长人生中不懈追求幸福的第一步。[22]

新斯科舍似乎在告诉人们，成为美国的那十三个殖民地并不是英国在北美的仅有属地，那些只是唯一胆敢反叛的属地，这种提醒令人心情舒畅。当北美的十三个殖民地宣布独立时，英国在加拿大和加勒比的属地依然表示忠诚。然而，忠诚是有代价的。位于如今的新不伦瑞克的圣约翰，早在1775年就遭到来自缅因的私掠船的袭击。1777年，约翰·艾伦领导的美国民兵部队短暂占领了圣约翰，成为攻击英属加拿大的远征行为的一部分。到战争结束时，新斯科舍和新不伦瑞克的大部分港口都遭受过袭击；1781年安纳波利斯皇家园林遭到进攻；1782年7月，由诺亚·斯托达德为首的美国私掠船队洗劫了卢嫩堡。就连远在加拿大北部的地区也感受到美国战争带来的刺痛。1782年，由佩鲁斯伯爵率领的法国远征海军对英国哈德孙湾的贸易公司的贸易站发动了一系列突袭。法国海军查获了一万二千多件毛皮，攫取了该地区的总督塞缪尔·赫恩极为珍贵的探险日记，给该公司造成了极为惨重的损失，导致它有近五年的时间无法向投资者派发股息。[23]

1783年8月，金和家人抵达新斯科舍，与其他多达一千五百名难民在伯奇顿定居下来。另外还有一千二百名奴隶选择了附近的谢尔本，规模不大的难民社区散落在整个殖民地各个地区。为了这份自由的承诺，他们历经坎坷，饱经苦痛，终于抵达了加拿大岩石密布的海岸。作为对他们远赴他乡定居的牺牲精神的奖励，一些英国的管理者希望新斯科舍很快就能与波士顿和纽约相媲美，成为北美的新粮仓。于是，每个户主都得到了一块土地。对于习惯于在他人的土地上劳作的人来说，拥有土地是他们独立的不二源泉，也是他们作为自由人为未来奋斗的基石。一艘又一艘的船只不断抵达，这些新的定居者一下船便立刻投入到把自己的土地改造成家园和农场的劳动中。金清清楚楚地记得，新的定居者们团结一心、互帮互助。"我们使尽了全身的力气。"他后来回忆时这样说。大多数定居者来自暖风和煦的南方殖民地，其中一半以上来自马里兰、弗吉尼亚和南北卡罗来纳，他们完全想不到，极北地区的凛冬会达到如此苦寒的程度。不过当1783年，即他们获得自由的那一年快结束的时候，波士顿·金和其他的难民们都坚信，他们漫长的离乡逃亡之旅终于结束了，他们的新生活一定会更加美好。[24]

新斯科舍并非什么应许之地。在大约三千名前历经艰险到达这里的奴隶中，只有五百名左右的人真正获得了土地，而英国人当初承诺的是每一个美国难民，无论黑人和白人都将获得自己的土地。每一个户主都可以分得一百英亩的土地，每个家庭成员还可以再分得五十英亩，但是由于新近拥入的忠诚派、难民和前奴隶有三万名之众，所有人都要求申领土地，因此分配土地的压力巨大，分配的过程缓慢而复杂。

英国政府一心致力于践行诺言，对所有在战争期间承受苦难、做出牺牲的人进行补偿，当然也包括前奴隶。为了达成目的，诺斯勋爵授权将新斯科舍一半以上的耕地拿出来分配，一共有近一千四百万英亩之多。然而，对数千份耕地申请诉求进行评估、测量土地、分成地块这些工作，却是非常艰巨的任务。而且，在分配过程中，要优先考虑那些在战争中"遭受苦难最多的人"。苦难可以用损失的财产进行衡量，因此曾经拥有大量土地的忠诚派通常是第一批获得补偿的人，而那些前奴隶，之前自己还是属于别人的"财产"，则往往是最后才被考虑的人。此外，凡有可能得到补偿的人都需要向当地政府提交正式申请，之后才能分配到土地。而这对于社会关系良好、受过教育的白人忠诚派来说，是极具优势的。黑人难民大多没有朋友，而且根本不识字。难民们聚集在一起形成社区进行集体请愿，申请获得土地补偿，但是作为生活在广大忠诚派散居地的微不足道的少数族群，他们却常常遭到忽视。[25]

分配的过程非常缓慢，即使对于白人忠诚派来说也是如此。再加上美国战争的巨大代价，迫使英国当局节约开支，有偿测量员的数量大幅度减少。对于黑人难民来说，这个过程就像冰川一样，似乎毫无进展。即使是那些从英方得到土地的人也是被欺骗。他们得到的土地比白人忠诚派小得多，而且常常被隔离在白人社区之外，只能在更边缘、更遥远、更贫瘠的土地上劳作。即使在谢尔本和伯奇顿这两个基本上都是由黑人先驱团经过艰苦努力建造起来的城市——忠诚派和难民的大量拥入是之后的事情，黑人申请者得到的土地都少得可怜。他们平均要等待三年多的时间，才能真正得到土地，而且他们得到的土地平均只有白人的一半。大多数人只能靠不到一英亩的微小"城镇地块"勉强维生。更糟糕的是，他们以前在南方殖民地所熟悉的作物，在新斯科舍冰冻的岩石土壤中根本就无法有好的长势。1787年，饥荒席卷了难民社区，连那些极少数获得了土地的幸运儿，也感到生存的巨大挑战。他们宁愿忍受一切，也不愿放弃自己的独立性；他们宁可倾尽所有，也不愿失去刚刚获得的自治权。金悲叹道："为了活命，许多穷人迫不得已，把他们最好的衣服换了五磅面粉。后来他们用尽了所有衣物，甚至连毯子也换了粮食，有几个人饿得在街上走着走着便跌倒死了。有些人把猫儿狗儿杀了吃。贫穷和苦难无处不在。"[26]

最后，他们拼尽全力护卫的独立性也被剥夺了。物资极度匮乏，价格无比昂贵，难民们想尽一切办法为了活命而挣扎，许多人被迫放弃了成为独立种田人的梦想，再次回到更富裕的白人邻居的家里和农场里为他们劳作，依附他们生存。正如一位对此非常关切的英国观察家所报道的，许多前奴隶"生活贫困到无以为继的程度，他们只好卖掉自己的财产，包括衣服，甚至连床都卖了"。最后，他们"又迫不得已依靠白人的财产维生，而这财产又是政府自由分配的。他们通过耕种富人的土地，得到一半的产品。简而言之，他们处于一种被奴役的状态"。[27]

波士顿·金拥有土地，也有熟练的技能，但是他也被迫放弃了在伯奇顿那来之不易的财产，四处游荡去寻找工作。最后他在谢尔温定居下来，他在那里找到了为鲑鱼捕鱼业建造船只的工作。金记得，其他人就远没有这么幸运了，他们的"境遇无比悲惨"，只能作为契约奴仆把"自己卖给商人"，一般"出卖两到三年，有的人则出卖五到六年"。契约奴仆在服务期内可以买卖，这就导致很多家庭分离。以家庭为单位到这里来的难民整整占了三分之一，还有许多是在到达之后结婚的，但是新斯科舍的经济现实意味着，难民们熟悉的就业模式再度来临。许多黑人奴仆和劳工再次被迫离开他们的配偶和家庭，与他们的雇主生活在一起，而其他人则被迫出卖自己的孩子，使他们也成为契约奴仆。作为契约奴仆、佃农、农场工人或家庭奴仆，被迫与家人天各一方，重回几乎与奴隶的生活相差无几的生活模式，一定为他们的心灵带来了难以承受的巨大创伤。[28]

这些前奴隶在南方蓄奴区的生活根本没有结束，而是在这里继续上演。直到1793年，奴隶制在加拿大是合法的，许多白人忠诚派在流亡时将奴隶带在身边，导致新斯科舍的奴隶数量从一百多人增加到近五百人。这些奴隶时刻在提醒难民，他们之前的生活是怎样的困顿不堪，怎样的朝不保夕。谢尔本作为北美第四大殖民地，面临着从战后巅峰时期的衰落。当谢尔本开放了与美国的自由贸易时，许多难民感到惶恐不安，担心他们的前主人会把他们绑架回去再次为奴。由于难民们过于忧虑，因此新斯科舍立法会议在1789年被迫通过了一项法令："禁止利用强迫或哄骗手段，将自由的难民偷运出该省，达到再次使这些难民沦为他们的财产的卑劣目的。"还有一个极为可能的前景，即当初没有拿到"伯奇证明"而想尽办法逃出纽约的人，尽管已经过了十年甚至更长的自由生活，也会被忠诚派或美国的奴隶主们再次作为财产合法收回，这的确是有章可循的。有这样一个案件，有四名曾经在战争中为英国而战的难民，被北卡罗来纳的忠诚派认领，差一点就再次成为奴隶。另外一个名叫玛丽·波斯特尔的难民被一个名叫杰西·格雷的忠诚派前来认领，尽管她拥有"伯奇证明"，但对方仍企图继续让她为奴。当另外两个难民站出来为她作证时，他们的房子被烧毁，孩子被杀害。[29]

这些折磨似乎还不够，尽管自由的黑人定居者依法缴税，而且也到民兵和专业团队中任职，但是所有的公民权利依然将他们排除在外。他们被剥夺了陪审团的审判权、被剥夺了投票权，他们被迫住在隔离的社区，被禁止举办舞会或任何其他社交集会，而且他们的工资只是白人工人的四分之一。他们低廉的工资反过来倒让贫穷的白人义愤填膺，这些白人谴责说，难民的到来就代表着竞争的加剧。于是，暴力这个长期以来用于种族压迫的工具，很快又再次兴起。在法庭上，司法是隔离的。白人违法的惩罚手段是处以罚金，而同样的违法行为，黑人难民则面临鞭刑和其他更严厉的体罚。

难民到达后不到一年，就成了宣泄暴怒的首要目标。1784年7月的谢尔本，一群在战后定居在新斯科舍的前英国士兵，夷平了二十多户难民的住宅，目的是将他们的经济对手赶走。本杰明·马斯顿是这起事件的目击者，他说："这些解散回来的士兵聚集起来对抗那些自由的黑人，要把他们赶出城镇，因为他提供的劳动更便宜。"士兵们为了强迫自由的黑人离开这里，就拆毁他们的房子，一共拆了二十多栋。这场骚乱是加拿大历史上第一次种族骚乱，共持续了十多天，最后蔓延到伯奇顿附近。住在那里的波士顿·金亲眼看到一群白人劳工和工匠组成的暴民，放火焚烧黑人的住所。这是针对黑人难民的日益增长的抵抗情绪的一种宣泄。骚乱在狂怒的情绪中持续了一个月甚至更长的时间。[30]

面对这样的局面，金和许多其他难民一样，转而向宗教寻求慰藉。在美国的时候，他便已经有了一些基督教的体验，而且很可能已经听说过著名的奴隶布道者、同为难民的乔治·列尔的事迹。他如今在查尔斯顿生活，身处新斯科舍的金，不由自主地接受了宗教的召唤。尽管基督教是他们的迫害者和奴隶主的宗教，但对许多非洲裔美国人来说，包括奴隶和自由人，基督教都是极大的精神安慰。而且，在奴隶中间有一种根深蒂固的观念，即皈依一种宗教或者接受洗礼，会使人得到自由、免于奴役，而且还能保护他们不会再度为奴。这并不是真的，但是这仍然是种令人欣慰的误解。不管怎样，基督教从根本上说就是穷人和被践踏者的宗教，基督教传达的信息是讲述被选中的民族如何在异国他乡逃脱奴役的故事，它也承诺当下的苦难都是为彼岸的幸福与解脱铺平道路。因此，它对于奴隶和前奴隶有着巨大的吸引力，为他们提供了安慰、希望和方向。

金发现在新斯科舍有大量的牧师，黑人白人都有，他们都非常愿意向难民社区布道和传教。他聆听了摩西·威尔金森和戴维·乔治慷慨激昂的布道。威尔金森"又瞎又瘸"，作为前奴隶，他逃脱了弗吉尼亚楠西蒙县的奴役生涯。而戴维·乔治则出生于弗吉尼亚的萨塞克斯县，他在聆听了乔治·列尔在玉米地中对奴隶们做的布道之后，皈依了基督教。战争爆发后，乔治从残暴的主人的掌控中逃离出来，结果却被克里克印第安人再次奴役，后来才又一次设法逃到英国人占领的萨凡纳。战后，他依然与被疏散到牙买加的乔治·列尔保持着密切的关系，为他传递信息。乔治和金一样，也逃离了查尔斯顿，前往新斯科舍。他在那里又一路奔波到谢尔本，"向自己同肤色的人"布道——这是他的原话。金还遇到了一位来自马里兰的前奴隶主，名叫弗里伯恩·加勒森。当他皈依了卫理公会时，便将自己的奴隶全部释放。除此之外，金还结识了来自约克郡的卫理公会传教士威廉·布莱克。[31]

金也感受到了福音派的吸引力，于是选择加入了卫理公会。到了1791年，他甚至开始传播福音，并被威廉·布莱克派往普雷斯顿的一个小型黑人卫理公会社区担任牧师之职。尽管难民们信奉了基督教，但仍然与新斯科舍的白人发生冲突。戴维·乔治和其他难民传教士一再受到威胁、攻击和殴打，被白人邻居逼得从一个城镇转移到另一个城镇。白人邻居对黑人任何形式的聚会依然心有余悸，对于白人社区中备受欢迎的黑人传教士也深感嫉妒。1790年，离他们满怀乐观精神抵达新斯科舍已经过去七年了。在一份呈报给英国议会的报告中，将新斯科舍的难民社区描述为"毫无改进、一贫如洗"。而在难民社区内部，许多人对于他们在加拿大的生活感到幻灭，信心全无。在新斯科舍的自由似乎与在美国时的奴役相差无几。[32]

第十一章
非洲、废奴与帝国

　　1791年10月12日，一个完全出乎波士顿·金意料的客人前来拜访他。这位客人初来普雷斯顿，事实上这也是他第一次来新斯科舍。敲开金的大门的是一个二十多岁的白人，但他并不是推销员，也不是传教士。金或许对这个人有一些了解，至少能够猜到他出现在哈利法克斯黑人郊区的原因。在过去的几个星期内，住在普雷斯顿的大约一百来户难民家庭的谈话都集中在这个人身上，他横穿大西洋来到这里，到底要为陷入困境的社区带来什么？在他抵达哈利法克斯之前，当地报纸已经刊登了关于他此行所负使命的报道，但是现在他亲自来到普雷斯顿，并且在黑人社区挨家挨户地详细解释他的目的。他名叫约翰·克拉克森，是位曾在加勒比海地区服役的前英国海军军官。后来他辞去了这个职务，因为这种以暴力为特点的行业诉求与他的和平主义宗教良知水火不容。他在西印度群岛的生活对他的世界观产生了深远的影响，第一次直面加勒比残酷的奴隶制，使他成为坚定的废奴主义者。1791年，他来到普雷斯顿，这是他践行使命的一个组成部分。他要为新斯科舍的难民们提供机会，让他们参加在非洲海岸进行的一项激进的英国新殖民计划。

　　作为新成立的塞拉利昂公司的代表，克拉克森被授权为新斯科舍的黑人难民提供一个新的机会，使他们加入在西非海岸靠近塞拉利昂河口的地方建立殖民地的计划。如果未来的定居者能够证明他们具有良善而沉稳的品格，那么他们将被免费运送到大西洋彼岸，并且每名户主都将获得"不少于"二十英亩的土地，而其他每位家庭成员则将另外获得十英亩的土地，同时还会有足够的补给供应，帮助殖民者度过最初几年的艰苦岁月。难民们之前就听说过这样的承诺，但是塞拉利昂公司希望在新斯科舍当局已经失败的地方获得成功。为了达成目标，克拉克森承诺黑人和白人定居者之间平等的土地分配、平等的粮食分配、平等的商业权利分配、平等的税收和关税。由于已经注意到新斯科舍人对再次受到奴役的恐惧，为了消除他们在奴隶贸易国家的中心安全定居的顾虑，该公司还给予他们"充分的保证，使他们受到保护，不会再次沦为奴隶"，并且作出明确的承诺，"不会进行奴隶买卖、奴隶交易和奴隶运输"，也不会"拥有、持有、占用、雇用任何人，使他们处于奴役状态"。[1]

这一保证对于拟建殖民地的任务是至关重要的。虽然塞拉利昂公司对于美国战争中黑人难民的困苦处境颇感担忧，但是公司还酝酿着比减轻新斯科舍的"黑人穷人"的痛苦更加宏大的计划和目标。这个更宏大的目标是，将前奴隶在非洲海岸的定居利用起来，使其成为破坏奴隶贸易和推动废奴运动的一种手段。这家公司只是美国战争之后风起云涌的反奴机构与反奴社团中最年轻的一家。战争使英国人对待奴隶和奴隶贸易的态度发生了深刻的变化。从英国卷入奴隶贸易的那一刻开始，对奴隶贸易的批评声就从未断绝，在整个18世纪，随着英国在奴隶贸易中的作用越来越大，这种批评之声也与日俱增。像詹姆斯·奥格尔索普和布雷协会这样的个人和组织，就不断向英国政府施压，敦促其放弃奴隶贸易。尽管许多人坚信这是不道德的行为，但是奴隶贸易的利润过于巨大，因此人们根本就没有认真考虑过禁止。如果要说有什么变化的话，那就是在美国战争爆发的前几年，大西洋世界中被贩卖为奴的人数大大增加，且绝无缩小之势。战争之前的确有越来越多的人致力于废奴运动，但是他们的事业在大英帝国的经济利益面前是没有任何希望的，而美国革命的介入改变了这一切。

美国战争之前，废奴不仅是毫无希望、毫无可能的，甚至连组织一场有始有终的废奴运动演讲都很难。当然，的确有一些人对奴隶制及其在英国不断扩张的帝国中所起的支撑作用进行了公开谴责。伊格内修斯·桑乔虽然并非激进分子，但是他不仅高声指责"根本不把我的黑人兄弟视为基督徒，反而像魔鬼般对他们进行残酷剥削。非法运输途中的苦难血泪比地狱还要可怕、还要残酷，是导致人类物种灭绝的屠杀行径"，而且"无比蔑视那些依靠我们的劳动而发财致富的可恶之人"。这些批评并非特立独行的存在，但是，许多孤立的反奴隶制言论却未能在更广泛的公众中取得关注和支持。开展一场运动势在必行，目的是既要统一反奴隶制的舆论，又要把这种"道德主张"转变为统一的"道德行动"。美国革命为这两者都提供了主要推动力。一起海上保险的法律案件也许是早期废奴主义史上最重要的事件，它对于推动运动、转变舆论所起的作用，是任何其他事件都无法比拟的。[2]

1781年11月11日，英国奴隶船"宗"号上的船员们神情凝重地聚集在甲板上，在加勒比酷热的太阳下讨论他们的选择。他们当时的淡水极度匮乏，也许只够在炎炎烈日下暴晒的船员们解渴，那些在闷热的货舱内戴着镣铐挤在一起的男女奴隶们，还要在汗水里泡上四天。他们的目的地牙买加仍然在东边一百二十英里处，在加勒比海的盛行风和强大洋流中逆流而行，估计至少要十天，甚至是两周时间才能到达。船员们在航行过程中，由于长时间的疾病侵袭，到如今已经有十一人丧生，船长也一病不起。显然，按照目前的情况，再加上淡水不足，他们根本无法支撑到牙买加。口渴难耐等着喝水的嘴太多了，根本无法满足，因为除了十一名船员以及他们备受煎熬的战友之外，"宗"号上还运载了三百八十名奴隶，这些男女都是要运送到牙买加出售的。在和平时间，船员们还有可能做出更多的选择，可以到很多地方避难，或者增加补给。然而，由于美国战争的影响，所有附近的岛屿都被视为敌方领土而禁止登陆。

"宗"号最初是一艘被命名为"佐尔格"号的荷兰船只，当1780年英国宣布与荷兰为敌时，英国的一艘私掠船将其俘虏之后改名为"宗"号，作为对荷兰一直给予美洲殖民地援助的报复。1780年12月，"佐尔格"号被"警示"号俘获时，它已经装载了二百四十四名奴隶。"警示"号船长将其作为战争期间缴获的违禁品，把船和船上的奴隶货物卖给了格雷格森集团的代表，这是一家来自利物浦的奴隶贸易公司。与大多数英国的奴隶主一样，格雷格森集团的商业活动也因美国战争而中断，利润大幅度减少，在法国和西班牙介入战争之后形势越发艰难。对大多数贸易商来说，躲避敌船的风险实在太大，后果有可能是毁灭性的，因此在战争期间，横渡大西洋的奴隶船只数量比之前下降了60%。三年多来，他们一直被禁止横渡大西洋，任何货物都无法运输，这的确是段艰难岁月。然而，他们捕获的"佐尔格"号为打破这颗粒无收的咒语提供了极其诱人的机会——这艘由荷兰船主出资、装备良好、储备丰富的船，完全可以利用起来。1781年3月，该集团决定冒险穿越大西洋前往英属牙买加，于是购买了更多的奴隶，将运载数量提高到四百四十二人，并临时拼凑配备了最低定额的船员，任命之前做过随船医生却从未做过船长的卢克·柯林伍德担任这艘船的船长。[3]

柯林伍德和他的船员们选择了一条向南行驶的、异常漫长的路线穿越大西洋，希望这条船运较为稀少的路线能够使他们避开成群结队的法国、西班牙、荷兰和法国的舰船，这些舰船在海道上往来徘徊，只为截获英国的船只。11月27日，经过了七十一天的海上航行之后，船上的淡水几近枯竭，"宗"号的船员们终于看到地平线上依稀出现了陆地的影子。当初，选择较长的南行路线虽然有些冒险，却是经过深思熟虑后的决定，如今，船员们意识到他们犯了致命的错误。由于航线不够精确，而且船长和大副因病无法履职，因此船员们误将牙买加的海岸当成了法国的圣多明戈。自从法国于1778年参战以来，便在加勒比海地区采取了一种具有高度侵略性的姿态，接二连三地对英国的船只和岛屿实施攻击。由于战争导致危机四伏，因此船上的人处于高度警觉的状态，他们担心"宗"号会直接驶入野兽的血盆大口之中，便慌张匆忙地决定从西南边绕过他们认为是圣多明戈的地方，前往目的地牙买加。等他们意识到错误的时候，已经错过目的地达一百二十英里，想要折返回去，却根本没有足够的补给。

11月29日那天，所有船员聚集在一起，商讨他们的选择和出路。一些人建议说，任何人如果想要生存下来，唯一可行的办法就是"把一部分奴隶毁掉，这样其余的人才能得到拯救，剩下的那些淡水也能再维持几天"。后来有一些船员声称，他们被这个建议吓得目瞪口呆，但是当时却没有任何人提出质疑之声，反而很快就被说服了。船员们一致投票通过，为了拯救他们自己以及其余那些奴隶"货物"，需要将一部分奴隶杀死。他们立刻着手去完成这个严峻而又冷酷的任务。投票当晚的八点钟，船员们挑选了五十四名到牙买加后售价可能会比较低廉的妇女和儿童，将他们"从船舱的窗户"一个一个扔了出去，扔进漆黑一片的无尽深渊中。在第一次大规模杀戮完成两天之后，他们又进行了第二次剔除性残杀行动。这一次，船员们依然对受害者进行了精心挑选——他们选择了四十二名病弱的男子，把那些更有价值、更健康的人留了下来。这些人被做好标记后，为了保证谋杀更容易控制，依然给他们"戴着手铐和脚镣"。他们被分批带上来，从船舷上扔出去，沉溺在无边的海浪之下。在接下来的几天里，又有三十八名非洲人以利益之名被杀死。依然挤在货舱里的奴隶们，清楚地意识到他们的伙伴葬身大海的可怕命运，至少有十个人拒绝让船员来决定自己的生死，而是选择抓住最后的人生尊严，自己把握自己的命运，自行跳下船舷投海赴死。"宗"号于12月22日跌跌撞撞地抵达了牙买加，到那个时候，最初的四百四十二名非洲奴隶只剩下二百零八名，许多人死于疾病、暴晒和饥饿。然而，还有多达一百五十人死于绝望船员的蓄意谋杀。[4]

虽然事情如此恐怖，但是故事的结局或许也只是在牙买加交付了二百零八名奴隶这样的平淡无奇。毕竟，"中间航程"从来都是致命的，它本身就意味着极高的死亡率、极残忍的惩罚以及数不胜数的自杀事件。"宗"号上乘客的命运也许并非他们所愿，但这也只是大家都习以为常的一系列恐怖事件中的一个而已。然而，格雷格森集团却不愿意就此了结此事。像所有海外的商人一样，尤其是从事奴隶贸易的商人，该集团也为"宗"号和它的货物投了保险。在他们看来，他们那些价值高昂的财产损失了一半以上，于是他们便向保险公司索赔，声称奴隶在海中的丧生原因是海难、疾病或饥饿，这种情形在奴隶贩子中极为常见；但是鲜有胆大包天的人居然声称他们在中途蓄意将奴隶们杀害。保险公司注重的也只是自己的利润率，对人道诉求不予理会，他们在支付赔付时有些犹豫不决。因此，争议的当事双方将此事提交法院进行裁决。

如果没有奥拉达·艾奎亚诺的奔波努力，那么这件事很可能依然被严格保密，至今无人知晓。艾奎亚诺，或者叫古斯塔夫斯·瓦萨——事实上他一生都以古斯塔夫斯·瓦萨而为人所知——是来自如今被称为尼日利亚的伊博人，一生中绝大部分时间在南卡罗来纳和加勒比海地区为奴，后来在1767年的时候，他用金钱买回了自己的自由，并移居到英格兰。在英格兰，他成为黑人社区中较有影响的人物，同时也是废奴主义的先驱。他协助建立了"非洲之子"这个由前奴隶和其他英国黑人所组成的废奴组织。1783年3月，艾奎亚诺听说了"宗"号船的审判事件，也听说了至少有一百三十名奴隶被残忍屠杀的事情。他出离愤怒了，同时也敏锐地感到，这是让更多公众了解奴隶贸易的残酷性的良好机会，于是艾奎亚诺将此事提请军械办公室职员格伦维尔·夏普注意，夏普是英格兰废奴主义最早的倡导者之一。通过夏普的废奴主义者与改革派的联系网络，"宗"号事件迅速成为该镇谈论的主要话题，并在伦敦庞大的新闻媒体中被详细报道。

这场审判成了头条新闻，成了拿起武器的一个号令，成了谴责奴隶贸易中巨大不公的故事和宣传册的主题。这场审判与英国历史上的其他事件不同，审判中的证词生动呈现了"中间航程"非人的残酷情形，对呼吁变革的大型群众运动起到了催化作用。J.M.W.特纳的那幅令人心痛、令人愤怒的画作《奴隶船》，描绘的正是"宗"号事件：非洲奴隶在沉入似血燃烧、炽热鲜红的海水中时，那戴着镣铐的双臂绝望地挥舞，双手绝望地伸向天空。这幅画作似有雷霆万钧之势，使奴隶贸易的残暴与堕落的画面充斥在英国人的脑海中，久久挥之不去。更令人毛骨悚然的是，"宗"号的悲惨或许是有史以来第一次以如此公开的方式表明，暴力绝非奴隶制悲惨的副产品，相反，暴力正是奴隶制的内在逻辑所固有的。暴力生利，利生暴力，往复循环，永无终止。正如"宗"号事件所阐明的，没有奴隶制就没有暴力事件。终止这种暴力循环的唯一方式就是终结奴隶贸易。正如著名的历史学家所论证的，"宗"号事件"引发了公众情绪的巨大转变"，它反过来将废奴运动转变为众所周知的公共事业，使废奴运动不再只是基于经济考量或政治权衡层面，更不再拘泥于道德诉求层面。[5]

"宗"号事件以其骇人听闻的冷酷无情以及嗜血贪婪的后续保险诉求，使得在很多方面已经习惯了奴隶的痛苦遭遇和废奴主义的道德教化的英国公众，燃起了迫切的关注之情。从某种程度上说，这是精心密谋的严重谋杀事件与贪婪无比的财务算计交织在一起的结果。然而，如果没有美国革命的影响，"宗"号事件引发的雷霆之怒，以及它对废奴运动产生的影响，都有可能最终无声无息地归于平静。在与美洲殖民地发生争端的早期，英国人是接受美洲对大英帝国的批评指责的。他们或许不赞成接下来的叛乱，但是他们也指责大英帝国建立在不道德的前提之上，并认为这种帝国运作方式只对精英有利，伤害的只是广大公众的利益，无论是伦敦还是波士顿和费城，情况都是如此。即使是反对美国叛乱的人，也开始意识到帝国的方向与功能需要重新考量，甚至需要进行改革。许多人开始看到奴隶制和腐败的政治体制之间的关联，以及剥夺奴隶自由的行为与践踏英国臣民自由之间的关联。美国战争及其对帝国的批评话语，都为以自由劳动和自由贸易为新的道德基础的大英帝国的建立，提供了讨论与再想象的空间。

许多最同情美国事业的改革者，特别是那些像格兰维尔·夏普那样的人，逐渐开始相信美国战争是对大英帝国的罪恶行径的神圣惩罚。在他们看来，奴隶贸易是最大的罪恶，而这个罪恶最令人无法释怀的事件便是"宗"号惨案。对于夏普而言，这是"最为极端、最惨痛的事件，它表明，由于人们对奴隶贸易的罪恶已经习以为常，才导致了如此耸人听闻的堕落"。如果英国不制止奴隶制的邪恶行径，那么它就会对每一个人、每一件事产生影响。在战争和"宗"号事件之后，废奴主义者的论证开始呈现出崭新的道德基调。建立在奴隶制基础之上的大英帝国，只能使少数富有的商人富上加富，而奴隶贸易则像个集体污点，会玷污其他所有的人。奴隶制腐蚀了整个民族的道德。英国在对美战争中的灾难性失败，只是对这个道德真理的一个证明：如果英国要避免未来更多的惩罚，就必须要赎罪，必须要为犯下的罪过做出补偿。[6]

当"宗"号事件成为新闻头条时，关于帝国有失道德的其他强有力的象征也开始在英国大地上露出头角。1783年战争结束时，捉襟见肘的英国被迫遣散了数万名士兵和水手。在这一大群新近失业的军人之中，有数百名从前逃脱束缚加入英国军队的前奴隶。这些难民中有许多人历经千辛万苦前往伦敦，那里的非洲社区家园大约有一万人左右。新的黑人难民的到来使人数大大增加，而那些难民虽然也在战争中逃离了奴役，但并没有参加英国的军队。总的说来，首都原本已经拥有庞大的前奴隶群体，如今又有近千人加入。而从前那些人大多定居在贫困的地区，尤其以长期饱受贫困侵袭的上东区为主，还有像斯特普尼、沃平、沙德韦尔和德普福德等沿海地区。对于这些前奴隶来说，如今陷入战后伦敦混乱旋涡中的他们，前景的确是无限渺茫。这座城市狭小而局促，却有二十五万人拥挤其中。到处都是摩肩接踵、拥挤不堪的人群，随处都有恶臭难闻、熏天蔽日的腐烂之气，金光耀眼的财富和家徒四壁的赤贫构成了城市的交响。如今，这些复员的士兵和水手成了随处可见的人，还有美国的忠诚派们，他们都在寻求就业机会，盼望得到救济。

塞缪尔·伯克和波士顿·金一样，也于1782年撤离查尔斯顿。伯克出生在南卡罗来纳，生而为奴，并于1774年被带到爱尔兰，1776年又作为殖民地新总督蒙福特·布朗的侍从被带到巴哈马。布朗在美国战争期间被调到纽约，伯克也随从主人一起前往，并成为布朗的忠诚派军团的招募代理人。像许多黑人忠诚派一样，他参加了亨利·克林顿的南方战役，也参加了1780年英国围攻查尔斯顿的行动。在"悬岩之战"中，他身受重伤。约克敦大败后，英国抛弃了查尔斯顿，而伯克作为一名受伤的退伍军人，没有加入金和其他难民的队伍奔赴纽约和新斯科舍，而是被遣送回伦敦。然而，伯克的船被法国的军队所俘虏，他在法国的监狱中度过了战争的最后几个月时光，最后终于辗转来到伦敦，他当然希望能够在伦敦为他的损失和牺牲找到补偿与救济。

抵达英国首都之后，伯克和他的妻子在古德曼菲尔德一间狭小的寄宿房内找到了容身之处，那里至少还有其他十二名难民。伯克找到了一份卖纸花的临时工作，每天在伦敦蜿蜒曲回的街道上拼命地兜售纸花，只能赚到可怜的一分钱而已。这点钱显然难以维持生计，尤其是他的妻子还长期患病。于是，伯克和其他五名租客共同向新近成立的忠诚派索赔委员会求助，希望能找到救助者。委员会成立的初衷是听取和裁决忠诚派的索赔诉求，为他们因在战争期间为大英帝国服务而遭受的罚没或其他财产损失提供赔偿。伯克和他一起请愿的租户们并不识字，也不知道如何正确地填写表格，于是他们向之前共事的一位前军官埃德蒙·范宁上校求助，范宁上校以他们的名义写了请愿书。在请愿书中，他们告诉委员会，战争使他们"丢了职业、失去保护、无家可归，成为一贫如洗、一无所有的悲惨不幸之人"。然而，尽管他们生存条件恶劣，尽管他们曾在战争中服役，但是他们却一直没有得到"任何奖励、补偿或者报酬"。[7]

尽管如此，委员们还是疑虑重重，倒不一定是出于种族仇恨，而是因为来自黑人和白人的大量请愿书都是赤裸裸的欺诈，这促使他们要求请愿者们提供大量的文件和证据，证明他们的确遭受了财产损失。伦敦的"黑人穷人"几乎没人能够提供这样的证据，因此多达三分之一的呈送到忠诚派索赔委员会的黑人请愿书被驳回。与伯克一起请愿的人大多都被驳回了，不过伯克却非常幸运，他得到了蒙福特·布朗的证词，并成功地获得了二十英镑的赔偿。而这只是稍微缓解了塞缪尔·伯克的燃眉之急，由于没有持续的就业机会，政府也迟迟未能兑现所承诺的支持，因此他的境遇也像其他难民一样迅速恶化。这笔意外之财拿到后还不到两个月，塞缪尔·伯克就再次陷入绝境，他的钱已花光，妻子也辞世而去。

承受苦难的并不止他一个。英国的穷人是可以得到救济的，但是途径却只有一个，即只有出生在教区的人才有资格获得救济。而大多数难民都出生在非洲或美洲，因此他们被挡在传统的穷人救济体系之外，为了苟延残喘，他们只能寻求其他来源。一些难民找到了做家政或街头小贩的工作。1784年的冬天极其寒冷，许多人在街头行乞，或者到臭名昭著的济贫院避难。仅在沃平的济贫院就有三名前奴隶死亡。其他不想忍饥挨饿的人则转向了犯罪，约瑟夫·斯科特就是其中之一。斯科特在战争初期加入了英国海军，在此之前他是西印度群岛的一名奴隶。他先后在"安提瓜"号、"宠儿"号和"康沃尔"号上忠心耿耿地服役长达七年之久，直到在一次海战中失去了双脚和双手。在英国出院之后，没有朋友、没有家人的他别无选择，只能继续待在医院中，完全依靠他能够找到的慈善机构的资助维生。最后，为了获得另一名水手的欠薪，他伪造了一些文件，导致他被抓捕、判刑，并于1783年9月被处决。约瑟夫的案件表面上看与众不同，他的需求层级也的确与众不同，但是当时残疾的难民人数很多，这几乎是种普遍的现象，因此在审判中，人们反复询问指认斯科特的证人，以确定他所指认的对象准确无误。事实正如宣誓人所提醒的那样残酷，"在伦敦城，没有腿的黑人太多了"。[8]

尽管官方的救济资源根本指望不上，但是"黑人穷人"的生存困境并没有被完全忽视。许多英国人都认为，这些为了大英帝国牺牲了所有的人公然遭受这样的痛苦，是国家的耻辱。《泰晤士报》认为，他们"以如此的数量出现"已经"让我们的街道"蒙羞太久了。事实上，亲眼看到他们的苦难对于改变人们对于英国黑人的态度，甚至是改变废奴的态度，都起到了推动作用。与"宗"号事件一样，在美国战争的背景下，伦敦难民社区的苦难状况立刻激起了很多英国人的同情与愤慨。之前，他们对于英国在奴隶贸易中的深度共谋与积极参与都持视而不见的态度。或许英国为美国的奴隶提供自由是出于策略原因，是在艰难环境下采取的必要措施。然而，为那些愿意为大英帝国服役的奴隶提供自由，毕竟开创了一个重要的先例，它重新定义了公民身份，甚至重新定义了英国国民的身份，这些身份的基础是服役与忠诚，而非种族。为美国的奴隶提供自由身份，使他们从受奴役的人变成了英国人，变成了让英国政府和英国人民怀有感激之情和亏欠之意的个体存在，使英国感到有责任保护他们，减轻他们的苦难。通过把前奴隶的生存困境带到伦敦人的门前，通过展示他们脆弱的人性，通过重塑人们对非洲人的认知，以及重新建构国家与这些前奴隶臣民之间的关系，"黑人穷人"对于废奴主义思想的迅速普及起到了极大的促进作用。[9]

但是，同情与行动是截然不同的两回事。如果英国要清除奴隶贸易的罪恶，那么道德上的愤慨就要凝聚成相应的行动。然而，美国和英国对于18世纪60和70年代的帝国与帝国政策的批评，迫使英国人重新思考大英帝国及其制度的宗旨、结构和道德基础。正因如此，围绕美国革命的帝国权力危机，使得"奴隶制在政治上变得前所未有的重要"。英国人早已对奴隶制的恐怖感到厌恶，如今美国战争又给了英国人重新想象帝国的空间，使其成为建构在新的道德根基之上，完全清除奴隶制罪恶的新帝国。把民众的愤慨转变为政治运动的工具和策略，同样也可以在美国战争的历史中找到。新兴的废奴主义运动从关系网络、请愿行为和18世纪60年代威尔凯特政治家们的抵制行动中获得战略启示，18世纪60和70年代美国爱国者的行为，以及18世纪80年代的协会运动，也是这种启示的构成要素。过去，西印度群岛富有而有影响力的种植园主游说团，并未能引发人们对反奴隶制政策进行认真的思考。然而，尽管战争没有对英属加勒比地区及其奴隶经济造成任何破坏和影响，但对西印度群岛游说团的形象与力量给予了致命破坏，为批判大英帝国的政策提供了新的空间。1783年战争结束时，一场真正的废奴主义运动终于诞生了。[10]

随着废奴主义积聚的道德力量越来越强大，在战争条件下对帝国的作用进行了重新想象的英国公众，开始越来越多地被吸引到这项事业当中，结果是废奴主义社团的大规模增加，要求终结奴隶贸易的请愿书如洪水般涌出，人们认为正是这种贸易使英国陷入了蔑伦悖理、全面溃败的泥潭。1783年6月，一群贵格会废奴主义者向议会请愿，要求终止奴隶贸易，虽然未获成功，但是它却成为日益高涨的请愿运动的先锋。关键的一点是，废奴主义精神也同时渗透到英国的上层社会。这场运动原本大致局限在贵格会教徒和其他非国教的宗教人士中，后来却被英国国教的神职人员所接纳，他们将废奴运动上升到道德层面。同年，影响力巨大的切斯特·贝尔比·波蒂厄斯大主教开始将废奴思想纳入布道的内容之中，谴责英国国教教会支持奴隶制，保护西印度群岛的奴隶种植园的所有权，总之在维护奴隶制方面发挥了重要作用。波蒂厄斯的布道标志着英国国教对奴隶制态度的转折点。无论是在伦敦主教的讲坛上，还是在上议院，他都是废奴主义道德事业的坚定支持者和极有影响力的拥护者。美国战争和"宗"号事件将一个边缘化的事业推进成为正义的事业。

这场转变的核心是一场精心策划的宣传活动，旨在迫使英国人正视自己的罪恶——在奴隶们惨绝人寰的苦难中所扮演的角色。在1787年成立的"废除奴隶贸易协会"的领导下，废奴主义者在全国各地四处奔走，他们收集关于奴隶贸易的信息，出版关于奴隶恐怖遭遇的报道，举行公开讲座，所有这一切都旨在使人们把非洲人当作人来看待，并将一直被忽视的制度弊端公之于众。托马斯·克拉克森是这个协会的创始成员，也是推动其发展的重要力量。他为了研究奴隶贸易，推动废奴运动，在英国各地不辞辛苦地奔波了大约三万五千英里的路程。他采访了大约两万名水手和随船医生，了解他们在奴隶贸易中的经历，获得了奴隶贸易中那些令人毛骨悚然的工具，包括烙铁、脚镣和拇指夹等。为了向公众展示，他还购买了非洲制造业的一些样品，作为证据向公众展示非洲文明的先进性以及非洲人拥有共同人性的事实。克拉克森和他的同僚们希望将这些有关奴隶制的第一手资料结集出版，并将奴隶船和相关刑具的具体情形展示给公众，使他们感到震惊，从而促使他们采取行动。为了达成这个目标，他们还印制了宣传册，宣传废奴主义思想，介绍前奴隶的生命故事。在这些出版物中，也许最重要的是《一个非洲黑奴的自传》，这本书在出版后的八年间便再版了八次之多。艾奎亚诺的故事是对非洲社会进行详细介绍的第一个文本，其中有对"中间航程"的生动描述，以一个前奴隶的视角对奴隶制度进行了呈现，展示出一个活生生的、有呼吸、有感情的人的命运，对读者产生了极为深刻，或者说是令人惊骇的影响。[11]

1787年，废奴主义者连续不断地向议会呈送了一百份请愿书，要求终结奴隶贸易。1792年，请愿书的年度数量增加了五倍，也就是说，签署过反奴请愿书的英国男女超过一百五十万人，即每八个英国人中就有一个签了请愿书。除了如洪水般呈送的请愿书之外，一些反奴隶制的倡导者采取了更加积极的手段来唤醒国家的良知，使公众切实感受到这种耻辱。他们开始对依赖奴隶生产的如蔗糖等产品进行抵制。反奴隶制运动的浪潮越来越高涨，一些人甚至开始采取更加有力的手段。1793年4月，新泽西的一名臭名昭著、气急败坏的前殖民地官员兼奴隶主约翰·哈顿，一夜醒来在他家门口发现了一尊"荒诞滑稽、丑陋无比的雕像，令人哭笑不得"。在战争期间，哈顿是个忠诚派，曾在恨意满满的爱国者手中承受过同样的待遇。他如今已经迁居到伦敦，但是他煽动暴民的独门秘诀并没有随着时间或者空间的变化而消失。可是，在1793年，他并没有因为忠诚于王室成为众矢之的，反而因为对英国新的道德征程的态度而遭到反对者的攻击。在两个多星期的时间里，他的邻居约翰·泰伊在哈顿的花园里竖起戴着锁链的哈顿雕像，吸引了人群前来围观。他还向人群大喊，他会以二百基尼的价格卖掉这个"该死的恶棍"的雕像。人们不禁希望这个约翰·泰伊是泰伊上校的亲戚，那样他就会继续不停地向新泽西的奴隶主们复仇。这一羞辱性的雕像确定无疑地表明，哈顿在奴隶制中的角色是其麻烦的根源，而伦敦那些曾经为了支持"威尔克斯和自由"而砸碎窗子的人，如今却因为邻居支持奴隶制而肆意对其进行折磨。这并不是说所有的英国人终于看到了光明，但是至少道德潮流开始慢慢转向。因为有许多人，尤其是那些在帝国中享受利益的人，他们曾经无比积极地捍卫奴隶制，而现在，他们却开始全力以赴地反对奴隶制。[12]

　　废奴主义者将革命后"黑人穷人"的悲苦境遇与奴隶制的邪恶直截了当地联系在一起，利用公众日益增长的同情心理来为伦敦的难民进行辩护。格兰维尔·夏普定期与难民会面，为他们提供力所能及的资金帮助。到1786年年初，政府的渠道显然已经无法让难民感到满意，个人的慈善义举又是杯水车薪，为了减轻他们的苦难，显然要采取其他的措施，而且是采取有大规模影响的措施。为了达成目标，1786年1月6日，一个"绅士委员会"成立了"黑人穷人救济专门委员会"，成员大多为贵格会教徒和英国国教福音派教徒，但是所有人都是奴隶贸易的坚定反对者。委员会的主席由乔纳斯·汉威担任，他是监狱改革的伟大倡导者之一，成员则包括格兰维尔·夏普、托马斯·克拉克森和银行家塞缪尔·霍尔、亨利·桑顿。在他们的宣传中，委员会宣布他们的目的是为那些曾在"战争后期在军中服役"，如今却"生活在极度痛苦之中"的黑人难民"筹集资金"。委员会发出的捐款呼吁很快收到了效果，短短几个月内就筹集到八百九十英镑——捐款的人包括像威廉·威尔伯福斯和首相威廉·皮特等各界名人，他们将这笔钱款用于购买衣物、食物和医疗保健用品。[13]

　　"黑人穷人救济专门委员会"筹集的捐款是伦敦受困难民社区维持生存的重要生命线，但这并非长期的解决办法，而且也未能解决他们受苦受穷的深层根源。难民们需要的是自己的土地。可是，无论是在英格兰还是在新斯科舍，土地却好像遥遥无期。然而，一个意想不到的来源提供了解决方案。1786年，亨利·斯梅特曼，一位在西非花了四年时间埋头研究昆虫，并寻找犯罪殖民地的潜在地点的博物学家，出版了一本小册子。他在小册子中大肆宣扬在塞拉利昂建立定居点对英国和"黑人穷人"的各种利益与好处。美国战争之后，许多英国人开始为英国商业寻找新的市场，为贪得无厌的帝国野心寻找新的安放场所。在非洲海岸安置英国的罪犯是早已经进行过尝试的方法，尽管事实证明这是灾难性的举措，但是人们对英国在非洲立足依然有着相当强烈的兴趣。格兰维尔·夏普早在1783年就开始考虑这样的计划，不过他对非洲缺乏专业的知识，不足以让其他人相信这种措施的可行性。夏普和他的同僚们对斯梅特曼的建议很感兴趣，特别是一位曾经是前奴隶的当地土著人证实了这种方法的可行性之后更加跃跃欲试。他们刊登了一则征募广告，给任何愿意加入殖民地的难民提供土地、农具和免费交通，还有三个月的粮食及其他给养。英国政府也在非洲的殖民地中看到了潜在的利益，于是批准了这一计划。这一提议显然是极具吸引力的：响应这则广告的难民达到六百多人，最后登上驶往非洲的船只的有将近五百人。然而，船只还没有离开港口，就有五十人不幸死亡，为这个航程蒙上了不祥的阴影。[14]

1786年12月，包括六十名白人妇女在内的四百一十一名乘客，登上了开往塞拉利昂的三艘船。1787年5月9日，在船长托马斯·汤普森的护送下，难民们终于到达了他们梦想中的"应许之地"。汤普森被授予了该殖民地的临时指挥权，他安排了与当地酋长的会面，这位酋长被英国人称为"汤姆国王"。双方达成协议，同意以相当于五十九英镑的贸易货物购买沿塞拉利昂河的一块土地。汤姆国王对于英国人并不陌生，自1562年起，英国人就在这个地区进行贸易活动，附近已经有了八个贸易站。不过，他决定直接将土地卖给英国人，却是史无前例的举动。非洲的政治形态长期以来是允许欧洲人像佃农一样租用他们的土地，但是他们却从未永久地割让过土地。汤姆国王或许还未能充分意识到，他和汤普森签署的这个文件和对于土地所有权的争议，会在可以预见的未来，成为殖民地与当地人民之间摩擦不断的根源。[15]

经过汤普森最初的护航并经过初步的外交之后，殖民地打算进行自我规制，不需要英国过多地干预。定居者以民主的方式进行自我治理，他们推选理查德·韦弗尔做他们的指挥官，又选择了一些管理殖民地和促进公平执法的一系列官员。对于格兰维尔·夏普和他的同事来说，这是殖民地一个非常重要的方面，是对认为非洲人没有自治能力，因而支持奴隶制的主张的一种反证。而对于难民们来说，拥有政治权力的前景是至关重要的，是他们横渡大西洋寻求自由的目的所在。受这种精神的激励，他们将新的殖民地命名为"自由之省"，并把他们定居的第一个城镇命名为格兰维尔镇，以纪念为了他们的独立做出巨大贡献的那个人。

这种乐观信念却转瞬即逝。在伦敦历经了多年的贫穷与困苦之后，许多定居者来到非洲时就已经病倒了。到他们抵达塞拉利昂时，病情便进一步恶化。登陆后不久，雨季便开始了，播种根本不可能进行，施工也非常艰难，疾病更是猖獗横行。在汤普森船长于1787年9月回到英国时，定居者只剩下二百六十八名。到第二年的4月，人数又进一步减少到一百三十人。许多人在雨季死于各种疾病，包括疟疾、伤寒、痢疾等。另一些人由于彻底绝望，放弃了殖民地，被迫屈从于残酷扭曲的命运，到附近的奴隶贩子那里寻求庇护或就业的机会，驻扎在班斯岛上的那些奴隶贩子就是其中之一。另外，由于汤姆国王和其他的首领们之前从未给予过任何人永久定居的准许令，因此开始对这些脆弱无助的定居点发动报复性袭击。在他们到达后的几个月内，汤姆国王就着手绑架定居者，并将他们作为奴隶出售，以此获得他认为本应得到的贡金。1789年12月，由于殖民者利用了泰姆奈族的酋长吉米国王领土上的一个水源，这位酋长希望因此获得贡金。由于没有得到预期的贡金，他也对格兰维尔镇发动了袭击，并报复性地将村庄夷为平地。定居者在当地奴隶贩子的帮助下与当地的酋长们发生了争执与冲突，进行了相应的回击，但结果却更加糟糕。到了1790年，殖民地几乎被完全遗弃，剩余的定居者都逃到了附近的贸易站或奴隶交易站。

诚然，首次定居塞拉利昂的失败的确令人心慌意乱，但是格兰维尔·夏普和他的同僚们却并不打算放弃这一事业，毕竟，这是他们内心所热爱且向往的事业。然而，夏普为了苦苦支撑千疮百孔的定居点，早已把自己的积蓄花得分文不剩了。毫无疑问，要拯救这个项目，就需要注入新的资金和精力，于是在1790年2月17日，包括夏普、威尔伯福斯、克拉克森和桑顿在内的二十二人召开了新公司的第一次会议，他们向议会提出请愿，要求批准成立联合公司。最后，五百名企业所有人以每股二十英镑的价格购买股票，同时又任命了以桑顿为主席的、由十二人组成的董事会。该联合公司很快得到正式命名，即塞拉利昂公司。夏普希望这个新公司致力于为美国战争中的难民提供一个自由的家园，使他们可以获得土地，并且能够获得自治权。大多数的新成员都是从"废除非洲奴隶贩卖委员会"中招募的，因此，塞拉利昂也首先被视为打击非洲奴隶制的一个潜在工具。事实上，详细介绍该公司成立情况的报纸公告明确指出，该公司成立的宗旨就是"为了破坏奴隶贸易"。[16]

董事会得出的结论是，拯救殖民地并实现更高目标的最好方式，就是调整定居点的经济基础。他们认为，塞拉利昂并不是让前奴隶得以勉强度日的避难所，崭新的塞拉利昂殖民地应该成为非洲海岸自由贸易的引擎，助力打造能够带来丰厚利润的非洲市场，同时董事会希望，那些获利的生产者能够取代并最终消除奴隶贸易。董事会成员们相信，如果当地的商品、产品和手工艺品的贸易能够活跃起来，并且使英国和非洲之间的贸易得以扩大，那么非洲人就会看到合法贸易的好处所在，从而自愿终止贩卖奴隶。同时，英国商人和他们的非洲同行一样，也会发现这种新的贸易有利可图，或者至少比买卖他们的同胞更心安理得，那么他们也会愿意接受自由贸易，放弃奴隶贸易。

从废奴运动的初期开始，倡导奴隶解放的人就非常希望用商品和制造业的自由贸易来取代买卖人口的交易。托马斯·克拉克森甚至购买了一系列这样的商品，希望以此说服公众支持这样的交易。从很多方面看，美国战争为酝酿大英帝国性质的转变提供了必要的空间。自从17世纪以来，英国的政治经济学家和政治家们就一直争论不休，讨论以征服土地为基础的帝国和以自由贸易为基础的帝国，哪一个更有优势。在美国战争爆发前夕，这些争论构成了大西洋两岸意识形态冲突的重要组成部分，同时也成为英国试图在战后挽回损失的核心所在。战后，随着以大面积奴隶交易为基础的大西洋经济被横刀斩断，许多英国人把失去美洲殖民地视为在自由贸易基础上重建帝国的机会。考虑到英国同时在印度又取得了胜利，因此这个想法得以实现的可能性更大，产生的吸引力也更加强烈。战争结束后的几年里，人们掀起了一系列的运动，旨在用自由贸易经济取代以奴隶为基础的经济；用自由劳动力生产的商品即印度和亚洲的棉花与蔗糖，来代替用奴隶劳动力生产的商品即美洲和西印度群岛的棉花与蔗糖。倡导者们相信，帝国从奴隶劳动力转向自由劳动力，将使英国在不损害繁荣的情况下，使自己远离奴隶贸易的污点，在没有牺牲经济的情况下实现率先转型。美国战争结束后的几年中，随着英国沿着更加专制、更加集中的思路重建帝国，英国的帝国资源也因此开始朝新的市场转向，并在印度、中国，甚至是在废奴主义者所希望的非洲扩大利益链条。非洲市场有助于弥补失去美洲的损失，为英国在加勒比的殖民地提供所需的食品，并且为英国的纺织品和制成品提供潜在的买方市场。[17]

倡议者们相信，随着非洲更加紧密地融入欧洲的市场经济，其他的好处也会随之而来。一旦非洲人熟悉了欧洲人为他们提供的一切机遇，那么"文明"也会伴随商业而来，而且在信仰福音派的董事会成员心中，作为欧洲文明基本构成的基督教也会随之到来。伊格内修斯·桑乔早在十年之前就曾指出："商业活动以严格的诚实为前提，并携手宗教一起，将把祝福带给每一片它所触及的海岸。"对非洲来说尤其如此。英国人曾经对奴隶的无尽攫取，对"金钱、金钱、金钱"的无尽掠夺，早已将对普罗维登斯的祝福摧毁得体无完肤。既是董事会成员，又是不屈不挠的废奴主义者，福音派的托马斯·克拉克森对此表示赞同，并对塞拉利昂公司的任务做出这样的归纳："废除奴隶贸易，给非洲带来文明之光，并在那里传播福音。"包括桑顿在内的其他人也表达了同样的观点。他们一致坚信，废除奴隶贸易、传播文明和福音，都会伴随商业的发展，成为自然而然的结果，这一点是毋庸置疑的。[18]

董事们都是理想主义者，但不是傻瓜，他们心里相当明白，一切崇高的目标都必须以利润动机为基础。他们清楚地知道，无论是英国人还是非洲人，只要是商人就不会主动放弃奴隶贸易，转而采纳新型的合法贸易，除非可以证明这项贸易有利可图。因此，尽管他们把平等理念渲染得高贵而美好，但是为了确保新的殖民能够在首次定居失败的地方获得成功，董事们最终决定，不能由定居者自己来控制塞拉利昂的政府。他们建立了一个由英国白人行政人员、教育工作者、官员和商业代表组成的"体面又适宜的机构"，并以此取代了来之不易的民主自治机构——"自由之省"。1791年5月，议会颁布了联合公司的章程。章程认为，为定居者购买的土地如今均归公司所有。与英国和非洲其他地区的贸易如今也由该公司控制。为了确保进行有效的管理，"一切事项，包括民事、军事、政治和商业的"，都将委托给一名欧洲监管员和一个顾问委员，而他们都由伦敦董事会任命并对伦敦董事会负责。夏普一方面对丧失自决权感到深恶痛绝，一方面又担心如果没有新的投资者加入，定居点将分崩离析，因此他只能痛苦地接受这种不可避免的解决方案。他悲哀地感叹："定居者社区不再像从前那样是整个地区的所有者了，他们因此也就不再享有任何特权，不能像从前那样经过自己组织的共同委员会自由投票，就可以拥有土地了；不能再享有自己的《土地法》带来的各种好处了；不能自主选择自己的总督和其他各类官员了；也不能享受绝对自由带来的各种益处了……如今，所有这些特权都呈交给公司任命和控制了。"他继续说：

"我无法阻止这耻辱性的改革，如果我至今都不忍辱接受相关签署人的意见，那么定居点一定已经成为荒无人烟的不毛之地了。"[19]

如果没有更多的定居者到来，那么所有这些新的规章制度和新的管理机构就无法发挥作用。早期的殖民者大多已经死亡，或者被饥饿与暴力驱逐出境。剩余的人数不仅少得可怜，而且过于分散，根本无法实现董事们设想的繁荣贸易的美好图景。人们挑选出一百多名白人定居者、官员、士兵和工匠，让他们形成殖民地的行政核心与道德支柱，不过许多董事仍然希望定居点能够为前奴隶提供庇护。他们中一些比较务实的人还认为，如果让非洲人加入领导层，那么文明化进程和基督教化进程都会进行得更加顺畅。因此，他们需要的是愿意在非洲定居的黑人基督徒。就在塞拉利昂公司寻找新的定居者的时候，托马斯·彼得斯仿佛受到命运的指引，从新斯科舍来到伦敦。

彼得斯出生在尼日利亚，被卖到路易斯安那做了奴隶，之后又被辗转卖到北卡罗来纳。1776年他从那里逃跑，加入了黑人先驱团，参加了对抗美国人的战斗。彼得斯是位天生的领导者，他一直晋升到中士职位，在当时军官晋升与授予是完全将前奴隶排除在外的，因此这个职位已经是相当罕见的荣耀了。他们被疏散到新斯科舍之后，他在难民团体中也一直拥有非常高的影响力。像许多黑人先驱团的团员和家庭一样，他也在迪格比定居下来。在那里，他成为难民们的代言人，为了左邻右舍能够得到足够的衣物与食物而不辞辛苦地奔波。在他被迫前往北美的旅途中，彼得斯一直保持着不屈不挠的独立精神，这种顽强的精神成为他一生追求自由正义的动力与源泉。当他们承诺的土地出让未能兑现时，彼得斯从不回避问题，从不怯于行动，而是将其视为自己的事业，开始持续不断地向殖民地行政官员请愿，请愿书源源不断、无休无止。他们曾经三次获得了分到土地的承诺，甚至都来进行勘测和分配了，但是每次土地都从难民们绝望无助的手中溜走，重新被分配了其他用途，或者分配给了他人。彼得斯却从不知放弃为何物，他推断说，如果加拿大当局不为他的人民解决问题，他就会将不满情绪带到伦敦，带到帝国的心脏去，让他们听到他的冤屈之声。

他于1790年年底抵达伦敦，手里紧紧攥着代表新斯科舍和新不伦瑞克的二百零二个难民家庭的请愿书。他的希望恰如请愿书中所说："为他自己和与他一起受苦受难的人们争取到一个地方，一个适合他们定居、使他们安心劳作的地方，使他们成为国王陛下的有用臣民。"他的计划是向国务大臣威廉·格伦维尔提交请愿书，但是他对于如何完成这一壮举却毫无头绪。不过，他一向都是足智多谋的人，于是他与他的前指挥官亨利·克林顿爵士取得了联系。克林顿觉得他对难民们的困境负有责任——他对难民们的承诺至今未曾兑现就是一部分原因，于是他帮助彼得斯与他认为最有可能提供帮助的两个人取得了联系，即格兰维尔·夏普和约翰·克拉克森。夏普、克拉克森和他们的废奴主义同僚们被彼得斯讲述的事情所打动——彼得斯把加拿大难民们所受的虐待详详细细地告诉了他们，而他们帮助彼得斯把请愿书修改得更加恳切。在交谈当中，彼得斯和废奴主义者们渐渐找到了一个能解决所有问题的完美方案——使新斯科舍那些命运多舛的难民成为塞拉利昂的定居者。[20]

对于夏普和塞拉利昂公司来说，新斯科舍的难民会为他们提供一批已经被西方的基督教思想所教化的非洲后裔，他们急需这些人为雄心勃勃的新殖民地带来生机。而对彼得斯来说，在加拿大经历了近十年的挫折和失败之后，回到非洲家园的前景看起来——用一位支持者的话说——"似乎能带给他和那些跟他一样的难民一个庇护所，这个庇护所比新斯科舍和新不伦瑞克更适合他们的体格和素质"。为了反映这种到任何能够提供土地的地方定居的意愿，他们在请愿书中添加了一个条款，声明"上述提及［新斯科舍］的黑人中，有一部分热切希望能够获得他们应得的土地，并且能依然留在美洲。不过，其他人作为大英帝国的自由臣民，则愿意前往任何其他地方，只要睿智的政府认为适合的地方都可以"。[21]

由国务大臣亨利·邓达斯领导的政府愿意支持这项计划，甚至为新的定居者提供了交通工具。然而，在1787年的殖民地灾难发生之后，许多人将这些归咎于来自伦敦的定居者们有缺陷的性格，因此公司希望，现场有位代理来评估一下未来殖民者的情况，同时评估一下计划的可行性。他们发现约翰·克拉克森可以胜任该项任务，他那时已经是位坚定忠诚的废奴运动的成员了，与英国最著名的反奴隶制人士一起工作。在彼得斯请求援助的呼声的激励下，克拉克森代表塞拉利昂公司出海前往新斯科舍，对加拿大前奴隶的情况进行评估，同时为非洲的新殖民地征募定居者。尽管他同意担任公司的代理人，但他下定决心，不会通过恳求或哄骗的方式使难民接受公司的提议。他个人对于殖民地的发展前景心存疑虑。在他收集到的关于1787年定居情况的信息中，他知道疾病、风雨、饥饿和当地人的敌意都有可能使他们付出巨大的代价。因此，他并没有敦促任何人加入新殖民地，而是决定只将信息传达给他们——公司提供的条件、潜在的危险，以及所有他对于既定的殖民地定居点所知道的一切，并尽力采取中立的姿态，让难民们自己做出决定。他这样做是因为他意识到他们与难民在人格上是平等的，"我将他们视为同样的人，与我有同样的情感，因此我绝不敢玩弄他们的命运"。[22]

克拉克森于1791年8月19日离开格雷夫森德，登上了一艘名为"方舟"的大船，于10月7日抵达哈里法克斯。在与帕尔总督会面并对公司公布的条件进行确定核实之后，克拉克森于10月12日在普雷斯顿开始进行首次招募。他在那里"拜访了几位居民的小屋，向他们说明了塞拉利昂公司提出的条件"，并补充道，"他们的处境真是糟糕到了极点"。作为普雷斯顿难民社区的牧师和领导人，波士顿·金很可能是新斯科舍中第一批受到约翰·克拉克森拜访的人。如果真是这样，那么克拉克森的选择是幸运的，因为波士顿·金对新斯科舍的感触最为深刻，那里是梦想被阻断的地方。如今，他已经开始考虑英国在非洲建立殖民地的好处了。根据金的回忆录可以看到，早在1787年时，他就已经开始思考"非洲贫穷兄弟"的命运，并且为他们祈祷。尽管到目前为止，他们已经摆脱了奴隶制，但是金却为他们"未能成长在基督教的土地而感到悲伤。福音还没有传到非洲那里，那些可怜的人一定身处无比悲惨的境地，因为他们从未听到过上帝的名字，也从未听到过基督的名字"。四年之后，当约翰·克拉克森出现在他的门口时，金在他所提供的到塞拉利昂定居的提议中看到了一个机会，即把上帝的话语和英国的文明带到"那贫穷落后、愚昧无知的地方，那里毕竟是孕育了我的祖先的地方"。无论从哪方面来看，金都是理想的定居者。他品德端正，在他的教众中有一定的影响力，而且他"教化"和劝说非洲人民的目标与塞拉利昂公司的目标不谋而合。也许是受金的宣传与支持的影响，不到一周时间，克拉克森就接到来自普雷斯顿和哈利法克斯的七十九份申请，希望加入拟定的殖民定居点。从他第一次访问之后的一个月内，人数又增加到二百二十人。波士顿·金和他的家人也在其中。[23]

普雷斯顿和哈利法克斯的成功使克拉克森备受鼓舞，于是他继续前往谢尔本和伯奇顿这两个最大的难民社区。他将招募定居者的任务托付给两位最有影响的宗教领袖：戴维·乔治和摩西·威尔金森。结果出乎所有人的意料，报名者如洪如潮。全部的教众集体报名，非常急切地希望在非洲重建他们曾经在新斯科舍建立的社区。人数增长得多到不可思议，克拉克森开始担忧交通工具的空间不够，定居点也无法安置这么多人。于是，他把进一步前往圣约翰、安纳波利斯和迪格比招募的行程取消了——其中迪格比正是把托马斯·彼得斯送到伦敦的那个社区。彼得斯一直与克拉克森保持着联系，而且彼得斯并不是临阵退缩的人，于是他一个人前往难民社区，从黑人先驱团中退役的那些老兵中，最终又招募了四百多人。

和以往一样，各种麻烦和复杂的情况不停地对难民造成困扰。从一开始，新斯科舍的总督就对克拉克森的任务持坚决反对的态度，他坚持认为，人们急切地加入塞拉利昂定居点，就是他作为行政长官失败的证据。新斯科舍的许多白人社区也同样不允许难民们离开。或许他们是自由的，但是加拿大白人却依然将难民视为奴隶。他们只把前奴隶视为廉价的劳动力，决不会不加阻拦地眼睁睁看着他们离开。一些人拒绝向难民提供证明，希望以此挫败他们被克拉克森接收的机会。另一些人则散布谣言，说公司的这种设计出于邪恶目的，目的是将他们再次奴役，还编造谎言说，横跨大西洋的旅程以及非洲生活的死亡率都高得可怕。1787年，定居点造成的大量死亡以及最终失败的事情被刊登在报纸上，并在"城里的每一个角落"大声朗读出来给难民们听。[24]

然而，几乎没有人因此而气馁，而且克拉克森甘愿冒一切风险向难民们提供援助，他将此视为自己的道义与责任。他解释说："自从欧洲自称进入开明社会以来，这些穷苦不幸的人经历了最无耻的背叛、最恶劣的压迫、最残忍的谋杀，以及一切最恶毒卑鄙的事情。我无法说出有哪个时刻，能有这样的承诺，让这些人凝聚成一体，使他们以如此认真的姿态对待。"很快，他就被洪水般涌来的咨询和申请淹没了。有些人为了确保让家人过上更美好的生活而不顾一切，甚至宁愿面临与最爱的人永远分离的未来。正如他所记录的：

> 今天下午发生了极为感人的一幕，一个黑奴前来找我，目的是为了让他的妻子和家人获得自由，他要将他们抛弃。他泪流满面地对我说，尽管分离对他来说就像死亡一样，但是他已然下定决心，要永远地抛弃他们。因为他坚信，他这样做最终会使他们的处境更加舒适，使他们的生活更加幸福。他说他不在乎自己，

也不在乎今后他将承受怎样残酷的命运。尽管他坠入了最凄凉、最悲惨的生活深渊，但他无时无刻不为自己的妻子和孩子获得幸福而欢呼雀跃。[25]

另一个难民对成为奴隶之前的非洲生活还有些记忆，他用磕磕绊绊的英语告诉克拉克森，他现在"像奴隶一样干活"，他觉得"在世界任何地方"的结局都不可能比这更加悲惨了。当克拉克森警告他说，如果他加入殖民定居点，他很可能会面对很多困难和危险，他回答说："如果我死了，那就死了吧。我宁可死在自己的国家，也不愿死在这个天寒地冻的地方。"

1792年1月，一千一百九十名定居者终于在哈利法克斯集结完毕。1月16日，他们乘坐由十五艘船组成的船队离开加拿大。在克拉克森的命令下，这些船都进行了一些改动，以免他们触景生情，回想起"中间航程"的那种可怕状况。波士顿·金和普雷斯顿的难民们在一起航行，克拉克森称他们"比英国所有靠劳动维生的人都要好。我认为他们有极强的判断力、极快的理解力和清晰的推理能力。他们知道感恩，爱妻子、爱孩子，珍惜友谊，对左邻右舍充满善意"。金和他的同伴们对新斯科舍的岁月感到无比失望，但是，当他们在大英帝国的领土上寻觅飘荡时——虽然这种漂泊生涯似乎无休无止，他们却从不把自己视为被打败、被征服的民族，而是对自己的平等身份坚信不疑的男男女女。他们确信，只要消除了偏见所带来的制约与束缚，他们的社区就会茁壮成长，繁荣昌盛。这些承受美国奴隶制的欺凌，受到美国反叛运动刺激的难民们，没有沉溺在为奴隶制辩护者们的语言当中——那些人认为他们应受奴役，认为他们低人一等，相反，他们同他们从前的主人一样，同样饱饮了启蒙主义之泉，并将普天之下众生平等、普世之内自然权利相同的思想内化于心，深信不疑。一代又一代的奴役并没有使他们患上斯德哥尔摩综合征，他们从不接受自己本性卑贱、天生为奴的命运。他们内心拥有强大力量的不竭源泉，他们的意志像钢铁一样坚定，誓将战斗进行到底，直到自由和繁荣变成现实。尽管在加拿大遭遇了无数失败，但他们却依然相信，作为英国的臣民，他们受到英国司法的保护，使他们享有英国公民的权利。实现梦想的最佳良机，就是在大英帝国稳定而安全的怀抱之内。可以说，他们是忠贞不移的帝国主义者，致力于完成殖民和教化的任务。

1792 年 3 月，当护航船队靠近海岸的时候，波士顿·金第一次看到了非洲的模样。最早映入眼帘的是这个地区拥有葡萄牙语名字的那片山脉，山峦"从海上缓缓升起，直到升到那令人惊叹的高度。山上树木茂盛，被自然之手装点得无比美丽，景致随山峰流转各有不同，让人感到无比愉悦"。当群山渐渐靠近，地平线上峰峦叠嶂，塞拉利昂河也终于出现在眼前。在河口陡然变窄之前，河口的宽度达到十多英里，河流上布满了草木葱茏的岛屿，这些岛大多无人居住，只有上游十五英里处的班斯岛上有一家英国奴隶工厂。当他乘船一路上行时，风景在身边飞速掠过，金看到了各种美丽的颜色在眼前闪过，"有羽毛艳丽的各种鸟"，还有一簇簇"果实累累"的橘子树，点缀在笔直高大的"像巨人一样"的绿色与棕色棕榈树之间。透过树林还可以看到其他生命的迹象，一座座非洲的村庄，随着船的不断上行，依次在眼前出现，又渐次在眼前消失。对于那些在非洲度过了青春时光的人来说，"那些浪漫植物散发出来的动人香气"在闷热的微风中飘荡，带来了家乡的味道，搅动了他们内心深处早已忘却的遥远记忆。在离海大约十英里的地方，金的船终于靠岸，挤在河南岸一处深水湾中。格兰维尔镇的几十幢小屋就在那里，是由定居者在亚历山大·法尔孔布里奇的指挥下重建的。他是前奴隶船上的一名随船医生，也是托马斯·克拉克森的线人。他在重新招募定居者并进行重建定居点的前一年，被派到塞拉利昂。这片泥泞不堪、茅草丛生、树木稠密的地

方，将成为金的新家园。²⁶

整个航程暗礁隐没，风暴横行。离开哈利法克斯几天后，船队就遭遇了一次"可怕的风暴袭击"。金回忆说，十六天的时间里，船在狂风的嘶吼和海浪的咆哮中颠来簸去，船队的各艘船被吹打得四散开来。在一次飓风袭击中，一名与金同行的乘客被大风卷到船外，不幸身亡，只留下妻子和四个孩子。对金来说，卧铺舱外呼啸的狂风暴雨，像镜子一样映照出他内心深处的无限悲苦。他的妻子已经"病入膏肓"，日子一天一天流逝，天气终于将船队从它紧握的铁拳中放开，而他越来越明白，她不会活着看到非洲海岸了。几个星期以来，她已是命悬一线，奄奄一息，"把她葬在海里"的可怕命运将金搅得心神不宁。当3月6日那天终于看到陆地时，金的心可谓如释重负。²⁷

金抵达的时候，几艘被暴风雨吹得四散开来的船，已经停泊在格兰维尔镇上游六英里的地方了，他们是两周之前，即2月26日到达的。几天之后，他们离开船，涉水穿过碧绿的海水，站到了祖先的土地上。托马斯·彼得斯早年曾经在东南方一千五百英里现在是尼日利亚的地方生活，到他被迫为奴又再次返回的时候，他已经四次横渡大西洋。如今的他可谓欣喜若狂。他和其他人一样，为了把他的人民带到这片海岸已经竭尽全力，如今他狂喜不已，内心释然，不由得开心地唱起歌来。在这样一个值得纪念的重要时刻，需要这样的欢乐之声陪伴左右。当彼得斯、乔治和其他传教士带着他们的教民走进这片应许之地时，他们都不由得高声向苍天喊道："欢庆之年终于来到，得到救赎的罪人们终于回家了。"

在岸上迎接他们的是"自由之省"幸存下来的那些可怜人，四十多个苟延残喘的男男女女有气无力，有些"已经病入膏肓"，或者是"衣衫褴褛、满面污垢"，几乎无法辨认出他们的模样。除此之外，当地泰姆奈族也有一小队人前来迎接新来的定居者，这是一支小心翼翼的欢迎队伍。其中，有几个人紧张而期待的心情显然比其他人都要迫切得多，他们在聚集的人群中满怀渴望地搜寻着久未相见的熟悉脸庞。至少有三个人是在这个地区出生的，其中一个就是塞拉利昂的子民。他曾经乘船穿越大西洋，并向同伴们讲述他曾经的家乡的故事，也讲述对未来重回家乡的企盼。不知是幸运，是命运，抑或是机遇，船队几乎就在"他当年被带走的那个地方"抛锚了，就是在那片海滩，他被抓住并被卖到停在河中的一艘美国奴隶船上。那是十五年前的事情了，那时的他还是个孩子，但是他仍然记得返回几英里之外的家乡的路。然而，多年的离家漂泊，多年的为奴创伤，早已使人们丧失了勇气，他不敢再冒任何离队的风险，因此他没有回家，而是与难民们一起搭建帐篷。他们把在塞拉利昂河畔建起的这个营地庄严地命名为"自由城"。[28]

金在3月初加入了这个营地，不过他眼前的新定居点和崭新的环境却无法燃起他的任何兴致。他的妻子虽然坚持撑到了新家，但是现在却已经病得"神志不清"了，登陆后不到几个星期，她就出现了谵妄，意识渐渐模糊，她甚至说她看到了上帝的样子。最后，她在"爱的狂喜中"死去。维奥莱特·金是新家园中最早逝去的人之一，但她却远远不是最后一个。波士顿·金自己也很快病倒了，不到几个月的时间，因为生病而"哀哀呻吟"的声音便无处不在。新斯科舍的难民们就像1787年那批登陆者一样，抵达这里的时间也恰恰在雨季到来之前。病体沉重和浑身湿透的难民们在雨中瑟瑟发抖，人们为他们搭建了一些临时棚屋，但是没有时间建造能永久居住的房屋和储藏屋，因此无法为殖民者们提供保护，存放的粮食更是淋雨受潮。这些在新斯科舍便病恹恹的人，在这里既缺乏新鲜食物，又要承受风吹雨淋，病情更加恶化。在哈利法克斯的时候，疾病已经在船队中肆虐了，在船队到达目的地之前就已经有六十五人死亡。原本就体弱多病的难民们，当面对雨季之后到来的那些从未见过的热带疾病侵袭时，没有任何的抵抗力，不到几个星期的时间，就有四十名难民死亡。金回忆道：“定居者们死亡的速度太快了，连为他们找到安葬之地的时间都没有。”[29]

金非常幸运地在第一个雨季的疾病侵袭中活了下来，他像其他许多人一样，前几个月的时间都是在小棚屋拥挤着度过的。雨季结束的时候，他心中既有惶恐不安，又饱含感激之情。他们带着近乎宗教般的热忱全身心地投入到建设殖民地的艰苦劳动中。金为塞拉利昂公司工作，帮助清理土地，建造礼拜堂。这对于信徒来说，虽然是无比繁重的工作，但是能有些回报。随着“自由城”在他身边慢慢崛起，金开始思考他远赴新斯科舍的自身原因，并发觉他内心深处对“土著居民抱有深深的同情之心”。[30]

当定居者忙着建造他们新的伊甸园的时候，当地村庄对海滩上这一片繁忙景象产生了极大的兴趣。一些村民决定出来亲自看看这个在海岸上拔地而起的新定居点。一位年迈的妇女也跟着他们一起来了，她虽然上了年纪，但耳聪目明。她的丈夫几年前去世了，他的儿子无声无息地就消失不见，她觉得“永远失去了这个孩子”。当他们走近定居点中数不胜数的帐篷，看那些新来的人忙来忙去干活的时候，这个老妇人的情绪突然激动起来。那些陌生人中，有一个人的侧面看上去却不那么陌生。她又端详了一下这个年轻人，激动的心情变得兴奋难耐，心中的疑虑也被确定无疑的感觉代替。她对朋友说，尽管上次见他已是十五年前的事了，但她认识这个人。最后，她朝他跑了过去，把他抱在怀里，搂得紧紧的。“原来她是他的亲生母亲。”[31]

对许多人来说，这并不完全是返乡之旅。他们像波士顿·金一样，出生在大洋彼岸，并生而为奴。非洲是他们祖先休养生息的地方，是传说中的地方，是个充满故事的地方——那都是耳熟能详的故事，是小时候围在火炉边听来的。非洲的历史那样悠久，如今则成为他们安放未来的地方，但它却不是家。对于像金这样的人来说，他从来就没有过家，或者说没有真正的家，没有一个能带给他安慰和归属感的地方。他曾有过家庭，这是毫无疑问的，但是家庭却没有扎根于一个地方，扎根于一片充满风土人情、充满历史古迹、充满意义的特定风景。相反，作为奴隶，他的存在感早已被无声无息地盗走了，他像小偷一样过着不断变换的生活，从一个地方搬到另一个地方，从一个主人换成另一个主人，被人随心所欲地买来卖去。这样的世界中没有北极星，没有指南针，没有任何指引让他找到回家的路；也没有家，没有深深扎下的、不愿离去的根。美国战争带来了自由，但是脆弱紧张的生活依然在继续，似乎永远停不下来。自由带来的是更多令人疲惫不堪的旅程。不过，自由毕竟点燃了希望，也点燃了内心对于独立和家园的不懈追求。终于，他们来到了塞拉利昂河岸，来到了这个荒凉无比的终点站。对于金和他大多数的同伴来说，他们找到真正家园的可能性微乎其微，但这并不是最重要的。他们在塞拉利昂生活的漫长而不安的岁月，正如他们如今所殷殷期盼的一样，与子孙后代息息相关。他们希望，甚至也相信，他们或许能够在非洲找到一个地方，能让他们重建被盗走的世界，"让我们的孩子自由快乐地生活"。[32]

看着这支巨型船队在他们的海岸上卸下一堆破旧的货物，前来迎接的非洲移民的眼中流露出对未来的担忧和警觉。当初他们对格兰维尔镇的突袭已经证明了这一点，当地的酋长们无意将土地割让给另一批入侵者，无论他们的肤色如何，也无论他们是否同族同宗。他们对像魅影一般永远会出现的欧洲商人和欧洲贸易站已经习以为常，但是定居者就完全是另外一回事了。不过，至少还是会有一些当地的统治者对于新移民雄心勃勃的建设目标表示欢迎。大多数人则对扩大与英国的贸易表示欣然接纳。还有很多人对破坏奴隶贸易的努力同样表示支持。多少年来，一些沿海统治者通过将邻国的、对手的和被抓捕的俘虏卖给班斯岛的奴隶主而赚取了大量利润。然而，这种发财致富之路的成本却变得越来越难以承受。

从塞拉利昂向北延伸到塞内冈比亚、向南延伸到几内亚湾的整个地区，都受到奴隶贸易的蹂躏。一位当地的统治者对塞拉利昂殖民地公开表示鼓励和支持，他说："这也许能够阻止那些可怕至极的掠夺，几乎所有到这里来进行贸易活动的国家都在这里强行劫掠。"这种卑鄙可耻的贸易几乎殃及了所有人，即使像他这样有权有势的统治者，也目睹了三位亲戚在自己的领土上被抓走，被卖到西印度群岛为奴。"我不知道如何把他们弄回来。"他对殖民者们这样说。来自北方的报道也讲述了相同的绑架、袭击和战争的故事，所有这些行为的"唯一目的是获取奴隶"。内陆地区的情况也没有好到哪里去，受不可遏制的奴隶需求的刺激，内地战火不断、硝烟四起。这些说法得到了另一个当地线人的证实，那是一位混血儿，"在曼丁哥的一所大城镇中给人做情妇"。她的英文名是"赫德太太"，年轻时曾在英国生活过一段时间。对她来说，奴隶贸易是"永不枯竭的恐怖"源泉，她在"晚上躺下的时候，永远不知道在早上醒来之前会不会被暗杀"。美国战争使得奴隶需求日益减少，这毫无疑问是件好事。赫德解释说，在美国战争的那几年里，"内陆国家从来没发生过战争，因为没有对奴隶的需求，战争就不会发生"。但是，这种喘息只是暂时的，随着巴黎和平协议的签署，非洲的奴隶战争又卷土重来。[33]

为了保证奴隶的供应源源不断，欧洲人对非洲国家之前的战争予以公开的鼓励。一个从塞拉利昂河的源头跑来参观"自由城"的线人报告说，欧洲人从来都鼓励争端、挑动战争，甚至为敌对的双方都提供枪支和弹药，让他们互相残杀。这名男子本人也正处于由英国奴隶主挑起的五年战争中。正如这个线人所言，奴隶战争可能已经陷入了无法摆脱的恶性循环。为了购买自己的人民所需要的武器和弹药，保护自己不受左邻右舍的奴役，他被迫"拦截陌生人、贩卖陌生人"。他深知奴隶贸易是"一件极坏的事情"，但是他为了不让自己的社区沦为弱势群体，只能深陷其中，无法自拔。战争产生了奴隶制，奴隶制又引发了无休止的战争。[34]

在更南部的地区，塞拉利昂公司发现，战后的世界急需重建。数十个村庄已经"荒芜人烟"，之前的居民不是被迫成为奴隶，就是逃之夭夭了。一个在利物浦接受了教育的混血奴隶主曾发动过几次突袭，使得整个地区人烟尽绝。他的方法是把东西借给当地的酋长和村子的首领，一旦他们无力偿还，便由从欧洲船只逃出来的人带上二百多名打手，全副武装地去抓人，扣押一些奴隶作为补偿。这其实是欧洲奴隶主习以为常的做法，他们以未偿付的借款为要挟，迫使沿海地区的民族向左邻右舍发动袭击，抢劫"活人货物"，为他们的首领偿还债务。那里还发生了这样一件事，一位当地的酋长跑到殖民地来求助。他的女儿被债主抢走了，被卖到停泊在"自由城"外面的一艘奴隶船上。总督打算出面干预，想救出那个女孩，但是奴隶船船长却拒绝了，告诉他唯一的办法是找到另一个奴隶来代替她。在这个抓捕奴隶的怪异循环中，还发生过另一件事：一位因为孩子被抓而"跑去寻找奴隶"的父亲，要抓捕其他可怜的倒霉鬼来代替他自己的孩子。在非洲的社会中，反对奴隶制的呼声相当高，但是经过了几个世纪的贸易活动之后，奴隶主已经完全融入了这个地区的政治经济生活之中。当地的统治者们自己"也深深地卷入奴隶贸易中无法自拔"，一些奴隶主与他们携起手来形成联盟，以确保奴隶主的袭击不会受到遏制，效果极其严峻可怕。非洲内陆受到几乎永不停歇的战争的困扰，战争不仅破坏了整个地区的稳定，也使得人口急剧减少，社会秩序和经济秩序受到严重干扰，资本积累被彻底阻断。在沿海地区，一些非洲政治组织由于在奴隶贸易中的积极作用而积累了大量财富和权力，但是他们的地位依然处于极不稳定的状态，越发需要依赖欧洲贸易才得以幸存。每一个非洲人都因奴隶贸易的影响而发出悲鸣，但是几乎没人能够看到走出恶性循环的出路。[35]

为了最终能够阻断和终止奴隶贸易，塞拉利昂公司的代理人做出了巨大的努力，专门去寻找并记录当地人民的痛苦际遇。这些故事也成为更广泛的废奴运动的一部分，成为人们了解非洲文明，了解奴隶贸易及深刻影响的重要材料。在18世纪，英国的贸易主要局限在沿海的贸易站，因此对非洲的了解少得惊人。为了解决这个问题，由库克船长的前植物学家约瑟夫·班克斯爵士带领一些有钱的英国人，于1788年成立了"促进非洲内部发现协会"，即后来众所周知的非洲协会。这个协会对于探索西非有着真诚的科学兴趣，资助了一系列的探险活动，如由丹尼尔·霍顿和芒戈·帕克等人领导的探险队，主要任务是找到传说中的城市廷巴克图的具体位置和尼日尔河的源头。这些勇敢探险家们的赫赫功绩吸引了英国公众的全民想象，使他们成为帝国的英雄人物，也使英国在非洲的事业进入了新的阶段。但是，知识并不是他们深入遥远地方的唯一原因。非洲协会的成员和利益与当时的其他组织密切相关，甚至相互重叠，比如"废除奴隶贸易协会"就是其中之一。因此，非洲协会的目标之一，就是获得非洲文明是先进的高级文明的证据，以此对抗奴隶制的捍卫者轻蔑鄙薄非洲的危险成见。长期以来，宣扬非洲生而野蛮、生而落后的观点，成为使奴隶制合理化的一种手段。但是，即使掌握一手证据，能够证明这些只是信手拈来、拿来骗人的谎言，让英国公众改变看法和认知也有很长的路要走。

塞拉利昂公司的官员们搜集了许多信息，显示出奴隶贸易有着极大的危害性。这些信息有一个共同的目的，即证明探险家们所记录在案的令人仰慕的伟大文化，正在被奴隶制所摧毁。在专为公众阅读而编写的公司信件与公司记述中，英国人了解到那些奴隶船臭气熏天，充满了沮丧无助、痛苦绝望，奴隶们想要终结自己的苦难，只有自杀一条出路。奴隶们"内心充满恐惧，既害怕可怕的死亡，也害怕残酷的奴役。即使在最遥远的远景里，他们也不敢想象能再见到朋友和亲人，他们就这样活生生地被从亲友身边撕扯开。他们的'生命之杯'中全是悲伤，纯粹的悲伤，永远不可调和，没有一丝一毫的希望能够冲淡那浓烈的悲伤"。英国人也了解奴隶贩卖过程的野蛮与血腥，"无情的恶魔们"被残暴的贩奴贸易腐蚀得人性全无，他们残杀了自己的白人仆人，淹死那些卖不出去的奴隶，最后迎来自己阴森可怕的结局，被自己抓捕的囚徒杀害，"一个罪有应得的人生结局"。这些故事呈现了奴隶们的生动人性，也揭露出抓捕他们的奴隶主的冷血与残忍，成为英国人经常翻看的脚本，成为他们耳熟能详的内容，为反对奴隶贸易的废奴主义事业奠定了基石、添加了弹药。1799年，在议会讨论废奴法案的辩论中，两位前总督——道斯和麦考利——为了支持该法案，甚至提供了专家证词。[36]

其他从塞拉利昂送到英国给英国人阅读的各类记述与故事，也对打破长期以来有关奴隶贸易本质的神话起到了助推作用。例如，1796年5月，从1794年起开始担任塞拉利昂总督的扎卡里·麦考利就代表四名奴隶，对停泊在"自由城"附近前来购买奴隶的美国贩子进行了干预。受害者都是当地人，包括一名被当地酋长卖掉的三十岁左右的男子，一名十四岁的女孩。那个女孩在看望亲戚的路上被当地副酋长抓获，并以一桶朗姆酒的价格被卖掉。还有一个名叫玛丽亚的女孩，曾经在玛丽·珀斯开办的殖民学校读书，而玛丽·珀斯从前也是奴隶。麦考利对于在他眼皮底下就厚颜无耻地贩卖奴隶的事件感到震惊，他坚持让美国船长把抓的人全都释放。船长只得俯首听命，几位险些就成为奴隶的人终于又和亲人团聚了。麦考利对此情此景的描述显然意在说教。为了对著名的废奴主义者的口号"我难道不是人，不是兄弟吗？"作出回应，他对读者说："年轻的受害者们又回到家人的怀抱，重聚时激动欣喜之情真的让人无比感动。"他在最后这样总结道："那些剥夺了这些可怜生物的人性，认为他们没有人的情感，没有兄弟情谊的人，真是可耻至极。"不过，这段叙述也削弱了为奴隶制辩护的人常用来申辩的理由。他们说，被欧洲商人买来的非洲人，要么生来就是奴隶，要么就是因为犯罪被罚为奴，要么就是无法偿还债务而被迫为奴。"我认为这件事是证明奴隶贸易本质的有力证据。"麦考利坚持认为，"在所有的贩卖交易中，没有任何犯罪指控，没有任何生而为奴的人，没有任何未偿还的债务。当如此罪恶滔天、罪大恶极的生意就赤裸裸地发生在眼前的时候，真是令人无法冷静地思考！上帝怎么能留下这邪恶的祸害，让它诞生在人间！"[37]

    殖民地的领导层尽了最大的努力，反复完善他们的言论，使其成为废奴运动的有力工具。除了为英国的公共宣传活动作出贡献之外，总督们还鼓励欧洲的奴隶主和非洲的酋长们放弃奴隶贸易。不屈不挠、刚正不阿的麦考利与当地的奴隶贩子就其职业道德问题展开激烈的辩论，对方在辩论时常常会口出恶言。当被派到班斯岛的奴隶工厂的代理人蒂利先生访问殖民地时，麦考利组织非洲儿童进行了一场演出，其中许多孩子都是从奴隶中被拯救出来的。他希望向奴隶主展示，"从他每年交付给国家的数百名奴隶身上，他们真正应该期待的收获是什么"。许多卷入奴隶贸易的人坚称自己的参与合情合理，他们通常会以自己也忍饥受穷作为借口。有一个为奴隶主辩护的人质问麦考利："你打算让我饿死吗？我也没做比别人更过分的事情，那些富人不也在做同样的事吗？如果他们也觉得自己做的事情没有问题，那我当然也没有问题了。我就是个穷苦人，千辛万苦也只是为了谋生罢了。"对于总督这篇谆谆告诫的长篇大论，一个美国奴隶船的船长更是嗤之以鼻地予以回击。他轻蔑地说："宗教真是一个美妙绝伦的发明。可是先生啊，我可不是卫理公会的教徒，我做人可没想太正直。"不过，对于一些犹豫不决的参观者，麦考利的说服工作还是有成效的。他带着一位名叫鲍尔的船长参观了班斯岛，鲍尔被眼前"悲惨无比的人类苦难"吓到了，后来在一位代理商前来祝酒时，他高声回应道："来吧，让我们一起为迅速结束一个现在还在横行的巨大罪恶而干杯吧！结束奴隶贸易！"当那个代理商张大嘴巴准备反驳时，鲍尔打断了他，"任何有基本同情心的人都会毫不犹豫地认为"，他停顿了一下，转头对麦考利说，"这千真万确是该诅咒的罪恶交易。我向上帝祈祷，祝福你的朋友们（废奴主义者）的努力终能获得他们所期待的成功"。[38]

塞拉利昂公司及其代理人都明白，要破坏奴隶贸易，他们就不能忽视当地的非洲统治者的核心作用。殖民地的各个民族对于奴隶制持矛盾态度。许多酋长在某种程度上卷入了抓捕和贩卖奴隶的过程，这既是增强他们与对手斗争的力量的途径，同时也缘于越来越强烈的想得到欧洲货物与商品的欲望。许多统治者意识到，他们的处境并不稳定。他们需要欧洲的商品，那些商品既可作为礼物，同时也是地位的象征，使身后的追随者们不致人心涣散。而且，欧洲的枪支和弹药也能保卫他们的人民不受敌人侵犯。不过，获得这些产品的最简单方式，就是把欧洲人最渴望的商品卖给他们，即非洲人自己。因此，许多统治者对于塞拉利昂公司要求他们放弃奴隶贸易的要求，只是做出假意和无奈的顺从而已。麦考利访问了塞拉利昂南部的谢尔博人，与他们至高无上的国王阿多进行会谈，问他是否允许塞拉利昂公司的商人和传教士在他的领土上居住。国王承认他有时会从事奴隶贸易，但是他似乎对"废奴的前景感到高兴"。几年前，一个名叫詹姆斯·克利夫兰的奴隶贩子袭击了他的村庄，"许多人被抓走并贩卖为奴"。在他眼里，贸易的双方都是人贩子，也都是受害者，尽管他无法单方面放弃，但他也希望能够结束这种贸易。其他人也有相同的感受。谢尔博的一名酋长西格诺尔·多明戈对麦考利说，他希望投入基督教的怀抱，放弃奴隶贸易。"在奴隶贸易中我还能再做什么呢？我应该放弃这种事情了，我要跟上帝算算账了。我老了，我脑子里想的只有天堂。"[39]

殖民地的定居者和官员们并没有将他们的干预仅限于语言上。1793年6月，为了确保释放十七名"黑人水手"，麦考利亲自介入。

这些黑人水手被一艘法国军舰所捕获，并被一名英国船长作为战利品卖到了班斯岛上。麦考利对于只将白人水手视为战俘，却将黑人水手卖掉的虚伪行径感到怒不可遏。"为什么那些法国海员没有被带去拍卖？"他大惑不解地质问道。"政府允许把黑人和白人当成一条分割线，以黑人和白人来作为战争中的战俘和奴隶的区分吗？这些人不仅是自由的，而且他们有些人是酋长的儿子。"塞拉利昂公司因此也成为这一地区的奴隶们所向往的自由灯塔。逃跑的奴隶们蜂拥到定居点，坚信他们只要出现在殖民地的土地上，就能获得自由。定居者们经常把逃跑的奴隶藏在殖民地内，不过有几次逃跑的奴隶还是被定居者自己再次转卖掉了。[40]

于是，有人对麦考利提出要求，让他保护逃跑的奴隶不被再次抓获，但是窝藏逃跑奴隶的问题使殖民地官员们的处境变得相当微妙。一方面，根据英国的法律，奴隶贸易依然是合法的，因此，如此积极地对英国商人的"活人货物"进行干预，很可能会导致针对塞拉利昂公司的法律诉讼，而这是公司负担不起的。一位总督提醒定居者们说："塞拉利昂公司成立时的那份法案，直接且明确地禁止他们损害英国臣民在对非贸易中的权利。"同样，疏远班斯岛和洛斯岛附近的英国奴隶工厂，也会将重要的援助来源切断。早些年，殖民地曾被迫向班斯岛的代理商乞求支援急需的大米和其他物资。奴隶贩子受到广泛欢迎，因为他们同时也是人人渴盼的欧洲商品的供应商，对当地的非洲酋长们也有相当大的影响力。他们当然不会乐见自己从事的贸易中断。由于被酋长们隐而未发的敌意所包围，加之1793年之后在法国不断进攻的威胁下，与奴隶工厂的良好关系也能保证急需的军事援助得到供应。尽管双方关系一般来说非常紧张，但是殖民地官员却与班斯岛建立了互惠互利的关系，不仅相互访问，而且相互交换物资和信息。[41]

定居者对于这种平衡道德理念和实际需求的做法并非一直都持

欣赏态度。有一次，在1794年6月的时候，麦考利解雇了一名码头工人，因为他袭击了一个奴隶贩子。那个奴隶贩子嘲笑这名前奴隶说："要是当时把他们卖到西印度群岛，还不知道会被怎样狠狠收拾。"两人因此起了冲突。总督的做法看上去有些背信弃义，引发了定居者的愤怒，骚乱紧随而至。他们袭击了他的办公室，还威胁要把他的家给砸烂。最后总督威胁要动用大炮，并且也答应任何在塞拉利昂感到不满的定居者都可以回到新斯科舍去，动乱才被平息下来。考虑到定居者们经历的苦难，他们的愤怒绝对是可以理解的，但是麦考利这样做是因为要考虑更加广泛的策略。塞拉利昂公司及其代理人首先要做的，也是最重要的事情，是迎合英国的受众。他们知道，公众压力是确保议会采取行动的唯一途径，而议会的行动又是终结奴隶贸易的唯一途径。袭击当地的奴隶贩子，或者允许定居者袭击奴隶贩子，不仅不利于解决问题——这个问题太大了，无法用这种头脑一热的方式来解决，而且这种做法还会疏远英国民众，使他们相信废奴主义者和前奴隶都只是些暴徒和极端分子，从而削弱实现变革所需要的广泛支持。这是个极为务实的策略，但是在当下却是个没有丝毫吸引力的策略。许多定居者看到奴隶贩子们就在"自由城"四周肆无忌惮地活动，不但能够逍遥法外，甚至还受到"自由城"的款待，这让他们无比郁闷。而像麦考利、克拉克森、夏普和桑顿这样的人，寻求的是将整个奴隶贸易定性为非法活动，而不仅仅是阻止和干预与殖民地打交道的几个零零星星的奴隶贩子。

尽管如此，殖民地官员还是非常严肃地承担起破坏奴隶贸易的使命。他们不愿意交出逃跑的奴隶。用扎卡里·麦考利的话说，这些逃犯的唯一罪过就是"试图重获自由，或者只是为了避免被迫为奴"。麦考利因此采取了非常聪明的计谋，这个计谋是既要安抚当地的奴隶贩子，又要促进殖民地的道德基础向前发展。总督对于归还逃跑奴隶的要求做出了回应，重申了他的承诺，既不恩惠和鼓励，也不会采取具体行动阻拦奴隶主夺回合法财产，同时他也拒绝采取任何行动来促进奴隶主收回合法财产。这个计谋展现了相当娴熟的消极应对的手段。他不能合法地没收他们的奴隶，但也不会帮助奴隶回到奴隶贩子那里。在这种漠不关心的表象之下，麦考利真正采取的步骤是进一步阻止抓捕逃跑的奴隶。这实际上就意味着，逃到殖民地的奴隶常常会得到定居者们的帮助和隐藏，保护他们不被抓回去再度为奴。[42]

　　这个地区的奴隶贩子们很快便意识到新殖民地对他们构成的威胁，于是便尽其所能地予以破坏。他们与当地人有着长期而深厚的商业关系，于是他们利用这种影响力向酋长们施压，让他们反对塞拉利昂公司。无可奈何的非洲奴隶贩子西格诺尔·多明戈警告麦考利说，尽管班斯岛的奴隶主们表面上很友好，也表示了欢迎，但是他们从一开始就"努力说服当地人，让他们相信我们带着恶意而来。他们还承诺给当地人提供武器和弹药，怂恿他们反对我们登陆"。后来，因为与法国进行的无休止的战争，导致欧洲的商品变得稀缺，价格飞涨，奴隶贩子们便尽力说服非洲酋长，告诉他们殖民及其反奴隶制运动是罪魁祸首，同时又暗中协助法国对殖民地发动攻击。[43]

　　1792年11月，波士顿·金和二十七名最重要的定居者一起，在写给克拉克森总督的请愿书上签了自己的名字。请愿者们提出的问题将成为定居者和公司之间分歧的根源，而这种分歧持续达数年之久。这个问题是：工资极低但补给昂贵。请愿者们还提出了合理的解决方案，按照这个方案实施"就不会再听到抱怨之声"。这不是定居者呈交的第一份请愿书，也不是波士顿·金表示支持的第一份请愿书。金和他的同志们从美国独立战争中吸取了足够的教训——自由的话语力量和集体行动的威力——从他们登陆到殖民地的那一刻起，他们就把这些经验用到争取殖民地的利益上。伴随着殖民地第一年的进程，信件和请愿书也变得越发急迫，已经从对个别领导人提出的谨慎诉求，转变为大批定居者共同签署的充满自信的权利宣言。1792年11月的请愿书似乎是这一过程的转折点，许多签名者都将成为反对公司策略的领导人。然而，波士顿·金却选择了另一条路。一周之后，他给克拉克森总督写了一封语气更加缓和的信，祝愿他返回英国的行程一路顺利，这成为他支持公司的明证。金是极少数在两封信上都签署姓名的领导人，这表明无论是作为更微小的卫理公会派系的领袖，还是作为公司更宏大使命的忠诚支持者，他的处境都岌岌可危。在一起移民的同胞中，许多人都对塞拉利昂公司不再抱什么幻想，但金的信念却从未有过任何的动摇。[44]

难民们曾经希望他们的新殖民地会成为自治的地方，成为属于前奴隶、为前奴隶谋福利的共和国，这显然是非常合情合理的希望。但是，他们刚一到达这里，就开始感到独立与自治的希望萎顿下来。约翰·克拉克森曾经肩负着在加拿大招募殖民者的任务，并且还确保他们在新的家园安全地开始新生活。但是，谁来领导殖民地，如何管理殖民地，这些问题在1792年他们的船队离开哈利法克斯时却并没有确定下来。从很多方面来看，托马斯·彼得斯是这种努力背后的推动力量，他也不是唯一一个希望自己能得到指挥权的人。然而，当船队抵达塞拉利昂时，他们却发现等待他们的是公司董事们准备好的一封信。董事们已经决定任命约翰·克拉克森为总督，并任命了八名欧洲人担任顾问委员会，这让彼得斯非常气恼。难民们应该由选举出来的代表人作为自己的代表，因此有很多人为此感到愤怒，因为殖民地的最高领导层中没有给难民任何名额。彼得斯试图争取大家支持推举他担任总督，于是他参观教堂的礼拜活动，参加祈祷会，敦促他的同志们站在他身后力挺他。他甚至成功地编写了一份呈送给伦敦董事会的请愿书，并请一百多位定居者在上面签字。然而，克拉克森在定居者中却并非不受欢迎的人，他很快就战胜了彼得斯，得到殖民地大多数人的支持。

彼得斯于1792年6月突然去世，但是克拉克森与定居者之间的问题却仍在继续。也是在这个月，他收到了亨利·贝弗霍特代表卫理公会教众写的请愿书，要求改变塞拉利昂的治理结构。请愿书说，定居者们"都愿意接受英国法律的管辖"，但是不同意由克拉克森统治，或者任何其他"没有我们自己的统治者在其中"的政府的统治。请愿者们提醒克拉克森，要记得他曾在新斯科舍做出的承诺，即所有来到塞拉利昂的人"都是自由的，而且都是平等的"。克拉克森无法改变总督和顾问委员会的规则，但是看到了请愿者们进行广泛辩论的好处，于是，他任命了由黑人治安官和由定居者陪审团组成的审判庭。[45]

殖民地管理的问题暂时算是解决了，但是定居者们还有其他的冤屈与不满，他们毫不犹豫地发出了抗议之声。在他们到达之后的前几个月里，定居者们源源不断地向总督递交请愿书，要求兑现分给他们土地的承诺。勘查、清理分配地块的工作一再拖延的原因，除了无休无止的雨水，还有管理部门效率低下，以及处理大量诉求的繁复与艰难。对于定居者来说，似乎从前经历过的可怕情景再现了，能提供独立的土地再次被截留。由于没有土地，殖民者们只好依赖公司提供的补给维生，这本身就是严重的依赖行为。几个月之后，公司坚持不再发放物资，而是要求殖民者们购买，于是问题进一步复杂化。为了购买物资，定居者们就需要为公司工作，去清理土地，建造房屋、储藏室和学校。在殖民地刚开始建立的前十年，土地、补给、工资成为不计其数的抱怨和请愿书的主题。波士顿·金作为传教士，同时也是殖民地内一家"公司"的领导成员，同样签署了几份这样的请愿书。[46]

克拉克森做总督的时间并不太久，他于1792年12月返回伦敦，将总督一职交到威廉·道斯手上。由于八人顾问委员会工作不力，因此董事会又派出两名顾问代替了八人顾问团，而威廉·道斯就是两名顾问之一。道斯像许多定居者一样，他也目睹了美国战争。作为一名海军陆战队军官，他曾于1781年参加了对法国舰队的重要战斗——切萨皮克战役，并在那场战斗中受伤。战后，道斯主动要求加入海军陆战队，随同"第一舰队"前往新南威尔士。他在定居点的建设过程中发挥了至关重要的作用。他利用自己的工程师专业技能，帮助建造排炮，规划了第一批街道，以及其他许多日后成就悉尼的重要工程。他是个充满热忱的科学家，帮助建造了天文台，参加对澳大利亚内陆进行探索勘查的探险队，甚至还成为与当地的埃奥拉人交流的语言学权威。如果不是与阿瑟·菲利普总督争端不断，尤其是在如何对待澳大利亚土著的问题上，他很可能会留在新南威尔士。由于二人龃龉不断，道斯于1791年回到英国。他后来遇到了威廉·威尔伯福斯，并成为威尔伯福斯的福音派改革组织克拉珀姆教派的一员。威尔伯福斯对道斯的评价相当高。1792年8月，这位前海军陆战队员被再次派往塞拉利昂，成为扎卡里·麦考利的新顾问委员会成员。克拉克森离开后不久，道斯便接任他成为总督。

尽管道斯全心全意投身于殖民地的使命，但是他对于殖民者的困境却缺乏同情，也不太情愿为解决他们的困苦而努力。道斯对自己刚直不阿、光明磊落的品质深信不疑，但是他专横而刻板的态度立刻引起了人们的反感，尤其是在殖民地的卫理公会派中更是如此。许多定居者依然没有得到他们的土地，依然为了微薄的工资埋头苦干，他们的大部分工资依然用于支付生活的必要补给。而克拉克森已经分配出去的土地也被道斯收回，他要求定居者们迁居到他重新分配的新地块中。许多定居者渐渐将道斯视为暴君，认为他是塞拉利昂公司自私自利、背信弃义的化身。在他们看来，殖民地的设计宗旨似乎是使公司致富，牺牲的却是定居者的利益。

结果，在1793年10月，他们派了两位代表——卡托·珀金斯和艾萨克·安德森——带着写满他们的愤怒与冤屈的请愿书来到伦敦，珀金斯和安德森将请愿书呈送给董事会，并详细说明了土地分配失败的情况，同时也汇报了工资低廉、物价昂贵的情况。这些情形使定居者感到，尽管公司曾经做出过承诺，"比我们从前在白人那里受到的待遇要好得多"，但是如今"却受尽压迫，我们迫不得已，恳求阁下们睁开眼睛看看我们的处境，这样我们也能从此得见天日"。在与塞拉利昂公司的争端中，从定居者的语言中，可以一次又一次清晰地听到美国革命的回响。1793年的请愿书谈及了"自由人的特权"，并说明这些前奴隶"与其他人一样，拥有同样的人类情感"，而且"希望不惜一切代价，让我们的孩子享受自由和幸福"。1795年呈送给董事会的一份请愿书中，详细地描绘了定居者们"如何被暴政所压迫"，并表示虽然如此，他们仍然坚定不移地决心要"享有自由的特权"。还有一些定居者的请愿书提及了"埃及法老对埃及人的压迫"，并且声称"我们现在发现自己才是真正受压迫的人"。请愿者们使用这些暴政与奴役的言辞，与他们的前主人在反抗英国的统治时使用的言辞一致，原因也大致相同。而且，他们也有同样的智慧，完全明白使用这样的语言可以激发那些对奴隶制同样抱有敌意的人的同情心理，同时希望殖民地的成功建立会对奴隶制造成破坏。[47]

董事们很清楚，整个英国都在盯着他们在非洲的试验，权衡它的结局，并将其经验教训运用到日益激烈的关于奴隶制与废奴主义的争论中。美洲难民愤而反抗的消息，以及自由后的奴隶使殖民地陷入混乱泥淖而根本无力走向繁荣的消息，使公众的舆论产生摇摆，对进一步解放奴隶的试验形成威胁。董事们深深地明白，如果他们的试验失败，将会对英国新兴的反奴隶制运动造成严重挫折和退步。因此，在对塞拉利昂的请愿者的回应中，以及在他们公布给股东们的报告中，董事们都尽其所能地减轻潜在的不利影响。对于请愿者，他们则以一种居高临下的、家长式的权威姿态回绝了其充满怨愤的请求。他们认为请愿书"太过草率"，基于的事实"都是错误的、不实的信息"。定居者所抱怨的高物价是由于对法国的战争造成的，而他们所谓的"低工资"，实际上已经是当地非洲工人工资的两倍了。其他的失败则归咎于土地的贫瘠，殖民地缺乏制造业等因素。"许多定居者不合情理地抬高了自己的功绩，对自己应尽的义务反而缺乏相应的意识。再加上他们错误而荒谬的认知，导致他们对于自由人权利的关注，已经对殖民地的成功建设造成了破坏性冲击。"因此，董事们督促定居者"作为自由人和基督徒，要抵制一切不合理的怨恨及不满，而且要对政府表示尊重和服从"。毕竟，"他们是否俯首听命地服从管理"才是"他们是否得到幸福、得到自由，甚至能否保全生命的前提"。[48]

不过，董事们对英国受众的反应也保持着密切关注，大量的金钱和无数的困扰是"当时在非洲开始文明教化所付出的巨大代价。人们已经为这一事业做出了牺牲，而塞拉利昂公司也将这项事业视为自己的使命，视为在非洲种族中传播基督教、散播自由思想和文明观念的使命"。他们依然坚定认为，这项试验是有价值的。定居者的暴躁与怒火应该归咎于奴隶制，而非之前的奴隶。"这些人曾经经历过种种难言的苦痛，因此应该对他们予以极大的宽容。他们从前受到了白人极不公正的对待，如今他们认为在白人手中依然未得到公平对待，因为这已经成为他们的思维定式了。"因此，定居者出现的任何缺陷与不足，都不是因为他们的"道德品质存在天生就低人一等的原始缺陷，也不是因为他们的理解力天生低劣"，而是由"奴役制"和"与之相关的巨大灾难"所造成的。[49]

董事们最担心的是，殖民地的失败会成为进一步反对解放奴隶的借口。为了能先发制人，防止殖民地出现的麻烦成为非洲人，尤其是那些前奴隶们无力步入文明的证据，或者因此得出对他们只能进行武力统治的结论，董事们提醒公众，"那些定居者们为了获得自由，面临的境遇是多么的艰难、多么的不利"。未来的奴隶"即使获得解放，歧视依然存在，只是歧视的态度会有所克制。自由是他们所翘首期盼的第一个希望，为了让他们为获得自由做好准备，也许需要让他们先埋头劳作一段时间，使自由成为勤勉和功劳的公开回报；或者以逐步获得自由的方式进行，特权要一个一个地逐次下放”，这种方式一定会取得更好的效果。他们信心百倍地表示，只有小心谨慎、深思熟虑、意图明确又循序渐进地使他们获得解放，才是更加有效有益的解决路径。塞拉利昂殖民地不仅证明解放本身是可行的，而且也将证明，如果殖民地得到精心管理的话，它的生存能力极其强大。[50]

等到董事会已经商议好如何为殖民地进行公开辩护时，道斯总督那里已经忍无可忍了。他于1794年3月返回英国。波士顿·金为了寻求进一步接受教育的机会，与他一起来到英国。还在新斯科舍的时候，金就为非洲同胞们的悲惨处境而深感痛心，他认为他们之所以承受苦难，是因为从未听到过上帝的声音。他加入塞拉利昂殖民地的部分原因就是，希望把福音带给非洲人民，而这绝非一场空谈。他抵达塞拉利昂的几个月之后，那时雨季已经结束，他的病体也已经痊愈，金便开始利用一切时间向当地的非洲人传教。他要求到塞拉利昂公司在布洛姆海岸的种植园工作，因为这样他就有更多机会接触当地人。他甚至成功获得了迁居到非洲城镇的许可，这使他可以指导当地的儿童阅读识字，并且皈依宗教。不过，他早期的这些努力总是遭遇阻碍，一是因为他不会讲当地的非洲语言，二是因为当地人对他的学校缺乏兴趣。传教使命初遇失败，使金更加确信他有必要前往英国接受进一步的教育，他坚持认为这会对他向非洲土著人传教提供巨大帮助。

金与那些在战后洪水般涌入伦敦的“黑人穷人”不同，金是带着非常广泛的人脉资源来到英国的。1794年6月，他乘船沿泰晤士河逆流而上，而他身为卫理公会传教士的身份，使他受到一位来自美国卫理公会的老熟人的欢迎。这位老熟人把他引荐到首都的卫理公会社区。他从伦敦来到布里斯托尔，并在那里遇到了托马斯·科克，他是卫理公会的创始人约翰·卫斯理的亲密伙伴，同时也是奴隶制度的坚决反对者、不知疲倦的旅行家和传教士。在科克的资助下，金进入了

1748年由卫斯理亲自创办的卫理公会学校——金斯伍德学校，这所学校就位于布里斯托尔城外。金斯伍德代表着波士顿·金人生愿望的巅峰。因此，他无比勤奋地学习："我竭尽所能地掌握所有能够掌握的知识，只为了让上帝的庇佑之手引导我到更适合的领域，让我发挥更大的作用。"[51]

1796年9月，金回到塞拉利昂，接替詹姆斯·琼斯成为格兰维尔镇学校的校长。两年前他离开的时候，殖民地被愤怒和懊丧的情绪所困扰，而回来的时候，殖民地正处在革命的边缘。塞拉利昂公司为了让殖民地运转起来，投入了大量的资金，但是到目前为止，商业发展却未如人意，根本达不到收支平衡。公司的董事们将殖民地投资视为一种慈善行为，但是他们不能否认，只有盈利才能保证其长久运转。为了弥补早期艰难岁月的不足与缺陷，该公司还因此制定了一项新的要求，即今后所有定居者在领到土地之后，都必须按照每英亩一先令的标准支付费用。对于那些无力支付的人来说，这无疑又是一笔新的开支，而这也恰恰印证了定居者早就担心不已的事情。他们不会成为土地的主人，也不会成为自己新家园的管理者。现在已经很清楚了，土地归公司所有，定居者只不过是佃农而已。他们在写给总督的信中力陈缘由："每英亩必须要支付一先令，否则我们就不能拥有那块土地，所以说土地永远都不会属于我们，根本就不会属于我们。"如果公司拥有土地，正如他们被告知的那样，那么公司就可以自由地"收回土地，只要他们想收，就可以随时收回"。曾经的苦难经历和美国革命那些争取自由的言论，都告诉定居者，只有获得土地才有独立的可能，而现在获得土地却阻力重重。如果他们不能拥有自己的土地，那就不可能获得真正的自由。[52]

当其他的定居者抗议要求退回租金，并将"不自由，毋宁死"作为行动的口号时，波士顿·金却冷眼旁观着这一切。金在英国的岁月使他更加坚定地认识到，英国文明是有益的。1793年，当他还在塞拉利昂的时候，他就曾对拒绝接受欧洲社会价值观的非洲土著人做过宣讲。"上帝创造了白人，这是一件好事，"金对他们说，"上帝使他愿意把我们带到这个国家，把他们的方式教给你，告诉你他为了拯救你，把他的儿子献了出来。"他在英国受到的友好待遇使他更加坚信这一点。正如他在报道中所说的，他"对白人的爱比从前更加真挚、更加深刻。在我的前半生，我深受来自白人的不公平对待和残酷折磨，这使我把他们视为自己的敌人"。然而，他如今却"深信不疑，知道很多白人不但不是我们的敌人，不但不是我们这些可怜的黑人的压迫者，而是我们的朋友，只要他们的能力允许、环境允许，他们就会把我们从奴隶制度中解救出来"。金对殖民地政府的忠诚无比坚定，正如他在写给英格兰的回信中所显示的那样，在定居者与公司之间日益剧烈的争端中，他一直忠贞不贰。不过，他的宗教同僚们却在争端中起着带头作用。[53]

麦考利总督对这种无休止的争吵感到无比厌倦，因此他于1799年辞去了职务，定居者们觉得由自己说了算的机会到来了。正如他们徒劳地在一封又一封的请愿书中所说，他们在美国战争中尽了自己的责任，甚至"由于在上一次战争中的优异表现而收到了政府的公文"，可是现在，一连串从未兑现的承诺把他们从纽约带到新斯科舍，再带到塞拉利昂。他们恍然发觉自己"受到压迫"，"被政府拒之门外"，而且"在这里并没有被当作自由人对待"。于是，1799年9月，在新总督到达之前，他们召集了一次定居者大会，选举了自己的官员，并宣布他们自己才是"殖民地的主人，其他任何先驱都不能拥有为这里立法的权利……也不能不经他们的同意而进行投票"。这是一份非常大胆的独立宣言。从前被奴役的那些奴隶们，正式宣布要实施自治。

年仅二十三岁的托马斯·卢德姆是塞拉利昂公司新任命的总督，他卷入到这次公开叛乱旋涡之中。他提出的解决方案是妥协。公司听到了他们正义的怒吼，也准备废除土地租金政策，但是由定居者组成的政府却必须要解散，他们选出的官员也被解雇。然而，对于大多数定居者来说，卢德姆的提议太微不足道，而且来得太晚了。他们对公司及其代理人善意相待的信心已经消失殆尽，他们如今已然确信，他们根本不会"从白人那里得到公正的对待"。1800年9月，一百五十个家庭，大约是"自由城"里一半左右的家庭都聚集在卡托·珀金斯的教堂内，"决心坚持保留他们自己任命的法官，他们要自己制定法律、自己执行法律"。他们在一起起草了"法律文件"，相当于一部准宪法，并正式宣布退出塞拉利昂殖民地。一位原籍安哥拉、名叫艾萨克·安德森的前奴隶，被选为脱离英国后的殖民地总督。该殖民地宣布："所有来自新斯科舍的人都必须遵守这项法律，否则就离开该地。"[54]

当安德森和他的追随者在"自由城"和格兰维尔镇之间的桥上设置路障时，卢德姆则召集其余的忠诚于公司的定居者、殖民地的白人雇员和四十名在桑顿山的非洲水手，做好战斗准备。叛军很有可能赢得这场迫在眉睫的战斗，或者促成更加有利的和平局面，但是他们企图独立的尝试才持续了不到一个月的时间，便尝到了命运弄人的滋味。9月28日，扎卡里·麦考利的哥哥亚历山大带着四十七名英国士兵和五百五十名来自牙买加的逃亡黑奴来到"自由城"。这些逃亡的黑奴和他们的后代已经在牙买加的内陆山区建立了自由社区。逃亡的黑奴们一直是岛上的英国当局关注的焦点，尤其是在美国革命之后，他们仿效美国人，两次挑起了黑奴与英国人之间的战争。第二次战争是一场极其血腥的事件，使英国人充满了恐惧，他们担心美国、法国和海地的激进思想感染了牙买加的黑奴。战争以和平谈判的形式结束，尽管英国曾承诺让黑奴们在牙买加重新定居下来，但最终还是将近六百名黑奴驱逐到塞拉利昂。[55]

这些黑奴与新斯科舍的定居者一样，也得到在塞拉利昂分到土地的承诺。卢德姆告诉他们，叛乱会对他们造成威胁，使他们丧失合法的土地。于是，这些黑奴便答应支持总督去剿灭叛军，以此换取他们的土地。这样卢德姆就占了上风，他要求对方无条件投降。大多数分离主义者看到了必然结局，于是叛军很快就闻风四散了。事后，五十五名叛军以叛国罪遭到审判。艾萨克·安德森和弗兰克·帕特里克二人作为叛军的领导者和煽动者被处以死刑。其他三十三人，包括哈里·华盛顿则被没收了财产，并被流放到布洛姆海岸。几乎就在同一时间，一份皇家特许状抵达这里，将该殖民地从塞拉利昂公司的私营企业性质转变为皇家殖民地，排除了让定居者进行自治的任何可能性。塞拉利昂的试验就此结束。

当叛乱被最终镇压下去时，金在南边一百英里的地方，与谢尔博人居住在一起。定居者的叛乱使金陷入困境。毕竟，这场分裂运动的罪魁祸首，与金一样也是卫理公会教徒。更重要的是，这场运动的领导者艾萨克·安德森和为总督传递信息的中间人卡托·珀金斯都曾是查尔斯顿的居民。那时美国战争还未结束，他们还未获得自由。金很可能对这些人非常了解，当然对他们的不满与愤怨抱以极大的同情，但是他的精力仍然集中在他所认定的更崇高的使命上，他努力教导非洲人，使他们皈依基督教。非洲人灵魂的命运将何去何从，一直以来都是萦绕在他心头的问题，因此他加入了从塞拉利昂涌现的传教士的大潮中，以将非洲大陆基督教化和文明化作为自己的使命。在这一点上，波士顿·金将自己置于英帝国主义在非洲的前沿，对塞拉利昂的未来产生的影响非常巨大。

波士顿·金迫不及待地希望他的非洲同胞皈依基督教。他和麦考利以及其他的英国传教士一样，是大英帝国的自觉代理人。事实上，致力于开拓殖民地的全部努力就是帝国扩张思想的具体实践。因美国战争而变成难民的这些人，受到美国革命的话语和理念的洗涤，他们坚持不懈地追求独立，永不停歇地为自由和自决而斗争。不过，他们同时也是欧洲帝国主义的工具，尤其是像波士顿·金这样的矢志不渝的福音派教徒。他们其中的一些人没有意识到自己是帝国主义者，但是许多人则像波士顿·金一样，对自己在将欧洲文化、宗教和文明传输给他们"愚昧"的同胞时所起的作用有着非常充分的认知。

废奴主义和塞拉利昂殖民地就像《印度法案》一样，帮助英国在新的道德基础上重新展开帝国想象，在不知所措地失去美国之后，再次恢复了帝国骄傲和帝国统一之感。在美国战争后的几年里，由于这个帝国被描绘成一股在全世界行善的力量，人们对这个不道德帝国的常见批评逐渐被更具支持性的公众情绪所取代。因此，塞拉利昂公司努力构建的是一种崇高的帝国主义，它建立在以同情和道德为基础的、令人景仰的平台之上。公司和殖民者都没有统治世界的欲望，他们只是按照自己的形象来改造世界。他们全心全意地相信，欧洲文明的好处是真真切切的，因此向全世界各色人等推广这种文明，是一种真诚的善意。尽管非洲的儿女们在"文明"的欧洲人的世界中，度过的岁月是一场无尽的苦难，但是由他们将这个帝国的文明带回家乡，在欧洲人眼里却合情合理。在塞拉利昂定居的难民们，以他们自己的方式接受了昔日压迫者的文明。这些被奴役剥夺了非洲身份的人，大多数又拼凑出了新的身份，不是完全意义上的非洲人，也没有足够的英国化。这个似乎拥有了两个世界的民族，其实什么都没有。拥有这种杂糅性的男人和女人们，对非洲人的血缘之感与英国文明大有益处的坚定信念融汇交织在一起。这最终使他们获得了自由，虽然自由姗姗来迟。而像波士顿·金这样的人，也成为新不列颠帝国主义的完美代理人。

因此，在1802年，波士顿·金这位来自美国南卡罗来纳的奴隶，这个从未真正踏上过非洲土地的人，却以一名英国基督教传教士的身份在谢尔博人中去世。塞拉利昂公司也许没有满足定居者的期待，甚至也没有满足英国国内支持者们的期待，但是在很多其他方面，它的影响力还是非常显著的。它是大英帝国在非洲的桥头堡，商人、传教士和探险家以公司为起点在非洲地区呈扇形四散开来，帝国主义的触角前所未有地深入到这片"暗黑大陆"的内部，随之而来的就是态度与观念的翻天覆地的巨大变化。殖民地使人们对非洲的认识从一片模糊而神秘的大陆，变成了英国人生活和劳动的地方，变成了商人和传教士进行贸易活动的地方，变成了英国利益所及的地方。为了给英国文明的传播铺平道路，非洲的儿童，尤其是精英阶层的儿童，可以在殖民地内的英国学校接受教育，为下一代灌输英国的文化和价值观。有一些非洲儿童，例如汤姆国王的儿子，甚至还被带到英国接受教育、灌输信仰。麦考利为这项事业付出了自己的努力。1799年，他带领十几个非洲儿童与他一起回到英国。塞拉利昂因此以崭新的方式出现在英国公众的视野中，也使英国政府对他们有了更加清晰的了解。废奴主义冲动曾经是缔造塞拉利昂的力量，同时又成为促进非洲协会成立的力量，这并不仅仅是巧合。非洲协会致力于通过搜集相关信息，使人们形成对非洲大陆的积极看法，并因此进一步拓展了英国在非洲的利益。从许多方面来看，废奴运动和塞拉利昂的拓居开启了第一个探索非洲的时代，为不列颠帝国主义的扩张奠定了基础。从此之后，商人、传教士和探险家便成为帝国之矛的矛头，为英国的最后入侵铺平了道路。

即使在破坏奴隶贸易这样公开宣称的目标上，塞拉利昂公司也证明了其卓越不凡的成效性——虽然与缔造者期望的还有些出入。即使它未能为奴隶解放和重新安置提出有建设意义的论断，但是它依然为废除奴隶贸易的运动提供了浩如烟海的证据，直接从根源上证明了奴隶贸易的性质以及英国人在其中所起的作用。在此之前，关于奴隶的叙述都集中在美洲、西印度群岛和"中间航程"，如今则有了关于非洲本身的叙述：关于非洲苦难、英美暴行、奴隶贸易本身的腐化和堕落本质的第一手资料。当威尔伯福斯及其盟友最终在1807年废除奴隶贸易时，塞拉利昂便成为英国努力终结这种贸易的核心之地。殖民地成为"西非中队"——英国专门负责抓捕奴隶贩子的海军部队——的基地，以及专门负责起诉被抓捕奴隶贩子的英国海军法庭的所在地；既是自由的场所，同时又是帝国主义的根据地。塞拉利昂作为抵制和打击奴隶贸易的地点，成为八万一千七百四十五名从奴隶船上缴获的奴隶的清算与处理之地，超过了大英帝国其他所有地方的人数。根据《1811年奴隶贸易重罪法》被起诉的第一个奴隶贩子塞缪尔·萨莫，于1811年在塞拉利昂受审。当时，约翰·麦考利·威尔逊就是陪审团成员之一，这个1799年被扎卡里·麦考利带到英国的非洲儿童，反倒成为决定奴隶贩子命运的人。

第十二章
鸦片与帝国

1792年11月6日，在弗朗索瓦·亨利·德拉莫特的海军间谍活动引发了普拉亚港战役的十一年后，在波士顿·金经过佛得角群岛前往塞拉利昂殖民地去开启新生活仅仅几个月后，在普拉亚湾温柔的海浪中，停泊着一支同样不同寻常的船队。一艘是从南塔基特来的美国捕鲸船，在前往南太平洋捕鲸海域的途中暂时停靠在佛得角。在四艘大船上，象征着法兰西共和国革命的三色旗在微风中啪啪作响。这些船只在法国北部的敦刻尔克港口装备完毕，配备的水手来自法国和英国。这些法国的船只把自己假扮成捕鲸船的样子，可是他们的衣物及其他相关物品却出卖了他们，让人一看就知道他们并非仅仅是捕鲸这样简单。事实上，他们都是走私者，从事的是与西班牙的南美殖民地的违禁品贸易。在另外三艘停在普拉亚港的船上，船员们都聚集在甲板上，凝视着佛得角群岛中最大的岛屿——圣伊亚哥岛——那起伏交错的山峦，目光中透出无法遏制的愤怒。这些都是英国船只。尽管大英帝国在过去的十年中一直与美国兄弟们战火不断；尽管当美国开始向更广阔的国际贸易世界进行扩张时，他们与美国船只也开始越来越频繁地相遇，不过此时他们的怒火却并非针对美国船只，而是指向了其他地方。法国和英国再次仓促开战，但在1792年11月，距离双方公开的敌对态势还有几个月的时间。因此，英国特遣队中的许多人尽管看着法国三色旗时是一副既恐惧又蔑视的复杂神情——那三色代表的不过是混乱、骚动与暴力而已，但是有一艘法国船却引发了英国人的勃然怒火。那艘船就是以极具革命精神的名字命名的"自由"号。

英国船只上的许多人都认出了"自由"号，或者至少认出了它从前的模样。这艘飘扬着法国国旗、取着带有革命色彩的新名字的船只，是英国最伟大的海军英雄库克船长的不朽战舰。库克船长的"决心"号已经从象征帝国雄心的战舰变为令人唾弃的法兰西共和国的走私船，这种变化足够令一些人从痛苦到绝望。约翰·巴罗坐在他那艘名为"印度斯坦"号的有利位置上，这样写道：

> 当我眼睁睁看着与那位伟人有着如此亲密关系的物体堕落成这个样子时，我内心无比羞愧，感情受到了极大的伤害。我想，如果有人看到他出生的房子，他曾度过最快乐时光的房子，为了一些毫无价值的目的，要么被彻底摧毁，要么被拆解，却根本无动于衷的话，那一定令人鄙视。"决心"号就是库克船长的房子，出于对他的敬重与怀念，我会让不朽的库克船长的房子静静地停靠在码头上，直到船板一块块被时间慢慢风蚀。[1]

约翰·巴罗遇到再现江湖的库克船长的"决心"号时表现出了戏剧性的激烈反应，这也许是可以谅解的。巴罗根本没料到会与法国和美国的船只一起停靠在普拉亚港，他和他的同伴们之所以前往太平洋，是因为身负极其重要的帝国使命，就如同当年的库克船长一样。"印度斯坦"号、英国皇家海军"雄狮"号和双桅船"豺狼"号担负着重大使命，他们受大英帝国国王之托，首次前往中国，与中国皇帝进行第一次官方外交会晤。在由美国战争所缔造的世界中，英国被迫转向东方去寻找被殖民地叛乱所中断的帝国繁荣。印度将成为英帝国皇冠上的璀璨明珠，但是越来越不可否认的事实显示，英属印度的生存能力取决于英国与中国迅速发展贸易的能力，取决于维持与拓展这种贸易的能力。正是为了促进这种重要性日益凸显的贸易，约翰·巴罗和他的同伴们才会身处佛得角群岛之中，并在这里为了大英帝国的辉煌历史和依然缥缈不定的未来陷入沉思。

自从1635年起，英国就开始与中国进行贸易往来。葡萄牙人早在1513年就踏上了这个"中央王国"的海岸，而且很早他们就占领了位于珠江口的、被称为澳门的岛屿，并从那里开始进行贸易活动。正如"中央王国"这个名称所暗示的，中国认为自己处于世界的中间位置，或者说中国就是世界的中心。正是基于这样的世界观，使得中国对于其他国家和相关的贸易活动持一种高高在上的优越感和鄙夷不屑的姿态，其外交关系也都是基于这样的明确认知：其他所有国家都是卑微的恳求者，他们也没有什么可以奉献给中央王国的，而中国屈尊卖给他们的任何货物都是恩惠和福泽，中国从不需要与他们互惠互利平等地交换任何产品。这不仅仅是沙文主义。事实上，自从郑和的宝船驶过几大海洋，寻找奇珍异宝和皇家贡品的时代以来，世事已经发生了巨大变化。在清朝（1644—1912）的统治下，中国对自己辽阔疆域之外的事物几乎没有任何兴趣，对于中国在东南亚的移民和在澳门的欧洲商人，他们也都漠不关心，如果说真的注意到了，那投来的也是充满怀疑的目光。只要是商人，无论来自哪个国家都不会得到信任。他们的真正本质就是穿越边境的越界者，是给安全的边境带来风险的人。因此，沿海的人口受到严密监控，而欧洲人与中国的贸易也受到严格管制。

尽管清朝官方对贸易持不信任态度，但是英国与中国的贸易却日益增长和繁荣，到18世纪中叶，中国已经成为东印度公司贸易帝国的中心。在英国和美国，中国及其极具异国情调的产品，成为时尚界的宠儿。中国风成为顶级的时尚，无论是真品还是赝品，都在社会精英的客厅中层出不穷。从工匠到贵族的所有人，都大口小口地喝着茶，中国茶叶迅速把咖啡挤到一边，成为英国的首选饮料。受到追捧和赞赏的不仅仅是中国的贸易产品。当时的人们对所有与中国相关的事物都痴迷不已，包括这个国家本身。传教士和法国哲学家的渲染与赞美，为中国罩上了令人艳羡的光环，而中国这个国家的名字本身就象征着稳定，象征着理性的政府和正直的道德。中国当时风靡一时，因此人们完全有理由相信英国与"中央王国"之间的贸易会持续增长、永葆繁荣。[2]

然而，从18世纪60年代开始，一切似乎都发生了变化。乾隆皇帝从前还允许英国在多个港口进行贸易活动，但是后来却颁布法令，将所有欧洲贸易都局限在中国东南沿海的广州港。而且，限制还不止于此。从那之后，欧洲商人将不再被允许在中国的领土上居住。他们不准与中国人交流接触，也禁止学习中国的语言，只能在10月到来年3月的短暂贸易季节进入广州进行商业活动。此外，英国的商人还必须在澳门等待，直到贸易季节的船只抵达之后，他们才可以进入广州的工厂从事商业活动。进入广州之后，所有的贸易都要在一个小型而封闭的、由中国商人组成的商业联盟的指导下进行，这个联盟被称为"十三行"。十三行名义上由十人组成，由政府的官员进行监督。这是一个由国家授权的垄断组织，在一个通商的时代，十三行是唯一能够与欧洲进行贸易往来的商会。这也是西方商人唯一的合法联络点，同样也是欧洲人发泄抱怨和不满的唯一渠道。十三行对于价格控制、关税征收和贸易流动均有决定和控制作用。[3]

正如我们所见，由于更高的价格，新的关税转嫁给英国和美洲的消费者，大大刺激了茶叶走私，使其在整个18世纪呈指数增长的趋势。一些国家全部的对中贸易就是围绕向英国领土走私茶叶而展开的。为了降低走私茶叶的价格，支撑摇摇欲坠的东印度公司，英国于1773年通过了《茶叶法》。该法案首次允许公司将茶叶直接运往北美，而不再需要先到伦敦将进口的茶叶进行拍卖。《茶叶法》还退还了东印度公司部分或全部的关税，将《汤森法案》所规定的关税负担转嫁给美洲消费者，并威胁要把在伦敦拍卖会上买下大宗茶叶进行批发的美洲商人毁得倾家荡产。

作为回应，极具反抗精神的殖民地人民把中国的产品扔进了波士顿、纽约和安纳波利斯的港口中，随后爆发的战争将日渐强化的危机彻底转变为一场全面灾难。许多最有利可图的贸易线路被切断，为了支付在世界各地展开的战争费用，英国的国库消耗一空，东印度公司的财务状况摇摇欲坠，处于崩溃的边缘。1783年和平到来的时候，东印度公司和中国的贸易由于信贷和货币短缺而几近瘫痪。最迫在眉睫的问题是英国对中国的巨额贸易逆差，而且这种逆差仍在不断增长。这使得英国政府官员和公司董事们夜不能寐，被财务崩塌的噩梦所深深困扰。问题的根源是，欧洲的需求和中国的市场供给之间存在根本性失衡。欧洲人需求中国人能提供的一切商品，而中国却几乎不需求任何欧洲带到中国来准备交换茶叶、丝绸和瓷器的东西。为了满足本国人民的需求，英国商人被迫用白银来购买茶叶，于是英国的铸币很快就枯竭了。18世纪60年代，英国用于交换中国商品的白银达到三百万两（一两白银相当于约四十克）。然而，到了18世纪80年代，这种贸易失衡已经膨胀到难以为继的一千六百万两白银，大约相当于一百四十万磅白银。[4]

英国希望能纠正这种破坏性的贸易失衡，挽救东印度公司，使其避免破产的命运。他们把希望寄托在一种在中国需求量很大的产品：这是一种可以在英国扩张的领土印度种植的产品；一种可能会重新填补东印度公司金库的产品；一种可以支付其在次大陆建立的领土帝国运营成本的产品。这个产品就是鸦片。亚洲的精英们消费鸦片的历史由来已久，长达几个世纪。鸦片是通过在印度自然生长的罂粟植物上切口来生产的。黏液通过这些切口冒出来，把这些黏液刮掉，煮成浓稠的糊状，之后再团成球形以便运输。东印度公司垄断了印度鸦片的种植与销售，它一直向被称为"公司贸易商"的私商出售许可证，这些商人便得以从印度购买鸦片，并将其运到中国出售，换取银两。随后，这些银子被寄存在广州的东印度公司官员那里，用以交换信用证。公司的官员就用这些银两购买茶叶、丝绸、瓷器和其他在英国销售的商品。在美国革命开始后的几年里，这种新的"三角贸易"对取代因战争而中断的大西洋三角贸易起到了推动作用。1773年到1790年间，英属印度对中国的鸦片年出口量翻了两番，达到六十万磅甚至更多，给英国的毒品贩子和中国的消费者造成了严重后果。[5]

尽管如此，由于中国在18世纪60年代实施严格管制，所以英国打算弥补战争期间基本损失的想法根本无法实现，更无法使萎靡不振的东印度公司重新焕发活力。如果《减税法案》想要成功地打击走私、提高税收，那么首要条件是出售到英国的茶叶价格稳定。为了保证英国的价格稳定，在广州购买茶叶的价格和关税也必须保持稳定。只有与中国建立正式的关系才能确保这一点。同样，如果要让印度、中国和英国的三角贸易呈增长之势，要使英国和东印度公司再度财源广进，广州的贸易就必须正常化。怀着无法阻挡的决心，英国盼望那支一瘸一拐驶进佛得角的船队，能够承担起在中国的首都北京建立永久性外交机构的任务，确保令人厌恶的广州制度就此终结，并使中国向英国开放其他港口，降低对英国贸易征收的关税。如果这些都能实现，那么鸦片就能给英国换回白银，英国或许还有凭借贸易征服世界的机会。

"印度斯坦"号、英国皇家海军"雄狮"号和"豺狼"号于六个星期前，即1792年9月26日离开了斯皮特黑德。这些船都是经过精心挑选的，是英国海军中最好的战船。"印度斯坦"号据称是东印度公司体积最大、速度最快的商船，而"雄狮"号则代表着18世纪晚期海战的最新装备。登上这些象征着英国力量与技术创新的人，同样也是精挑细选的，他们既需要有极高的外在威望，又需要有极强的实践能力。这支船队的领导是伊拉斯谟·高尔爵士，他是一名海军军官，美国战争时期曾在印度洋战区服役。外交使团同样由能力极强、经验丰富的乔治·马戛尔尼勋爵来担纲。两个人都曾长期为帝国服务，都有着耀眼卓越的经历，而且都在美国革命的战争中有出色的表现。

乔治·马戛尔尼于1737年出生于北爱尔兰的安特里姆郡，在都柏林的三一学院接受教育，后来为实现服务大众、扬名于世的远大抱负而移居伦敦。在伦敦，他与埃德蒙·伯克、塞缪尔·约翰逊、桑威奇勋爵和影响力极大的辉格党政治家查尔斯·詹姆斯·福克斯的哥哥霍兰德勋爵成为朋友，加入了塞缪尔·约翰逊的俱乐部。如此高不可及的人脉关系，使得马戛尔尼在仕途上取得了显赫的成功。1764年，年仅二十七岁的他便被任命为外交大臣，担任沙皇俄国叶卡捷琳娜大帝的宫廷特使。英国与法国之间的"七年战争"开始之后，年轻的马戛尔尼便直接被赋予了与俄国结盟，合力对抗法国的外交任务。他是一位天生的外交家，沉着冷静、魅力无穷，具有使当权者青睐有加的天赋能力。他成功地达成了商业条约，使英国商人在俄国贸易中的地位大大提升，也成功地阻止了美国特使弗朗西斯·达纳的努力，使他无法与俄国达成类似条约。然而，马戛尔尼却未能与叶卡捷琳娜达成他所期待的军事同盟。叶卡捷琳娜坚持认为，英国同意协助俄国对抗奥斯曼帝国是同盟的必要条件，以为日后俄国人侵略土耳其奠定基础。

马戛尔尼在圣彼得堡的成功虽然喜忧参半，但是并未妨碍他的发展。1769年，他被任命为爱尔兰的首席部长，1775年被任命为英国在加勒比的属地格林纳达、格林纳丁斯群岛和多巴哥的总督。他到达西印度群岛时，美国战争刚刚开始，而他自己很快也受到战火波及。1779年，战败后他被迫将岛屿交给德斯坦伯爵领导的法国军队。马戛尔尼作为战俘曾在巴黎被短暂关押，之后荣升为贵族，又再次被派往印度，担任马德拉斯的总督。在前往次大陆的过程中，马戛尔尼没有逃过日益全球化的战火侵扰。1781年抵达马德拉斯时，那里正受到海达尔·阿里军队的威胁。作为马德拉斯的总督，马戛尔尼从未对军人有过完全的信任，因此他与艾尔·库特爵士和斯图亚特将军发生了龃龉，这两位将军在英国和迈索尔的战争中担任英军指挥官。他解除了斯图亚特的指挥官职务，将其抓捕并遣送回英国。之后，马戛尔尼改变了策略，希望通过外交手段来弥补武器的失利之处。1784年，他成功地与蒂普苏丹进行谈判，签署了《芒格洛尔条约》。尽管他与迈索尔暂时取得了和平，但是由于与总督沃伦·黑斯廷斯的争执反复不断，使得马戛尔尼于1785年被迫辞职，并于1786年返回英国。斯图亚特由于自己被解职而感到万分耻辱，他在伦敦等候着马戛尔尼，并迅速向他发起了挑战。马戛尔尼接受了挑战，两个男人在泰伯恩收费公路附近会面，意欲通过决斗来解决争端。马戛尔尼手臂受伤，但是经过在爱尔兰的短暂休养之后，他迫不及待地接受了于1791年率领代表团访问中国的任务。[6]

马戛尔尼显然是中国使团团长的不二人选。到1792年的时候，他的履历已经相当傲人了。他曾在几个重要但艰难的外交岗位任职，表现得出类拔萃，多次取得切实有效的成果。作为一名印度官员，他离职时财务状况良好，丝毫没有违规或不当之处——这种功绩是相当罕见的。他与沃伦·黑斯廷斯当时因治理英属印度而受到公开讨伐的窘状形成了鲜明对比。他年轻的时候，就曾经因清秀过人的仪表和温润如玉的举止而受到叶卡捷琳娜大帝的青睐。现在人们就希望他凭借丰富的外交经验和对专制君主的熟悉与了解，推动英国在乾隆的宫廷中取得重大的进展。

这是一项无比重大的任务，因此马戛尔尼需要一大批忠诚的官员。使团由九十五名成员组成，但是选择使团的副指挥，他最重要的助手和顾问，一旦他遭遇不测便会接管使团的那个人，是最重要的人事决定，也是他必须要做的选择。马戛尔尼最信任的人莫过于他的老朋友乔治·斯当东，而他也欣然加入了使团。斯当东也是爱尔兰人，1762年移民到格林纳达，之前他曾接受过医生培训，也因为行医而赚足了钱，使自己成为声名显赫的地主。1776年，马戛尔尼以总督的身份抵达格林纳达时，斯当东已经是该岛最有声望的居民了。这两个都有着文学头脑的爱尔兰人很快成为好朋友。1779年法国攻占格林纳达时，斯当东痛失一切财产。因此，当马戛尔尼在1780年被任命为马德拉斯的总督时，斯当东简直是喜笑颜开地接受了秘书一职。无论在格林纳达还是在印度，斯当东都证明了自己的非凡能力，他凡事都可出谋划策——正是斯当东与蒂普进行谈判达成了条约。于是，当马戛尔尼被任命为前往中国的大使时，他根本就不假思索地选了斯当东做自己的左膀右臂。[7]

在斯当东确定为使团二号人物之后，其他各行各业、各个部门的人选也全部选派完毕，分别承担赴中国使团中的多重任务与分工。因为根本找不到汉语水平足够承担翻译工作的欧洲人，斯当东只好转而在那不勒斯中文学院中去寻找会说汉语的人。那不勒斯中文学院同意让两位新获圣职的中国牧师李雅各和周保罗为他们做翻译，跟他们一同回到中国。他们知道，中国不会同意他们在中国境内旅行，因此他们请了两位画家，即威廉·亚历山大和托马斯·希基为他们提供有关中国的图画资料。其他成员还包括一名外科医生、一名内科医生、一名实验科学专家、一名钟表师、一名乐器制造师、一名园丁、五名德意志音乐家和由乔治·本森中校率领的由五十人组成的军事护卫队。为了给中国朝廷搜集和准备大量礼物，约翰·巴罗被选为大使团的审计官负责该项工作。巴罗于1764年出生在兰开夏郡北部的一个贫困家庭，但是他对数学、科学和航海非常着迷，这种天赋使他最终得到了格林威治一所学校的数学教师的职位。一次偶然的机会，他遇到了乔治·斯当东，这位前格林纳达的种植园主正在为儿子寻找家教。由于

斯当东的资助，巴罗在使团中获得了一个职位，这一职位将成就他的辉煌。⁸

旅程一开始就出现不祥之兆。船队在"清新的微风"中离开斯皮特黑德，但是正如在英吉利海峡中屡见不鲜的情况一样，微风迅速演变成一股邪恶的飓风，迫使船队驶入图尔巴伊。大家在那里百无聊赖地枯等了两天时间，直到天气变好再次出发。当顺风再次刮起，船队从图尔巴伊出发，沿着法国海岸向南行驶，穿过比斯开湾一路抵达了伊比利亚半岛西北端的菲尼斯特雷角。在菲尼斯特雷角，海水异常平静，船只便转向西南方向，驶向亚述尔群岛链条上云遮雾绕的马德拉岛。无论前往美洲还是亚洲，亚述尔群岛都是欧洲船只必经的航路点，由于地理位置优越，日益增长的商业潮流都被吸引到这里。对于许多英国人来说，葡萄牙能够拥有这些岛屿是无与伦比的理想状况，因为葡萄牙一直以来都是英国的盟友，是唯一一个在美国革命中加入英国阵营的欧洲国家——尽管加入的时间非常短暂。而且，葡萄牙控制这些群岛还有其他好处。这些群岛为英国船只提供了极为重要的休息和补给场所，却不需要英国为此投入巨大的基础建设和防御资金。亚述尔群岛由一个微不足道的海上强国所控制，也不太可能成为发动袭击的战场，不会对英国与亚洲的贸易造成破坏。英国在对美战争的痛苦经历中吸取了教训。占有土地会耗费大量金钱与人力，而占领海洋则会带来财富。⁹

船队从马德拉岛出发，驶向加那利群岛。这段航程为期四天，一路非常舒适，在他们抵达之前的整整一天之中，特纳里夫岛那举世闻名的山峰便一直耸立在眼前。圣克鲁兹的港口充斥着前几次战争中丧命的鬼魂——1797年，纳尔逊上将就是在这里失去了手臂——同时也弥漫着无比紧张的诡异气氛，似乎随时会再次陷入战争的泥淖之中。西班牙总督尽力想维持和平，但是一艘横冲直撞的法国护卫舰却差一点引发了战斗。他们以为驶来的英国中队是一个信号，表明英国和法国终于开战，于是便开枪射击，"炮火像倾盆大雨一样密集猛烈"。英国人对这种"高卢人追求自由的纯粹精神"感到无比震惊，但是伊拉斯谟·高尔爵士的克制阻止了对方进一步的敌对行动。对于巴罗来说，这只是证明法国人虚伪的又一证据而已，再次说明在美国战争期间，法国、美国和"武装中立联盟"指责英国行使海上霸权、实施海上暴政，纯粹是莫须有的污蔑。巴罗怨愤地说，法国人"在指责英国在海上行使霸权与暴政时声音最响亮，但其实完全是法国人在海上行使霸权，这真是全世界的灾难。他们在大陆上的行为就足以证明，他们在控制海洋上将会行使多大的权威"。巴罗和他的同伴们是为了巩固海洋统治、维持海洋贸易，才来到了特纳里夫岛。[10]

使团中的博物学家和艺术家使得中国之旅有了人类学考察的味道。这并非意料之外之事。对一个地域的农产品与商品的了解，可以为研究其开发潜力提供信息；而该地域人民的详细信息则有助于了解其贸易与商业潜力。因此，巴罗和他的同伴们一有机会，就会大胆地寻求相关的动物学、植物学、地质学、农业和社会信息。在特纳里夫岛，他们就进行了这样一次旅行，他们爬上了令人心惊胆战的山峰，使得当地人"授予"了他们"疯狂英国人"的绰号。他们被困在山峰上，那里气温不到零度，寒冷异常，而且还有暴风雪的袭击。[11]

在佛得角，英国人则受到炎热的侵袭，当地的贫困程度也让他们大为震惊。不过，最令他们震惊的却是非洲人对这个昔日葡萄牙殖民地的控制程度。圣伊亚哥主岛的总督是葡萄牙人，驻军司令是个身材高大的苏格兰人，在美国战争中他曾效命于美国军队。而除此之外的其他人，比如牧师、法官、海关官员、民事行政人员、商人、士兵，甚至于其他诸岛的总督，则全部是非洲人。这一事实不禁使这支探险队回想起当时在塞拉利昂附近海岸建立的那个新殖民地，那个由前奴隶组成的殖民地。[12]

船队在佛得角停留的时间不长，10月7日，船队起锚向西南方向出发，绕过著名的马尾藻海南岸，一路穿越了赤道和大西洋。离开佛得角三个星期之后，他们第一次看到了南美洲的身影，弗里乌角出现在地平线上。第二天，即10月30日，使团船队经过了舒格洛夫山的峭石岗哨，葡萄牙在巴西的首都、美丽得不可思议的里约热内卢便出现在眼前。这番景色真是无比迷人，当令人心醉神迷的美景次第在眼前展开的时候，约翰·巴罗不由觉得神魂颠倒。

> 穿越了这条海峡之后，大自然最壮丽的风景映入眼帘。任何人都可以想象一下这无比瑰丽的奇景：巨大的水幔向这个美丽国家的中心回流而去，绵延长达三十英里。水的尽头环绕着巍巍群山。那些高耸入云的山顶，或峭立险峻，或怪异嶙峋，或与高空中天蓝与魅紫的苍穹交相辉映，或消失在弥漫的云层之中。让我们再将想象力驰骋开来，想象一下这片巨大的水幔逐渐扩展，在与海水相接的狭窄通道与茫茫的大海融在一处。海水中散布着数不清的小小岛屿，姿态各异地镶嵌在海面之上，岛上植被茂盛葱茏，绵延不息，色调或明或暗，百般变幻。让我们的想象力继续飞扬，想象身在那美丽的水面，四周环绕着起伏的小山，那山峦一层一层跃升，娇美青翠的绿色把山峦尽情覆盖，高贵挺拔的大树像皇冠密布其间。海岸上犬牙交错，形成数不清的小水湾，像一只只手臂环绕着令人赏心悦目的山谷，去迎接那潺潺的溪流，所有溪流中的水都融汇到那辽阔的水库当中。[13]

小镇本身就足够风情万种，但是除了令人目不暇接的壮丽美景之外，巴罗对它所能做出的最好评价就是，它真是丝毫没有对上帝的创造有任何改变，至少可以说定居点没有"玷污"它的自然之美。最让巴罗感到震惊的是种植园以及为种植园工作的奴隶。

巴西的葡萄牙人吹嘘他们给予奴隶的待遇比欧洲其他国家都好

（这是所有欧洲国家的普遍做法），为此还颇有些沾沾自喜，而巴罗却对这种自我标榜的虚伪言辞表示怀疑。鉴于整个奴隶体系本身的腐败本质，他不确定这是否真的有意义。他写道："当整个体系都有问题的时候，暴行的具体程度可能就不那么清晰可辨了。"尽管葡萄牙人宣称他们对待奴隶的态度更温和，但"这些命运多舛的'活人货物'每年都被人从他们的祖国运出来，从他们熟悉的人群中运出来，他们回家的全部希望都被生生切断，注定要在南美洲的异乡土地上辛苦劳作一辈子"。同样，美国种植园中惊人的死亡率也意味着不断需要新的奴隶被一船一船源源不断地运来。这个事实证明，那种认为非洲人成了奴隶能生活得更好的观点，是不折不扣的谎言。"如果需要不断地运输来维持他们的数量的话，那么告诉非洲黑人说他们在殖民地的条件得到了改善是毫无用处的。"不过，即使承认他们的情况确实因为跨越大西洋而得到了改善，那我们又凭什么认为我们有权力强迫人们背离自己的愿望、背离自己认为的幸福呢？[14]

"背信弃义和残暴无比"的大西洋奴隶制不会持续太久了。巴罗相信，很快奴隶们就能把事情掌握在自己手中了。一年前，他们在海地这样做了，他们在"争取自由的光荣斗争"中打破了"高卢暴政的枷锁"。那是一场暴力革命，但是对于巴罗来说，这种暴力与"颠覆性的法国革命"不同，"这是正当的暴力，至少是可以理解的暴力。不久，这种必要的暴力行为就会到达英属西印度群岛"。"使黑人在白人面前瑟瑟发抖的神秘咒语消失了；使一百人对一个人敬畏顺从的优越感也已经得不到承认了；思想已经打破了身体的束缚，自由的思想已经唤起了行动的力量。"在这种危险之中，仍然是有机会的。那是改革和重构大英帝国性质的机会，那是获得财富收益的机会，那是拯救他们灵魂的机会。[15]

对于巴罗和许多像他一样的英国人来说，整个大西洋帝国主义的计划就是个代价高昂的错误，无论在经济上还是道义上都是如此。北美和西印度群岛以种植园为基础的经济都需要大量的金钱去管理和保护，事实证明，多年来它们是英国财政持续消耗的根源所在。维持这个大西洋帝国的代价直接导致了与美国的灾难性战争，而且，正如格兰维尔·夏普所观察到的那样，建立在奴隶制基础上的不道德行为，使英国的失败带着挥之不去的耻辱。正如废奴主义者们寻求洗去大英帝国奴隶制罪孽的方法一样，像巴罗这样的人则希望在陈旧帝国的废墟中建起一个新的道德帝国。巴罗意识到，大西洋的殖民地带给英国最具价值的产品像蔗糖、棉花等，"最初都是从东方移植过来的，而那里根本不需要奴隶劳动，也不会给欧洲人造成特别的浪费"。因此，当通过与亚洲进行贸易便能获得相同的商品时，就没有必要到美洲去建立殖民地种植园了。与亚洲的贸易不会像大西洋帝国那样，造成财务和道德两个方面的巨大负担。纠正这一错误所需要的全部努力，就是把英国的资源重新聚集在东方，在亚洲建立一个自由贸易和自由劳动力的帝国。如果能有这样一个帝国，"或许能够证明印度和中国最终才是我们商业繁荣的最重要支柱"。[16]

这就是中国任务如此重要的原因。英国所属的美洲分崩离析之后，这个任务无异于承担着拯救英国灵魂的重大使命。英国在亚洲的贸易扩张为重新设定大英帝国的条款和条件提供了可能性。大西洋帝国的领土建立在奴隶的背上，而如今，在东方就要建立起一个自由贸易、自由劳动力的崭新帝国取而代之了。他们相信，没有了以奴隶劳动为依靠的经济，即使利益并不平等，这个新帝国也将会是一个互惠互利的道德帝国。从这个意义上说，美洲殖民地的丧失是偶然的巧合，而绝非灾难性事件。没有了北美义务的重担在身，英国终于可以将其帝国想象与贸易和道德相连，而不是再与剥削和罪恶相提并论了。这种帝国建构紧随在鸦片贸易逐渐扩张之后，这个事实似乎没有给他们带来什么困扰。

新的使命感让大家的精神非常振奋，于是使团于12月17日离开了里约热内卢，向东横穿南大西洋乘风驶去。使团的船队没有像往常一样在好望角和印度南部停留，而是选择利用"浩瀚的南大洋"中永不间断的海风，横穿南印度洋，之后在阿姆斯特丹岛转向东北方向，驶向印度尼西亚。使团船队经过二十四天的远洋航行，于2月26日抵达苏门答腊岛和爪哇之间的巽他海峡。巽他海峡是海上交通要道，船只往来频繁。船队穿过海峡，大海"像海德公园的蛇形画廊一样平滑柔顺"，海上有许多"不知名的小岛"，多得连"不知疲倦的荷兰人"都没时间命名。穿过"游来游去不停徘徊"的鲨鱼群，经过被茂密植被堵塞的热带海岸"那一片柔软葱茏、苍翠欲滴的浓郁绿色"就花了整整三天的时间。航程走到一半的时候，他们在安杰里停下来补充给养，这是位于爪哇海岸的规模相当庞大的村庄，村头海岸上还有一座小型的荷兰前哨。一般来说，选择在哪里停留都非常偶然，但这里是经过慎重选择的。在围着荷兰堡垒的竹栅栏中，有一个简单的木质墓穴，墓穴中是查尔斯·卡斯卡特上校的遗骸。对于使团来说，向他们的遇难同胞、向国外战场这遥远的一隅表达敬意，有着无比重要的意义。就在五年前，卡斯卡特上校本人被选为前往觐见中国皇帝的使团团长，却不幸在途中去世。他们沿着他的足迹漂洋过海而来，如今他们注视着他永远安息的地方，在木质墓碑被热带的炎热腐蚀之前把墓碑上的文字记录下来，在它们永远地湮没在异国他乡之前铭记住他的生卒信息。他们当然也希望，如果最坏的事情发生在他们身上的话，也会有人为他们做同样的事情。[17]

穿过巽他海峡之后，船队立刻向东转向，沿着爪哇岛北部海岸驶向巴达维亚，即现在的雅加达，那里是荷属印度尼西亚的首都，也是亚洲最重要的贸易中心之一。船员们一驶入巴达维亚港，就被密密麻麻散布在海湾的那些数不清的船只吓了一跳。这里有荷兰贸易船是意料之中的，有爪哇独木舟和马来三角帆船也非意外之事，但是似乎全世界的船都出现了在巴达维亚。硕大的中国巨型帆船，"那奇异的形状似乎在诉说着像诺亚方舟一样古老而遥远的时代"。法国的船只"除了带着他们国家生产的自然产品之外，还携带着有关人权的可怕学说进入了东方世界"。除此之外，还有来自孟加拉、孟买和整个大英帝国的大量船只。几年前，在荷属印度尼西亚出现英国的船只，本应预示着即将到来的战争，然而美国战争却使这一切发生了巨大的变化。[18]

1780年，当荷兰人卷入与英国的战争时，他们是以自由贸易之名加入的，目的是希望阻止英国船只妨碍他们的贸易活动。他们希望通过战胜他们最顽固的老对手，破坏英国在海上贸易的霸权地位，同时也使自己旗下的东印度联合公司获得跳跃式发展的机会。不过，尽管英国在1783年被迫提出和平诉求，但是荷兰人也没有取得什么胜利：英国占领了荷兰帝国在印度、斯里兰卡和印度尼西亚的重要属地，而且，如果不是弗朗索瓦·亨利·德拉莫特恰逢其时的背叛起到了阻止作用，那么英国甚至也拿下开普敦角殖民地。作为和平解决方案的一部分，英国同意归还其占领的领土，不过却迫使荷兰在关键的贸易环节做出让步。从此之后，英国将在荷属印度尼西亚自由航行，自由从事贸易活动。英国以全新的力量进入从印度尼西亚到中国（鸦片的第二大来源地）的贸易之中，加之英国在马来西亚半岛的槟城新建立的前哨站带来了不断加剧的竞争，使得荷兰东印度联合公司的利润被迅速蚕食，由于其商业无法帮助其母国从美国战争期间的巨大支出中恢复过来，荷兰也因此进一步走上衰落之路。[19]

英国是有意放弃对印度尼西亚的征服和占领的，这是帝国政治理论的一部分，即看重贸易与海军的力量，而非花费巨资去管理属地领土。约翰·巴罗对这种意识持全心全意的支持态度，尤其是美国革命之后，他在巴西的经历和他对荷属巴达维亚的思考都使他更加坚定。这座大约有十五万人的城市"整洁又漂亮"，笔直的街道交错纵横，一条运河从城市中央穿过。在海湾北部，与这座城市隔水相望的是一座城堡，这是荷兰政府总部所在地，城堡中还有一座礼拜堂和殖民地政府的公共办公室。城市周围是平坦的乡村田野，树木茂盛，从海湾望去，只能看到大教堂的圆顶。尽管这座城市看上去美丽宜人，但是对于欧洲居民来说，这个位置却是极为危险的。低矮的沼泽地是热带疾病的滋生地，高得惊人的死亡率给荷兰居民带来了无尽的威胁。巴罗将荷兰选择巴达维亚作为其殖民地的都城归咎于"荷兰人对于低地沼泽的偏好"，他们在国内也是这样。无论选择这里的原因是什么，地形和气候造成的影响巨大而可怕。荷兰当局估计，来到巴达维亚的人中，不到一年时间便死亡了五分之三。那些在第一年中幸存下来的人中，仍会有百分之十的人死在那里。荷兰陆军和海军的死亡率更高，根据军队医院的记录，六十二年中死亡的人数多达七万八千人。总之，据信每年死在巴达维亚的大约是四千人。巴罗无比厌恶地总结道："使荷兰人适应巴达维亚的气候和土壤的企图，是草率地滥用民族成见和民族品味的极端表现。"[20]

对于巴罗和与他思想一致的人来说，这就意味着根本不值得花费人力和财力，在这样遥远的、不宜居住的地方拥有和管理属地领土。财富和权力的关键是商业，土地只会带来成本。巴罗希望荷兰所属的巴达维亚能够提供一个范例，提醒英国人永远记住这一永恒的真理。

> 人们希望，英国政府会永远对这种情况予以充分考虑，这为英国人不去荷兰人手中抢夺它［印度尼西亚］提供了极为充分的理由。只要我们在印度海域拥有强大而活跃的小舰队，那么他们无论是占领该城镇还是在此驻军，都不可能对大英帝国的利益造成实质性损害，因为我们的船只随时可以被强大的海军带出海湾。[21]

尽管巴达维亚因瘟疫闻名于世，但是使团依然在这个荷属东印度群岛的首都停留了几个星期之久，与来自亚洲各地的人混迹在一起，打成了一片。这里有阿拉伯人、亚美尼亚人和波斯商人，"他们总是一脸严肃，一心扑在生意上"；有来自印度各个港口的生意人；有摆出一副对人间万事都漠不关心的当地爪哇人；有以残忍凶暴著称的马来人，还有随处可见的奴隶，他们来自莫桑比克、马达加斯加、马拉巴尔和东方的每一个国家。这里也史无前例地出现了中国的商人和移民，他们有些"穿着绸缎做的长袍，辫子长得几乎都垂到膝盖那里"，另一些人则"戴着像伞一样宽的大帽子，短夹克，裤子又长又肥"。除了商人，还有来自各行各业的工匠，不过最出名的是园丁。巴达维亚的中国社区始建于 15 世纪初期，这个社区给使团的人留下了相当好的印象。与荷兰人相比，巴罗发现中国人勤劳、慷慨且沉静，在巴达维亚是令人仰望钦佩的优秀群体。如果他们在中国遇到的人像这些人一样，那他们的使命一定会成功。[22]

1793 年 3 月 17 日，船队终于离开了闷热潮湿的爪哇海岸。他们受到上了年纪的荷兰总督及其议会成员的热情款待，参加了焰火晚会、各种集会以及奥兰治亲王的生日宴会，但是他们确实停留得太久了。到目前为止，使团成员及船员们都非常幸运，还没有人因为旅途的艰辛、停靠各个港口的危险或疾病而丧生。不过，他们在离开印度尼西亚时却少了一个人，那个人在溪水边洗亚麻衣物时被一群马来人刺伤了背部。另一些人则因为逗留时间太长而感染了伤寒和痢疾。他们别无选择，只能尽力照料病人，同时加紧前往中国的航程。[23]

5 月 24 日，船队再一次登陆，这次是在越南海岸的土伦湾，即现在的岘港。就英国人所知，这片区域当时还未在地图上注明，于是船队只能盲目地沿着海岸驶进海湾的避风港。由于伤寒和痢疾在船员中迅速蔓延，急需得到新鲜的补给，但是一艘葡萄牙商船却告知船队，说整个地区都已经陷入内战的动荡之中。理论上讲，越南一直是由黎朝统治，而黎朝名义上从属于中国皇帝。但是自 17 世纪以来，真正的权力却掌握在两个相互交战的王朝手上，即河内的郑氏王朝和顺化的阮氏王朝。1770年，阮氏王朝为了对抗暹罗的战争有足够的资金支持而开始征收重税，这导致了反对阮氏王朝的农民起义，领导者是来自西山村的三兄弟。西山叛乱像燎原之火一样迅速蔓延开来，越南南部完全被起义的怒火吞没。河内的郑氏王朝为了确保将他们恨之入骨的阮氏王朝对手消灭干净，便介入到起义运动中。1776年，郑氏王朝军队抓获了阮主，西山村的叛军则将剩余的阮氏势力阮福映赶出西贡，流放到国外。[24]

葡萄牙、西班牙和法国的商人与传教士们，自17世纪以来就在东南亚从事各自的贸易活动，但是迄今为止，英国在该地区的贸易只是零星出现，从未形成规模。巴罗认为这是一个严重的错误。1777年，法国人抓住西山起义的机会，通过帮助安南的阮氏王朝对抗他们的对手，并派遣让-巴普蒂斯特·舍瓦利耶从孟加拉昌德纳加尔的法国工厂来到岘港，对英国形成包抄之势。在印度与大西洋对英国展开的战争使这一计划暂时停滞，但是随着1783年和平的到来以及1785年印度商业公司的重组，恢复法国在亚洲的帝国利益再次成为地缘政治的重要议题。1787年，法国试图恢复和巩固在越南的影响力。在法国天主教传教士百多禄的影响下，南越统治者的侄子阮福映被送到法国寻求保护，并且与路易十六商谈军事联盟事宜。在凡尔赛签署的条约中，法国承诺提供军事支持，并且提供大量的贷款。作为回报，法国人获得了岘港的港口和领土，以及在沿海设立法国领事馆的权利。而且，至关重要的是，法国还获得了在与印度发生战争时调动越南军队与船只的权利。该条约随着法国大革命的爆发而瓦解，但是此举对英国利益产生的危险是显而易见的。

在美国战争中，法国人丧失了大量印度属地，如果要恢复曾经与英国平起平坐的抗衡基础，就迫切需要获得新的领土和新的贸易伙伴。尽管法国大革命的爆发再次扰乱了他们的南亚计划，但毫无疑问的是，法国再次将目光投向越南，将其作为新的帝国战略的重中之重。永久占领岘港为法国提供了一个名副其实的越南直布罗陀，同时也提供了一个稳定的基地，使法国既可以借此阻断英国与中国的贸易，也可以借此发动对英属印度的进攻。即使处于内战期间，当地的统治者也有能力建造并武装船只一千二百艘。这些船只与法国早已计划在南亚建立的舰队结合在一起，那么法国就会拥有一只完全可以摧毁英国贸易的海军力量，并且能够"对我们在东方的属地形成巨大的震慑作用"。不过，阻止这一切发生还为时不晚。根据巴罗的报告，越南的国王对英国人非常友善，大摆宴席宴请他们，并宣布所有的港口都对英国航运开放，不征收任何关税。现在，抓住主动权的时机到了，是时候"伸出英国雄狮的利爪"，"牢牢抓紧每个机会，使英国强行占领的和吞并的所有属地更加安全，那些属地都是英国人凭借英勇无畏的精神和大英民族勤勉冒险的精神获得的"。但是，这并不意味着要夺取更多的领土。巴罗认识到，英国拥有的"能够良好运营，并且为国家带来利益的殖民地已经足够多了"，然而法国在东南亚的存在给英国的贸易带来了危险，迫使英国必须获得"有利于我们航运与中转的地方"。马戛尔尼勋爵完全赞同这个观点，他的日记也表现出他对军事战略事务更为密切的关注。[25]

马戛尔尼或许已经非常清楚地意识到，他的宿敌沃伦·黑斯廷斯在印度任总督时，就曾试图在越南建立这样一个英国立足点。自17世纪初以来，英国商人就从未停止将越南纳入其蓬勃发展的贸易网络的努力，东印度公司甚至曾在越南北部短暂地建立过一家工厂。但是，正是由于意识到法国对越南的侵入，以及他们对英国商业利益构成的极大危险，才刺激了18世纪80年代英国再次对越南产生兴趣。像法国人一样，黑斯廷斯也意识到越南内战是一个机会，为了换取英国对冲突的援助和干预，他们会在土地和贸易协议方面使英国获益。1777年，两名阮氏王朝的官员偶然落入黑斯廷斯之手，被在岘港进行交易的两名英国乡村商人救出，这似乎是英国出手干预的天赐良机。一支英国护卫队护送这两名政界要员返回越南，然而这次任务从一开始就是一场灾难。一位阮氏官员在中途死亡，另一位拒绝冒着生命危险上岸。最终，英国政党遭到了反对派系的攻击，被迫仓促撤退。后来，英国又提出第二次进行干预的想法，但是1778年与法国的战争在印度爆发，黑斯廷斯不可能再向越南派出更多的英国军队。[26]

战后，英国在东南亚拥有一个基地便显得越来越重要，尤其是法国对越南再次表示出强烈的兴趣，不过，这一举措的主动权被一位名叫弗朗西斯·莱特的乡村商人所掌握。莱特为人大胆无畏，勇于承担风险。虽然东印度公司垄断了东印度群岛和英国之间的贸易，但是亚洲领土之间进行的"乡村贸易"却正式向弗朗西斯·莱特这样的独立商人开放，这些商人为后来更大规模的英国贸易与帝国扩张铺平了道路。莱特自己在马六甲海峡地区建立了贸易关系之后，便意识到英国在马来西亚设立前哨基地的巨大潜力。英国需要在东南亚建立一个基地，既能遏制法国和荷兰的扩张，也能为在印度和中国之间往来的英国商船提供一个中转站。早在1771年，他就向黑斯廷斯申请在马来半岛为公司设立一个前哨基地，并于1786年接受了吉打苏丹所提供的槟城岛。当时，苏丹阿卜杜拉·穆卡拉姆·沙阿正受到其北部邻国暹罗和缅甸虎视眈眈的威胁，这两个国家都实施扩张主义政策，而且他认为莱特是英国东印度公司的官方代表，于是便提出将该岛交于英国，以换取英国援助他们对抗邻国。可怜的苏丹并不知道，莱特没有这样的权力。当他请求英国按照承诺给予援助时，英国却告诉他任何援助都不会提供的。1791年，苏丹试图收复槟城岛——莱特后来将这个岛命名为威尔士亲王岛——可是却被东印度公司的军队所打败。事实证明，槟城岛是一项非常明智的投资，它作为英国在东南亚的第一个定居点，破坏了荷兰的贸易，也触发了英国在该地区长达数世纪的殖民统治。

尽管整体态势令人兴奋，但是越南却一直被英国所忽视。后来的历史却证明，巴罗和马戛尔尼对越南的担忧是正确的。由于法国大革命的干扰，法国官方对阮福映的支持蓦然消失，但是百多禄却敦促法国继续对越南实施干预，并最终拼凑出一支由雇佣军、冒险家和投机者组成的私人部队，帮助阮福映的军队和防御工事进行现代化建设。在法国（和中国）的支持下，1802年，阮福映成功地制服了西山的对手，统一了越南，并成为阮氏王朝的第一任皇帝——嘉隆。法国人在内战中给予了大量援助，但是没有得到实际的利益，甚至连正式的认可都没有，这是他们在1858年最终侵占越南的主要原因与借口。[27]

　　巴罗和马戛尔尼都认识到，任何对英国商业的威胁都必须予以迅速而有力的还击。法国是永远的敌人，它拥有更多的人口和更加丰富的资源。如果英国希望保持竞争力，希望保持其在"国家规模"上的地位，它就必须依赖对外贸易。一切都依赖于贸易，"从泰伯恩的收费公路，或者从海德公园角到白教堂，几乎每一座房子都是商店或仓库……存放着外销产品。因此，对我国商业繁荣和我们在对外贸易中享有的优势进行任何形式的制约，都会对整个国家造成极其严重、极有杀伤力的后果"。英国贸易中最为重要的领域是对中国的贸易。印度虽然受到了更多的关注，但是从许多方面看，它所花费的与它所生产的一样多，甚至更多。然而，日益增长的中国贸易已经成为"东印度公司信贷的主要支柱，严格说来，中国也许是东印度公司中唯一真正盈利的部分"。正是为了扩大这种至关重要的贸易，使团才踏上漫漫的海上征途。[28]

　　1793年6月19日下午，也就是他们离开土伦湾三天之后，使团成员和船队船员们饱经旅途磨难的双眼，第一次看到了出现在北方天际的中国景象。第二天，他们停泊在葡萄牙人控制的澳门，并派遣由斯当东领导的一支小分队去与英国商人团体进行协商。他得到消息说，皇帝已经得知使团即将到来，也回复说"朕甚为满意"。皇帝甚至向中国的各个港口发出命令，要求给予英国船队任何可能的援助。最关键的是，使团获准直接前往清朝的首都北京，而不是必须由广州进入中国——当时的广州是唯一允许进行国外贸易与国外交流的港口。这不仅大大缩短了前往朝廷的旅程及时间，使团也得以规避广州贸易团体设置的障碍——由于广州贸易团体唯恐失去其对欧洲贸易的垄断，因此对于马戛尔尼使团的自由贸易议程持敌对态度。[29]

他们离目标越来越近了，似乎已经近在咫尺，他们已经得到确定的消息，中国皇帝对他们的到来予以认可。船队匆匆穿过台湾海峡，尽管那里"阴沉黑暗、阴雨连绵、雾气弥漫、雨暴风狂"，阴森的天气把台湾岛遮蔽得严严实实，看不到一丝影像。他们就这样驶入了东海。广州以外的一切地区禁止外国贸易的命令，使得欧洲人对东海几乎一无所知。由于东海的浅海中有无数的岛屿，再加上险恶的激流和变幻莫测的天气，即使对那些熟知其危险的人来说，都是危机四伏的。更何况，英国船队对这片海域是完全陌生的，因此他们在东海中的穿行简直就是盲目冲撞：穿越数百个沿岸的岛屿，还要驶过从"小溪和海湾"中驶出的数十艘出来观看奇怪的西方船只的小船。在靠近宁波和上海附近的舟山时，当地的领航员被带上"雄狮"号，帮助他们前往天津，即通往北京的港口。当地官员显然已经得到通知，他们对使团的情况了如指掌。每个地区的中国官员都会对马戛尔尼勋爵进行正式拜访，沿途每一站的模式都一模一样。[30]

到7月20日，船队接近了渤海海峡，由此可进入渤海、渤海湾和白河河口。从这里开始，海水变得非常浅。马戛尔尼记录道，"这条水路太糟糕了，非常危险"——水流迅疾，水底深浅难测，使得"雄狮"号成了危险的累赘。使团转而换乘双桅帆船，和"印度斯坦"号一起驶向天津和北京的门户——白河河口，并于7月25日抵达。他们在那里会见了两位重要的中国官员。这两位官员在他们停留期间一直陪伴在侧，他们同时也是使团的真正拥护者。王文雄是位汉族将领，他在缅甸和其他地方的战役中表现出众，异常英勇，因此在军队中稳步上升，如今是通州的军事指挥官。他与另一位名叫乔人杰的文官一起共同负责英国使团的工作。乔人杰是来自山西的官员，1790年刚刚从知府提升至天津道台。1792年由于洪水侵袭，天津地区发生严重饥荒，身为道台的乔人杰在赈济饥荒方面表面突出。相对而言，两个人行政级别都非常高，但不是对于帝国决策具有真正发言权的官员。尽管如此，他们在使团停留期间，都表现出主人的热情好客，而且对客人予以全力帮助。[31]

将使团的礼物和行李装进三四十艘平底帆船就用了整整三天的时间。之后，他们踏上沿河进入天津的行程。8月5日，卸货工作全部完成，使团成员离开英国船队，在一片锣鼓声中溯河而上。到这个时候，由于疾病的侵袭，船队的船员数量已经大为减少，因此剩下的船员没有等待使团成员返回，便向南朝舟山行驶。他们希望在那里能得到急需的药品和一些新鲜补给。当"印度斯坦"号消失在天际的时候，使团成员们第一次强烈地意识到，他们孤零零地身处异国他乡，孤立无援，完全听任不太欢迎他们的主人的摆布。不过，到目前为止，中国主人对他们的接待可谓无懈可击，他们之前听说的那些高高在上、因循守旧的形式主义根本没有，但是，的确有一些事件预示着不祥的前景。当由各色船只组成的杂乱船队沿河而上时，英国乘客注意到每艘中国帆船上都挂着黄旗，每面旗子上都写着巨大的黑色汉字。好奇不已的英国人便询问那些汉字是什么意思，听到回答的时候，他们都吓了一跳。有人告诉他们，那些汉字的意思是指，每艘船都代表着英国使团"给中国皇帝带来的贡品"。看起来，双方已经有了致命的误解。[32]

当他们沿河上行到中国的中心地带时，呈现在他们眼前的景象打消了他们所有的顾虑，至少是暂时把它们抛到脑后，因为他们立刻被中国的富足繁华所深深震撼了。无数船头高得"不可思议"的华丽大船在平静的水面滑过，这里的水面"像格雷夫森德的泰晤士河"那样宽阔，整洁的茅草房在低矮的河岸上依次排开，河岸上和小船里人头攒动，男女老幼都有，他们"饱经风霜，却毫无病态"，到处都是勤劳繁忙的生活景象。马戛尔尼一向不是诗意勃发、性情飞扬之人，但是他第一次沉浸在厚重的中国文化之中，内心被深深地触动，于是，他通常那种简单凝练、像商业条文一样的日记条目，被莎士比亚般的感叹所代替：

> 啊！奇迹！
>
> 这里竟有如此多可爱的生物！
>
> 人类是如此美好！啊，勇敢的美丽新世界！
>
> 这里居然有如此美好的人！[33]

航程共持续了六天时间，一共逆流而上航行了八十英里，一路上他们心情愉悦，神思缥缈，最后终于抵达天津。到目前为止，英国客人的口中全是对中国和中国人民的溢美之词。他们在每个港口都受到当地官员的热情接待，没有流露出任何对于外来者的冷漠、矜持和不信任，这与欧洲人之前的记载与传言大相径庭。这个国家看上去稳定而富足，一片繁荣景象，是与英国的商业野心完美匹配的合作伙伴。派来陪同使团一同进京的官员王文雄和乔人杰——英国人就叫他们王和乔——正直坦率，友善亲和，很是令人欢欣鼓舞。即使是将使团的任务定义为进贡的那些黄旗，也可以归结为亚洲外交的独特之处吧。可是，自从到达天津开始，接待他们的语气便出现了微妙的变化。[34]

使团受到了异常隆重的欢迎，那种场面令人终生难忘：军队沿河而立，整整绵延了一英里，"各种旗帜——常规军旗、三角旗、彩旗等——迎风飘扬，各种乐器和鸣发出的铿锵之声在空中飘荡"。在岸上，几天之前曾经接待过他们的那位上了年纪的地方官员和一位皇帝派来的使节正等候着迎接他们。正白旗满族官员徵瑞时任天津的巡盐御史，是众所周知的自负、易怒、虚荣且固执的人。马戛尔尼在两个人的会面结束之后，便确信这位御史对英国使团持反对态度，他"对我们关注的所有事项都执意抵制……态度很不友好"。他冷淡而多疑的性情，与广受爱戴的王文雄和乔人杰形成了鲜明的对比。马戛尔尼认为，这种差异部分是由于文明温雅的汉文化与野蛮好战的满文化之间的文化差异造成的。这种罔顾事实的人种论点无疑更多地体现了英国人的偏见。[35]

同样是在天津，使团所面临的最棘手问题第一次浮出水面。清朝的礼仪相当复杂，官员中有人担忧，由于英国人对礼仪的细节一无所知，因此他们会损害对方的尊严，或者说损害皇帝的尊严。出于对使团成员敏锐感情的尊重，他们选择了一种迂回的方式，告诉英国人在觐见皇帝时需要遵守的相关礼仪要求。一名官员以检查他们的服装，欣赏他们的服装为借口，暗示说欧洲服装的软管、吊袜带和紧身衣有一个严重的缺陷，远远比不上他们飘逸的中国官员的长袍：大使很快就要觐见皇帝，需要行三拜九叩大礼，这些衣服太紧身了，会影响叩拜。作为一名外交老手，马戛尔尼立刻便抓住了原本不那么微妙的着装讨论的要害。这位大使的回应令中国的那位官员感到沮丧不已。大使说，出于忠诚，他不可能对外国的统治者表达比自己的君主更大的敬意。相反，他提出了一个折中方案。他要么就像觐见乔治三世那样行跪拜和吻手之礼，要么他对中国皇帝行叩拜大礼，但是同样要求一名级别相同的清朝官员面对英国君主的肖像也行同样的叩拜大礼。他们一时陷入僵局，不过双方都相信一定会找到折中的办法。

使团继续由人陪同前往通州并于8月16日抵达。他们到达通州之后，改由陆路前往北京。从河边到清朝都城的六英里的路程上挤满了好奇的中国人，他们都希望看一眼外国使团的模样，一队士兵只好挥着鞭子为他们在人群中开路。当时，使团成员被安排在城外的居所，表面上看是为了让他们更舒适，实际上是为了更容易控制他们的行动，同时也防止他们与中国人过多地接触。巴罗和马戛尔尼都认为住所条件不适，于是应大使的要求，使团成员又被重新安置到城里居住。[36]

在北京，英国人第一次感受到他们处于非常严密的监视之中。监视行为从未有过间断：仆人和官员永不停歇地出现，他们进入城市其他地方的通道受到严格限制，他们的邮件都被拦截和拆阅。就连饱受疾病侵扰的"雄狮"号的船员们在舟山也处于严格隔离的状态，而隔离的原因也绝非仅仅是为了公共健康。徵瑞再一次前来拜访，而过程一如既往地令人不快。不过，这次拜访有九位欧洲传教士陪同：住在中国首都的法国、意大利、葡萄牙和西班牙的传教士们。他们把宗教使命和为皇帝提供外交、科学和技术服务的使命结合在一起。英国人看到其他欧洲人却并没有多么开心。

在天津的时候，马戛尔尼就曾收到一位名叫约瑟夫·德格拉蒙的法国传教士的信，他承诺会向使团提供任何他力所能及的帮助。然而，德格拉蒙也警告英国使团说，葡萄牙的特遣队，尤其是约瑟夫·伯纳德·阿尔梅达，是绝对不能信任的。阿尔梅达在乾隆皇帝的政体内地位颇高，已经有了相当的影响力。他和他的葡萄牙同胞对于他们的影响力倍加珍惜，对于其他可能对他们构成威胁的欧洲人予以迅速打击和诋毁。考虑到葡萄牙人心怀不轨，马戛尔尼请求允许他自己在传教士中选择一位，在即将到来的宫廷觐见中担任翻译。真是谢天谢地，他的请求得到了批准。[37]

这个时候，大家都心知肚明的礼仪叩拜问题再次浮出水面，这一次是与一位地位更高的清朝官员进行商议，即乾隆皇帝的首席大臣之一。由于双方都不愿意做出丝毫退让，于是决定让马戛尔尼以书面的形式提交折中提议。马戛尔尼起草之后，由年轻的乔治·斯当东负责翻译和誊写。斯当东在旅程中经过努力学习，已经很好地掌握了这门语言，给中国的官员们留下了深刻的印象。

9月2日，天气开始转凉，使团成员终于踏上了最后一程。他们在与乾隆皇帝见面之前还有一百三十英里的路程。如果要在皇帝生日的时候赶到，他们就必须日夜兼程。尽管北京是帝国的首都，但是当时皇帝却在热河的行宫（即现在的承德），热河位于北京东北部，是清朝位于河北省的夏都。在最后这段旅程中，他们将穿过一片山峦起伏、浪漫如画的乡村，最后越过曾经标志着中国北部边界的伟大长城。七天之后，他们到达了热河城外两英里的地方，在那里他们为正式的觐见做好准备工作。人们穿上巡游时才穿的制服，那是经过特别设计的服装，所有的官员、士兵、演奏家和使馆官员们都整整齐齐地排列开来。马戛尔尼勋爵的马车依照指引缓缓前行，在乾隆皇帝的注视下，英国使团步入了中国皇帝的华美夏宫，成为第一支与中国建立外交关系的外国使团。

第十三章
百年屈辱的开始

当他看着奇怪的队伍进入热河时，乾隆皇帝一定觉得有股不祥的风云正在地平线上酝酿升腾。尽管他早已将行政管理的日常工作交给了内阁，尤其是他最喜爱的大臣和珅，但是从表面上看去，他依然精力充沛、充满活力。

> 他身高将近一米八，身材修长、举止优雅，肤色白皙清秀，眼睛却黑中透亮。他鼻梁挺阔，有些鹰钩鼻的样子，可谓相貌堂堂，匀称完美。丝毫看不出任何上了年纪的样子，他人站在那里，玉树临风，气质迷人，举止可亲，既彰显了他身为君王的尊贵气概，又不失亲切友善的性格魅力。[1]

他依然积极乐观地面对生活。年轻的时候，他对弓箭情有独钟。如今，虽然按部就班的生活显得有些一成不变，但依然非常充实。他通常在凌晨三点起床，到宫中的神殿进行私人礼拜，之后就开始批阅各地官员和行政人员送来的奏折，直到七点钟开始用早饭。在宫里的御花园里稍事休息之后——他对自己宽敞阔达、精致雅静的庭院感到相当自豪，他一天中的大部分时间都用来与他的主要大臣和幕僚们商讨国事。下午三点钟，他休息一下便去吃晚饭，饭后他有时会看看戏，有时会参加其他娱乐，然后会读读书，晚上七点钟就寝。如今再过几天就是他八十二岁的生日了，皇帝也开始感到年事已高。二十五岁那年，他登基成为皇帝，现在看来那似乎是很久之前的事情了。他是雍正皇帝的第四个儿子，不过却最受父亲和祖父的喜爱。那时人们称他为弘历，他从小便接受训练，以便将来继承大统。他不但要参加一些重要的仪式，同是也被允许参加军事事务的讨论。尽管如此，为了避免在统治者权力交接时经常发生的派系斗争，他的父亲将继承者的名字写在一张纸上，将其密封在一个盒子里，并将盒子放在乾清宫龙椅上方的牌匾之后。他的父亲于1735年突然驾崩，人们把盒子打开，雍正所指定的继承人的名字便公之于聚集在殿前的皇家成员和帝国高级官员面前。弘历选择了"乾隆"来作为他任皇帝的年号，意为"长盛不衰"，这个年号既恰当妥帖，又显示他的壮志雄心。不过，即使在那个时候，他也深知肩上的重担非常艰巨。[2]

他的父亲和祖父设置的标准高得难以企及。他的祖父康熙于1661年，即年仅七岁的时候登基，成为清朝第四任皇帝，但仅仅是清朝统治中国的第二任皇帝。在他统治的漫长的六十一年中——中国历史上统治时间最长的——他终于结束了明朝灭亡和清朝崛起之后那段异常混乱与动荡的年代。康熙统治时期，清政府对内巩固政权，对外稳定边疆，中华大地稳定祥和，开创了一个和平、繁荣和稳定的时代，前一个时代的惶恐不安和内战威胁从此消失殆尽。那是一个黄金时代，是清朝统治的巅峰，也是后来所有统治者的典范。康熙的漫长统治在1722年结束，他的儿子雍正继承王位时已经五十多岁了。康熙的统治时期国稳民安，使乾隆皇帝的父亲从容地将注意力转向急需进行的内部改革方面。政府得以重组，腐败与浪费从权力体系中被根除，权力集中在皇帝和他新建立的"军机处"手中，而军机处主要承担枢密院的咨询职责与行政权力。

尽管乾隆从不敢将自己治下的业绩与其成就辉煌的前辈相提并论，但是在其长达五十七年的帝王生涯中，还是有许多引以为傲的过人之处。他时刻以杰出的先帝们为榜样，尽职尽责、兢兢业业，定期与他的高级官员会面，批阅奏折，发布官方法令，并且到帝国各处广泛体察民情，甚至亲自参与策划了许多次军事行动。对此，他都无比自豪。在文化上，乾隆同样以其父亲和祖父为榜样。他对艺术和文学兴趣浓厚，尤其擅长书法和诗歌。在其统治期间，他大大扩充了帝国艺术藏品，甚至还聘请了西方的艺术家和建筑师。也许他最引以为豪的是在他的委任下完成的被称为"四库全书"的作品，它是中国历史上最重要的文学与历史著作的百科全书式汇编。最终共形成了令人震惊的三万六千多册。《四库全书》既代表了乾隆时期的文化影响力，同时也是孝道精神的体现，是对中国历史上的伟大著作与伟大业绩的认可与致敬。

　　然而，尽管他取得了那么多成就，但是维持其祖父和父亲建立的帝国伟业的重担，也是最重要的尽孝行为，却令他身心俱疲。在他的统治下，取得了许多相当重要的切实成就。他竭尽全力扩张版图、巩固边界，将一个支离破碎的帝国统一起来，形成一个同质的整体，然而这一切却依然无比脆弱。为了不在统治时间上超越他无比尊敬的祖父所统治的六十一年，他很快就打算卸任了。这是他向先帝们取得的业绩致敬的最后行动，但是他还有那么多的事情要做，那么多的危险要面对，那么多的障碍要克服，他完全不敢确定，他的继任者是否能够胜任这艰巨的任务。

　　不过就目前来说，他必须把注意力集中在正面临的问题上，即英国国王派来的使团。尽管他摆出一副高高在上的姿态，假装对帝国之外的世界漠不关心，但他对欧洲人却有着足够的了解，完全明白他们所构成的威胁，对英国人尤其如此。自乾隆登基以来，英国人一直持续不断地坚决要求改变与中国的商业和外交关系，持续不断地尝试超越或破坏中国对于外国商人一成不变的制约与限制。1741年，由乔治·安森准将领导的一艘英国船只在一场风暴中受损，请求到广州港避难，这使得局势变得前所未有的紧张。在大不列颠和西班牙之间被称为"詹金斯的耳朵"的战争期间，安森曾被派往太平洋突袭西班牙的船只。安森认为，广州和欧洲国家一样，应当遵循同样的国际法，因此，他认为广州港作为中立国家的港口，会对他表示公开的欢迎。然而，他却大错特错了。他修理船只的要求被严词拒绝，与当地官员进行会面的请求同样遭拒。那些官员故意无视他的存在，只是以超高的价格向他出售补给品。

回到欧洲之后，安森到处宣扬中国那些乘着"小筏子"的人对他的虐待，使欧洲人对中国人负面而刻板的印象进一步加深，同时也进一步意识到外交的重要性。为此，东印度公司派遣熟悉广州贸易的一名乡村商人詹姆斯·弗林特前往清朝的首都，将英国人迅速积累的不满与怨气告诉他们。尽管外国人在除广州以外地区的旅行受到限制，不过弗林特还是设法到了天津，并将自己的请愿信函呈送到北京。最初皇帝同意就英国人的投诉进行调查，但之后弗林特却被抓捕起来，理由是违反了外国人禁止前往广州之外港口的限制，而且规避了递交请愿书的常规程序，甚至非法学习中文。弗林特在中国的监狱中被关押了三年之久。

英国人的侵略特性并非清政府对他们的使团心存疑虑的唯一原因。中国商人与中国移民也像欧洲商人和欧洲移民一样，为了寻求更大的利润，其脚步早已跨越了南太平洋和印度洋，遍布世界各地。皇帝肯定已经从这些侨民那里听到了足够的信息，对欧洲人从贸易转向征服的策略予以相当的警惕。从定居在菲律宾和巴达维亚的中国人那里，他一定听说了中国人在西班牙人和荷兰人手中所遭受的巨大苦难。1740年，有超过一万二千名定居在巴达维亚的中国居民被荷兰总督屠杀，男女老幼一律惨遭荼毒。理由是荷兰总督对中国居民拒绝缴纳强加在他们头上的勒索费用感到愤怒，由此指责他们阴谋推翻荷兰人的统治。巴罗一向认为中国人勤劳善良，对于荷兰人的残忍行径感到震惊，他认为这场屠杀是"显而易见的、以莫须有的罪名进行的，是有史以来最不人道的残忍行径，令一个文明的民族蒙羞"。皇帝一定会对这种观点表示赞同，当然，他也许不会同意将荷兰人界定为"文明的"这一说法。[3]

尽管英国人对此表示厌恶，但是几乎没有理由让皇帝相信，他们与其他欧洲同胞会有多大程度的不同。事实上，英属印度很可能也恰到好处地成为一种警示。毕竟，他们当时抵达伟大的莫卧儿帝国的时候，本质上恰如他们到中国一样，也仅仅是作为寻求贸易许可的乞求者而来。然而，当马戛尔尼使团抵达热河时，在莫卧儿建立的小小贸易立足点却已经迅速转变为领土帝国，而当地的统治者却转而变为乞求者，甚至被彻底推翻。到目前为止，没有证据显示英国对大清的领土图谋不轨，但是在中国和英属印度的边界那里，已经开始有谣言散播，英国已经介入这位皇帝领地的内部事务。

毫无疑问，英国人为了捍卫自己的利益，肯定不惜动用武力。1784年，一艘从事乡村贸易的英国船只"休斯夫人"号在驶入广州港时，按照西方船只的习惯鸣放礼炮。不幸的是，鸣放礼炮时出了差错，两名毫无戒备的中国人被误射身亡。根据中国的法律，凡因暴力死亡者，即使是意外的事故，也必须要以命抵命，除非得到特赦。因此，当地政府要求"休斯夫人"号的船长将相关责任人交出来。可以理解的是，船长也是一头雾水，他并不知道到底是哪个炮手射出了致命炮弹，于是他拒绝交出任何人。作为回应，中国人扣押了该船的货物管理员。由于他们认为在某种程度上，所有的西方人都应该为英国人的行为负责，因此他们采取了进一步行动，停止了广州港的所有贸易。西方人对于事态的转变感到震惊，英国人、法国人、荷兰人、丹麦人，甚至是美国人，他们都联合起来，派出全副武装的战船前来保护他们的工厂和仓库。然而，中国人并没有被这种武力威胁所吓倒，而是继续要求交出罪犯。由于生计岌岌可危，欧洲人渐渐抛弃了英国人——令人不解的是，到了最后，只有塞缪尔·肖领导的美国人依然对英国人表示支持，于是英国人被迫交出了最有可能的责任人。尽管英国请求宽恕，但是这位可怜的炮手还是在1785年1月被绞死。[4]

考虑到这一点，皇帝便采取措施，确保使团的一举一动都在严密监视之下。他们的行动受到跟踪，他们的信件被打开和检阅，他们与中国平民的联系也受到限制。使团成员对于包括长城在内的防御工程表示出的兴趣引起了相当强烈的不安，而且大使相当随意地展示英国的炮兵火力也引发了不安、惊慌与怀疑。他们是一个危险的民族，但是他们又是白银的重要来源，因此他才会获得觐见皇帝这一殊荣。[5]

正式的觐见安排在9月14日，尽管双方都存在误解，但是一切都如预期的一样，进行得相当顺利。皇帝身穿"宽松的黄色丝绸长袍，头戴黑天鹅绒帽子，帽子顶端镶嵌着一颗红球，并以孔雀翎装饰。脚上穿的是绣着金丝线的丝绸靴子，腰间系着蓝色腰带"。英国大使则身穿鲜红的长袍，头戴羽毛帽子，拒绝按照相应的臣子礼仪行君臣大礼。这或许就是英国人傲慢自大的表现，证明他们顽固不化、野心昭昭，皇帝的担忧并非毫无因由。而且，他的官员和欧洲的观察家们违背礼节的所有行为，只是提供了一个唾手可得的理由，使皇帝更坚定地执行在使团到达热河之前便已经做出的决定。乾隆皇帝的长期统治虽然外表看来固若金汤，但他也敏锐地意识到自己的帝国已经不堪一击。[6]

如果国内的局势稳定，那么清帝国边界的不安全因素也许会更容易承受一些，可是在国内也出现了一些非常严重的问题。也许是由于先帝治下的黄金时期的结果，中国的人口在经历了17世纪中叶动荡岁月的连续数年下降之后，在整个18世纪呈现出迅速增加之势。复苏很快便演变成增长失控，到马戛尔尼到来的时候，中国的人口已经增加了一倍多。这种人口扩张对帝国的内部稳定产生了非常可怕的后果。随着人口越来越多，因地产需求增加而对土地的压力也越来越大，出现了大量无地农民和移民，所有这些都加剧了贫困，破坏了政府对人口的控制。随着越来越多的土地被开垦开发，新引进的农作物（尤其是玉米和土豆）也得到种植，乡间的森林被大量砍伐，土壤开始流失，河流淤塞，洪水泛滥。对于一个与河流唇齿相依的文明来说，这种情形从来都是灾祸，如今越发变得频繁和致命。而中国的精英也和他们的农民兄弟一样，越来越变得孤零无依。随着人口的增加，官僚体制中已经没有足够的职位来满足精英的需要，使他们不能再依靠职位谋得生计。精英失业，腐败现象日益严重，同时，人们对以牺牲占人口多数的汉族人的利益为代价而偏袒满族人的行为感到愤怨失望，最终导致精英阶层与他们通常予以支持的政府分道扬镳。

那个时代，焦虑与无望的情绪带来了其他方面的不利影响。由于就业无望和幻想破灭，导致从社会精英开始，许多人染上了吸食鸦片的恶习。随着鸦片需求的不断增加，英国人开始向市场大量投放印度鸦片，导致鸦片价格下跌和消费人数大量增加。鸦片带来的恶劣后果日益显著。随着人们越来越被鸦片的致命诱惑所奴役，贸易平衡便开始向有利于英国的方向倾斜，人们自然会怀疑，中国从与英国的贸易中到底能获得什么好处，就连行商也感到自己欠了英国很多债务。由于边界受到威胁，人们躁动不安，而贸易又遭到破坏，因此当乾隆皇帝拒绝英国的要求，并让他们收拾行李离开时，他的态度基本上是毫不妥协的。外来者很可能使一个在刀尖上寻求平衡的国家更不稳定。这不是一个稳如泰山的帝国，而是一个脆弱、破碎和焦虑的帝国。有鉴于此，乾隆皇帝致函给英国的国王乔治三世。

> 咨尔国王，远在重洋，倾心向化，特遣使恭赍表章，航海来廷，叩祝万寿，并备进方物，用将忱悃。朕披阅表文，词意肫

恳，具见国王恭顺之诚，深为嘉许……天朝扶有四海，惟励精图治，办理政务，奇珍异宝，并不贵重……其实天朝德威远被，万国来王，种种贵重之物，梯航毕集，无所不有，尔之正使等所亲见。然从不贵奇巧，并无更需尔国制办物件……尔国王惟当善体朕意，益励款诚，永矢恭顺，以保乂尔有邦，共享太平之福……今尔国若留人在京，言语不通，服饰殊制，无地可以安置。若必似来京当差之西洋人，令其一律改易服饰，天朝亦不肯强人以所难。设天朝欲差人常驻尔国，亦岂尔国所能遵行？况西洋诸国甚多，非止尔一国。若俱似尔国王恳请派人留京，岂能一一听许？是此事断断难行。岂能因尔国王一人之请，以至更张天朝百余年法度。

欧洲人对于乾隆皇帝面临的内部问题一无所知，他们只是对信函中表现出来的不屑一顾、高高在上的语气和反复提及的违反外交准则的现象颇感不快。他们将马戛尔尼外交使命的失败归咎于他拒绝在皇帝面前叩拜称臣，对于中国不知变通和落后守旧的普遍现象更是颇有微词。马戛尔尼回到英国时，因为自己在公众面前受辱而深感痛苦，于是他也加入到异口同声讨伐中国的大潮中，将自己的失败全部归咎到中国人身上。他有一个著名的比喻，即将中国比喻成一艘摇摇欲坠的古老大船，并就此调侃道：

清帝国是一艘古老的、疯狂的、一流的战舰。在过去的一百五十年里，她幸运地依靠能力出众而又警觉性高的官员前赴后继，为保持她不至沉没而费尽心力，而她只靠庞大的外表和身形就把各个邻国吓得望而却步。一旦有个不称职的人出现在甲板上进行指控时，那么这艘战舰的安全性与纪律性便会消失不见。也许，她并不会彻底沉没，她也许会像一艘失事的破船一样漂流一段时间，最后才被拍到岸边击成碎片。不过，要在原来的底部进行重建永远不再可能了。[7]

马戛尔尼和他的使团成员比英国的很多人都更了解中国，他们拥有最直观的体验，因此他们对中国及其统治者的评价便具有相当重要的实际意义。由于欧洲国家和欧洲人民曾一度将中国视为稳定和成功的帝国统治典范，因此马戛尔尼这样的报告和观点在很大程度上有助于说服欧洲的国家和人民，使他们相信根本不可能与中国建立正常有序的外交，最后的政策就是规避任何的、所有的可能出现的贸易限制，这种强力很可能会在外交失败的地方取得成功。那个时候，恰逢美国战争促使英国人对待莫卧儿帝国的态度从钦佩转为轻蔑，马戛尔尼使团的全线溃败也使英国人对待中国的态度发生了翻天覆地的变化。这种观念上的转变反过来又有助于英国为其日益好战的对华政策进行辩护。巴罗所希望的道德与自由贸易的帝国不可能实现了，取而代之的是建立在武力输入鸦片基础上的帝国扩张。

约翰·巴罗当时被留在北京，负责安排和组装使团送给皇帝的礼物。虽然他为错过热河之行感到遗憾，但是准备礼物绝非易事。复杂的科学仪器和天文仪器是由精细又精密的机械元件和易碎的材料制成的，由于必须将其在皇帝的宫殿中组装起来，因此需要专业的知识和密切的监督。这项工作占据了巴罗的全部时间，他几乎没有时间观光。然而，即使身在北京，即使投身于辛苦的工作之中，有关使团的那些令人不安的消息也开始传到他的耳朵里。9月19日，在北京为皇帝举行的盛大诞辰庆祝仪式的两天之后，巴罗恍然发觉自己被锁在了皇宫的会客大殿之外。每个人脸上都是一副阴郁神情，也没有人跟他说话。最后，一位友好的传教士告诉他，没有什么希望了。马戛尔尼勋爵拒绝履行磕头的仪式。

巴罗的线人报告说，热河的官员们并没有将这件事看得多么严重，而且双方已经达成了折中方案，能够很好地兼顾双方的利益。然而，在北京的官员和行政要员们却感到"羞耻、困惑和震惊"。他们担心这种丑闻会"玷污皇帝的统治地位，因为这无异于打破了古老的习俗，让一个野蛮的民族取而代之"。接受折中方案，就等于让身为帝国形象代表的皇帝接受外国势力的支配，既折辱了自己的国家，又破坏了其不容置疑地作为世界中心的坚定信念。对于身在北京的巴罗来说，日日夜夜都能深切地感受到这种情绪的变化。从前成群结队跑来看外国人和他们小玩意儿的阿哥和官员们现在都躲得远远的，那位带着他们在皇宫行走的友好太监，现在则称他们是"骄傲自大、任性妄为的英国佬"，摆满餐桌的令人眼花缭乱的丰盛佳肴如今也被粗茶淡饭所取代。当巴罗得知使团将于9月26日返回北京的时候，内心可谓五味杂陈。[8]

9月30日，皇帝回到北京过冬，使团成员长途跋涉了数英里的路程，从热河回到皇宫参加欢迎仪式，使团诸成员也因此得以再度团聚。道路两旁张灯结彩，挤满了成群的官员和旁观的百姓，一声喇叭吹响，瞬时鼓乐齐鸣，宣布着皇帝驾到。对于巴罗来说，皇帝回京就意味着将对他精心组装的礼物进行正式审视。对于马戛尔尼来说，皇帝回京是谈判进入实质阶段的开始，至少他希望如此，因为如今那些令人痛苦不堪的繁文缛节总算是取消了。然而，尽管那些礼物得到官方的认可与接纳，但是马戛尔尼的外交努力却屡屡受阻。

根据经验，马戛尔尼明白外交是一个缓慢的过程，他已经做好了充分的准备，从长远的角度看，他可以在北京住上几个月甚至几年的时间，直到条约的细节全部敲定为止。初期遭遇的挫折固然令人沮丧，不过他相信，他的提议符合两个帝国的最大利益，因此最终总会达成谅解。英国迫不及待地需要拓展与中国的贸易，因为这是它从美国战争中恢复过来的唯一途径。然而，他很快明白过来了，中国的沉默并非是一种谈判策略。他们返回北京仅仅几天之后，马戛尔尼便接到通知，使团一行必须尽快离开首都北京。到中国来的各国使团从未遵循过欧洲模式，没有哪个使团可以永久驻华，通常的标准期限只是几周而已。尽管中国人对于叩拜礼仪一直无比关切，对于英国使团的健康问题也颇为关心，但是马戛尔尼最终还是确信，富有成效的谈判前景已经成为泡影。除了一瘸一拐地打道回府，他别无选择。

由于英国的船队还在舟山进行休整恢复，使团成员不能原路返回到天津和渤海，于是他们改道而行，沿大运河向南行进——大运河是由运河和几条河流相互连通形成的内陆水系，它构成了中国最重要的贸易、旅行和交通线路之一——之后再向东行进，与高尔爵士和船队会合。这段经历极为难得，因为中国还从来没有允许外国人从内陆地区穿过。不过，这次旅行的新奇也无法完全消弭他们内心的低落之感，毕竟这一路向南的行程是一场不光彩的撤退。

沿河一路南下的旅程将由一支三十艘大型平底船组成的船队完成，并由中国的王文雄和乔人杰陪同前往。起初，他们从天津顺水而下时，两岸掠过的景色并没有引起英国人的关注和喜爱。随着广阔平原在眼前无限绵延开来，零星的树丛、贫穷的村庄和沙土的坟冢点缀其间。从天津开始，船队从一座金碧辉煌的八角宝塔下驶入大运河的时候，乡村的人口便更加密集起来，呈现的景象也更加繁荣富庶。他们从运河的入口处向南航行了二百英里，穿过岛屿密布的湖泊，驶过好似无边无际的湿地，最后进入了一片山峦起伏、良田密布的丘陵地带，那里"庙宇和村庄星罗棋布，乡镇和城市鳞次栉比"。为了能够与人口的稠密程度相得益彰，大运河的宽度不断拓展，最大宽度已经到了一千英尺，运河两岸由巨石砌成。当他们接近杭州时，运河蜿蜒着穿过一片名副其实的桑树林，茂密的桑树让他们想到中国是盛产丝绸的大国。之后他们进入了杭州城。地形在这里变得伟岸起来，一片晶莹剔透的湖泊映入眼帘，周围绿树成荫，环湖的山峦延伸到天际，山顶上寺庙巍峨。湖面上，无数色彩鲜艳、镀金镶银的驳船在碧绿的

水面上纵横往来。⁹

在杭州，新任命的两广总督奉命护送英国人前往离华港口，因此也加入到行列之中。总督是个举止优雅、和善可亲的人，充满令人鼓舞和振奋的精神气概，不过，他不可能就中英贸易关系拍板定论，为此他也感到非常痛心和沮丧。在总督的带领下，使团离开运河，向东驶向舟山。到了舟山，一行人才得知，由于伊拉斯谟·高尔不能确定他们是否到来，同时由于高尔得知大英帝国已经对法国宣战，因此他已经带着船队南下广州，希望在那里能为英国的战争起到更有效的帮助。使团没有其他选择，只能继续中国内陆之旅，南下向广州航行，希望在那里能够赶上他们的船队。从长江一路上行至鄱阳湖，之后在越来越窄的几条河流中向着西南方向航行，这段旅程比之前的所有航程都更加艰难。他们有时从群山穿过，湍急的河流挤进狭窄的山谷，激流、巨石和瀑布便如影随形，令人不堪其扰。他们被迫绕过这些障碍，在河流之间穿梭，最后抵达了"陡峭高耸"的梅岭山口，这是北江的入口，他们将从这里进入广州。¹⁰

12月18日，在大约距广州三十英里的地方，使团受到了东印度公司的广州专员哈里·布朗、艾尔斯·欧文和威廉·杰克逊的欢迎。他们得到了特殊许可和非同寻常的待遇，得以离开广州的欧洲人定居点。他们从专员那里得知，法国和英国如今已经开战，好在高尔和"雄狮"号依旧停泊在广州港，真是谢天谢地。与专员们一同前来的是几位行商，他们垄断了英国的贸易，而马戛尔尼费尽心力想要做的是破坏这种垄断。第二天，他们登上巨大的驳船前往广州，在那里他们受到总督等广州官员的正式接待。

他们被安置在一个岛屿住下，与对面的英国工厂隔岸相望。使团成员在住所可以看到，到处都是繁忙的商业迹象。港口中停泊着十四艘英国船只，代表着英国在亚洲的全部贸易力量。当时有五艘载满货物的贸易船正准备驶往英国，五艘刚从马尼拉驶到这里，还有三艘从科罗曼德海岸驶来，另外一艘则来自孟买。其中一艘名叫"柏洛娜"号的商船，是刚刚从植物湾抵达的殖民囚犯船，他们向植物湾运送了一批物资和十七名女犯。如今，它在广州购买了一船茶叶，通过这种方式把从英国向澳大利亚运送囚犯的费用抵销掉。停泊在港口中的英国船只的身影令人欣慰，这些船只也传递出这样的信息，即英国贸易的触角已经遍及全球。如果这样的景致能够温暖这些极具商业情结的人的心房，那么这温暖中也暗含着一种酸涩。因为在英国商船的旁边还停泊着四艘小船，每条船上都悬挂着星条旗，而这种旗帜、这种颜色在最近这段时间一直都是反叛之旗。[11]

对美国人来说，茶叶及其所代表的自由贸易，正是他们以暴力脱离大英帝国的根源所在。在未对殖民地做任何投入的情况下就对茶叶进行征税已经让人难以容忍，而且美洲又被日益扩张的国际贸易排除在外，这简直令人怒不可遏。贸易从来都是美洲繁荣的命脉，人们担心英国对美洲贸易的控制会榨干美洲贸易的活力之根，人为地阻止美洲的发展，而这一切只是为了确保东印度公司的持续繁荣。从这个意义上说，在许多美洲人看来，自由贸易关乎的不只是金钱，而是事关自由，事关殖民地在未来独立发展与繁荣的能力。因此，正如一位对此予以抨击的人所说，1773年《茶叶法》就是一个阴谋，目的是让殖民地臣服，以东印度公司的命运马首是瞻，这是征服和掠夺的行为。那位批评家说："一旦东印度公司在这个幸福的国家站稳脚跟，那么它就会不遗余力地成为你们的主人……他们有一个精明的、可耻的、专制的部门，专门对此予以支持和协助。他们自己也都是实施**暴政、掠夺、压迫和嗜血杀戮**的专家好手。"英国的茶叶代表了英国对国际贸易的垄断，因此也代表了英国降服美洲的能力。[12]

由于英国对美洲贸易进行限制，对英国进口的茶叶征收关税，从而导致美洲殖民地展开了争取独立的战争。殖民地独立之后，许多这种类型的限制随之消失，使得美国人得以在之前被封锁的贸易渠道从事贸易活动。不过，在战后，国际贸易不仅仅是一种可能，也是一种必要——如果美国想要生存下来并与欧洲诸国展开竞争的话。长期以来，贸易就是美洲的支柱，但是随着独立的到来，它却失去了进入英国在加勒比海及其他地区市场的机会。战争期间，许多港口的贸易遭到中断和破坏，战争之后又失去了重要的市场，因此，为美国贸易找到新的出路，寻找新的外贸伙伴，显然就成为当务之急。而中国是为数不多的不受欧洲列强控制或垄断的富庶的贸易中心，因此对中贸易便成为完美的解决方案。在一些人看来，这是一个年轻国家寻求自由贸易的最后出路，或者说是唯一选择。约翰·亚当斯的脑海中深深牢记着波士顿港口毫无生机的模样，他认为："留给我们的商业出路只有一个，对此我们对欧洲列强丝毫不用有感激之心。感谢上帝，基督教宫廷的那些阴谋影响不了东方世界的明智律令。在那里，我们拥有同等的勃发意气：只要我们有能力、有勇气建造和装备好自己的船只，那么欧洲列强便不可能阻止我们在最有利可图的贸易中分得利润。"[13]

实际上，在亚当斯呼吁他的国家在对中贸易中采取更大行动的那一时刻，美国与伟大的"中央王国"的第一次贸易探索就已经启动。那时，一个贸易代表团已经在前往广州这个日益重要的贸易中心的路上了。把美国的贸易向太平洋拓展的想法最初来自康涅狄格州的冒险家约翰·莱德亚德，他曾于1780年参加过库克船长的第三次，也是最后一次远征探险。他在美国大西洋沿岸的航行经历使他确信，大西洋西北部丰富的毛皮可以作为一种有价值的商品在中国市场使用。回到美国之后，莱德亚德说服了曾为美国革命提供资金支持的英裔商人，于是一批知名的投资者出资，为了与中国开展贸易而装备了一艘商船。他们挑选的是一艘载重三百六十吨的三桅帆船，并恰到好处地将这艘船命名为"中国皇后"号。船舱里塞满了他们希望能吸引中国顾客的货物"一箱海狸皮、十二桶烈酒、两万枚墨西哥银元和三十吨阿巴拉契亚人参"。[14]

1784年2月，当"中国皇后"号驶出纽约港时，很多人心里都明白，它的出发预示着美国商业向着美丽新世界正式起航。后来被称为美国独立战争诗人的菲利普·弗伦诺，写了一首诗歌纪念这一昭示美好前景的时刻，并向建立在反抗英国贸易垄断基础上的崭新美国帝国致敬：

> 她赢得了战神的引航，
> 张开翅膀去迎接太阳，
> 去探索乔治三世阻碍
> 前去探险的黄金地带。
> 美国之鹰啊奋力飞翔，
> 迫不及待地离开故乡，
> 目光如炬啊腾飞如电，
> 冲上碧空看何人阻拦。
> 外国水手不准混迹于此，
> 她自己来选择去往哪里。
> ……
> 她要去往最遥远的岛屿，
> 去往那炎热如火的国度，
> 她急切地踏上探索之旅，
> 很快要在中国海岸登陆。
> 从那里带回他们的香茶，
> 再不用把英国国王惧怕，
> 精美的瓷器，镶着金边，
> 模具精雅产品自然斑斓，
> 贸易会为我们这个世界。

带来美好产品层出不穷，

印度织机对我们全免费，

再把爪哇树的香料迎接，

商品永不枯竭！跨过重洋，

每一阵好风都带来宝藏！

到亚洲把货品装满船舱，

你便再次返回你的故乡！[15]

为了使这次重要的贸易使命成行，美国的投资者在挑选领导人时无比谨慎，比英国当时挑选马戛尔尼勋爵作为中国使团的团长时还要慎重几分。最终，他们选择塞缪尔·肖恩少校作为"中国皇后"号的船长，领导船上四十二名船员。肖恩是一位履历出众的、资质杰出的船长。他于1754年出生在波士顿一个商人家庭。他还是个孩子的时候，就已身处在冲突前沿——当时波士顿与英国在自由贸易方面的冲突呈日益激烈之势。在这样的背景下，肖恩很早就有了革命的思想，这是不足为奇的。后来有报道称，肖恩年轻的时候，因为一名驻扎在父亲家中的英国士兵在言辞中表现出对美洲人民的轻蔑之意，他立刻提出要与他决斗。肖恩对祖国的热爱之情如火焰般浓烈，因此在1775年战争爆发的时候，他便迫不及待要求参战，他加入了乔治·华盛顿在剑桥的队伍，后来被晋升为陆军少校。

肖恩很快便意识到，他们与英国进行的战争波及全球。英国人不是以母国的身份与美洲殖民地这个孩子"拌嘴吵架"，英国面对的是法国、西班牙和美国这些敌人。"七年战争"以胜利告终，英国的"武器在世界的每一个角落都散发着胜利的气息——你们在海洋中的舰队摆出胜利的姿态"，紧接着，英国的那些殖民地则"因为支持你们的独立、维护你们的荣誉而欢欣鼓舞，因为他们自己的幸福似乎与你们的荣誉和独立密不可分地交织在一起"。这是一场帝国之间的战争，也是一场关乎帝国未来的战争。对于许多美国人来说，随着战争的不断推进，他们越来越相信，大英帝国的利益与他们的利益不再有任何关联。这场帝国战争的后果将在未来几年塑造全球。[16]

因此，1783年，当和平即将来临的消息传到肖恩那里时，他不禁开始深思和平对于一个毫无根基的崭新国家而言，会带来什么样的潜在危险。这个国家已经摆脱了大英帝国的枷锁，但还不确定如何扩张自己的帝国。对于肖恩和许多美国人来说，美利坚合众国已经到了紧要关头。他们终于脱离大英帝国获得了独立，但是如果美国这个帝国想要崛起，想要在世界舞台上占据应有的地位，它就需要一个能够完成这项任务的政府体系，以及一个贸易网络来匹配或取代随着独立而丧失的贸易活动。"对于长久期盼的独立所带来的祝福，美国已经做好接受的准备了吗？"他问马萨诸塞州的一个朋友，"什么样的制度才能确保这个崛起的帝国政体康泰、国家繁荣呢？"在《巴黎协定》签署前不久，他在西点军校写的一封信中继续就这个问题进行思考："美国如今已经成为一个帝国，全世界的目光都注视着她。如果说指引一个国家需要智慧，那么这个时刻尤其如此。我们要在强国林立的世界中树立自己的品格，让世界从我们展示的风貌中了解我们、认识我们。"[17]

对于肖恩来说，他恍然发觉自己没有什么事业规划，而且和平到来之时，他已深陷债务之中。解决自身问题的办法，与解决战后国家所面临的经济困境的办法是一致的，答案就是贸易。由于乔治·华盛顿和亨利·诺克斯为他写了一封热情洋溢的推荐信，于是罗伯特·莫里斯和其他投资者便找到他进行接洽。肖恩立刻抓住了在国际贸易界开始崭新生涯的机会。像许多有商业头脑的美国人一样，肖恩不仅意识到与广州进行商业贸易利润巨大，而且也意识到，如果美国商船不加入到供应美国日益增长的茶叶需求的贸易，那么英国人将会迅速重新占领这一市场。"美国的居民必须有茶喝，"肖恩认为，"随着我国人口的增加，茶叶的消费量必然会大幅增加。"他继续说道，如果要喝茶，"他们就应该采取最适宜的方式，以最优惠的条件获得茶叶"。[18]

然而，如果美国要在中国贸易中获得应有的地位，那么，美国商人就必须能够提供中国市场所需要的具体商品，这一点至关重要。对于现金匮乏的崭新国家来说，把美国原本储备不足的现金花光去购买中国的丝绸和茶叶，这显然是不可行的，与英国相比，美国的劣势更大。肖恩和他的投资者认为，不断扩张的美国帝国有许多丰富的产品，尤其是皮毛和人参，这些在中国一定会找到市场。肖恩相信，这将防止美国陷入贸易失衡的困境，使美国贸易避免威胁和损害。他据此推断："其他的欧洲诸国都必须准备好现款购买这种商品，而美国人则明白，他们的国家能够以更优惠的条件得到。那些在大山和森林中的无用产品，将成为美国获得这种优雅奢侈品的源泉。这是多么令人开心的事情。"[19]

经过长达六个月的旅程，"中国皇后"号终于在1784年8月抵达广州。已经身在广州的欧洲人给予美国人以友好的接待和鼓励（尽管葡萄牙总督还不知道美国革命的结果）。英国人对他们过去的同胞有些冷淡和疏远，他们心有不平不仅仅是因为战争的结果，同时也因为新来者与他们之前的盟友快速发展的亲密关系感到苦闷。法国人帮助美国人建立了一个工厂，更重要的是，他们向中国当局进行了必要的引荐。中国人对于新来者的反应更是令人鼓舞。肖恩写道："我们是造访中国的第一艘美国船只，中国人要完全理解英国人和我们之间的差异还需要一段时间才行。他们称我们为新人。"然而，当肖恩拿出地图，向中国官员展示美国大陆的范围时，他们很快就意识到，与如此巨大的中国产品市场建立新的联系，会给他们带来多么大的利益。[20]

1785年5月，"中国皇后"号凯旋，在十三响礼炮——代表当时美国的十三个州——的鸣响中抵达纽约。关于"中国皇后"号到来的消息，以及她带来的那些极具异国情调的商品——二万五千磅茶叶，还有大量瓷器与布匹——的宣传广告，充斥着这个国家日益壮大的期刊出版界，而多达三万美元的利润，也足以激励大量的人来追随模仿。肖恩给国会写了一封信，将他完成的重大使命进行了详细说明，并得到了他们的感谢回信。肖恩的旅程的确引起了轰动，虽然表面上收获了无数奉承与赞美，这场冒险却未给肖恩带来多少收益，当然也不足以确保肖恩的未来。在接下来的八年里，肖恩又到广州去了三次，他如今已经成为美国官方领事，因此他不再是一个人探险了。在他第一次执行任务后的十五年中，超过二百艘美国船只紧随"中国皇后"号的步伐，使美国成为中国的第二大贸易国，中美贸易额仅次于中英贸易额。可是，自1784年英国的《抵代税条例》颁布之后，英国的船只大量增加，细心的肖恩注意到了这一点。更加激烈的竞争导致茶叶的价格飙升，涨了25%甚至更多。与此同时，由于美国进口人参的市场过度饱和，人参市场面临崩塌之势，曾令肖恩信心百倍的贸易优势消失不见。人参价格从肖恩第一次来中国时的每磅三十美元，迅速下降到每磅四美元，到1790年，已经低至每磅二十五美分。日益严重的贸易失衡可能真的出现了，面对这种境况，肖恩和他的美国商人们争先恐后地寻找能受中国市场欢迎的新产品。[21]

与他们的英国同行一样，美国商人也很快发现，中国人对鸦片的需要几乎无法遏制。在肖恩初到广州时，从印度运往中国的鸦片贸易正处于前所未有的大规模扩张时期，原因是英国在寻求新产品来稳定与天朝帝国的贸易平衡。由于美国人无法进入英属印度的罂粟田，有意追随英国从事利润丰厚的鸦片贸易的美国商人，被迫到其他地方寻找货源。幸运的是，在美国贸易扩张的另一个地区，即地中海地区，发现了成熟的鸦片供应地。到19世纪初，土耳其全年鸦片产量为十五万磅，美国商人的购买量超过了四分之三，在中国获得的价值高达一百万美元。然而，美国在地中海商业领域日益频繁的出现，也带来了无法预见的严重后果。[22]

在美国独立战争之前，来自英国各殖民地的船只就已经能够在地中海安全航行了，英国海军的强力威慑使它们不会受到恶名昭著的巴巴里海盗的蹂躏，因此不会遇到什么危险。即使在美国战争期间，美国的船只一般也不会遭到巴巴里海盗的侵袭和掠夺，这一方面是由于巴巴里诸国不知道美洲殖民地已经宣布脱离英国独立，另一方面则是因为与法国的同盟条约使他们受到法国海军的保护。法国和美国于1778年签署了《友好通商条约》，要求法国确保"美国的船只、公民和货物免受巴巴里诸国的任何暴力袭击和强行掠夺"。随着英美宣布和平，美国脱离英国宣布独立不再是喊喊口号，而是成为确定无疑的事实，这使得美国船只失去了大英帝国的保护。同时，战争结束也意味着法国放弃了保护美国船只安全的义务，因为他们的金库已经被掏空，而且对美国闯入他们小心翼翼守护的地中海贸易网络感到颇为不适。法国认为："保证美国船只在地中海安全平稳的航行，对我们一点儿好处也没有。"1785年，当西班牙与巴巴里诸国达成和平协议时，从前所有的保护条例全部失效，美国船只也第一次成为被追逐的猎物。[23]

大多数美国人对于美国革命的连锁反应，以及地中海贸易的危险情形一无所知。在英国人到美洲定居后不久，美洲船只就成为巴巴里海盗的囊中之物。第一次有记录的美洲船只被捕获事件发生在1625年，仅在1678年一年内，就有十四艘美洲船只被扣押。不过，从那时开始的一个世纪的时间里，美洲航运对于其船只在北非的灾难性遭遇并没有什么感觉，也没有引发什么思考。事实上，美国人完全有理由相信，与巴巴里诸国的新型关系即将到来。毕竟，摩洛哥是第一个承认美国独立的国家。1778年4月，摩洛哥苏丹西迪·穆罕默德通过一个法国中间人与本杰明·富兰克林取得联系，要求与美国签订贸易协议。由于美国缺乏盟友，国会在1780年对此作出了热烈回应，只是在混乱的战争年代，最初的接触未能跟进，未能使两国关系正常化。

在美国革命之后，摩洛哥曾几次试图通过西班牙阿里坎特港的美国商人来恢复与美国的联系，但是由于美国缺乏经验，行事拖沓，优柔寡断，导致这一进程进行得无比缓慢，于是西迪·穆罕默德决定要将这个新生的国家震醒。1784年，他坚定地认为，也许美国需要某种刺激措施来唤醒其加快条约的签署进程，因此，他派他的海盗船在大西洋塞拉港海域去捕获一艘美国船只，以此作为启动已经摇摇欲坠的谈判的筹码。到了10月，他们的船在圣文森特角捕获了"贝茨"号美国船只及所有船员，当时这艘船正从加的斯返回美国。[24]

似乎把"贝茨"号和她的船员都捕获了还不够糟糕，英国人依然为他们的失败心痛如割，于是他们不失时机地把他们的前殖民地美国已经独立的消息暗暗地告诉了巴巴里诸国。阿尔及尔刚刚赴任的英国领事查尔斯·罗吉向阿尔及尔的国防部通报了英国与美国之间的战争，并宣布美国航运不再受英国的保护，甚至说这些美国船只"都是很好的战利品，并祝愿他们成功地抓获那些拒绝向大英帝国效忠的人"。收到英国的这份祝福后不久，阿尔及尔的巡洋舰就被派出去捕猎美国船只，他们抓捕了"玛丽亚"号，五天之后又捕获了费城的"多芬"号。[25]

在对美国航船发动的首次突袭中，一共抓捕了二十一名美国水手。他们作为人质被带回阿尔及尔，在被赎回之前注定要成为奴隶了。很多人将在奴役状态下生活长达十年甚至更久，而且不断有更多的美国俘虏加入，其中有些人将葬身在那里。不过在当时，没有人意识到他们卷入了多么严重的事件之中，所有人都确信，很快会有人来营救他们的。有一个名叫詹姆斯·利纳德·凯斯卡特的美国俘虏，是名年仅十八岁的水手。他八岁时从爱尔兰移民到美洲殖民地。后来，他用一种令人动容的痛苦口吻诉说当年的情况，那些俘虏"对国家的慷慨相救抱有极大的信心"："我认为，一个自己刚刚摆脱了奴隶制的国家，绝不可能抛弃为她的自由而战的人，不可能让他们承受耻辱，让他们在巴巴里作囚徒……我敢毫不犹豫地断言，所有参加美国革命的人中，1785年被阿尔及尔抓捕的那些人所承受的后果，是最为残酷、最为严重的。"[26]

早在1786年，美国的一些人就非常清楚地意识到，必须要采取措施，解救俘虏，并确保与巴巴里诸国的和平。这个前殖民地在与英国的斗争中脱颖而出，成为独立的国家，但是统一起来却非常困难，同时还面临着金融灾难的危险。这场战争给美国航运造成了沉重打击，作为一个仍然依赖海外贸易的沿海国家，要避免破产和金融灾难，美国迫切需要迅速恢复商业贸易。然而，伴随独立而来的是大英帝国那些轻车熟路的贸易网络的丧失，之前与西印度群岛的重要联络也随之消失。由于其他商业渠道被切断或受阻，对于所有国家都开放的地中海自由贸易区，似乎为美国商人提供了重要出路，同时更重要的是，它也为中国市场的消费者们提供了商品来源。正是怀着希望与绝望夹杂的复杂感情，像"玛丽亚"号和"多芬"号这样的船只把木材、烟草、蔗糖和朗姆酒这样的商品装进货舱，驶向地中海的港口。

几乎是一夜之间，美国船只就成了地中海地区的常客。到18世纪80年代初期，多达五分之一的美国出口，都是由一百多艘美国船只运往地中海的。在有着长期贸易经验的欧洲人眼里，地中海及其港口似乎充斥着瘟疫一般的美国人，为了买酸豆、葡萄干、无花果，尤其是土耳其人的鸦片而讨价还价。正如一个英国商人所抱怨的，"几乎每个小港口都能看到美国佬与当地人讨价还价"。[27]

然而，这些日渐增多、无处不在的美国商人，却成了明晃晃的靶子。革命结束之后，巴巴里诸国很快就让美国人了解了在地中海地区做生意的成本。在美国国内，美国人对于他们的船只被俘获的消息感到愤怒，不过他们的怒火没有任何作用，他们的抗议同样毫无结果。巴巴里诸国看重两样东西，或者说只看重这两样东西，即黄金和枪支。然而，在革命后的几年里，美国人却什么也没有。在战争期间，各州还东拼西凑了一支徒有其表的海军，战事一结束，这支海军便分崩离析。《邦联条例》这份文件是用来统治这个尚未"合众"起来的国家的。在这份文件中，国家海军的存在是诅咒般的可怕之物，因为人们担心这样的力量会成为联邦暴政的工具。即使各州真的想建立一支海军，这个文件也会通过在国家税收方面设置重重障碍，绝不可能让其筹措到足够的资金。对于许多美国人来说，他们认为建立海军非常危险，同时也是过于昂贵的项目。由于没有海军，也没有建立海军的任何前景，因此美国船只便像煮熟的鸭子一般，成为巴巴里海盗的囊中之物。

随着连接美国、地中海和中国之间的贸易不断扩大，这种贸易网络对美国经济的重要性也与日俱增。人们意识到，海盗可能会颠覆这一脆弱的商业体系，甚至会对刚刚踏上繁荣之路的这个新国家的整个经济体系构成威胁。因此，巴巴里海盗不仅危及至关重要的地中海贸易，同时也会切断土耳其人的鸦片供应，从而对中国贸易造成破坏。事情变得越来越显而易见，即北非海盗对美国商业两个新兴的重要支柱都造成了严重的威胁，而当时正是需要这两个支柱的最关键时期。一位自由贸易的倡导者直言不讳地指出："我们的商业处于彻底被毁灭的边缘，除非我们装备好武器，否则我们可能很快就会在美国海岸上看到阿尔及利亚人。"[28]

到了1797年，巴巴里全部四个邦国都签署了协议，幸存的美国俘虏获救。但是，如果没有军事力量相威胁，这些条款就是毁灭性的。为了达成和平，美国共耗资达一百二十五万美元，而且此后美国政府收入的20%都将用于向阿尔及尔、摩洛哥、的黎波里和突尼斯进贡。这种情况是不可持续的。更糟糕的是，美国从根本让误解了和平条约对于巴巴里诸国的作用。他们的经济在很大程度上依赖于海盗活动的收益，也依赖于欧洲国家为了得到和平而支付的贿赂和贡金。也就是说，如果巴巴里诸国想要保持收益能力，他们就需要进行无休止的战争，签署无休止的条约。与任何一个国家长期保持和平对他们来说都没有任何好处，为了得到更多的贿赂和贡金，他们迟早会背弃条约。因此，当美国考虑在1797年终结此事时，巴巴里诸国只是在等待时机，等待海盗、战争和条约的另一轮循环。最终的办法必然是采用武力，并进行了两次战争，即1801年至1805年与的黎波里的战争和1815年与阿尔及尔的战争，之后这种循环才最终被打破，使美国船只永久地摆脱了巴巴里诸国的掠夺。与此同时，英国已经在地中海和中国都掌握了商业主动权。[29]

到了1794年3月，塞缪尔·肖恩已经迫不及待地要离开中国了。广州的贸易季节已经结束，而且在十年的时间里，他进行了四次环球航行，家中温暖的炉火向他发出召唤，那种吸引力越来越强大，让他完全无法抗拒。他身染沉疴已达数月之久，但是一想到要见到家中儿女，他便精神大振，渴望能早日离开。革命中的法国依然在与英国兵戎相见，海盗也总是时有出没，为了安全起见，大家一致认为，美国的船只可以与一支刚刚完成外交使命的英国中队一起返航——他们刚刚觐见了乾隆皇帝。在革命后的几年中，美国人与英国同胞达成了协议，双方再次成为贸易伙伴，当然同时也是竞争对手。在险象迭出的大海上，任何朋友都弥足珍贵。肖恩在船舱中度过了大部分行程，他的眼睛狂热得如同冒火一般盯着妻子汉娜的小小照片。1792年，在他一次短暂的回家之旅中，他们结为夫妇。他恨不得能立刻见到她，可是从广州出发十个星期后，在他们接近好望角时，他的情况变得越发糟糕了。船上的医生詹姆斯·道奇已经尽了全力，并且还屈尊询问了"印度斯坦"号上的马克瑞医生和"雄狮"号上马戛尔尼自己的医生吉利昂的意见。然而，所有人都无力回天。肖恩自己似乎也觉察到了之一点，他最后看了一眼放在床尾的照片，大声叹息了一声说："上帝的旨意会实现的。"不久，他便静静地离开了人世，死于1794年5月30日。[30]

在他所有的航程中都陪伴左右的朋友托马斯·兰德尔给汉娜写了一封信，把她丈夫死亡的消息告诉她，同时也对他的性格予以热烈的赞美。不过，这些赞美诗并不仅仅来自朋友之手。许多报纸都发布了讣文，对他极尽溢美之辞，其中一家报纸称他为"为国争光的人"。他们已经意识到，在这个年轻国家的历史上，肖恩发挥的作用是巨大的。但是，如果他们能够瞥见未来的话，那么对他的赞美将会更加热烈。在肖恩第一次乘"中国皇后"号出航后的几年时间里，美国与中国的贸易蓬勃发展，许多人因此腰包赚得鼓鼓的，而这些人又继续努力，建立了重要的商业王朝和贸易帝国。其中就包括雅各布·阿斯特和沃伦·德拉诺，他们分别是阿斯特和德拉诺·罗斯福两大财团的鼻祖。整个国家也因此赚得盆满钵满。中国的贸易扩张使得造船业空前繁荣，从而带动了所有相关产业的迅猛发展，包括一切能使商船运行、使贸易进行的行业。在寻求与中国进行茶叶交易的商品的过程中，美国也开始在太平洋沿岸进行探索，寻找毛皮，而这大大加速了美国到西部定居的过程。为了购买中国市场需要的土耳其人的鸦片，穿梭于地中海的美国船只也开始迅速增加，从而在与海盗盛行的巴巴里诸国的两次战争中发挥了巨大作用。这些行动使一个支离破碎的国家前所未有地团结在一起，为她矗立于地球上的强国之林奠定了基础。美国商人为自己购买茶叶的需求，是美国走上帝国之路的起点。

就在美国领事躺在小小船舱里奄奄一息之际，跟他一样同为领事的英国人马戛尔尼却不由得又想到自己外交使命的失败。他因为迫切的需求来到中国，同时也对自己的国家与天朝王国开展贸易交流的前景抱着极大的希望。在美国战争之后，英国经济以及作为其核心的东印度公司就一直处于混乱状态，可是乾隆皇帝拒绝接受英国，也拒绝接纳即将到来的新世界，这使他的凌云壮志化为泡影。如今，他失败而回，他所能做的也只能是想象一下中国拒不妥协会带来怎样的后果。中国人曾经做出语焉不详的承诺，说"要给予更大的安抚和好处"，但是没有任何切实可见的行动。马戛尔尼设想，如果中国"阻止我们与他们进行贸易往来"，那就从英属印度带来几艘船和一小队人马，强行把中国的贸易之门打开，把中国的贸易控制起来，这想来也并非难事。当然，这会带来一些相应的后果，不过"把中国的力量瓦解掉"最终会使英国受益，英国将凭借其"掠夺的财富，还有英国人民的天赋与勇气"而"超越所有的竞争对手"。[31]

　　这个想法姑且不论，但是日益增长的鸦片贸易已经产生了深远的影响。从中国贸易中获得的财富，即从茶叶和鸦片贸易中创造的财富，已经源源不断流入了东印度公司的金库中，而此时恰恰是他们最迫切地需要资金的时候。他们需要这些资金去扩张英属印度，管理英属印度，这是一个建立在新的三角贸易基础之上的新帝国。马戛尔尼对这次外交使命的记述传达出这样的观点，即鼓励对中国的毒品贸易，同时也刻画出一个不知变通、守旧落后的王国的刻板形象。这使得英国人无论在情绪上还是在思想上都与中国对立起来；使一桩邪恶可耻的贸易显出正义的样子；使英国人在满足中国日渐深重的毒瘾方面更无负担；也使得他们对中国统治者一再要求停止毒品贸易的请求更加无视与轻蔑。如果说这种使毒品贸易合理化的心理有助于使一个帝国富足发财的话，那么它也将使另一个帝国屈膝忍辱。随着鸦片在19世纪如洪水般大量涌入中国，它的价格变得更便宜，吸食的人也越加广泛，造成了一场给数百万人带来灾难性后果的毒品大流行。

　　尽管在1794年时，马戛尔尼依然希望通过外交途径解决问题，但是英国还是与中国开战了。到了1839年，英国和美国带给中国的鸦片不仅腐蚀了中国社会，也腐蚀了中国人的身体，最后到了无法忍受的地步。道光皇帝再一次拒绝鸦片贸易合法化，他没收了二百五十多万磅的鸦片，并关闭了广州的对外贸易。英国对此的回应是入侵中国，由此引发了第一次鸦片战争。这场战争和后来的另一场鸦片战争，对中国的主权造成了致命损害，对中国公共卫生的损害更是惨重无比。

不过，这都是未来发生的事情。就现在而言，马戛尔尼依然走在通往权力之路上。中国外交使命的失败，只是他可圈可点的帝国升迁生涯中一个无足轻重的失利而已。1796年，他将被任命为开普殖民地的总督。这个殖民地是英国于1795年从荷兰手中掠夺过来的，那一年距他第一次赴任总督已经过去十四年了——那一次，他的赴任之旅被德絮弗伦拦截在普拉亚港。约翰·巴罗作为总督的私人秘书，将跟随马戛尔尼前往非洲，深入探索南部非洲的内陆地区，执行荷兰布尔定居者与非洲土著之间的和解任务。之后他返回了英国，作为海军部长展开了硕果累累的职业生涯。在这个职位上，他资助并鼓励许多科学考察队前往北极考察，其中包括约翰·罗斯、威廉·佩里和约翰·富兰克林。阿拉斯加的巴罗市和巴罗海峡都是以他的名字命名的，是中国成就了他。美国革命的影响再一次从大西洋蔓延开来，促进了大英帝国的扩张，同时也削弱了帝国的竞争对手。

注　释

导言　独立战争塑造的世界

1. *The Times*, March 27, 1811.
2. "Aborigines Want Remains Returned", *Canberra Times*, January 30, 1988.
3. *Morning Post*, May 29, 1794; "Aborigines Want Remains Returned, " *Canberra Times*, January 30, 1988; "A Campaign to Bring Home Australia's First 'Ambassador' ", *Canberra Times*, February 9, 1991.
4. Gary Nash, *The Unknown American Revolution: The Unruly Birth of Democracy and the Struggle to Create America* (New York, 2006); Carol Berkin, *Revolutionary Mothers: Women in the Struggle for American Independence* (New York, 2005); Holger Hoock, *Scars of Independence: America's Violent Birth* (New York, 2017); Alan Taylor, *American Revolutions: A Continental History,1750—1804* (New York, 2016).
5. Justin du Rivage, *Revolution against Empire: Taxes, Politics, and the Origins of American Independence* (New Haven, 2017); Nick Bunker, *Empire on the Edge: How Britain came to Fight in America* (New York, 2014); P.J. Marshall, *The Making and Unmaking of Empires: Britain, India, and America 1750—1783* (Oxford, 2007); R. R. Palmer, *The Age of Democratic Revolutions* (Princeton, 1964); Lester Langley, *The Americas in the Age of Revolution: 1750—1850* (New Haven, 1996); Jonathan Israel, *Expanding the Blaze: How the American Revolution Ignited the World* (Princeton, 2017); Janet Polasky, *Revolution without Borders: The Call to Liberty in the Atlantic World* (New Haven, 2015).
6. 贝利（C. A. Bayly）和玛雅·贾萨诺夫（Maya Jasanoff）分别阐述了美国战争对大英帝国产生的重要影响。贝利认为，战后的大英帝国转变为一个控制更加严密的中央化管理帝国；而贾萨诺夫则认为，战后流亡海外的忠诚派的经历体现了"1783年精神"遗产的作用，这种精神鼓励了扩张、自由主义和人道主义，以及大英帝国内部等级集权的发展。固然，这两种说法都是正确的，但是两者都未将大英帝国的全部范畴考虑进去，也未考虑帝国的重新定位究竟如何在实践中发挥作用。见C. A. Bayly, *Imperial Meridians: The British Empire and the World, 1780—1830* (London, 1989); Maya Jasanoff, *Liberty's Exiles: American Loyalists in the Revolutionary World* (New York, 2011)。

第一章　英国的动荡

1. Ignatius Sancho, *The Letters of the Late Ignatius Sancho, An African* (London, 1784), 269—270.
2. Ignatius Sancho, *Letters of the Late Ignatius Sancho, An African* (Cambridge, 2013), vol. 2, 174; Tim Hitchcock and Robert Shoemaker, *London Lives: Poverty, Crime, and the Making of the Modern City* (Cambridge, 2016), 349; Peter Linebaugh, *The London Hanged: Crime and Civil Society in the Eighteenth Century* (London, 2006), 336.
3. Sancho, *Letters*, vol. 2, 176—177; Hitchcock and Shoemaker, *London Lives*, 340, 349; Frances Burney, *The Diary and Letters of Madame D'Arblay* (London, 1843), vol. 1, 400—408.

4. Old Bailey Sessions Papers (OBSP), t17840915–146; Hitchcock and Shoemaker, *London Lives*, 353—355.

5. Richard Platt, *Smuggling in the British Isles: A History* (Stroud, 2011), 129—131.

6. Frank McLynn, *Crime and Punishment in Eighteenth-century England* (Oxford, 1991), 178—179.

7. 出处同上，172—192。

8. Platt, *Smuggling*, 48—49.

9. McLynn, *Crime and Punishment*, 179.

10. 出处同上，194。

11. Platt, *Smuggling*, 54—55.

12. McLynn, *Crime and Punishment*, 172.

13. 出处同上，184—195。

14. 出处同上，179，195。

15. J. M. Beattie, *Policing and Punishment in London, 1660—1750: Urban Crime and the Limits of Terror* (Oxford, 2001), 424—432; Hitchcock and Shoemaker, *London Lives*, 363.

16. Douglas Hay, "War, Dearth and Theft in the Eighteenth Century: The Records of the English Court", *Past and Present* 95 (May 1982): 125—142.

17. OBSP, t17830604-56.

18. OBSP, t17821204-7.

19. J. M. Beattie, *Crime and the Courts in England, 1660—1800* (Princeton, 1986).

20. Douglas Hay, "Property, Authority and the Criminal Law", in Douglas Hay et al., *Albion's Fatal Tree: Crime and Society in Eighteenth-century England* (London, 1975).

21. Roger Ekirch, *Bound for America: The Transportation of British Convicts to the Colonies, 1718—1775* (New York, 1987); Hitchcock and Shoemaker, *London Lives*, 322—323.

22. *Maryland Gazette*, November 2, 1775.

23. 出处同上，April 10，17，24，1751。

24. James Boswell, *The Life of Samuel Johnson LL. D* (London, 1823), vol. 3, 316; Benjamin Franklin 引自 Emma Christopher, *A Merciless Place: The Lost Story of Britain's Convict Disaster in Africa* (Oxford, 2011), 33; Paul Ford, ed., *The Writings of Thomas Jefferson* (New York, 1894), vol. 4, 158—159。

25. *The Parliamentary Register, or the History of the Proceedings and Debates of the House of Commons*, vol. IV (London, 1776), 106.

26. *Maryland Gazette*, July 13, 1775.

27. Emily Jones Salmon, "Convict Labor during the Colonial Period", *Encyclopedia Virginia* (Virginia Humanities and Library of Virginia, 2011, online).

28. Charles Davenant, *An Essay on the probable Methods of making a People Gainers in the Balance of Trade* (London, 1699), 50.

29. Hitchcock and Shoemaker, *London Lives*, 355.

30. Adam J. Hirsch, *The Rise of the Penitentiary Prisons and Punishment in Early America* (New Haven, 1992), 14—18.

31. Cesare Beccaria, *Of Crimes and Punishments* (London, 1778).

32. John Howard, *The State of the Prisons* (Warrington, 1777).

33. 出处同上

34. William Smith, *The State of the Gaols in London, Westminster and the Borough of Southwark* (London, 1776), 35—36, 76.

35. 引自 Hitchcock and Shoemaker, *London Lives*, 328—329。

36. *London Magazine*, vol. 46 (1777), 264; *Town and Country Magazine*, July 1779, 338.

37. *Westminster Magazine*, September 1778, 455.

38. Hitchcock and Shoemaker, *London Lives*, 334—337.

39. Jonas Hanway, *Solitude in Imprisonment* (London, 1776), 4.

40. *The Universal Magazine*, April 1782, 208.

41. Penitentiary Act of 1779, 19 George III, c. 74.

第二章 背叛、恐慌与回应

1. Henry Clinton, "Manifesto and Proclamation to the Members of Congress", May 1778. Gilder Lehrman Institute of American History, GLC01032.

2. Horace Walpole, *Journal of the Reign of King George the Third* (London, 1859), vol. 2, 253—254, 277, 282, 284, 301, 303.

3. Sancho, *Letters*, vol. 2, 76—77. 引自 Ian Haywood and John Seed, eds., *The Gordon Riots: Politics and Insurrection in Late Eighteenth-century Britain* (Cambridge, 2014), 2。

4. Haywood and Seed, *The Gordon Riots*, 2.

5. Robert Shoemaker, *The London Mob: Violence and Disorder in Eighteenth-century England* (London, 2007), 120—144; John Stevenson, *Popular Disturbances in England, 1700—1832* (Abingdon, 1992), 81—84.

6. Arthur Cash, *John Wilkes: Scandalous Father of Civil Liberty* (New Haven, 2006), 231—233; *Rivington's Gazetteer*, July 6, 1775.

7. Sancho, *Letters*, vol. 2, 88.

8. 出处同上，149—155。

9. *The Letters of Horace Walpole*, ed. Peter Cunningham (London, 1891), vol. VI, 423; vol. VII, 86.

10. Sancho, *Letters*, vol. 2, 169, 191; Linda Colley, *Britons: Forging the Nation, 1707—1837* (New Haven, 2014), 138—144.

11. *London Public Advertiser*, October 25, 1775; *London Public Advertiser*, October 26, 1775, November 30, 1775; *Pennsylvania Gazette*, January 31, 1776; *Virginia Gazette*, February 10, 1776; *Maryland Gazette*, February 8, 1776; *The Pennsylvania Packet*, January 29, 1776; Horace Walpole, *Journal of the Reign of King George the Third*, vol. I, 508—509; Julie Flavell, *When London Was Capital of America* (New Haven, 2010), 115—162.

12. 正如所有的犯罪供词一样，约翰·艾特肯对自己生活状况的供述亦不足信。首先，他似乎夸大其词，甚至是彻头彻尾的谎言。此外，到1777年时，死囚的忏悔或最后的演讲已经成为一种熟悉的文学体裁，而其众所周知的目的就是说教。最后的演讲包含罪孽的代价和罪人的忏悔，罪行越严重，在绞架前临终忏悔的效果就越强烈。见 *The Life of James Aitken Commonly Called John the Painter* (London, 1777)。

13. *Maryland Gazette*, July 17, 1777.

14. *The Life of James Aitken*, 17—19.

15. Jessica Warner, *John the Painter: Terrorist of the American Revolution* (London, 2004), 92—96.

16. *Public Advertiser*, March 11, 1777.

17. 引自 William Doyle, *The Oxford History of the French Revolution*, 2nd edn (Oxford, 2003), 63—66; Peter McPhee, *Liberty or Death: The French Revolution* (New Haven, 2017), 37; Simon Schama, *Citizens: A Chronicle of the French Revolution* (New York, 1990), 25。

18. Doyle, *French Revolution*, 66; Laura Auricchio, *The Marquis: Lafayette Reconsidered* (New York, 2014), 28.

19. Doyle, *French Revolution*, 66.

20. Auricchio, *The Marquis*, 29.

21. 出处同上，32—33。

22. Warner, *John the Painter*, 111—115.

23. Thomas Schaeper, *Edward Bancroft: Scientist, Author, Spy* (New Haven, 2012).

24. 出处同上

25. *Maryland Gazette*, July 17, 1777 (转载自 *London Evening Post*)。

26. Warner, *John the Painter*, 167—175.

27. *Waterford Chronicle*, March 18, 1777; *Public Advertiser*, March 11, 1777; *Maryland Gazette*, June 19, 1777.

28. *Public Advertiser*, March 13, 1777.

29. *Waterford Chronicle*, March 18, 1777.

30. 出处同上；*Public Advertiser*, March 13, 1777。

31. James Sharpe, "John the Painter: The First Modern Terrorist", *Journal of Forensic Psychiatry and Psychology* 18 (2) (2007): 278—281.

32. *London Public Advertiser*, March 8, 1777; *Waterford Chronicle*, March 18, 1777.

33. OBSP, o17770219-1; Paul Halliday, *Habeas Corpus: From England to Empire* (Cambridge, MA, 2010), 249—253.

34. Michael Franklin, *Orientalist Jones: Sir William Jones, Poet, Lawyer, and Linguist, 1746—1794* (Oxford, 2011), 137—138; Halliday, *Habeas Corpus*, 252.

35. Walpole, *Journal of the Reign of King George the Third*, vol. 2, 342—343, 350.

36. T. M. Devine, *Scotland's Empire: The Origins of the Global Diaspora* (London, 2012), 70—73, 171—177.

37. Walpole, *Journal of the Reign of King George the Third*, vol. 2, 297, 303, 337—338; Michael Fry, *A Higher World: Scotland, 1707—1815* (Edinburgh, 2014), 136, 283.

38. Haywood and Seed, *Gordon Riots*, 3.

39. 出处同上

40. Centre for Buckinghamshire Studies, County Hall, Aylesbury, UK, D/LE/F3/33.

41. Haywood and Seed, *Gordon Riots*, 6; Centre for Buckinghamshire Studies, D/LE/F3/33.

42. Sancho, *Letters*, vol. 2, 169—172.

43. Linebaugh, *The London Hanged*, 334—341.

44. 出处同上

45. 出处同上，7—8。

46. Sancho, *Letters*, vol. 2, 179—181.

47. William Hickey, *Memoirs of William Hickey*, ed. Albert Spencer (London, 1919), vol. II, 72, 78, 265; James Harris, *A Series of Letters of the First Earl of Malmesbury* (London, 1870), vol. 1, 462—465.

48. Hickey, *Memoirs*, vol. II, 265.

49. 出处同上；Sancho, *Letters*, vol. 2, 181—189。

50. Linebaugh, *The London Hanged*, 343—354; Nicholas Rogers, "The Gordon Riots and the Politics of War", in Haywood and Seed, *The Gordon Riots*, 21—23.

51. 出处同上，347; Walpole, *Journal of the Reign of King George the Third*, vol. 2, 362。

52. OBSP, t17810711-1.

53. 出处同上。

54. 出处同上。

55. 出处同上。

56. 出处同上；Madame d'Auberade, *The Authentic Memoirs of Francis Henry de la Motte* (London, 1784)。

57. *Hampshire Chronicle*, August 31, 1782.

58. 1351年以来，官方对男性卖国者的惩罚措施以绞刑、撑刑和车裂为主，1814年，这些刑罚正式被绞刑和死后斩首所取代。爱德华·德斯帕德于1803年被控叛国罪，他是历史上被施以全面刑罚的最后一人。不过，他并没有承受全套的刑罚措施，只是被处以绞刑和斩首。他的名字或许已经被历史遗忘，作为众多在泰伯恩监狱被处死罪犯中的一员，他的命运其实早已注定。长期以来，弗朗索瓦·亨利·德拉莫特的审判和处决在英国人心中引发了强烈共鸣，最初人们将他视为作恶多端的妖魔，之后他则渐渐演变为古老而野蛮的刑罚制度的有力象征。查尔斯·狄更斯在《双城记》中描绘想象中的审判场景时，首先想到的是18世纪司法中无处不在的阴森与恐怖，于是他把对弗朗索瓦·亨利·德拉莫特的审判作为临摹范本。狄更斯同时代的伟大对手威廉·梅克皮斯·萨克雷则将想象力发挥得更加淋漓尽致，他在作品中虚构了德拉莫特及其搭档亨利·卢特洛惨痛而悲苦的生活。不过，这两部作品都未试图重塑间谍的形象，因为即使是在事件发生五十多年后，一个与法国勾结的卖国者也不可能在英国赢得任何同情。然而，改写和挖掘他的传奇故事，为人们反思英国司法的血腥残酷，反思革命代价提供了机会。详见查尔斯·狄更斯的《双城记》和威廉·梅克皮斯·萨克雷的《丹尼斯·杜瓦尔》。

59. David Lemmings, *Law and Government in England During the Long Eighteenth Century* (Basingstoke, 2011), 89—92.

60. 出处同上，93。

61. *The Letters of Horace Walople*, vol. VII, 403.

62. 出处同上，112—113; Drew Gray, *Crime, Policing and Punishment in England, 1660—1914* (London, 2016); Stanley Palmer, *Police and Protest in England and Ireland, 1780—1850* (Cambridge, 1988), 73。

第三章　爱尔兰的叛乱、反动与宗派主义

1. 引自 Stephen Brumwell, *Turncoat: Benedicta Arnold and the Crisis of American Liberty* (New Haven, 2018), 217, 220。

2. Sancho, *Letters*, vol. 2, 91—92.

3. Jonah Barrington, *Sketches from his Own Time* (London, 1830), vol. 1, 86—87.

4. 盖伊的剧本创作于1728年，表达了对罗伯特·沃波尔爵士领导的辉格党内阁的尖锐批评。该剧在最后提及了反叛中的美国人，似乎意在安抚心存忧虑的政府支持者们，害怕他们可能会将此次演出视为对1776年英国政府的暗中攻击。

5. Henry Grattan, *Memoirs of the Life and Times of Henry Grattan* (London, 1839), 267—270; Jonah Barrington, *The Rise and Fall of the Irish Nation* (Dublin, 1868), 43; Thomas Bartlett, "Ireland, Empire, and Union, 1690—1801", in Kevin Kenny ed., *Ireland and the British Empire* (Oxford, 2004).

6. Barrington, *Rise and Fall of the Irish Nation*, 43.

7. Grattan, *Memoirs*, 174, 208—209, 268.

8. Thomas Malone, *The Life and Death of Lord Edward Fitzgerald* (London, 1832), 9, 12, 16—17.

9. Barrington, *Rise and Fall of the Irish Nation*, 44.

10. Grattan, *Memoirs*, 342, 347—348.

11. 出处同上，348—349。

12. Barrington, *Sketches from his Own Time*, vol. 1, 86—87.

13. Barrington, *Rise and Fall of the Irish Nation*, 73—74.

14. Grattan, *Memoirs*, 286, 317, 336.

15. Barrington, *Rise and Fall of the Irish Nation*, 77—78.

16. 出处同上，81—82。

17. 出处同上，91。

18. 出处同上，115—120。

19. 出处同上，114，128，133。

20. Henry Grattan, *Speeches of the Late Right Honourable Henry Grattan, in the Irish Parliament in 1780 and 1782* (London, 1821), vol. 1, 19.

21. Barrington, *Rise and Fall of the Irish Nation*, 180—183.

22. Grattan, *Speeches*, vol. 1, 4, 10, 18.

23. Christopher Wyvill, *The Secession from Parliament Vindicated* (York, 1799), 8.

24. Paul Langford, *A Polite and Commercial People: England 1727—1783* (Oxford, 1994), 347—349; Frank O'Gorman, *The Long Eighteenth Century* (New York, 1997), 227—231.

25. Christopher Wyvill, *Political Papers* (London, 1794), vol. 3, 47, 70, 76, 115—116, 167.

26. Wyvill, *Political Papers*, vol. 3, 53; Walpole, *Journal*, vol. II, 359—361, 371—378, 384—390.

27. Barrington, *Rise and Fall of the Irish Nation*, 32—33.

28. 出处同上，44—45。

29. Grattan, *Speeches*, vol. 1, 144, 158—159.

30. 出处同上，133—134。

31. 出处同上，133。

32. 出处同上，101—102。

33. 出处同上

34. Thomas Bartlett, *Ireland: A History* (Cambridge, 2010), 178—179.

35. Warden Flood, *Memoirs of Henry Flood* (Dublin, 1844), 144—147.

36. Grattan, *Speeches*, vol. 1, 98—102.

37. Flood, *Memoirs of Henry Flood*, 191, 235—239.

38. 出处同上，176。

39. 出处同上，148，261。

40. Grattan, *Speeches*, vol. 1, 291—295.

41. 出处同上，vol. 2, 2—6。

42. Jonathan Bardon, *A History of Ulster* (Belfast, 1993), 223—225.

43. 引自出处同上，226。

44. Malone, *Life and Death of Lord Edward Fitzgerald*, 173.

45. 出处同上，275。

46. 出处同上，28。

47. Barrington, *Sketches from his Own Time*, vol. 1, 270—273.

48. 出处同上

49. 出处同上，274—275。

50. 出处同上，276—277。

51. Franklin and Mary Wickwire, *Cornwallis: The Imperial Years* (Chapel Hill, 1980), 243.

52. Linda Colley, *Britons*, 145—152; Eliga Gould, *The Persistence of Empire: British Political*

Culture in the Age of the American Revolution (Chapel Hill, 2002).

第四章　霍雷肖·纳尔逊与西班牙美洲的帝国斗争

1. Anon., *The Trial of Edward Marcus Despard for High Treason* (London, 1803), 174—175, 186, 208—209.

2. Peter Linebaugh and Marcus Rediker, *The Many-headed Hydra: The Hidden History of the Revolutionary Atlantic* (London, 2013), 272—281.

3. John Sugden, *Nelson: A Dream of Glory* (London, 2004), 153—172; Benjamin Mosely, *A Treatise on Tropical Diseases* (London, 1789); Thomas Dancer, *A Brief History of the Late Expedition Against Fort San Juan* (London, 1781).

4. Roger Knight, *The Pursuit of Victory: The Life and Achievements of Horatio Nelson* (New York, 2005), 59. 英国皇家海军"雄狮"号于 1792 年将作为船队一员，载着马戛尔尼勋爵履行其去往中国的著名外交使命。

5. Nicholas Harris, ed., *The Dispatches and Letters of Vice Admiral Lord Viscount Nelson* (London, 1845), 48.

6. 出处同上

7. Horatio Nelson, *Sketch of My Life*, in *The Dispatches and Letters of Vice Admiral Lord Viscount Nelson*, 3; Knight, *Pursuit of Victory*, 28—33.

8. Nelson, *Sketch of My Life*, 1—4.

9. 出处同上，5。

10. Nelson to Captain Maurice Suckling, April 19, 1778, in *Nelson: The New Letters*, ed. Colin White (Woodbridge, 2005), 131—132.

11. Thomas Chavez, *Spain and the Independence of the United States* (Albuquerque, 2002), 23—28.

12. 出处同上，29—32。

13. 出处同上，31。

14. Sam Willis, *The Struggle for Sea Power: A Naval History of the American Revolution* (London, 2016), 252.

15. 出处同上，255—256。

16. 出处同上，255; *Dispatches and Letters of Vice Admiral Lord Viscount Nelson*, 25—26, 34。

17. Nelson, *Sketch of My Life*, 5—7; Knight, *Pursuit of Victory*, 602—603, 663.

18. Sugden, *Nelson: A Dream of Glory*, 143—145; Nelson, *Sketch of My Life*, 6—7.

19. *Dispatches and Letters of Vice Admiral Lord Viscount Nelson*, 31—32.

20. *The Journal of Don Francisco Saavedra de Sangronis*, ed. Francisco Morales Padrón (Gainesville, 1989), xxvii.

21. 出处同上，3—7。

22. Roy Adkins and Lesley Adkins, *Gibraltar: The Greatest Siege in British History* (New York, 2018).

23. Chavez, *Spain and the Independence of the United States*, 170—177; David Narrett, *Adventurism and Empire: The Struggle for Mastery of the Louisiana–Florida Borderland* (Chapel Hill, 2015), 91—109; Kathleen DuVal, *Independence Lost: Lives on the Edge of the American Revolution* (New York, 2015), 135—187; Larrie Ferreiro, *Brothers at Arms: The American Revolution and the Men of France and Spain who Saved It* (New York, 2016), 161—163.

24. Claudio Saunt, *West of Revolution* (New York, 2014), 34—91; Carlos Herrera, *Juan Bautista de Anza: The King's Governor in New Mexico* (Norman, 2015), 60—73.

25. Pekka Hämäläinen, *The Comanche Empire* (New Haven, 2008), 1—3, 68—75.

26. 出处同上，76—77。

27. 出处同上，75—80，90—99。

28. Moseley, *On Tropical Diseases*, 76—78, 88; *Hartford Courant*, March 30, 1784, 3.

29. Moseley, *On Tropical Diseases*, 77.

30. Sugden, *Nelson: A Dream of Glory*, 136—139.

31. Dancer, *A Brief History*.

32. 出处同上，11。

33. 出处同上，12—13; Anon., *Memoirs of Colonel E. M. Despard* (London, 1803), 3—5; Linebaugh and Rediker, *The Many-headed Hydra*, 248—287。

34. Dancer, *A Brief History*, 14—16; Sugden, *Nelson: A Dream of Glory*, 164—165.

35. Stephen Kemble, *The Kemble Papers* (New York, 1884), vol. 2, 4.

36. Dancer, *A Brief History*, 18—19.

37. *Dispatches and Letters of Vice Admiral Lord Viscount Nelson*, 35; *Kemble Papers* vol. 2, 12—17.

第五章　西班牙帝国的乱局

1. *The Tupac Amaru and Catarista Rebellions*, ed. Ward Stavig and Ellen Schmidt (Cambridge, 2008), 109—110.

2. 出处同上，3，9，11。

3. 出处同上；Charles Walker, *The Tupac Amaru Rebellion* (Cambridge, 2016), 20—22。

4. Allan Kuethe and Kenneth Andrien, *The Spanish Atlantic World in the Eighteenth Century* (Cambridge, 2014), 290—295.

5. 出处同上，231—271; Mark Burkholder, "Spain's America: From Kingdoms to Colonies, " *Colonial Latin America Review* 25 (2) (2016): 125—153。

6. Walker, *The Tupac Amaru Rebellion*, 5.

7. *The Tupac Amaru and Catarista Rebellions*, 21—22.

8. 出处同上，43—44; Walker, *The Tupac Amaru Rebellion*, 5。

9. Walker, *The Tupac Amaru Rebellion*, 21—22.

10. 出处同上，5—6。

11. *Journal of Don Francisco Saavedra*, xxi—xxii; *The Tupac Amaru and Catarista Rebellions*, 41—42; J. H. Elliott, *Empires of the Atlantic World: Britain and Spain in America* (New Haven, 2007), 251, 357—358.

12. *The Tupac Amaru and Catarista Rebellions*, 61—63.

13. 出处同上，67—71; Bastidas 引自 Walker, *The Tupac Amaru Rebellion*, 56。

14. *The Tupac Amaru and Catarista Rebellions*, 63, 87; Walker, *The Tupac Amaru Rebellion*, 3—4.

15. Walker, *The Tupac Amaru Rebellion*, 3—4.

16. *The Tupac Amaru and Catarista Rebellions*, 77—79.

17. 出处同上，76—77, 110—113; Walker, *The Tupac Amaru Rebellion*, 43, 55—56, 135。

18. *The Tupac Amaru and Catarista Rebellions*, 110.

19. *The Tupac Amaru and Catarista Rebellions*, 74; Elliott, *Empires of the Atlantic World*, 359—360.

20. Elliott, *Empires of the Atlantic World*, 359—360.

21. *The Tupac Amaru and Catarista Rebellions*, 119—121.

22. 出处同上，93, 122—127。

23. 出处同上，139—140。

24. Sergio Serulnikov, *Revolution in the Andes: The Age of Tupac Amaru* (Durham, NC, 2013), 107—133; Nicholas Robins, *Genocide and Millennialism in Upper Peru: The Great Rebellion of 1780—1782* (Westport, CT, 2002).

25. Elliott, *Empires of the Atlantic World*, 361—362; John Phelan, *The People and the King: The Comunero Revolution in Colombia, 1781* (Madison, WI, 1978).

26. Elliott, *Empires of the Atlantic World*, 362.

27. *Hartford Courant*, March 30, 1784, 3; *Kemble Papers*, vol. 2, 13—15.

28. *Kemble Papers*, vol. 2, 7.

29. 出处同上，36。

30. 出处同上，31—57; Mosely, *On Tropical Diseases*, 88—90; Sugden, *Nelson: Dream of Glory*, 173。

31. Sugden, *Nelson: Dream of Glory*, 173; Nelson, *Sketch of My Life*, 7—8, note 5.

32. Andrew Jackson O'Shaughnessy, *An Empire Divided: The American Revolution and the British Caribbean* (Philadelphia, 2000), 239—241.

33. 出处同上；Knight, *The Pursuit of Victory*, 565—569。

34. Conde de Aranda, *On the Independence of the Colonies* (1783) in Jon Cowans, ed., *Early Modern Spain: A Documentary History* (Philadelphia, 2003), 234—237.

35. 引自Elliott, *Empires of the Atlantic World*, 367。

36. Kuethe and Andrien, *The Spanish Atlantic World*, 271—335.

37. 出处同上

38. Aranda, *On the Independence of the Colonies*.

39. 出处同上，368。

40. *The Tupac Amaru and Catarista Rebellions*, 166—167.

第六章　欧洲的衰弱与俄国对克里米亚的征服

1. Neil Kent, *Crimea: A History* (London, 2017), 22—30.

2. 出处同上；Serii Plokhy, *Lost Kingdom: The Quest for Empire and the Making of the Russian Nation* (New York, 2017), 3—5。

3. 引自Jonathan Miles, *St. Petersburg: Three Centuries of Murderous Desire* (London, 2017), 127。

4. H. Arnold Barton, *Scandinavia in the Revolutionary Era* (Minneapolis, 1986), 107—108, 121.

5. 出处同上，114—115。

6. 出处同上，114—117。

7. W. P. Cresson, *Francis Dana: A Puritan Diplomat at the Court of Catherine the Great* (New York, 1930), 105—106; Isabel de Madariaga, *Britain, Russia, and the Armed Neutrality of 1780* (New Haven, 1962). 塞尔是在多年之后提出这种说法的，这使得其言论的真实性大打折扣，因为他涉嫌向美国政府索要外交服务的经济补偿。无论他的真实角色如何，他的确在1778年出现在哥本哈根，而且几乎可以肯定，他是为韦尔热讷服务的——尽管他的角

色并未得到美国驻欧洲外交使团的认可与鼓励。

8. Cresson, *Francis Dana*, 14—20.

9. 出处同上，24—25。

10. 出处同上，39—41。

11. 出处同上，53—55。

12. *Revolutionary Diplomatic Correspondence of the United States* (*RDCUS*) (Washington, DC, 1888, online), vol. 4, December 19, 1780, 201—203.

13. Cresson, *Francis Dana*, 159—163.

14. *RDCUS*, vol. 4, Francis Dana to the President of Congress, July 28, 1781, 610—611.

15. 出处同上，vol. 2, Arthur Lee to the Committee on Foreign Affairs, June 11, 1777, 335; Bruce Burgoyne, ed., *Enemy Views: The American Revolutionary War as Recorded by the Hessian Participants* (Westminster, MD, 1996), 548.

16. Charles Ingrao, *The Hessian Mercenary State: Ideas, Institutions and Reform under Frederick II, 1760—1785* (Cambridge, 1987), 122—137.

17. 出处同上，132。

18. 出处同上，57—95。

19. Rudiger Safranski, *Goethe: Life as a Work of Art* (New York, 2017), 212—215. 歌德创作《在陶里斯的伊菲革涅亚》的时期，正值与普鲁士进行谈判之时，因此，在某种程度上，这部作品是对主权和纯粹性或和平交织的沉思。歌德的这部作品与希腊的同名故事有所不同，它关注的是这个虚构人物如何从野蛮的国王手中逃脱出来，不再做他的女祭司，同时也不会牺牲前来解救她的人，即她的哥哥。在不必流血的情况下确保自由或自治的方式，非常精准地反映了魏玛在1778年至1779年的处境——那时的魏玛希望既能在即将到来的战争中保持中立，又能脱离普鲁士保持独立。

20. 出处同上，1，139。

21. Ingrao, *The Hessian Mercenary State*, 142.

22. 出处同上，144，151。

23. Burgoyne, ed., *Enemy Views*, 8.

24. *Constitutional Gazette*, April 20, 1776; *Pennsylvania Evening Post*, September 14, 1776, March 8, 1777; *Freeman's Journal*, November 12, 1776, February 18, 1777, March 22, 1777.

25. *Pennsylvania Evening Post*, June 1, 1776; *Freeman's Journal*, July 27, October 29, 1776, April 12, 1777.

26. Burgoyne, ed., *Enemy Views*, 527—528, 530—531, 587—588.

27. Ingrao, *The Hessian Military State*, 157—158.

28. Burgoyne, ed., *Enemy Views*, 549.

29. Ingrao, *The Hessian Military State*, 145—150.

30. *RDCUS*, vol. 4, Dana to the President of Congress, July 28, 1781, 610—611.

31. Isabel de Madariaga, *Catherine the Great* (New Haven, 2002), 1—24; Miles, *St. Petersburg*, 133—134.

32. Miles, *St. Petersburg*, 130—136, 139—140.

33. 出处同上，126—127，130，140。

34. Cresson, *Francis Dana*, 179; Madariaga, *Britain, Russia, and the Armed Neutrality*.

35. Cresson, *Francis Dana*, 108.

36. Miles, *St. Petersburg*, 171—173; Daniel Beer, *The House of the Dead: Siberian Exile Under the Tsars* (New York, 2016), 21—27.

37. *A Series of Letters of the First Earl of Malmesbury* (London, 1870), 351—483; Madariaga,

Britain, Russia, and the Armed Neutrality, 3—4, 20, 202—209.

38. Madariaga, *Britain, Russia, and the Armed Neutrality*, 241.

39. *RDCUS*, vol. 5, Dana to Livingston, March 5, 1782, 223—224.

40. William Wraxall 引自 Richard Bassett, *For God and Kaiser: The Imperial Austria Army* (London, 2015), 175; Virginia H. Aksan, *Ottoman Wars 1700—1870: An Empire Besieged* (New York, 2013), 137。

41. Bassett, *For God and Kaiser*, 176; Aksan, *Ottoman Wars*, 137—138.

42. *Love and Conquest: Personal Correspondence of Catherine the Great and Prince Grigory Potemkin*, ed. Douglas Smith (DeKalb, 2004), 256, 257.

43. 出处同上，259。

44. 出处同上，260，262，263，266。

45. *Diaries and Correspondence of the Earl of Malmesbury* (London, 1844), 1—29; Cresson, *Francis Dana*, 274—275.

46. *RDCUS*, vol. 4, March 30, 1782; October 14, 1782; January 15, 1783; February 10, 1783; May 30, 1783; July 8, 1783. Cresson, *Francis Dana*, 273—274.

47. Suraiya Faroqhi, *Subjects of the Sultan* (London, 2005), 225—228; Abbas Amanat, *Iran: A Modern History* (New Haven, 2017), 153—162.

48. *Love and Conquest*, 266, 267, 268, 274.

49. 出处同上，286。

50. 出处同上，280。

51. Kent, *Crimea*, 54—55.

52. *Love and Conquest*, 280; Plokhy, *Lost Kingdom*, 48—50.

53. Kent, *Crimea*, 52—53.

54. 出处同上，53—55。

55. *Love and Conquest*, 282.

56. Cresson, *Francis Dana*, 265.

57. 出处同上，281，288，298—318。

58. Plokhy, *Lost Kingdom*, 11—15; Kent, *Crimea*, 55; Paul Robert Magocsi, *The Blessed Land: Crimea and the Crimean Tatars* (Toronto, 2014), 55—56.

59. Doyle, *French Revolution*, 67—68; McPhee, *Liberty or Death*; Schama, *Citizens*.

60. Doyle, *French Revolution*, 32; Schama, *Citizens*, 55—60.

61. Peter Hill, *French Perceptions of the Early American Republic, 1783—1793* (Philadelphia, 1988), 45.

62. 出处同上，22，173—174。

63. 出处同上，45—47，172—174。

64. Barton, *Scandinavia*, 123.

65. 出处同上，135—138。

66. 出处同上，153。

67. Franklin D. Scott, *Sweden: The Nation's History* (Carbondale, 1988), 270—275.

68. Barton, *Scandinavia*, 157.

69. Ali Yaycioglu, *Partners of the Empire: The Crisis of the Ottoman Order in the Age of Revolutions* (Stanford, 2016), 37—38.

70. Madariaga, *Britain, Russia, and the Armed Neutrality*, 387—412, 447—458.

71. 出处同上

第七章　印度的冲突与囚禁

1. William Hodges, *Travels in India during the years 1780, 1781, 1782 and 1783* (London, 1783).

2. 引自John Keay, *India: A History* (London, 2010), 370。

3. Eliza Fay, *Original Letters from India*, ed. E. M. Forster (New York, 2010), 110.

4. 出处同上，31—47。作为一个"英国女人"，费伊在枫丹白露和平协议签署地的会议厅内表现出"极为开心"的样子，但是事实上，她搞错了在这里所签署的条约的具体内容。正式结束敌对行动的《巴黎条约》是在1763年签署的，而《枫丹白露条约》签署于一年之前。《枫丹白露条约》是法国和西班牙之间的秘密协议，其主要内容是将路易斯安那割让给西班牙。不管怎样，费伊无比真挚的爱国情怀是毋庸置疑的。

5. 出处同上，51—57。

6. Philip Mazzei, *Philip Mazzei, Virginia's Agent in Europe: The Story of his Mission as Related in His own Dispatches and other Documents*, ed. Howard Arraro (New York, 1935), 4—15.

7. Thomas Madden, *Venice: A New History* (New York, 2012), 354—363.

8. Fay, *Original Letters from India*, 76—77.

9. 出处同上，83—87。

10. 出处同上，101。

11. 出处同上，105—107。

12. 出处同上，109—111。

13. 出处同上，111—112。

14. "纳塔利亚"号的气氛变得紧张起来，颇有剑拔弩张之势。船长切努和黑尔有两次打算进行决斗，只是在其他乘客的及时干预下，事情才得以和平解决。有报道说，在卡利卡特的丹麦工厂也有其他英国人之间的决斗。

15. Fay, *Original Letters from India*, 117.

16. 出处同上，118。

17. 出处同上，115。

18. 出处同上，116。

19. 出处同上，120，122，142，144。

20. William Dalrymple, *White Mughals: Love and Betrayal in Eighteenth-century India* (London, 2002), 14—16, 24—25; Shelford Bidwell, *Swords for Hire: European Mercenaries in Eighteenth Century India* (London, 1971).

21. Dalrymple, *White Mughals*, 32—33.

22. George Thomas, *Military Memoirs of George Thomas* (London, 1805).

23. 18 George III, c. 53; 19 George III, c. 10.

24. OBSP, t17820109–23, 34, 51, 1.

25. 出处同上，t1775101804。

26. Denver Brunsman, *The Evil Necessity: British Naval Impressment in the Eighteenth Century Atlantic World* (Charlottesville, 2013), 2—8; 18 George III, c. 53.

27. OBSP, t17890422–13, t17950916-50. See also: t17870523–98; t17720219–58; t17720219–1; t17790113–6; t177910216–2.

28. Fay, *Original Letters from India*, 120.

29. 出处同上，149。

30. 出处同上，144。

31. 出处同上，152。

32. 以旺达瓦西为目标的决定对法国人来说意义重大，他们在不幸的托马斯·拉利的领导下，曾于 1760 年将这座城市输给了艾尔·库特爵士和英国人。拉利后来在巴黎被处决，作为"七年战争"期间法国人在印度失败的替罪羊。

33. 引自 William Dalrymple, "An Essay in Imperial Villain-Making," *Guardian*, May 23, 2005。

34. James Scurry, *The Captivity, Suffering and Escape of James Scurry* (London, 1824), 108.

35. Philip Freneau, "Barney's Invitation", in *The Poems of Philip Freneau: Poet of the American Revolution* (State College, PA, 1902); Jonathan Eacott, *Selling Empire: India in the Making of Britain and America, 1600—1800* (Chapel Hill, 2016), 317.

36. Linda Colley, *Captives: Britain, Empire and the World, 1600—1850* (London, 2002), 276—282; Irfan Habib, "Introduction: An Essay on Haidar Ali and Tipu Sultan", in Irfan Habib, ed., *Confronting Colonialism: Resistance and Modernisation under Haidar Ali and Tipu Sultan* (London, 2002), xxii.

37. Colley, *Captives*, 288.

38. Habib, "Introduction: An Essay on Haidar Ali and Tipu Sultan", xx—xxxi.

39. Scurry, *Captivity*, 103—105.

40. *The Letters of Tipoo Sultan to Various Public Functionaries*, ed. William Fitzpatrick (London, 1811), 59.

41. Kranti K. Farias, *The Christian Impact in South Kanara* (Mumbai, 1999), 74.

42. *Letters of Tipoo Sultan*, 228.

43. 出处同上，242，256，381，390，433，438.

44. Habib, *Confronting Colonialism*, 135.

45. 出处同上.

46. *Letters of Tipoo Sultan*, 57—59, 229.

47. Habib, "Introduction: An Essay on Haidar Ali and Tipu Sultan", xxv.

48. Dalrymple, *White Mughal*, 84—88. 莫卧儿皇帝奥朗则布统治时期（1658—1707）是缺乏普遍宗教宽容的时代，宗教和谐就更无从谈起了。奥朗则布对非穆斯林的迫害可谓臭名昭著，至今恶名不减。即便如此，奥朗则布的宗教暴力所针对的主要是宗教的物质象征，例如印度教寺庙等，而非信徒本身。

49. Hodges, *Travels in India*, 5—7.

50. 引自 Mohibbul Hasan, "The French in the Second Anglo-Mysore War", in Habib, ed., *Confronting Colonialism*, 43。

51. *Letters of Tipoo Sultan*, 13, 91.

52. Colley, *Captives*, 262, 271.

53. 出处同上，43—45。

54. Kaushik Roy, *War, Culture and Society in Early Modern South Asia, 1740—1849* (Abingdon, 2011), 70—87; Habib, "Introduction: An Essay on Haidar Ali and Tipu Sultan".

第八章　英属印度的诞生

1. Fay, *Letters from India*, 171—172.

2. Michael Fisher, ed., *The Travels of Dean Mahomet* (Berkeley, 1997), 15—17, 35—37.

3. 出处同上，13。

4. 出处同上，36。

5. 出处同上，38—42。

6. H.H. Dodwell, *The Cambridge History of the British Empire* (Cambridge, 1929), 295—298.

7. Warren Hastings, *A Narrative of the Insurrection that Happened in the Zamindary of Benares* (Calcutta, 1782), 27.

8. Fisher, ed., *Travels of Dean Mahomet*, 120.

9. Hodges, *Travels in India*, 49—50.

10. 出处同上，50—51; Fisher, ed., *Travels of Dean Mahomet*, 115—117。

11. Fisher, ed., *Travels of Dean Mahomet*, 117.

12. Nicholas Dirks, *The Scandal of Empire: India and the Creation of Imperial Britain* (Cambridge, 2008), 19—20, 100—119.

13. 出处同上

14. Fisher, ed., *Travels of Dean Mahomet*, 121—123.

15. Hodges, *Travels in India*, 49.

16. John Keay, *The Honourable Company: A History of the English East India Company* (London, 1993), 366.

17. 出处同上，362; P. J. Marshall, "Hastings, Warren (1732—1818)", *Oxford Dictionary of National Biography* (Oxford, 2004; online edn, Oct. 2008)。

18. 出处同上

19. 出处同上

20. 出处同上

21. Seema Alavi, ed., *The Eighteenth Century in India* (Oxford, 2008), 11—12, 20—21; Habib, *Confronting Colonialism*, xxi.

22. Marshall, "Hastings, Warren (1732—1818)"; Michael Franklin, *Orientalist Jones*, 212—215, 351. 正如我们之前所见，黑斯廷斯在理解和本土化印度宗教、法律和文化方面付出了真诚的努力，但产生了意想不到的效果，不仅使得印度教徒和穆斯林之间的界线更加牢不可破，黑斯廷斯所热切盼望、热情拥抱并一心希望培养起来的宗教融合，也遭到了根本性破坏。

23. John Cannon, "Francis, Sir Philip (1740—1818)", *Oxford Dictionary of National Biography* (Oxford, 2004).

24. Henry Elmsley Busteed, *Echoes from Old Calcutta* (Calcutta, 1882), 171.

25. Franklin, *Orientalist Jones*, 163.

26. Keay, *The Honourable Company*, 362—364.

27. 24 George III, c. 25.

28. Dirks, *Scandal of Empire*, 105.

29. 出处同上，87，117; Marshall, "Hastings, Warren (1732—1818)"。

30. Dirks, *Scandal of Empire*, 121.

31. Jon Wilson, *India Conquered: Britain's Raj and the Chaos of Empire* (London, 2016), 121—134; P. J. Marshall, *The Making and Unmaking of Empires* (New York, 2005), 207—202, 355—370.

32. Alexander Baillie, *Call of Empire: From Highlands to Hindostan* (Montreal, 2017), 86—87; Halliday, *Habeas Corpus*, 288—290.

33. 出处同上；Alavi, *The Eighteenth Century in India*, 24。

34. Wickwire and Wickwire, *Cornwallis*, 89.

35. Marshall, "Hastings, Warren (1732—1818)"; Franklin, *Orientalist Jones*, 299—308.

36. Centre for Buckinghamshire Studies, D-MH/H (India)/A/E6. 霍巴特勋爵（白金汉郡伯爵）在美国战争爆发时的职务是爱尔兰总督，1793年至1798年间担任马德拉斯总督，之后成为战争和殖民地事务的负责人和控制委员会主席。

37. Marshall, "Hastings, Warren (1732—1818)"; Franklin, *Orientalist Jones*, 309—310. 当威廉·琼斯收到康沃利斯永久定居点草案的副本时，他划掉了第一句话，将其改写为："毫无疑问，每个政府的主要目标当然是被统治者的福祉。"黑斯廷斯肯定会同意这种观点，而这个观点也极为准确地概括了黑斯廷斯和康沃利斯在行为方式上的差异。

38. Roy, *War, Culture and Society*, 87—89.

39. C. A. Bayly, *Indian Society and the Making of the British Empire* (Cambridge, 1988), 97; Roy, *War, Culture and Society*, 87—89; Habib, *Confronting Colonialism*, xxx—xxxi, xxxvii, 35; Colley, *Captives*, 274, 296; Keay, *India*, 397—399.

40. Habib, *Confronting Colonialism*, xxxvii; Keay, *India*, 399—400.

41. Keay, *India*, 400—401; Habib, *Confronting Colonialism*, xxxii, xxxvii.

42. Roy, *War, Culture and Society*, 129—130.

43. Francis Buchanan, *A Journey from Madras through the Countries of Mysore, Canara and Malabar* (London, 1807); Kranti Farias, *The Christian Impact in South Kanara* (Mumbai, 1999), 84—86.

44. Fay, *Letters from India*, 187—192.

45. 出处同上，214—223。

46. Fisher, ed., *Travels of Dean Mahomet*, 26—27.

47. 出处同上，124—135。

48. 出处同上，135—144。

49. 出处同上，145—178。

第九章 罪犯帝国

1. Jack Brook, "The Forlorn Hope: Bennelong and Yemmerrawannie go to England", *Australian Aboriginal Studies* 2001 (spring): 36—47.

2. 出处同上

3. 出处同上

4. 出处同上

5. OBSP, t17850914-181.

6. 16 George III, c. 43. 另见 Marilyn Baseler, *Asylum for Mankind: America 1607—1800* (Ithaca, 1998), 125—126。

7. 引自 Hitchcock and Shoemaker, *London Lives*, 334。

8. 出处同上，334—340。

9. *The Scots Magazine*, December 1785, 614.

10. A. Roger Ekirch, "Great Britain's Secret Convict Trade to America, 1783—1784", *American Historical Review* 89 (5) (December 1984): 1285—1291. 该船也试图让重罪犯在洪都拉斯登陆，但同样遭到拒绝。

11. OBSP, o17870110-1; o17870110-2.

12. Paul Fidlon and R. J. Ryan, eds, *The Journal of Arthur Bowes-Smyth: Surgeon, Lady Penrhyn, 1787—1789* (Sydney, 1979), 43.

13. 出处同上

14. *The Nagle Journal: A Diary of the Life of Jacob Nagle, Sailor, from the Year 1775 to 1841*, ed. John Dann (New York, 1988), 85—86.

15. 出处同上，87—91。

16. 出处同上，5—15。

17. 出处同上，46—67。

18. OBSP, t17820703-5; Hitchcock and Shoemaker, *London Lives*, 355; *The Nagle Journal*, 84; Tom Keneally, *The Commonwealth of Thieves: The Story of the Founding of Australia* (London, 2006), 65.

19. Keneally, *Commonwealth of Thieves*, 19.

20. George Worgan, *Journal of a First Fleet Surgeon* (Sydney, 1978), 5.

21. Fidlon and Ryan, eds, *The Journal of Arthur Bowes-Smyth*, 53.

22. *The Nagle Journal*, 95.

23. 虽然卢梭与这种观点有着千丝万缕的联系，但是他从未使用过"高贵的野蛮"一词。该词是约翰·德莱顿在1672年的戏剧《征服格拉纳达》中创造的，但是，认为原始人摆脱了现代社会的罪恶和生活中的琐碎烦恼的观点，在早期现代作品中无所不在，无论是英国的亚历山大·蒲柏、托比亚斯·斯莫莱特的作品，还是美国的本杰明·富兰克林的文字中，这种观点俯拾皆是。

24. Worgan, *Journal of a First Fleet Surgeon*, 8—13.

25. *The Nagle Journal*, 99.

26. Watkin Tench, *A Complete Account of the Settlement at Port Jackson* (London, 1793), 9.

27. 出处同上，9—10。

28. 出处同上，10—12。

29. 出处同上

30. *The Nagle Journal*, 109—110.

31. 出处同上，111，360。

32. *The Nagle Journal*, 111.

33. 出处同上，111，360；Tench, *Complete Account*, 33.

34. Tench, *Complete Account*, 33.

35. 出处同上，19。

36. 出处同上，20。

37. 出处同上，23。

38. Craig Mear, "The Origin of the Smallpox Outbreak at Sydney in 1789", *Journal of the Royal Australian Historical Society* 94 (1) (June 2008): 1—22.

39. 出处同上；Christopher Warren, "Could First Fleet Smallpox Infect Aborigines?" *Aboriginal History* 31 (2007): 152—164。

40. Tench, *Complete Account*, 24.

41. *The Nagle Journal*, 104.

42. 出处同上

43. Tench, *Complete Account*, 43.

44. 出处同上，59。

45. 出处同上

46. *The Nagle Journal*, 104.

47. 出处同上，104—105。

48. Tench, *Complete Account*, 61.

49. 出处同上

50. 出处同上，63。从他后来的叙述中可以清晰地看到，坦奇的叙述意在预示未来，对巴兰加罗性格的描述也不再充满溢美之词。因此，他认为我们不应该第一次遇到一个人或一种文明时就做出相应论断的观点，也就显得不再有积极的建设意义了。

51. 出处同上，65。

52. 出处同上，111。

53. 出处同上，59。

54. Kate Vincent Smith, "Bennelong Among His People", *Aboriginal History* 33 (2009): 19—22.

55. *Sydney Gazette and New South Wales Advertiser*, January 9, 1813.

56. George Rudé, *Protest and Punishment: The Story of the Social and Political Protestors Transported to Australia* (Oxford, 1979); Jack Brook, "The Forlorn Hope: Bennelong and Yammerrawannie Go to England", *Australian Aboriginal Studies* 1 (2001): 36—47.

第十章　流亡者

1. *Manchester Mercury*, April 19, 1785; Cassandra Pybus, *Epic Journeys of Freedom: Runaway Slaves of the American Revolution and their Global Quest for Liberty* (Boston, 2007), 29, 69, 95.

2. 关于流亡海外的黑人忠诚派的完整讲述，见Schama, *Rough Crossings*。

3. Boston King, "Memoirs of the Life of Boston King", in *Unchained Voices: An Anthology of Black Authors in the English-Speaking World of the 18th Century*, ed. Vincent Carretta (Lexington, 2004), 351—352; Schama, *Rough Crossings*, 106—110.

4. Douglas Egerton, *Death or Liberty: African Americans and the American Revolution* (New York, 2011), 47—49.

5. 出处同上，50。

6. William Ryan, *The World of Thomas Jeremiah: Charleston on the Eve of the American Revolution* (New York, 2012), 51.

7. 出处同上，40—49。

8. 出处同上，40，50，157。

9. 出处同上，68，161—169。

10. Ryan, *Thomas Jeremiah*, 18; Egerton, *Death or Liberty*, 70—72; Pybus, *Epic Journeys*, 9.

11. Egerton, *Death or Liberty*, 86; Pybus, *Epic Journeys*, 17—19.

12. Ryan, *Thomas Jeremiah*, 11—24.

13. King, *Memoirs*, 352—353.

14. 出处同上，353—355。

15. Pybus, *Epic Journeys*, 59.

16. Egerton, *Death or Liberty*, 200—202; James Corbett David, *Dunmore's New World* (Charlottesville, 2013).

17. King, *Memoirs*, 355.

18. Ruma Chopra, *Choosing Sides: Loyalists in Revolutionary America* (New York, 2013), 167.

19. King, *Memoirs*, 356; John Fitzpatrick, ed., *The Writings of George Washington from the Original Manuscript Sources* (Washington, DC, 1938), vol. 26, 364—365; Pybus, *Epic Journeys*, 63.

20. Fitzpatrick, *The Writings of George Washington*, vol. 26, 402—406.

21. Graham Russell Hodges, *The Black Loyalist Directory* (New York, 1996).

22. Jasanoff, *Liberty's Exiles*, 6.

23. John Dunmore, *Where Fate Beckons: The Life of Jean-François de la Pérouse* (Fairbanks, 2007), 155—157.

24. King, *Memoirs*, 356.

25. James Walker, *The Black Loyalists: The Search for the Promised Land in Nova Scotia and*

Sierra Leone (Toronto, 1993), 18—20; Jasanoff, *Liberty's Exiles*, 147—209; Schama, *Rough Crossings*, 221—255.

26. King, *Memoirs*, 360.

27. John Clarkson, *Mission to America*, 66—67, in New York Historical Society Digital Collections, nyhs_jc_v-01_00a.jpg.

28. 出处同上

29. Walker, *Black Loyalists*, 50—51.

30. 出处同上，48—49。

31. David George, *An Account of the Life of David George* (London, 1793); George Liele, *An Account of several Baptist Churches* (London, 1793).

32. Liele, *An Account of several Baptist Churches*; George, *Life of Mr. David George*; King, *Memoirs*, 357—363; Egerton, *Death or Liberty*, 208.

第十一章　非洲、废奴与帝国

1. Clarkson, *Mission to America*, 15—17.

2. Sancho, *Letters*, vol. 1, 39, 158—159.

3. James Walvin, *The Zong* (New Haven, 2011), 67—70.

4. 出处同上，92—99。

5. 出处同上，211—212。

6. 出处同上，159。

7. National Archive, AO 13/79/774; AO 12/99/357.

8. *London Lives*, t17830910–31; Jasanoff, *Liberty's Exiles*, 113—145.

9. *The Times*, November 14, 1786.

10. Christopher Leslie Brown, *Moral Capital* (Chapel Hill, 2006), 26—27; Kenneth Morgan, *Slavery and the British Empire* (Oxford, 2008), 157; Richard Huzzey, *Freedom Burning: Anti-Slavery and Empire in Victorian Britain* (Ithaca, 2012); Andrew Jackson O'Shaughnessy, *An Empire Divided: The American Revolution and the British Caribbean* (Philadelphia, 2000), 240.

11. James Walvin, *England, Slaves, and Freedom, 1776—1838* (London, 1986), 106—108, 123—143; Adam Hochschild, *Bury the Chains* (New York, 2005), 154—155.

12. Morgan, *Slavery and the British Empire*, 157; London Lives Database, LMSMPS508910013.

13. *Public Advertiser*, January 6, 1786; Walker, *Black Loyalists*, 96.

14. Walker, *Black Loyalists*, 97—98.

15. 出处同上，99; Simon Schama, *Rough Crossings*, 321—397; Jasanoff, *Liberty's Exiles*, 279—309。

16. *The Times*, October 27, 1791.

17. Ulbe Bosma, *The Sugar Plantation in India and Indonesia* (Cambridge, 2013), 44—52.

18. Sancho, *Letters*, vol. 1, 189.

19. Walker, *Black Loyalists*, 103—104.

20. Clarkson, *Mission to America*, 5—10.

21. 出处同上

22. 出处同上，1, 8—10, 26。

23. King, *Memoirs*, 359, 363; Clarkson, *Mission to America*, 30—33; Walker, *Black Loyalists*, 117.

24. Clarkson, *Mission to America*, 35.

25. 出处同上

26. Anna Maria Falconbridge, *Two Voyages to Sierra Leone During the Years 1791—1792—1793* (London, 1794), 18—19, 42, 49, 51, 74—75.

27. King, *Memoirs*, 364.

28. Falconbridge, *Two Voyages*, 64.

29. King, *Memoirs*, 364.

30. 出处同上

31. Anon., *An Account of the Colony of Sierra Leone* (London, 1795), 107—108.

32. *Our Children Free and Happy: Letters from Black Settlers in Africa in the 1790s*, ed. Christopher Fyfe (Edinburgh, 1991), 37.

33. Anon., *An Account of the Colony of Sierra Leone*, 96—97, 103—104.

34. 出处同上，105—106。

35. 出处同上，99—100，112—113。

36. Zachary Macaulay, *Life and Letters of Zachary Macaulay* (London, 1900), 87—89, 176, 212, 215.

37. 出处同上，133—134。

38. 出处同上，127，140，165，188—189。

39. 出处同上，29，34。

40. 出处同上，26—27。

41. 出处同上，43。

42. 出处同上，47。

43. 出处同上，29，214。

44. Fyfe, *Our Children*, 29, 30—32; Jasanoff, *Liberty's Exiles*, 11—12, 279—309.

45. Fyfe, *Our Children*, 25—27.

46. 出处同上，29—32。

47. 出处同上，35—37，43，48，51。

48. Anon., *An Account of the Colony of Sierra Leone*, 29—32, 81.

49. 出处同上，85—87。

50. 出处同上，88—89。

51. King, *Memoir*, 365—356.

52. Fyfe, *Our Children*, 56—57.

53. King, *Memoir*, 365—366; Fyfe, *Our Children*, 54—56.

54. Fyfe, *Our Children*, 63—64.

55. Ruma Chopra, *Almost Home: Maroons between Slavery and Freedom in Jamaica, Nova Scotia, and Sierra Leone* (New Haven, 2018).

第十二章 鸦片与帝国

1. John Barrow, *A Voyage to Cochinchina, in the Years 1792 and 1793* (London, 1806), 63—64.

2. Jonathan Spence, *In Search of Modern China* (New York, 1990), 132—134; Jürgen Osterhammel, *Unfabling the East: The Enlightenment Encounter with Asia* (Princeton, 2018), 1—33; Stephen Platt, *Imperial Twilight: The Opium War and the End of China's Last Golden Age* (New York, 2018), xxv—xxvi.

3. Spence, *In Search*, 120—121.

4. H. V. Bowen, *The Business of Empire* (Cambridge, 2006), 239—249; Stephen Conway, *The British Isles and the American War of Independence* (Oxford, 2000), 63—64; Spence, *In Search*, 129.

5. Spence, *In Search*, 130—131; Hunt Janin, *The India-China Opium Trade in the Nineteenth Century* (London, 1999), 31—40.

6. Helen Robbins, *Our First Ambassador to China: An Account of the Life and Correspondence of George, Earl of Macartney* (New York, 1908), 13—17.

7. John Barrow, *Narrative of the Public Life of Lord Macartney* (London, 1807), vol. 1, 230—231, 342—343; George Staunton, *An Authentic Account of an Embassy from the King of Great Britain to the Emperor of China* (London, 1797).

8. John Barrow, *An Auto-Biographical Memoir of Sir John Barrow* (London, 1843), 1—43.

9. Barrow, *A Voyage to Cochinchina*, 2.

10. 出处同上，28。

11. 出处同上，41—45。

12. 出处同上，66。

13. 出处同上，75—76。

14. 出处同上，110—115。

15. 出处同上，116—118。

16. 出处同上，118—119。

17. 出处同上，158—164。

18. 出处同上，169。

19. Friedrich Edler, *The Dutch Republic and the American Revolution* (Baltimore, 1911), 238—246. Samuel Shaw, *The Journals of Major Samuel Shaw* (Boston, 1847) 260—261, 290.

20. Barrow, *A Voyage to Cochinchina*, 169—179.

21. 出处同上，174。

22. 出处同上，203。

23. Aeneas Anderson, *A Narrative of the British Embassy to China* (London, 1795), 43—44.

24. Ben Kiernan, *Viêt Nam: A History from Earliest Times to the Present* (Oxford, 2017), 221—280; Spence, *In Search*, 111.

25. Spence, *In Search*, 336—337; Lord Macartney, *An Embassy to China*, ed. J. L. Cranmer-Byng (London, 2004), 3—4.

26. Keay, *The Honourable Company*, 425—429.

27. Kiernan, *Viêt Nam*, 256—295.

28. Macartney, *An Embassy to China*, 5.

29. 出处同上，4—5; John Barrow, *Travels in China* (London, 1805), 22.

30. Macartney, *An Embassy to China*, 6—7; Barrow, *Travels in China*, 36—39.

31. Macartney, *An Embassy to China*, 12, 266 n. 3; Barrow, *Travels in China*, 47.

32. Macartney, *An Embassy to China*, 14—31; Barrow, *Travels in China*, 45—46.

33. 出处同上，15—16。这条线源自莎士比亚的《暴风雨》。

34. Macartney, *An Embassy to China*, 20; Barrow, *Travels in China*, 47—51. 有意思的是，由于欧洲游客践行道德相对主义原则，因此对于他们百思不解但非常反感的缠足行为，都能够予以谅解。巴罗认为这种做法骇人听闻，但他建议，与其以此作为反对中国人的把柄，不如好好反思一下，如果中国游客知道割礼是欧洲盛行的一种做法的话，他们也会无比震惊的。

35. 出处同上，268，n. 6。

36. Macartney, *An Embassy to China*, 23—35.

37. 出处同上，37—50。

第十三章　百年屈辱的开始

1. Anderson, *A Narrative*, 262.

2. Mark Elliott, *Emperor Qianlong: Son of Heaven, Man of the World* (London, 2009), 1—25.

3. Barrow, *A Voyage to Cochinchina*, 216—221; Joanna Waley-Cohen, *The Sextants of Beijing: Global Currents in Chinese History* (New York, 2000), 93, 97.

4. Shaw, *Journals*, 186—95; Waley-Cohen, *Sextants*, 100—101; Spence, *In Search*, 127.

5. Macartney, *An Embassy to China*, 33, 58.

6. Anderson, *A Narrative*, 262. Macartney, *An Embassy to China*, 65—73. 斯当东选择穿上他的牛津长袍，从而使得这次会议可能是有史以来被学术长袍装点的最庄严的集会。

7. Macartney, *An Embassy to China*, 165. 尽管中国人顽固不化是当时的普遍看法，巴罗对此表示认同，但他也非常清楚地认识到，拒绝磕头与外交任务的失败无关。正如他所提到的，随后来到北京的荷兰使团同意履行所有必要的仪式，可是他们受到的待遇甚至比英国人还要恶劣得多。Barrow, *Travels in China*, 1—16。

8. Barrow, *Travels in China*, 79—80.

9. 出处同上，330—353。

10. 出处同上，358—368。

11. Macartney, *An Embassy to China*, 154—160.

12. Eric Jay Dolin, *When America First Met China* (New York, 2012), 69—70.

13. 引自 Dolin, *When America First Met China*, 89; John Pomfret, *The Beautiful Country and the Middle Kingdom: America and China, 1776 to the Present* (New York, 2016), 10—11。

14. Pomfret, *The Beautiful Country*, 10.

15. Fred Lewis Pattee, *The Poems of Philip Freneau: Poet of the American Revolution* (Princeton, 1902), vol. 2, 261—262.

16. Shaw, *Journals*, 69.

17. 出处同上，100，105。

18. 出处同上，231，305。

19. 出处同上，231。

20. 出处同上，166，181，183。

21. 出处同上，228—229; Pomfret, *Beautiful Country*, 10—11, 18—19。

22. Pomfret, *Beautiful Country*, 19—20.

23. Michael B. Oren, *Power, Faith, and Fantasy: America in the Middle East, 1776 to the Present* (New York, 2011), 21.

24. Frank Lambert, *The Barbary Wars* (New York, 2005), 50—52.

25. James Cathcart, *The Captives* (La Porte, 1899), 3—6.

26. 出处同上，27—28。

27. Oren, *Power, Faith, and Fantasy*, 18.

28. 出处同上，35。

29. Lambert, *Barbary Wars*, 92—93.

30. Shaw, *Journals*, 123—127.

31. Macartney, *An Embassy to China*, 165.

参考文献

Adkins, Roy and Adkins, Lesley, *Gibraltar: The Greatest Siege in British History* (New York, 2018)

Adleman, Jeremy, *Sovereignty and Revolution in the Iberian Atlantic* (Princeton, 2009)

Aksan, Virginia H., *Ottoman Wars 1700—1870: An Empire Besieged* (New York, 2013)

Alavi, Seema, ed., *The Eighteenth Century in India* (Oxford, 2008)

Amanat, Abbas, *Iran: A Modern History* (New Haven, 2017)

Anderson, Aeneas, *A Narrative of the British Embassy to China* (London, 1795)

Anon., *An Account of the Colony of Sierra Leone* (London, 1795)

Anon., *Memoirs of Colonel E. M. Despard* (London, 1803)

Anon., *The Trial of Edward Marcus Despard for High Treason* (London, 1803)

Aranda, Conde de, *On the Independence of the Colonies* (1783), in Jon Cowans, ed., *Early Modern Spain: A Documentary History* (Philadelphia, 2003)

Armitage, David and Braddick, Michael, eds, *The British Atlantic World, 1500—1800* (Basingstoke, 2002)

Armitage, David and Subrahmanyam, Sanjay, *The Age of Revolution in Global Context, c. 1760—1840* (Basingstoke, 2010)

Atwood, Rodney, *The Hessians: Mercenaries from Hessen Kassel in the American Revolution* (Cambridge, 2002)

d'Auberade, Madame, *The Authentic Memoirs of Francis Henry de la Motte* (London, 1784)

Auricchio, Laura, *The Marquis: Lafayette Reconsidered* (New York, 2014)

Baillie, Alexander, *Call of Empire: From Highlands to Hindostan* (Montreal, 2017)

Bardon, Jonathan, *A History of Ulster* (Belfast, 1993)

Barrington, Jonah, *The Rise and Fall of the Irish Nation* (Dublin, 1868)

—— *Sketches from his Own Time* (London, 1830), vol. 1

Barrow, John, *An Auto-Biographical Memoir of Sir John Barrow* (London, 1843)

—— *Narrative of the Public Life of Lord Macartney* (London, 1807), vol. 1

—— *Travels in China* (London, 1805)

—— *A Voyage to Cochinchina, in the Years 1792 and 1793* (London, 1806)

Bartlett, Thomas, *Ireland: A History* (Cambridge, 2010)

—— "Ireland, Empire, and Union, 1690—1801", in Kevin Kenny, ed., *Ireland and the British Empire* (Oxford, 2004)

—— *The Rise and Fall of the Irish Nation: The Catholic Question in Ireland, 1690—1830* (Savage, Maryland, 1992)

Barton, H. Arnold, *Scandinavia in the Revolutionary Era* (Minneapolis, 1986)

Baseler, Marilyn, *Asylum for Mankind: America 1607—1800* (Ithaca, 1998)

Bassett, Richard, *For God and Kaiser: The Imperial Austria Army* (London, 2015)

Bayly, C. A., *Imperial Meridians: The British Empire and the World, 1780—1830* (London, 1989)

—— *Indian Society and the Making of the British Empire* (Cambridge, 1988)

—— *The Making of the Modern World, 1780—1914* (Oxford, 2004)

Beattie, J. M., *Crime and the Courts in England, 1660—1800* (Princeton, 1986)

—— *Policing and Punishment in London, 1660—1750: Urban Crime and the Limits of Terror* (Oxford, 2001)

Beccaria, Cesare, *Of Crimes and Punishments* (London, 1778)

Beer, Daniel, *The House of the Dead: Siberian Exile Under the Tsars* (New York, 2016)

Berkin, Carol, *Revolutionary Mothers: Women in the Struggle for American Independence* (New York, 2005)

Bernstein, Jeremy, *Dawning of the Raj: The Life and Trials of Warren Hastings* (Chicago, 2000)

Bickham, Troy, *Making Headlines: The American Revolution as Seen through the British Press* (DeKalb, 2009)

Bidwell, Shelford, *Swords for Hire: European Mercenaries in Eighteenth Century India* (London, 1971)

Black, Jeremy, *British Foreign Policy in the Age of Revolution, 1783—1793* (Cambridge, 1994)

Blanning, Tim, *The Pursuit of Glory: The Five Revolutions that Made Modern Europe* (London, 2007)

Bolkhovitinov, Nikolai, *Russia and the American Revolution* (Tallahassee, 1976)

Bosma, Ulbe, *The Sugar Plantation in India and Indonesia* (Cambridge, 2013)

Boswell, James, *The Life of Samuel Johnson LL. D* (London, 1823), vol. 3

Bourke, Richard, *Empire and Revolution: The Political Life of Edmund Burke* (Princeton, 2015)

Bowen, H. V., *The Business of Empire* (Cambridge, 2006)

—— *Revenue and Reform: The Indian Problem in British Politics, 1757—1773* (Cambridge, 2009)

Brendon, Piers, *The Decline and Fall of the British Empire, 1781—1997* (New York, 2008)

Brewer, John, *The Sinews of Power: War, Money and the English State, 1688—1783* (Cambridge, MA, 1988)

Brittlebank, Kate, *Tipu Sultan's Search for Legitimacy: Islam and Kingship in a Hindu Domain* (Oxford, 1998)

Brook, Jack, "The Forlorn Hope: Bennelong and Yemmerrawannie go to England", *Australian Aboriginal Studies* (March 2001)

Brown, Christopher Leslie, *Moral Capital: Foundations of British Abolitionism* (Chapel Hill, 2006)

Brumwell, Stephen, *Turncoat: Benedict Arnold and the Crisis of American Liberty* (New Haven, 2018)

Brunsman, Denver, *The Evil Necessity: British Naval Impressment in the Eighteenth Century Atlantic World* (Charlottesville, 2013)

Buchanan, Francis, *A Journey from Madras through the Countries of Mysore, Canara and Malabar* (London, 1807)

Bunker, Nick, *Empire on the Edge: How Britain came to Fight in America* (New York, 2014)

Burgoyne, Bruce, ed., *Enemy Views: The American Revolutionary War as Recorded by the Hessian Participants* (Westminster, MD, 1996)

Burk, Kathleen, *The Lion and the Eagle: The Interaction of the British and American Empires 1783—1972* (London, 2019)

Burkholder, Mark, "Spain's America: From Kingdoms to Colonies", *Colonial Latin America Review* 25 (2) (2016): 125—153

Burney, Frances, *The Diary and Letters of Madame D'Arblay* (London, 1843)

—— *The Early Diaries of Frances Burney, 1768—1778* (London, 1889)

Busteed, Henry Elmsley, *Echoes from Old Calcutta* (Calcutta, 1882)

Cain, P. J. and Hopkins, A. G., *British Imperialism, 1688—2000* (Harlow, 2002)

Cannon, John, "Francis, Sir Philip (1740—1818)", *Oxford Dictionary of National Biography* (Oxford, 2004)

Carretta, Vincent, *Equiano, the African: Biography of a Self-made Man* (New York, 2005)

Cash, Arthur, *John Wilkes: Scandalous Father of Civil Liberty* (New Haven, 2006)

Cathcart, James, *The Captives* (La Porte, 1899)

Chavez, Thomas, *Spain and the Independence of the United States* (Albuquerque, 2002)

Chopra, Ruma, *Almost Home: Maroons between Slavery and Freedom in Jamaica, Nova Scotia, and Sierra Leone* (New Haven, 2018)

—— *Choosing Sides: Loyalists in Revolutionary America* (New York, 2013)

Christopher, Emma, *A Merciless Place: The Lost Story of Britain's Convict Disaster in Africa* (Oxford, 2011)

Clark, Christopher, *Iron Kingdom: The Rise and Downfall of Prussia, 1600—1947* (London, 2007)

Clark, J. C. D., *The Language of Liberty, 1660—1832: Political Discourse and Social Dynamics in the Anglo-American World* (Cambridge, 1994)

Colley, Linda, *Britons: Forging the Nation, 1707—1837* (New Haven, 2014)

—— *Captives: Britain, Empire and the World, 1600—1850* (London, 2002)

—— *The Ordeal of Elizabeth Marsh: A Woman in World History* (New York, 2007)

Conway, Stephen, *The British Isles and the American War of Independence* (Oxford, 2000)

Craven, Elizabeth, *A Journey through the Crimea to Constantinople* (London, 1809)

Cresson, W. P., *Francis Dana: A Purtian Diplomat at the Court of Catherine the Great* (New York, 1930)

Crews, Robert, *For Prophet and Tsar: Islam and Empire in Russia and Central Asia* (Cambridge, MA, 2006)

Cunningham, Peter, ed., *The Letters of Horace Walpole* (London, 1891), vols VI, VII

Curtin, Philip, *The Image of Africa: British Ideas and Action, 1780—1850* (Madison, 1964), vol. 1

Dalrymple, William, *White Mughals: Love and Betrayal in Eighteenth-century India* (London, 2002)

Dancer, Thomas, *A Brief History of the Late Expedition against Fort San Juan* (London, 1781)

Dann, John, ed., *The Nagle Journal: A Diary of the Life of Jacob Nagle, Sailor, from the Year 1775 to 1841* (New York, 1988)

Darwin, John, *After Tamerlane: A Global History of Empire since 1405* (London, 2008)

Davenant, Charles, *An Essay on the Probable Methods of Making a People Gainers in the Balance of Trade* (London, 1699)

David, James Corbett, *Dunmore's New World* (Charlottesville, 2013)

Davis, David Brion, *The Problem of Slavery in the Age of Revolution, 1770—1823* (Oxford, 1999)

Devine, T. M., *Scotland's Empire: The Origins of the Global Diaspora* (London, 2012)

Dirks, Nicholas, *The Scandal of Empire: India and the Creation of Imperial Britain* (Cambridge, 2008)

Dodwell, H. H., *The Cambridge History of the British Empire* (Cambridge, 1929)

Dolin, Eric Jay, *When America First Met China* (New York, 2012)

Doyle, William, *The Oxford History of the French Revolution*, 2nd edn (Oxford, 2003)

Drescher, Seymour, *Abolition: A History of Slavery and Anti-Slavery* (Cambridge, 2009)

Dunmore, John, *Where Fate Beckons: The Life of Jean-François de la Pérouse* (Fairbanks, 2007)

du Rivage, Justin, *Revolution against Empire: Taxes, Politics, and the Origins of American Independence* (New Haven, 2017)

DuVal, Kathleen, *Independence Lost: Lives on the Edge of the American Revolution* (New York, 2015)

Dym, Jordana and Belaubre, Christopher, *Politics, Economy, and Society in Bourbon Central America, 1759—1821* (Boulder, 2007)

Dziennik, Matthew, *The Fatal Land: War, Empire, and the Highland Soldier in British America* (New Haven, 2015)

Eacott, Jonathan, *Selling Empire: India in the Making of Britain and America, 1600—1800* (Chapel Hill, 2016)

Edler, Friedrich, *The Dutch Republic and the American Revolution* (Baltimore, 1911)

Egerton, Douglas, *Death or Liberty: African Americans and the American Revolution* (New York, 2011)

Ekirch, A. Roger, *Bound for America: The Transportation of British Convicts to the Colonies, 1718—1775* (New York, 1987)

—— "Great Britain's Secret Convict Trade to America, 1783—1784", *American Historical Review* 89 (5) (December 1984): 1285—1291

Elliot, J. H., *Empires of the Atlantic World: Britain and Spain in America* (New Haven, 2007)

Elliott, Mark, *Emperor Qianlong: Son of Heaven, Man of the World* (London, 2009)

——*The Manchu Way: The Eight Banners and Ethnic Identity in Late Imperial China* (Palo Alto, 2001)

Falconbridge, Anna Maria, *Two Voyages to Sierra Leone During the Years 1791—1792—1793* (London, 1794)

Farias, Kranti K., *The Christian Impact in South Kanara* (Mumbai, 1999)

Faroqhi, Suraiya, *Subjects of the Sultan: Culture and Daily Life in the Ottoman Empire* (London, 2005)

Fay, Eliza, *Original Letters from India*, ed. E. M. Forster (New York, 2010)

Ferriro, Larrie, *Brothers at Arms: The American Revolution and the Men of France and Spain who Saved it* (New York, 2016)

Fidlon, Paul and Ryan, R. J., eds, *The Journal of Arthur Bowes-Smyth: Surgeon, Lady Penrhyn 1787—1789* (Sydney, 1979)

Fisher, Michael, ed., *The Travels of Dean Mahomet* (Berkeley, 1997)

Fitzpatrick, John, ed., *The Writings of George Washington from the Original Manuscript Sources* (Washington, DC, 1938), vol. 26

Fitzpatrick, William, ed., *The Letters of Tipoo Sultan to Various Public Functionaries* (London, 1811)

Flavell, Julie, *When London Was Capital of America* (New Haven, 2010)

Flood, Warden, *Memoirs of Henry Flood* (Dublin, 1844)

Ford, Paul, ed., *The Writings of Thomas Jefferson* (New York, 1894), vol. 4

Franklin, Michael, *Orientalist Jones: Sir William Jones, Poet, Lawyer, and Linguist, 1746—1794* (Oxford, 2011)

Freneau, Philip, *The Poems of Philip Freneau: Poet of the American Revolution* (State College, PA, 1902)

Fry, Michael, *A Higher World: Scotland, 1707—1815* (Edinburgh, 2014)

Fyfe, Christopher, ed., *Our Children Free and Happy: Letters from Black Settlers in Africa in the 1790s* (Edinburgh, 1991)

George, David, *An Account of the Life of David George* (London, 1793)

Grattan, Henry, *Memoirs of the Life and Times of Henry Grattan* (London, 1839)

—— *Speeches of the Late Right Honourable Henry Grattan, in the Irish Parliament in 1780 and 1782* (London, 1821)

Gray, Drew, *Crime, Policing and Punishment in England, 1660—1914* (London, 2016)

Greene, Jack, *Evaluating Empire and Confronting Colonialism in Eighteenth-century Britain* (Cambridge, 2013)

Griffin, Patrick, *The Townshend Moment: The Making of Empire and Revolution in Ireland* (New Haven, 2017)

Gould, Eliga, *The Persistence of Empire: British Political Culture in the Age of the American Revolution* (Chapel Hill, 2002)

Habib, Irfan, *Confronting Colonialism: Resistance and Modernisation under Haidar Ali and Tipu Sultan* (London, 2002)

Hall, Catherine, *Macaulay and Son: Architects of Imperial Britain* (New Haven, 2012)

Halliday, Paul, *Habeas Corpus: From England to Empire* (Cambridge, MA, 2010)

Hämäläinen, Pekka, *The Comanche Empire* (New Haven, 2008)

Hamnett, Brian, *The End of Iberian Rule on the American Continent 1770—1830* (Cambridge, 2017)

Hanway, Jonas, *Solitude in Imprisonment* (London, 1776)

Harris, James, *Diaries and Correspondence of the Earl of Malmesbury* (London, 1844)

—— *A Series of Letters of the First Earl of Malmesbury* (London, 1870), vol. 1

Harris, Nicholas, ed., *The Dispatches and Letters of Vice Admiral Lord Viscount Nelson* (London, 1845)

Hasan, Mohibbul, "The French in the Second Anglo-Mysore War", in Irfan Habib, ed., *Confronting Colonialism: Resistance and Modernisation under Haidar Ali and Tipu Sultan* (London, 2002)

Hastings, Warren, *A Narrative of the Insurrection that Happened in the Zamindary of Benares* (Calcutta, 1782)

Hay, Douglas, "Property, Authority and the Criminal Law", in Douglas Hay et al., *Albion's Fatal Tree: Crime and Society in Eighteenth-century England* (London, 1975)

Hay, Douglas, "War, Dearth and Theft in the Eighteenth Century: The Records of the English Court", *Past and Present* 95 (May 1982), 125—142

Haywood, Ian and Seed, John, eds, *The Gordon Riots: Politics and Insurrection in Late Eighteenth-century Britain* (Cambridge, 2014)

Herrera, Carlos, *Juan Bautista de Anza: The King's Governor in New Mexico* (Norman, 2015)

Hevia, James, *Cherishing Men from Afar: Qing Guest Ritual and the Macartney Embassy of 1793* (Durham, 1995)

Hickey, William, *Memoirs of William Hickey*, ed. Albert Spencer (London, 1919), vol. II

Hill, Peter, *French Perceptions of the Early American Republic, 1783—1793* (Philadelphia, 1988)

Hirsch, Adam J., *The Rise of the Penitentiary Prisons and Punishment in Early America* (New Haven, 1992)

Hitchcock, Tim and Shoemaker, Robert, *London Lives: Poverty, Crime, and the Making of the Modern City* (Cambridge, 2016)

Hochschild, Adam, *Bury the Chains* (New York, 2005)

Hodges, Graham Russell, *The Black Loyalist Directory* (New York, 1996)

Hodges, William, *Travels in India during the years 1780, 1781, 1782 and 1783* (London, 1783)

Hoock, Holger, *Scars of Independence: America's Violent Birth* (New York, 2017)

Hopkins, A.G., *American Empire: A Global History* (Princeton, 2018)

Howard, John, *The State of the Prisons* (Warrington, 1777)

Huzzey, Richard, *Freedom Burning: Anti-Slavery and Empire in Victorian Britain* (Ithaca, 2012)

Ingrao, Charles, *The Hessian Mercenary State: Ideas, Institutions and Reform under Frederick II, 1760—1785* (Cambridge, 1987)

Israel, Jonathan, *The Dutch Republic: Its Rise, Greatness, and Fall 1477—1806* (Oxford, 1998)

—— *Expanding the Blaze: How the American Revolution Ignited the World* (Princeton, 2017)

Janin, Hunt, *The India–China Opium Trade in the Nineteenth Century* (London, 1999)

Jasanoff, Maya, *Liberty's Exiles: American Loyalists in the Revolutionary World* (New York, 2011)

Keay, John, *China: A History* (New York, 2009)

—— *The Honorable Company: A History of the English East India Company* (London, 1993)

—— *India: A History* (London, 2010)

Kemble, Stephen, *The Kemble Papers* (New York, 1884), vol. 2

Keneally, Tom, *The Commonwealth of Thieves: The Story of the Founding of Australia* (London, 2006)

Kent, Neil, *Crimea: A History* (London, 2017)

Kiernan, Ben, *Viêt Nam: A History from Earliest Times to the Present* (Oxford, 2017)

King, Boston, "Memoirs of the Life of Boston King", in *Unchained Voices: An Anthology of Black Authors in the English-Speaking World of the 18th Century*, ed. Vincent Carretta (Lexington, 2004)

Knight, Roger, *The Pursuit of Victory: The Life and Achievements of Horatio Nelson* (New York, 2005)

Kuethe, Allan and Andrien, Kenneth, *The Spanish Atlantic World in the Eighteenth Century* (Cambridge, 2014)

Lambert, Andrew, *Seapower States: Maritime Culture, Continental Empires and the Conflict That Made the Modern World* (New Haven, 2018)

Lambert, Frank, *The Barbary Wars* (New York, 2005)

Langford, Paul, *A Polite and Commercial People: England 1727—1783* (Oxford, 1994)

Langley, Lester, *The Americas in the Age of Revolution: 1750—1850* (New Haven, 1996)

Lemmings, David, *Law and Government in England During the Long Eighteenth Century* (Basingstoke, 2011)

Levine, Philippa, *The British Empire: Sunrise to Sunset* (Harlow, 2013)

Liele, George, *An Account of several Baptist Churches* (London, 1793)

Lieven, Dominic, *Empire: The Russian Empire and Its Rivals* (New Haven, 2000)

Linebaugh, Peter, *The London Hanged: Crime and Civil Society in the Eighteenth Century* (London, 2006)

Linebaugh, Peter and Rediker, Marcus, *The Many-headed Hydra: The Hidden History of the Revolutionary Atlantic* (London, 2013)

Lloyd, T. O., *The British Empire, 1558—1995* (Oxford, 2008)

Lockhart, James and Swartz, Stuart, *Early Latin America: A History of Colonial Spanish America and Brazil* (Cambridge, 1983)

Macartney, George, *An Embassy to China*, ed. J. L. Cranmer-Byng (London, 2004)

Macaulay, Zachary, *Life and Letters of Zachary Macaulay* (London, 1900)

Madariaga, Isabel de, *Britain, Russia, and the Armed Neutrality of 1780* (New Haven, 1962)

—— *Catherine the Great* (New Haven, 2002)

—— *Russia in the Age of Catherine the Great* (New Haven, 1981)

Madden, Thomas, *Venice: A New History* (New York, 2012)

Magocsi, Paul Robert, *The Blessed Land: Crimea and the Crimean Tatars* (Toronto, 2014)

Major, Andrea, *Slavery, Abolitionism and Empire in India, 1772—1843* (Liverpool, 2012)

Malone, Thomas, *The Life and Death of Lord Edward Fitzgerald* (London, 1832)

Marques, Leonardo, *The United State and the Transatlantic Slave Trade to the Americas, 1776—1867* (New Haven, 2016)

Marshall, P. J., "Hastings, Warren (1732—1818)", *Oxford Dictionary of National Biography* (Oxford University Press, 2004; online edn, Oct. 2008)

—— *The Making and Unmaking of Empires: Britain, India, and America 1750—1783* (Oxford, 2007)

—— ed., *The Oxford History of the British Empire*, vol. II: *The Eighteenth Century* (Oxford, 1998)

—— *Remaking the British Atlantic: The United States and the British Empire after American Independence* (Oxford, 2012)

Mazzei, Philip, *Philip Mazzei, Virginia's Agent in Europe: The Story of his Mission as Related in His own Dispatches and other Documents*, ed. Howard Arraro (New York, 1935)

McLynn, Frank, *Crime and Punishment in Eighteenth-century England* (Oxford, 1991)

McPhee, Peter, *Liberty or Death: The French Revolution* (New Haven, 2017)

Mear, Craig, "The Origin of the Smallpox Outbreak at Sydney in 1789", *Journal of the Royal Australian Historical Society* 94 (1) (June 2008), 1—22

Metcalf, Thomas, *Ideologies of the Raj* (Cambridge, 1997)

Miles, Jonathan, *St. Petersburg: Three Centuries of Murderous Desire* (London, 2017)

Miller, Kerby, *Emigrants and Exiles: Ireland and the Irish Exodus to North America* (Oxford, 1985)

Morely, Vincent, *Irish Opionion and the American Revolution, 1760—1783* (Cambridge, 2007)

Morgan, Kenneth, *Slavery and the British Empire* (Oxford, 2008)

Mosely, Benjamin, *A Treatise on Tropical Diseases* (London, 1789)

Narrett, David, *Adventurism and Empire: The Struggle for Mastery of the Louisiana–Florida Borderland* (Chapel Hill, 2015)

Nash, Gary, *The Unknown American Revolution: The Unruly Birth of Democracy and the Struggle to Create America* (New York, 2006)

Nechtman, Tillman, *Nabobs: Empire and Identity in Eighteenth-century Britain* (Cambridge, 2013)

O'Gorman, Frank, *The Long Eighteenth Century* (New York, 1997)

Oldfield, J.R., *Transatlantic Abolitionism in the Age of Revolutions* (Cambridge, 2015)

O'Neil, Daniel, *Edmund Burke and the Conservative Logic of Empire* (Oakland, 2016)

O'Neill, Kelly, *Claiming Crimea: A History of Catherine the Great's Southern Empire* (New Haven, 2017)

Oren, Michael B., *Power, Faith, and Fantasy: America in the Middle East, 1776 to the Present* (New York, 2011)

O'Shaughnessy, Andrew Jackson, *An Empire Divided: The American Revolution and the British Caribbean* (Philadelphia, 2000)

—— *The Men Who Lost America: British Leadership, the American Revolution, and the Fate of Empire* (New Haven, 2013)

Osterhammel, Jürgen, *Unfabling the East: The Enlightenment Encounter with Asia* (Princeton, 2018)

Padrón, Francisco Morales, ed., *The Journal of Don Francisco Saavedra de Sangronis* (Gainesville, 1989)

Pagden, Anthony, *Lords of All the World: Ideologies of Empire in Spain, Britain, and France c. 1500—1800* (New Haven, 1995)

Palmer, R.R., *The Age of Democratic Revolutions* (Princeton, 1964)

Palmer, Stanley, *Police and Protest in England and Ireland, 1780—1850* (Cambridge, 1988)

Paquette, Gabriel, *Enlightenment, Government, and Reform in Spain and its Empire 1759—1808* (Basingstoke, 2008)

Pattee, Fred Lewis, *The Poems of Philip Freneau: Poet of the American Revolution* (Princeton, 1902), vol. 2

Peers, Douglas and Gooptu, Nandini, *India and the British Empire* (Oxford, 2016)

Perdue, Peter, *China Marches West: The Qing Conquest of Central Eurasia* (Cambridge, 2010)

Peterson, Derek, ed., *Abolitionism and Imperialism in the Britain, Africa, and the Atlantic* (Athens, Ohio, 2010)

Phelan, John, *The People and the King: The Comunero Revolution in Colombia, 1781* (Madison, WI, 1978)

Phillips, Kevin, *The Cousins' Wars: Religion, Politics, and the Triumph of Anglo-America* (New York, 1999)

Platt, Richard, *Smuggling in the British Isles: A History* (Stroud, 2011)

Platt, Stephen, *Imperial Twilight: The Opium War and the End of China's Last Golden Age* (New York, 2018)

Plokhy, Serii, *Lost Kingdom: The Quest for Empire and the Making of the Russian Nation* (New York, 2017)

Polasky, Janet, *Revolution without Borders: The Call to Liberty in the Atlantic World* (New Haven, 2015)

Pomfret, John, *The Beautiful Country and the Middle Kingdom: America and China, 1776 to the Present* (New York, 2016)

Poser, Norman, *Lord Mansfield: Justice in the Age of Reason* (Montreal, 2013)

Pybus, Cassandra, *Epic Journeys of Freedom: Runaway Slaves of the American Revolution and their Global Quest for Liberty* (Boston, 2007)

Rapport, Mike, *Rebel Cities: Paris, London and New York in the Age of Revolution* (London, 2017)

Rieber, Alfred, *The Struggle for the Eurasian Borderlands: From the Rise of Early Modern Empires to the End of the First World War* (Cambridge, 2014)

Robbins, Helen, *Our First Ambassador to China: An Account of the Life and Correspondence of George, Earl of Macartney* (New York, 1908)

Robins, Nicholas, *Genocide and Millennialism in Upper Peru: The Great Rebellion of 1780—1782* (Westport, CT, 2002)

Rothschild, Emma, *The Inner Life of Empires: An Eighteenth-century History* (Princeton, 2011)

Rowe, William and Brook, Timothy, *China's Last Empire: The Great Qing* (Cambridge, MA, 2012)

Roy, Kaushik, *War, Culture and Society in Early Modern South Asia, 1740—1849* (Abingdon, 2011)

Rudé, George, *Protest and Punishment: The Story of the Social and Political Protestors Transported to Australia* (Oxford, 1979)

Ryan, William, *The World of Thomas Jeremiah: Charleston on the Eve of the American Revolution* (New York, 2012)

Safranski, Rudiger, *Goethe: Life as a Work of Art* (New York, 2017)

Salmon, Emily Jones, "Convict Labor during the Colonial Period", *Encyclopedia Virginia* (Virginia Humanities and Library of Virginia, 2011, online)

Sancho, Ignatius, *Letters of the Late Ignatius Sancho, An African* (Cambridge, 2013), 2 vols

—— *The Letters of the Late Ignatius Sancho, An African* (London, 1784)

Saunt, Claudio, *West of Revolution* (New York, 2014)

Scanlan, Padraic, *Freedom's Debtors: British Anti-Slavery in Sierra Leone in the Age of Revolutions* (New Haven, 2017)

Schaeper, Thomas, *Edward Bancroft: Scientist, Author, Spy* (New Haven, 2012)

Schama, Simon, *Citizens: A Chronicle of the French Revolution* (New York, 1990)

—— *Patriots and Liberators: Revolution in the Netherlands 1780—1813* (New York, 1977)

—— *Rough Crossings: Britain, the Slaves and the American Revolution* (New York, 2006)

Scott, Franklin D., *Sweden: The Nation's History* (Carbondale, 1988)

Scurry, James, *The Captivity, Suffering and Escape of James Scurry* (London, 1824)

Serulnikov, Sergio, *Revolution in the Andes: The Age of Tupac Amaru* (Durham, NC, 2013)

Sharpe, James, "John the Painter: The First Modern Terrorist", *Journal of Forensic Psychiatry and Psychology* 18 (2) (2007): 278—281

Shaw, Samuel, *The Journals of Major Samuel Shaw* (Boston, 1847)

Shoemaker, Robert, *The London Mob: Violence and Disorder in Eighteenth-century England* (London, 2007)

Simms, Brendan, *Three Victories and a Defeat: The Rise and Fall of the First British Empire* (New York, 2008)

Sinha, Manisha, *The Slave's Cause: A History of Abolition* (New Haven, 2016)

Smith, Douglas, ed., *Love and Conquest: Personal Correspondence of Catherine the Great and Prince Grigory Potemkin* (DeKalb, 2004)

Smith, Kate Vincent, "Bennelong Among His People", *Aboriginal History* 33 (2009), 7—30

Smith, William, *The State of the Gaols in London, Westminster and the Borough of Southwark* (London, 1776)

Spence, Jonathan, *The Chan's Great Continent: China in Western Minds* (New York, 1998)

—— *In Search of Modern China* (New York, 1990)

Staunton, George, *An Authentic Account of an Embassy from the King of Great Britain to the Emperor of China* (London, 1797)

Stavig, Ward and Schmidt, Ellen, eds, *The Tupac Amaru and Catarista Rebellions* (Cambridge, 2008)

Staving, Ward, *The World of Túpac Amaru: Conflict, Community, and Identity in Colonial Peru* (Lincoln, 1990)

Stevenson, John, *Popular Disturbances in England, 1700—1832* (Abingdon, 1992)

Sugden, John, *Nelson: A Dream of Glory* (London, 2004)

Taylor, Alan, *American Revolutions: A Continental History, 1750—1804* (New York, 2016)

Teltscher, Kate, *The High Road to China: George Bogle, the Panchen Lama and the First British Expedition to Tibet* (London, 2006)

Tench, Watkin, *A Complete Account of the Settlement at Port Jackson* (London, 1793)

Thomas, George, *Military Memoirs of George Thomas* (London, 1805)

Travers, Robert, *Ideology and Empire in Eighteenth-century India: The British in Bengal* (Cambridge, 2007)

Van Alstyne, Richard, *Empire and Independence: The International History of the American Revolution* (New York, 1965)

Waley-Cohen, Joanna, *The Sextants of Beijing: Global Currents in Chinese History* (New York, 2000)

Walker, Charles, *The Tupac Amaru Rebellion* (Cambridge, 2016)

Walker, James, *The Black Loyalists: The Search for the Promised Land in Nova Scotia and Sierra Leone* (Toronto, 1993)

Walpole, Horace, *Journal of the Reign of King George the Third* (London, 1859), 2 vols

Walvin, James, *England, Slaves, and Freedom, 1776—1838* (London, 1986)

—— *The Zong* (New Haven, 2011)

Warren, Christopher, "Could First Fleet Smallpox Infect Aborigines?" *Aboriginal History* 31 (2007), 152—164

Warner, Jessica, *John the Painter: Terrorist of the American Revolution* (London, 2004)

Welsh, Frank, *The Four Nations: A History of the United Kingdom* (New Haven, 2003)

Wharton, Francis, ed., *Revolutionary Diplomatic Correspondence of the Untied States* (Washington, DC, 1889), 6 vols

White, Colin, ed., *Nelson: The New Letters* (Woodbridge, 2005)

Wickwire, Franklin and Wickwire, Mary, *Cornwallis: The Imperial Years* (Chapel Hill, 1980)

Willis, Sam, *The Struggle for Sea Power: A Naval History of the American Revolution* (London, 2016)

Wilson, Jon, *The Domination of Strangers: Modern Governance in Eastern India, 1780—1835* (Basingstoke, 2010)

—— *India Conquered: Britain's Raj and the Chaos of Empire* (London, 2016)

Wilson, Kathleen, *The Sense of the People: Politics, Culture and Imperialism in England, 1715—1785* (Cambridge, 1998)

Woodforde, James, *The Diary of a Country Parson* (Norwich, 1999)

Worgan, George, *Journal of a First Fleet Surgeon* (Sydney, 1978)

Wyvill, Christopher, *Political Papers* (London, 1794), vol. 3

—— *The Secession from Parliament Vindicated* (York, 1799)

Yaycioglu, Ali, *Partners of the Empire: The Crisis of the Ottoman Order in the Age of Revolutions* (Stanford, 2016)

"方尖碑"书系

第三帝国的兴亡：纳粹德国史
　　〔美国〕威廉·夏伊勒

柏林日记：二战驻德记者见闻，1934—1941
　　〔美国〕威廉·夏伊勒

第三共和国的崩溃：一九四〇年法国沦陷之研究
　　〔美国〕威廉·夏伊勒

新月与蔷薇：波斯五千年
　　〔伊朗〕霍马·卡图赞

海德里希传：从音乐家之子到希特勒的刽子手
　　〔德国〕罗伯特·格瓦特

威尼斯史：向海而生的城市共和国
　　〔英国〕约翰·朱利叶斯·诺里奇

巴黎传：法兰西的缩影
　　〔英国〕科林·琼斯

末代沙皇：尼古拉二世的最后 503 天
　　〔英国〕罗伯特·瑟维斯

巴巴罗萨行动：1941，绝对战争
　　〔法国〕让·洛佩　〔格鲁吉亚〕拉沙·奥特赫梅祖里

帝国的铸就：1861—1871：改革三巨人与他们塑造的世界
　　〔美国〕迈克尔·贝兰

罗马：一座城市的兴衰史
　　〔英国〕克里斯托弗·希伯特

（更多资讯请关注新浪微博@译林方尖碑，
微信公众号"方尖碑书系"）

方尖碑微博　　　　方尖碑微信